모던
자바스크립트
Deep Dive ———

자바스크립트의 기본 개념과 동작 원리

모던 자바스크립트 Deep Dive

자바스크립트의 기본 개념과 동작 원리

지은이 이웅모

펴낸이 박찬규 엮은이 이대엽 디자인 북누리 표지디자인 Arowa & Arowana

펴낸곳 위키북스 전화 031-955-3658, 3659 팩스 031-955-3660
주소 경기도 파주시 문발로 115, 311호 (파주출판도시, 세종출판벤처타운)

가격 45,000 페이지 960 책규격 188 x 240mm

1쇄 발행 2020년 09월 25일
2쇄 발행 2021년 01월 15일
3쇄 발행 2021년 08월 15일
4쇄 발행 2021년 12월 15일
5쇄 발행 2022년 04월 25일
6쇄 발행 2022년 08월 24일
7쇄 발행 2023년 03월 31일
8쇄 발행 2024년 02월 14일
ISBN 979-11-5839-223-9 (93000)

등록번호 제406-2006-000036호 등록일자 2006년 05월 19일
홈페이지 wikibook.co.kr 전자우편 wikibook@wikibook.co.kr

이 도서의 국립중앙도서관 출판시도서목록(CIP)은
서지정보유통지원시스템 홈페이지(http://seoji.nl.go.kr)와
국가자료공동목록시스템(http://www.nl.go.kr/kolisnet)에서 이용하실 수 있습니다.
CIP제어번호 CIP2020038618

모던
자바스크립트
Deep Dive ————

자바스크립트의 기본 개념과 동작 원리   이웅모 지음

위키북스

들어가며

자바스크립트의 태생적 특징

자바스크립트는 과도하다고 느껴질 만큼 친절한 프로그래밍 언어입니다. 웬만해서는 에러 없이 실행되며, 작은 실수는 알아서 대응해 주는 등, 되도록 손이 덜 가게끔 설계되어 있습니다. 이를 위해 자바스크립트 엔진 내부에서 암묵적으로 처리해 주는 기능magic도 많습니다. 이러한 자바스크립트의 특징은 편리한 경우도 있지만 내부 동작을 이해하기 어렵게 만들기도 합니다.

이는 자바스크립트의 탄생 목적이 일반적인 프로그래밍 언어와 다르기 때문입니다. 대부분의 프로그래밍 언어는 애플리케이션을 개발하기 위한 범용적인 용도로 설계되었습니다. 그렇지만 자바스크립트는 웹페이지의 단순한 보조 기능을 처리하기 위한 제한적인 용도를 목적으로 태어났습니다.

하지만 자바스크립트는 더 이상 제한적인 용도의 프로그래밍 언어가 아닙니다. 자바스크립트는 프런트엔드와 백엔드 영역의 프로그래밍 언어로 사용할 수 있는 명실상부한 범용 애플리케이션 개발 언어로 성장했습니다. 따라서 자바스크립트를 학습하는 방식도 이에 걸맞게 변화해야 한다고 믿습니다. 이 책은 자바스크립트의 기본 개념과 동작 원리를 깊이 있게 학습하고자 하는 독자를 위해 기획되었습니다.

기본 개념과 동작 원리 이해의 중요성

프로그래머의 역할은 요구사항을 기반으로 문제를 해결하기 위한 방안을 고안하고, 이를 코드로 구현하는 것입니다. 구현된 코드는 의도한 대로 정확히 동작해서 문제를 해결해야 합니다. 이때 자신이 구현한 코드가 컴퓨터 내부에서 어떻게 동작할 것인지 예측 가능해야 하며, 이를 명확히 설명할 수 있어야 합니다.

그러자면 프로그래밍 언어의 기본 개념과 동작 원리를 정확히 이해하는 것이 중요합니다. 기본 개념과 동작 원리를 이해하지 못한 상태에서 복사해서 붙여넣기copy & paste로 단순히 동작만 하는 코드를 만들고 거기에 만족한다면 여러분이 구현한 코드는 언제 무너져도 이상할 것이 없는 사상누각일 뿐입니다. 신뢰할 수 없고 유지보수하기 까다로운 코드가 될 것입니다. 그리고 여러분의 문제 해결 능력은 어느 선에서 성장을 멈추고 말 것입니다.

기본 개념은 문맥에 맞는 정확한 용어를 구사할 수 있는 원동력입니다. 문맥에 맞는 정확한 용어를 사용하면 오해를 불러일으키지 않는 명확한 의사소통communication이 가능해집니다. 이는 협업의 기본이며 필수 요소입니다. 또한 기본 개념은 특정 프로그래밍 언어에 국한되지 않는 경우가 대부분이므로 프레임워크나 다른 언어를 학습하는 데도 도움이 됩니다.

동작 원리의 이해는 코드의 동작을 예측 가능하게 하며 코드 독해의 원천입니다. 코드를 구현하려면 당연히 자신이 작성하는 코드의 동작을 예측할 수 있어야 합니다. 코드의 동작을 예측하지 못하는 상태에서 코드를 작성한다는 것은 말이 되지 않습니다. 또한 에러를 발생시키는 코드를 만나면 에러가 발생하는 원인을 이해해야 디버깅이 가능합니다. 이를 위해 코드의 동작을 예측할 수 있는 능력은 필수불가결한 요소입니다.

기본 개념과 동작 원리의 이해는 어렵고 생소한 용어로 이뤄진 기술적 의사소통을 가능케 하고, 자신의 머릿속에서 코드를 실행해 볼 수 있는 능력을 갖게 합니다. 이를 통해 다른 사람이 작성한 코드를 읽고 이해하는 것은 물론 의도 또한 파악할 수 있습니다. 즉, 기본 개념과 동작 원리의 이해는 안정적이고 효율적인 코드를 생산할 수 있는 기본기입니다. 기본기는 아무리 강조해도 지나치지 않습니다.

학습 방법

기본 개념과 동작 원리를 이해해야 하는 이유는 결국 코드를 구현하기 위해서입니다. 즉, 기본 개념과 동작 원리를 이해하는 것은 목표가 아니라 과정입니다. 따라서 코드 구현 능력(코딩 스킬)을 갖추기 위한 과정 또한 필요합니다. 이를 위해 제안하는 학습 방법은 다음과 같습니다.

그림 1-1 기본 개념과 동작 원리를 기반으로 한 학습

먼저 기본 개념과 동작 원리를 이해하려고 노력해야 합니다. 다만 모든 것을 한번에 학습하려 하지 말고 중요한 키워드를 중심으로 나누어 학습하는 것이 좋습니다. 또한 완벽하게 이해하려 하지 말고 여러 번 반복해서 학습하는 것이 효율적입니다. 이때 학습 중인 키워드 외에 아직 학습하지 않은 개념에 대해서는 일단 기술 부채로 쌓아두고 진행합니다. 언제나 앨리스의 토끼굴Rabbit hole[1]에 빠지지 않도록 주의해야 합니다.

어느 정도 기본 개념과 동작 원리를 이해했다면 이를 활용해 코드 구현 능력을 갖추기 위한 연습이 필요합니다. 앞서 언급했듯이 기본 개념과 동작 원리를 이해해야 하는 이유는 결국 코드를 구현하기 위해서입니다. 코딩 연습은 머릿속에 머물고 있는 문제 해결 방안을 문법을 통해 구체화는 과정입니다.

---

1 어떤 개념을 이해하기 위해 파고들수록 또다른 개념을 이해할 필요가 생겨서 처음 의도한 학습 방향과 점점 멀어지는 현상을 《이상한 나라의 앨리스》에 등장하는 토끼굴에 비유한 말. 비슷한 표현으로 '야크 털 깎기(https://www.lesstif.com/soft-ware-engineering/yak-shaving-29590364.html)'가 있다.

이때 연습은 의도적인 연습[2]이어야 합니다. 라이브 코딩을 감상하거나 예제를 단순히 타이핑하는 것은 연습이 아닙니다. 현재 자신의 능력으로 쉽게 해결 가능한 것을 반복하는 것도 연습이 아닙니다. 자신의 능력을 살짝 넘어서는 도전을 지속적으로 시도하는 것이 의도적인 연습입니다. 너무 쉬운 도전은 지루하고, 무모한 도전은 불안감만 줍니다. 시행착오(a.k.a. 삽질)는 "무엇을 알고 무엇을 모르는지"를 알게 하는 개발자의 벗이자 선생님입니다. 무엇을 모르는지 알았다면 몰랐던 것을 알기 위해 시도하고 실패하는 의도적인 연습을 반복합시다.

프로젝트를 통해 쌓은 경험은 성장에 좋은 밑거름이 됩니다. 프로젝트를 통해 더욱 깊이 이해하고 협업을 경험할 수 있습니다. 또한 추가로 학습이 필요한 사항을 파악할 수 있습니다. 모르는 것과 아는 것이 구분되는 때가 바로 이때입니다. 추가로 학습이 필요한 사항에 대해서는 첫 사이클, 즉 기본 개념과 동작 원리 이해로 돌아가 학습을 시작합니다.

이처럼 기본 개념과 동작 원리, 코딩 스킬, 프로젝트라는 3개의 사이클을 순환적으로 반복하면서 이해의 반경을 점진적으로 넓혀가는 것, 즉 지속적 개선continuous improvement을 통한 성장이 바로 학습이라고 생각합니다.

> 빨리 가는 유일한 방법은 제대로 가는 것이다.
>
> 로버트 C. 마틴Robert C. Martin, 《클린 코드》의 저자

---

2 http://coachround.com/의도적인-연습이란

04장

/

변수

05장

/

표현식과 문

06장
/
데이터 타입

07장
/
연산자

08장

/

제어문

09장

/

타입 변환과 단축 평가

10장

객체 리터럴

11장

원시 값과 객체의 비교

19장

프로토타입

20장
strict mode

21장
빌트인 객체

26장

/

ES6 함수의 추가 기능

—

27장

/

배열

—

28장

/

Number

—

29장

/

Math

—

30장

/

Date

31장

/

RegExp

—

32장

/

String

—

—

33장

/

7번째 데이터 타입
Symbol

—

39장

DOM

40장

이벤트

44장

/

REST API

—

45장

/

프로미스

—

49장

Babel과
Webpack을 이용한
ES6+/ES.NEXT
개발 환경 구축

## 01 장

프로그래밍

1.1 프로그래밍이란?

프로그래밍이란 컴퓨터에게 실행을 요구하는 일종의 **커뮤니케이션**이다. 이를 위해 먼저 무엇을 실행하고 싶은지 정의할 필요가 있다. 다시 말해, 프로그래밍에 앞서 해결해야 할 문제(요구사항)를 명확히 이해한 후 적절한 문제 해결 방안을 정의할 필요가 있다.

이때 요구되는 것이 **문제 해결 능력**이다. 혹자는 문제 해결 능력을 알고리즘과 동일시하려는 경향이 있지만 반드시 그런 것은 아니다. 물론 문제 해결 능력을 함양하는 데 알고리즘 학습은 큰 도움이 되지만 문제 해결 능력은 더 큰 차원의 능력이다.

대부분의 문제(요구사항)는 복잡하며 명확하지 않을 수도 있다. 따라서 문제(요구사항)를 명확히 이해하는 것이 우선되어야 하며 복잡함을 단순하게 분해decomposition하고 자료를 정리하고 구분modeling해야 하며 순서에 맞게 행위를 배열해야 한다.

즉, 프로그래밍이란 0과 1밖에 알지 못하는 기계가 실행할 수 있을 정도로 **정확하고 상세하게 요구사항을 실명**하는 작업이며, 그 결과물이 바로 코드다. 모호하고 대략적인 요구사항을 전달해도 우리의 머릿속에 있는 의도를 정확히 꿰뚫어 완벽히 이해하는 컴퓨터는 절대 존재할 수 없다.

우리는 문제 해결 방안을 고려할 때 컴퓨터의 입장에서 문제를 바라봐야 한다. 이때 필요한 것이 **Computational thinking(컴퓨팅 사고)**이다. 문제 해결 능력은 직감과 직관의 영역이라고 볼 수 있는데, 이는 문제를 바라보는 우리의 사고와 경험에 영향을 받는다. 사람의 일반적인 사고 방식은 매우 포괄적이며 실생활에서 경험하는 익숙한 사항에 대해 당연시하는 안이한 인식이 있다.

예를 들어, "듣다^{listen}"라는 행위를 사람은 하나의 간단하고 당연한 기능으로 생각한다. 하지만 컴퓨터에게 이 행위를 설명하는 것은 단순하지 않다. 그리고 사람은 소리의 크기를 "크다" 또는 "작다"로 표현한다. 하지만 "크다" 또는 "작다"는 의미는 상대적인 개념으로 기준이 불명확하다. 컴퓨터에게는 양적 개념인 숫자를 사용해 "현재 볼륨보다 1단계 크게 조정하라" 또는 "볼륨을 60으로 조정하라"라고 명령해야 한다. 또한 "좋다", "붉다", "사랑"과 같은 관념적 개념은 컴퓨터에게 매우 난해한 개념이다. 사람은 지인의 얼굴을 보고 누구인지 바로 인지하지만 컴퓨터에게 이것은 매우 어려운 일이다. 347^9을 계산하는 것은 사람에게는 쉽지 않지만 컴퓨터에게는 매우 쉬운 작업이다.

이처럼 컴퓨터와 사람은 사고, 인지의 방식이 다르다. 따라서 컴퓨터의 관점에서 문제를 사고$^{Computational\ thinking}$ 해야 한다. 여기에는 논리적, 수학적 사고가 필요하며, 해결 과제를 작은 단위로 분해하고 패턴화해서 추출하며, 프로그래밍 내에서 사용될 모든 개념은 평가 가능하도록 정의해야 한다.

예를 들어, 사람처럼 두 발로 걷는 로봇을 위해 "걷다"라는 기능을 디자인해 보자.

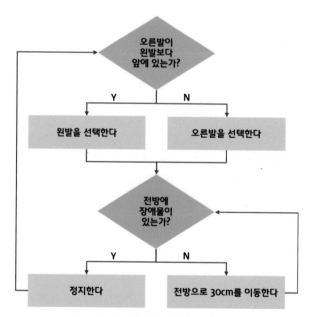

그림 1-1 2족 보행 로봇의 디자인

"걷다"라는 기능을 디자인하려면 판단해야 하는 상태와 그 상태를 판단하는 시기, 그리고 판단 기준을 정의해야 하며, 이를 바탕으로 분해한 처리^{process}의 실행 여부를 결정한다. 예를 들어, 상애물이란 무엇(크기, 움직임 등)인지, 어떤 범위 내에 있는 것인지 명확히 수치화해서 정의해야 한다.

1.2 프로그래밍 언어

이처럼 문제 해결 능력을 바탕으로 정의된 문제 해결 방안은 컴퓨터에게 전달되어야 한다. 이때 명령을 수행할 주체는 컴퓨터다. 따라서 사람이 이해할 수 있는 자연어가 아니라 컴퓨터가 이해할 수 있는 언어, 즉 기계어machine code[1]로 명령을 전달해야 한다.

하지만 사람이 기계어를 이해해서 기계어로 직접 명령을 전달하는 것은 매우 어려운 일이다. 기계어는 우리가 사용하는 언어와는 너무나도 체계가 다르기 때문이다. 심지어 비트 단위로 기술되어 있다. 다음은 x86 아키텍처의 리눅스 환경에서 그 유명한 "Hello world"[2]를 출력하는 기계어 코드다.

```
7F 45 4C 46 01 01 01 00 00 00 00 00 00 00 00 00 02 00 03 00 01 00 00 00 35 40 B3 04
2C 00 00 00 00 00 00 00 00 00 00 00 34 00 20 00 01 00 00 00 00 00 00 00 40 B3 04
B2 0C EB 1C 62 00 00 00 62 00 00 00 05 00 00 00 00 10 00 00 48 65 6C 6C 6F 20 77 6F
72 6C 64 0A B9 4C 40 B3 04 93 CD 80 EB FB
```

기계어로 직접 명령을 전달하는 것을 대신할 가장 유용한 대안은 사람이 이해할 수 있는 약속된 구문syntax(문법)으로 구성된 "프로그래밍 언어programming language"를 사용해 프로그램을 작성한 후, 그것을 컴퓨터가 이해할 수 있는 기계어로 변환하는 일종의 번역기를 이용하는 것이다. 이 일종의 번역기를 **컴파일러**compiler 혹은 **인터프리터**interpreter라고 한다.

사람   프로그래밍 언어   컴파일러   기계어   컴퓨터

그림 1-2 컴파일러는 개발자의 언어와 컴퓨터의 언어를 모두 이해하는 번역가

언어는 자신의 생각을 상대에게 전달하는 방법으로 언어 공동체 내에서 이해될 수 있는 말의 집합이다. 언어는 자연어와 인공어[3]로 구분할 수 있다.

프로그래밍 언어란 컴퓨터와의 대화(명령)에 사용되는 일종의 표현 수단으로, 사람과 컴퓨터(컴파일러 또는 인터프리터) 모두가 이해할 수 있는 약속된 형태의 인공어다.

다음은 "Hello world"를 출력하는 자바스크립트 코드다. 위의 기계어 코드보다 사람이 이해하기 쉬운, 즉 읽기 쉬운 코드다.

---

1 https://ko.wikipedia.org/wiki/기계어
2 https://ko.wikipedia.org/wiki/"Hello,_World!"_프로그램
3 https://ko.wikipedia.org/wiki/인공어

```
console.log('Hello world');
```

프로그래밍은 프로그래밍 언어를 사용해 컴퓨터에게 실행을 요구하는 일종의 **커뮤니케이션**이다. 프로그래밍 언어는 **구문**syntax과 **의미**semantics의 조합으로 표현된다.

1.3 구문과 의미

프로그래밍 학습은 일반적으로 프로그래밍 언어의 문법을 배우는 것부터 시작한다. 이는 외국어 학습과 유사하다. 그러나 이미 경험을 통해 알고 있겠지만 문법을 잘 안다고 해서 외국어를 잘한다고 말할 수는 없다.

외국어를 잘하려면 외국어 화자의 말이나 문장을 정확히 이해한 후, 문맥에 따른 적절한 어휘 선택, 그리고 순차적으로 결론을 향해 나아가는 문장 구성이 필요하다. 즉, 문법에 맞는 문장을 구성하는 것은 물론 **의미**semantics를 가지고 있어야 언어의 역할을 충실히 수행할 수 있다.

> Colorless green ideas sleep furiously.
> 노엄 촘스키|Noam Chomsky

MIT의 저명한 언어학자인 노엄 촘스키[4]는 위 문장을 통해 언어의 의미는 문맥에 있는 것이지 문법에 있는 것이 아니라는 점을 지적했다. 위 문장은 문법syntax적으로 전혀 문제가 없지만 의미semantics는 없다. 프로그래밍도 마찬가지다. 다음 예제를 살펴보자.

```
const number = 'string';
console.log(number * number); // NaN
```

자바스크립트의 변수에는 어떠한 타입의 값도 할당할 수 있다. 따라서 위 예제는 문법적으로 전혀 문제가 없다. 하지만 의미적으로는 옳지 않다. number라는 이름의 변수에 문자열이 할당되어 있기 때문이다. number라는 이름의 변수에는 숫자를 할당하는 것이 의미적으로 옳다.

결국 문제 해결 능력을 통해 만들어낸 해결 방안은 프로그래밍 언어의 문법을 사용해 표현한다. 즉, 작성된 코드는 해결 방안의 구체적 구현물이다. 그리고 이것은 프로그래밍 언어의 문법에 부합하는 것은 물론이고 수행하고자 하는 바를 정확히 수행하는 것, 즉 **요구사항이 실현(문제가 해결)**되어야 의미가 있다.

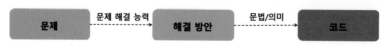

그림 1-3 프로그래밍의 목적은 문제 해결이다.

---

4 https://ko.wikipedia.org/wiki/노엄_촘스키

대부분의 프로그래밍 언어는 "변수와 값", "키워드", "연산자", "표현식과 문", "조건문"과 "반복문"에 의한 "흐름제어control flow", "함수" 그리고 자료구조인 "객체", "배열" 등과 같은 문법을 제공한다.

프로그래밍 언어가 제공하는 문법을 적절히 사용하여 변수를 통해 값을 저장하고 참조하며 연산자로 값을 연산, 평가하고 조건문과 반복문에 의한 흐름제어로 코드의 실행 순서를 제어하고 함수로 재사용 가능한 문의 집합을 만들며 객체, 배열 등으로 자료를 구조화한다.

결국 프로그래밍은 요구사항의 집합을 분석해서 적절한 자료구조와 함수의 집합으로 변환한 후, 그 흐름을 제어하는 것이다.

02장

자바스크립트란?

2.1 자바스크립트의 탄생

1995년, 약 90%의 시장 점유율로 웹 브라우저 시장을 지배하고 있던 넷스케이프 커뮤니케이션즈[Netscape communications][1]는 웹페이지의 보조적인 기능을 수행하기 위해 브라우저에서 동작하는 경량 프로그래밍 언어를 도입하기로 결정한다. 그래서 탄생한 것이 바로 브렌던 아이크[Brendan Eich]가 개발한 자바스크립트다.

자바스크립트는 1996년 3월, 넷스케이프 커뮤니케이션즈의 웹 브라우저인 넷스케이프 내비게이터[Netscape Navigator 2][2]에 탑재되었고 "모카[Mocha]"로 명명되었다. 그러다 그해 9월 "라이브스크립트[LiveScript]"로 이름이 바뀌었다가 12월에 "자바스크립트[JavaScript]"라는 이름으로 최종 명명되었다.

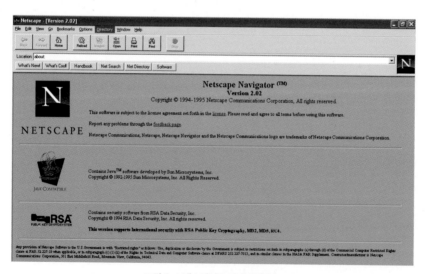

그림 2-1 넷스케이프 내비게이터 2

---

1 https://ko.wikipedia.org/wiki/넷스케이프
2 https://en.wikipedia.org/wiki/Netscape_Navigator_2

이렇게 탄생한 자바스크립트는 현재 모든 브라우저의 표준 프로그래밍 언어로 자리 잡았다. 그러나 자바스크립트가 순탄하게 성장했던 것은 아니다. 자바스크립트가 탄생한 뒤 얼마 지나지 않아 자바스크립트의 파생 버전인 JScript가 출시되어 자바스크립트는 위기를 맞는다.

2.2 자바스크립트의 표준화

1996년 8월, 마이크로소프트는 자바스크립트의 파생 버전인 "JScript"를 인터넷 익스플로러^{Internet Explorer} 3.0에 탑재했다. 그런데 문제는 JScript와 자바스크립트가 표준화되지 못하고 적당히 호환되었다는 것이다. 즉, 넷스케이프 커뮤니케이션즈와 마이크로소프트는 자사 브라우저의 시장 점유율을 높이기 위해 자사 브라우저에서만 동작하는 기능을 경쟁적으로 추가하기 시작했다는 것이다.

이로 인해 브라우저에 따라 웹페이지가 정상적으로 동작하지 않는 **크로스 브라우징 이슈**가 발생하기 시작했고, 결과적으로 모든 브라우저에서 정상적으로 동작하는 웹페이지를 개발하기가 무척 어려워졌다.

이에 자바스크립트의 파편화를 방지하고 모든 브라우저에서 정상적으로 동작하는 표준화된 자바스크립트의 필요성이 대두되기 시작했다. 이를 위해 1996년 11월, 넷스케이프 커뮤니케이션즈는 컴퓨터 시스템의 표준을 관리하는 비영리 표준화 기구인 ECMA 인터내셔널[3]에 자바스크립트의 표준화를 요청한다.

1997년 7월, ECMA-262라 불리는 표준화된 자바스크립트 초판(ECMAScript 1) 사양^{specification}이 완성되었고, 상표권 문제로 자바스크립트는 **ECMAScript**로 명명되었다. 이후 1999년 ECMAScript 3(ES3)이 공개되고, 10년 만인 2009년에 출시된 ECMAScript 5(ES5)는 HTML5와 함께 출현한 표준 사양이다.

2015년에 공개된 ECMAScript 6(ECMAScript 2015, ES6)는 let/const 키워드, 화살표 함수, 클래스, 모듈 등과 같이 범용 프로그래밍 언어로서 갖춰야 할 기능들을 대거 도입하는 큰 변화가 있었다. ES6 이후의 버전업은 비교적 작은 기능을 추가하는 수준으로 매년 공개할 것으로 예고되었다. ECMAScript 버전별 특징은 다음과 같다.[4]

버전	출시 연도	특징
ES1	1997	초판
ES2	1998	ISO/IEC 16262 국제 표준과 동일한 규격을 적용
ES3	1999	정규 표현식, try … catch

---

3 https://www.ecma-international.org
4 https://github.com/tc39/proposals/blob/master/finished-proposals.md

버전	출시 연도	특징
ES5	2009	HTML5와 함께 출현한 표준안. JSON, strict mode, 접근자 프로퍼티, 프로퍼티 어트리뷰트 제어, 향상된 배열 조작 기능(forEach, map, filter, reduce, some, every)
ES6(ECMAScript 2015)	2015	let/const, 클래스, 화살표 함수, 템플릿 리터럴, 디스트럭처링 할당, 스프레드 문법, rest 파라미터, 심벌, 프로미스, Map/Set, 이터러블, for ... of, 제너레이터, Proxy, 모듈 import/export
ES7(ECMAScript 2016)	2016	지수(**) 연산자, Array.prototype.includes, String.prototype.includes
ES8(ECMAScript 2017)	2017	async/await, Object 정적 메서드(Object.values, Object.entries, Object.getOwnPropertyDescriptors)
ES9(ECMAScript 2018)	2018	Object rest/spread 프로퍼티, Promise.prototype.finally, async generator, for await ... of
ES10(ECMAScript 2019)	2019	Object.fromEntries, Array.prototype.flat, Array.prototype.flatMap, optional catch binding
ES11(ECMAScript 2020)	2020	String.prototype.matchAll, BigInt, globalThis, Promise.allSettled, null 병합 연산자, 옵셔널 체이닝 연산자, for ... in enumeration order

2.3 자바스크립트 성장의 역사

초창기 자바스크립트는 웹페이지의 보조적인 기능을 수행하기 위해 한정적인 용도로 사용되었다. 이 시기에 대부분의 로직은 주로 웹 서버에서 실행되었고, 브라우저는 서버로부터 전달받은 HTML과 CSS를 단순히 렌더링하는 수준이었다.

📄 렌더링rendering

렌더링이란 HTML, CSS, 자바스크립트로 작성된 문서를 해석해서 브라우저에 시각적으로 출력하는 것을 말한다. 때로는 서버에서 데이터를 HTML로 변환해서 브라우저에게 전달하는 과정(SSR; Server Side Rendering)을 가리키기도 한다. 브라우저가 HTML, CSS, 자바스크립트를 로드하고 파싱해서 렌더링하는 과정은 38장 "브라우저의 렌더링 과정"에서 자세히 살펴볼 것이다.

2.3.1 Ajax

1999년, 자바스크립트를 이용해 서버와 브라우저가 **비동기**asynchronous 방식으로 데이터를 교환할 수 있는 통신 기능인 **Ajax**Asynchronous JavaScript and XML가 XMLHttpRequest라는 이름으로 등장했다.

이전의 웹페이지는 html 태그로 시작해서 html 태그로 끝나는 완전한 HTML 코드를 서버로부터 전송받아 웹페이지 전체를 렌더링하는 방식으로 동작했다. 따라서 화면이 전환되면 서버로부터 새로운 HTML을 전송받아 웹페이지 전체를 처음부터 다시 렌더링했다.

이러한 방식은 변경할 필요가 없는 부분까지 포함된 HTML 코드를 서버로부터 다시 전송받기 때문에 불필요한 데이터 통신이 발생하고, 변경할 필요가 없는 부분까지 처음부터 다시 렌더링해야 하기 때문에 성능 면에서도 불리하다. 이로 인해 화면이 전환되면 화면이 순간적으로 깜박이는 현상이 발생하고, 이는 웹페이지의 어쩔 수 없는 한계로 받아들여졌다.

Ajax의 등장은 이전의 패러다임을 획기적으로 전환했다. 즉, 웹페이지에서 변경할 필요가 없는 부분은 다시 렌더링하지 않고, 서버로부터 필요한 데이터만 전송받아 변경해야 하는 부분만 한정적으로 렌더링하는 방식이 가능해진 것이다. 이로써 웹 브라우저에서도 데스크톱 애플리케이션과 유사한 빠른 성능과 부드러운 화면 전환이 가능해졌다.

2005년, 구글이 발표한 **구글 맵스**Google Maps [5]는 웹 애플리케이션 프로그래밍 언어로서 자바스크립트의 가능성을 확인하는 계기를 마련했다. 웹 브라우저에서 자바스크립트와 Ajax를 기반으로 동작하는 구글 맵스가 데스크톱 애플리케이션과 비교했을 때 손색이 없을 정도의 성능과 부드러운 화면 전환 효과를 보여준 것이다.

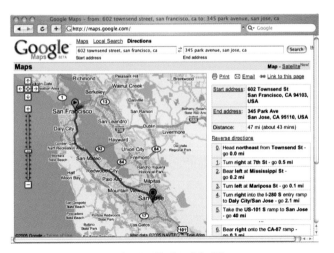

그림 2-2 구글 맵스 베타 버전

---

5 https://www.google.com/maps

2.3.2 jQuery

2006년, **jQuery**[6]의 등장으로 다소 번거롭고 논란이 있던 DOM^Document Object Model을 더욱 쉽게 제어할 수 있게 되었고 크로스 브라우징 이슈도 어느 정도 해결되었다. jQuery는 넓은 사용자 층을 순식간에 확보했다. 이로 인해 배우기가 다소 까다로운 자바스크립트보다 배우기 쉽고 직관적인 jQuery를 더 선호하는 개발자가 양산되기도 했다.

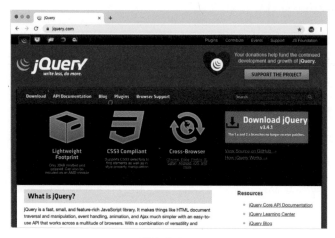

그림 2-3 jQuery

2.3.3 V8 자바스크립트 엔진

구글 맵스를 통해 웹 애플리케이션 프로그래밍 언어로서의 가능성이 확인된 자바스크립트로 웹 애플리케이션을 구축하려는 시도가 늘면서 더욱 **빠르게 동작하는 자바스크립트 엔진의 필요성이 대두되었다. 2008년 등장한 구글의 **V8 자바스크립트 엔진**[7]은 이러한 요구에 부합하는 **빠른** 성능을 보여주었다. V8 자바스크립트 엔진의 등장으로 자바스크립트는 데스크톱 애플리케이션과 유사한 사용자 경험(UX; user experience)을 제공할 수 있는 웹 애플리케이션 프로그래밍 언어로 정착하게 되었다.

V8 자바스크립트 엔진으로 촉발된 자바스크립트의 발전으로 과거 웹 서버에서 수행되던 로직들이 대거 클라이언트(브라우저)로 이동했고, 이는 웹 애플리케이션 개발에서 프런트엔드 영역이 주목받는 계기로 작용했다.

---

6 https://jquery.com

7 https://v8.dev

그림 2-4 V8 자바스크립트 엔진

2.3.4 Node.js

2009년, 라이언 달^{Ryan Dahl}이 발표한 Node.js[8]는 구글 V8 자바스크립트 엔진으로 빌드된 자바스크립트 런타임 환경^{runtime environment}이다.

그림 2-5 Node.js

Node.js는 브라우저의 자바스크립트 엔진에서만 동작하던 자바스크립트를 브라우저 이외의 환경에서도 동작할 수 있도록 자바스크립트 엔진을 브라우저에서 독립시킨 자바스크립트 실행 환경이다. Node.js는 다양한 플랫폼에 적용할 수 있지만 서버 사이드 애플리케이션 개발에 주로 사용되며, 이에 필요한 모듈, 파일 시스템, HTTP 등 빌트인^{built-in, 내장} API를 제공한다.

---

8 https://nodejs.org

Node.js는 자바스크립트 엔진을 기반으로 하므로 Node.js 환경에서 동작하는 애플리케이션은 자바스크립트를 사용해 개발한다. 프런트엔드와 백엔드 영역에서 자바스크립트를 사용할 수 있다는 동형성isomorphic은 별도의 언어를 학습하기 위한 시간을 덜 수 있다는 장점이 있다.

Node.js는 **비동기 I/O**를 지원하며 **단일 스레드**single thread **이벤트 루프** 기반으로 동작함으로써 요청request 처리 성능이 좋다. 따라서 Node.js는 데이터를 실시간으로 처리하기 위해 I/O가 빈번하게 발생하는 SPASingle Page Application에 적합하다. 하지만 CPU 사용률이 높은 애플리케이션에는 권장하지 않는다.

Node.js의 등장으로 자바스크립트는 브라우저를 벗어나 서버 사이드 애플리케이션 개발에서도 사용할 수 있는 범용 프로그래밍 언어가 되었다. 브라우저에서만 동작하는 반쪽짜리 프로그래밍 언어 취급을 받던 자바스크립트는 이제 프런트엔드 영역은 물론 백엔드 영역까지 아우르는 웹 프로그래밍 언어의 표준으로 자리 잡고 있다.

이제 자바스크립트는 **크로스 플랫폼**[9]을 위한 가장 중요한 언어로 주목받고 있다. 웹은 물론 모바일 하이브리드 앱(PhoneGap[10], Ionic[11]), 서버 사이드(Node.js[12]), 데스크톱(Electron[13]), 머신러닝(TensorFlow.js[14]), 로보틱스(Johnny-Five[15]) 환경을 위한 프로그래밍 언어로서 세계에서 가장 인기 있는 프로그래밍 언어다.

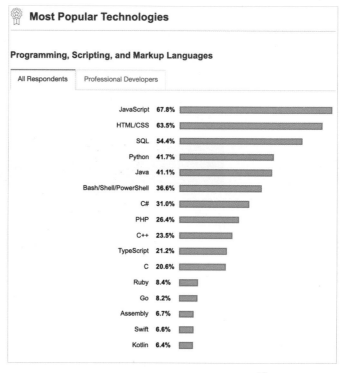

그림 2-6 Stack Overflow의 개발자 설문 결과[16]

9 https://ko.wikipedia.org/wiki/크로스_플랫폼
10 http://phonegap.com
11 https://ionicframework.com
12 https://nodejs.org
13 https://electronjs.org
14 https://js.tensorflow.org
15 http://johnny-five.io
16 https://insights.stackoverflow.com/survey/2019#most-popular-technologies

2.3.5 SPA 프레임워크

모던 웹 애플리케이션은 데스크톱 애플리케이션과 비교해도 손색없는 성능과 사용자 경험을 제공하는 것이 필수가 되었고, 더불어 개발 규모와 복잡도도 상승했다.

이전의 개발 방식으로는 복잡해진 개발 과정을 수행하기 어려워졌고, 이러한 필요에 따라 많은 패턴과 라이브러리가 출현했다. 그 덕분에 개발에 많은 도움을 주었지만 변경에 유연하면서 확장하기 쉬운 애플리케이션 아키텍처의 구축을 어렵게 했고, 필연적으로 프레임워크가 등장하게 되었다.

이러한 요구에 발맞춰 CBD[Component based development] 방법론[17]을 기반으로 하는 SPA[Single Page Application]가 대중화되면서 Angular[18], React[19], Vue.js[20], Svelte[21] 등 다양한 SPA 프레임워크/라이브러리 또한 많은 사용층을 확보하고 있다.

2.4 자바스크립트와 ECMAScript

ECMAScript는 자바스크립트의 표준 사양인 ECMA-262를 말하며, 프로그래밍 언어의 값, 타입, 객체와 프로퍼티, 함수, 표준 빌트인 객체[standard built-in object] 등 핵심 문법을 규정한다. 각 브라우저 제조사는 ECMAScript 사양을 준수해서 브라우저에 내장되는 자바스크립트 엔진을 구현한다.

자바스크립트는 일반적으로 프로그래밍 언어로서 기본 뼈대[core]를 이루는 ECMAScript와 브라우저가 별도 지원하는 **클라이언트 사이드 Web API**[22], 즉 DOM, BOM, Canvas, XMLHttpRequest, fetch, requestAnimationFrame, SVG, Web Storage, Web Component, Web Worker 등을 아우르는 개념이다.

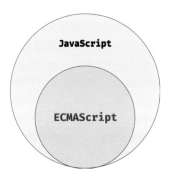

그림 2-7 자바스크립트는 일반적으로 ECMAScript를 아우르는 개념

---

17 https://ko.wikipedia.org/wiki/컴포넌트_기반_소프트웨어_공학
18 https://angular.io
19 https://facebook.github.io/react
20 https://vuejs.org
21 https://svelte.dev
22 https://developer.mozilla.org/ko/docs/Web/API

클라이언트 사이드 Web API는 ECMAScript와는 별도로 월드 와이드 웹 콘소시엄World Wide Web Consortium; W3C [23] 에서 별도의 사양으로 관리하고 있다. 클라이언트 사이드 Web API의 자세한 내용은 MDN web docs의 Web API 페이지[24]를 참고하기 바란다.

2.5 자바스크립트의 특징

자바스크립트는 HTML, CSS와 함께 웹을 구성하는 요소 중 하나로 **웹 브라우저에서 동작하는 유일한 프로그래밍 언어**다. 다른 프로그래밍 언어와 마찬가지로 자바스크립트는 기존의 프로그래밍 언어에서 많은 영향을 받았다. 기본 문법은 C, 자바와 유사하고 셀프Self에서는 프로토타입 기반 상속을, 스킴Scheme에서는 일급 함수의 개념을 차용했다.

자바스크립트는 개발자가 별도의 컴파일 작업을 수행하지 않는 **인터프리터 언어**interpreter language [25]다. 대부분의 모던 자바스크립트 엔진(크롬의 V8, 파이어폭스의 SpiderMonkey, 사파리의 JavaScriptCore, 마이크로소프트 엣지의 Chakra 등)은 인터프리터와 컴파일러의 장점을 결합해 비교적 처리 속도가 느린 인터프리터의 단점을 해결했다. 인터프리터는 소스코드를 즉시 실행하고 컴파일러는 빠르게 동작하는 머신 코드를 생성하고 최적화한다. 이를 통해 컴파일 단계에서 추가적인 시간이 필요함에도 더욱 빠르게 코드를 실행할 수 있다.

📄 인터프리터 언어 vs. 컴파일러 언어

자바스크립트는 일반적으로 인터프리터 언어로 구분한다. 전통적인 컴파일러 언어와 인터프리터 언어를 비교하면 다음과 같다.

컴파일러 언어	인터프리터 언어
코드가 실행되기 전 단계인 컴파일 타임에 소스코드 전체를 한번에 머신 코드[26]로 변환한 후 실행한다.	코드가 실행되는 단계인 런타임에 문 단위로 한 줄씩 중간 코드intermediate code인 바이트코드[27]로 변환한 후 실행한다.
실행 파일을 생성한다.	실행 파일을 생성하지 않는다.
컴파일 단계와 실행 단계가 분리되어 있다. 명시적인 컴파일 단계를 거치고, 명시적으로 실행 파일을 실행한다.	인터프리트 단계와 실행 단계가 분리되어 있지 않다. 인터프리터는 한 줄씩 바이트코드로 변환하고 즉시 실행한다.
실행에 앞서 컴파일은 단 한번 수행된다.	코드가 실행될 때마다 인터프리트 과정이 반복 수행된다.
컴파일과 실행 단계가 분리되어 있으므로 코드 실행 속도가 빠르다.	인터프리트 단계와 실행 단계가 분리되어 있지 않고 반복 수행되므로 코드 실행 속도가 비교적 느리다.

표 3-1 컴파일러 언어와 인터프리터 언어의 비교

---

23 https://www.w3.org
24 https://developer.mozilla.org/ko/docs/Web/API
25 https://ko.wikipedia.org/wiki/인터프리터
26 CPU가 바로 실행할 수 있는 기계어. https://ko.wikipedia.org/wiki/기계어
27 특정한 하드웨어가 아니라 가상 머신에서 실행하도록 만든 바이너리 코드. https://ko.wikipedia.org/wiki/바이트코드

하지만 대부분의 모던 브라우저에서 사용되는 인터프리터는 전통적인 컴파일러 언어[28]처럼 명시적인 컴파일 단계를 거치지는 않지만 복잡한 과정을 거치며 일부 소스코드를 컴파일하고 실행한다.

이를 통해 인터프리터 언어의 장점인 동적 기능 지원을 살리면서 실행 속도가 느리다는 단점을 극복한다. 따라서 현재는 컴파일러와 인터프리터의 기술적 구분이 점차 모호해져 가는 추세다. 하지만 자바스크립트는 런타임에 컴파일되며 실행 파일이 생성되지 않고 인터프리터의 도움 없이 실행할 수 없기 때문에 컴파일러 언어라고 할 수는 없다.

자바스크립트는 명령형imperative [29], 함수형functional [30], 프로토타입 기반prototype-based 객체지향 프로그래밍[31]을 지원하는 **멀티 패러다임 프로그래밍 언어**[32]다.

비록 다른 객체지향 언어와의 차이점에 대한 논쟁이 있긴 하지만 자바스크립트는 강력한 객체지향 프로그래밍 능력을 지니고 있다. 간혹 클래스(ES6에서 도입됨), 상속, 정보 은닉을 위한 키워드가 없어서 객체지향 언어가 아니라고 오해(자바스크립트는 가장 많은 오해를 받는 언어다[33])하는 경우도 있지만 자바스크립트는 클래스 기반 객체지향 언어보다 효율적이면서 강력한 **프로토타입 기반의 객체지향 언어**다.

2.6 ES6 브라우저 지원 현황

인터넷 익스플로러를 제외한 대부분의 모던 브라우저는 ES6를 지원하지만 100% 지원하고 있지는 않다. Node.js는 v4부터 ES6를 지원하기 시작했다. ES6 지원 현황은 다음 웹 사이트에서 확인할 수 있다.

---

28 https://ko.wikipedia.org/wiki/컴파일러
29 https://ko.wikipedia.org/wiki/명령형_프로그래밍
30 https://ko.wikipedia.org/wiki/함수형_프로그래밍
31 https://ko.wikipedia.org/wiki/프로토타입_기반_프로그래밍
32 https://ko.wikipedia.org/wiki/다중_패러다임_프로그래밍_언어
33 http://javascript.crockford.com/javascript.html

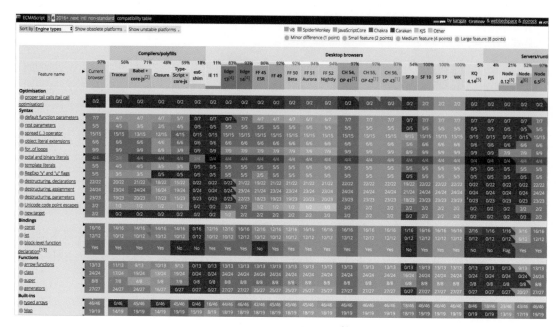

그림 2-8 ECMAScript 지원 현황[34]

인터넷 익스플로러를 제외한 모던 브라우저의 ES6 지원 비율은 96~99%로 거의 100%에 육박하지만 인터넷 익스플로러나 구형 브라우저는 ES6를 대부분 지원하지 않는다.

따라서 브라우저에서 아직 지원하지 않는 최신 기능을 사용하거나 인터넷 익스플로러나 구형 브라우저를 고려해야 하는 상황이라면 바벨[Babel][35]과 같은 트랜스파일러를 사용해 ES6 이상의 사양으로 구현한 소스코드를 ES5 이하의 사양으로 다운그레이드할 필요가 있다. 이에 대해서는 49장 "Babel과 Webpack을 이용한 ES6+/ES.NEXT 개발 환경 구축"에서 자세히 살펴볼 것이다.

---

34 https://kangax.github.io/compat-table/es6
35 https://babeljs.io

## 03장

자바스크립트 개발 환경과 실행 방법

3.1 자바스크립트 실행 환경

모든 브라우저는 자바스크립트를 해석하고 실행할 수 있는 자바스크립트 엔진을 내장하고 있다. 브라우저 뿐만 아니라 Node.js도 자바스크립트 엔진을 내장하고 있다. 따라서 자바스크립트는 브라우저 환경 또는 Node.js 환경에서 실행할 수 있다. 기본적으로 브라우저에서 동작하는 코드는 Node.js 환경에서도 동일하게 동작한다.

그런데 한 가지 주의해야 할 점은 브라우저와 Node.js는 용도가 다르다는 것이다. 브라우저는 HTML, CSS, 자바스크립트를 실행해 웹페이지를 브라우저 화면에 렌더링하는 것이 주된 목적이지만 Node.js는 브라우저 외부에서 자바스크립트 실행 환경을 제공하는 것이 주된 목적이다. 따라서 브라우저와 Node.js 모두 자바스크립트의 코어인 ECMAScript를 실행할 수 있지만 브라우저와 Node.js에서 ECMAScript 이외에 추가로 제공하는 기능은 호환되지 않는다.

예를 들어, 브라우저는 파싱된 HTML 요소를 선택하거나 조작하는 기능의 집합인 DOM API를 기본적으로 제공한다. 하지만 브라우저 외부에서 자바스크립트 개발 환경을 제공하는 것이 주 목적인 Node.js는 DOM API를 제공하지 않는다. 브라우저 외부 환경에서는 HTML 요소를 파싱해서 객체화한 DOM^{Document Object Model}을 직접 다룰 필요가 없기 때문이다.

> 📄 **웹 크롤링**
>
> 서버에서 웹사이트의 콘텐츠를 수집하기 위해 웹사이트에서 HTML 문서를 가져온 다음, 이를 가공해서 필요한 데이터만 추출하는 경우가 있다. 이를 웹 크롤링^{web crawling}이라 한다. 서버 환경은 DOM API를 제공하지 않으므로 cheerio[1] 같은 DOM 라이브러리를 사용해 HTML 문서를 가공하기도 한다.

---

1 https://cheerio.js.org

반대로 Node.js에서는 파일을 생성하고 수정할 수 있는 파일 시스템을 기본 제공하지만 브라우저는 이를 지원하지 않는다(Web API인 FileReader 객체[2]를 사용해 사용자가 지정한 파일을 읽어 들이는 것은 가능하다).

웹 애플리케이션의 자바스크립트는 사용자 컴퓨터의 브라우저에서 동작한다. 만약 브라우저를 통해 다운로드되어 실행되는 자바스크립트가 사용자 컴퓨터의 로컬 파일을 삭제하거나 수정하고 생성할 수 있다면 이는 사용자 컴퓨터가 악성 코드에 그대로 노출된 것과 마찬가지다. 따라서 보안상의 이유로 브라우저 환경의 자바스크립트는 파일 시스템을 제공하지 않는다.

이처럼 브라우저는 ECMAScript와 DOM, BOM, Canvas, XMLHttpRequest, fetch, requestAnimation Frame, SVG, Web Storage, Web Component, Web Worker 같은 **클라이언트 사이드 Web API**[3]를 지원한다. Node.js는 클라이언트 사이드 Web API를 지원하지 않고 ECMAScript와 Node.js 고유의 API[4]를 지원한다.

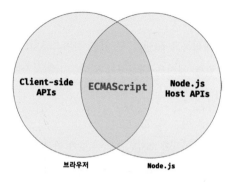

그림 3-1 브라우저와 Node.js 환경

이를 염두에 두고 자바스크립트 개발 환경을 구축하고 자바스크립트를 실행하는 방법을 살펴보자. 자바스크립트를 브라우저 환경에서 실행하는 방법과 Node.js 환경에서 실행하는 방법, 그리고 코드 에디터인 비주얼 스튜디오 코드Visual Studio Code를 사용해 브라우저나 Node.js 환경에서 실행하는 방법을 살펴볼 것이다.

3.2 웹 브라우저

다양한 웹 브라우저가 있지만 이 책에서는 구글 크롬Chrome 브라우저를 사용한다. 크롬은 ECMAScript 사양을 준수하는 것은 물론이고 시장 점유율도 가장 높다. 2021년 1월 현재, 구글 크롬 브라우저의 점유율은 65.47%로, 2위인 사파리(16.97%)를 크게 앞선다.

---

2 https://blog.teamtreehouse.com/reading-files-using-the-html5-filereader-api

3 https://developer.mozilla.org/ko/docs/Web/API

4 https://nodejs.org/dist/latest/docs/api/

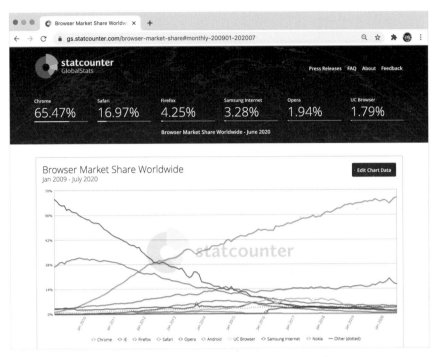

그림 3-2 웹 브라우저 시장 점유율(2009/1 ～ 2020/7)[5]

크롬 브라우저의 V8 자바스크립트 엔진은 Node.js에서도 사용하고 있다. 만약 크롬 브라우저가 설치되어 있지 않다면 다음 웹사이트를 방문하여 최신 버전을 설치하자.

- **크롬 브라우저 다운로드**: https://www.google.com/intl/ko_ALL/chrome

3.2.1 개발자 도구

크롬 브라우저가 제공하는 개발자 도구[DevTools]는 웹 애플리케이션 개발에 필수적인 강력한 도구다. 개발자 도구는 브라우저에 기본 내장되어 있으므로 별도로 설치할 필요가 없다. 개발자 도구는 다음의 단축키[6]로 열 수 있다.

운영체제	단축키
윈도우	F12 또는 Ctrl + Shift + I
macOS	command ⌘ + option ⌥ + I

5 https://gs.statcounter.com/browser-market-share#monthly-200901-202007

6 https://developers.google.com/web/tools/chrome-devtools/shortcuts

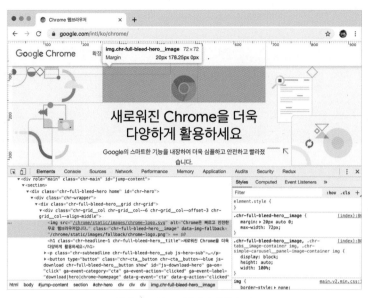

그림 3-3 크롬 브라우저의 개발자 도구

개발자 도구는 웹 개발에 유용한 다양한 기능을 제공한다. 자주 사용하는 개발자 도구의 기능은 다음과 같다.

패널	설명
Elements	로딩된 웹페이지의 DOM과 CSS를 편집해서 렌더링된 뷰를 확인해 볼 수 있다. 단, 편집한 내용이 저장되지는 않는다. 웹페이지가 의도된 대로 렌더링되지 않았다면 이 패널을 확인해 유용한 힌트를 얻을 수 있다.
Console	로딩된 웹페이지의 에러를 확인하거나 자바스크립트 소스코드에 작성한 `console.log` 메서드의 실행 결과를 확인할 수 있다.
Sources	로딩된 웹페이지의 자바스크립트 코드를 디버깅할 수 있다.
Network	로딩된 웹페이지에 관련된 네트워크 요청request 정보와 성능을 확인할 수 있다.
Application	웹 스토리지, 세션, 쿠키를 확인하고 관리할 수 있다.

3.2.2 콘솔

개발자 도구의 Console 패널(이하 콘솔)은 자바스크립트 코드에서 에러가 발생해 애플리케이션이 정상적으로 동작하지 않을 때 가장 우선적으로 살펴봐야 할 곳이다. 구현 단계에서는 에러가 빈번하게 발생하므로 항상 콘솔을 열어둔 상태에서 개발하는 것이 좋다. 콘솔을 열어두지 않으면 에러가 발생했는지조차 알 수 없는 경우가 있기 때문이다.

에러가 발생한 경우가 아니더라도 콘솔은 매우 유용하다. 구현 단계에서 디버깅을 실행하는 것보다 간편하게 코드의 실행 결과를 확인하면서 개발을 진행하기 위해 console.log 메서드를 사용하는 경우가 많다. console.log(...)는 소괄호 안의 코드를 평가해서 그 결과를 콘솔에 출력하는 함수다.

콘솔은 자바스크립트 코드를 직접 입력해 그 결과를 확인할 수 있는 REPL(Read Eval Print Loop: 입력 수행 출력 반복) 환경으로 사용할 수도 있다. 개발자 도구의 Console 패널을 클릭하면 다음과 같이 프롬프트(〉)가 표시되는 것을 확인할 수 있다.

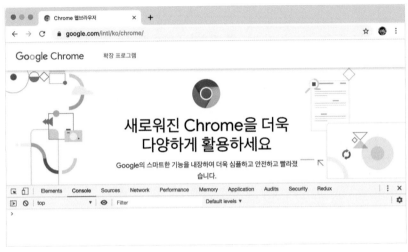

그림 3-4 개발자 도구의 Console 패널

다음과 같이 개발자 도구 우측의 ⋮ 버튼을 클릭하면 브라우저에서 개발자 도구를 분리할 수도 있다.

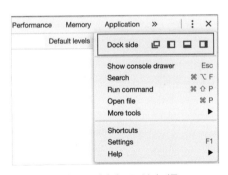

그림 3-5 개발자 도구 분리 버튼

프롬프트에 자바스크립트 코드를 입력하면 다음 줄에 실행 결과가 표시된다. 엔터 키를 입력하면 다음 프롬프트로 이동한다.

그림 3-6 콘솔에서 자바스크립트 코드를 실행

여러 줄로 이뤄진 자바스크립트 코드를 실행할 때 줄바꿈이 필요한 경우에는 Shift 키를 누른 상태에서 엔터 키를 누른다.

그림 3-7 Console 패널에서 자바스크립트 코드의 줄바꿈

자바스크립트 코드를 실행하는 중에 에러가 발생하면 에러의 내용이 콘솔에 출력된다.

그림 3-8 에러 출력

3.2.3 브라우저에서 자바스크립트 실행

브라우저는 HTML 파일을 로드하면 script 태그에 포함된 자바스크립트 코드를 실행한다. 만약 자바스크립트 코드 내에서 console.log 메서드가 호출되었다면 콘솔에 실행 결과가 출력될 것이다.

다음과 같이 자바스크립트가 포함된 HTML 파일을 생성하고 브라우저로 실행해 보자. 지금은 아래 코드를 이해할 필요가 없고, HTML에 포함된 자바스크립트를 브라우저에서 실행하는 방법에 주목하자.

【 예제 03-01 】

```html
<!DOCTYPE html>
<html>
<head>
  <meta charset="UTF-8">
  <title>Counter</title>
</head>
<body>
  <div id="counter">0</div>
  <button id="increase">+</button>
  <button id="decrease">-</button>
  <script>
    // 에러를 발생시키는 코드: 선택자는 'counter-x'가 아니라 'counter'를 지정해야 한다.
    const $counter = document.getElementById('counter-x');
    const $increase = document.getElementById('increase');
    const $decrease = document.getElementById('decrease');

    let num = 0;
    const render = function () { $counter.innerHTML = num; };

    $increase.onclick = function () {
      num++;
      console.log('increase 버튼 클릭', num);
      render();
    };

    $decrease.onclick = function () {
      num--;
      console.log('decrease 버튼 클릭', num);
      render();
    };
  </script>
</body>
</html>
```

'+' 또는 '-' 버튼을 클릭하면 에러가 발생한다. 만약 개발자 도구의 콘솔을 열어둔 상태가 아니라면 에러가 발생한 것을 알아차리기 어렵다. 에러를 확인하기 위해 개발자 도구의 콘솔을 열어보자.

그림 3-9 에러 발생

에러가 발생하기는 했으나 HTML 파일에 포함된 자바스크립트가 일부 실행된 것은 확인했다. 다음은 디버깅에 대해 살펴보자.

3.2.4 디버깅

에러 정보의 오른쪽에 에러 발생 위치(그림 3-9 참고)를 나타내는 링크를 클릭해보자. 그럼 다음 그림과 같이 자바스크립트 코드를 디버깅할 수 있는 Sources 패널로 이동할 것이다.

그림 3-10 Sources 패널

에러가 발생한 위치에 빨간 밑줄이 표시되고, 그 위에 마우스를 올려 보면 "Uncaught TypeError: Cannot set property 'innerHTML' of null"이라는 에러 정보가 표시된다.[7]

$counter 변수의 값이 null인지 확인해보고, null이라면 그 이유를 알아내서 에러가 발생한 원인을 제거해 보자. 에러가 발생한 코드 왼쪽의 라인 번호를 클릭해 브레이크포인트(중단점)를 걸고(①) 다시 버튼을 클릭하면(②) 다음과 같이 디버깅 모드로 들어간다.

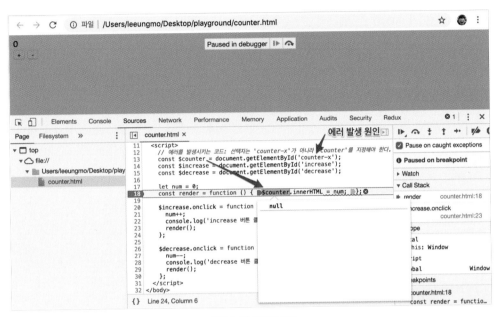

그림 3-11 디버깅 모드

18번째 줄의 $counter에 마우스 커서를 올려 보면 $counter 변수의 값을 확인할 수 있다. 현재 $counter 변수의 값은 null이다. 그 원인은 13번째 줄에서 $counter 변수에 값을 할당할 때 HTML 요소의 아이디를 'counter-x'로 잘못 지정한 탓이다. 다시 소스코드로 돌아가 13번째 줄의 'counter-x'를 'counter'로 수정하면 에러가 제거될 것이다. 이처럼 디버깅은 먼저 에러 메시지를 확인하고 에러가 발생한 원인을 제거하는 것이다.

콘솔과 디버깅에 대한 자세한 내용은 구글의 'Tools for Web Developers: 콘솔 사용'[8]과 'Tools for Web Developers: Chrome DevTools에서 자바스크립트 디버깅 시작하기'[9]를 참고하기 바란다.

---

7 지금은 코드를 이해할 필요는 없다. 참고로 이 에러는 innerHTML 프로퍼티에 값을 할당하기 위해 $counter 변수를 참조했으나 $counter 변수의 값이 객체가 아니라 null이기 때문에 발생한 에러다.

8 https://developers.google.com/web/tools/chrome-devtools/console/?hl=ko

9 https://developers.google.com/web/tools/chrome-devtools/javascript/?hl=ko

3.3 Node.js

클라이언트 사이드, 즉 브라우저에서 동작하는 간단한 웹 애플리케이션은 브라우저만으로도 개발할 수 있다. 하지만 프로젝트의 규모가 커짐에 따라 React, Angular, Lodash 같은 프레임워크 또는 라이브러리를 도입하거나 Babel, Webpack, ESLint 등 여러 가지 도구를 사용할 필요가 있다. 이때 Node.js와 npm이 필요하다.

3.3.1 Node.js와 npm 소개

2009년, 라이언 달[Ryan Dahl][10]이 발표한 Node.js[11]는 크롬 V8 자바스크립트 엔진으로 빌드된 자바스크립트 런타임 환경[12]이다. 간단히 말해 브라우저에서만 동작하던 자바스크립트를 브라우저 이외의 환경에서 동작시킬 수 있는 자바스크립트 실행 환경이 Node.js다.

npm[node package manager][13]은 자바스크립트 패키지 매니저다. Node.js에서 사용할 수 있는 모듈들을 패키지화해서 모아둔 저장소 역할과 패키지 설치 및 관리를 위한 CLI[Command line interface]를 제공한다. 자신이 작성한 패키지를 공개할 수도 있고 필요한 패키지를 검색해 재사용할 수도 있다. npm에 대한 자세한 내용은 다음 페이지를 참고하기 바란다.

> ■ **모듈화와 npm**: https://poiemaweb.com/nodejs-npm

3.3.2 Node.js 설치

Node.js를 설치하기 위해 Node.js의 웹사이트(http://nodejs.org)에 접속해 보자.

그림 3-12 Node.js 웹사이트

---

10 https://en.wikipedia.org/wiki/Ryan_Dahl
11 https://nodejs.org
12 https://ko.wikipedia.org/wiki/런타임
13 https://www.npmjs.com

Node.js 웹사이트에 접속하면 두 개의 다운로드 버튼이 보이는데 왼쪽은 LTS 버전, 오른쪽은 Current 버전을 다운로드하는 버튼이다. LTS^{Long Term Support} 버전은 장기적으로 안정된 지원이 보장된다. 반면 Current 버전은 최신 기능을 제공하지만 업데이트가 발생하는 버전으로 안정적이지 않을 수 있다. 실제 개발 환경이라면 LTS 버전을 설치하는 것이 좋지만 학습을 위해 최신 기능을 제공하는 Current 버전을 다운로드하자.

"14.3.0 Current" 버튼을 클릭하면 사용자의 운영체제에 적합한 설치 파일을 다운로드해서 설치할 수 있다. 이때 npm도 함께 설치된다. Node.js는 아래의 디렉터리에 설치되며, 버전에 따라 설치 위치는 바뀔 수 있다.

- 윈도우: C:\Program Files\nodejs\node.exe
- macOS: /usr/local/bin/node

설치가 완료되면 터미널(윈도우에서는 명령 프롬프트)에서 Node.js와 npm의 버전을 출력해 정상적으로 설치되었는지 확인한다.

```
$ node -v
v14.3.0
$ npm -v
6.14.5
```

3.3.3 Node.js REPL

Node.js가 제공하는 REPL^{Read Eval Print Loop}을 사용하면 간단한 자바스크립트 코드를 실행해 결과를 확인해 볼 수 있다. 터미널(윈도우에서는 명령 프롬프트)에서 다음과 같은 명령어를 실행해 보자.

```
$ node
```

프롬프트가 >로 변경되면 자바스크립트 코드를 실행해 볼 수 있다.

```
Welcome to Node.js v14.3.0.
Type ".help" for more information.
> 1 + 2
3
> Math.max(1, 2, 3)
3
> [1, 2, 3].filter(v => v % 2)
[ 1, 3 ]
```

자바스크립트 파일을 실행하려면 node 명령어 뒤에 파일 이름을 입력한다. 파일 확장자 .js는 생략해도 된다.

```
$ node index.js
```

Ctrl + C 키를 두 번 입력하면 Node.js REPL이 종료된다. Node.js REPL에 대한 자세한 내용은 다음 문서를 참고하기 바란다.

- **Node.js Documentation의 REPL:** https://nodejs.org/dist/latest/docs/api/repl.html#repl_repl

3.4 비주얼 스튜디오 코드

3.4.1 비주얼 스튜디오 코드 설치

브라우저의 콘솔 또는 Node.js의 REPL에서 자바스크립트 코드를 실행할 수 있지만 애플리케이션을 개발하는 단계에서 사용하기에는 부족함이 많다. 코드 에디터를 사용하면 코드 자동 완성, 문법 오류 감지, 디버깅, Git 연동 등 강력하고 편리한 기능을 활용할 수 있다. 최근 인기를 끌고 있는 코드 에디터는 다음과 같다.

그림 3-13 코드 에디터 인기 순위[14]

이 책에서는 마이크로소프트의 비주얼 스튜디오 코드(이하 VS Code)를 사용해 자바스크립트를 실행해 보자. 먼저 VS Code를 설치하기 위해 VS Code 웹사이트[15]에 접속해 사용 중인 운영체제에 해당하는 설치 프로그램을 내려받아 설치한다.

---

14 https://2019.stateofjs.com/other-tools/#text_editors
15 https://code.visualstudio.com

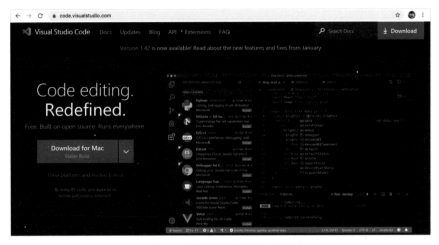

그림 3-14 비주얼 스튜디오 코드 웹사이트

3.4.2 내장 터미널

앞에서 설치한 VS Code를 실행한 다음, 적당한 위치에 프로젝트 폴더를 성성하고 자바스크립트 파일을 생성해 보자. 예를 들어, 바탕화면에 myapp이라는 폴더를 생성하고 다음과 같이 index.js 파일을 생성한다.

【 예제 03-02 】

```javascript
// myapp/index.js
const arr = [1, 2, 3];

arr.forEach(console.log);
```

VS Code에는 터미널(윈도우에서는 명령 프롬프트)이 내장되어 있다. 내장 터미널을열려면 Ctrl + ` 단축키를 누른다.

그림 3-15 비주얼 스튜디오 코드에 내장된 터미널

내장 터미널이 열리고 프롬프트가 나타나면 다음과 같은 Node.js 명령어로 자바스크립트 파일을 실행할 수 있다.

```
> node index
1 0 [ 1, 2, 3 ]
2 1 [ 1, 2, 3 ]
3 2 [ 1, 2, 3 ]
```

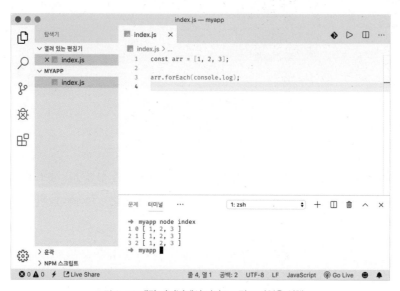

그림 3-16 내장 터미널에서 자바스크립트 파일을 실행

3.4.3 Code Runner 확장 플러그인

VS Code에서는 확장 플러그인 저장소인 "마켓플레이스"를 통해 다양한 확장 플러그인을 다운로드해서 설치할 수 있다. Code Runner 확장 플러그인을 사용하면 VS Code의 내장 터미널에서 단축키를 사용해 자바스크립트를 비롯해 다양한 프로그래밍 언어로 구현된 소스코드를 간단히 실행할 수 있다.

Code Runner 확장 플러그인을 설치해 보자. VS Code의 확장 버튼을 클릭한 다음 "Code Runner"를 입력해 검색하고 Install 버튼을 클릭한다.

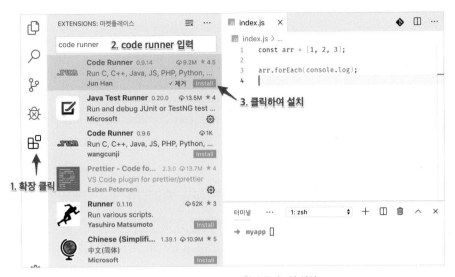

그림 3-17 Code Runner 확장 플러그인 설치

Code Runner 확장 플러그인에서는 다음과 같은 단축키를 사용해 현재 표시 중인 자바스크립트 파일을 실행할 수 있다.

운영체제	단축키
윈도우	Ctrl + Alt + N
macOS	control ^ + option ⌥ + N

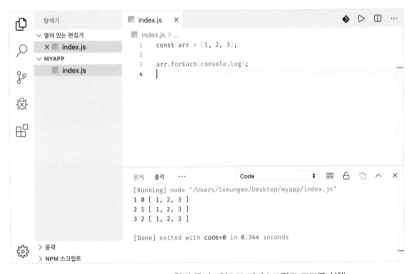

그림 3-18 Code Runner 확장 플러그인으로 자바스크립트 코드를 실행

다음과 같이 소스코드를 수정한 후 다시 한번 실행해 보자.

```
// myapp/index.js
const arr = [1, 2, 3];

arr.forEach(alert);
```

이 소스코드를 실행하면 "ReferenceError: alert is not defined"라는 에러가 발생한다. 브라우저에 알림창을 띄우는 alert 함수는 브라우저에서만 동작하는 클라이언트 사이드 Web API다. 즉, alert 함수는 브라우저 환경에서만 유효하다.

그런데 Code Runner 확장 플러그인은 Node.js 환경을 사용해 자바스크립트를 실행한다. 따라서 클라이언트 사이드 Web API인 alert 함수를 Node.js 환경에서는 알 수 없기 때문에 에러가 발생한 것이다. 따라서 클라이언트 사이드 Web API가 포함된 소스코드는 Code Runner 확장 플러그인을 통해 실행하지 말고 브라우저 환경에서 실행해야 한다.

지금은 브라우저 환경과 Node.js 환경 모두에서 실행 가능한 ECMAScript 표준 빌트인 함수와 브라우저 환경에서만 실행 가능한 클라이언트 사이드 Web API를 구분하기 어려울 것이다. 이 책에서는 앞으로 다양한 ECMAScript 표준 빌트인 함수와 클라이언트 사이드 Web API를 다룬다. 따라서 점차 ECMAScript의 표준 빌트인 함수와 클라이언트 사이드 Web API를 구분할 수 있게 될 것이다. 지금은 클라이언트 사이드 Web API는 Node.js 환경에서 실행할 수 없다는 것에 주목하자.

3.4.4 Live Server 확장 플러그인

클라이언트 사이드 Web API가 포함된 자바스크립트 코드를 실행하려면 Node.js 환경이 아닌 브라우저에서 실행해야 한다. 위 예제를 브라우저에서 실행하려면 개발자 도구의 콘솔에서 실행하거나 자바스크립트 코드를 HTML에 삽입한 다음 HTML 파일을 브라우저에서 열어야 한다.

위 예제를 브라우저에서 실행하기 위해 앞에서 생성한 myapp 폴더에 다음과 같은 HTML 파일을 생성하자.

【 예제 03-04 】

```
<!DOCTYPE html>
<html>
<body>
  <script src="index.js"></script>
</body>
</html>
```

위 HTML 파일을 브라우저에서 직접 열어도 좋지만 파일 경로 문제가 발생할 수 있고, 소스코드를 수정할 때마다 매번 새로고침해야 하므로 번거롭다.

이때 Live Server라는 확장 플러그인을 이용하면 소스코드를 수정할 때마다 수정 사항을 브라우저에 자동으로 반영해주기 때문에 매우 편리하다. VS Code의 확장 버튼을 클릭한 다음 "Live Server"를 검색하고 Install 버튼을 클릭한다.

그림 3-19 Live Server 확장 플러그인 설치

Live Server 확장 플러그인이 설치되면 화면 아래에 "Go Live"라는 버튼이 생긴다.

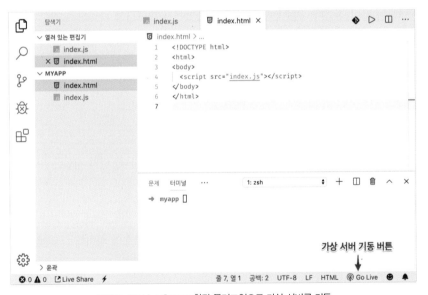

그림 3-20 Live Server 확장 플러그인으로 가상 서버를 기동

이 버튼을 클릭하면 가상 서버가 기동되어 브라우저에 HTML 파일이 자동 로딩된다. 이후 소스코드를 수정하면 수정 사항이 가상 서버에 자동으로 반영된다.

04장

변수

4.1 변수란 무엇인가? 왜 필요한가?

애플리케이션은 데이터를 다룬다. 아무리 복잡한 애플리케이션이라 해도 데이터를 입력input받아 처리하고 그 결과를 출력output하는 것이 전부다. 변수는 프로그래밍 언어에서 데이터를 관리하기 위한 핵심 개념이다. 변수란 무엇인지 그리고 왜 필요한지 살펴보자.

먼저 다음과 같은 자바스크립트 코드를 실행하면 컴퓨터에서는 어떤 일이 일어날지 생각해 보자.

【 예제 04-01 】

```
10 + 20
```

컴퓨터는 사람을 모델로 디자인되었기 때문에 사람과 유사하게 동작한다. 먼저 사람은 위 식을 어떻게 계산하는지 생각해보자.

사람이 위 식을 계산하려면 10, 20, +라는 기호의 의미를 알고 있어야 하며, 10 + 20이라는 식의 의미도 해석할 수 있어야 한다. 사람이 10 + 20이라는 식의 의미를 해석하면 + 기호의 의미대로 덧셈을 하기 위해 숫자 10과 20을 두뇌에 기억한다. 그리고 10과 20을 더한 결과인 30도 두뇌에 기억한다.

컴퓨터, 좀 더 정확히 표현하면 자바스크립트를 해석하고 실행하는 자바스크립트 엔진도 사람과 유사하게 위 자바스크립트 코드를 실행한다. 자바스크립트 엔진이 위 자바스크립트 코드를 계산(평가evaluation)하려면 먼저 10, 20, +라는 기호(리터럴literal과 연산자operator)의 의미를 알고 있어야 하며, 10 + 20이라는 식(표현식expression)의 의미도 해석(파싱parsing)할 수 있어야 한다.

자바스크립트 엔진이 10 + 20이라는 식의 의미를 해석하면 + 연산을 수행하기 위해 먼저 + 연산자의 좌변과 우변의 숫자 값, 즉 피연산자operand를 기억한다. 사람은 계산과 기억을 모두 두뇌에서 하지만, 컴퓨터는 연산과 기억을 수행하는 부품이 나눠져 있다. 김퓨터는 CPU를 사용해 연산하고, 메모리를 사용해 데이터를 기억한다.

메모리memory는 데이터를 저장할 수 있는 메모리 셀memory cell의 집합체다. 메모리 셀 하나의 크기는 1바이트(8비트)이며, 컴퓨터는 메모리 셀의 크기, 즉 1바이트 단위로 데이터를 저장write하거나 읽어read 들인다.

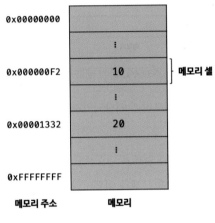

그림 4-1 메모리

각 셀은 고유의 메모리 주소memory address를 갖는다. 이 메모리 주소는 메모리 공간의 위치를 나타내며, 0부터 시작해서 메모리의 크기만큼 정수로 표현된다. 예를 들어, 4GB 메모리는 0부터 4,294,967,295 (0x00000000 ~ 0xFFFFFFFF)까지의 메모리 주소를 갖는다.

컴퓨터는 모든 데이터를 2진수로 처리한다. 따라서 메모리에 저장되는 데이터는 데이터의 종류(숫자, 텍스트, 이미지, 동영상 등)와 상관없이 모두 2진수로 저장된다.

위 예제의 숫자 값 10과 20은 메모리 상의 임의의 위치(메모리 주소)에 기억(저장)되고 CPU는 이 값을 읽어들어 연산을 수행한다. 연산 결과로 생성된 숫자 값 30도 메모리 상의 임의의 위치에 저장된다. 다음 그림에는 메모리에 저장된 숫자 값을 편의상 10진수로 표기했다. 하지만 메모리에 저장되는 모든 값은 2진수로 저장된다는 것을 기억하기 바란다.

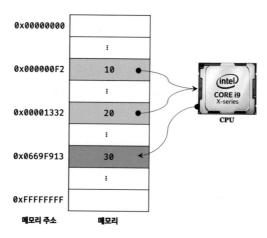

그림 4-2 메모리에 기억된 데이터와 CPU의 연산

성공적으로 연산이 끝났고 연산 결과도 메모리에 저장되었지만 문제가 있다. CPU가 연산해서 만들어낸 숫자 값 30을 재사용할 수 없다는 것이다.

10 + 20이라는 연산을 했다는 것은 그 연산 결과가 필요하고 이를 사용해 무언가를 하겠다는 의도가 있었을 것이다. 연산 결과를 단 한 번만 사용한다면 문제가 없겠지만 만약 연산 결과 30을 재사용하고 싶다면 메모리 주소(그림 4-2에서는 `0x0669F913`)를 통해 연산 결과 30이 저장된 메모리 공간에 직접 접근하는 것 외에는 방법이 없다.

하지만 메모리 주소를 통해 값에 직접 접근하는 것은 치명적 오류를 발생시킬 가능성이 높은 매우 위험한 일이다. 만약 실수로 운영체제가 사용하고 있는 값을 변경하면 시스템을 멈추게 하는 치명적인 오류가 발생할 수도 있다. 따라서 자바스크립트는 개발자의 직접적인 메모리 제어를 허용하지 않는다.

만약 자바스크립트가 개발자의 직접적인 메모리 제어를 허용하더라도 문제가 있다. 값이 저장될 메모리 주소는 코드가 실행될 때 메모리의 상황에 따라 임의로 결정된다. 따라서 동일한 컴퓨터에서 동일한 코드를 실행해도 코드가 실행될 때마다 값이 저장될 메모리 주소는 변경된다. 이처럼 코드가 실행되기 이전에는 값이 저장된 메모리 주소를 알 수 없으며, 알려 주지도 않는다. 따라서 메모리 주소를 통해 값에 직접 접근하려는 시도는 올바른 방법이 아니다.

프로그래밍 언어는 기억하고 싶은 값을 메모리에 저장하고, 저장된 값을 읽어 들여 재사용하기 위해 변수라는 메커니즘을 제공한다. 변수의 정의를 내려보면 다음과 같다.

변수^{variable}**는 하나의 값을 저장하기 위해 확보한 메모리 공간 자체 또는 그 메모리 공간을 식별하기 위해 붙인 이름을 말한다.**

간단히 말하자면 변수는 프로그래밍 언어에서 값을 저장하고 참조하는 메커니즘으로, **값의 위치를 가리키는 상징적인 이름**이다. 상징적 이름인 변수는 프로그래밍 언어의 컴파일러 또는 인터프리터에 의해 값이 저장된 메모리 공간의 주소로 치환되어 실행된다. 따라서 개발자가 직접 메모리 주소를 통해 값을 저장하고 참조할 필요가 없고 변수를 통해 안전하게 값에 접근할 수 있다.

📄 **변수에 여러 개의 값을 저장하는 방법**

변수는 하나의 값을 저장하기 위한 메커니즘이다. 여러 개의 값을 저장하려면 여러 개의 변수를 사용해야 한다. 단, 배열이나 객체 같은 자료구조를 사용하면 관련이 있는 여러 개의 값을 그룹화해서 하나의 값처럼 사용할 수 있다.

【 예제 04-02 】

```javascript
// 변수는 하나의 값을 저장하기 위한 수단이다.
var userId = 1;
var userName = 'Lee';

// 객체나 배열 같은 자료구조를 사용하면 여러 개의 값을 하나로 그룹화해서 하나의 값처럼 사용할 수 있다.
var user = { id: 1, name: 'Lee' };

var users = [
  { id: 1, name: 'Lee' },
  { id: 2, name: 'Kim' }
];
```

앞서 살펴본 코드를 변수를 사용해 다시 작성해보자.

【 예제 04-03 】

```javascript
var result = 10 + 20;
```

10 + 20은 연산을 통해 새로운 값 30을 생성한다. 그리고 연산을 통해 생성된 값 30은 메모리 공간에 저장된다. 이때 메모리 공간에 저장된 값 30을 다시 읽어 들여 재사용할 수 있도록 값이 저장된 메모리 공간에 상징적인 이름을 붙인 것이 바로 변수다.

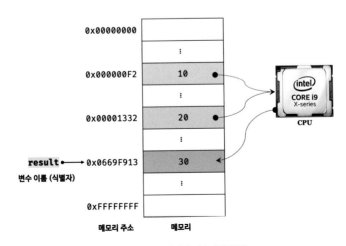

그림 4-3 값의 생성과 변수에의 할당

메모리 공간에 저장된 값을 식별할 수 있는 고유한 이름(위 예제에서는 result)을 **변수 이름**(또는 변수명)이라 한다. 그리고 변수에 저장된 값(위 예제에서는 30)을 **변수 값**이라고 한다.

변수에 값을 저장하는 것을 **할당**^{assignment}(대입, 저장)이라 하고, 변수에 저장된 값을 읽어 들이는 것을 **참조**^{reference}라 한다.

변수 이름은 사람을 위해 사람이 이해할 수 있는 언어로 값이 저장된 메모리 공간에 붙인 상징적인 이름이다. 변수 이름을 사용해 참조를 요청하면 자바스크립트 엔진은 변수 이름과 매핑된 메모리 주소를 통해 메모리 공간에 접근해서 저장된 값을 반환한다.

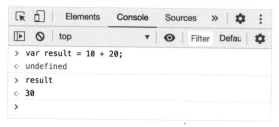

그림 4-4 변수 이름을 사용한 값의 참조

사람이 이해할 수 있는 언어로 명명한 변수 이름을 통해 변수에 저장된 값의 의미를 명확히 할 수 있다. 따라서 좋은 이름, 즉 변수에 저장된 값의 의미를 파악할 수 있는 변수 이름은 가독성을 높이는 부수적인 효과도 있다.

코드는 컴퓨터에게 내리는 명령이지만 개발자를 위한 문서이기도 하다. 개발자의 의도를 나타내는 명확한 네이밍은 코드를 이해하기 쉽게 만들며, 이는 협업과 품질 향상에 도움을 준다. 변수 이름은 첫아이 이름을 짓듯이 심사숙고해서 지어야 한다.

4.2 식별자

변수 이름을 식별자^{identifier}라고도 한다. **식별자는 어떤 값을 구별해서 식별할 수 있는 고유한 이름을 말한다.** 사람을 이름으로 구별해서 식별하는 것처럼 값도 식별자로 구별해서 식별할 수 있다.

값은 메모리 공간에 저장되어 있다. 따라서 식별자는 메모리 공간에 저장되어 있는 어떤 값을 구별해서 식별해낼 수 있어야 한다. 이를 위해 식별자는 어떤 값이 저장되어 있는 메모리 주소를 기억(저장)해야 한다.

그림 4-3에서 식별자 result는 값 30을 식별할 수 있었다. 이를 위해 식별자 result는 값 30이 저장되어 있는 메모리 주소 0×0669F913을 기억해야 한다. 즉, 식별자는 값이 저장되어 있는 메모리 주소와 매핑 관계를 맺으며, 이 매핑 정보도 메모리에 저장되어야 한다.

이처럼 **식별자는 값이 아니라 메모리 주소를 기억하고 있다.** 식별자로 값을 구별해서 식별한다는 것은 식별자가 기억하고 있는 메모리 주소를 통해 메모리 공간에 저장된 값에 접근할 수 있다는 의미다. 즉, 식별자는 메모리 주소에 붙인 이름이라고 할 수 있다.

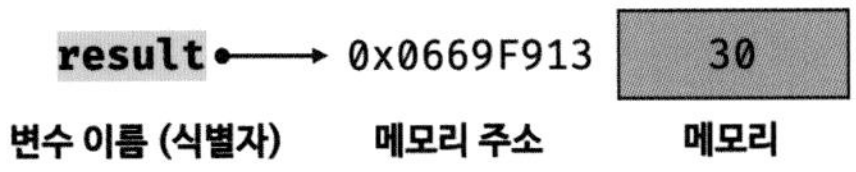

그림 4-5 식별자

식별자라는 용어는 변수 이름에만 국한해서 사용하지 않는다. 예를 들어, 변수, 함수, 클래스 등의 이름은 모두 식별자다. 식별자인 변수 이름으로는 메모리 상에 존재하는 변수 값을 식별할 수 있고, 함수 이름으로는 메모리 상에 존재하는 함수(자바스크립트에서 함수는 값이다)를 식별할 수 있다. 즉, 메모리 상에 존재하는 어떤 값을 식별할 수 있는 이름은 모두 식별자라고 부른다.

변수, 함수, 클래스 등의 이름과 같은 식별자는 네이밍 규칙[1]을 준수해야 하며, **선언**declaration에 의해 자바스크립트 엔진에 식별자의 존재를 알린다. 변수를 선언하는 방법을 살펴보자.

4.3 변수 선언

변수 선언variable declaration이란 변수를 생성하는 것을 말한다. 좀 더 자세히 말하면 값을 저장하기 위한 메모리 공간을 확보allocate하고 변수 이름과 확보된 메모리 공간의 주소를 연결name binding[2]해서 값을 저장할 수 있게 준비하는 것이다. 변수 선언에 의해 확보된 메모리 공간은 확보가 해제release되기 전까지는 누구도 확보된 메모리 공간을 사용할 수 없도록 보호되므로 안전하게 사용할 수 있다.

변수를 사용하려면 반드시 선언이 필요하다. 변수를 선언할 때는 var, let, const 키워드를 사용한다. ES6에서 let, const 키워드가 도입되기 이전까지 var 키워드는 자바스크립트에서 변수를 선언할 수 있는 유일한 키워드였다. 먼저 var 키워드를 사용해 변수를 선언하는 방법을 살펴보고 let, const 키워드에 대해서는 나중에 자세히 알아보자.

> 📄 ES5 vs. ES6
>
> 아직 살펴보지 않았지만 var 키워드는 여러 단점[3]이 있다. var 키워드의 여러 단점 중에서 가장 대표적인 것이 블록 레벨 스코프block-level scope를 지원하지 않고 함수 레벨 스코프function-level scope를 지원한다는 것이다. 이로 인해 의도치 않게 전역 변수가 선언되어 심각한 부작용이 발생하기도 한다.

1　4.7절 "식별자 네이밍 규칙" 참고
2　https://ko.wikipedia.org/wiki/네임_바인딩
3　15.1절 "var 키워드로 선언한 변수의 문제점" 참고

ES6에서 let과 const 키워드를 도입한 이유는 var 키워드의 여러 단점을 보완하기 위해서다. 따라서 let과 const 키워드가 도입된 이유를 정확히 파악하려면 먼저 var 키워드의 단점부터 정확히 이해해야 한다. var 키워드의 단점을 이해하려면 먼저 스코프와 같은 자바스크립트의 핵심 개념을 먼저 살펴봐야 한다.

ES6에서 let과 const 키워드가 도입되었다고 해서 var 키워드가 폐기^{deprecated}된 것은 아니다. ES6 이전 사양으로 작성된 코드는 var 키워드를 사용해 구현되어 있을 것이며, ES6 이후 사양(ES6+/ES.NEXT)을 따른다 하더라도 권장하지는 않지만 var 키워드를 사용할 수도 있다.

ES5와 ES6는 서로 상관없는 별개의 사양이 아니다. ES6 이전 사양으로 구현된 코드는 ES6 기반의 자바스크립트 엔진에서 모두 정상적으로 동작한다. 즉, ES6는 기본적으로 하위 호환성을 유지하면서 ES5의 기반 위에 새로운 기능을 추가한 것이다. 다시 말해, **ES6는 ES5의 상위 집합^{superset}이다.**

따라서 ES6 사양을 기준으로 자바스크립트를 학습한다 하더라도 ES5 사양을 잘 알아둘 필요가 있다. ES5를 잘 이해하고 있으면 ES6를 더욱 빠르고 명확하게 이해할 수 있기 때문이다.

다음 코드를 살펴보자. var 키워드는 뒤에 오는 변수 이름으로 새로운 변수를 선언할 것을 지시하는 키워드다.

【 예제 04-04 】

```
var score; // 변수 선언(변수 선언문)
```

 키워드^{keyword}

키워드는 자바스크립트 코드를 해석하고 실행하는 자바스크립트 엔진이 수행할 동작을 규정한 일종의 명령어다. 자바스크립트 엔진은 키워드를 만나면 자신이 수행해야 할 약속된 동작을 수행한다. 예를 들어, var 키워드를 만나면 자바스크립트 엔진은 뒤에 오는 변수 이름으로 새로운 변수를 선언한다.

위 변수 선언문은 다음과 같이 변수 이름을 등록⁴하고 값을 저장할 메모리 공간을 확보한다.

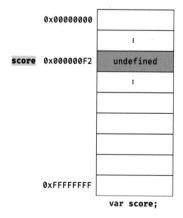

그림 4-6 변수 선언

---

4 "변수 이름은 어디에 등록되는가?" 참고

변수를 선언한 이후, 아직 변수에 값을 할당하지 않았다. 따라서 변수 선언에 의해 확보된 메모리 공간은 비어 있을 것으로 생각할 수 있으나 확보된 메모리 공간에는 자바스크립트 엔진에 의해 undefined라는 값이 암묵적으로 할당되어 초기화된다.[5] 이것은 자바스크립트의 독특한 특징이다.

> 📄 undefined
>
> undefined는 자바스크립트에서 제공하는 원시 타입의 값$^{primitive\ value}$이다. 이에 대해서는 6장 "데이터 타입"에서 자세히 살펴볼 것이다.

자바스크립트 엔진은 변수 선언을 다음과 같은 2단계에 거쳐 수행한다.

- **선언 단계**: 변수 이름을 등록해서 자바스크립트 엔진에 변수의 존재를 알린다.
- **초기화 단계**: 값을 저장하기 위한 메모리 공간을 확보하고 암묵적으로 undefined를 할당해 초기화한다.

> 📄 변수 이름은 어디에 등록되는가?
>
> 변수 이름을 비롯한 모든 식별자는 실행 컨텍스트에 등록된다. 실행 컨텍스트$^{execution\ context}$는 자바스크립트 엔진이 소스코드를 평가하고 실행하기 위해 필요한 환경을 제공하고 코드의 실행 결과를 실제로 관리하는 영역이다. 자바스크립트 엔진은 실행 컨텍스트를 통해 식별자와 스코프를 관리한다.
>
> 변수 이름과 변수 값은 실행 컨텍스트 내에 키^{key}/값^{value} 형식인 객체로 등록되어 관리된다. 자바스크립트 엔진이 변수를 관리하는 메커니즘은 13장 "스코프"와 23장 "실행 컨텍스트"에서 자세히 살펴볼 것이다. 지금은 단순히 자바스크립트 엔진이 변수를 관리할 수 있도록 변수의 존재를 알린다는 정도로만 알아두자.

var 키워드를 사용한 변수 선언은 선언 단계와 초기화 단계가 동시에 진행된다. var score;는 선언 단계를 통해 변수 이름 score를 등록하고, 초기화 단계를 통해 score 변수에 암묵적으로 undefined를 할당해 초기화한다.

일반적으로 초기화^{initialization}란 변수가 선언된 이후 최초로 값을 할당하는 것을 말한다. var 키워드로 선언한 변수는 undefined로 암묵적인 초기화가 자동 수행된다. 따라서 var 키워드로 선언한 변수는 어떠한 값도 할당하지 않아도 undefined라는 값을 갖는다.

만약 초기화 단계를 거치지 않으면 확보된 메모리 공간에는 이전에 다른 애플리케이션이 사용했던 값이 남아 있을 수 있다. 이러한 값을 쓰레기 값$^{garbage\ value}$이라 한다. 따라서 메모리 공간을 확보한 다음, 값을 할당하지 않은 상태에서 곧바로 변수 값을 참조하면 쓰레기 값이 나올 수 있다. 자바스크립트의 var 키워드는 암묵적으로 초기화를 수행하므로 이러한 위험으로부터 안전하다.

---

5 https://www.ecma-international.org/ecma-262/11.0/#sec-variable-statement

변수를 사용하려면 반드시 선언이 필요하다. 변수뿐만 아니라 모든 식별자(함수, 클래스 등)가 그렇다. 만약 선언하지 않은 식별자에 접근하면 ReferenceError(참조 에러)[6]가 발생한다. ReferenceError는 식별자를 통해 값을 참조하려 했지만 자바스크립트 엔진이 등록된 식별자를 찾을 수 없을 때 발생하는 에러다.

그림 4-7 ReferenceError(참조 에러)

4.4 변수 선언의 실행 시점과 변수 호이스팅

다음 예제를 살펴보자.

【 예제 04-05 】

```
console.log(score); // undefined

var score; // 변수 선언문
```

변수 선언문보다 변수를 참조하는 코드가 앞에 있다. 자바스크립트 코드는 인터프리터[7]에 의해 한 줄씩 순차적으로 실행되므로 console.log(score);가 가장 먼저 실행되고 순차적으로 다음 줄에 있는 코드를 실행한다. 따라서 console.log(score);가 실행되는 시점에는 아직 score 변수의 선언이 실행되지 않았으므로 참조 에러[ReferenceError]가 발생할 것처럼 보인다. 하지만 참조 에러가 발생하지 않고 undefined가 출력된다.

그 이유는 **변수 선언이 소스코드가 한 줄씩 순차적으로 실행되는 시점, 즉 런타임[runtime]이 아니라 그 이전 단계에서 먼저 실행되기 때문이다.**

자바스크립트 엔진은 소스코드를 한 줄씩 순차적으로 실행하기에 앞서 먼저 소스코드의 평가 과정[8]을 거치면서 소스코드를 실행하기 위한 준비를 한다. 이때 소스코드 실행을 위한 준비 단계인 소스코드의 평가 과정에서 자바스크립트 엔진은 변수 선언을 포함한 모든 선언문(변수 선언문, 함수 선언문 등)을 소스코드에서 찾아내 먼저 실행한다. 그리고 소스코드의 평가 과정이 끝나면 비로소 변수 선언을 포함한 모든 선언문을 제외하고 소스코드를 한 줄씩 순차적으로 실행한다.[9]

---

6 https://developer.mozilla.org/ko/docs/Web/JavaScript/Reference/Global_Objects/ReferenceError
7 2.5절 "자바스크립트의 특징" 참고
8 23.2절 "소스코드의 평가와 실행" 참고
9 변수가 선언되는 과정에 대해서는 23장 "실행 컨텍스트"에서 자세히 살펴본다. 지금은 변수 선언이 코드가 순차적으로 실행되는 런타임 이전에 먼저 실행된다는 점에 주목하자.

즉, 자바스크립트 엔진은 변수 선언이 소스코드의 어디에 있든 상관없이 다른 코드보다 먼저 실행한다. 따라서 변수 선언이 소스코드의 어디에 위치하는지와 상관없이 어디서든지 변수를 참조할 수 있다.

위 예제를 다시 살펴보자. 변수 선언문인 var score;보다 변수를 참조하는 코드인 console.log(score);가 앞에 있다. 만약 코드가 순차적으로 실행되는 런타임에 변수 선언이 실행된다면 console.log(score);가 실행되는 시점에는 아직 변수가 선언되기 이전이므로 위 코드를 실행하면 참조 에러^{ReferenceError}가 발생해야 한다. 하지만 undefined가 출력된다.

이는 변수 선언(선언 단계와 초기화 단계)이 소스코드가 순차적으로 실행되는 런타임 이전 단계에서 먼저 실행된다는 증거다. 이처럼 **변수 선언문이 코드의 선두로 끌어 올려진 것처럼 동작하는 자바스크립트 고유의 특징을 변수 호이스팅**^{variable hoisting}이라 한다.

사실 변수 선언뿐 아니라 var, let, const, function, function*, class 키워드를 사용해서 선언하는 모든 식별자(변수, 함수, 클래스 등)는 호이스팅된다. 모든 선언문은 런타임 이전 단계에서 먼저 실행되기 때문이다.

4.5 값의 할당

변수에 값을 할당^{assignment}(대입, 저장)할 때는 할당 연산자 =를 사용한다. 할당 연산자는 우변의 값을 좌변의 변수에 할당한다.

【 예제 04-06 】

```
var score; // 변수 선언
score = 80; // 값의 할당
```

변수 선언과 값의 할당을 다음과 같이 하나의 문^{statement}으로 단축 표현할 수도 있다.

【 예제 04-07 】

```
var score = 80; // 변수 선언과 값의 할당
```

변수 선언과 값의 할당을 2개의 문으로 나누어 표현한 코드와 변수 선언과 값의 할당을 하나의 문으로 단축 표현한 코드는 정확히 동일하게 동작한다. 즉, 자바스크립트 엔진은 변수 선언과 값의 할당을 하나의 문으로 단축 표현해도 변수 선언과 값의 할당을 2개의 문으로 나누어 각각 실행한다.

이때 주의할 점은 변수 선언과 값의 할당의 실행 시점이 다르다는 것이다. **변수 선언은 소스코드가 순차적으로 실행되는 시점인 런타임 이전에 먼저 실행되지만 값의 할당은 소스코드가 순차적으로 실행되는 시점인 런타임에 실행된다.** 다음 예제를 살펴보자.

【 예제 04-08 】

```
console.log(score); // undefined

var score; // ① 변수 선언
score = 80; // ② 값의 할당

console.log(score); // 80
```

변수 선언(①)은 런타임 이전에 먼저 실행되고 값의 할당(②)은 런타임에 실행된다. 따라서 score 변수에 값을 할당하는 시점(②)에는 이미 변수 선언이 완료된 상태이며, 이미 undefined로 초기화되어 있다. 따라서 score 변수에 값을 할당하면 score 변수의 값은 undefined에서 새롭게 할당한 숫자 값 80으로 변경(재할당)된다.

변수 선언과 값의 할당을 하나의 문statement으로 단축 표현할 수도 있으므로 앞 예제는 다음 예제와 동일하게 동작한다.

【 예제 04-09 】

```
console.log(score); // undefined

var score = 80;     // 변수 선언과 값의 할당

console.log(score); // 80
```

변수의 선언과 값의 할당을 하나의 문장으로 단축 표현해도 자바스크립트 엔진은 변수의 선언과 값의 할당을 2개의 문으로 나누어 각각 실행한다. 따라서 변수에 undefined가 할당되어 초기화되는 것은 변함이 없다.

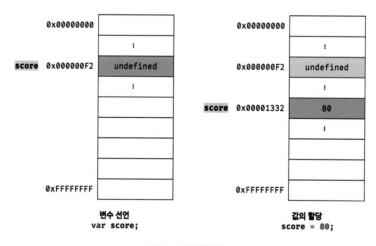

그림 4-8 값의 할당

그림 4-8처럼 변수에 값을 할당할 때는 이전 값 undefined가 저장되어 있던 메모리 공간을 지우고 그 메모리 공간에 할당 값 80을 새롭게 저장하는 것이 아니라 새로운 메모리 공간을 확보하고 그곳에 할당 값 80을 저장한다는 점에 주의하자.

그렇다면 아래 예제의 실행 결과는 무엇일지 생각해 보자. 그리고 그 이유를 자신에게 설명해보고 실제로 그렇게 동작하는지 예제를 실행하여 "컴퓨터에게 물어보라Ask the computer."[10]

【 예제 04-10 】

```
console.log(score); // undefined

score = 80; // 값의 할당
var score;  // 변수 선언

console.log(score); // ??
```

4.6 값의 재할당

이번에는 다음과 같이 score 변수에 새로운 값을 재할당해보자. 재할당이란 이미 값이 할당되어 있는 변수에 새로운 값을 또다시 할당하는 것을 말한다.

【 예제 04-11 】

```
var score = 80; // 변수 선언과 값의 할당
score = 90;     // 값의 재할당
```

var 키워드로 선언한 변수는 값을 재할당할 수 있다. 재할당은 현재 변수에 저장된 값을 버리고 새로운 값을 저장하는 것이다. var 키워드로 선언한 변수는 선언과 동시에 undefined로 초기화되기 때문에 엄밀히 말하자면 변수에 처음으로 값을 할당하는 것도 사실은 재할당이다.

재할당은 변수에 저장된 값을 다른 값으로 변경한다. 그래서 변수라고 하는 것이다. 만약 **값을 재할당할 수 없어서 변수에 저장된 값을 변경할 수 없다면 변수가 아니라 상수constant라 한다.** 상수는 한번 정해지면 변하지 않는 값이다. 다시 말해 상수는 단 한 번만 할당할 수 있는 변수다.

---

10 출처: 스프링Spring 프레임워크의 아버지, 로드 존슨Rod Johnson

ES6에서 도입된 const 키워드를 사용해 선언한 변수는 재할당이 금지된다. 즉, const 키워드는 단 한 번만 할당할 수 있는 변수를 선언한다. 따라서 const 키워드를 사용하면 상수를 표현할 수 있다.

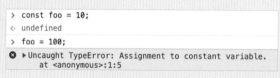

```
> const foo = 10;
< undefined
> foo = 100;
⊗ ▶ Uncaught TypeError: Assignment to constant variable.
       at <anonymous>:1:5
```

그림 4-9 const 키워드

하지만 const 키워드는 반드시 상수만을 위해 사용하지는 않는다. 이에 대해서는 15.3절 "const 키워드"에서 자세히 살펴보자.

변수에 값을 재할당하면 score 변수의 값은 이전 값 80에서 재할당한 값 90으로 변경된다. 처음 값을 할당했을 때와 마찬가지로 이전 값 80이 저장되어 있던 메모리 공간을 지우고 그 메모리 공간에 재할당 값 90을 새롭게 저장하는 것이 아니라 새로운 메모리 공간을 확보하고 그 메모리 공간에 숫자 값 90을 저장한다.

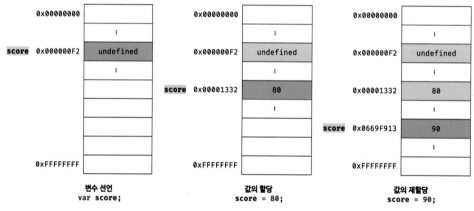

그림 4-10 값의 재할당

현재 score 변수의 값은 90이다. score 변수의 이전 값인 undefined와 80은 어떤 변수도 값으로 갖고 있지 않다. 다시 말해, 어떤 식별자와도 연결되어 있지 않다. 이것은 undefined와 80이 더 이상 필요하지 않다는 것을 의미한다. 아무도 사용하고 있지 않으니 필요하지 않은 것이다. 이러한 불필요한 값들은 가비지 콜렉터에 의해 메모리에서 자동 해제된다. 단, 메모리에서 언제 해제될지는 예측할 수 없다.

📄 가비지 콜렉터garbage collector

가비지 콜렉터[11]는 애플리케이션이 할당allocate한 메모리 공간을 주기적으로 검사하여 더 이상 사용되지 않는 메모리를 해제release하는 기능을 말한다. 더 이상 사용되지 않는 메모리란 간단히 말하자면 어떤 식별자도 참조하지 않는 메모리 공간을 의미한다. 자바스크립트는 가비지 콜렉터를 내장하고 있는 매니지드 언어로서 가비지 콜렉터를 통해 메모리 누수memory leak를 방지한다.

---

11 https://ko.wikipedia.org/wiki/쓰레기_수집_(컴퓨터_과학)

프로그래밍 언어는 메모리 관리 방식에 따라 언매니지드 언어와 매니지드 언어로 분류할 수 있다.

C 언어 같은 언매니지드 언어는 개발자가 명시적으로 메모리를 할당하고 해제하기 위해 malloc()과 free() 같은 저수준 low-level 메모리 제어 기능을 제공한다. 언매니지드 언어는 메모리 제어를 개발자가 주도할 수 있으므로 개발자의 역량에 따라 최적의 성능을 확보할 수 있지만 그 반대의 경우 치명적 오류를 생산할 가능성도 있다.

자바스크립트 같은 매니지드 언어는 메모리의 할당 및 해제를 위한 메모리 관리 기능을 언어 차원에서 담당하고 개발자의 직접적인 메모리 제어를 허용하지 않는다. 즉, 개발자가 명시적으로 메모리를 할당하고 해제할 수 없다. 더 이상 사용하지 않는 메모리의 해제는 가비지 콜렉터가 수행하며, 이 또한 개발자가 관여할 수 없다. 매니지드 언어는 개발자의 역량에 이존하는 부분이 상대적으로 작아져 어느 정도 일정한 생산성을 확보할 수 있다는 장점이 있지만 성능 면에서 어느 정도의 손실은 감수할 수밖에 없다.

4.7 식별자 네이밍 규칙

앞에서 언급했듯이 식별자identifier는 어떤 값을 구별해서 식별해낼 수 있는 고유한 이름을 말한다. 식별자는 다음과 같은 네이밍 규칙을 준수해야 한다.

- 식별자는 특수문자를 제외한 문자, 숫자, 언더스코어(_), 달러 기호($)를 포함할 수 있다.
- 단, 식별자는 특수문자를 제외한 문자, 언더스코어(_), 달러 기호($)로 시작해야 한다. 숫자로 시작하는 것은 허용하지 않는다.
- 예약어는 식별자로 사용할 수 없다.

예약어는 프로그래밍 언어에서 사용되고 있거나 사용될 예정인 단어를 말한다. 자바스크립트의 예약어는 다음과 같다.

await	break	case	catch	class	const
continue	debugger	default	delete	do	else
enum	export	extends	false	finally	for
function	if	implements*	import	in	instanceof
interface*	let*	new	null	package*	private*
protected*	public*	return	super	static*	switch
this	throw	true	try	typeof	var
void	while	with	yield*		

★ 식별자로 사용 가능하나 strict mode에서는 사용 불가

표 4-1 예약어

변수 이름도 식별자이므로 위 네이밍 규칙을 따라야 한다. 예를 들어, 다음과 같은 식별자는 변수 이름으로 사용할 수 있다. 참고로 변수는 쉼표(,)로 구분해 하나의 문에서 여러 개를 한번에 선언할 수 있다. 하지만 가독성이 나빠지므로 권장하지는 않는다.

【 예제 04-12 】

```
var person, $elem, _name, first_name, val1;
```

ES5부터 식별자를 만들 때 유니코드 문자[12]를 허용하므로 알파벳 외의 한글이나 일본어 식별자도 사용할 수 있다. 하지만 알파벳 외의 유니코드 문자로 명명된 식별자를 사용하는 것은 바람직하지 않으므로 권장하지 않는다.

【 예제 04-13 】

```
var 이름, なまえ;
```

다음 식별자는 명명 규칙에 위배되므로 변수 이름으로 사용할 수 없다.

【 예제 04-14 】

```
var first-name; // SyntaxError: Unexpected token -
var 1st;        // SyntaxError: Invalid or unexpected token
var this;       // SyntaxError: Unexpected token this
```

자바스크립트는 대소문자를 구별하므로 다음 변수는 각각 별개의 변수다.

【 예제 04-15 】

```
var firstname;
var firstName;
var FIRSTNAME;
```

변수 이름은 변수의 존재 목적을 쉽게 이해할 수 있도록 의미를 명확히 표현해야 한다. 좋은 변수 이름은 코드의 가독성을 높인다.

【 예제 04-16 】

```
var x = 3;      // NG. x 변수가 의미하는 바를 알 수 없다.
var score = 100; // OK. score 변수는 점수를 의미한다.
```

변수 선언에 별도의 주석이 필요하다면 변수의 존재 목적을 명확히 드러내지 못하는 것이다.

---

12 https://ko.wikipedia.org/wiki/유니코드

```
// 경과 시간. 단위는 날짜다.
var d; // NG

var elapsedTimeInDays; // OK
```

네이밍 컨벤션naming convention은 하나 이상의 영어 단어로 구성된 식별자를 만들 때 가독성 좋게 단어를 한눈에 구분하기 위해 규정한 명명 규칙이다. 네이밍 컨벤션을 잘 지키면 읽기 좋은 이름을 만들 수 있다. 다음과 같은 4가지 유형의 네이밍 컨벤션이 자주 사용된다.

【 예제 04-18 】

```
// 카멜 케이스(camelCase)
var firstName;

// 스네이크 케이스(snake_case)
var first_name;

// 파스칼 케이스(PascalCase)
var FirstName;

// 헝가리언 케이스(typeHungarianCase)
var strFirstName; // type + identifier
var $elem = document.getElementById('myId'); // DOM 노드
var observable$ = fromEvent(document, 'click'); // RxJS 옵저버블
```

일관성을 유지한다면 어떤 네이밍 컨벤션을 사용해도 좋지만 자바스크립트에서는 일반적으로 변수나 함수의 이름에는 카멜 케이스를 사용하고, 생성자 함수, 클래스의 이름에는 파스칼 케이스를 사용한다. ECMAScript 사양에 정의되어 있는 객체와 함수들도 카멜 케이스와 파스칼 케이스를 사용하고 있다. 따라서 코드 전체의 가독성을 높이려면 카멜 케이스와 파스칼 케이스를 따르는 것이 유리하다.

05장

표현식과 문

지금까지 살펴본 내용에서 "값"이라는 용어가 자주 등장했다. "값"이라는 용어를 알고 있다고 생각하겠지만 막상 설명하려 하면 난감할 수 있다. **개념을 이해한다는 것은 바로 용어를 정확히 이해하고 설명할 수 있다는 것이다.** 만약 용어의 의미를 정확히 설명할 수 없다면 개념을 제대로 이해하지 못한 경우가 많다.

값을 비롯해 이 책에 등장하는 대부분의 용어는 자바스크립트만의 전유물이 아닌 컴퓨터 공학 전반에서 사용하는 용어다. 용어에 대한 정확한 이해는 개념을 정립하는 데 빠질 수 없는 필수 요소로서 정확한 커뮤니케이션을 가능케 한다. 개발자 간의 의사소통뿐 아니라 서적이나 매뉴얼과 같은 문서를 이해하도록 돕고 프로그래밍 언어를 학습하는 데 중요한 역할을 한다. 이번 장에서는 앞으로 자주 사용할 용어의 의미를 주의 깊게 살펴보자.

5.1 값

값value은 식(표현식expression)이 평가evaluate되어 생성된 결과를 말한다. 평가란 식을 해석해서 값을 생성하거나 참조하는 것을 의미한다. 다음 예제의 식은 평가되어 숫자 값 30을 생성한다.

【 예제 05-01 】

```
// 10 + 20은 평가되어 숫자 값 30을 생성한다.
10 + 20; // 30
```

모든 값은 데이터 타입[1]을 가지며, 메모리에 2진수, 즉 비트bit의 나열로 저장된다. 메모리에 저장된 값은 데이터 타입에 따라 다르게 해석될 수 있다. 예를 들어, 메모리에 저장된 값 0100 0001을 숫자로 해석하면 65지만 문자로 해석하면 'A'다.

---

1 6장 "데이터 타입"에서 자세히 살펴볼 것이다.

변수는 **하나의 값**을 저장하기 위해 확보한 메모리 공간 자체 또는 그 메모리 공간을 식별하기 위해 붙인 이름이라고 했다. 따라서 변수에 할당되는 것은 값이다.

【 예제 05-02 】
```
// 변수에는 10 + 20이 평가되어 생성된 숫자 값 30이 할당된다.
var sum = 10 + 20;
```

위 예제의 sum 변수에 할당되는 것은 10 + 20이 아니라 10 + 20이 평가된 결과인 숫자 값 30이다. 즉, 변수이름 sum이 기억하는 메모리 공간에 저장된 것은 10 + 20이 아니라 값 30이다. 따라서 10 + 20은 할당 이전에 평가되어 값을 생성해야 한다.

값은 다양한 방법으로 생성할 수 있다. 위 예제처럼 식으로 생성할 수도 있지만 가장 기본적인 방법은 리터럴을 사용하는 것이다.

5.2 리터럴

리터럴literal은 사람이 이해할 수 있는 문자 또는 약속된 기호를 사용해 값을 생성하는 **표기법**notation을 말한다.
다음 예제를 살펴보자.

【 예제 05-03 】
```
// 숫자 리터럴 3
3
```

위 예제의 3은 단순한 아라비아 숫자가 아니라 숫자 리터럴이다. 사람이 이해할 수 있는 아라비아 숫자를 사용해 숫자 리터럴 3을 코드에 기술하면 자바스크립트 엔진은 이를 평가해 숫자 값 3을 생성한다.

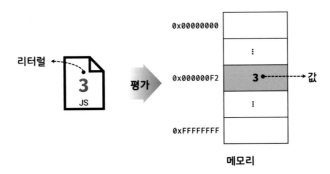

그림 5-1 리터럴은 평가되어 값을 생성한다.

이처럼 리터럴은 사람이 이해할 수 있는 문자(아라비아 숫자, 알파벳, 한글 등) 또는 미리 약속된 기호(' ', "", ., [], {}, // 등)로 표기한 코드다. 자바스크립트 엔진은 코드가 실행되는 시점인 런타임^{runtime}에 리터럴을 평가해 값을 생성한다. 즉, 리터럴은 값을 생성하기 위해 미리 약속한 표기법이라고 할 수 있다.

리터럴을 사용하면 다음과 같이 다양한 종류^{data type}의 값을 생성할 수 있다.

리터럴	예시	비고
정수 리터럴	`100`	
부동소수점 리터럴	`10.5`	
2진수 리터럴	`0b01000001`	0b로 시작
8진수 리터럴	`0o101`	ES6에서 도입. 0o로 시작
16진수 리터럴	`0x41`	ES6에서 도입. 0x로 시작
문자열 리터럴	`'Hello'` `"World"`	
불리언 리터럴	`true` `false`	
null 리터럴	`null`	
undefined 리터럴	`undefined`	
객체 리터럴	`{ name: 'Lee', address: 'Seoul' }`	
배열 리터럴	`[ 1, 2, 3 ]`	
함수 리터럴	`function() {}`	
정규 표현식 리터럴	`/[A-Z]+/g`	

5.3 표현식

표현식^{expression}은 값으로 평가될 수 있는 문^{statement}이다. 즉, 표현식이 평가되면 새로운 값을 생성하거나 기존 값을 참조한다.

앞서 살펴본 리터럴은 값으로 평가된다. 따라서 리터럴도 표현식이다.

【 예제 05-04 】

```
var score = 100;
```

위 예제의 100은 리터럴이다. 리터럴 100은 자바스크립트 엔진에 의해 평가되어 값을 생성하므로 리터럴은 그 자체로 표현식이다. 다른 예제를 살펴보자.

```
var score = 50 + 50;
```

50 + 50은 리터럴과 연산자로 이뤄져 있다. 하지만 50 + 50도 평가되어 숫자 값 100을 생성하므로 표현식이다. 이번에는 score 변수를 참조해 보자.

【 예제 05-06 】

```
score; // → 100
```

변수 식별자를 참조하면 변수 값으로 평가된다. 식별자 참조는 값을 생성하지는 않지만 값으로 평가되므로 표현식이다.

이처럼 표현식은 리터럴, 식별자(변수, 함수 등의 이름), 연산자, 함수 호출 등의 조합으로 이뤄질 수 있다. 다음과 같이 다양한 표현식이 있지만 값으로 평가된다는 점에서 모두 동일하다. 즉, **값으로 평가될 수 있는 문은 모두 표현식이다.**

【 예제 05-07 】

```
// 리터럴 표현식
10
'Hello'

// 식별자 표현식(선언이 이미 존재한다고 가정)
sum
person.name
arr[1]

// 연산자 표현식
10 + 20
sum = 10
sum !== 10

// 함수/메서드 호출 표현식(선언이 이미 존재한다고 가정)
square()
person.getName()
```

표현식은 값으로 평가된다. 이때 표현식과 표현식이 평가된 값은 동등한 관계, 즉 동치[equivalent]다. 예를 들어, 수학 수식 1 + 2 = 3에서 1 + 2는 3과 동치다. 즉, 1 + 2는 3과 같다고 할 수 있다. 자바스크립트의 표현식 1 + 2는 평가되어 값 3을 생성하므로 표현식 1 + 2와 값 3은 동치다. 따라서 표현식은 값처럼 사용할 수 있다. 이것은 문법적으로 값이 위치할 수 있는 자리에는 표현식도 위치할 수 있다는 것을 의미한다.

예를 들어, 산술 연산자[2] +의 좌항과 우항에는 숫자 값이 위치해야 한다. 이때 숫자 값으로 평가될 수 있는 표현식이라면 숫자 값 대신 사용할 수 있다.

【 예제 05-08 】

```
var x = 1 + 2;

// 식별자 표현식 x는 3으로 평가된다.
x + 3; // → 6
```

위 예제의 x + 3은 표현식이다. + 연산자는 좌항과 우항의 값을 산술 연산하는 연산자이므로 좌항과 우항에는 숫자 값이 위치해야 한다. 이때 좌항 x는 식별자 표현식이다. 즉, x는 할당되어 있는 숫자 값 3으로 평가된다. 따라서 숫자 값이 위치해야 할 자리에 표현식 x를 사용할 수 있다. 이처럼 표현식은 다른 표현식의 일부가 되어 새로운 값을 만들어낼 수 있다.

5.4 문

앞으로 자바스크립트를 설명할 때 "문statement"과 "표현식expression"이라는 용어가 자주 등장할 것이다. 문과 표현식을 구별하고 해석할 수 있다면 자바스크립트 엔진의 입장에서 코드를 읽을 수 있고 실행 결과를 예측하는 데 도움이 된다. 이는 버그를 줄이고 코드의 품질을 높여줄 것이다. 따라서 문과 표현식은 확실히 이해할 필요가 있다.

문statement은 프로그램을 구성하는 기본 단위이자 최소 실행 단위다. 문의 집합으로 이뤄진 것이 바로 프로그램이며, 문을 작성하고 순서에 맞게 나열하는 것이 프로그래밍이다.

문은 여러 토큰으로 구성된다. **토큰token이란 문법적인 의미를 가지며, 문법적으로 더 이상 나눌 수 없는 코드의 기본 요소를 의미한다.** 예를 들어, 키워드, 식별자, 연산자, 리터럴, 세미콜론(;)이나 마침표(.) 등의 특수 기호는 문법적인 의미를 가지며, 문법적으로 더 이상 나눌 수 없는 코드의 기본 요소이므로 모두 토큰이다.

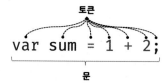

그림 5-2 문은 여러 토큰으로 구성된다.

---

2   7.1절 "산술 연산자" 참고

문을 명령문이라고도 부른다. 즉, 문은 컴퓨터에 내리는 명령이다. 문이 실행되면 명령이 실행되고 무슨 일인가가 일어나게 된다.

문은 선언문, 할당문, 조건문, 반복문 등으로 구분할 수 있다. 변수 선언문을 실행하면 변수가 선언되고, 할당문을 실행하면 값이 할당된다. 조건문을 실행하면 지정한 조건에 따라 실행할 코드 블록({ ... })이 결정되어 실행되고, 반복문을 실행하면 특정 코드 블록이 반복 실행된다.

【 예제 05-09 】

```javascript
// 변수 선언문
var x;

// 할당문
x = 5;

// 함수 선언문
function foo () {}

// 조건문
if (x > 1) { console.log(x); }

// 반복문
for (var i = 0; i < 2; i++) { console.log(i); }
```

5.5 세미콜론과 세미콜론 자동 삽입 기능

세미콜론(;)은 문의 종료를 나타낸다. 즉, 자바스크립트 엔진은 세미콜론으로 문이 종료한 위치를 파악하고 순차적으로 하나씩 문을 실행한다. 따라서 문을 끝낼 때는 세미콜론을 붙여야 한다. 단, 0개 이상의 문을 중괄호로 묶은 코드 블록({ ... }) 뒤에는 세미콜론을 붙이지 않는다. 예를 들어, if 문, for 문, 함수 등의 코드 블록 뒤에는 세미콜론을 붙이지 않는다. 이러한 코드 블록은 언제나 문의 종료를 의미하는 자체 종결성self closing을 갖기 때문이다.

문의 끝에 붙이는 세미콜론은 옵션이다. 즉, 세미콜론은 생략 가능하다. 이는 자바스크립트 엔진이 소스코드를 해석할 때 문의 끝이라고 예측되는 지점에 세미콜론을 자동으로 붙여주는 **세미콜론 자동 삽입 기능(ASI** automatic semicolon insertion)이 암묵적으로 수행되기 때문이다.

하지만 세미콜론 자동 삽입 기능의 동작과 개발자의 예측이 일치하지 않는 경우가 간혹 있다. 정확히 말하면 다음 예제와 같이 개발자가 세미콜론 자동 삽입 기능의 동작을 제대로 예측하지 못해 제대로 활용하지 못하는 경우가 있다.

【 예제 05-10 】

```
function foo () {
  return
    {}
  // ASI의 동작 결과 => return; {};
  // 개발자의 예측 => return {};
}

console.log(foo()); // undefined

var bar = function () {}
(function() {})();
// ASI의 동작 결과 => var bar = function () {}(function() {})();
// 개발자의 예측 => var bar = function () {}; (function() {})();
// TypeError: (intermediate value)(... ) is not a function
```

세미콜론을 반드시 붙여야 한다는 주장이 다수를 차
지하지만 붙이지 말아야 한다는 주장도 설득력이 있
다. 하지만 ESLint[3] 같은 정적 분석 도구에서도 세미
콜론 사용을 기본으로 설정[4]하고 있고(브렌던 아이
크는 반대하고 있지만) TC39(ECMAScript 기술 위
원회)도 세미콜론 사용을 권장하는 분위기[5]이므로
이 책에서는 세미콜론을 붙이도록 하겠다.

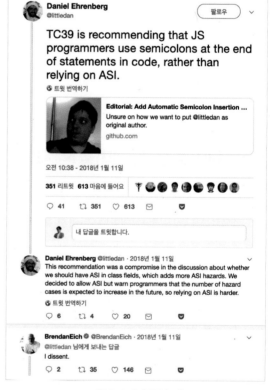

그림 5-3 세미콜론 논쟁

3   https://eslint.org
4   https://eslint.org/docs/rules/semi
5   https://twitter.com/littledan/status/951523844262637568

5.6 표현식인 문과 표현식이 아닌 문

표현식은 문의 일부일 수도 있고 그 자체로 문이 될 수도 있다. 다음 예제를 살펴보자.

【 예제 05-11 】

```
// 변수 선언문은 값으로 평가될 수 없으므로 표현식이 아니다.
var x;
// 1, 2, 1 + 2, x = 1 + 2는 모두 표현식이다.
// x = 1 + 2는 표현식이면서 완전한 문이기도 하다.
x = 1 + 2;
```

이처럼 표현식과 문은 비슷해서 구별하기 어렵다고 느낄 수 있다. 하지만 표현식과 문을 구별하는 방법은 의외로 간단하다. 표현식과 문을 구별하는 방법에 대해 살펴보자.

문에는 표현식인 문과 표현식이 아닌 문이 있다. 표현식인 문은 값으로 평가될 수 있는 문이며, 표현식이 아닌 문은 값으로 평가될 수 없는 문을 말한다. 예를 들어, 변수 선언문은 값으로 평가될 수 없다. 따라서 표현식이 아닌 문이다. 하지만 할당문은 값으로 평가될 수 있다. 따라서 표현식인 문이다.

표현식인 문과 표현식이 아닌 문을 구별하는 가장 간단하고 명료한 방법은 변수에 할당해 보는 것이다. 표현식인 문은 값으로 평가되므로 변수에 할당할 수 있다. 하지만 표현식이 아닌 문은 값으로 평가할 수 없으므로 변수에 할당하면 에러가 발생한다. 다음 예제를 살펴보자.

【 예제 05-12 】

```
// 표현식이 아닌 문은 값처럼 사용할 수 없다.
var foo = var x; // SyntaxError: Unexpected token var
```

위 예제의 변수 선언문은 표현식이 아닌 문이다. 다시 말해 값으로 평가될 수 없다. 따라서 변수 선언문은 값처럼 사용할 수 없다.

【 예제 05-13 】

```
// 변수 선언문은 표현식이 아닌 문이다.
var x;

// 할당문은 그 자체가 표현식이지만 완전한 문이기도 하다. 즉, 할당문은 표현식인 문이다.
x = 100;
```

이에 반해 위 예제의 할당문 x = 100은 그 자체가 표현식이다. 즉, 할당문은 표현식인 문이기 때문에 값처럼 사용할 수 있다.

【 예제 05-14 】

```
// 표현식인 문은 값처럼 사용할 수 있다
var foo = x = 100;
console.log(foo); // 100
```

할당문을 값처럼 변수에 할당했다. 표현식인 문인 할당문은 할당한 값으로 평가된다. 즉, x = 100은 x 변수에 할당한 값 100으로 평가된다. 따라서 foo 변수에는 100이 할당된다.

> 📄 **완료 값**completion value
>
> 크롬 개발자 도구에서 표현식이 아닌 문을 실행하면 언제나 undefined를 출력한다. 이를 완료 값이라 한다. 완료 값은 표현식의 평가 결과가 아니다. 따라서 다른 값과 같이 변수에 할당할 수 없고 참조할 수도 없다.
>
> ```
> // 변수 선언문
> var foo = 10;
> < undefined
> > // 조건문
> if (true) {}
> < undefined
> ```
>
> 그림 5-4 개발자 도구에서 표현식이 아닌 문을 실행하면 완료 값 undefined를 출력한다.
>
> 크롬 개발자 도구에서 표현식인 문을 실행하면 언제나 평가된 값을 반환한다.
>
> ```
> > var num = 10;
> < undefined
> > // 표현식은 평가된 값을 반환한다.
> // 표현식 문
> 100 + num;
> < 110
> > // 할당문
> num = 100;
> < 100
> ```
>
> 그림 5-5 표현식인 문은 평가된 값을 반환한다.

## 06장

데이터 타입

데이터 타입^{data type}(줄여서 '타입'이라고도 한다)은 값의 종류를 말한다. 자바스크립트의 모든 값은 데이터 타입을 갖는다. 자바스크립트(ES6)는 7개의 데이터 타입[1]을 제공한다. 7개의 데이터 타입은 원시 타입^{primitive type}과 객체 타입^{object/reference type}으로 분류할 수 있다.

구분	데이터 타입	설명
원시 타입	숫자^{number} 타입	숫자. 정수와 실수 구분 없이 하나의 숫자 타입만 존재
	문자열^{string} 타입	문자열
	불리언^{boolean} 타입	논리적 참(true)과 거짓(false)
	undefined 타입	var 키워드로 선언된 변수에 암묵적으로 할당되는 값
	null 타입	값이 없다는 것을 의도적으로 명시할 때 사용하는 값
	심벌^{symbol} 타입	ES6에서 추가된 7번째 타입
객체 타입		객체, 함수, 배열 등

표 6-1 데이터 타입

예를 들어, 숫자^{number} 타입의 값 1과 문자열^{string} 타입의 값 '1'은 비슷해 보이지만 전혀 다른 값이다. 숫자 타입의 값 1과 문자열 타입의 값 '1'은 값을 생성한 목적과 용도가 다르다. 숫자 타입의 값은 주로 산술 연산을 위해 생성하지만 문자열 타입의 값은 주로 텍스트를 화면에 출력하기 위해 생성한다. 또한 확보해야 할 메모리 공간의 크기도 다르고 메모리에 저장되는 2진수도 다르며 읽어 들여 해석하는 방식도 다르다.

이처럼 개발자는 명확한 의도를 가지고 타입을 구별해서 값을 생성할 것이고, 자바스크립트 엔진은 타입을 구별해서 값을 취급할 것이다. 자바스크립트가 제공하는 데이터 타입의 특징을 살펴보자.

---

1 ECMAScript2020(ES11)에서 새로운 원시값 BigInt가 추가되었다. 따라서 ES11을 기준으로 자바스크립트에서 제공하는 데이터 타입은 총 8개가 되었다. BigInt는 숫자값을 안정적으로 나타낼 수 있는 최대치인 $2^{53}-1$보다 큰 정수를 표현할 수 있는 새로운 원시값이다. BigInt 값은 정수 리터럴의 뒤에 n을 붙이거나(10n) BigInt 함수를 호출(BigInt(10))해 생성할 수 있다.

6.1 숫자 타입

C나 자바의 경우, 정수(소수점 이하가 없는 숫자)와 실수(소수점 이하가 있는 숫자)를 구분해서 int, long, float, double 등과 같은 다양한 숫자 타입을 제공한다. 하지만 자바스크립트는 독특하게 하나의 숫자 타입만 존재한다.

ECMAScript 사양에 따르면 숫자 타입[2]의 값은 배정밀도 64비트 부동소수점 형식[3]을 따른다. 즉, 모든 수를 실수로 처리하며, 정수만 표현하기 위한 데이터 타입integer type이 별도로 존재하지 않는다.

【 예제 06-01 】

```
// 모두 숫자 타입이다.
var integer = 10;    // 정수
var double = 10.12;  // 실수
var negative = -20;  // 음의 정수
```

정수, 실수, 2진수, 8진수, 16진수 리터럴은 모두 메모리에 배정밀도 64비트 부동소수점 형식의 2진수로 저장된다. 자바스크립트는 2진수, 8진수, 16진수를 표현하기 위한 데이터 타입을 제공하지 않기 때문에 이들 값을 참조하면 모두 10진수로 해석된다.

【 예제 06-02 】

```
var binary = 0b01000001; // 2진수
var octal = 0o101;       // 8진수
var hex = 0x41;          // 16진수

// 표기법만 다를 뿐 모두 같은 값이다.
console.log(binary); // 65
console.log(octal);  // 65
console.log(hex);    // 65
console.log(binary === octal); // true
console.log(octal === hex);    // true
```

자바스크립트의 숫자 타입은 정수만을 위한 타입이 없고 모든 수를 실수로 처리한다고 했다. 이는 정수로 표시된다 해도 사실은 실수라는 것을 의미한다. 따라서 정수로 표시되는 수끼리 나누더라도 실수가 나올 수 있다.

【 예제 06-03 】

```
// 숫자 타입은 모두 실수로 처리된다.
console.log(1 === 1.0); // true
```

---

2   https://www.ecma-international.org/ecma-262/11.0/#sec-ecmascript-language-types-number-type
3   https://en.wikipedia.org/wiki/Double-precision_floating-point_format

```
console.log(4 / 2); // 2
console.log(3 / 2); // 1.5
```

숫자 타입은 추가적으로 세 가지 특별한 값도 표현할 수 있다.

- Infinity: 양의 무한대
- -Infinity: 음의 무한대
- NaN: 산술 연산 불가(not-a-number)

【 예제 06-04 】
```
// 숫자 타입의 세 가지 특별한 값
console.log(10 / 0);        // Infinity
console.log(10 / -0);       // -Infinity
console.log(1 * 'String'); // NaN
```

자바스크립트는 대소문자를 구별case-sensitive하므로 NaN을 NAN, Nan, nan과 같이 표현하면 에러가 발생하므로 주의하기 바란다. 자바스크립트 엔진은 NAN, Nan, nan을 값이 아닌 식별자로 해석한다.

【 예제 06-05 】
```
// 자바스크립트는 대소문자를 구별한다.
var x = nan; // ReferenceError: nan is not defined
```

6.2 문자열 타입

문자열string 타입은 텍스트 데이터를 나타내는 데 사용한다. 문자열은 0개 이상의 16비트 유니코드 문자(UTF-16)[4]의 집합으로 전 세계 대부분의 문자를 표현할 수 있다.

문자열은 작은따옴표(' '), 큰따옴표("") 또는 백틱(``)으로 텍스트를 감싼다. 자바스크립트에서 가장 일반적인 표기법은 작은따옴표를 사용하는 것이다.

【 예제 06-06 】
```
// 문자열 타입
var string;
string = '문자열'; // 작은따옴표
string = "문자열"; // 큰따옴표
string = `문자열`; // 백틱(ES6)
```

---

4 https://ko.wikipedia.org/wiki/유니코드

```
string = '작은따옴표로 감싼 문자열 내의 "큰따옴표"는 문자열로 인식된다.';
string = "큰따옴표로 감싼 문자열 내의 '작은따옴표'는 문자열로 인식된다.";
```

다른 타입의 값과 달리 문자열을 따옴표로 감싸는 이유는 키워드나 식별자 같은 토큰과 구분하기 위해서다.
만약 문자열을 따옴표로 감싸지 않으면 자바스크립트 엔진은 키워드나 식별자 같은 토큰으로 인식한다.

【 예제 06-07 】
```
// 따옴표로 감싸지 않은 hello를 식별자로 인식한다.
var string = hello; // ReferenceError: hello is not defined
```

그리고 만약 따옴표로 문자열을 감싸지 않는다면 스페이스와 같은 공백 문자도 포함시킬 수 없다.

C는 문자열 타입을 제공하지 않고 문자의 배열로 문자열을 표현하고, 자바는 문자열을 객체로 표현한다. 그
러나 자바스크립트의 문자열은 원시 타입이며, 변경 불가능한 값immutable value이다. 이것은 문자열이 생성되면
그 문자열을 변경할 수 없다는 것을 의미한다. 이에 대해서는 11.1.2절 "문자열과 불변성"에서 자세히 살펴
볼 것이다.

6.3 템플릿 리터럴

ES6부터 템플릿 리터럴template literal이라고 하는 새로운 문자열 표기법이 도입되었다. 템플릿 리터럴은 멀티라
인 문자열multi-line string, 표현식 삽입expression interpolation, 태그드 템플릿tagged template 등 편리한 문자열 처리 기능을
제공한다. 템플릿 리터럴은 런타임에 일반 문자열로 변환되어 처리된다.

템플릿 리터럴은 일반 문자열과 비슷해 보이지만 작은따옴표('') 또는 큰따옴표("") 같은 일반적인 따옴표
대신 백틱(``)을 사용해 표현한다.

【 예제 06-08 】
```
var template = `Template literal`;
console.log(template); // Template literal
```

6.3.1 멀티라인 문자열

일반 문자열 내에서는 줄바꿈(개행)이 허용되지 않는다.

【 예제 06-09 】
```
var str = 'Hello
world.';
// SyntaxError: Invalid or unexpected token
```

따라서 일반 문자열 내에서 줄바꿈 등의 공백^{white space}을 표현하려면 백슬래시(\)로 시작하는 이스케이프 시퀀스^{escape sequence}를 사용해야 한다.

이스케이프 시퀀스	의미
\0	Null
\b	백스페이스
\f	폼 피드^{Form Feed}: 프린터로 출력할 경우 다음 페이지의 시작 지점으로 이동한다.
\n	개행^{LF, Line Feed}: 다음 행으로 이동
\r	개행^{CR, Carriage Return}: 커서를 처음으로 이동
\t	탭(수평)
\v	탭(수직)
\uXXXX	유니코드. 예를 들어 '\u0041'은 'A', '\uD55C'는 '한', '\u{1F600}'는 😀이다.
\'	작은따옴표
\"	큰따옴표
\\	백슬래시

📄 라인 피드와 캐리지 리턴

개행^{newline} 문자는 텍스트의 한 줄이 끝남을 표시하는 문자 또는 문자열이다. 개행 문자에는 라인 피드^{LF, Line Feed}와 캐리지 리턴^{CR, Carriage Return}이 있다. 이는 과거 타자기에서 커서를 제어하는 방식에서 비롯된 것이다. 라인 피드(\n)는 커서를 정지한 상태에서 종이를 한 줄 올리는 것이고, 캐리지 리턴(\r)은 종이를 움직이지 않고 커서를 맨 앞으로 이동하는 것이다. 초창기 컴퓨터는 출력을 프린터로 수행했는데, 이때 개행을 위해 라인 피드와 캐리지 리턴을 모두 사용했다. 즉, CRLF(\r\n)로 커서를 맨 앞으로 이동시키고 종이를 한 줄 올리는 방식으로 개행했다.

현대의 컴퓨터 운영체제는 서로 다른 체계의 개행 방식을 사용한다. 윈도우는 CR+LF(ASCII 코드 13번과 10번)로 새 줄을 나타내고 유닉스는 LF(ASCII 코드 10번)로 새 줄을 나타낸다. macOS에서는 버전 9까지 CR로 새 줄을 나타냈지만 버전 10부터 LF를 사용한다. 따라서 다른 운영체제에서 작성한 텍스트 파일은 서로 개행 문자를 인식하지 못한다. 다만 대부분의 텍스트 에디터는 운영체제에 맞게 개행 문자를 자동으로 변환해주므로 큰 문제는 없다. 자바스크립트에서 라인 피드와 캐리지 리턴은 모두 개행을 의미한다. 하지만 캐리지 리턴(\r)으로 개행하는 경우는 거의 없고 일반적으로 라인 피드(\n)를 사용해 개행한다.

• LF와 CR의 차이: https://ko.wikipedia.org/wiki/새줄_문자

예를 들어, 줄바꿈과 들여쓰기가 적용된 HTML 문자열은 다음과 같이 이스케이프 시퀀스를 사용해 작성한다.

【 예제 06-10 】

```
var template = '<ul>\n\t<li><a href="#">Home</a></li>\n</ul>';

console.log(template);
```

출력 결과는 다음과 같다.

```
<ul>
  <li><a href="#">Home</a></li>
</ul>
```

일반 문자열과 달리 템플릿 리터럴 내에서는 이스케이프 시퀀스를 사용하지 않고도 줄바꿈이 허용되며, 모든 공백도 있는 그대로 적용된다.

【 예제 06-11 】
```
var template = `<ul>
  <li><a href="#">Home</a></li>
</ul>`;

console.log(template);
```

출력 결과는 다음과 같다.

```
<ul>
  <li><a href="#">Home</a></li>
</ul>
```

6.3.2 표현식 삽입

문자열은 문자열 연산자[5] +를 사용해 연결할 수 있다. + 연산자는 피연산자 중 하나 이상이 문자열인 경우 문자열 연결 연산자로 동작한다. 그 외의 경우는 덧셈 연산자로 동작한다.

【 예제 06-12 】
```
var first = 'Ung-mo';
var last = 'Lee';

// ES5: 문자열 연결
console.log('My name is ' + first + ' ' + last + '.'); // My name is Ung-mo Lee.
```

템플릿 리터럴 내에서는 표현식 삽입expression interpolation을 통해 간단히 문자열을 삽입할 수 있다. 이를 통해 문자열 연산자보다 가독성 좋고 간편하게 문자열을 조합할 수 있다.

---

5   7.1.3절 "문자열 연결 연산자" 참고

```javascript
var first = 'Ung-mo';
var last = 'Lee';

// ES6: 표현식 삽입
console.log(`My name is ${first} ${last}.`); // My name is Ung-mo Lee.
```

표현식을 삽입하려면 ${ }으로 표현식을 감싼다. 이때 표현식의 평가 결과가 문자열이 아니더라도 문자열로 타입이 강제로 변환되어 삽입된다.

【 예제 06-14 】

```javascript
console.log(`1 + 2 = ${1 + 2}`); // 1 + 2 = 3
```

표현식 삽입은 반드시 템플릿 리터럴 내에서 사용해야 한다. 템플릿 리터럴이 아닌 일반 문자열에서의 표현식 삽입은 문자열로 취급된다.

【 예제 06-15 】

```javascript
console.log('1 + 2 = ${1 + 2}'); // 1 + 2 = ${1 + 2}
```

6.4 불리언 타입

불리언 타입의 값은 논리적 참, 거짓을 나타내는 true와 false뿐이다.

【 예제 06-16 】

```javascript
var foo = true;
console.log(foo); // true

foo = false;
console.log(foo); // false
```

불리언 타입의 값은 참과 거짓으로 구분되는 조건에 의해 프로그램의 흐름을 제어하는 조건문에서 자주 사용한다. 이에 대해서는 8.2절 "조건문"에서 자세히 살펴보자.

6.5 undefined 타입

undefined 타입의 값은 undefined가 유일하다.

var 키워드로 선언한 변수는 암묵적으로 undefined로 초기화된다. 다시 말해, 변수 선언에 의해 확보된 메모리 공간을 처음 할당이 이뤄질 때까지 빈 상태(대부분 비어 있지 않고 쓰레기 값^{garbage value}이 들어 있다)로 내버려두지 않고 자바스크립트 엔진이 undefined로 초기화한다. 따라서 변수를 선언한 이후 값을 할당하지 않은 변수를 참조하면 undefined가 반환된다.

【 예제 06-17 】
```
var foo;
console.log(foo); // undefined
```

이처럼 undefined는 개발자가 의도적으로 할당하기 위한 값이 아니라 자바스크립트 엔진이 변수를 초기화할 때 사용하는 값이다. 변수를 참조했을 때 undefined가 반환된다면 참조한 변수가 선언 이후 값이 할당된 적이 없는, 즉 초기화되지 않은 변수라는 것을 간파할 수 있다.

자바스크립트 엔진이 변수를 초기화하는 데 사용하는 undefined를 개발자가 의도적으로 변수에 할당한다면 undefined의 본래 취지와 어긋날뿐더러 혼란을 줄 수 있으므로 권장하지 않는다.

그렇다면 변수에 값이 없다는 것을 명시하고 싶을 때는 어떻게 하면 좋을까? 그런 경우에는 undefined를 할당하는 것이 아니라 null을 할당한다.

> 📄 선언^{declaration}과 정의^{definition}
>
> undefined를 직역하면 "정의되지 않은"이다. 일반적으로 정의란 개념은 어떤 대상을 명확하게 규정하는 것을 의미한다. 자바스크립트의 undefined에서 말하는 정의란 변수에 값을 할당하여 변수의 실체를 명확히 하는 것을 말한다.
>
> 다른 프로그래밍 언어에서는 선언과 정의를 엄격하게 구분해서 사용하는 경우가 있다. 예를 들어, C에서 선언과 정의는 "실제로 메모리 주소를 할당하는가"로 구분한다. 단순히 컴파일러에게 식별자의 존재만 알리는 것은 선언이고, 실제로 컴파일러가 변수를 생성해서 식별자와 메모리 주소가 연결되면 정의로 구분한다. 자바스크립트의 경우 변수를 선언하면 암묵적으로 정의가 이뤄지기 때문에 선언과 정의의 구분이 모호하다.
>
> ECMAScript 사양에서 변수는 '선언한다'⁶라고 표현하고, 함수는 '정의한다'⁷라고 표현한다. 따라서 이 책에서도 ECMAScript 사양에서 사용하는 용어를 최대한 반영하여 변수는 선언, 함수는 정의로 표현하겠다.

6.6 null 타입

null 타입의 값은 null이 유일하다. 자바스크립트는 대소문자를 구별하므로 null은 Null, NULL 등과 다르다.

---

6   Declarations and the Variable Statement: http://ecma-international.org/ecma-262/11.0/#sec-declarations-and-the-variable-statement

7   Function Definitions: http://ecma-international.org/ecma-262/11.0/#sec-function-definitions

프로그래밍 언어에서 null은 변수에 값이 없다는 것을 의도적으로 명시(의도적 부재[intentional absence])할 때 사용한다. 변수에 null을 할당하는 것은 변수가 이전에 참조하던 값을 더 이상 참조하지 않겠다는 의미다. 이는 이전에 할당되어 있던 값에 대한 참조를 명시적으로 제거하는 것을 의미하며, 자바스크립트 엔진은 누구도 참조하지 않는 메모리 공간에 대해 가비지 콜렉션을 수행할 것이다.

【 예제 06-18 】

```
var foo = 'Lee';

// 이전 참조를 제거. foo 변수는 더 이상 'Lee'를 참조하지 않는다.
// 유용해 보이지는 않는다. 변수의 스코프를 좁게 만들어 변수 자체를 재빨리 소멸시키는 편이 낫다.
foo = null;
```

함수가 유효한 값을 반환할 수 없는 경우 명시적으로 null을 반환하기도 한다. 예를 들어, HTML 요소를 검색해 반환하는 document.querySelector 메서드[8]는 조건에 부합하는 HTML 요소를 검색할 수 없는 경우에러 대신 null을 반환한다[9].

【 예제 06-19 】

```
<!DOCTYPE html>
<html>
<body>
  <script>
    var element = document.querySelector('.myClass');

    // HTML 문서에 myClass 클래스를 갖는 요소가 없다면 null을 반환한다.
    console.log(element); // null
  </script>
</body>
</html>
```

6.7 심벌 타입

심벌[symbol]은 ES6에서 추가된 7번째 타입으로, 변경 불가능한 원시 타입의 값이다. 심벌 값은 다른 값과 중복되지 않는 유일무이한 값이다. 따라서 주로 이름이 충돌할 위험이 없는 객체의 유일한 프로퍼티 키를 만들기위해 사용한다.

심벌 이외의 원시 값은 리터럴을 통해 생성하지만 심벌은 Symbol 함수를 호출해 생성한다. 이때 생성된 심벌값은 외부에 노출되지 않으며, 다른 값과 절대 중복되지 않는 유일무이한 값이다.

---

8 39.2.4절 "CSS 선택자를 이용한 요소 노드 취득" 참고
9 null보다는 undefined를 반환하는 것이 타당하다는 의견도 있으며 일리가 있다. 이에 대해서는 다음을 참조하기 바란다.
   • return null vs undefined: https://github.com/yeonjuan/dev-blog/blob/master/JavaScript/return-null-vs-undefined.md

【 예제 06-20 】

```javascript
// 심벌 값 생성
var key = Symbol('key');
console.log(typeof key); // symbol

// 객체 생성
var obj = {};

// 이름이 충돌할 위험이 없는 유일무이한 값인 심벌을 프로퍼티 키로 사용한다.
obj[key] = 'value';
console.log(obj[key]); // value
```

심벌에 대해서는 33장 "7번째 타입 Symbol"에서 자세히 살펴보자.

6.8 객체 타입

자바스크립트의 데이터 타입은 크게 원시 타입과 객체 타입으로 분류한다고 했다. 그 이유는 무엇일까? 원시 타입과 객체 타입은 근본적으로 다르다는 의미일 것이다. 이에 대해서는 아직 객체에 대해 살펴보지 않았으므로 잠시 미뤄서 11장 "원시 값과 객체의 비교"에서 자세히 살펴보기로 하자.

중요한 것은 자바스크립트는 객체 기반의 언어이며, **자바스크립트를 이루고 있는 거의 모든 것이 객체**라는 것이다. 지금까지 살펴본 6가지 데이터 타입 이외의 값은 모두 객체 타입이다.

6.9 데이터 타입의 필요성

데이터 타입은 왜 필요한 것일까? 데이터 타입의 필요성에 대해 살펴보자.

6.9.1 데이터 타입에 의한 메모리 공간의 확보와 참조

값은 메모리에 저장하고 참조할 수 있어야 한다. 메모리에 값을 저장하려면 먼저 확보해야 할 메모리 공간의 크기를 결정해야 한다. 다시 말해, 몇 바이트의 메모리 공간을 사용해야 낭비와 손실 없이 값을 저장할 수 있는지 알아야 한다. 예를 들어, 다음과 같이 변수를 선언하고 숫자 값을 할당해 보자.

【 예제 06-21 】

```javascript
var score = 100;
```

위 코드가 실행되면 컴퓨터는 숫자 값 100을 저상하기 위해 메모리 공간을 확보한 다음, 확보된 메모리에 숫자 값 100을 2진수로 저장한다. 이러한 처리를 하려면 숫자 값을 저장할 때 확보해야 할 메모리 공간의 크기를 알아야 한다. 자바스크립트 엔진은 데이터 타입, 즉 값의 종류에 따라 정해진 크기의 메모리 공간을 확보한다. 즉, 변수에 할당되는 값의 데이터 타입에 따라 확보해야 할 메모리 공간의 크기가 결정된다.

위 예제의 경우 자바스크립트 엔진은 리터럴 100을 숫자 타입의 값으로 해석하고 숫자 타입의 값 100을 저장하기 위해 8바이트의 메모리 공간을 확보한다. 그리고 100을 2진수로 저장한다.

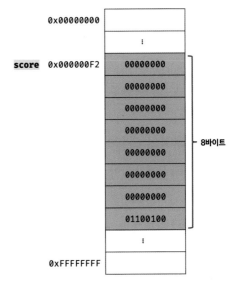

그림 6-1 숫자 타입 값의 할당

자바스크립트는 숫자 타입의 값을 생성할 때 배정밀도 64비트 부동소수점 형식[10]을 사용한다. 따라서 실제로 메모리에 저장되는 2진수 값은 위 그림과 다르다. 지금은 간단히 양의 정수로 저장된다고 생각하자.

📄 데이터 타입에 따라 확보되는 메모리 공간의 크기

ECMAScript 사양은 문자열과 숫자 타입 외의 데이터 타입의 크기를 명시적으로 규정하고 있지는 않다. 따라서 문자열과 숫자 타입을 제외하고 데이터 타입에 따라 확보되는 메모리 공간의 크기는 자바스크립트 엔진 제조사의 구현에 따라 다를 수 있다. 단, ECMAScript 사양에 숫자 타입[11]은 배정밀도 64비트 부동소수점 형식을 사용한다고 명시되어 있고, 배정밀도 64비트 부동소수점 형식은 8바이트로 숫자를 표현하므로 이 책에서는 숫자 값의 크기를 8바이트로 설명한다.

이번에는 값을 참조하는 경우를 생각해보자. 식별자 score를 통해 숫자 타입의 값 100이 저장되어 있는 메모리 공간의 주소를 찾아갈 수 있다. 정확히 말하면 숫자 값 100이 저장되어 있는 메모리 공간의 선두 메모리 셀의 주소를 찾아갈 수 있다.

이때 값을 참조하려면 한 번에 읽어 들여야 할 메모리 공간의 크기, 즉 메모리 셀의 개수(바이트 수)를 알아야 한다. score 변수의 경우, 저장되어 있는 값이 숫자 타입이므로 8바이트 단위로 읽어 들이지 않으면 값이 훼손된다. 그렇다면 컴퓨터는 한 번에 읽어 들여야 할 메모리 셀의 크기를 어떻게 알 수 있는 것일까? score

---

10 https://en.wikipedia.org/wiki/Double-precision_floating-point_format
11 https://www.ecma-international.org/ecma-262/11.0/#sec-ecmascript-language-types-number-type

변수에는 숫자 타입의 값이 할당되어 있으므로 자바스크립트 엔진은 score 변수를 숫자 타입으로 인식한다. 숫자 타입은 8바이트 단위로 저장되므로 score 변수를 참조하면 8바이트 단위로 메모리 공간에 저장된 값을 읽어 들인다.

📄 **심벌 테이블**

컴파일러 또는 인터프리터는 심벌 테이블[12]이라고 부르는 자료 구조를 통해 식별자를 키로 바인딩된 값의 메모리 주소, 데이터 타입, 스코프 등을 관리한다.

6.9.2 데이터 타입에 의한 값의 해석

그런데 아직 문제가 남아 있다. 메모리에서 읽어 들인 2진수를 어떻게 해석해야 하느냐다.

모든 값은 데이터 타입을 가지며, 메모리에 2진수, 즉 비트의 나열로 저장된다. 메모리에 저장된 값은 데이터 타입에 따라 다르게 해석될 수 있다. 예를 들어, 메모리에 저장된 값 0100 0001을 숫자로 해석하면 65지만 문자열로 해석하면 'A'다.

앞에서 살펴본 예제의 score 변수에 할당된 값은 숫자 타입의 값이다. 따라서 score 변수를 참조하면 메모리 공간의 주소에서 읽어 들인 2진수를 숫자로 해석한다.

지금까지 살펴본 데이터 타입에 대해 정리해보자. 데이터 타입은 값의 종류를 말한다. 자바스크립트의 모든 값은 데이터 타입을 갖는다. 데이터 타입이 필요한 이유는 다음과 같다.

- 값을 저장할 때 확보해야 하는 **메모리 공간의 크기**를 결정하기 위해
- 값을 참조할 때 한 번에 읽어 들여야 할 **메모리 공간의 크기**를 결정하기 위해
- 메모리에서 읽어 들인 **2진수를 어떻게 해석**할지 결정하기 위해

6.10 동적 타이핑

6.10.1 동적 타입 언어와 정적 타입 언어

자바스크립트의 모든 값은 데이터 타입을 갖는다고 했다. 그렇다면 변수는 데이터 타입을 가질까?

C나 자바 같은 **정적 타입**static/strong type **언어**는 변수를 선언할 때 변수에 할당할 수 있는 값의 종류, 즉 데이터 타입을 사전에 선언해야 한다. 이를 명시적 타입 선언explicit type declaration이라 한다. 다음은 C에서 정수 타입의 변수를 선언하는 예다.

---

12 https://ko.wikipedia.org/wiki/심벌_테이블

```
// c 변수에는 1바이트 정수 타입의 값(-128 ~ 127)만 할당할 수 있다.
char c;

// num 변수에는 4바이트 정수 타입의 값(-2,124,483,648 ~ 2,124,483,647)만 할당할 수 있다.
int num;
```

정적 타입 언어는 변수의 타입을 변경할 수 없으며, 변수에 선언한 타입에 맞는 값만 할당할 수 있다. 정적 타입 언어는 컴파일 시점에 **타입 체크**(선언한 데이터 타입에 맞는 값을 할당했는지 검사하는 처리)를 수행한다. 만약 타입 체크를 통과하지 못했다면 에러를 발생시키고 프로그램의 실행 자체를 막는다. 이를 통해 타입의 일관성을 강제함으로써 더욱 안정적인 코드의 구현을 통해 런타임에 발생하는 에러를 줄인다. 대표적인 정적 타입 언어로 C, C++, 자바[Java], 코틀린[Kotlin], 고[Go], 하스켈[Haskell], 러스트[Rust], 스칼라[Scala] 등이 있다.

자바스크립트는 정적 타입 언어와 다르게 변수를 선언할 때 타입을 선언하지 않는다. 다만 var, let, const 키워드를 사용해 변수를 선언할 뿐이다. 자바스크립트의 변수는 정적 타입 언어와 같이 미리 선언한 데이터 타입의 값만 할당할 수 있는 것이 아니다. 어떠한 데이터 타입의 값이라도 자유롭게 할당할 수 있다.

변수를 하나 선언하고 지금까지 살펴본 다양한 데이터 타입의 값을 할당한 다음, typeof 연산자로 변수의 데이터 타입을 조사해 보자. typeof 연산자[13]는 연산자 뒤에 위치한 피연산자의 데이터 타입을 문자열로 반환한다.

【 예제 06-23 】

```
var foo;
console.log(typeof foo);   // undefined

foo = 3;
console.log(typeof foo);   // number

foo = 'Hello';
console.log(typeof foo);   // string

foo = true;
console.log(typeof foo);   // boolean

foo = null;
console.log(typeof foo);   // object

foo = Symbol(); // 심벌
console.log(typeof foo);   // symbol
```

---

13 7.8절 "typeof 연산자" 참고

```
foo = {}; // 객체
console.log(typeof foo);  // object

foo = []; // 배열
console.log(typeof foo);  // object

foo = function () {}; // 함수
console.log(typeof foo);  // function
```

typeof 연산자로 변수를 연산하면 변수의 데이터 타입을 반환한다. 정확히 말하면 변수의 데이터 타입을 반환하는 것이 아니라 변수에 할당된 값의 데이터 타입을 반환한 것이다.

자바스크립트의 변수에는 어떤 데이터 타입의 값이라도 자유롭게 할당할 수 있으므로 정적 타입 언어에서 말하는 데이터 타입과 개념이 다르다. 정적 타입 언어는 변수 선언 시점에 변수의 타입이 결정되고 변수의 타입을 변경할 수 없다. 자바스크립트에서는 값을 할당하는 시점에 변수의 타입이 동적으로 결정되고 변수의 타입을 언제든지 자유롭게 변경할 수 있다.

다시 말해, **자바스크립트의 변수는 선언이 아닌 할당에 의해 타입이 결정(타입 추론**type inference**)된다. 그리고 재할당에 의해 변수의 타입은 언제든지 동적으로 변할 수 있다.** 이러한 특징을 **동적 타이핑**dynamic typing이라 하며, 자바스크립트를 정적 타입 언어와 구별하기 위해 **동적 타입**dynamic/weak type **언어**라 한다. 대표적인 동적 타입 언어로는 자바스크립트, 파이썬Python, PHP, 루비Ruby, 리스프Lisp, 펄Perl 등이 있다.

처음의 질문으로 돌아가 보자. 변수는 타입을 가질까? 기본적으로 변수는 타입을 갖지 않는다. 하지만 값은 타입을 갖는다. 따라서 현재 변수에 할당되어 있는 값에 의해 변수의 타입이 동적으로 결정된다고 표현하는 것이 더 적절하다. 변수는 값에 묶여 있는 값에 대한 별명이기 때문이다.

6.10.2 동적 타입 언어와 변수

동적 타입 언어는 변수에 어떤 데이터 타입의 값이라도 자유롭게 할당할 수 있다. 이러한 동적 타입 언어의 특징은 데이터 타입에 대해 무감각해질 정도로 편리하다는 것이다. 하지만 언제나 그렇듯 편리함의 이면에는 위험도 도사리고 있다.

모든 소프트웨어 아키텍처에는 트레이드오프trade-off [14]가 존재하며, 모든 애플리케이션에 적합한 은 탄환silver bullet [15]은 없듯이 동적 타입 언어 또한 구조적인 단점이 있다.

---

14 두 개의 정책이나 목표 중 하나를 달성하려고 하면 다른 목표의 달성이 늦어지거나 희생되는 모순적 관계를 의미한다. 예를 들어, 실업률을 줄이면 물가가 상승하고, 물가를 안정시키면 실업률이 높아신나.

15 고질적인 문제를 단번에 해결할 수 있는 명쾌한 해결책

변수 값은 언제든지 변경될 수 있기 때문에 복잡한 프로그램에서는 변화하는 변수 값을 추적하기 어려울 수 있다. 그뿐만 아니라 변수의 타입이 고정되어 있지 않고 동적으로 변하는 동적 타입 언어의 변수는 값의 변경에 의해 타입도 언제든지 변경될 수 있다. 따라서 동적 타입 언어의 변수는 값을 확인하기 전에는 타입을 확신할 수 없다.

더욱이 자바스크립트는 개발자의 의도와는 상관없이 자바스크립트 엔진에 의해 암묵적으로 타입이 자동으로 변환되기도 한다. 즉, 숫자 타입의 변수일 것이라고 예측했지만 사실은 문자열 타입의 변수일 수도 있다는 말이다. 잘못된 예측에 의해 작성된 프로그램은 당연히 오류를 뿜어낼 것이다. 결국 동적 타입 언어는 유연성flexibility은 높지만 신뢰성reliability은 떨어진다.

이러한 이유로 안정적인 프로그램을 만들기 위해 변수를 사용하기 이전에 데이터 타입을 체크해야 하는 경우가 있는데 이는 매우 번거로울뿐더러 코드의 양도 증가한다. 따라서 변수를 사용할 때 주의할 사항은 다음과 같다.

- 변수는 꼭 필요한 경우에 한해 제한적으로 사용한다. 변수 값은 재할당에 의해 언제든지 변경될 수 있다. 이로 인해 동적 타입 언어인 자바스크립트는 타입을 잘못 예측해 오류가 발생할 가능성이 크다. 변수의 개수가 많으면 많을수록 오류가 발생할 확률도 높아진다. 따라서 변수의 무분별한 남발은 금물이며, 필요한 만큼 최소한으로 유지하도록 주의해야 한다.

- 변수의 유효 범위(스코프)는 최대한 좁게 만들어 변수의 부작용을 억제해야 한다. 변수의 유효 범위가 넓으면 넓을수록 변수로 인해 오류가 발생할 확률이 높아진다. 변수의 유효 범위에 대해서는 13장 "스코프"에서 자세히 살펴보자.

- 전역 변수는 최대한 사용하지 않도록 한다. 어디서든지 참조/변경 가능한 전역 변수는 의도치 않게 값이 변경될 가능성이 높고 다른 코드에 영향을 줄 가능성도 높다. 따라서 전역 변수는 프로그램의 복잡성을 증가시키고 처리 흐름을 추적하기 어렵게 만들고, 오류가 발생할 경우 오류의 원인을 특정하기 어렵게 만든다. 전역 변수의 문제점과 전역 변수의 사용을 억제하는 방법에 대해서는 14장 "전역 변수의 문제점"에서 자세히 살펴보자.

- 변수보다는 상수를 사용해 값의 변경을 억제한다. 상수를 사용하는 방법에 대해서는 15.3절 "const 키워드"에서 살펴보자.

- 변수 이름은 변수의 목적이나 의미를 파악할 수 있도록 네이밍한다. 변수 이름뿐 아니라 모든 식별자(변수, 함수, 클래스 이름 등)는 존재 이유를 파악할 수 있는 적절한 이름으로 지어야 한다. 특히 식별자의 유효 범위가 넓을수록 명확한 이름을 명명하도록 노력하자. 개발자의 의도를 나타내는 명확한 네이밍은 코드를 이해하기 쉽게 만들고, 이는 협업과 생산성 향상에 도움을 준다. 다시 말하지만 변수 이름은 첫아이 이름을 짓듯이 심사숙고해서 지어야 한다.

코드는 오해하지 않도록 작성해야 한다. 오해는 커뮤니케이션을 어렵게 하는 대표적인 원인으로 생산성을 떨어뜨리는 것은 물론 팀의 사기까지 저하시킨다. 코드는 동작하는 것만이 존재 목적은 아니다. 코드는 개발자를 위한 문서이기도 하다. 따라서 사람이 이해할 수 있는 코드, 즉 **가독성이 좋은 코드가 좋은 코드다.**

> 컴퓨터가 이해하는 코드는 어떤 바보도 쓸 수 있다. 하지만 훌륭한 프로그래머는 사람이 이해할 수 있는 코드를 쓴다.
>
> — 마틴 파울러Martin Fowler, 《리팩토링》의 저자

07장

연산자

연산자operator는 하나 이상의 표현식을 대상으로 산술, 할당, 비교, 논리, 타입, 지수 연산operation 등을 수행해 하나의 값을 만든다. 이때 연산의 대상을 피연산자operand라 한다. 피연산자는 값으로 평가될 수 있는 표현식 이어야 한다. 그리고 피연산자와 연산자의 조합으로 이뤄진 연산자 표현식도 값으로 평가될 수 있는 표현식 이다.

【 예제 07-01 】

```javascript
// 산술 연산자
5 * 4 // → 20

// 문자열 연결 연산자
'My name is ' + 'Lee' // → 'My name is Lee'

// 할당 연산자
color = 'red' // → 'red'

// 비교 연산자
3 > 5 // → false

// 논리 연산자
true && false // → false

// 타입 연산자
typeof 'Hi' // → string
```

피연산자가 "값"이라는 명사의 역할을 한다면 연산자는 "피연산자를 연산하여 새로운 값을 만든다"라는 동사 의 역할을 한다고 볼 수 있다. 다시 말해, 피연산자는 연산의 대상이 되어야 하므로 값으로 평가할 수 있어야 한다. 연산자는 값으로 평가된 피연산자를 연산해 새로운 값을 만든다.

자바스크립트가 제공하는 다양한 연산자에 대해 살펴보자.

7.1 산술 연산자

산술 연산자arithmetic operator는 피연산자를 대상으로 수학적 계산을 수행해 새로운 숫자 값을 만든다. 산술 연산이 불가능한 경우, NaN을 반환한다.

산술 연산자는 피연산자의 개수에 따라 이항 산술 연산자와 단항 산술 연산자로 구분할 수 있다.

7.1.1 이항 산술 연산자

이항binary 산술 연산자는 2개의 피연산자를 산술 연산하여 숫자 값을 만든다.

모든 이항 산술 연산자는 피연산자의 값을 변경하는 부수 효과side effect가 없다. 다시 말해, 어떤 산술 연산을 해도 피연산자의 값이 바뀌는 경우는 없고 언제나 새로운 값을 만들 뿐이다.

이항 산술 연산자	의미	부수 효과
+	덧셈	×
−	뺄셈	×
*	곱셈	×
/	나눗셈	×
%	나머지	×

표 7-1 이항 산술 연산자

【 예제 07-02 】

```
5 + 2; // → 7
5 - 2; // → 3
5 * 2; // → 10
5 / 2; // → 2.5
5 % 2; // → 1
```

7.1.2 단항 산술 연산자

단항unary 산술 연산자는 1개의 피연산자를 산술 연산하여 숫자 값을 만든다.

단항 산술 연산자	의미	부수 효과
++	증가	○
--	감소	○
+	어떠한 효과도 없다. 음수를 양수로 반전하지도 않는다.	×
-	양수를 음수로, 음수를 양수로 반전한 값을 반환한다.	×

표 7-2 단항 산술 연산자

주의할 점은 이항 산술 연산자와는 달리 **증가/감소(++/--) 연산자는 피연산자의 값을 변경하는 부수 효과가 있다**는 것이다. 다시 말해, 증가/감소 연산을 하면 피연산자의 값을 변경하는 암묵적 할당이 이뤄진다.

【 예제 07-03 】

```
var x = 1;

// ++ 연산자는 피연산자의 값을 변경하는 암묵적 할당이 이뤄진다.
x++; // x = x + 1;
console.log(x); // 2

// -- 연산자는 피연산자의 값을 변경하는 암묵적 할당이 이뤄진다.
x--; // x = x - 1;
console.log(x); // 1
```

증가/감소(++/--) 연산자는 위치에 의미가 있다.

- 피연산자 앞에 위치한 전위 증가/감소 연산자prefix increment/decrement operator는 먼저 피연산자의 값을 증가/감소시킨 후, 다른 연산을 수행한다.
- 피연산자 뒤에 위치한 후위 증가/감소 연산자postfix increment/decrement operator는 먼저 다른 연산을 수행한 후, 피연산자의 값을 증가/감소시킨다.

【 예제 07-04 】

```
var x = 5, result;

// 선할당 후증가(postfix increment operator)
result = x++;
console.log(result, x); // 5 6

// 선증가 후할당(prefix increment operator)
result = ++x;
console.log(result, x); // 7 7

// 선할당 후감소(postfix decrement operator)
result = x--;
console.log(result, x); // 7 6

// 선감소 후할당(prefix decrement operator)
result = --x;
console.log(result, x); // 5 5
```

+ 단항 연산자는 피연산자에 어떠한 효과도 없다. 음수를 양수로 반전하지도 않는다.

```
// 아무런 효과가 없다.
+10;    // → 10
+(-10); // → -10
```

숫자 타입이 아닌 피연산자에 + 단항 연산자를 사용하면 피연산자를 숫자 타입으로 변환하여 반환한다. 이때 피연산자를 변경하는 것은 아니고 숫자 타입으로 변환한 값을 생성해서 반환한다. 따라서 부수 효과는 없다.

【 예제 07-06 】

```
var x = '1';

// 문자열을 숫자로 타입 변환한다.
console.log(+x); // 1
// 부수 효과는 없다.
console.log(x);  // "1"

// 불리언 값을 숫자로 타입 변환한다.
x = true;
console.log(+x); // 1
// 부수 효과는 없다.
console.log(x);  // true

// 불리언 값을 숫자로 타입 변환한다.
x = false;
console.log(+x); // 0
// 부수 효과는 없다.
console.log(x);  // false

// 문자열을 숫자로 타입 변환할 수 없으므로 NaN을 반환한다.
x = 'Hello';
console.log(+x); // NaN
// 부수 효과는 없다.
console.log(x);  // "Hello"
```

– 단항 연산자는 피연산자의 부호를 반전한 값을 반환한다. + 단항 연산자와 마찬가지로 숫자 타입이 아닌 피연산자에 사용하면 피연산자를 숫자 타입으로 변환하여 반환한다. 이때 피연산자를 변경하는 것은 아니고 부호를 반전한 값을 생성해 반환한다. 따라서 부수 효과는 없다.

【 예제 07-07 】

```
// 부호를 반전한다.
-(-10); // → 10
```

```
// 문자열을 숫자로 타입 변환한다.
-'10'; // → -10

// 불리언 값을 숫자로 타입 변환한다.
-true; // → -1

// 문자열은 숫자로 타입 변환할 수 없으므로 NaN을 반환한다.
-'Hello'; // → NaN
```

7.1.3 문자열 연결 연산자

+ 연산자는 피연산자 중 하나 이상이 문자열인 경우 문자열 연결 연산자로 동작한다. 그 외의 경우는 산술 연산자로 동작한다. 다음 예제를 살펴보자.

【 예제 07-08 】

```
// 문자열 연결 연산자
'1' + 2; // → '12'
1 + '2'; // → '12'

// 산술 연산자
1 + 2; // → 3

// true는 1로 타입 변환된다.
1 + true; // → 2

// false는 0으로 타입 변환된다.
1 + false; // → 1

// null은 0으로 타입 변환된다.
1 + null; // → 1

// undefined는 숫자로 타입 변환되지 않는다.
+undefined;     // → NaN
1 + undefined; // → NaN
```

이 예제에서 주목할 것은 개발자의 의도와는 상관없이 자바스크립트 엔진에 의해 암묵적으로 타입이 자동 변환되기도 한다는 것이다. 위 예제에서 1 + true를 연산하면 자바스크립트 엔진은 암묵적으로 불리언 타입의 값인 true를 숫자 타입인 1로 타입을 강제로 변환한 후 연산을 수행한다.

이를 **암묵적 타입 변환**implicit coercion 또는 **타입 강제 변환**type coercion이라고 한다. 앞서 살펴본 +/- 단항 연산자도 암묵적 타입 변환이 발생한 것이다. 이에 대해서는 9장 "타입 변환과 단축 평가"에서 자세히 살펴보자.

7.2 할당 연산자

할당 연산자^{assignment operator}는 우항에 있는 피연산자의 평가 결과를 좌항에 있는 변수에 할당한다. 할당 연산자
는 좌항의 변수에 값을 할당하므로 변수 값이 변하는 부수 효과가 있다.

할당 연산자	예	동일 표현	부수 효과
=	x = 5	x = 5	○
+=	x += 5	x = x + 5	○
-=	x -= 5	x = x − 5	○
*=	x *= 5	x = x * 5	○
/=	x /= 5	x = x / 5	○
%=	x %= 5	x = x % 5	○

표 7-3 할당 연산자

【 예제 07-09 】

```javascript
var x;

x = 10;
console.log(x); // 10

x += 5; // x = x + 5;
console.log(x); // 15

x -= 5; // x = x - 5;
console.log(x); // 10

x *= 5; // x = x * 5;
console.log(x); // 50

x /= 5; // x = x / 5;
console.log(x); // 10

x %= 5; // x = x % 5;
console.log(x); // 0

var str = 'My name is ';

// 문자열 연결 연산자
str += 'Lee'; // str = str + 'Lee';
console.log(str); // 'My name is Lee'
```

표현식[1]은 값으로 평가될 수 있는 문이고, 문에는 표현식인 문과 표현식이 아닌 문[2]이 있다고 했다. 그렇다면 할당문은 표현식인 문일까, 표현식이 아닌 문일까? 다음 예제를 살펴보자.

【 예제 07-10 】

```javascript
var x;

// 할당문은 표현식인 문이다.
console.log(x = 10); // 10
```

할당문은 변수에 값을 할당하는 부수 효과만 있을 뿐 값으로 평가되지 않을 것처럼 보인다. 하지만 **할당문은 값으로 평가되는 표현식인 문으로서 할당된 값으로 평가된다.** 위 예제의 할당문 x = 10은 x에 할당된 숫자 값 10으로 평가된다. 따라서 다음과 같이 할당문을 다른 변수에 할당할 수도 있다. 이러한 특징을 활용해 여러 변수에 동일한 값을 연쇄 할당할 수 있다.

【 예제 07-11 】

```javascript
var a, b, c;

// 연쇄 할당. 오른쪽에서 왼쪽으로 진행.
// ① c = 0 : 0으로 평가된다
// ② b = 0 : 0으로 평가된다
// ③ a = 0 : 0으로 평가된다
a = b = c = 0;

console.log(a, b, c); // 0 0 0
```

7.3 비교 연산자

비교 연산자comparison operator는 좌항과 우항의 피연산자를 비교한 다음 그 결과를 불리언 값으로 반환한다. 비교 연산자는 if 문이나 for 문과 같은 제어문의 조건식에서 주로 사용한다.

7.3.1 동등/일치 비교 연산자

동등 비교loose equality 연산자와 일치 비교strict equality 연산자는 좌항과 우항의 피연산자가 같은 값으로 평가되는지 비교해 불리언 값을 반환한다. 하지만 비교하는 엄격성의 정도가 다르다. 동등 비교 연산자는 느슨한 비교를 하지만 일치 비교 연산자는 엄격한 비교를 한다.

---

1 5.3절 "표현식" 참고
2 5.6절 "표현식인 문과 표현식이 아닌 문" 참고

비교 연산자	의미	사례	설명	부수 효과
==	동등 비교	x == y	x와 y의 값이 같음	×
===	일치 비교	x === y	x와 y의 값과 타입이 같음	×
!=	부동등 비교	x != y	x와 y의 값이 다름	×
!==	불일치 비교	x !== y	x와 y의 값과 타입이 다름	×

표 7-4 비교 연산자

7.1.3절 "문자열 연결 연산자"에서 언급했듯이 개발자의 의도와는 상관없이 자바스크립트 엔진에 의해 암묵적으로 타입이 자동 변환되기도 한다. 이를 암묵적 타입 변환이라 한다고 했다.

동등 비교(==) 연산자는 좌항과 우항의 피연산자를 비교할 때 먼저 암묵적 타입 변환을 통해 타입을 일치시킨 후 같은 값인지 비교한다. 따라서 동등 비교 연산자는 좌항과 우항의 피연산자가 타입은 다르더라도 암묵적 타입 변환 후에 같은 값일 수 있다면 true를 반환한다.

【 예제 07-12 】

```
// 동등 비교
5 == 5; // → true

// 타입은 다르지만 암묵적 타입 변환을 통해 타입을 일치시키면 동등하다.
5 == '5'; // → true
```

동등 비교 연산자는 편리한 경우도 있지만 결과를 예측하기 어렵고 실수하기 쉽다. 다음 예제를 살펴보자. 다음 예제는 안티 패턴[3]이므로 이해하려 하지 않아도 된다.

【 예제 07-13 】

```
// 동등 비교. 결과를 예측하기 어렵다.
'0' == '';    // → false
0 == '';      // → true
0 == '0';     // → true
false == 'false';  // → false
false == '0';      // → true
false == null;     // → false
false == undefined; // → false
```

이처럼 동등 비교(==) 연산자는 예측하기 어려운 결과를 만들어낸다. 따라서 동등 비교 연산자는 사용하지 않는 편이 좋다. 대신 일치 비교(===) 연산자를 사용한다.

---

3 가독성, 성능, 유지보수 등에 부정적인 영향을 줄 수 있어 지양하는 패턴

일치 비교(===) 연산자는 좌항과 우항의 피연산자가 타입도 같고 값도 같은 경우에 한하여 **true**를 반환한다. 다시 말해, 암묵적 타입 변환을 하지 않고 값을 비교한다. 따라서 일치 비교 연산자는 예측하기 쉽다.

【 예제 07-14 】

```
// 일치 비교
5 === 5; // → true

// 암묵적 타입 변환을 하지 않고 값을 비교한다.
// 즉, 값과 타입이 모두 같은 경우만 true를 반환한다.
5 === '5'; // → false
```

일치 비교 연산자에서 주의할 것은 NaN이다.

【 예제 07-15 】

```
// NaN은 자신과 일치하지 않는 유일한 값이다.
NaN === NaN; // → false
```

NaN은 자신과 일치하지 않는 유일한 값이다. 따라서 숫자가 NaN인지 조사하려면 빌트인 함수 `Number.isNaN`을 사용한다.

【 예제 07-16 】

```
// Number.isNaN 함수는 지정한 값이 NaN인지 확인하고 그 결과를 불리언 값으로 반환한다.
Number.isNaN(NaN); // → true
Number.isNaN(10);  // → false
Number.isNaN(1 + undefined); // → true
```

숫자 0도 주의하자. 자바스크립트에는 양의 0과 음의 0이 있는데 이들을 비교하면 **true**를 반환한다.

【 예제 07-17 】

```
// 양의 0과 음의 0의 비교. 일치 비교/동등 비교 모두 결과는 true다.
0 === -0; // → true
0 == -0;  // → true
```

> 📄 **Object.is 메서드**
>
> 앞에서 살펴본 바와 같이 동등 비교 연산자(==)와 일치 비교 연산자(===)는 +0과 -0을 동일하다고 평가한다. 또한 동일한 값인 NaN과 NaN을 비교하면 다른 값이라고 평가한다.
>
> ES6에서 도입된 `Object.is` 메서드는 다음과 같이 예측 가능한 정확한 비교 결과를 반환한다. 그 외에는 일치 비교 연산자(===)와 동일하게 동작한다.

【 예제 07-18 】

```
-0 === +0;         // → true
Object.is(-0, +0); // → false

NaN === NaN;         // → false
Object.is(NaN, NaN); // → true
```

부동등 비교 연산자(!=)와 불일치 비교 연산자(!==)는 각각 동등 비교(==) 연산자와 일치 비교(===) 연산자의 반대 개념이다.

【 예제 07-19 】

```
// 부동등 비교
5 != 8;   // → true
5 != 5;   // → false
5 != '5'; // → false

// 불일치 비교
5 !== 8;   // → true
5 !== 5;   // → false
5 !== '5'; // → true
```

7.3.2 대소 관계 비교 연산자

대소 관계 비교 연산자는 피연산자의 크기를 비교하여 불리언 값을 반환한다.

대소 관계 비교 연산자	예제	설명	부수 효과
>	x > y	x가 y보다 크다	✕
<	x < y	x가 y보다 작다	✕
>=	x >= y	x가 y보다 크거나 같다	✕
<=	x <= y	x가 y보다 작거나 같다	✕

표 7-5 대소 관계 비교 연산자

【 예제 07-20 】

```
// 대소 관계 비교
5 > 0;  // → true
5 > 5;  // → false
5 >= 5; // → true
5 <= 5; // → true
```

7.4 삼항 조건 연산자

삼항 조건 연산자ternary operator는 조건식의 평가 결과에 따라 반환할 값을 결정한다. 자바스크립트의 유일한 삼항 연산자이며, 부수 효과는 없다. 삼항 조건 연산자 표현식은 다음과 같이 사용한다.

조건식 **?** 조건식이 `true`일 때 반환할 값 **:** 조건식이 `false`일 때 반환할 값

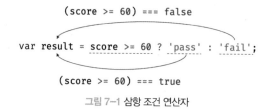

그림 7-1 삼항 조건 연산자

삼항 조건 연산자는 첫 번째 피연산자가 `true`로 평가되면 두 번째 피연산자를 반환하고, 첫 번째 피연산자가 `false`로 평가되면 세 번째 피연산자를 반환한다. 즉, 삼항 조건 연산자는 두 번째 피연산자 또는 세 번째 피연산자로 평가되는 표현식이다.

물음표(?) 앞의 첫 번째 피연산자는 조건식, 즉 불리언 타입의 값으로 평가될 표현식이다. 만약 조건식의 평가 결과가 불리언 값이 아니면 불리언 값으로 암묵적 타입 변환된다. 이때 조건식이 참이면 콜론(:) 앞의 두 번째 피연산자가 평가되어 반환되고, 거짓이면 콜론(:) 뒤의 세 번째 피연산자가 평가되어 반환된다.

【 예제 07-21 】

```
var x = 2;

// 2 % 2는 0이고 0은 false로 암묵적 타입 변환된다.
var result = x % 2 ? '홀수' : '짝수';

console.log(result); // 짝수
```

삼항 조건 연산자의 첫 번째 피연산자는 조건식이므로 삼항 조건 연산자 표현식은 조건문이다. 따라서 다음 장에서 살펴볼 if... else 문을 사용해도 삼항 조건 연산자 표현식과 유사하게 처리할 수 있다.

【 예제 07-22 】

```
var x = 2, result;

// 2 % 2는 0이고 0은 false로 암묵적 타입 변환된다.
if (x % 2) result = '홀수';
else       result = '짝수';

console.log(result); // 짝수
```

하지만 삼항 조건 연산자 표현식은 if … else 문과 중요한 차이가 있다. 삼항 조건 연산자 표현식은 값처럼 사용할 수 있지만 if … else 문은 값처럼 사용할 수 없다.

if … else 문은 표현식이 아닌 문이다. 따라서 if … else 문은 값처럼 사용할 수 없다.

【 예제 07-23 】
```
var x = 10;

// if … else 문은 표현식이 아닌 문이다. 따라서 값처럼 사용할 수 없다.
var result = if (x % 2) { result = '홀수'; } else { result = '짝수'; };
// SyntaxError: Unexpected token if
```

삼항 조건 연산자 표현식은 값으로 평가할 수 있는 표현식인 문이다. 따라서 삼항 조건 연산자 표현식은 값처럼 다른 표현식의 일부가 될 수 있어 매우 유용하다.

【 예제 07-24 】
```
var x = 10;

// 삼항 조건 연산자 표현식은 표현식인 문이다. 따라서 값처럼 사용할 수 있다.
var result = x % 2 ? '홀수' : '짝수';
console.log(result); // 짝수
```

조건에 따라 어떤 값을 결정해야 한다면 if … else 문보다 삼항 조건 연산자 표현식을 사용하는 편이 유리하다. 하지만 조건에 따라 수행해야 할 문이 하나가 아니라 여러 개라면 if … else 문의 가독성이 더 좋다.

7.5 논리 연산자

논리 연산자logical operator는 우항과 좌항의 피연산자(부정 논리 연산자의 경우 우항의 피연산자)를 논리 연산한다.

논리 연산자	의미	부수 효과
||	논리합(OR)	✕
&&	논리곱(AND)	✕
!	부정(NOT)	✕

표 7-6 논리 연산자

```
// 논리합(||) 연산자
true || true;   // → true
true || false;  // → true
false || true;  // → true
false || false; // → false

// 논리곱(&&) 연산자
true && true;   // → true
true && false;  // → false
false && true;  // → false
false && false; // → false

// 논리 부정(!) 연산자
!true;  // → false
!false; // → true
```

논리 부정(!) 연산자는 언제나 불리언 값을 반환한다. 단, 피연산자가 반드시 불리언 값일 필요는 없다. 만약 피연산자가 불리언 값이 아니면 불리언 타입으로 암묵적 타입 변환된다.

【 예제 07-26 】

```
// 암묵적 타입 변환
!0;       // → true
!'Hello'; // → false
```

논리합(||) 또는 논리곱(&&) 연산자 표현식의 평가 결과는 불리언 값이 아닐 수도 있다. 논리합(||) 또는 논리곱(&&) 연산자 표현식은 언제나 2개의 피연산자 중 어느 한쪽으로 평가된다.

【 예제 07-27 】

```
// 단축 평가
'Cat' && 'Dog'; // → 'Dog'
```

이에 대해서는 9.4절 "단축 평가"에서 자세히 살펴보기로 하자.

📄 드 모르간의 법칙

논리 연산자로 구성된 복잡한 표현식은 가독성이 좋지 않아 한눈에 이해하기 어려울 때가 있다. 이러한 경우 드 모르간의 법칙[4]을 활용하면 복잡한 표현식을 좀 더 가독성 좋은 표현식으로 변환할 수 있다.

【 예제 07-28 】

```
!(x || y) === (!x && !y)
!(x && y) === (!x || !y)
```

7.6 쉼표 연산자

쉼표(,) 연산자는 왼쪽 피연산자부터 차례대로 피연산자를 평가하고 마지막 피연산자의 평가가 끝나면 마지막 피연산자의 평가 결과를 반환한다.

【 예제 07-29 】

```
var x, y, z;

x = 1, y = 2, z = 3; // 3
```

7.7 그룹 연산자

소괄호('( )')로 피연산자를 감싸는 그룹 연산자는 자신의 피연산자인 표현식을 가장 먼저 평가한다. 따라서 그룹 연산자를 사용하면 연산자의 우선순위를 조절할 수 있다. 그룹 연산자는 연산자 우선순위[5]가 가장 높다.

【 예제 07-30 】

```
10 * 2 + 3; // → 23

// 그룹 연산자를 사용하여 우선순위를 조절
10 * (2 + 3); // → 50
```

위 예제의 첫 번째 문에서는 10 * 2를 먼저 연산하고 그다음 20 + 3을 연산한다. 수학에서와 마찬가지로 곱셈 연산자 *가 덧셈 연산자 +보다 우선순위가 높기 때문이다.

두 번째 문에서는 그룹 연산자로 감싼 표현식을 먼저 연산한다. 따라서 2 + 3을 먼저 연산하고 그다음 10 * 5를 연산한다.

---

4 https://ko.wikipedia.org/wiki/드_모르간의_법칙
5 7.12절 "연산자 우선순위" 참고

7.8 typeof 연산자

typeof 연산자는 피연산자의 데이터 타입을 문자열로 반환한다. typeof 연산자는 7가지 문자열 "string", "number", "boolean", "undefined", "symbol", "object", "function" 중 하나를 반환한다. "null"을 반환하는 경우는 없으며, 함수의 경우 "function"을 반환한다. 이처럼 typeof 연산자가 반환하는 문자열은 7개의 데이터 타입과 정확히 일치하지는 않는다.

【 예제 07-31 】

```
typeof ''              // → "string"
typeof 1               // → "number"
typeof NaN             // → "number"
typeof true            // → "boolean"
typeof undefined       // → "undefined"
typeof Symbol()        // → "symbol"
typeof null            // → "object"
typeof []              // → "object"
typeof {}              // → "object"
typeof new Date()      // → "object"
typeof /test/gi        // → "object"
typeof function () {}  // → "function"
```

typeof 연산자로 null 값을 연산해 보면 "null"이 아닌 "object"를 반환한다는 데 주의하자. 이것은 자바스크립트의 첫 번째 버전의 버그다. 하지만 기존 코드에 영향을 줄 수 있기 때문에 아직까지 수정되지 못하고 있다.[6]

따라서 값이 null 타입인지 확인할 때는 typeof 연산자를 사용하지 말고 일치 연산자(===)를 사용하자.

【 예제 07-32 】

```
var foo = null;

typeof foo === null; // → false
foo === null;        // → true
```

또 하나 주의해야 할 것이 있다. 선언하지 않은 식별자를 typeof 연산자로 연산해 보면 ReferenceError가 발생하지 않고 undefined를 반환한다.

---

6   http://2ality.com/2013/10/typeof-null.html

```
// undeclared 식별자를 선언한 적이 없다.
typeof undeclared; // → undefined
```

7.9 지수 연산자

ES7에서 도입된 지수 연산자는 좌항의 피연산자를 밑^{base}으로, 우항의 피연산자를 지수^{exponent}로 거듭 제곱하여 숫자 값을 반환한다.

【 예제 07-34 】

```
2 ** 2;   // → 4
2 ** 2.5; // → 5.65685424949238
2 ** 0;   // → 1
2 ** -2;  // → 0.25
```

지수 연산자가 도입되기 이전에는 Math.pow 메서드[7]를 사용했다.

【 예제 07-35 】

```
Math.pow(2, 2);   // → 4
Math.pow(2, 2.5); // → 5.65685424949238
Math.pow(2, 0);   // → 1
Math.pow(2, -2);  // → 0.25
```

지수 연산자는 다음과 같은 경우 Math.pow 메서드보다 가독성이 좋다.

【 예제 07-36 】

```
// 지수 연산자의 결합 순서는 우항에서 좌항이다. 즉, 우결합성을 갖는다.
2 ** (3 ** 2); // → 512
Math.pow(2, Math.pow(3, 2)); // → 512
```

음수를 거듭제곱의 밑으로 사용해 계산하려면 다음과 같이 괄호로 묶어야 한다.

【 예제 07-37 】

```
-5 ** 2;
// SyntaxError: Unary operator used immediately before exponentiation expression.
// Parenthesis must be used to disambiguate operator precedence

(-5) ** 2; // → 25
```

---

7   29.2.7절 "Math.pow" 참고

지수 연산자는 다른 산술 연산자와 마찬가지로 할당 연산자와 함께 사용할 수 있다.

【 예제 07-38 】

```
var num = 5;
num **= 2; // → 25
```

지수 연산자는 이항 연산자 중에서 우선순위가 가장 높다.

【 예제 07-39 】

```
2 * 5 ** 2; // → 50
```

7.10 그 외의 연산자

지금까지 소개한 연산자 외에도 다양한 연산자가 있다. 다만 아직 소개하지 않은 연산자는 다른 주제와 밀접하게 연관되어 있어 해당 주제를 소개하는 장에서 살펴보기로 하자.

연산자	개요	참고
?.	옵셔널 체이닝 연산자	9.4.2절 "옵셔널 체이닝 연산자"
??	null 병합 연산자	9.4.3절 "null 병합 연산자"
delete	프로퍼티 삭제	10.8절 "프로퍼티 삭제"
new	생성자 함수를 호출할 때 사용하여 인스턴스를 생성	17.2.6절 "new 연산자"
instanceof	좌변의 객체가 우변의 생성자 함수와 연결된 인스턴스인지 판별	19.10절 "instanceof 연산자"
in	프로퍼티 존재 확인	19.13.1절 "in 연산자"

7.11 연산자의 부수 효과

대부분의 연산자는 다른 코드에 영향을 주지 않는다. 예를 들어, 1 * 2는 다른 코드에 어떠한 영향도 주지 않고 새로운 값 2를 생성할 뿐이다. 하지만 일부 연산자는 다른 코드에 영향을 주는 부수 효과가 있다.

부수 효과가 있는 연산자는 할당 연산자(=), 증가/감소 연산자(++/--), delete 연산자[8]다.

---

8 10.8절 "프로퍼티 삭제" 참고

```
var x;

// 할당 연산자는 변수 값이 변하는 부수 효과가 있다. 이는 x 변수를 사용하는 다른 코드에 영향을 준다.
x = 1;
console.log(x); // 1

// 증가/감소 연산자(++/--)는 피연산자의 값을 변경하는 부수 효과가 있다.
// 피연산자 x의 값이 재할당되어 변경된다. 이는 x 변수를 사용하는 다른 코드에 영향을 준다.
x++;
console.log(x); // 2

var o = { a: 1 };

// delete 연산자는 객체의 프로퍼티를 삭제하는 부수 효과가 있다. 이는 o 객체를 사용하는 다른 코드에 영향을 준다.
delete o.a;
console.log(o); // {}
```

7.12 연산자 우선순위

연산자 우선순위란 여러 개의 연산자로 이뤄진 문이 실행될 때 연산자가 실행되는 순서를 말한다. 우선순위가 높을수록 먼저 실행된다. 연산자 우선순위는 다음과 같다.

우선순위	연산자
1	( )
2	new(매개변수 존재), ., [ ](프로퍼티 접근), ( )(함수 호출), ?.(옵셔널 체이닝 연산자[9])
3	new(매개변수 미존재)
4	x++, x--
5	!x, +x, -x, ++x, --x, typeof, delete
6	**(이항 연산자 중에서 우선순위가 가장 높다)
7	*, /, %
8	+, -
9	<, <=, >, >=, in, instanceof
10	==, !=, ===, !==

---

9   9.4.2절 "옵셔널 체이닝 연산자" 참고

우선순위	연산자
11	??(null 병합 연산자[10])
12	&&
13	¦¦
14	? ... : ...
15	할당 연산자(=, +=, -=, ...)
16	,

연산자는 종류가 많아서 연산자 우선순위를 모두 기억하기 어렵고 실수하기도 쉽다. 따라서 기억에 의존하기보다는 연산자 우선순위가 가장 높은 그룹 연산자를 사용하여 우선순위를 명시적으로 조절하는 것을 권장한다.

【 예제 07-41 】

```
// 그룹 연산자를 사용하여 우선순위를 명시적으로 조절
10 * (2 + 3); // → 50
```

7.13 연산자 결합 순서

연산자 결합 순서란 연산자의 어느 쪽(좌항 또는 우항)부터 평가를 수행할 것인지를 나타내는 순서를 말한다. 연산자의 결합 순서는 다음과 같다.

결합 순서	연산자
좌항 → 우항	+, -, /, %, <, <=, >, >=, &&, ¦¦, ., [], ( ), ??, ?., in, instanceof
우항 → 좌항	++, --, 할당 연산자(=, +=, -=, ...), !x, +x, -x, ++x, --x, typeof, delete, ? ... : ..., **

---

10 9.4.3절 "null 병합 연산자" 참고

## 08 장

제어문

제어문^{control flow statement}은 조건에 따라 코드 블록을 실행(조건문)하거나 반복 실행(반복문)할 때 사용한다. 일반적으로 코드는 위에서 아래 방향으로 순차적으로 실행된다. 제어문을 사용하면 코드의 실행 흐름을 인위적으로 제어할 수 있다.

하지만 코드의 실행 순서가 변경된다는 것은 단순히 위에서 아래로 순차적으로 진행하는 직관적인 코드의 흐름을 혼란스럽게 만든다. 따라서 제어문은 코드의 흐름을 이해하기 어렵게 만들어 가독성을 해치는 단점이 있다. 가독성이 좋지 않은 코드는 오류를 발생시키는 원인이 된다. 나중에 살펴볼 `forEach`, `map`, `filter`, `reduce` 같은 고차 함수를 사용한 함수형 프로그래밍 기법에서는 제어문의 사용을 억제하여 복잡성을 해결하려고 노력한다.

2보 전진을 위해서는 먼저 첫발을 내디뎌야 한다. 제어문을 바르게 이해하는 것은 코딩 스킬에 많은 영향을 준다. 특히 for 문은 매우 중요하므로 확실히 이해하자.

8.1 블록문

블록문^{block statement/compound statement}은 0개 이상의 문을 중괄호로 묶은 것으로, 코드 블록 또는 블록이라고 부르기도 한다. 자바스크립트는 블록문을 하나의 실행 단위로 취급한다. 블록문은 단독으로 사용할 수도 있으나 일반적으로 제어문이나 함수를 정의할 때 사용하는 것이 일반적이다.

다음은 블록문이 사용되는 다양한 예제다. 문의 끝에는 세미콜론[1]을 붙이는 것이 일반적이다. 하지만 블록문은 언제나 문의 종료를 의미하는 자체 종결성을 갖기 때문에 블록문의 끝에는 세미콜론을 붙이지 않는다는 것에 주의하기 바란다.

---

1 5.5절 "세미콜론과 세미콜론 자동 삽입 기능" 참고

```
// 블록문
{
  var foo = 10;
}

// 제어문
var x = 1;
if (x < 10) {
  x++;
}

// 함수 선언문
function sum(a, b) {
  return a + b;
}
```

8.2 조건문

조건문conditional statement은 주어진 조건식conditional expression의 평가 결과에 따라 코드 블록(블록문)의 실행을 결정한다. 조건식은 불리언 값으로 평가될 수 있는 표현식이다.

자바스크립트는 if ... else 문과 switch 문으로 두 가지 조건문을 제공한다.

8.2.1 if ... else 문

if ... else 문은 주어진 조건식(불리언 값으로 평가될 수 있는 표현식)의 평가 결과, 즉 논리적 참 또는 거짓에 따라 실행할 코드 블록을 결정한다. 조건식의 평가 결과가 true일 경우 if 문의 코드 블록이 실행되고, false일 경우 else 문의 코드 블록이 실행된다.

```
if (조건식) {
  // 조건식이 참이면 이 코드 블록이 실행된다.
} else {
  // 조건식이 거짓이면 이 코드 블록이 실행된다.
}
```

if 문의 조건식은 불리언 값으로 평가되어야 한다. 만약 if 문의 조건식이 불리언 값이 아닌 값으로 평가되면 자바스크립트 엔진에 의해 암묵적으로 불리언 값으로 강제 변환되어 실행할 코드 블록을 결정한다. 이에 대해서는 9.2절 "암묵적 타입 변환"에서 자세히 살펴보자.

조건식을 추가하여 조건에 따라 실행될 코드 블록을 늘리고 싶으면 else if 문을 사용한다.

```
if (조건식1) {
    // 조건식1이 참이면 이 코드 블록이 실행된다.
} else if (조건식2) {
    // 조건식2가 참이면 이 코드 블록이 실행된다.
} else {
    // 조건식1과 조건식2가 모두 거짓이면 이 코드 블록이 실행된다.
}
```

else if 문과 else 문은 옵션이다. 즉, 사용할 수도 있고 사용하지 않을 수도 있다. if 문과 else 문은 2번 이상 사용할 수 없지만 else if 문은 여러 번 사용할 수 있다.

[예제 08-02]

```
var num = 2;
var kind;

// if 문
if (num > 0) {
  kind = '양수'; // 음수를 구별할 수 없다
}
console.log(kind); // 양수

// if... else 문
if (num > 0) {
  kind = '양수';
} else {
  kind = '음수'; // 0은 음수가 아니다.
}
console.log(kind); // 양수

// if... else if 문
if (num > 0) {
  kind = '양수';
} else if (num < 0) {
  kind = '음수';
} else {
  kind = '영';
}
console.log(kind); // 양수
```

만약 코드 블록 내의 문이 하나뿐이라면 중괄호를 생략할 수 있다.

```
var num = 2;
var kind;

if (num > 0)      kind = '양수';
else if (num < 0) kind = '음수';
else              kind = '영';

console.log(kind); // 양수
```

대부분의 if ... else 문은 삼항 조건 연산자[2]로 바꿔 쓸 수 있다. 다음 예제를 살펴보자.

【 예제 08-04 】

```
// x가 짝수이면 result 변수에 문자열 '짝수'를 할당하고, 홀수이면 문자열 '홀수'를 할당한다.
var x = 2;
var result;

if (x % 2) { // 2 % 2는 0이다. 이때 0은 false로 암묵적 강제 변환된다.
  result = '홀수';
} else {
  result = '짝수';
}

console.log(result); // 짝수
```

위 예제는 다음과 같이 삼항 조건 연산자로 바꿔 쓸 수 있다.

【 예제 08-05 】

```
var x = 2;

// 0은 false로 취급된다.
var result = x % 2 ? '홀수' : '짝수';
console.log(result); // 짝수
```

위 예제는 두 가지 경우의 수('홀수' 또는 '짝수')를 갖는 경우다. 만약 경우의 수가 세 가지('양수', '음수', '영')
라면 다음과 같이 바꿔 쓸 수 있다.

【 예제 08-06 】

```
var num = 2;
```

---

2   7.4절 "삼항 조건 연산자" 참고

```
// 0은 false로 취급된다.
var kind = num ? (num > 0 ? '양수' : '음수') : '영';

console.log(kind); // 양수
```

num > 0 ? '양수' : '음수'는 표현식이다. 즉, 삼항 조건 연산자는 값으로 평가되는 표현식을 만든다. 따라서 삼항 조건 연산자 표현식은 값처럼 사용할 수 있기 때문에 변수에 할당할 수 있다. 하지만 if ... else 문은 표현식이 아닌 문이다. 따라서 if ... else 문은 값처럼 사용할 수 없기 때문에 변수에 할당할 수 없다.

조건에 따라 단순히 값을 결정하여 변수에 할당하는 경우 if ... else 문보다 삼항 조건 연산자를 사용하는 편이 가독성이 좋다. 하지만 조건에 따라 실행해야 할 내용이 복잡하여 여러 줄의 문이 필요하다면 if ... else 문을 사용하는 편이 가독성이 좋다.

8.2.2 switch 문

switch 문은 주어진 표현식을 평가하여 그 값과 일치하는 표현식을 갖는 case 문으로 실행 흐름을 옮긴다. case 문은 상황case을 의미하는 표현식을 지정하고 콜론으로 마친다. 그리고 그 뒤에 실행할 문들을 위치시킨다.

switch 문의 표현식과 일치하는 case 문이 없다면 실행 순서는 default 문으로 이동한다. default 문은 선택사항으로, 사용할 수도 있고 사용하지 않을 수도 있다.

```
switch (표현식) {
  case 표현식1:
    switch 문의 표현식과 표현식1이 일치하면 실행될 문;
    break;
  case 표현식2:
    switch 문의 표현식과 표현식2가 일치하면 실행될 문;
    break;
  default:
    switch 문의 표현식과 일치하는 case 문이 없을 때 실행될 문;
}
```

if ... else 문의 조건식은 불리언 값으로 평가되어야 하지만 switch 문의 표현식은 불리언 값보다는 문자열이나 숫자 값인 경우가 많다. 다시 말해, if ... else 문은 논리적 참, 거짓으로 실행할 코드 블록을 결정한다. switch 문은 논리적 참, 거짓보다는 다양한 상황(case)에 따라 실행할 코드 블록을 결정할 때 사용한다.

다음 예제를 살펴보자. switch 문의 표현식, 즉 month 변수의 평가 결과인 숫자 값 11과 일치하는 case 문으로 실행 흐름이 이동한다.

【 예제 08-07 】

```javascript
// 월을 영어로 변환한다. (11 → 'November')
var month = 11;
var monthName;

switch (month) {
  case 1: monthName = 'January';
  case 2: monthName = 'February';
  case 3: monthName = 'March';
  case 4: monthName = 'April';
  case 5: monthName = 'May';
  case 6: monthName = 'June';
  case 7: monthName = 'July';
  case 8: monthName = 'August';
  case 9: monthName = 'September';
  case 10: monthName = 'October';
  case 11: monthName = 'November';
  case 12: monthName = 'December';
  default: monthName = 'Invalid month';
}

console.log(monthName); // Invalid month
```

그런데 위 예제를 실행해 보면 'November'가 출력되지 않고 'Invalid month'가 출력된다. 이는 switch 문의 표현식의 평가 결과와 일치하는 case 문으로 실행 흐름이 이동하여 문을 실행한 것은 맞지만 문을 실행한 후 switch 문을 탈출하지 않고 switch 문이 끝날 때까지 이후의 모든 case 문과 default 문을 실행했기 때문이다. 이를 **폴스루**^{fall through}라 한다. 다시 말해 monthName 변수에 'November'가 할당된 후 switch 문을 탈출하지 않고 연이어 'December'가 재할당되고 마지막으로 'Invalid month'가 재할당된 것이다.

이러한 결과가 나온 이유는 case 문에 해당하는 문의 마지막에 break 문을 사용하지 않았기 때문이다. break 키워드로 구성된 break 문은 코드 블록에서 탈출하는 역할을 한다. break 문이 없다면 case 문의 표현식과 일치하지 않더라도 실행 흐름이 다음 case 문으로 연이어 이동한다. 따라서 올바른 switch 문은 다음과 같다.

【 예제 08-08 】

```javascript
// 월을 영어로 변환한다. (11 → 'November')
var month = 11;
var monthName;

switch (month) {
  case 1: monthName = 'January';
    break;
```

```
  case 2: monthName = 'February';
    break;
  case 3: monthName = 'March';
    break;
  case 4: monthName = 'April';
    break;
  case 5: monthName = 'May';
    break;
  case 6: monthName = 'June';
    break;
  case 7: monthName = 'July';
    break;
  case 8: monthName = 'August';
    break;
  case 9: monthName = 'September';
    break;
  case 10: monthName = 'October';
    break;
  case 11: monthName = 'November';
    break;
  case 12: monthName = 'December';
    break;
  default: monthName = 'Invalid month';
}

console.log(monthName); // November
```

default 문에는 break 문을 생략하는 것이 일반적이다. default 문은 switch 문의 맨 마지막에 위치하므로 default 문의 실행이 종료되면 switch 문을 빠져나간다. 따라서 별도로 break 문이 필요 없다.

break 문을 생략한 폴스루가 유용한 경우도 있다. 다음 예제와 같이 폴스루를 활용해 여러 개의 case 문을 하나의 조건으로 사용할 수도 있다. 다음은 윤년인지 판별해서 2월의 일수를 계산하는 예제다.

【 예제 08-09 】

```
var year = 2000; // 2000년은 윤년으로 2월이 29일이다.
var month = 2;
var days = 0;

switch (month) {
  case 1: case 3: case 5: case 7: case 8: case 10: case 12:
    days = 31;
    break;
  case 4: case 6: case 9: case 11:
```

```
      days = 30;
      break;
    case 2:
      // 윤년 계산 알고리즘
      // 1. 연도가 4로 나누어떨어지는 해(2000, 2004, 2008, 2012, 2016, 2020... )는 윤년이다.
      // 2. 연도가 4로 나누어떨어지더라도 연도가 100으로 나누어떨어지는 해 (2000, 2100, 2200... )는 평년이다.
      // 3. 연도가 400으로 나누어떨어지는 해(2000, 2400, 2800... )는 윤년이다.
      days = ((year % 4 === 0 && year % 100 !== 0) || (year % 400 === 0)) ? 29 : 28;
      break;
    default:
      console.log('Invalid month');
}

console.log(days); // 29
```

switch 문은 case, default, break 등 다양한 키워드를 사용해야 하고 폴스루가 발생하는 등 문법도 복잡하다. 따라서 C 언어를 기반으로 하는 프로그래밍 언어(C-family)는 대부분 switch 문을 지원하지만 파이썬과 같이 switch 문을 지원하지 않는 프로그래밍 언어도 있다.

만약 if... else 문으로 해결할 수 있다면 switch 문보다 if... else 문을 사용하는 편이 좋다. 하지만 조건이 너무 많아서 if... else 문보다 switch 문을 사용했을 때 가독성이 더 좋다면 switch 문을 사용하는 편이 좋다.

8.3 반복문

반복문loop statement은 조건식의 평가 결과가 참인 경우 코드 블록을 실행한다. 그 후 조건식을 다시 평가하여 여전히 참인 경우 코드 블록을 다시 실행한다. 이는 조건식이 거짓일 때까지 반복된다.

자바스크립트는 세 가지 반복문인 for 문, while 문, do... while 문을 제공한다.

> 📄 **반복문을 대체할 수 있는 다양한 기능**
>
> 자바스크립트는 배열을 순회할 때 사용하는 forEach 메서드[3], 객체의 프로퍼티를 열거할 때 사용하는 for... in 문[4], ES6에서 도입된 이터러블을 순회할 수 있는 for... of 문[5]과 같이 반복문을 대체할 수 있는 다양한 기능을 제공한다. 이에 대해서는 해당 장에서 자세히 살펴보자.

---

3   27.9.2절 "Array.prototype.forEach" 참고
4   19.14.1절 "for... in 문" 참고
5   34.3절 "for... of 문" 참고

8.3.1 for 문

for 문은 조건식이 거짓으로 평가될 때까지 코드 블록을 반복 실행한다. 가장 일반적으로 사용되는 for 문의 형태는 다음과 같다.

```
for (변수 선언문 또는 할당문; 조건식; 증감식) {
  조건식이 참인 경우 반복 실행될 문;
}
```

for 문은 매우 중요하다. 아직 for 문에 익숙하지 않다면 많은 연습을 통해 확실히 이해하기를 권장한다. 다음 예제를 통해 for 문이 어떻게 동작하는지 살펴보자.

[예제 08-10]

```
for (var i = 0; i < 2; i++) {
  console.log(i);
}

0
1
```

위 예제의 for 문은 i 변수(for 문의 변수 선언문의 변수 이름은 반복을 의미하는 iteration의 i를 사용하는 것이 일반적이다)가 0으로 초기화된 상태에서 시작하여 i가 2보다 작을 때까지 코드 블록을 2번 반복 실행한다. for 문의 실행 순서를 따라가며 어떻게 동작하는지 살펴보자.

for 문의 실행 순서

① for 문을 실행하면 맨 먼저 변수 선언문 var i = 0이 실행된다. 변수 선언문은 단 한 번만 실행된다.

② 변수 선언문의 실행이 종료되면 조건식이 실행된다. 현재 i 변수의 값은 0이므로 조건식의 평가 결과는 true다.

③ 조건식의 평가 결과가 true이므로 코드 블록이 실행된다. 증감문으로 실행 흐름이 이동하는 것이 아니라 코드 블록으로 실행 흐름이 이동하는 것에 주의하자.

④ 코드 블록의 실행이 종료되면 증감식 i++가 실행되어 i 변수의 값은 1이 된다.

⑤ 증감식 실행이 종료되면 다시 조건식이 실행된다. 변수 선언문이 실행되는 것이 아니라 조건식이 실행된다는 점에 주의하자(앞에서 설명했지만 변수 선언문은 단 한 번만 실행된다). 현재 i 변수의 값은 1이므로 조건식의 평가 결과는 true다.

⑥ 조건식의 평가 결과가 true이므로 코드 블록이 다시 실행된다.

⑦ 코드 블록의 실행이 종료되면 증감식 i++가 실행되어 i 변수의 값은 2가 된다.

⑧ 증감식 실행이 종료되면 다시 조건식이 실행된다. 현재 i 변수의 값은 2이므로 조건식의 평가 결과는 false다. 조건식의 평가 결과가 false이므로 for 문의 실행이 종료된다.

다음 예제는 위 예제를 역으로 반복하는 for 문이다. i 변수가 1로 초기화된 상태에서 시작하여 i가 0보다 같거나 클 때까지 코드 블록을 2번 반복 실행한다.

【 예제 08-11 】

```javascript
for (var i = 1; i >= 0; i--) {
  console.log(i);
}
```

for 문의 변수 선언문, 조건식, 증감식은 모두 옵션이므로 반드시 사용할 필요는 없다. 단, 어떤 식도 선언하지 않으면 무한루프가 된다. 무한루프란 코드 블록을 무한히 반복 실행하는 문이다.

【 예제 08-12 】

```javascript
// 무한루프
for (;;) { ... }
```

for 문 내에 for 문을 중첩해 사용할 수 있다. 이를 중첩 for 문이라 한다. 다음은 두 개의 주사위를 던졌을 때 두 눈의 합이 6이 되는 모든 경우의 수를 출력하기 위해 이중 중첩 for 문을 사용한 예다.

【 예제 08-13 】

```javascript
for (var i = 1; i <= 6; i++) {
  for (var j = 1; j <= 6; j++) {
    if (i + j === 6) console.log(`[${i}, ${j}]`);
  }
}
```

```
[1, 5]
[2, 4]
[3, 3]
[4, 2]
[5, 1]
```

8.3.2 while 문

while 문은 주어진 조건식의 평가 결과가 참이면 코드 블록을 계속해서 반복 실행한다. for 문은 반복 횟수가 명확할 때 주로 사용하고 while 문은 반복 횟수가 불명확할 때 주로 사용한다.

while 문은 조건문의 평가 결과가 거짓이 되면 코드 블록을 실행하지 않고 종료한다. 만약 조건식의 평가 결과가 불리언 값이 아니면 불리언 값으로 강제 변환하여 논리적 참, 거짓을 구별한다.

【 예제 08-14 】

```javascript
var count = 0;

// count가 3보다 작을 때까지 코드 블록을 계속 반복 실행한다.
while (count < 3) {
  console.log(count); // 0 1 2
  count++;
}
```

조건식의 평가 결과가 언제나 참이면 무한루프가 된다.

【 예제 08-15 】

```javascript
// 무한루프
while (true) { ... }
```

무한루프에서 탈출하기 위해서는 코드 블록 내에 if 문으로 탈출 조건을 만들고 break 문으로 코드 블록을 탈출한다.

【 예제 08-16 】

```javascript
var count = 0;

// 무한루프
while (true) {
  console.log(count);
  count++;
  // count가 3이면 코드 블록을 탈출한다.
  if (count === 3) break;
} // 0 1 2
```

8.3.3 do... while 문

do... while 문은 코드 블록을 먼저 실행하고 조건식을 평가한다. 따라서 코드 블록은 무조건 한 번 이상 실행된다.

【 예제 08-17 】

```
var count = 0;

// count가 3보다 작을 때까지 코드 블록을 계속 반복 실행한다.
do {
  console.log(count); // 0 1 2
  count++;
} while (count < 3);
```

8.4 break 문

switch 문과 while 문에서 살펴보았듯이 break 문은 코드 블록을 탈출한다. 좀 더 정확히 표현하자면 코드 블록을 탈출하는 것이 아니라 레이블 문, 반복문(for, for … in, for … of, while, do … while) 또는 switch 문의 코드 블록을 탈출한다. 레이블 문, 반복문, switch 문의 코드 블록 외에 break 문을 사용하면 SyntaxError(문법 에러)가 발생한다.

【 예제 08-18 】

```
if (true) {
  break; // Uncaught SyntaxError: Illegal break statement
}
```

참고로 레이블 문label statement이란 식별자가 붙은 문을 말한다.

【 예제 08-19 】

```
// foo라는 레이블 식별자가 붙은 레이블 문
foo: console.log('foo');
```

레이블 문은 프로그램의 실행 순서를 제어하는 데 사용한다. 사실 switch 문의 case 문과 default 문도 레이블 문이다. 레이블 문을 탈출하려면 break 문에 레이블 식별자를 지정한다.

【 예제 08-20 】

```
// foo라는 식별자가 붙은 레이블 블록문
foo: {
  console.log(1);
  break foo; // foo 레이블 블록문을 탈출한다.
  console.log(2);
}

console.log('Done!');
```

중첩된 for 문의 내부 for 문에서 break 문을 실행하면 내부 for 문을 탈출하여 외부 for 문으로 진입한다. 이때 내부 for 문이 아닌 외부 for 문을 탈출하려면 레이블 문을 사용한다.

【 예제 08-21 】

```javascript
// outer라는 식별자가 붙은 레이블 for 문
outer: for (var i = 0; i < 3; i++) {
  for (var j = 0; j < 3; j++) {
    // i + j === 3이면 outer라는 식별자가 붙은 레이블 for 문을 탈출한다.
    if (i + j === 3) break outer;
    console.log(`inner [${i}, ${j}]`);
  }
}

console.log('Done!');
```

레이블 문은 중첩된 for 문 외부로 탈출할 때 유용하지만 그 밖의 경우에는 일반적으로 권장하지 않는다. 레이블 문을 사용하면 프로그램의 흐름이 복잡해져서 가독성이 나빠지고 오류를 발생시킬 가능성이 높아지기 때문이다.

break 문은 레이블 문뿐 아니라 반복문, switch 문에서도 사용할 수 있다. 이 경우에는 break 문에 레이블 식별자를 지정하지 않는다. break 문은 반복문을 더 이상 진행하지 않아도 될 때 불필요한 반복을 회피할 수 있어 유용하다.

다음은 문자열에서 특정 문자의 인덱스(위치)를 검색하는 예다.

【 예제 08-22 】

```javascript
var string = 'Hello World.';
var search = 'l';
var index;

// 문자열은 유사 배열이므로 for 문으로 순회할 수 있다.
for (var i = 0; i < string.length; i++) {
  // 문자열의 개별 문자가 'l'이면
  if (string[i] === search) {
    index = i;
    break; // 반복문을 탈출한다.
  }
}

console.log(index); // 2
```

```
// 참고로 String.prototype.indexOf 메서드를 사용해도 같은 동작을 한다.
console.log(string.indexOf(search)); // 2
```

8.5 continue 문

continue 문은 반복문의 코드 블록 실행을 현 지점에서 중단하고 반복문의 증감식으로 실행 흐름을 이동시킨다. break 문처럼 반복문을 탈출하지는 않는다.

다음은 문자열에서 특정 문자의 개수를 세는 예다.

【 예제 08-23 】

```
var string = 'Hello World.';
var search = 'l';
var count = 0;

// 문자열은 유사 배열이므로 for 문으로 순회할 수 있다.
for (var i = 0; i < string.length; i++) {
  // 'l'이 아니면 현 지점에서 실행을 중단하고 반복문의 증감식으로 이동한다.
  if (string[i] !== search) continue;
  count++; // continue 문이 실행되면 이 문은 실행되지 않는다.
}

console.log(count); // 3

// 참고로 String.prototype.match 메서드를 사용해도 같은 동작을 한다.
const regexp = new RegExp(search, 'g');
console.log(string.match(regexp).length); // 3
```

위 예제의 for 문은 다음 코드와 동일하게 동작한다.

【 예제 08-24 】

```
for (var i = 0; i < string.length; i++) {
  // 'l'이면 카운트를 증가시킨다.
  if (string[i] === search) count++;
}
```

위와 같이 if 문 내에서 실행해야 할 코드가 한 줄이라면 continue 문을 사용했을 때보다 간편하고 가독성도 좋다. 하지만 if 문 내에서 실행해야 할 코드가 길다면 들여쓰기가 한 단계 더 깊어지므로 continue 문을 사용하는 편이 가독성이 더 좋다.

【 예제 08-25 】

```javascript
// continue 문을 사용하지 않으면 if 문 내에 코드를 작성해야 한다.
for (var i = 0; i < string.length; i++) {
  // 'l'이면 카운트를 증가시킨다.
  if (string[i] === search) {
    count++;
    // code
    // code
    // code
  }
}

// continue 문을 사용하면 if 문 밖에 코드를 작성할 수 있다.
for (var i = 0; i < string.length; i++) {
  // 'l'이 아니면 카운트를 증가시키지 않는다.
  if (string[i] !== search) continue;

  count++;
  // code
  // code
  // code
}
```

09장

타입 변환과 단축 평가

9.1 타입 변환이란?

자바스크립트의 모든 값은 타입이 있다. 값의 타입은 개발자의 의도에 따라 다른 타입으로 변환할 수 있다. 개발자가 의도적으로 값의 타입을 변환하는 것을 **명시적 타입 변환**explicit coercion 또는 **타입 캐스팅**type casting이라 한다.

【 예제 09-01 】

```
var x = 10;

// 명시적 타입 변환
// 숫자를 문자열로 타입 캐스팅한다.
var str = x.toString();
console.log(typeof str, str); // string 10

// x 변수의 값이 변경된 것은 아니다.
console.log(typeof x, x); // number 10
```

개발자의 의도와는 상관없이 표현식을 평가하는 도중에 자바스크립트 엔진에 의해 암묵적으로 타입이 자동 변환되기도 한다. 이를 **암묵적 타입 변환**implicit coercion 또는 **타입 강제 변환**type coercion이라 한다.

【 예제 09-02 】

```
var x = 10;

// 암묵적 타입 변환
// 문자열 연결 연산자는 숫자 타입 x의 값을 바탕으로 새로운 문자열을 생성한다.
```

```
var str = x + '';
console.log(typeof str, str); // string 10

// x 변수의 값이 변경된 것은 아니다.
console.log(typeof x, x); // number 10
```

명시적 타입 변환이나 암묵적 타입 변환이 기존 원시 값(위 예제의 경우 x 변수의 값)을 직접 변경하는 것은 아니다. 원시 값은 변경 불가능한 값immutable value이므로 변경할 수 없다. 타입 변환이란 기존 원시 값을 사용해 다른 타입의 새로운 원시 값을 생성하는 것이다.

위 예제의 경우 자바스크립트 엔진은 표현식 x + ''을 평가하기 위해 x 변수의 숫자 값을 바탕으로 새로운 문자열 값 '10'을 생성하고 이것으로 표현식 '10' + ''를 평가한다. 이때 암묵적으로 생성된 문자열 '10'은 x 변수에 재할당되지 않는다.

즉, 암묵적 타입 변환은 기존 변수 값을 재할당하여 변경하는 것이 아니다. 자바스크립트 엔진은 표현식을 에러 없이 평가하기 위해 피연산자의 값을 암묵적 타입 변환해 새로운 타입의 값을 만들어 단 한 번 사용하고 버린다.

명시적 타입 변환은 타입을 변경하겠다는 개발자의 의지가 코드에 명백히 드러난다. 하지만 암묵적 타입 강제 변환은 자바스크립트 엔진에 의해 암묵적으로, 즉 드러나지 않게 타입이 자동 변환되기 때문에 타입을 변경하겠다는 개발자의 의지가 코드에 명백히 나타나지 않는다.

따라서 자신이 작성한 코드에서 암묵적 타입 변환이 발생하는지, 발생한다면 어떤 타입의 어떤 값으로 변환되는지, 그리고 타입 변환된 값으로 표현식이 어떻게 평가될 것인지 예측 가능해야 한다. 만약 타입 변환 결과를 예측하지 못하거나 예측이 결과와 일치하지 않는다면 오류를 생산할 가능성이 높아진다.

그렇다면 명시적 타입 변환만 사용하고 암묵적 타입 변환은 발생하지 않도록 코드를 작성하면 어떨까? 좋은 생각이긴 하지만 이러한 논리는 옳지 않다. 때로는 명시적 타입 변환보다 암묵적 타입 변환이 가독성 측면에서 더 좋을 수도 있다. 예를 들어, 자바스크립트 문법을 잘 이해하고 있는 개발자에게는 (10).toString()보다 10 + ''이 더욱 간결하고 이해하기 쉽다.

중요한 것은 코드를 예측할 수 있어야 한다는 것이다. 동료가 작성한 코드를 정확히 이해할 수 있어야 하고 자신이 작성한 코드도 동료가 쉽게 이해할 수 있어야 한다. 이를 위해 타입 변환이 어떻게 동작하는지 정확히 이해하고 사용하자.

9.2 암묵적 타입 변환

자바스크립트 엔진은 표현식을 평가할 때 개발자의 의도와는 상관없이 코드의 문맥을 고려해 암묵적으로 데이터 타입을 강제 변환(암묵적 타입 변환)할 때가 있다. 다음 예제를 살펴보자.

【 예제 09-03 】

```
// 피연산자가 모두 문자열 타입이어야 하는 문맥
'10' + 2 // → '102'

// 피연산자가 모두 숫자 타입이어야 하는 문맥
5 * '10' // → 50

// 피연산자 또는 표현식이 불리언 타입이어야 하는 문맥
!0 // → true
if (1) { }
```

이처럼 표현식을 평가할 때 코드의 문맥에 부합하지 않는 다양한 상황이 발생할 수 있다. 이때 프로그래밍 언어에 따라 에러를 발생시키기도 하지만 자바스크립트는 가급적 에러를 발생시키지 않도록 암묵적 타입 변환을 통해 표현식을 평가한다.

암묵적 타입 변환이 발생하면 문자열, 숫자, 불리언과 같은 원시 타입 중 하나로 타입을 자동 변환한다. 타입별로 암묵적 타입 변환이 어떻게 발생하는지 살펴보자.

9.2.1 문자열 타입으로 변환

다음 예제를 살펴보자.

【 예제 09-04 】

```
1 + '2' // → "12"
```

위 예제의 + 연산자는 피연산자 중 하나 이상이 문자열이므로 문자열 연결 연산자로 동작한다. 문자열 연결 연산자의 역할은 문자열 값을 만드는 것이다. 따라서 문자열 연결 연산자의 모든 피연산자는 코드의 문맥상 모두 문자열 타입이어야 한다.

자바스크립트 엔진은 문자열 연결 연산자 표현식을 평가하기 위해 문자열 연결 연산자의 피연산자 중에서 문자열 타입이 아닌 피연산자를 문자열 타입으로 암묵적 타입 변환한다.

연산자 표현식의 피연산자(피연산자도 표현식이다)만이 암묵적 타입 변환의 대상이 되는 것은 아니다. 앞서 언급했듯이 자바스크립트 엔진은 표현식을 평가할 때 코드 문맥에 부합하도록 암묵적 타입 변환을 실행한다.

예를 들어, ES6에서 도입된 템플릿 리터럴의 표현식 삽입[1]은 표현식의 평가 결과를 문자열 타입으로 암묵적 타입 변환한다.

【 예제 09-05 】

```
`1 + 1 = ${1 + 1}` // → "1 + 1 = 2"
```

자바스크립트 엔진은 문자열 타입 아닌 값을 문자열 타입으로 암묵적 타입 변환을 수행할 때 다음과 같이 동작한다.

【 예제 09-06 】

```
// 숫자 타입
0 + ''           // → "0"
-0 + ''          // → "0"
1 + ''           // → "1"
-1 + ''          // → "-1"
NaN + ''         // → "NaN"
Infinity + ''    // → "Infinity"
-Infinity + ''   // → "-Infinity"

// 불리언 타입
true + ''  // → "true"
false + '' // → "false"

// null 타입
null + '' // → "null"

// undefined 타입
undefined + '' // → "undefined"

// 심벌 타입
(Symbol()) + '' // → TypeError: Cannot convert a Symbol value to a string

// 객체 타입
({}) + ''            // → "[object Object]"
Math + ''            // → "[object Math]"
[] + ''              // → ""
[10, 20] + ''        // → "10,20"
(function(){}) + ''  // → "function(){}"
Array + ''           // → "function Array() { [native code] }"
```

---

1 6.3.2절 "표현식 삽입" 참고

9.2.2 숫자 타입으로 변환

다음 예제를 살펴보자.

【 예제 09-07 】

```
1 - '1'   // → 0
1 * '10'  // → 10
1 / 'one' // → NaN
```

위 예제에서 사용한 연산자는 모두 산술 연산자다. 산술 연산자의 역할은 숫자 값을 만드는 것이다. 따라서 산술 연산자의 모든 피연산자는 코드 문맥상 모두 숫자 타입이어야 한다.

자바스크립트 엔진은 산술 연산자 표현식을 평가하기 위해 산술 연산자의 피연산자 중에서 숫자 타입이 아닌 피연산자를 숫자 타입으로 암묵적 타입 변환한다. 이때 피연산자를 숫자 타입으로 변환할 수 없는 경우는 산술 연산을 수행할 수 없으므로 표현식의 평가 결과는 NaN이 된다.

피연산자를 숫자 타입으로 변환해야 할 문맥은 산술 연산자뿐만이 아니다. 다음 예제를 살펴보자.

【 예제 09-08 】

```
'1' > 0  // → true
```

비교 연산자의 역할은 불리언 값을 만드는 것이다. > 비교 연산자는 피연산자의 크기를 비교하므로 모든 피연산자는 코드의 문맥상 모두 숫자 타입이어야 한다. 자바스크립트 엔진은 비교 연산자 표현식을 평가하기 위해 비교 연산자의 피연산자 중에서 숫자 타입이 아닌 피연산자를 숫자 타입으로 암묵적 타입 변환한다.

자바스크립트 엔진은 숫자 타입이 아닌 값을 숫자 타입으로 암묵적 타입 변환을 수행할 때 다음과 같이 동작한다. 즉, + 단항 연산자는 피연산자가 숫자 타입의 값이 아니면 숫자 타입의 값으로 암묵적 타입 변환을 수행한다.

【 예제 09-09 】

```
// 문자열 타입
+''       // → 0
+'0'      // → 0
+'1'      // → 1
+'string' // → NaN

// 불리언 타입
+true     // → 1
+false    // → 0

// null 타입
+null     // → 0
```

```
// undefined 타입
+undefined // → NaN

// 심벌 타입
+Symbol() // → TypeError: Cannot convert a Symbol value to a number

// 객체 타입
+{}            // → NaN
+[]            // → 0
+[10, 20]      // → NaN
+(function(){}) // → NaN
```

빈 문자열(''), 빈 배열([]), null, false는 0으로, true는 1로 변환된다. 객체와 빈 배열이 아닌 배열, undefined는 변환되지 않아 NaN이 된다는 것에 주의하자.

9.2.3 불리언 타입으로 변환

다음 예제를 살펴보자.

[예제 09-10]

```
if ('') console.log(x);
```

if 문이나 for 문과 같은 제어문 또는 삼항 조건 연산자의 조건식은 불리언 값, 즉 논리적 참/거짓으로 평가되어야 하는 표현식이다. 자바스크립트 엔진은 조건식의 평가 결과를 불리언 타입으로 암묵적 타입 변환한다.

[예제 09-11]

```
if ('')    console.log('1');
if (true)  console.log('2');
if (0)     console.log('3');
if ('str') console.log('4');
if (null)  console.log('5');

// 2 4
```

이때 자바스크립트 엔진은 불리언 타입이 아닌 값을 Truthy 값(참으로 평가되는 값) 또는 Falsy 값(거짓으로 평가되는 값)으로 구분한다. 즉, 제어문의 조건식과 같이 불리언 값으로 평가되어야 할 문맥에서 Truthy 값은 true로, Falsy 값은 false로 암묵적 타입 변환된다.

아래 값들은 false로 평가되는 Falsy 값이다.

- false

- undefined

- null

- 0, -0

- NaN

- ''(빈 문자열)

【 예제 09-12 】

```
// 아래의 조건문은 모두 코드 블록을 실행한다.
if (!false)     console.log(false + ' is falsy value');
if (!undefined) console.log(undefined + ' is falsy value');
if (!null)      console.log(null + ' is falsy value');
if (!0)         console.log(0 + ' is falsy value');
if (!NaN)       console.log(NaN + ' is falsy value');
if (!'')        console.log('' + ' is falsy value');
```

Falsy 값 외의 모든 값은 모두 true로 평가되는 Truthy 값이다.

다음 예제는 Truthy/Falsy 값을 판별하는 함수다.

【 예제 09-13 】

```
// 전달받은 인수가 Falsy 값이면 true, Truthy 값이면 false를 반환한다.
function isFalsy(v) {
  return !v;
}

// 전달받은 인수가 Truthy 값이면 true, Falsy 값이면 false를 반환한다.
function isTruthy(v) {
  return !!v;
}

// 모두 true를 반환한다.
isFalsy(false);
isFalsy(undefined);
isFalsy(null);
isFalsy(0);
isFalsy(NaN);
isFalsy('');

// 모두 true를 반환한다.
isTruthy(true);
isTruthy('0'); // 빈 문자열이 아닌 문자열은 Truthy 값이다.
```

```
isTruthy({});
isTruthy([]);
```

📄 **함수**

함수란 어떤 작업을 수행하는 데 필요한 문들의 집합을 정의한 코드 블록이다. 함수는 이름과 매개변수를 가지며, 필요할 때 호출해 코드 블록에 담긴 문들을 일괄적으로 실행할 수 있다. 함수에 대해서는 12장 "함수"에서 자세히 살펴보자.

9.3 명시적 타입 변환

개발자의 의도에 따라 명시적으로 타입을 변경하는 방법은 다양하다. 표준 빌트인 생성자 함수(String, Number, Boolean)를 new 연산자 없이 호출하는 방법과 빌트인 메서드를 사용하는 방법, 그리고 앞에서 살펴본 암묵적 타입 변환을 이용하는 방법이 있다.

📄 **표준 빌트인 생성자 함수와 빌트인 메서드**

표준 빌트인built-in 생성자 함수와 표준 빌트인 메서드는 자바스크립트에서 기본 제공하는 함수다. 표준 빌트인 생성자 함수는 객체를 생성하기 위한 함수이며 new 연산자와 함께 호출한다. 표준 빌트인 메서드는 자바스크립트에서 기본 제공하는 빌트인 객체의 메서드다. 이에 대해서는 21장 "빌트인 객체"에서 자세히 살펴보자.

9.3.1 문자열 타입으로 변환

문자열 타입이 아닌 값을 문자열 타입으로 변환하는 방법은 다음과 같다.

1. String 생성자 함수를 new 연산자 없이 호출하는 방법

2. Object.prototype.toString 메서드를 사용하는 방법

3. 문자열 연결 연산자를 이용하는 방법

【 예제 09-14 】

```
// 1. String 생성자 함수를 new 연산자 없이 호출하는 방법
// 숫자 타입 => 문자열 타입
String(1);          // → "1"
String(NaN);        // → "NaN"
String(Infinity);   // → "Infinity"
// 불리언 타입 => 문자열 타입
String(true);       // → "true"
String(false);      // → "false"

// 2. Object.prototype.toString 메서드를 사용하는 방법
```

```
// 숫자 타입 => 문자열 타입
(1).toString();        // → "1"
(NaN).toString();      // → "NaN"
(Infinity).toString(); // → "Infinity"
// 불리언 타입 => 문자열 타입
(true).toString();     // → "true"
(false).toString();    // → "false"

// 3. 문자열 연결 연산자를 이용하는 방법
// 숫자 타입 => 문자열 타입
1 + '';        // → "1"
NaN + '';      // → "NaN"
Infinity + ''; // → "Infinity"
// 불리언 타입 => 문자열 타입
true + '';     // → "true"
false + '';    // → "false"
```

9.3.2 숫자 타입으로 변환

숫자 타입이 아닌 값을 숫자 타입으로 변환하는 방법은 다음과 같다.

1. Number 생성자 함수를 new 연산자 없이 호출하는 방법

2. parseInt, parseFloat 함수를 사용하는 방법(문자열만 숫자 타입으로 변환 가능)

3. + 단항 산술 연산자를 이용하는 방법

4. * 산술 연산자를 이용하는 방법

【 예제 09-15 】

```
// 1. Number 생성자 함수를 new 연산자 없이 호출하는 방법
// 문자열 타입 => 숫자 타입
Number('0');     // → 0
Number('-1');    // → -1
Number('10.53'); // → 10.53
// 불리언 타입 => 숫자 타입
Number(true);    // → 1
Number(false);   // → 0

// 2. parseInt, parseFloat 함수를 사용하는 방법(문자열만 변환 가능)
// 문자열 타입 => 숫자 타입
parseInt('0');       // → 0
parseInt('-1');      // → -1
parseFloat('10.53'); // → 10.53
```

```
// 3. + 단항 산술 연산자를 이용하는 방법
// 문자열 타입 => 숫자 타입
+'0';        // → 0
+'-1';       // → -1
+'10.53';    // → 10.53
// 불리언 타입 => 숫자 타입
+true;       // → 1
+false;      // → 0

// 4. * 산술 연산자를 이용하는 방법
// 문자열 타입 => 숫자 타입
'0' * 1;      // → 0
'-1' * 1;     // → -1
'10.53' * 1; // → 10.53
// 불리언 타입 => 숫자 타입
true * 1;    // → 1
false * 1;   // → 0
```

9.3.3 불리언 타입으로 변환

불리언 타입이 아닌 값을 불리언 타입으로 변환하는 방법은 다음과 같다.

1. Boolean 생성자 함수를 new 연산자 없이 호출하는 방법

2. ! 부정 논리 연산자를 두 번 사용하는 방법

【 예제 09-16 】

```
// 1. Boolean 생성자 함수를 new 연산자 없이 호출하는 방법
// 문자열 타입 => 불리언 타입
Boolean('x');        // → true
Boolean('');         // → false
Boolean('false');    // → true
// 숫자 타입 => 불리언 타입
Boolean(0);          // → false
Boolean(1);          // → true
Boolean(NaN);        // → false
Boolean(Infinity);   // → true
// null 타입 => 불리언 타입
Boolean(null);       // → false
// undefined 타입 => 불리언 타입
Boolean(undefined);  // → false
// 객체 타입 => 불리언 타입
Boolean({});         // → true
Boolean([]);         // → true
```

```
// 2. ! 부정 논리 연산자를 두 번 사용하는 방법
// 문자열 타입 => 불리언 타입
!!'x';          // → true
!!'';           // → false
!!'false';      // → true
// 숫자 타입 => 불리언 타입
!!0;            // → false
!!1;            // → true
!!NaN;          // → false
!!Infinity;     // → true
// null 타입 => 불리언 타입
!!null;         // → false
// undefined 타입 => 불리언 타입
!!undefined;    // → false
// 객체 타입 => 불리언 타입
!!{};           // → true
!![];           // → true
```

9.4 단축 평가

9.4.1 논리 연산자를 사용한 단축 평가

7.5절 "논리 연산자"에서 설명하지 않고 뒤로 미룬 내용이 있다. 그것은 바로 "논리합(||) 또는 논리곱(&&) 연산자 표현식의 평가 결과는 불리언 값이 아닐 수도 있다. 논리합(||) 또는 논리곱(&&) 연산자 표현식은 언제나 2개의 피연산자 중 어느 한쪽으로 평가된다."라는 것이다.

앞에서 암묵적 타입 변환에 대해 살펴봤으므로 뒤로 미뤘던 위 내용을 이제 설명할 수 있다. 다음 예제를 살펴보자.

【 예제 09-17 】
```
'Cat' && 'Dog' // → "Dog"
```

논리곱(&&) 연산자는 두 개의 피연산자가 모두 true로 평가될 때 true를 반환한다. 논리곱 연산자는 좌항에서 우항으로 평가가 진행된다.[2]

첫 번째 피연산자 'Cat'은 Truthy 값이므로 true로 평가된다. 하지만 이 시점까지는 위 표현식을 평가할 수 없다. 두 번째 피연산자까지 평가해 보아야 위 표현식을 평가할 수 있다. 다시 말해, 두 번째 피연산자가 위

---

2   7.13절 "연산자의 결합 순서" 참고

논리곱 연산자 표현식의 평가 결과를 결정한다. 이때 논리곱 연산자는 **논리 연산의 결과를 결정하는 두 번째 피연산자, 즉 문자열 'Dog'를 그대로 반환한다.**

논리합(||) 연산자도 논리곱(&&) 연산자와 동일하게 동작한다.

【 예제 09-18 】

```
'Cat' || 'Dog' // → "Cat"
```

논리합(||) 연산자는 두 개의 피연산자 중 하나만 true로 평가되어도 true를 반환한다. 논리합 연산자도 좌항에서 우항으로 평가가 진행된다.

첫 번째 피연산자 'Cat'은 Truthy 값이므로 true로 평가된다. 이 시점에 두 번째 피연산자까지 평가해 보지 않아도 위 표현식을 평가할 수 있다. 이때 논리합 연산자는 **논리 연산의 결과를 결정한 첫 번째 피연산자, 즉 문자열 'Cat'을 그대로 반환한다.**

논리곱(&&) 연산자와 논리합(||) 연산자는 **이처럼 논리 연산의 결과를 결정하는 피연산자를 타입 변환하지 않고 그대로 반환한다.** 이를 단축 평가short-circuit evaluation라 한다. 단축 평가는 표현식을 평가하는 도중에 평가 결과가 확정된 경우 나머지 평가 과정을 생략하는 것을 말한다. 대부분의 프로그래밍 언어는 단축 평가를 통해 논리 연산을 수행한다.

단축 평가는 다음 규칙을 따른다.

단축 평가 표현식	평가 결과
true || anything	true
false || anything	anything
true && anything	anything
false && anything	false

【 예제 09-19 】

```
// 논리합(||) 연산자
'Cat' || 'Dog'  // → "Cat"
false || 'Dog'  // → "Dog"
'Cat' || false  // → "Cat"

// 논리곱(&&) 연산자
'Cat' && 'Dog'  // → "Dog"
false && 'Dog'  // → false
'Cat' && false  // → false
```

단축 평가를 사용하면 if 문을 대체할 수 있다. 어떤 조건이 Truthy 값(참으로 평가되는 값)일 때 무언가를 해야 한다면 논리곱(&&) 연산자 표현식으로 if 문을 대체할 수 있다.

【 예제 09-20 】

```
var done = true;
var message = '';

// 주어진 조건이 true일 때
if (done) message = '완료';

// if 문은 단축 평가로 대체 가능하다.
// done이 true라면 message에 '완료'를 할당
message = done && '완료';
console.log(message); // 완료
```

조건이 Falsy 값(거짓으로 평가되는 값)일 때 무언가를 해야 한다면 논리합(||) 연산자 표현식으로 if 문을 대체할 수 있다.

【 예제 09-21 】

```
var done = false;
var message = '';

// 주어진 조건이 false일 때
if (!done) message = '미완료';

// if 문은 단축 평가로 대체 가능하다.
// done이 false라면 message에 '미완료'를 할당
message = done || '미완료';
console.log(message); // 미완료
```

참고로 삼항 조건 연산자는 if ... else 문을 대체할 수 있다.

【 예제 09-22 】

```
var done = true;
var message = '';

// if ... else 문
if (done) message = '완료';
else      message = '미완료';
console.log(message); // 완료

// if ... else 문은 삼항 조건 연산자로 대체 가능하다.
message = done ? '완료' : '미완료';
console.log(message); // 완료
```

단축 평가는 다음과 같은 상황에서 유용하게 사용된다. 아직 살펴보지 않은 객체와 함수에 대한 내용이 나와서 혼란스러울 수 있겠지만 지금은 다음과 같은 단축 평가의 유용한 패턴이 있다는 정도로 이해하고 넘어가도 좋다. 객체와 함수에 대해서는 나중에 자세히 살펴볼 것이다.

객체를 가리키기를 기대하는 변수가 null 또는 undefined가 아닌지 확인하고 프로퍼티를 참조할 때

객체는 키key와 값value으로 구성된 프로퍼티property의 집합이다. 만약 객체를 가리키기를 기대하는 변수의 값이 객체가 아니라 null 또는 undefined인 경우 객체의 프로퍼티를 참조하면 타입 에러TypeError가 발생한다. 에러가 발생하면 프로그램이 강제 종료된다.

【 예제 09-23 】

```
var elem = null;
var value = elem.value; // TypeError: Cannot read property 'value' of null
```

이때 단축 평가를 사용하면 에러를 발생시키지 않는다.

【 예제 09-24 】

```
var elem = null;
// elem이 null이나 undefined와 같은 Falsy 값이면 elem으로 평가되고
// elem이 Truthy 값이면 elem.value로 평가된다.
var value = elem && elem.value; // → null
```

함수 매개변수에 기본값을 설정할 때

함수를 호출할 때 인수를 전달하지 않으면 매개변수에는 undefined가 할당된다. 이때 단축 평가를 사용해 매개변수의 기본값을 설정하면 undefined로 인해 발생할 수 있는 에러를 방지할 수 있다.

【 예제 09-25 】

```
// 단축 평가를 사용한 매개변수의 기본값 설정
function getStringLength(str) {
  str = str || '';
  return str.length;
}

getStringLength();     // → 0
getStringLength('hi'); // → 2

// ES6의 매개변수의 기본값 설정
function getStringLength(str = '') {
  return str.length;
}

getStringLength();     // → 0
getStringLength('hi'); // → 2
```

9.4.2 옵셔널 체이닝 연산자

ES11(ECMAScript2020)에서 도입된 옵셔널 체이닝^{optional chaining} 연산자 ?.는 좌항의 피연산자가 null 또는 undefined인 경우 undefined를 반환하고, 그렇지 않으면 우항의 프로퍼티 참조[3]를 이어간다.

【 예제 09-26 】

```
var elem = null;

// elem이 null 또는 undefined이면 undefined를 반환하고, 그렇지 않으면 우항의 프로퍼티 참조를 이어간다.
var value = elem?.value;
console.log(value); // undefined
```

옵셔널 체이닝 연산자 ?.는 객체를 가리키기를 기대하는 변수가 null 또는 undefined가 아닌지 확인하고 프로퍼티를 참조할 때 유용하다. 옵셔널 체이닝 연산자 ?.가 도입되기 이전에는 논리 연산자 &&를 사용한 단축 평가를 통해 변수가 null 또는 undefined인지 확인했다.

【 예제 09-27 】

```
var elem = null;

// elem이 Falsy 값이면 elem으로 평가되고, elem이 Truthy 값이면 elem.value로 평가된다.
var value = elem && elem.value;
console.log(value); // null
```

논리 연산자 &&는 좌항 피연산자가 false로 평가되는 Falsy 값(false, undefined, null, 0, -0, NaN, '')이면 좌항 피연산자를 그대로 반환한다. 좌항 피연산자가 Falsy 값인 0이나 ''인 경우도 마찬가지다. 하지만 0이나 ''은 객체로 평가될 때도 있다.[4]

【 예제 09-28 】

```
var str = '';

// 문자열의 길이(length)를 참조한다.
var length = str && str.length;

// 문자열의 길이(length)를 참조하지 못한다.
console.log(length); // ''
```

---

3 프로퍼티 참조란 변수를 통해 변수값을 참조하듯이 객체의 프로퍼티에 접근해 프로퍼티 값을 참조하는 것을 말한다. 이에 대해서는 10.5절 "프로퍼티 접근"에서 자세히 살펴볼 것이다. 아직 객체에 대해 살펴보지 않았으므로 지금은 간단히 훑어보고 다음 장인 10장 "객체 리터럴"을 살펴본 다음 다시 한번 읽어보도록 하자.
4 이에 대해서는 21.3절 "원시 값과 래퍼 객체"에서 자세히 살펴보자.

하지만 옵셔널 체이닝 연산자 ?.는 좌항 피연산자가 false로 평가되는 Falsy 값(false, undefined, null, 0, -0, NaN, '')이라도 null 또는 undefined가 아니면 우항의 프로퍼티 참조를 이어간다.

【 예제 09-29 】

```
var str = '';

// 문자열의 길이(length)를 참조한다. 이때 좌항 피연산자가 false로 평가되는 Falsy 값이라도
// null 또는 undefined가 아니면 우항의 프로퍼티 참조를 이어간다.
var length = str?.length;
console.log(length); // 0
```

9.4.3 null 병합 연산자

ES11(ECMAScript2020)에서 도입된 null 병합^{nullish coalescing} 연산자 ??는 좌항의 피연산자가 null 또는 undefined인 경우 우항의 피연산자를 반환하고, 그렇지 않으면 좌항의 피연산자를 반환한다. null 병합 연산자 ??는 변수에 기본값을 설정할 때 유용하다.

【 예제 09-30 】

```
// 좌항의 피연산자가 null 또는 undefined이면 우항의 피연산자를 반환하고,
// 그렇지 않으면 좌항의 피연산자를 반환한다.
var foo = null ?? 'default string';
console.log(foo); // "default string"
```

null 병합 연산자 ??는 변수에 기본값을 설정할 때 유용하다. null 병합 연산자 ??가 도입되기 이전에는 논리 연산자 ||를 사용한 단축 평가를 통해 변수에 기본값을 설정했다. 논리 연산자 ||를 사용한 단축 평가의 경우 좌항의 피연산자가 false로 평가되는 Falsy 값(false, undefined, null, 0, -0, NaN, '')이면 우항의 피연산자를 반환한다. 만약 Falsy 값인 0이나 ''도 기본값으로서 유효하다면 예기치 않은 동작이 발생할 수 있다.

【 예제 09-31 】

```
// Falsy 값인 0이나 ''도 기본값으로서 유효하다면 예기치 않은 동작이 발생할 수 있다.
var foo = '' || 'default string';
console.log(foo); // "default string"
```

하지만 null 병합 연산자 ??는 좌항의 피연산자가 false로 평가되는 Falsy 값(false, undefined, null, 0, -0, NaN, '')이라도 null 또는 undefined가 아니면 좌항의 피연산자를 그대로 반환한다.

【 예제 09-32 】

```
// 좌항의 피연산자가 Falsy 값이라도 null 또는 undefined가 아니면 좌항의 피연산자를 반환한다.
var foo = '' ?? 'default string';
console.log(foo); // ""
```

10장

객체 리터럴

10.1 객체란?

자바스크립트는 객체^{object} 기반의 프로그래밍 언어이며, 자바스크립트를 구성하는 거의 "모든 것"이 객체다. 원시 값을 제외한 나머지 값(함수, 배열, 정규 표현식 등)은 모두 객체다.

원시 타입은 단 하나의 값만 나타내지만 객체 타입^{object/reference type}은 다양한 타입의 값(원시 값 또는 다른 객체)을 하나의 단위로 구성한 복합적인 자료구조^{data structure}다. 또한 **원시 타입의 값, 즉 원시 값은 변경 불가능한 값**^{immutable value}**이지만 객체 타입의 값, 즉 객체는 변경 가능한 값**^{mutable value}이다. 이에 대해서는 다음 장인 11장 "원시 값과 객체의 비교"에서 자세히 살펴보자.

객체는 0개 이상의 프로퍼티로 구성된 집합이며, 프로퍼티는 키^{key}와 값^{value}으로 구성된다.

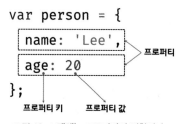

그림 10-1 객체는 프로퍼티의 집합이다.

자바스크립트에서 사용할 수 있는 모든 값은 프로퍼티 값이 될 수 있다. 자바스크립트의 함수는 일급 객체[1]이므로 값으로 취급할 수 있다. 따라서 함수도 프로퍼티 값으로 사용할 수 있다. 프로퍼티 값이 함수일 경우, 일반 함수와 구분하기 위해 메서드^{method}라 부른다.

---

1 18.1절 "일급 객체" 참고

```
var counter = {
  num: 0,
  increase: function () {
    this.num++;
  }
};
```

프로퍼티

메서드

그림 10-2 객체의 프로퍼티와 메서드

이처럼 객체는 프로퍼티와 메서드로 구성된 집합체다. 프로퍼티와 메서드의 역할은 다음과 같다.

- **프로퍼티**: 객체의 상태를 나타내는 값(data)
- **메서드**: 프로퍼티(상태 데이터)를 참조하고 조작할 수 있는 동작(behavior)

이처럼 객체는 객체의 상태를 나타내는 값(프로퍼티)과 프로퍼티를 참조하고 조작할 수 있는 동작(메서드)을 모두 포함할 수 있기 때문에 상태와 동작을 하나의 단위로 구조화할 수 있어 유용하다.

객체와 함수

자바스크립트의 객체는 함수와 밀접한 관계를 가진다. 함수로 객체를 생성하기도 하며 함수 자체가 객체이기도 하다. 자바스크립트에서 함수와 객체는 분리해서 생각할 수 없는 개념이다. 즉, 객체를 이해해야 함수를 제대로 이해할 수 있고, 반대로 함수를 이해해야 객체를 정확히 이해할 수 있다.

따라서 객체와 함수를 분리해서 설명하는 것은 옳지 않지만 책의 구성상 객체와 함수를 번갈아 가며 설명하고자 한다. 프로그래밍 언어 자체에는 순서가 없고 서로 물고 물리는 순환 구조가 있어서 잘 이해되지 않는 개념이 나오면 멈추지 말고 일단은 다음으로 넘어가는 것도 한 가지 방법이다. 가급적 상위 개념을 먼저 살펴보고, 이를 기반으로 좀 더 복잡한 개념을 살펴보기로 하자.

객체의 집합으로 프로그램을 표현하려는 프로그래밍 패러다임을 객체지향 프로그래밍이라 한다. 객체지향 프로그래밍에 대해서는 19.1절 "객체지향 프로그래밍"에서 자세히 살펴보자.

10.2 객체 리터럴에 의한 객체 생성

C++나 자바 같은 클래스 기반 객체지향 언어는 클래스를 사전에 정의하고 필요한 시점에 new 연산자와 함께 생성자constructor를 호출하여 인스턴스를 생성하는 방식으로 객체를 생성한다.

인스턴스instance

인스턴스란 클래스에 의해 생성되어 메모리에 저장된 실체를 말한다. 객체지향 프로그래밍에서 객체는 클래스와 인스턴스를 포함한 개념이다. 클래스는 인스턴스를 생성하기 위한 템플릿의 역할을 한다. 인스턴스는 객체가 메모리에 저장되어 실제로 존재하는 것에 초점을 맞춘 용어다.

자바스크립트는 프로토타입 기반 객체지향 언어로서 클래스 기반 객체지향 언어와는 달리 다양한 객체 생성 방법을 지원한다.

- 객체 리터럴
- Object 생성자 함수
- 생성자 함수
- Object.create 메서드
- 클래스(ES6)

이러한 객체 생성 방법 중에서 가장 일반적이고 간단한 방법은 객체 리터럴을 사용하는 방법이다. 5.2절 "리터럴"에서 살펴보았듯이 리터럴literal은 사람이 이해할 수 있는 문자 또는 약속된 기호를 사용하여 값을 생성하는 표기법을 말한다. 객체 리터럴은 객체를 생성하기 위한 표기법이다.

객체 리터럴은 중괄호({ ... }) 내에 0개 이상의 프로퍼티를 정의한다. 변수에 할당되는 시점에 자바스크립트 엔진은 객체 리터럴을 해석해 객체를 생성한다.

【 예제 10-01 】
```
var person = {
  name: 'Lee',
  sayHello: function () {
    console.log(`Hello! My name is ${this.name}.`);
  }
};

console.log(typeof person); // object
console.log(person); // {name: "Lee", sayHello: f}
```

만약 중괄호 내에 프로퍼티를 정의하지 않으면 빈 객체가 생성된다.

【 예제 10-02 】
```
var empty = {}; // 빈 객체
console.log(typeof empty); // object
```

객체 리터럴의 중괄호는 코드 블록을 의미하지 않는다는 데 주의하자. 코드 블록의 닫는 중괄호 뒤에는 세미콜론을 붙이지 않는다. 하지만 객체 리터럴은 값으로 평가되는 표현식이다. 따라서 객체 리터럴의 닫는 중괄호 뒤에는 세미콜론을 붙인다.

객체 리터럴은 자바스크립트의 유연함과 강력함을 대표하는 객체 생성 방식이다. 객체를 생성하기 위해 클래스를 먼저 정의하고 new 연산자와 함께 생성자를 호출할 필요가 없다. 숫자 값이나 문자열을 만드는 것과 유사하게 리터럴로 객체를 생성한다. 객체 리터럴에 프로퍼티를 포함시켜 객체를 생성함과 동시에 프로퍼티를 만들 수도 있고, 객체를 생성한 이후에 프로퍼티를 동적으로 추가할 수도 있다.

객체 리터럴 외의 객체 생성 방식은 모두 함수를 사용해 객체를 생성한다. 이러한 방법에 대해서는 함수를 알아본 이후에 살펴보기로 하자.

10.3 프로퍼티

객체는 프로퍼티의 집합이며, 프로퍼티는 키와 값으로 구성된다.

【 예제 10-03 】

```
var person = {
  // 프로퍼티 키는 name, 프로퍼티 값은 'Lee'
  name: 'Lee',
  // 프로퍼티 키는 age, 프로퍼티 값은 20
  age: 20
};
```

프로퍼티를 나열할 때는 쉼표(,)로 구분한다. 일반적으로 마지막 프로퍼티 뒤에는 쉼표를 사용하지 않으나 사용해도 좋다.

프로퍼티 키와 프로퍼티 값으로 사용할 수 있는 값은 다음과 같다.

- **프로퍼티 키**: 빈 문자열을 포함하는 모든 문자열 또는 심벌 값
- **프로퍼티 값**: 자바스크립트에서 사용할 수 있는 모든 값

프로퍼티 키는 프로퍼티 값에 접근할 수 있는 이름으로서 식별자 역할을 한다. 하지만 반드시 식별자 네이밍 규칙[2]을 따라야 하는 것은 아니다. 단, 식별자 네이밍 규칙을 준수하는 프로퍼티 키와 그렇지 않은 프로퍼티 키는 미묘한 차이가 있다.

심벌 값도 프로퍼티 키로 사용할 수 있지만 일반적으로 문자열을 사용한다. 이때 프로퍼티 키는 문자열이므로 따옴표(' ... ' 또는 " ... ")로 묶어야 한다. 하지만 식별자 네이밍 규칙을 준수하는 이름, 즉 자바스크립트에서 사용 가능한 유효한 이름인 경우 따옴표를 생략할 수 있다. 반대로 말하면 **식별자 네이밍 규칙을 따르지 않는 이름에는 반드시 따옴표를 사용해야 한다.**

---

2 4.7절 "식별자 네이밍 규칙" 참고

식별자 네이밍 규칙을 따르지 않는 프로퍼티 키를 사용하면 번거로운 일이 발생한다. 따라서 가급적 식별자 네이밍 규칙을 준수하는 프로퍼티 키를 사용할 것을 권장한다. 다음 예제를 살펴보자.

【 예제 10-04 】

```javascript
var person = {
  firstName: 'Ung-mo', // 식별자 네이밍 규칙을 준수하는 프로퍼티 키
  'last-name': 'Lee'   // 식별자 네이밍 규칙을 준수하지 않는 프로퍼티 키
};

console.log(person); // {firstName: "Ung-mo", last-name: "Lee"}
```

프로퍼티 키로 사용한 firstName은 식별자 네이밍 규칙을 준수한다. 따라서 따옴표를 생략할 수 있다. 하지만 last-name은 식별자 네이밍 규칙을 준수하지 않는다. 따라서 따옴표를 생략할 수 없다. 자바스크립트 엔진은 따옴표를 생략한 last-name을 - 연산자가 있는 표현식으로 해석한다.

【 예제 10-05 】

```javascript
var person = {
  firstName: 'Ung-mo',
  last-name: 'Lee' // SyntaxError: Unexpected token -
};
```

문자열 또는 문자열로 평가할 수 있는 표현식을 사용해 프로퍼티 키를 동적으로 생성할 수도 있다. 이 경우에는 프로퍼티 키로 사용할 표현식을 대괄호([...])로 묶어야 한다.

【 예제 10-06 】

```javascript
var obj = {};
var key = 'hello';

// ES5: 프로퍼티 키 동적 생성
obj[key] = 'world';
// ES6: 계산된 프로퍼티 이름
// var obj = { [key]: 'world' };

console.log(obj); // {hello: "world"}
```

빈 문자열을 프로퍼티 키로 사용해도 에러가 발생하지는 않는다. 하지만 키로서의 의미를 갖지 못하므로 권장하지 않는다.

【 예제 10-07 】

```javascript
var foo = {
  '': ''   // 빈 문자열도 프로퍼티 키로 사용할 수 있다.
};

console.log(foo); // {"": ""}
```

프로퍼티 키에 문자열이나 심벌 값 외의 값을 사용하면 암묵적 타입 변환을 통해 문자열이 된다. 예를 들어, 프로퍼티 키로 숫자 리터럴을 사용하면 따옴표는 붙지 않지만 내부적으로는 문자열로 변환된다.

【 예제 10-08 】

```javascript
var foo = {
  0: 1,
  1: 2,
  2: 3
};

console.log(foo); // {0: 1, 1: 2, 2: 3}
```

var, function과 같은 예약어를 프로퍼티 키로 사용해도 에러가 발생하지 않는다. 하지만 예상치 못한 에러가 발생할 여지가 있으므로 권장하지 않는다.

【 예제 10-09 】

```javascript
var foo = {
  var: '',
  function: ''
};

console.log(foo); // {var: "", function: ""}
```

이미 존재하는 프로퍼티 키를 중복 선언하면 나중에 선언한 프로퍼티가 먼저 선언한 프로퍼티를 덮어쓴다. 이때 에러가 발생하지 않는다는 점에 주의하자.

【 예제 10-10 】

```javascript
var foo = {
  name: 'Lee',
  name: 'Kim'
};

console.log(foo); // {name: "Kim"}
```

10.4 메서드

자바스크립트에서 사용할 수 있는 모든 값은 프로퍼티 값으로 사용할 수 있다고 했다. 아직 살펴보지 않았지만 자바스크립트의 함수는 객체(일급 객체[3])다. 따라서 함수는 값으로 취급할 수 있기 때문에 프로퍼티 값으로 사용할 수 있다.

프로퍼티 값이 함수일 경우 일반 함수와 구분하기 위해 메서드method라 부른다. 즉, 메서드는 객체에 묶여 있는 함수를 의미한다. 함수는 12장 "함수"에서 자세히 살펴보자.

【 예제 10-11 】

```javascript
var circle = {
  radius: 5, // ← 프로퍼티

  // 원의 지름
  getDiameter: function () { // ← 메서드
    return 2 * this.radius; // this는 circle을 가리킨다.
  }
};

console.log(circle.getDiameter()); // 10
```

메서드 내부에서 사용한 this 키워드는 객체 자신(위 예제에서는 circle 객체)을 가리키는 참조변수다. 이에 대해서는 22장 "this"에서 자세히 살펴보자.

10.5 프로퍼티 접근

프로퍼티에 접근하는 방법은 다음과 같이 두 가지다.

- 마침표 프로퍼티 접근 연산자(.)를 사용하는 **마침표 표기법**dot notation
- 대괄호 프로퍼티 접근 연산자([...])를 사용하는 **대괄호 표기법**bracket notation

프로퍼티 키가 식별자 네이밍 규칙을 준수하는 이름, 즉 자바스크립트에서 사용 가능한 유효한 이름이면 마침표 표기법과 대괄호 표기법을 모두 사용할 수 있다.

마침표 프로퍼티 접근 연산자 또는 대괄호 프로퍼티 접근 연산자의 좌측에는 객체로 평가되는 표현식을 기술한다. 마침표 프로퍼티 접근 연산자의 우측 또는 대괄호 프로퍼티 접근 연산자의 내부에는 프로퍼티 키를 지정한다.

---

3 18.1절 "일급 객체" 참고

【 예제 10-12 】

```
var person = {
  name: 'Lee'
};

// 마침표 표기법에 의한 프로퍼티 접근
console.log(person.name); // Lee

// 대괄호 표기법에 의한 프로퍼티 접근
console.log(person['name']); // Lee
```

대괄호 표기법을 사용하는 경우 **대괄호 프로퍼티 접근 연산자 내부에 지정하는 프로퍼티 키는 반드시 따옴표로 감싼 문자열**이어야 한다. 대괄호 프로퍼티 접근 연산자 내에 따옴표로 감싸지 않은 이름을 프로퍼티 키로 사용하면 자바스크립트 엔진은 식별자로 해석한다.

【 예제 10-13 】

```
var person = {
  name: 'Lee'
};

console.log(person[name]); // ReferenceError: name is not defined
```

위 예제에서 ReferenceError가 발생한 이유는 대괄호 연산자 내의 따옴표로 감싸지 않은 이름, 즉 식별자 name을 평가하기 위해 선언된 name을 찾았지만 찾지 못했기 때문이다.

객체에 존재하지 않는 프로퍼티에 접근하면 undefined를 반환한다. 이때 ReferenceError가 발생하지 않는데 주의하자.

【 예제 10-14 】

```
var person = {
  name: 'Lee'
};

console.log(person.age); // undefined
```

프로퍼티 키가 식별자 네이밍 규칙을 준수하지 않는 이름, 즉 자바스크립트에서 사용 가능한 유효한 이름이 아니면 반드시 대괄호 표기법을 사용해야 한다. 단, 프로퍼티 키가 숫자로 이뤄진 문자열인 경우 따옴표를 생략할 수 있다. 그 외의 경우 대괄호 내에 들어가는 프로퍼티 키는 반드시 따옴표로 감싼 문자열이어야 한다는 점을 잊지 말자.

```
var person = {
  'last-name': 'Lee',
  1: 10
};

person.'last-name';  // → SyntaxError: Unexpected string
person.last-name;    // → 브라우저 환경: NaN
                     // → Node.js 환경: ReferenceError: name is not defined
person[last-name];   // → ReferenceError: last is not defined
person['last-name']; // → Lee

// 프로퍼티 키가 숫자로 이뤄진 문자열인 경우 따옴표를 생략할 수 있다.
person.1;    // → SyntaxError: Unexpected number
person.'1';  // → SyntaxError: Unexpected string
person[1];   // → 10 : person[1] → person['1']
person['1']; // → 10
```

여기서 퀴즈를 하나 풀어보자. 위 예제에서 `person.last-name`의 실행 결과는 Node.js 환경에서 `"ReferenceError: name is not defined"`이고 브라우저 환경에서는 NaN이다. 그 이유는 무엇일까?

`person.last-name`을 실행할 때 자바스크립트 엔진은 먼저 `person.last`를 평가한다. person 객체에는 프로퍼티 키가 last인 프로퍼티가 없기 때문에 `person.last`는 undefined로 평가된다. 따라서 `person.last-name`은 undefined – name과 같다. 다음으로 자바스크립트 엔진은 name이라는 식별자를 찾는다. 이때 name 은 프로퍼티 키가 아니라 식별자로 해석되는 것에 주의하자.

Node.js 환경에서는 현재 어디에도 name이라는 식별자(변수, 함수 등의 이름) 선언이 없으므로 `"ReferenceError: name is not defined"`라는 에러가 발생한다. 그런데 브라우저 환경에서는 name이라는 전역 변수(전역 객체 window의 프로퍼티)가 암묵적으로 존재한다. 전역 변수 name은 창(window)의 이름을 가리키며, 기본값은 빈 문자열이다. 따라서 `person.last-name`은 undefined – ''과 같으므로 NaN이 된다. 전역 객체 window에 대해서는 21.4절 "전역 객체"에서 살펴보기로 하자.

10.6 프로퍼티 값 갱신

이미 존재하는 프로퍼티에 값을 할당하면 프로퍼티 값이 갱신된다.

```
var person = {
  name: 'Lee'
};

// person 객체에 name 프로퍼티가 존재하므로 name 프로퍼티의 값이 갱신된다.
person.name = 'Kim';

console.log(person);  // {name: "Kim"}
```

10.7 프로퍼티 동적 생성

존재하지 않는 프로퍼티에 값을 할당하면 프로퍼티가 동적으로 생성되어 추가되고 프로퍼티 값이 할당된다.

【 예제 10-17 】

```
var person = {
  name: 'Lee'
};

// person 객체에는 age 프로퍼티가 존재하지 않는다.
// 따라서 person 객체에 age 프로퍼티가 동적으로 생성되고 값이 할당된다.
person.age = 20;

console.log(person); // {name: "Lee", age: 20}
```

10.8 프로퍼티 삭제

delete 연산자는 객체의 프로퍼티를 삭제한다. 이때 delete 연산자의 피연산자는 프로퍼티 값에 접근할 수 있는 표현식이어야 한다. 만약 존재하지 않는 프로퍼티를 삭제하면 아무런 에러 없이 무시된다.

【 예제 10-18 】

```
var person = {
  name: 'Lee'
};

// 프로퍼티 동적 생성
person.age = 20;
```

```
// person 객체에 age 프로퍼티가 존재한다.
// 따라서 delete 연산자로 age 프로퍼티를 삭제할 수 있다.
delete person.age;

// person 객체에 address 프로퍼티가 존재하지 않는다.
// 따라서 delete 연산자로 address 프로퍼티를 삭제할 수 없다. 이때 에러가 발생하지 않는다.
delete person.address;

console.log(person); // {name: "Lee"}
```

10.9 ES6에서 추가된 객체 리터럴의 확장 기능

ES6에서는 더욱 간편하고 표현력 있는 객체 리터럴의 확장 기능을 제공한다.

10.9.1 프로퍼티 축약 표현

객체 리터럴의 프로퍼티는 프로퍼티 키와 프로퍼티 값으로 구성된다. 프로퍼티 값은 변수에 할당된 값, 즉 식별자 표현식일 수도 있다.

【 예제 10-19 】

```
// ES5
var x = 1, y = 2;

var obj = {
  x: x,
  y: y
};

console.log(obj); // {x: 1, y: 2}
```

ES6에서는 프로퍼티 값으로 변수를 사용하는 경우 변수 이름과 프로퍼티 키가 동일한 이름일 때 프로퍼티 키를 생략property shorthand할 수 있다. 이때 프로퍼티 키는 변수 이름으로 자동 생성된다.

【 예제 10-20 】

```
// ES6
let x = 1, y = 2;

// 프로퍼티 축약 표현
const obj = { x, y };

console.log(obj); // {x: 1, y: 2}
```

10.9.2 계산된 프로퍼티 이름

문자열 또는 문자열로 타입 변환할 수 있는 값으로 평가되는 표현식을 사용해 프로퍼티 키를 동적으로 생성할 수도 있다. 단, 프로퍼티 키로 사용할 표현식을 대괄호([...])로 묶어야 한다. 이를 계산된 프로퍼티 이름computed property name이라 한다.

ES5에서 계산된 프로퍼티 이름으로 프로퍼티 키를 동적 생성하려면 객체 리터럴 외부에서 대괄호([...]) 표기법을 사용해야 한다.

【 예제 10-21 】

```
// ES5
var prefix = 'prop';
var i = 0;

var obj = {};

// 계산된 프로퍼티 이름으로 프로퍼티 키 동적 생성
obj[prefix + '-' + ++i] = i;
obj[prefix + '-' + ++i] = i;
obj[prefix + '-' + ++i] = i;

console.log(obj); // {prop-1: 1, prop-2: 2, prop-3: 3}
```

ES6에서는 객체 리터럴 내부에서도 계산된 프로퍼티 이름으로 프로퍼티 키를 동적 생성할 수 있다.

【 예제 10-22 】

```
// ES6
const prefix = 'prop';
let i = 0;

// 객체 리터럴 내부에서 계산된 프로퍼티 이름으로 프로퍼티 키를 동적 생성
const obj = {
  [`${prefix}-${++i}`]: i,
  [`${prefix}-${++i}`]: i,
  [`${prefix}-${++i}`]: i
};

console.log(obj); // {prop-1: 1, prop-2: 2, prop-3: 3}
```

10.9.3 메서드 축약 표현

ES5에서 메서드를 정의하려면 프로퍼티 값으로 함수를 할당한다.

【 예제 10-23 】

```javascript
// ES5
var obj = {
  name: 'Lee',
  sayHi: function() {
    console.log('Hi! ' + this.name);
  }
};

obj.sayHi(); // Hi! Lee
```

ES6에서는 메서드를 정의할 때 function 키워드를 생략한 축약 표현을 사용할 수 있다.

【 예제 10-24 】

```javascript
// ES6
const obj = {
  name: 'Lee',
  // 메서드 축약 표현
  sayHi() {
    console.log('Hi! ' + this.name);
  }
};

obj.sayHi(); // Hi! Lee
```

ES6의 메서드 축약 표현으로 정의한 메서드는 프로퍼티에 할당한 함수와 다르게 동작한다. 이에 대해서는 26.2절 "메서드"에서 자세히 살펴보자.

## 11 장

원시 값과 객체의 비교

6장 "데이터 타입"에서 살펴보았듯이 자바스크립트가 제공하는 7가지 데이터 타입(숫자, 문자열, 불리언, null, undefined, 심벌, 객체 타입)은 크게 **원시 타입**^{primitive type}과 **객체 타입**^{object/reference type}으로 구분할 수 있다. 데이터 타입을 원시 타입과 객체 타입으로 구분하는 이유는 무엇일까? 원시 타입과 객체 타입은 근본적으로 다르다는 의미일 것이다. 원시 타입과 객체 타입은 크게 세 가지 측면에서 다르다.

- 원시 타입의 값, 즉 원시 값은 변경 불가능한 값^{immutable value}이다. 이에 비해 **객체(참조) 타입의 값, 즉 객체**는 변경 가능한 값^{mutable value}이다.

- 원시 값을 변수에 할당하면 변수(확보된 메모리 공간)에는 실제 값이 저장된다. 이에 비해 객체를 변수에 할당하면 변수(확보된 메모리 공간)에는 참조 값이 저장된다.

- 원시 값을 갖는 변수를 다른 변수에 할당하면 원본의 **원시 값이 복사되어** 전달된다. 이를 값에 의한 전달^{pass by value}이라 한다. 이에 비해 객체를 가리키는 변수를 다른 변수에 할당하면 원본의 **참조 값이 복사되어** 전달된다. 이를 **참조에 의한 전달**^{pass by reference}이라 한다.

11.1 원시 값

11.1.1 변경 불가능한 값

원시 타입^{primitive type}의 값, 즉 원시 값은 변경 불가능한 값^{immutable value}이다. 다시 말해, 한번 생성된 원시 값은 읽기 전용^{read only} 값으로서 변경할 수 없다.

값을 변경할 수 없다는 것이 구체적으로 무엇을 말하는지 생각해보자. 먼저 변수와 값은 구분해서 생각해야 한다. 변수[1]는 하나의 값을 저장하기 위해 확보한 메모리 공간 자체 또는 그 메모리 공간을 식별하기 위해 붙인 이름이고, 값[2]은 변수에 저장된 데이터로서 표현식이 평가되어 생성된 결과를 말한다. **변경 불가능하다는 것은 변수가 아니라 값에 대한 진술이다.**

즉, "원시 값은 변경 불가능하다"는 말은 원시 값 자체를 변경할 수 없다는 것이지 변수 값을 변경할 수 없다는 것이 아니다. 변수는 언제든지 재할당을 통해 변수 값을 변경(엄밀히 말하자면 교체)할 수 있다. 그렇기 때문에 변수라고 부른다.

변수의 상대 개념인 상수는 재할당이 금지된 변수를 말한다. 상수도 값을 저장하기 위한 메모리 공간이 필요하므로 변수라고 할 수 있다. 단, 변수는 언제든지 재할당을 통해 변수 값을 변경(교체)할 수 있지만 상수는 단 한 번만 할당이 허용되므로 변수 값을 변경(교체)할 수 없다. 따라서 상수와 변경 불가능한 값을 동일시하는 것은 곤란하다. 상수는 재할당이 금지된 변수일 뿐이다.

【 예제 11-01 】

```javascript
// const 키워드를 사용해 선언한 변수는 재할당이 금지된다. 상수는 재할당이 금지된 변수일 뿐이다.
const o = {};

// const 키워드를 사용해 선언한 변수에 할당한 원시 값(상수)은 변경할 수 없다.
// 하지만 const 키워드를 사용해 선언한 변수에 할당한 객체는 변경할 수 있다.
o.a = 1;
console.log(o); // {a: 1}
```

원시 값은 변경 불가능한 값, 즉 읽기 전용 값이다. 원시 값은 어떤 일이 있어도 불변한다. 이러한 원시 값의 특성은 데이터의 신뢰성을 보장한다.

4.5절 "값의 할당"에서 살펴보았듯이 원시 값을 할당한 변수에 새로운 원시 값을 재할당하면 메모리 공간에 저장되어 있는 재할당 이전의 원시 값을 변경하는 것이 아니라 새로운 메모리 공간을 확보하고 재할당한 원시 값을 저장한 후, 변수는 새롭게 재할당한 원시 값을 가리킨다. 이때 변수가 참조하던 메모리 공간의 주소가 바뀐다.

---

1   4.1절 "변수란 무엇인가? 왜 필요한가?" 참고
2   5.1절 "값" 참고

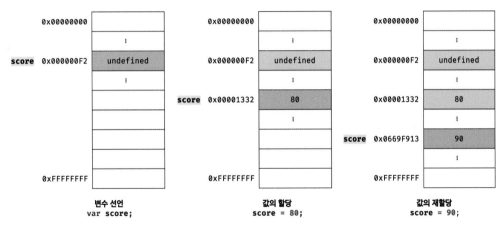

	변수 선언	값의 할당	값의 재할당
	var score;	score = 80;	score = 90;

그림 11-1 원시 값은 변경 불가능한 값이다

변수가 참조하던 메모리 공간의 주소가 변경된 이유는 변수에 할당된 원시 값이 변경 불가능한 값이기 때문이다. 만약 원시 값이 변경 가능한 값이라면 변수에 새로운 원시 값을 재할당했을 때 변수가 가리키던 메모리 공간의 주소를 바꿀 필요없이 원시 값 자체를 변경하면 그만이다. 만약 그렇다면 변수가 참조하던 메모리 공간의 주소는 바뀌지 않는다.

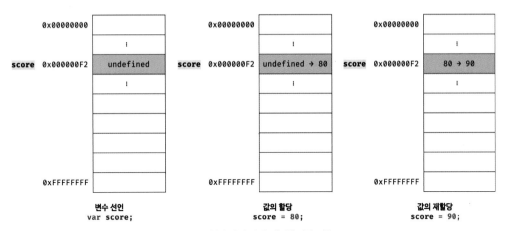

	변수 선언	값의 할당	값의 재할당
	var score;	score = 80;	score = 90;

그림 11-2 원시 값이 변경 가능한 값인 경우

하지만 원시 값은 변경 불가능한 값이기 때문에 값을 직접 변경할 수 없다. 따라서 변수 값을 변경하기 위해 원시 값을 재할당하면 새로운 메모리 공간을 확보하고 재할당한 값을 저장한 후, 변수가 참조하던 메모리 공간의 주소를 변경한다. 값의 이러한 특성을 **불변성**immutability이라 한다.

불변성을 갖는 원시 값을 할당한 변수는 재할당 이외에 변수 값을 변경할 수 있는 방법이 없다. 만약 재할당 이외에 원시 값인 변수 값을 변경할 수 있다면 예기치 않게 변수 값이 변경될 수 있다는 것을 의미한다. 이는 값의 변경, 즉 상태 변경을 추적하기 어렵게 만든다.

11.1.2 문자열과 불변성

6.9.1절 "데이터 타입에 의한 메모리 공간의 확보와 참조"에서 살펴보았듯이 원시 값을 저장하려면 먼저 확보해야 하는 메모리 공간의 크기를 결정해야 한다. 이를 위해 원시 타입별로 메모리 공간의 크기가 미리 정해져 있다고 했다. 단, ECMAScript 사양에 문자열 타입(2바이트)과 숫자 타입(8바이트) 이외의 원시 타입은 크기를 명확히 규정하고 있지는 않아서 브라우저 제조사의 구현에 따라 원시 타입의 크기는 다를 수 있다.

원시 값인 문자열은 다른 원시 값과 비교할 때 독특한 특징이 있다. 문자열은 0개 이상의 문자^{character}로 이뤄진 집합을 말하며, 1개의 문자는 2바이트의 메모리 공간에 저장된다. 따라서 문자열은 몇 개의 문자로 이뤄졌느냐에 따라 필요한 메모리 공간의 크기가 결정된다. 숫자 값은 1도, 1000000도 동일한 8바이트가 필요하지만 문자열의 경우 (실제와는 다르지만 단순하게 계산했을 때) 1개의 문자로 이뤄진 문자열은 2바이트, 10개의 문자로 이뤄진 문자열은 20바이트가 필요하다.

【 예제 11-02 】

```
// 문자열은 0개 이상의 문자로 이뤄진 집합이다.
var str1 = '';       // 0개의 문자로 이뤄진 문자열(빈 문자열)
var str2 = 'Hello'; // 5개의 문자로 이뤄진 문자열
```

이 같은 이유로 C에는 하나의 문자를 위한 데이터 타입(char)만 있을 뿐 문자열 타입은 존재하지 않는다. C에서는 문자열을 문자의 배열로 처리하고 자바에서는 문자열을 String 객체로 처리한다.

하지만 자바스크립트는 개발자의 편의를 위해 원시 타입인 문자열 타입을 제공한다. 이는 자바스크립트의 장점 중 하나다. 자바스크립트의 문자열은 원시 타입이며, 변경 불가능하다. 이것은 문자열이 생성된 이후에는 변경할 수 없음을 의미한다. 다음 코드를 보자.

【 예제 11-03 】

```
var str = 'Hello';
str = 'world';
```

첫 번째 문이 실행되면 문자열 'Hello'가 생성되고 식별자 str은 문자열 'Hello'가 저장된 메모리 공간의 첫 번째 메모리 셀 주소를 가리킨다. 그리고 두 번째 문이 실행되면 이전에 생성된 문자열 'Hello'를 수정하는 것이 아니라 새로운 문자열 'world'를 메모리에 생성하고 식별자 str은 이것을 가리킨다. 이때 문자열 'Hello'와 'world'는 모두 메모리에 존재한다. 식별자 str은 문자열 'Hello'를 가리키고 있다가 문자열 'world'를 가리키도록 변경되었을 뿐이다.

문자열의 한 문자를 변경해 보자. 문자열은 유사 배열 객체이면서 이터러블[3]이므로 배열[4]과 유사하게 각 문자에 접근할 수 있다.

📄 **유사 배열 객체**array-like object

유사 배열 객체란 마치 배열처럼 인덱스로 프로퍼티 값에 접근할 수 있고 `length` 프로퍼티를 갖는 객체를 말한다. 문자열은 마치 배열처럼 인덱스를 통해 각 문자에 접근할 수 있으며, `length` 프로퍼티를 갖기 때문에 유사 배열 객체이고 for 문으로 순회할 수도 있다.

【 예제 11-04 】

```
var str = 'string';

// 문자열은 유사 배열이므로 배열과 유사하게 인덱스를 사용해 각 문자에 접근할 수 있다.
console.log(str[0]); // s

// 원시 값인 문자열이 객체처럼 동작한다.
console.log(str.length); // 6
console.log(str.toUpperCase()); // STRING
```

갑자기 원시 값인 문자열이 객체일 수도 있다니 혼란스러울 수 있겠다. 아직 살펴보지 않았지만 원시 값을 객체처럼 사용하면 원시 값을 감싸는 래퍼 객체로 자동 변환된다. 이에 대해서는 21.3절 "원시 값과 래퍼 객체"에서 자세히 살펴보자.

【 예제 11-05 】

```
var str = 'string';

// 문자열은 유사 배열이므로 배열과 유사하게 인덱스를 사용해 각 문자에 접근할 수 있다.
// 하지만 문자열은 원시 값이므로 변경할 수 없다. 이때 에러가 발생하지 않는다.
str[0] = 'S';

console.log(str); // string
```

`str[0] = 'S'` 처럼 이미 생성된 문자열의 일부 문자를 변경해도 반영되지 않는다. 문자열은 변경 불가능한 값이기 때문이다. 이처럼 한번 생성된 문자열은 읽기 전용 값으로서 변경할 수 없다. 원시 값은 어떤 일이 있어도 불변한다. 따라서 예기치 못한 변경으로부터 자유롭다. 이는 데이터의 신뢰성을 보장한다.

그러나 변수에 새로운 문자열을 재할당하는 것은 물론 가능하다. 이는 기존 문자열을 변경하는 것이 아니라 새로운 문자열을 새롭게 할당하는 것이기 때문이다.

---

3   34장 "이터러블" 참고
4   27장 "배열" 참고

11.1.3 값에 의한 전달

다음 예제를 살펴보자.

【 예제 11-06 】

```
var score = 80;
var copy = score;

console.log(score); // 80
console.log(copy);  // 80

score = 100;

console.log(score); // 100
console.log(copy);  // ?
```

score 변수에 숫자 값 80을 할당했다. 그리고 copy 변수에 score 변수를 할당했다. 그 후, score 변수에 새로운 숫자 값 100을 재할당하면 copy 변수의 값은 어떻게 될까?

이 질문의 핵심은 "변수에 변수를 할당했을 때 무엇이 어떻게 전달되는가?"다. copy = score에서 score는 변수 값 80으로 평가되므로 copy 변수에도 80이 할당될 것이다. 이때 새로운 숫자 값 80이 생성되어 copy 변수에 할당된다. [5]

이처럼 변수에 원시 값을 갖는 변수를 할당하면 할당받는 변수(copy)에는 할당되는 변수(score)의 원시 값이 복사되어 전달된다. 이를 **값에 의한 전달**[6]이라 한다. 위 예제의 경우 copy 변수에 원시 값을 갖는 score 변수를 할당하면 할당받는 변수(copy)에는 할당되는 변수(score)의 원시 값 80이 복사되어 전달된다.

【 예제 11-07 】

```
var score = 80;

// copy 변수에는 score 변수의 값 80이 복사되어 할당된다.
var copy = score;

console.log(score, copy); // 80  80
console.log(score === copy); // true
```

이때 score 변수와 copy 변수는 숫자 값 80을 갖는다는 점에서는 동일하다. 하지만 **score 변수와 copy 변수의 값 80은 다른 메모리 공간에 저장된 별개의 값이다.**

---

5 이번 절의 후반부에 다른 가능성에 대해서도 설명한다.
6 이 용어는 오해가 있을 수 있다. 이에 대해서는 이어지는 설명을 참고하기 바란다.

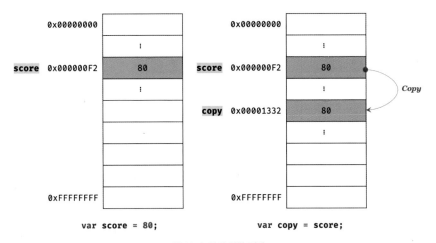

그림 11-3 값에 의한 전달

이제 score 변수의 값을 변경해 보자.

【 예제 11-08 】

```
var score = 80;

// copy 변수에는 score 변수의 값 80이 복사되어 할당된다.
var copy = score;

console.log(score, copy);    // 80  80
console.log(score === copy); // true

// score 변수와 copy 변수의 값은 다른 메모리 공간에 저장된 별개의 값이다.
// 따라서 score 변수의 값을 변경해도 copy 변수의 값에는 어떠한 영향도 주지 않는다.
score = 100;

console.log(score, copy);    // 100  80
console.log(score === copy); // false
```

score 변수와 copy 변수의 값 80은 다른 메모리 공간에 저장된 별개의 값이라는 것에 주의하기 바란다. 따라서 score 변수의 값을 변경해도 copy 변수의 값에는 어떠한 영향도 주지 않는다.

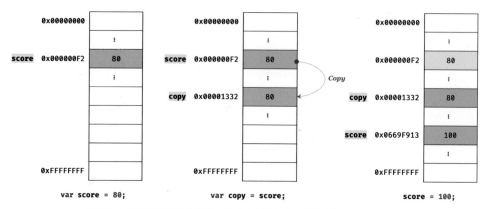

그림 11-4 값에 의해 전달된 값은 다른 메모리 공간에 저장된 별개의 값이다.

사실 위 그림은 실제 자바스크립트 엔진의 내부 동작과 정확히 일치하지 않을 수 있다. ECMAScript 사양에는 변수를 통해 메모리를 어떻게 관리해야 하는지 명확하게 정의되어 있지 않다. 따라서 실제 자바스크립트엔진을 구현하는 제조사에 따라 실제 내부 동작 방식은 미묘한 차이가 있을 수 있다.

위 그림에서는 변수에 원시 값을 갖는 변수를 할당하면 원시 값이 복사되는 것으로 표현했다.[7] 하지만 변수에 원시 값을 갖는 변수를 할당하는 시점에는 두 변수가 같은 원시 값을 참조하다가 어느 한쪽의 변수에 재할당이 이뤄졌을 때 비로소 새로운 메모리 공간에 재할당된 값을 저장하도록 동작할 수도 있다. 참고로 파이썬은이처럼 동작한다.

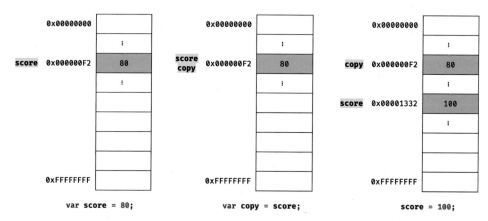

그림 11-5 변수에 원시 값을 갖는 변수를 할당하는 시점에는 두 변수가 같은 원시 값을 참조하다가 어느 한쪽의 변수에 재할당이
이뤄졌을 때 비로소 새로운 메모리 공간에 재할당된 값을 저장하는 경우

---

7   MDN의 원시 값 페이지(https://developer.mozilla.org/ko/docs/Glossary/Primitive)에서도 이 방식으로 설명하고 있다.

또한 "값에 의한 전달"이라는 용어도 ECMAScript 사양에는 등장하지 않는다. 이 책에서는 타 언어에서 자주 사용하는 "값에 의한 전달"과 "참조에 의한 전달"이라는 용어를 사용하지만 "공유에 의한 전달pass by sharing"[8]이라고 표현하는 경우도 있다.

참고로 "값에 의한 전달"이라는 용어는 자바스크립트를 위한 용어가 아니므로 사실 오해가 있을 수도 있다. **엄격하게 표현하면 변수에는 값이 전달되는 것이 아니라 메모리 주소가 전달되기 때문이다. 이는 변수와 같은 식별자는 값이 아니라 메모리 주소를 기억하고 있기 때문이다.**

식별자에 대해 다시 한번 생각해보자. 4.2절 "식별자"에서 언급한 바와 같이 식별자는 어떤 값을 구별해서 식별해낼 수 있는 고유한 이름이다. 값은 메모리 공간에 저장되어 있다. 따라서 식별자는 메모리 공간에 저장되어 있는 어떤 값을 구별해서 식별해낼 수 있어야 하므로 변수와 같은 식별자는 값이 아니라 메모리 주소를 기억하고 있다.

식별자로 값을 구별해서 식별한다는 것은 식별자가 기억하고 있는 메모리 주소를 통해 메모리 공간에 저장된 값에 접근할 수 있다는 것을 의미한다. 즉, 식별자는 메모리 주소에 붙인 이름이라고 할 수 있다.

【 예제 11-09 】

```
var x = 10;
```

위 예제의 경우 할당 연산자는 숫자 리터럴 10에 의해 생성된 숫자 값 10이 저장된 메모리 공간의 주소를 전달한다. 이로써 식별자 x는 메모리 공간에 저장된 숫자 값 10을 식별할 수 있다.

【 예제 11-10 】

```
var copy = score;
```

위 예제의 경우 score는 식별자 표현식으로서 숫자 값 80으로 평가된다. 이때 두 가지 평가 방식이 가능하다.

1. 새로운 80을 생성(복사)해서 메모리 주소를 전달(그림 11-4)하는 방식. 이 방식은 할당 시점에 두 변수가 기억하는 메모리 주소가 다르다.
2. score의 변수값 80의 메모리 주소를 그대로 전달(그림 11-5)하는 방식. 이 방식은 할당 시점에 두 변수가 기억하는 메모리 주소가 같다.

이처럼 "값의 의한 전달"도 사실은 값을 전달하는 것이 아니라 메모리 주소를 전달한다. 단, 전달된 메모리 주소를 통해 메모리 공간에 접근하면 값을 참조할 수 있다.

---

8 https://en.wikipedia.org/wiki/Evaluation_strategy#Call_by_sharing

중요한 것은 변수에 원시 값을 갖는 변수를 할당하면 변수 할당 시점이든, 두 변수 중 어느 하나의 변수에 값을 재할당하는 시점이든 **결국은 두 변수의 원시 값은 서로 다른 메모리 공간에 저장된 별개의 값이 되어 어느 한쪽에서 재할당을 통해 값을 변경하더라도 서로 간섭할 수 없다**는 것이다.

11.2 객체

객체는 프로퍼티의 개수가 정해져 있지 않으며, 동적으로 추가되고 삭제할 수 있다. 또한 프로퍼티의 값에도 제약이 없다. 따라서 객체는 원시 값과 같이 확보해야 할 메모리 공간의 크기를 사전에 정해 둘 수 없다.

객체는 복합적인 자료구조이므로 객체를 관리하는 방식이 원시 값과 비교해서 복잡하고 구현 방식도 브라우저 제조사마다 다를 수 있다. 원시 값은 상대적으로 적은 메모리를 소비하지만 객체는 경우에 따라 크기가 매우 클 수도 있다. 객체를 생성하고 프로퍼티에 접근하는 것도 원시 값과 비교할 때 비용이 많이 드는 일이다.

따라서 객체는 원시 값과는 다른 방식으로 동작하도록 설계되어 있다. 원시 값과의 비교를 통해 객체를 이해해 보자.

> 📄 **자바스크립트 객체의 관리 방식**
>
> 자바스크립트 객체는 프로퍼티 키를 인덱스로 사용하는 해시 테이블hash table(해시 테이블 [9]은 연관 배열associative array, map, dictionary, lookup table이라 부르기도 한다)이라고 생각할 수 있다. 대부분의 자바스크립트 엔진은 해시 테이블과 유사하지만 높은 성능을 위해 일반적인 해시 테이블보다 나은 방법으로 객체를 구현한다.
>
>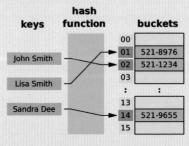
>
> 그림 11-6 해시 테이블
>
> 자바, C++ 같은 클래스 기반 객체지향 프로그래밍 언어는 사전에 정의된 클래스를 기반으로 객체(인스턴스)를 생성한다. 다시 말해, 객체를 생성하기 이전에 이미 프로퍼티와 메서드가 정해져 있으며 그대로 객체를 생성한다. 객체가 생성된 이후에는 프로퍼티를 삭제하거나 추가할 수 없다. 하지만 자바스크립트는 클래스 없이 객체를 생성할 수 있으며 객체가 생성된 이후라도 동적으로 프로퍼티와 메서드를 추가할 수 있다. 이는 사용하기 매우 편리하지만 성능 면에서는 이론적으로 클래스 기반 객체지향 프로그래밍 언어의 객체보다 생성과 프로퍼티 접근에 비용이 더 많이 드는 비효율적인 방식이다.

---

9 https://ko.wikipedia.org/wiki/해시_테이블

따라서 V8 자바스크립트 엔진에서는 프로퍼티에 접근하기 위해 동적 탐색dynamic lookup 대신 **히든 클래스**hidden class라는 방식을 사용해 C++ 객체의 프로퍼티에 접근하는 정도의 성능을 보장한다. 히든 클래스는 자바와 같이 고정된 객체 레이아웃(클래스)과 유사하게 동작한다. 크롬 V8 자바스크립트 엔진이 객체를 어떻게 관리하는지에 대해 관심이 있다면 아래의 글을 참고하기 바란다.

- Fast properties in V8: https://v8.dev/blog/fast-properties
- V8 히든 클래스 이야기: https://engineering.linecorp.com/ko/blog/v8-hidden-class,
- **자바스크립트 엔진의 최적화 기법 (2) – Hidden class, Inline Caching**: https://meetup.toast.com/posts/78
- How the V8 engine works?: http://thibaultlaurens.github.io/javascript/2013/04/29/how-the-v8-engine-works
- How JavaScript works: inside the V8 engine + 5 tips on how to write optimized code: https://blog.sessionstack.com/how-javascript-works-inside-the-v8-engine-5-tips-on-how-to-write-optimized-code-ac089e62b12e
- Breaking the JavaScript Speed Limit with V8: https://www.youtube.com/watch?v=UJPdhx5zTaw

11.2.1 변경 가능한 값

객체(참조) 타입의 값, 즉 객체는 변경 가능한 값mutable value이다. 먼저 변수에 객체를 할당하면 어떤 일이 일어나는지부터 살펴보자.

【 예제 11-11 】
```
var person = {
  name: 'Lee'
};
```

원시 값을 할당한 변수가 기억하는 메모리 주소를 통해 메모리 공간에 접근하면 원시 값에 접근할 수 있다. 즉, 원시 값을 할당한 변수는 원시 값 자체를 값으로 갖는다. 하지만 객체를 할당한 변수가 기억하는 메모리 주소를 통해 메모리 공간에 접근하면 **참조 값**reference value에 접근할 수 있다. 참조 값은 생성된 객체가 저장된 메모리 공간의 주소, 그 자체다.

다음 그림을 보면 객체를 할당한 변수에는 생성된 객체가 실제로 저장된 메모리 공간의 주소가 저장되어 있다. 이 값을 참조 값이라고 한다. 변수는 이 참조 값을 통해 객체에 접근할 수 있다.

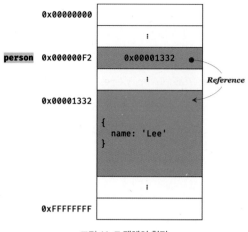

	0x00000000		
person	0x000000F2	0x00001332	●
			Reference
	0x00001332		
		{ name: 'Lee' }	
	0xFFFFFFFF		

그림 11-7 객체의 할당

원시 값을 할당한 변수를 참조하면 메모리에 저장되어 있는 원시 값에 접근한다. 하지만 객체를 할당한 변수를 참조하면 메모리에 저장되어 있는 참조 값을 통해 실제 객체에 접근한다.

【 예제 11-12 】

```
// 할당이 이뤄지는 시점에 객체 리터럴이 해석되고, 그 결과 객체가 생성된다.
var person = {
  name: 'Lee'
};

// person 변수에 저장되어 있는 참조 값으로 실제 객체에 접근한다.
console.log(person); // {name: "Lee"}
```

일반적으로 원시 값을 할당한 변수의 경우 "변수는 ○값을 갖는다" 또는 "변수의 값은 ○다"라고 표현한다. 하지만 객체를 할당한 변수의 경우 "변수는 객체를 참조하고 있다" 또는 "변수는 객체를 가리키고point 있다"라고 표현한다. 위 예제에서 person 변수는 객체 { name: 'Lee' }를 가리키고(참조하고) 있다.

원시 값은 변경 불가능한 값이므로 원시 값을 갖는 변수의 값을 변경하려면 재할당 외에는 방법이 없다. 하지만 객체는 변경 가능한 값이다. 따라서 객체를 할당한 변수는 재할당 없이 객체를 직접 변경할 수 있다. 즉, 재할당 없이 프로퍼티를 동적으로 추가할 수도 있고 프로퍼티 값을 갱신할 수도 있으며 프로퍼티 자체를 삭제할 수도 있다.

【 예제 11-13 】

```
var person = {
  name: 'Lee'
};
```

```
// 프로퍼티 값 갱신
person.name = 'Kim';

// 프로퍼티 동적 생성
person.address = 'Seoul';

console.log(person); // {name: "Kim", address: "Seoul"}
```

원시 값은 변경 불가능한 값이므로 원시 값을 갖는 변수의 값을 변경하려면 재할당을 통해 메모리에 원시 값을 새롭게 생성해야 한다. 하지만 객체는 변경 가능한 값이므로 메모리에 저장된 객체를 직접 수정할 수 있다. 이때 객체를 할당한 변수에 재할당을 하지 않았으므로 객체를 할당한 변수의 참조 값은 변경되지 않는다.

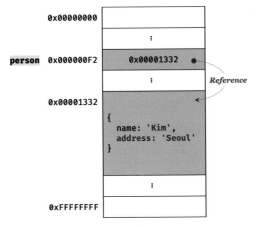

그림 11-8 객체는 변경 가능한 값이다.

앞에서 언급했듯이 객체를 생성하고 관리하는 방식은 매우 복잡하며 비용이 많이 드는 일이다. 객체를 변경할 때마다 원시 값처럼 이전 값을 복사해서 새롭게 생성한다면 명확하고 신뢰성이 확보되겠지만 객체는 크기가 매우 클 수도 있고, 원시 값처럼 크기가 일정하지도 않으며, 프로퍼티 값이 객체일 수도 있어서 복사^{deep} copy해서 생성하는 비용이 많이 든다. 다시 말해, 메모리의 효율적 소비가 어렵고 성능이 나빠진다.

따라서 메모리를 효율적으로 사용하기 위해, 그리고 객체를 복사해 생성하는 비용을 절약하여 성능을 향상시키기 위해 객체는 변경 가능한 값으로 설계되어 있다. 메모리 사용의 효율성과 성능을 위해 어느 정도의 구조적인 단점을 감안한 설계라고 할 수 있다.

객체는 이러한 구조적 단점에 따른 부작용이 있다. 그것은 원시 값과는 다르게 **여러 개의 식별자가 하나의 객체를 공유할 수 있다**는 것이다.

얕은 복사^{shallow copy}와 깊은 복사^{deep copy}

객체를 프로퍼티 값으로 갖는 객체의 경우 얕은 복사는 한 단계까지만 복사하는 것을 말하고 깊은 복사는 객체에 중첩되어 있는 객체까지 모두 복사하는 것을 말한다.

【 예제 11-14 】

```javascript
const o = { x: { y: 1 } };

// 얕은 복사
const c1 = { ...o };       // 35장 "스프레드 문법" 참고
console.log(c1 === o);    // false
console.log(c1.x === o.x); // true

// lodash의 cloneDeep을 사용한 깊은 복사
// "npm install lodash"로 lodash를 설치한 후, Node.js 환경에서 실행
const _ = require('lodash');
// 깊은 복사
const c2 = _.cloneDeep(o);
console.log(c2 === o);    // false
console.log(c2.x === o.x); // false
```

얕은 복사와 깊은 복사로 생성된 객체는 원본과는 다른 객체다. 즉, 원본과 복사본은 참조 값이 다른 별개의 객체다. 하지만 얕은 복사는 객체에 중첩되어 있는 객체의 경우 참조 값을 복사하고 깊은 복사는 객체에 중첩되어 있는 객체까지 모두 복사해서 원시 값처럼 완전한 복사본을 만든다는 차이가 있다.

참고로 다음과 같이 원시 값을 할당한 변수를 다른 변수에 할당하는 것을 깊은 복사, 객체를 할당한 변수를 다른 변수에 할당하는 것을 얕은 복사라고 부르는 경우도 있다.

【 예제 11-15 】

```javascript
const v = 1;

// "깊은 복사"라고 부르기도 한다.
const c1 = v;
console.log(c1 === v); // true

const o = { x: 1 };

// "얕은 복사"라고 부르기도 한다.
const c2 = o;
console.log(c2 === o); // true
```

11.2.2 참조에 의한 전달

여러 개의 식별자가 하나의 객체를 공유할 수 있다는 것이 무엇을 의미하는지, 이로 인해 어떤 부작용이 발생하는지 확인해 보자.

【 예제 11-16 】

```
var person = {
  name: 'Lee'
};

// 참조 값을 복사(얕은 복사)
var copy = person;
```

객체를 가리키는 변수(원본, person)를 다른 변수(사본, copy)에 할당하면 원본의 **참조 값이 복사되어 전달**된다. 이를 **참조에 의한 전달**이라 한다.[10]

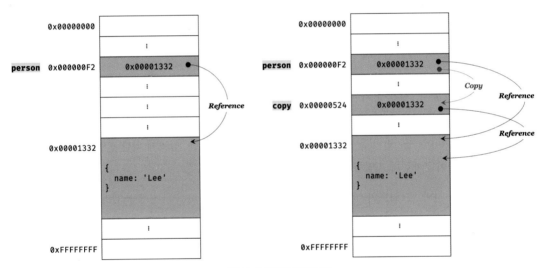

그림 11-9 참조에 의한 전달

위 그림처럼 원본 person을 사본 copy에 할당하면 원본 person의 참조 값을 복사해서 copy에 저장한다. 이때 원본 person과 사본 copy는 저장된 메모리 주소는 다르지만 동일한 참조 값을 갖는다. 다시 말해, 원본 person과 사본 copy 모두 동일한 객체를 가리킨다. 이것은 **두 개의 식별자가 하나의 객체를 공유**한다는 것을 의미한다. 따라서 원본 또는 사본 중 어느 한쪽에서 객체를 변경(변수에 새로운 객체를 재할당하는 것이 아니라 객체의 프로퍼티 값을 변경하거나 프로퍼티를 추가, 삭제)하면 서로 영향을 주고받는다.

---

10 이 용어는 오해가 있을 수 있다. 이에 대해서는 이어지는 설명을 참고하기 바란다.

```
var person = {
  name: 'Lee'
};

// 참조 값을 복사(얕은 복사). copy와 person은 동일한 참조 값을 갖는다.
var copy = person;

// copy와 person은 동일한 객체를 참조한다.
console.log(copy === person); // true

// copy를 통해 객체를 변경한다.
copy.name = 'Kim';

// person을 통해 객체를 변경한다.
person.address = 'Seoul';

// copy와 person은 동일한 객체를 가리킨다.
// 따라서 어느 한쪽에서 객체를 변경하면 서로 영향을 주고받는다.
console.log(person); // {name: "Kim", address: "Seoul"}
console.log(copy);   // {name: "Kim", address: "Seoul"}
```

결국 **"값에 의한 전달"**과 **"참조에 의한 전달"**은 식별자가 기억하는 메모리 공간에 저장되어 있는 값을 복사해서 전달한다는 면에서 동일하다. 다만 식별자가 기억하는 메모리 공간, 즉 변수에 저장되어 있는 값이 원시 값이냐 참조 값이냐의 차이만 있을 뿐이다. 따라서 **자바스크립트에는 "참조에 의한 전달"은 존재하지 않고 "값에 의한 전달"만이 존재한다고 말할 수 있다.**

앞에서 언급했듯이 자바스크립트의 이 같은 동작 방식을 설명하는 정확한 용어가 존재하지 않는다. 이런 이유로 "값에 의한 전달"이나 "참조에 의한 전달"이라는 용어를 사용하지 않고 **"공유에 의한 전달"**[11]이라고 표현하는 경우도 있다. 하지만 이 용어 또한 ECMAScript 사양에 정의된 자바스크립트의 공식적인 용어는 아니며 자바스크립트의 동작 방식을 정확히 설명하지 못한다.

따라서 이 책에서는 전달되는 값의 종류가 원시 값인지 참조 값인지 구별해서 강조하는 의미에서 "값에 의한 전달"과 "참조에 의한 전달"로 구분하여 부르기로 한다. 다만 자바스크립트에는 포인터[pointer]가 존재하지 않기 때문에 포인터가 존재하는 다른 프로그래밍 언어의 "참조에 의한 전달"과 의미가 정확히 일치하지 않는다는 점에 주의하기 바란다.

마지막으로 퀴즈를 풀어보고 마치자. 다음 예제를 살펴보고 결과를 예측해 보자.

---

11 https://en.wikipedia.org/wiki/Evaluation_strategy#Call_by_sharing

```
var person1 = {
  name: 'Lee'
};

var person2 = {
  name: 'Lee'
};

console.log(person1 === person2); // ①
console.log(person1.name === person2.name); // ②
```

=== 일치 비교 연산자[12]는 변수에 저장되어 있는 값을 타입 변환하지 않고 비교한다.

객체를 할당한 변수는 참조 값을 가지고 있고, 원시 값을 할당한 변수는 원시 값 자체를 가지고 있다. 따라서 === 일치 비교 연산자를 통해 객체를 할당한 변수를 비교하면 참조 값을 비교하고, 원시 값을 할당한 변수를 비교하면 원시 값을 비교한다.

객체 리터럴은 평가될 때마다 객체를 생성한다. 따라서 person1 변수와 person2 변수가 가리키는 객체는 비록 내용은 같지만 다른 메모리에 저장된 별개의 객체다. 즉, person1 변수와 person2 변수의 참조 값은 전혀 다른 값이다. 따라서 ①은 false다.

하지만 프로퍼티 값을 참조하는 person1.name과 person2.name은 값으로 평가될 수 있는 표현식이다. 두 표현식 모두 원시 값 'Lee'로 평가된다. 따라서 ②는 true다.

---

12 7.3.1절 "동등/일치 비교 연산자" 참고

12장

함수

12.1 함수란?

함수는 자바스크립트에서 가장 중요한 핵심 개념이다. 또 다른 자바스크립트의 핵심 개념인 스코프, 실행 컨텍스트, 클로저, 생성자 함수에 의한 객체 생성, 메서드, this, 프로토타입, 모듈화 등이 모두 함수와 깊은 관련이 있다. 따라서 함수는 자바스크립트를 정확히 이해하고 사용하기 위해 피해갈 수 없는 핵심 중의 핵심이라고 할 수 있다.

수학의 함수는 "입력input"을 받아 "출력output"을 내보내는 일련의 과정을 정의한 것이다. 예를 들어, f(x, y) = x + y라는 함수를 정의하고 이 함수에 두 개의 입력 2, 5를 전달하면 함수는 정의된 일련의 과정, 즉 x + y를 실행하여 7을 출력한다. 이처럼 함수는 마치 재료를 투입받아 제품을 생산하는 기계와 같다.

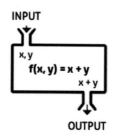

그림 12-1 수학의 함수

미리 정의해 둔 함수를 실행하는 것을 수식으로 표현하면 f(2, 5) = 7이다. 이때 함수의 x, y는 함수 내부로 입력을 받아들이는 변수(아직 결정되지 않은 임의의 값을 나타내는 기호)이고 2, 5는 함수에서 정의된 일련의 과정을 실행하기 위해 필요한 입력이며, 7은 함수의 실행 결과인 출력이다.

이때 함수를 실행하기 위해 필요한 입력인 2, 5는 입력을 받아들이는 변수 x, y를 통해 함수 외부에서 함수 내부로 전달된다. 그리고 함수의 실행 결과인 출력은 함수 외부로 반환된다.

프로그래밍 언어의 함수도 수학의 함수와 같은 개념이다. 함수 f(x, y) = x + y를 자바스크립트의 함수로 표현해 보자.

【 예제 12-01 】

```javascript
// f(x, y) = x + y
function add(x, y) {
  return x + y;
}

// f(2, 5) = 7
add(2, 5); // 7
```

프로그래밍 언어의 **함수는 일련의 과정을 문**statement**으로 구현하고 코드 블록으로 감싸서 하나의 실행 단위로 정의한 것이다.**

프로그래밍 언어의 함수도 입력을 받아서 출력을 내보낸다. 이때 함수 내부로 입력을 전달받는 변수를 **매개변수**parameter, 입력을 **인수**argument, 출력을 **반환값**return value이라 한다. 또한 함수는 값이며, 여러 개 존재할 수 있으므로 특정 함수를 구별하기 위해 식별자인 함수 이름을 사용할 수 있다.

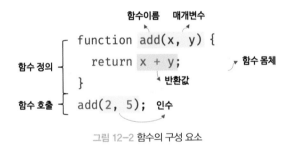

그림 12-2 함수의 구성 요소

함수는 **함수 정의**function definition를 통해 생성한다. 자바스크립트의 함수는 다양한 방법으로 정의할 수 있다. 다음은 함수 선언문을 통해 함수를 정의한 예다.

【 예제 12-02 】

```javascript
// 함수 정의
function add(x, y) {
  return x + y;
}
```

함수 정의만으로 함수가 실행되는 것은 아니다. 수학의 함수처럼 미리 정의된 일련의 과정을 실행하기 위해 필요한 입력, 즉 인수argument를 매개변수를 통해 함수에 전달하면서 함수의 실행을 명시적으로 지시해야 한다. 이를 **함수 호출**function call/invoke이라 한다. 함수를 호출하면 코드 블록에 담긴 문들이 일괄적으로 실행되고, 실행 결과, 즉 반환값을 반환한다.

【 예제 12-03 】

```javascript
// 함수 호출
var result = add(2, 5);

// 함수 add에 인수 2, 5를 전달하면서 호출하면 반환값 7을 반환한다.
console.log(result); // 7
```

12.2 함수를 사용하는 이유

함수는 필요할 때 여러 번 호출할 수 있다. 즉, 실행 시점을 개발자가 결정할 수 있고 몇 번이든 재사용이 가능하다. 동일한 작업을 반복적으로 수행해야 한다면 같은 코드를 중복해서 여러 번 작성하는 것이 아니라 미리 정의된 함수를 재사용하는 것이 효율적이다. 함수는 몇 번이든 호출할 수 있으므로 **코드의 재사용**이라는 측면에서 매우 유용하다.

```javascript
var x = 0;
var y = 0;
var result = 0;

x = 1;
y = 2;
result = x + y; // 3

x = 3;
y = 4;
result = x + y; // 7

x = 5;
y = 6;
result = x + y; // 11
```

함수를 통해
중복을 제거하고
코드를 재사용

```javascript
function add(x, y) {
  return x + y;
}

var result = 0;

result = add(1, 2); // 3
result = add(3, 4); // 7
result = add(5, 6); // 11
```

그림 12-3 함수를 통해 중복을 제거하고 코드를 재사용할 수 있다.

함수를 사용하지 않고 같은 코드를 중복해서 여러 번 작성하면 그 코드를 수정해야 할 때 중복된 횟수만큼 코드를 수정해야 한다. 따라서 중복된 횟수에 비례해서 코드 수정에 걸리는 시간이 증가한다. 또한 사람은 실수하기 마련이므로 실수할 가능성도 높아진다. 코드의 중복을 억제하고 재사용성을 높이는 함수는 **유지보수의 편의성**을 높이고 실수를 줄여 **코드의 신뢰성**을 높이는 효과가 있다.

함수는 객체 타입의 값이다. 따라서 이름(식별자)을 붙일 수 있다. 함수 이름은 변수 이름과 마찬가지로 함수 자신의 역할을 잘 설명해야 한다. 적절한 함수 이름은 함수의 내부 코드를 이해하지 않고도 함수의 역할을 파악할 수 있게 돕는다. 이는 **코드의 가독성**을 향상시킨다.

코드는 동작하는 것만이 존재 목적은 아니다. 코드는 개발자를 위한 문서이기도 하다. 따라서 사람이 이해할 수 있는 코드, 즉 가독성이 좋은 코드가 좋은 코드다.

12.3 함수 리터럴

자바스크립트의 함수는 객체 타입의 값이다. 따라서 숫자 값을 숫자 리터럴로 생성하고 객체를 객체 리터럴로 생성하는 것처럼 함수도 함수 리터럴로 생성할 수 있다. 함수 리터럴은 function 키워드, 함수 이름, 매개변수 목록, 함수 몸체로 구성된다.

【 예제 12-04 】

```
// 변수에 함수 리터럴을 할당
var f = function add(x, y) {
  return x + y;
};
```

함수 리터럴의 구성 요소는 다음과 같다.

구성 요소	설명
함수 이름	▪ 함수 이름은 식별자다. 따라서 식별자 네이밍 규칙을 준수해야 한다. ▪ 함수 이름은 함수 몸체 내에서만 참조할 수 있는 식별자다. ▪ 함수 이름은 생략할 수 있다. 이름이 있는 함수를 기명 함수named function, 이름이 없는 함수를 무명/익명 함수anonymous function라 한다.
매개변수 목록	▪ 0개 이상의 매개변수를 소괄호로 감싸고 쉼표로 구분한다. ▪ 각 매개변수에는 함수를 호출할 때 지정한 인수가 순서대로 할당된다. 즉, 매개변수 목록은 순서에 의미가 있다. ▪ 매개변수는 함수 몸체 내에서 변수와 동일하게 취급된다. 따라서 매개변수도 변수와 마찬가지로 식별자 네이밍 규칙을 준수해야 한다.
함수 몸체	▪ 함수가 호출되었을 때 일괄적으로 실행될 문들을 하나의 실행 단위로 정의한 코드 블록이다. ▪ 함수 몸체는 함수 호출에 의해 실행된다.

표 12-1 함수 리터럴의 구성 요소

위 예제를 보면 함수 리터럴을 변수에 할당하고 있다. 5.2절 "리터럴"에서 살펴보았듯이 리터럴은 사람이 이해할 수 있는 문자 또는 약속된 기호를 사용해 값을 생성하는 표기 방식을 말한다. 즉, 리터럴은 값을 생성하기 위한 표기법이다. 따라서 함수 리터럴도 평가되어 값을 생성하며, 이 값은 객체다. 즉, **함수는 객체다.**

함수는 객체지만 일반 객체와는 다르다. **일반 객체는 호출할 수 없지만 함수는 호출할 수 있다.** 그리고 일반 객체에는 없는 함수 객체만의 고유한 프로퍼티를 갖는다.

함수가 객체라는 사실은 다른 프로그래밍 언어와 구별되는 자바스크립트의 중요한 특징이다. 이 특징을 제대로 이해하지 않으면 함수를 제대로 이해하기 어렵다. 이에 대해서는 18장 "함수와 일급 객체"에서 자세히 살펴보자.

12.4 함수 정의

함수 정의란 함수를 호출하기 이전에 인수를 전달받을 매개변수와 실행할 문들, 그리고 반환할 값을 지정하는 것을 말한다. 정의된 함수는 자바스크립트 엔진에 의해 평가되어 함수 객체가 된다. 함수를 정의하는 방법에는 4가지가 있다.

함수 정의 방식	예시
함수 선언문	```function add(x, y) {↵ return x + y;↵}```
함수 표현식	```var add = function (x, y) {↵ return x + y;↵};```
Function 생성자 함수	```var add = new Function('x', 'y', 'return x + y');```
화살표 함수(ES6)	```var add = (x, y) => x + y;```

표 12-2 함수 정의 방식

모든 함수 정의 방식은 함수를 정의한다는 면에서는 동일하다. 단, 미묘하지만 중요한 차이가 있다.

📄 변수 선언과 함수 정의

변수는 '선언declaration'한다고 했지만 함수는 '정의definition'한다고 표현했다.[1] 함수 선언문이 평가되면 식별자가 암묵적으로 생성되고 함수 객체가 할당된다. 따라서 ECMAScript 사양에서도 변수에는 선언variable declaration, 함수에는 정의function definition라고 표현한다.

---

1 6.5절 "undefined 타입"의 "선언declaration과 정의definition" 참고

12.4.1 함수 선언문

함수 선언문을 사용해 함수를 정의하는 방식은 다음과 같다.

【 예제 12-05 】
```javascript
// 함수 선언문
function add(x, y) {
  return x + y;
}

// 함수 참조
// console.dir은 console.log와는 달리 함수 객체의 프로퍼티까지 출력한다.
// 단, Node.js 환경에서는 console.log와 같은 결과가 출력된다.
console.dir(add); // f add(x, y)

// 함수 호출
console.log(add(2, 5)); // 7
```

함수 선언문은 함수 리터럴과 형태가 동일하다. 단, 함수 리터럴은 함수 이름을 생략할 수 있으나 **함수 선언문은 함수 이름을 생략할 수 없다.**

【 예제 12-06 】
```javascript
// 함수 선언문은 함수 이름을 생략할 수 없다.
function (x, y) {
  return x + y;
}
// SyntaxError: Function statements require a function name
```

함수 선언문은 표현식이 아닌 문이다. 크롬 개발자 도구의 콘솔에서 함수 선언문을 실행하면 완료 값[2] undefined가 출력된다. 함수 선언문이 만약 표현식인 문이라면 완료 값 undefined 대신 표현식이 평가되어 생성된 함수가 출력되어야 한다.

```
> function add(x, y) {
    return x + y;
  }
< undefined
```

그림 12-4 함수 선언문은 표현식이 아닌 문이다.

---
2   5.6절 "표현식인 문과 표현식이 아닌 문" 참고

5.6절 "표현식인 문과 표현식이 아닌 문"에서 살펴보았듯이 표현식이 아닌 문은 변수에 할당할 수 없다. 함수 선언문도 표현식이 아닌 문이므로 변수에 할당할 수 없다. 하지만 다음 예제를 실행해보면 함수 선언문이 변수에 할당되는 것처럼 보인다.

【 예제 12-07 】

```javascript
// 함수 선언문은 표현식이 아닌 문이므로 변수에 할당할 수 없다.
// 하지만 함수 선언문이 변수에 할당되는 것처럼 보인다.
var add = function add(x, y) {
  return x + y;
};

// 함수 호출
console.log(add(2, 5)); // 7
```

이렇게 동작하는 이유는 자바스크립트 엔진이 코드의 문맥에 따라 동일한 함수 리터럴을 표현식이 아닌 문인 함수 선언문으로 해석하는 경우와 표현식인 문인 함수 리터럴 표현식으로 해석하는 경우가 있기 때문이다. 함수 선언문은 함수 이름을 생략할 수 없다는 점을 제외하면 함수 리터럴과 형태가 동일하다. 이는 함수 이름이 있는 기명 함수 리터럴은 함수 선언문 또는 함수 리터럴 표현식으로 해석될 가능성이 있다는 의미다.

예를 들어, { }은 블록문일 수도 있고 객체 리터럴일 수도 있다. 즉, { }은 중의적 표현[3]이다. 자바스크립트 엔진은 { }을 코드 블록으로 해석할까 객체 리터럴로 해석할까? { }처럼 중의적인 코드는 코드의 문맥에 따라 해석이 달라진다. { }이 단독으로 존재하면 자바스크립트 엔진은 { }을 블록문으로 해석한다. 하지만 { }이 값으로 평가되어야 할 문맥(예를 들어, 할당 연산자의 우변)에서 피연산자로 사용되면 자바스크립트 엔진은 { }을 객체 리터럴로 해석한다. 이처럼 동일한 코드도 코드의 문맥에 따라 해석이 달라질 수 있다.

기명 함수 리터럴도 중의적인 코드다. 따라서 코드의 문맥에 따라 해석이 달라질 수 있다. 자바스크립트 엔진은 함수 이름이 있는 함수 리터럴을 단독으로 사용(값으로 평가되어야 하는 문맥에서 함수 리터럴을 사용하지 않는 경우, 다시 말해 함수 리터럴을 피연산자로 사용하지 않는 경우)하면 함수 선언문으로 해석하고, 함수 리터럴이 값으로 평가되어야 하는 문맥, 예를 들어 함수 리터럴을 변수에 할당하거나 피연산자로 사용하면 함수 리터럴 표현식으로 해석한다. 이때 함수 선언문이든 함수 리터럴 표현식이든 함수가 생성되는 것은 동일하다. 하지만 함수를 생성하는 내부 동작에 차이가 있다. 다음 예제를 살펴보자.

【 예제 12-08 】

```javascript
// 기명 함수 리터럴을 단독으로 사용하면 함수 선언문으로 해석된다.
// 함수 선언문에서는 함수 이름을 생략할 수 없다.
function foo() { console.log('foo'); }
```

---

3   하나의 문장이 둘 이상의 의미로 해석될 수 있는 표현

```
foo(); // foo

// 함수 리터럴을 피연산자로 사용하면 함수 선언문이 아니라 함수 리터럴 표현식으로 해석된다.
// 함수 리터럴에서는 함수 이름을 생략할 수 있다.
(function bar() { console.log('bar'); });
bar(); // ReferenceError: bar is not defined
```

위 예제에서 단독으로 사용된 함수 리터럴(foo)은 함수 선언문으로 해석된다. 하지만 그룹 연산자 ( ) 내에
있는 함수 리터럴(bar)은 함수 선언문으로 해석되지 않고 함수 리터럴 표현식으로 해석된다. 그룹 연산자의
피연산자는 값으로 평가될 수 있는 표현식이어야 한다. 따라서 표현식이 아닌 문인 함수 선언문은 피연산자
로 사용할 수 없다.

이처럼 이름이 있는 기명 함수 리터럴은 코드의 문맥에 따라 함수 선언문 또는 함수 리터럴 표현식으로 해석
된다. 함수 선언문과 함수 리터럴 표현식은 함수 객체를 생성한다는 점에서 동일하지만 호출에 차이가 있다.
위 예제에서 함수 선언문으로 생성된 foo는 호출할 수 있으나 함수 리터럴 표현식으로 생성된 bar는 호출할
수 없다. 그 이유를 살펴보자.

앞에서 살펴본 12.3절 "함수 리터럴"에서 "함수 이름은 함수 몸체 내에서만 참조할 수 있는 식별자다"라고 했
다. 이는 함수 몸체 외부에서는 함수 이름으로 함수를 참조할 수 없으므로 함수 몸체 외부에서는 함수 이름으
로 함수를 호출할 수 없다는 의미다. 즉, 함수를 가리키는 식별자가 없다는 것과 마찬가지다. 따라서 위 예제
의 bar 함수는 호출할 수 없다.

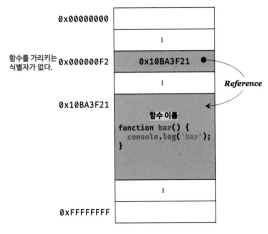

그림 12-5 함수 이름 bar는 함수 몸체 내에서만 참조할 수 있는 식별자이므로 함수를 호출할 수 없다.

하지만 위 예제에서 함수 선언문으로 정의된 함수는 foo라는 이름으로 호출할 수 있었다. foo는 함수 몸체 내부에서만 유효한 식별자인 함수 이름이므로 foo로 함수를 호출할 수 없어야 한다. foo라는 이름으로 함수를 호출하려면 foo는 함수 이름이 아니라 함수 객체를 가리키는 식별자여야 한다. 그런데 위 예제에서는 식별자 foo를 선언한 적도 없고 할당한 적도 없다. foo는 도대체 무엇일까? 결론부터 말하자면 foo는 자바스크립트 엔진이 암묵적으로 생성한 식별자다.

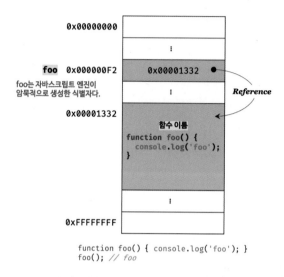

```
function foo() { console.log('foo'); }
foo(); // foo
```

그림 12-6 foo는 자바스크립트 엔진이 암묵적으로 생성한 식별자다.

자바스크립트 엔진은 함수 선언문을 해석해 함수 객체를 생성한다. 이때 함수 이름은 함수 몸체 내부에서만 유효한 식별자이므로 함수 이름과는 별도로 생성된 함수 객체를 가리키는 식별자가 필요하다. 함수 객체를 가리키는 식별자가 없으면 생성된 함수 객체를 참조할 수 없으므로 호출할 수도 없다. 따라서 **자바스크립트 엔진은 생성된 함수를 호출하기 위해 함수 이름과 동일한 이름의 식별자를 암묵적으로 생성하고, 거기에 함수 객체를 할당한다.**

지금까지 살펴본 함수 선언문을 의사 코드[4]로 표현하면 다음과 같다.

[예제 12-09]

```
var add = function add(x, y) {
  return x + y;
};

console.log(add(2, 5)); // 7
```

---

4   https://ko.wikipedia.org/wiki/의사코드

함수는 함수 이름으로 호출하는 것이 아니라 함수 객체를 가리키는 식별자로 호출한다. 즉, 함수 선언문으로 생성한 함수를 호출한 것은 함수 이름 add가 아니라 자바스크립트 엔진이 암묵적으로 생성한 식별자 add인 것이다. 함수 이름과 변수 이름이 일치하므로 함수 이름으로 호출되는 듯하지만 사실은 식별자로 호출된 것이다.

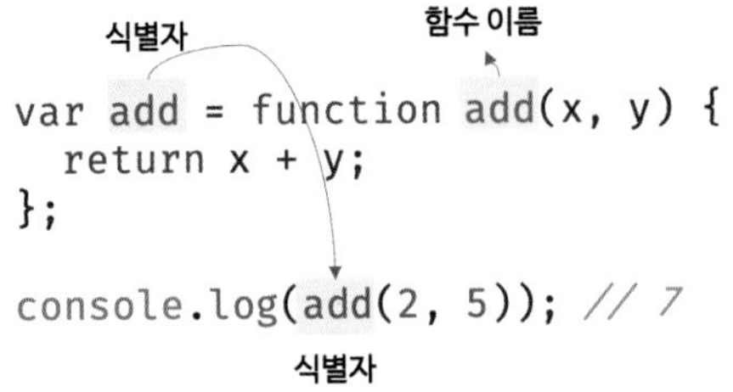

그림 12-7 함수는 함수 이름으로 호출하는 것이 아니라 함수 객체를 가리키는 식별자로 호출한다.

사실은 위 의사 코드가 바로 다음에 살펴볼 함수 표현식이다. 결론적으로 자바스크립트 엔진은 함수 선언문을 함수 표현식으로 변환해 함수 객체를 생성한다고 생각할 수 있다. 단, 함수 선언문과 함수 표현식이 정확히 동일하게 동작하는 것은 아니다.

12.4.2 함수 표현식

앞에서 언급했듯이 자바스크립트의 함수는 객체 타입의 값이다. 자바스크립트의 함수는 값처럼 변수에 할당할 수도 있고 프로퍼티 값이 될 수도 있으며 배열의 요소가 될 수도 있다. 이처럼 값의 성질을 갖는 객체를 **일급 객체**[5]라 한다. **자바스크립트의 함수는 일급 객체다.** 함수가 일급 객체라는 것은 함수를 값처럼 자유롭게 사용할 수 있다는 의미다.

함수는 일급 객체이므로 함수 리터럴로 생성한 함수 객체를 변수에 할당할 수 있다. 이러한 함수 정의 방식을 함수 표현식function expression이라 한다. 함수 선언문으로 정의한 add 함수를 함수 표현식으로 바꿔서 정의하면 다음과 같다.

【 예제 12-10 】

```
// 함수 표현식
var add = function (x, y) {
  return x + y;
};

console.log(add(2, 5)); // 7
```

---

5 https://ko.wikipedia.org/wiki/일급_객체

함수 리터럴의 함수 이름은 생략할 수 있다. 이러한 함수를 익명 함수라 한다. 함수 표현식의 함수 리터럴은 함수 이름을 생략하는 것이 일반적이다.

함수 선언문에서 살펴본 바와 같이 함수를 호출할 때는 함수 이름이 아니라 함수 객체를 가리키는 식별자를 사용해야 한다. 함수 이름은 함수 몸체 내부에서만 유효한 식별자이므로 함수 이름으로 함수를 호출할 수 없다.

【 예제 12-11 】

```javascript
// 기명 함수 표현식
var add = function foo (x, y) {
  return x + y;
};

// 함수 객체를 가리키는 식별자로 호출
console.log(add(2, 5)); // 7

// 함수 이름으로 호출하면 ReferenceError가 발생한다.
// 함수 이름은 함수 몸체 내부에서만 유효한 식별자다.
console.log(foo(2, 5)); // ReferenceError: foo is not defined
```

자바스크립트 엔진은 함수 선언문의 함수 이름으로 식별자를 암묵적 생성하고 생성된 함수 객체를 할당하므로 함수 표현식과 유사하게 동작하는 것처럼 보인다. 하지만 함수 선언문과 함수 표현식이 정확히 동일하게 동작하지는 않는다

함수 선언문은 "표현식이 아닌 문"이고 함수 표현식은 "표현식인 문"이다. 따라서 미묘하지만 중요한 차이가 있다.

12.4.3 함수 생성 시점과 함수 호이스팅

다음 예제를 살펴보자.

【 예제 12-12 】

```javascript
// 함수 참조
console.dir(add); // f add(x, y)
console.dir(sub); // undefined

// 함수 호출
console.log(add(2, 5)); // 7
console.log(sub(2, 5)); // TypeError: sub is not a function

// 함수 선언문
```

```
function add(x, y) {
  return x + y;
}

// 함수 표현식
var sub = function (x, y) {
  return x - y;
};
```

위 예제와 같이 함수 선언문으로 정의한 함수는 함수 선언문 이전에 호출할 수 있다. 그러나 함수 표현식으로 정의한 함수는 함수 표현식 이전에 호출할 수 없다. 이는 **함수 선언문으로 정의한 함수와 함수 표현식으로 정의한 함수의 생성 시점이 다르기 때문이다.**

모든 선언문이 그렇듯 함수 선언문도 코드가 한 줄씩 순차적으로 실행되는 시점인 런타임 ^{runtime} 이전에 자바스크립트 엔진에 의해 먼저 실행된다.[6] 다시 말해, 함수 선언문으로 함수를 정의하면 런타임 이전에 함수 객체가 먼저 생성된다. 그리고 자바스크립트 엔진은 함수 이름과 동일한 이름의 식별자를 암묵적으로 생성하고 생성된 함수 객체를 할당한다.

즉, 코드가 한 줄씩 순차적으로 실행되기 시작하는 런타임에는 이미 함수 객체가 생성되어 있고 함수 이름과 동일한 식별자에 할당까지 완료된 상태다. 따라서 함수 선언문 이전에 함수를 참조할 수 있으며 호출할 수도 있다. 이처럼 **함수 선언문이 코드의 선두로 끌어 올려진 것처럼 동작하는 자바스크립트 고유의 특징을 함수 호이스팅** $^{function\ hoisting}$ **이라 한다.**

함수 호이스팅과 변수 호이스팅은 미묘한 차이가 있으므로 주의하기 바란다. var 키워드를 사용한 변수 선언문과 함수 선언문은 런타임 이전에 자바스크립트 엔진에 의해 먼저 실행되어 식별자를 생성한다는 점에서 동일하다. 하지만 var 키워드로 선언된 변수는 undefined로 초기화되고, 함수 선언문을 통해 암묵적으로 생성된 식별자는 함수 객체로 초기화된다. 따라서 var 키워드를 사용한 변수 선언문 이전에 변수를 참조하면 변수 호이스팅에 의해 undefined로 평가되지만 함수 선언문으로 정의한 함수를 함수 선언문 이전에 호출하면 함수 호이스팅에 의해 호출이 가능하다.

함수 표현식은 변수에 할당되는 값이 함수 리터럴인 문이다. 따라서 함수 표현식은 변수 선언문과 변수 할당문을 한 번에 기술한 축약 표현과 동일하게 동작한다. 변수 선언은 런타임 이전에 실행되어 undefined로 초기화되지만 **변수 할당문의 값은 할당문이 실행되는 시점, 즉 런타임에 평가되므로 함수 표현식의 함수 리터럴도 할당문이 실행되는 시점에 평가되어 함수 객체가 된다.**

따라서 **함수 표현식으로 함수를 정의하면 함수 호이스팅이 발생하는 것이 아니라 변수 호이스팅이 발생한다.**

---

6   4.4절 "변수 선언의 실행 시점과 변수 호이스팅" 참고

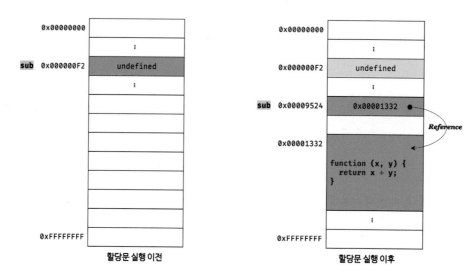

그림 12-8 함수 표현식에 의한 함수 생성

함수 표현식 이전에 함수를 참조하면 undefined로 평가된다. 따라서 이때 함수를 호출하면 undefined를 호출하는 것과 마찬가지이므로 타입 에러^{TypeError}가 발생한다. 따라서 함수 표현식으로 정의한 함수는 반드시 함수 표현식 이후에 참조 또는 호출해야 한다.

함수 호이스팅은 함수를 호출하기 전에 반드시 함수를 선언해야 한다는 당연한 규칙을 무시한다. 이 같은 문제 때문에 《JavaScript: The Good Parts》[7]의 저자이자 JSON^{JavaScript Object Notation}을 창안한 더글라스 크락포드^{Douglas Crockford}는 함수 선언문 대신 함수 표현식을 사용할 것을 권장한다.

12.4.4 Function 생성자 함수

자바스크립트가 기본 제공하는 빌트인 함수인 Function 생성자 함수에 매개변수 목록과 함수 몸체를 문자열로 전달하면서 new 연산자와 함께 호출하면 함수 객체를 생성해서 반환한다. 사실 new 연산자 없이 호출해도 결과는 동일하다.

> 📄 **생성자 함수**^{constructor function}
>
> 생성자 함수는 객체를 생성하는 함수를 말한다. 객체를 생성하는 방식은 객체 리터럴 이외에 다양한 방법이 있다. 생성자 함수에 대해서는 17장 "생성자 함수에 의한 객체 생성"에서 자세히 살펴보자.

Function 생성자 함수로 지금까지 살펴본 add 함수를 생성해 보자.

---

7 《자바스크립트 핵심 가이드》(한빛미디어, 2008)

```
var add = new Function('x', 'y', 'return x + y');

console.log(add(2, 5)); // 7
```

Function 생성자 함수로 함수를 생성하는 방식은 일반적이지 않으며 바람직하지도 않다. Function 생성자 함수로 생성한 함수는 클로저closure를 생성하지 않는 등, 함수 선언문이나 함수 표현식으로 생성한 함수와 다르게 동작한다.

【 예제 12-14 】

```
var add1 = (function () {
  var a = 10;
  return function (x, y) {
    return x + y + a;
  };
}());

console.log(add1(1, 2)); // 13

var add2 = (function () {
  var a = 10;
  return new Function('x', 'y', 'return x + y + a;');
}());

console.log(add2(1, 2)); // ReferenceError: a is not defined
```

클로저는 아직 살펴보지 않은 내용이다. 지금은 함수 선언문이나 함수 표현식으로 생성한 함수와 Function 생성자 함수로 생성한 함수가 동일하게 동작하지 않는다는 데 주목하자.

12.4.5 화살표 함수

ES6에서 도입된 화살표 함수arrow function는 function 키워드 대신 화살표fat arrow =>를 사용해 좀 더 간략한 방법으로 함수를 선언할 수 있다. 화살표 함수는 항상 익명 함수로 정의한다.

【 예제 12-15 】

```
// 화살표 함수
const add = (x, y) => x + y;
console.log(add(2, 5)); // 7
```

화살표 함수는 기존의 함수 선언문 또는 함수 표현식을 완전히 대체하기 위해 디자인된 것은 아니다. 화살표 함수는 기존의 함수보다 표현만 간략한 것이 아니라 내부 동작 또한 간략화되어 있다.

화살표 함수는 생성자 함수로 사용할 수 없으며, 기존 함수와 this 바인딩 방식이 다르고, prototype 프로퍼티가 없으며 arguments 객체를 생성하지 않는다. 화살표 함수에 대해서는 먼저 생성자 함수, this, 프로토타입, arguments 객체를 살펴본 후, 26.3절 "화살표 함수"에서 자세히 살펴보기로 하자.

12.5 함수 호출

함수는 함수를 가리키는 식별자와 한 쌍의 소괄호인 함수 호출 연산자로 호출한다. 함수 호출 연산자 내에는 0개 이상의 인수를 쉼표로 구분해서 나열한다. 함수를 호출하면 현재의 실행 흐름을 중단하고 호출된 함수로 실행 흐름을 옮긴다. 이때 매개변수에 인수가 순서대로 할당되고 함수 몸체의 문들이 실행되기 시작한다.

12.5.1 매개변수와 인수

함수를 실행하기 위해 필요한 값을 함수 외부에서 함수 내부로 전달할 필요가 있는 경우, 매개변수parameter(인자)를 통해 인수argument를 전달한다. 인수는 값으로 평가될 수 있는 표현식이어야 한다. 인수는 함수를 호출할 때 지정하며, 개수와 타입에 제한이 없다.

【 예제 12-16 】

```
// 함수 선언문
function add(x, y) {
  return x + y;
}

// 함수 호출
// 인수 1과 2가 매개변수 x와 y에 순서대로 할당되고 함수 몸체의 문들이 실행된다.
var result = add(1, 2);
```

매개변수는 함수를 정의할 때 선언하며, 함수 몸체 내부에서 변수와 동일하게 취급된다. 즉, 함수가 호출되면 함수 몸체 내에서 암묵적으로 매개변수가 생성되고 일반 변수와 마찬가지로 undefined로 초기화된 이후 인수가 순서대로 할당된다. 함수가 호출될 때마다 매개변수는 이와 같은 단계를 거친다.

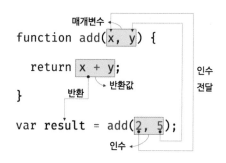

그림 12-9 매개변수와 인수

매개변수는 함수 몸체 내부에서만 참조할 수 있고 함수 몸체 외부에서는 참조할 수 없다. 즉, 매개변수의 스코프(유효 범위)는 함수 내부다. 스코프에 대해서는 13장 "스코프"에서 자세히 살펴보기로 하자.

【 예제 12-17 】

```
function add(x, y) {
  console.log(x, y); // 2 5
  return x + y;
}

add(2, 5);

// add 함수의 매개변수 x, y는 함수 몸체 내부에서만 참조할 수 있다.
console.log(x, y); // ReferenceError: x is not defined
```

함수는 매개변수의 개수와 인수의 개수가 일치하는지 체크하지 않는다. 즉, 함수를 호출할 때 매개변수의 개수만큼 인수를 전달하는 것이 일반적이지만 그렇지 않은 경우에도 에러가 발생하지는 않는다. 인수가 부족해서 인수가 할당되지 않은 매개변수의 값은 undefined다.

【 예제 12-18 】

```
function add(x, y) {
  return x + y;
}

console.log(add(2)); // NaN
```

위 예제의 매개변수 x에는 인수 2가 전달되지만, 매개변수 y에는 전달할 인수가 없다. 따라서 매개변수 y는 undefined로 초기화된 상태 그대로다. 따라서 함수 몸체의 문 x + y는 2 + undefined와 같으므로 NaN이 반환된다.

매개변수보다 인수가 더 많은 경우 초과된 인수는 무시된다.

【 예제 12-19 】

```
function add(x, y) {
  return x + y;
}

console.log(add(2, 5, 10)); // 7
```

사실 초과된 인수가 그냥 버려지는 것은 아니다. 모든 인수는 암묵적으로 arguments 객체의 프로퍼티로 보관된다.

【 예제 12-20 】

```
function add(x, y) {
  console.log(arguments);
  // Arguments(3) [2, 5, 10, callee: ƒ, Symbol(Symbol.iterator): ƒ]

  return x + y;
}

add(2, 5, 10);
```

arguments 객체는 함수를 정의할 때 매개변수 개수를 확정할 수 없는 가변 인자 함수를 구현할 때 유용하게 사용된다. arguments 객체에 대해서는 18.2.1절 "arguments 프로퍼티"에서 자세히 살펴보자.

12.5.2 인수 확인

다음 예제를 살펴보자.

【 예제 12-21 】

```
function add(x, y) {
  return x + y;
}
```

위 함수를 정의한 개발자의 의도는 아마도 2개의 숫자 타입 인수를 전달받아 그 합계를 반환하려는 것으로 추측된다. 하지만 코드상으로는 어떤 타입의 인수를 전달해야 하는지, 어떤 타입의 값을 반환하는지 명확하지 않다. 따라서 위 함수는 다음과 같이 호출될 수 있다.

【 예제 12-22 】

```
function add(x, y) {
  return x + y;
}

console.log(add(2));        // NaN
console.log(add('a', 'b')); // 'ab'
```

위 코드는 자바스크립트 문법상 어떠한 문제도 없으므로 자바스크립트 엔진은 아무런 이의 제기없이 위 코드를 실행할 것이다. 이러한 상황이 발생한 이유는 다음과 같다.

1. 자바스크립트 함수는 매개변수와 인수의 개수가 일치하는지 확인하지 않는다.

2. 자바스크립트는 동적 타입 언어다. 따라서 자바스크립트 함수는 매개변수의 타입을 사전에 지정할 수 없다.

따라서 자바스크립트의 경우 함수를 정의할 때 적절한 인수가 전달되었는지 확인할 필요가 있다.

【 예제 12-23 】

```javascript
function add(x, y) {
  if (typeof x !== 'number' || typeof y !== 'number') {
    // 매개변수를 통해 전달된 인수의 타입이 부적절한 경우 에러를 발생시킨다.
    throw new TypeError('인수는 모두 숫자 값이어야 합니다.');
  }

  return x + y;
}

console.log(add(2));        // TypeError: 인수는 모두 숫자 값이어야 합니다.
console.log(add('a', 'b')); // TypeError: 인수는 모두 숫자 값이어야 합니다.
```

이처럼 함수 내부에서 적절한 인수가 전달되었는지 확인하더라도 부적절한 호출을 사전에 방지할 수는 없고
에러는 런타임에 발생하게 된다. 따라서 타입스크립트[8]와 같은 정적 타입을 선언할 수 있는 자바스크립트의
상위 확장을 도입해서 컴파일 시점에 부적절한 호출을 방지할 수 있게 하는 것도 하나의 방법이다.

앞의 예제의 경우 인수의 개수는 확인하고 있지 않지만 arguments 객체를 통해 인수 개수를 확인할 수도 있
다. 또는 인수가 전달되지 않은 경우 단축 평가[9]를 사용해 매개변수에 기본값을 할당하는 방법도 있다.

【 예제 12-24 】

```javascript
function add(a, b, c) {
  a = a || 0;
  b = b || 0;
  c = c || 0;
  return a + b + c;
}

console.log(add(1, 2, 3)); // 6
console.log(add(1, 2)); // 3
console.log(add(1)); // 1
console.log(add()); // 0
```

ES6에서 도입된 매개변수 기본값[10]을 사용하면 함수 내에서 수행하던 인수 체크 및 초기화를 간소화할 수 있
다. 매개변수 기본값은 매개변수에 인수를 전달하지 않았을 경우와 undefined를 전달한 경우에만 유효하다.

---

8 https://www.typescriptlang.org
9 9.4절 "단축 평가" 참고
10 26.5절 "매개변수 기본값" 참고

【 예제 12-25 】

```
function add(a = 0, b = 0, c = 0) {
  return a + b + c;
}

console.log(add(1, 2, 3)); // 6
console.log(add(1, 2)); // 3
console.log(add(1)); // 1
console.log(add()); // 0
```

12.5.3 매개변수의 최대 개수

ECMAScript 사양에서는 매개변수의 최대 개수에 대해 명시적으로 제한하고 있지 않다. 하지만 물리적 한계는 있으므로 자바스크립트 엔진마다 매개변수의 최대 개수에 대한 제한이 있겠지만 충분히 많은 매개변수를 지정할 수 있다. 그렇다면 매개변수는 최대 몇 개까지 사용하는 것이 좋을까?

매개변수는 순서에 의미가 있다. 따라서 매개변수가 많아지면 함수를 호출할 때 전달해야 할 인수의 순서를 고려해야 한다. 이는 함수의 사용법을 이해하기 어렵게 만들고 실수를 발생시킬 가능성을 높인다. 또한 매개변수의 개수나 순서가 변경되면 함수의 호출 방법도 바뀌므로 함수를 사용하는 코드 전체가 영향을 받는다. 즉, 유지보수성이 나빠진다.

함수의 매개변수는 코드를 이해하는 데 방해되는 요소이므로 이상적인 매개변수 개수는 0개이며 적을수록 좋다. 매개변수의 개수가 많다는 것은 함수가 여러 가지 일을 한다는 증거이므로 바람직하지 않다. **이상적인 함수는 한 가지 일만 해야 하며 가급적 작게 만들어야 한다.**[11]

따라서 매개변수는 최대 3개 이상을 넘지 않는 것을 권장한다. 만약 그 이상의 매개변수가 필요하다면 하나의 매개변수를 선언하고 객체를 인수로 전달하는 것이 유리하다. 다음은 jQuery의 `ajax` 메서드[12]에 객체를 인수로 전달하는 예다.

【 예제 12-26 】

```
$.ajax({
  method: 'POST',
  url: '/user',
  data: { id: 1, name: 'Lee' },
  cache: false
});
```

---

11 《클린 코드》(인사이트, 2013)의 일독을 권한다. 많은 것을 느낄 수 있을 것이다.
12 https://api.jquery.com/jquery.ajax

객체를 인수로 사용하는 경우 프로퍼티 키만 정확히 지정하면 매개변수의 순서를 신경 쓰지 않아도 된다. 또한 명시적으로 인수의 의미를 설명하는 프로퍼티 키를 사용하게 되므로 코드의 가독성도 좋아지고 실수도 줄어드는 효과가 있다.

하지만 주의할 것은 함수 외부에서 함수 내부로 전달한 객체를 함수 내부에서 변경하면 함수 외부의 객체가 변경되는 부수 효과side effect가 발생한다는 것이다. 이에 대해서는 12.6절 "참조에 의한 전달과 외부 상태의 변경"에서 자세히 살펴보자.

12.5.4 반환문

함수는 return 키워드와 표현식(반환값)으로 이뤄진 반환문을 사용해 실행 결과를 함수 외부로 반환(return)할 수 있다.

【 예제 12-27 】

```
function multiply(x, y) {
  return x * y; // 반환문
}

// 함수 호출은 반환값으로 평가된다.
var result = multiply(3, 5);
console.log(result); // 15
```

multiply 함수는 두 개의 인수를 전달받아 곱한 결과값을 return 키워드를 사용해 반환한다. 함수는 return 키워드를 사용해 자바스크립트에서 사용 가능한 모든 값을 반환할 수 있다. 5.3절 "표현식"에서 살펴보았듯이 **함수 호출은 표현식**이다. 함수 호출 표현식은 return 키워드가 반환한 표현식의 평가 결과, 즉 반환값으로 평가된다.

반환문은 두 가지 역할을 한다. 첫째, 반환문은 함수의 실행을 중단하고 함수 몸체를 빠져나간다. 따라서 반환문 이후에 다른 문이 존재하면 그 문은 실행되지 않고 무시된다.

【 예제 12-28 】

```
function multiply(x, y) {
  return x * y; // 반환문
  // 반환문 이후에 다른 문이 존재하면 그 문은 실행되지 않고 무시된다.
  console.log('실행되지 않는다.');
}

console.log(multiply(3, 5)); // 15
```

둘째, 반환문은 return 키워드 뒤에 오는 표현식을 평가해 반환한다. return 키워드 뒤에 반환값으로 사용할 표현식을 명시적으로 지정하지 않으면 undefined가 반환된다.

【 예제 12-29 】
```javascript
function foo () {
  return;
}

console.log(foo()); // undefined
```

반환문은 생략할 수 있다. 이때 함수는 함수 몸체의 마지막 문까지 실행한 후 암묵적으로 undefined를 반환한다.

【 예제 12-30 】
```javascript
function foo () {
  // 반환문을 생략하면 암묵적으로 undefined가 반환된다.
}

console.log(foo()); // undefined
```

return 키워드와 반환값으로 사용할 표현식 사이에 줄바꿈이 있으면 5.5절 "세미콜론과 세미콜론 자동 삽입 기능"에서 살펴본 세미콜론 자동 삽입 기능에 의해 세미콜론이 추가되어 다음과 같이 의도치 않은 결과가 발생할 수 있다.

【 예제 12-31 】
```javascript
function multiply(x, y) {
  // return 키워드와 반환값 사이에 줄바꿈이 있으면
  return // 세미콜론 자동 삽입 기능(ASI)에 의해 세미콜론이 추가된다.
  x * y; // 무시된다.
}

console.log(multiply(3, 5)); // undefined
```

반환문은 함수 몸체 내부에서만 사용할 수 있다. 전역에서 반환문을 사용하면 문법 에러(SyntaxError: Illegal return statement)가 발생한다.

【 예제 12-32 】
```html
<!DOCTYPE html>
<html>
<body>
  <script>
    return; // SyntaxError: Illegal return statement
  </script>
</body>
</html>
```

참고로 Node.js는 모듈 시스템에 의해 파일별로 독립적인 파일 스코프[13]를 갖는다. 따라서 Node.js 환경에서는 파일의 가장 바깥 영역에 반환문을 사용해도 에러가 발생하지 않는다.

12.6 참조에 의한 전달과 외부 상태의 변경

11장 "원시 값과 객체의 비교"에서 살펴보았듯이 원시 값은 값에 의한 전달pass by value, 객체는 참조에 의한 전달pass by reference 방식으로 동작한다. 매개변수도 함수 몸체 내부에서 변수와 동일하게 취급되므로 매개변수 또한 타입에 따라 값에 의한 전달, 참조에 의한 전달 방식을 그대로 따른다.

함수를 호출하면서 매개변수에 값을 전달하는 방식을 값에 의한 호출call by value, 참조에 의한 호출call by reference로 구별해 부르는 경우도 있으나 동작 방식은 값에 의한 전달, 참조에 의한 전달과 동일하다. 다음 예제를 살펴보자.

【 예제 12-33 】

```javascript
// 매개변수 primitive는 원시 값을 전달받고, 매개변수 obj는 객체를 전달받는다.
function changeVal(primitive, obj) {
  primitive += 100;
  obj.name = 'Kim';
}

// 외부 상태
var num = 100;
var person = { name: 'Lee' };

console.log(num); // 100
console.log(person); // {name: "Lee"}

// 원시 값은 값 자체가 복사되어 전달되고 객체는 참조 값이 복사되어 전달된다.
changeVal(num, person);

// 원시 값은 원본이 훼손되지 않는다.
console.log(num); // 100

// 객체는 원본이 훼손된다.
console.log(person); // {name: "Kim"}
```

changeVal 함수는 매개변수를 통해 전달받은 원시 타입 인수와 객체 타입 인수를 함수 몸체에서 변경한다. 더 엄밀히 말하자면 원시 타입 인수를 전달받은 매개변수 primitive의 경우, 원시 값은 변경 불가능한 값im-

---

13 48.3.1절 "모듈 스코프" 참고

mutable value이므로 직접 변경할 수 없기 때문에 재할당을 통해 할당된 원시 값을 새로운 원시 값으로 교체했고, 객체 타입 인수를 전달받은 매개변수 obj의 경우, 객체는 변경 가능한 값mutable value이므로 직접 변경할 수 있기 때문에 재할당 없이 직접 할당된 객체를 변경했다.

이때 원시 타입 인수는 값 자체가 복사되어 매개변수에 전달되기 때문에 함수 몸체에서 그 값을 변경(재할당을 통한 교체)해도 원본은 훼손되지 않는다. 다시 말해, 외부 상태, 즉 함수 외부에서 함수 몸체 내부로 전달한 원시 값의 원본을 변경하는 어떠한 부수 효과도 발생하지 않는다.

하지만 객체 타입 인수는 참조 값이 복사되어 매개변수에 전달되기 때문에 함수 몸체에서 참조 값을 통해 객체를 변경할 경우 원본이 훼손된다. 다시 말해, 외부 상태, 즉 함수 외부에서 함수 몸체 내부로 전달한 참조 값에 의해 원본 객체가 변경되는 부수 효과가 발생한다.

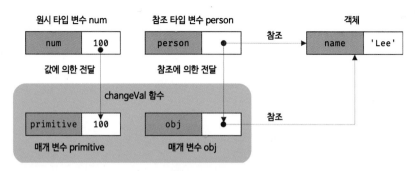

그림 12-10 값에 의한 호출과 참조에 의한 호출

이처럼 함수가 외부 상태(위 예제의 경우, 객체를 할당한 person 변수)를 변경하면 상태 변화를 추적하기 어려워진다. 이는 코드의 복잡성을 증가시키고 가독성을 해치는 원인이 된다. 함수 내부의 동작을 유심히 관찰하지 않으면 외부 상태가 변하는지 아닌지 알기 어렵기 때문이다. 언제나 그러하듯 논리가 간단해야 버그가 숨어들지 못한다.

이러한 현상은 객체가 변경할 수 있는 값이며, 참조에 의한 전달 방식으로 동작하기 때문에 발생하는 부작용이다. 여러 변수가 참조에 의한 전달 방식을 통해 참조 값을 공유하고 있다면 이 변수들은 언제든지 참조하고 있는 객체를 직접 변경할 수 있다. 복잡한 코드에서 의도치 않은 객체의 변경을 추적하는 것은 어려운 일이다. 객체의 변경을 추적하려면 옵저버Observer 패턴[14] 등을 통해 객체를 참조를 공유하는 모든 이들에게 변경 사실을 통지하고 이에 대처하는 추가 대응이 필요하다.

이러한 문제의 해결 방법 중 하나는 객체를 불변 객체immutable object [15]로 만들어 사용하는 것이다. 객체의 복사본을 새롭게 생성하는 비용은 들지만 객체를 마치 원시 값처럼 변경 불가능한 값으로 동작하게 만드는 것이다.

---

14 https://ko.wikipedia.org/wiki/옵서버_패턴
15 16.5.4절 "불변 객체" 참고

이를 통해 객체의 상태 변경을 원천봉쇄하고 객체의 상태 변경이 필요한 경우에는 객체의 방어적 복사defensive copy를 통해 원본 객체를 완전히 복제, 즉 깊은 복사deep copy[16]를 통해 새로운 객체를 생성하고 재할당을 통해 교체한다. 이를 통해 외부 상태가 변경되는 부수 효과를 없앨 수 있다.

외부 상태를 변경하지 않고 외부 상태에 의존하지도 않는 함수를 순수 함수라 한다. 순수 함수를 통해 부수 효과를 최대한 억제하여 오류를 피하고 프로그램의 안정성을 높이려는 프로그래밍 패러다임을 함수형 프로그래밍이라 한다. 순수 함수와 비순수 함수에 대해서는 12.7.5절 "순수 함수와 비순수 함수"에서 살펴보자.

12.7 다양한 함수의 형태

12.7.1 즉시 실행 함수

함수 정의와 동시에 즉시 호출되는 함수를 즉시 실행 함수IIFE, Immediately Invoked Function Expression라고 한다. 즉시 실행 함수는 단 한 번만 호출되며 다시 호출할 수 없다.

【 예제 12-34 】

```javascript
// 익명 즉시 실행 함수
(function () {
  var a = 3;
  var b = 5;
  return a * b;
}());
```

즉시 실행 함수는 함수 이름이 없는 익명 함수를 사용하는 것이 일반적이다. 함수 이름이 있는 기명 즉시 실행 함수도 사용할 수 있다. 하지만 그룹 연산자 (...) 내의 기명 함수는 함수 선언문이 아니라 함수 리터럴로 평가되며 함수 이름은 함수 몸체에서만 참조할 수 있는 식별자이므로 즉시 실행 함수를 다시 호출할 수는 없다.

【 예제 12-35 】

```javascript
// 기명 즉시 실행 함수
(function foo() {
  var a = 3;
  var b = 5;
  return a * b;
}());

foo(); // ReferenceError: foo is not defined
```

---

[16] 깊은 복사에 대해서는 "Deep copying in JavaScript"(https://dassur.ma/things/deep-copy)를 참고하기 바란다.

즉시 실행 함수는 반드시 그룹 연산자 (...)로 감싸야 한다. 그렇지 않으면 다음과 같이 에러가 발생한다.

【 예제 12-36 】
```javascript
function () { // SyntaxError: Function statements require a function name
  // ...
}();
```

위 예제에서 에러가 발생하는 이유는 함수 정의가 함수 선언문의 형식에 맞지 않기 때문이다. 함수 선언문은 함수 이름을 생략할 수 없다. 그렇다면 기명 함수를 정의해 그룹 연산자 없이 즉시 호출해보자.

【 예제 12-37 】
```javascript
function foo() {
  // ...
}(); // SyntaxError: Unexpected token ')'
```

위 예제에서도 에러가 발생한다. 그 이유는 자바스크립트 엔진이 암묵적으로 수행하는 세미콜론 자동 삽입 기능에 의해 함수 선언문이 끝나는 위치, 즉 함수 코드 블록의 닫는 중괄호 뒤에 ";"이 암묵적으로 추가되기 때문이다.

【 예제 12-38 】
```javascript
function foo() {}(); // => function foo() {};();
```

따라서 함수 선언문 뒤의 (...)는 함수 호출 연산자가 아니라 그룹 연산자로 해석되고, 그룹 연산자에 피연산자가 없기 때문에 에러가 발생한다.

【 예제 12-39 】
```javascript
(); // SyntaxError: Unexpected token ')'
```

그룹 연산자의 피연산자는 값으로 평가되므로 기명 또는 무명 함수를 그룹 연산자로 감싸면 함수 리터럴로 평가되어 함수 객체가 된다.

【 예제 12-40 】
```javascript
console.log(typeof (function f(){})); // function
console.log(typeof (function (){})); // function
```

즉, 그룹 연산자로 함수를 묶은 이유는 먼저 함수 리터럴을 평가해서 함수 객체를 생성하기 위해서다. 따라서 먼저 함수 리터럴을 평가해서 함수 객체를 생성할 수 있다면 다음과 같이 그룹 연산자 이외의 연산자를 사용해도 좋다. 가장 일반적인 방법은 첫 번째 방식이다. 이 책에서는 첫 번째 방식을 사용하겠다.

```
(function () {
  // ...
}());

(function () {
  // ...
})();

!function () {
  // ...
}();

+function () {
  // ...
}();
```

즉시 실행 함수도 일반 함수처럼 값을 반환할 수 있고 인수를 전달할 수도 있다.

```
// 즉시 실행 함수도 일반 함수처럼 값을 반환할 수 있다.
var res = (function () {
  var a = 3;
  var b = 5;
  return a * b;
}());

console.log(res); // 15

// 즉시 실행 함수에도 일반 함수처럼 인수를 전달할 수 있다.
res = (function (a, b) {
  return a * b;
}(3, 5));

console.log(res); // 15
```

즉시 실행 함수 내에 코드를 모아 두면 혹시 있을 수도 있는 변수나 함수 이름의 충돌을 방지할 수 있다. 이에 대해서는 다음 장에서 스코프를 살펴본 다음 14.3절 "전역 변수의 사용을 억제하는 방법"에서 살펴보자.

12.7.2 재귀 함수

함수가 자기 자신을 호출하는 것을 재귀 호출recursive call이라 한다. 재귀 함수recursive function는 자기 자신을 호출하는 행위, 즉 재귀 호출을 수행하는 함수를 말한다.

재귀 함수는 반복되는 처리를 위해 사용한다. 예를 들어, 10부터 0까지 출력하는 함수를 구현해보자.

【 예제 12-43 】

```javascript
function countdown(n) {
  for (var i = n; i >= 0; i--) console.log(i);
}

countdown(10);
```

위 countdown 함수는 문제없이 잘 동작한다. 하지만 반복문 없이도 구현할 수 있는 방법이 있다. 바로 재귀 함수를 사용하는 것이다.

【 예제 12-44 】

```javascript
function countdown(n) {
  if (n < 0) return;
  console.log(n);
  countdown(n - 1); // 재귀 호출
}

countdown(10);
```

이처럼 자기 자신을 호출하는 재귀 함수를 사용하면 반복되는 처리를 반복문 없이 구현할 수 있다. 예를 들어, 팩토리얼은 재귀 함수로 간단히 구현할 수 있다.

【 예제 12-45 】

```javascript
// 팩토리얼(계승)은 1부터 자신까지의 모든 양의 정수의 곱이다.
// n! = 1 * 2 * ... * (n-1) * n
function factorial(n) {
  // 탈출 조건: n이 1 이하일 때 재귀 호출을 멈춘다.
  if (n <= 1) return 1;
  // 재귀 호출
  return n * factorial(n - 1);
}

console.log(factorial(0)); // 0! = 1
console.log(factorial(1)); // 1! = 1
console.log(factorial(2)); // 2! = 2 * 1 = 2
console.log(factorial(3)); // 3! = 3 * 2 * 1 = 6
console.log(factorial(4)); // 4! = 4 * 3 * 2 * 1 = 24
console.log(factorial(5)); // 5! = 5 * 4 * 3 * 2 * 1 = 120
```

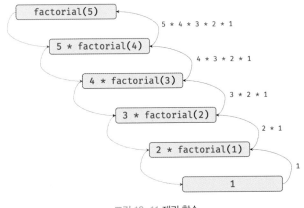

그림 12-11 재귀 함수

factorial 함수 내부에서 자기 자신을 호출할 때 사용한 식별자 factorial은 함수 이름이다. 함수 이름은
함수 몸체 내부에서만 유효하다. 따라서 함수 내부에서는 함수 이름을 사용해 자기 자신을 호출할 수 있다.
함수 표현식으로 정의한 함수 내부에서는 함수 이름은 물론 함수를 가리키는 식별자로도 자기 자신을 재귀
호출할 수 있다. 단, 함수 외부에서 함수를 호출할 때는 반드시 함수를 가리키는 식별자로 해야 한다.[17]

【 예제 12-46 】

```javascript
// 함수 표현식
var factorial = function foo(n) {
  // 탈출 조건: n이 1 이하일 때 재귀 호출을 멈춘다.
  if (n <= 1) return 1;
  // 함수를 가리키는 식별자로 자기 자신을 재귀 호출
  return n * factorial(n - 1);

  // 함수 이름으로 자기 자신을 재귀 호출할 수도 있다.
  // console.log(factorial === foo); // true
  // return n * foo(n - 1);
};

console.log(factorial(5)); // 5! = 5 * 4 * 3 * 2 * 1 = 120
```

재귀 함수는 자신을 무한 재귀 호출한다. 따라서 재귀 함수 내에는 재귀 호출을 멈출 수 있는 **탈출 조건**을 반
드시 만들어야 한다. 위 예제의 경우 인수가 1 이하일 때 재귀 호출을 멈춘다. 탈출 조건이 없으면 함수가 무
한 호출되어 스택 오버플로stack overflow 에러가 발생한다.

대부분의 재귀 함수는 for 문이나 while 문으로 구현 가능하다. 위 팩토리얼 예제를 반복문으로 구현하면 다
음과 같다.

---

17 12.4.1절 "함수 선언문" 참고

```
function factorial(n) {
  if (n <= 1) return 1;

  var res = n;
  while (--n) res *= n;
  return res;
}

console.log(factorial(0)); // 0! = 1
console.log(factorial(1)); // 1! = 1
console.log(factorial(2)); // 2! = 2 * 1 = 2
console.log(factorial(3)); // 3! = 3 * 2 * 1 = 6
console.log(factorial(4)); // 4! = 4 * 3 * 2 * 1 = 24
console.log(factorial(5)); // 5! = 5 * 4 * 3 * 2 * 1 = 120
```

재귀 함수는 반복되는 처리를 반복문 없이 구현할 수 있다는 장점이 있지만 무한 반복에 빠질 위험이 있고, 이로 인해 스택 오버플로 에러를 발생시킬 수 있으므로 주의해서 사용해야 한다. 따라서 재귀 함수는 반복문을 사용하는 것보다 재귀 함수를 사용하는 편이 더 직관적으로 이해하기 쉬울 때만 한정적으로 사용하는 것이 바람직하다.

12.7.3 중첩 함수

함수 내부에 정의된 함수를 중첩 함수nested function 또는 내부 함수inner function라 한다. 그리고 중첩 함수를 포함하는 함수는 외부 함수outer function라 부른다. 중첩 함수는 외부 함수 내부에서만 호출할 수 있다. 일반적으로 중첩 함수는 자신을 포함하는 외부 함수를 돕는 헬퍼 함수helper function의 역할을 한다.

```
function outer() {
  var x = 1;

  // 중첩 함수
  function inner() {
    var y = 2;
    // 외부 함수의 변수를 참조할 수 있다.
    console.log(x + y); // 3
  }

  inner();
}

outer();
```

ES6부터 함수 정의는 문이 위치할 수 있는 문맥이라면 어디든지 가능하다. 함수 선언문의 경우 ES6 이전에는 코드의 최상위 또는 다른 함수 내부에서만 정의할 수 있었으나 ES6부터는 if 문이나 for 문 등의 코드 블록 내에서도 정의할 수 있다.

단, 호이스팅으로 인해 혼란이 발생할 수 있으므로 if 문이나 for 문 등의 코드 블록에서 함수 선언문을 통해 함수를 정의하는 것은 바람직하지 않다. 중첩 함수는 스코프와 클로저에 깊은 관련이 있다. 이에 대해서는 나중에 자세히 살펴보기로 하자.

12.7.4 콜백 함수

어떤 일을 반복 수행하는 repeat 함수를 정의해 보자.

【 예제 12-49 】

```javascript
// n만큼 어떤 일을 반복한다.
function repeat(n) {
  // i를 출력한다.
  for (var i = 0; i < n; i++) console.log(i);
}

repeat(5); // 0 1 2 3 4
```

repeat 함수는 매개변수를 통해 전달받은 숫자만큼 반복하며 console.log(i)를 호출한다. 이때 repeat 함수는 console.log(i)에 강하게 의존하고 있어 다른 일을 할 수 없다. 따라서 만약 repeat 함수의 반복문 내부에서 다른 일을 하고 싶다면 함수를 새롭게 정의해야 한다.

【 예제 12-50 】

```javascript
// n만큼 어떤 일을 반복한다.
function repeat1(n) {
  // i를 출력한다.
  for (var i = 0; i < n; i++) console.log(i);
}

repeat1(5); // 0 1 2 3 4

// n만큼 어떤 일을 반복한다.
function repeat2(n) {
  for (var i = 0; i < n; i++) {
    // i가 홀수일 때만 출력한다.
    if (i % 2) console.log(i);
  }
}

repeat2(5); // 1 3
```

위 예제의 함수들은 반복하는 일은 변하지 않고 공통적으로 수행하지만 반복하면서 하는 일의 내용은 다르다. 즉, 함수의 일부분만이 다르기 때문에 매번 함수를 새롭게 정의해야 한다. 이 문제는 함수를 합성하는 것으로 해결할 수 있다. 함수의 변하지 않는 공통 로직은 미리 정의해 두고, 경우에 따라 변경되는 로직은 추상화해서 함수 외부에서 함수 내부로 전달하는 것이다.

【 예제 12-51 】

```javascript
// 외부에서 전달받은 f를 n만큼 반복 호출한다.
function repeat(n, f) {
  for (var i = 0; i < n; i++) {
    f(i); // i를 전달하면서 f를 호출
  }
}

var logAll = function (i) {
  console.log(i);
};

// 반복 호출할 함수를 인수로 전달한다.
repeat(5, logAll); // 0 1 2 3 4

var logOdds = function (i) {
  if (i % 2) console.log(i);
};

// 반복 호출할 함수를 인수로 전달한다.
repeat(5, logOdds); // 1 3
```

위 repeat 함수는 경우에 따라 변경되는 일을 함수 f로 추상화했고 이를 외부에서 전달받는다. 자바스크립트의 함수는 일급 객체이므로 함수의 매개변수를 통해 함수를 전달할 수 있다. repeat 함수는 더 이상 내부 로직에 강력히 의존하지 않고 외부에서 로직의 일부분을 함수로 전달받아 수행하므로 더욱 유연한 구조를 갖게 되었다.

이처럼 **함수의 매개변수를 통해 다른 함수의 내부로 전달되는 함수를 콜백 함수**callback function**라고 하며, 매개변수를 통해 함수의 외부에서 콜백 함수를 전달받은 함수를 고차 함수**Higher-Order Function, HOF**라고 한다.** 매개변수를 통해 함수를 전달받거나 반환값으로 함수를 반환하는 함수를 함수형 프로그래밍 패러다임에서 고차 함수라 한다. 고차 함수에 대해서는 27.9절 "배열 고차 함수"에서 자세히 살펴볼 것이다.

중첩 함수가 외부 함수를 돕는 헬퍼 함수의 역할을 하는 것처럼 콜백 함수도 고차 함수에 전달되어 헬퍼 함수의 역할을 한다. 단, 중첩 함수는 고정되어 있어서 교체하기 곤란하지만 콜백 함수는 함수 외부에서 고차 함수 내부로 주입하기 때문에 자유롭게 교체할 수 있다는 장점이 있다. 즉, **고차 함수는 콜백 함수를 자신의 일부분으로 합성한다.**

고차 함수는 매개변수를 통해 전달받은 콜백 함수의 호출 시점을 결정해서 호출한다. 다시 말해, 콜백 함수는 고차 함수에 의해 호출되며[18] 이때 고차 함수는 필요에 따라 콜백 함수에 인수를 전달할 수 있다. 따라서 고차 함수에 콜백 함수를 전달할 때 콜백 함수를 호출하지 않고 함수 자체를 전달해야 한다.

콜백 함수가 고차 함수 내부에만 호출된다면 콜백 함수를 익명 함수 리터럴로 정의하면서 곧바로 고차 함수에 전달하는 것이 일반적이다.

【 예제 12-52 】

```
// 익명 함수 리터럴을 콜백 함수로 고차 함수에 전달한다.
// 익명 함수 리터럴은 repeat 함수를 호출할 때마다 평가되어 함수 객체를 생성한다.
repeat(5, function (i) {
  if (i % 2) console.log(i);
}); // 1 3
```

이때 콜백 함수로서 전달된 함수 리터럴은 고차 함수가 호출될 때마다 평가되어 함수 객체를 생성한다. 따라서 콜백 함수를 다른 곳에서도 호출할 필요가 있거나, 콜백 함수를 전달받는 함수가 자주 호출된다면 함수 외부에서 콜백 함수를 정의한 후 함수 참조를 고차 함수에 전달하는 편이 효율적이다.

【 예제 12-53 】

```
// logOdds 함수는 단 한 번만 생성된다.
var logOdds = function (i) {
  if (i % 2) console.log(i);
};

// 고차 함수에 함수 참조를 전달한다.
repeat(5, logOdds); // 1 3
```

위 예제의 logOdds 함수는 단 한 번만 생성된다. 하지만 콜백 함수를 익명 함수 리터럴로 정의하면서 곧바로 고차 함수에 전달하면 고차 함수가 호출될 때마다 콜백 함수가 생성된다.

콜백 함수는 함수형 프로그래밍 패러다임뿐만 아니라 비동기 처리(이벤트 처리, Ajax 통신, 타이머 함수 등)에 활용되는 중요한 패턴이다.

【 예제 12-54 】

```
// 콜백 함수를 사용한 이벤트 처리
// myButton 버튼을 클릭하면 콜백 함수를 실행한다.
document.getElementById('myButton').addEventListener('click', function () {
```

---

18 모든 콜백 함수가 고차 함수에 의해 호출되는 것은 아니다. 예를 들어, setTimeout 함수의 콜백 함수는 setTimeout 함수가 호출하지 않는다. 이에 대해서는 45.1절 "비동기 처리를 위한 콜백 패턴의 단점"에서 자세히 살펴보자.

```
  console.log('button clicked!');
});

// 콜백 함수를 사용한 비동기 처리
// 1초 후에 메시지를 출력한다.
setTimeout(function () {
  console.log('1초 경과');
}, 1000);
```

콜백 함수는 비동기 처리뿐 아니라 배열 고차 함수에서도 사용된다. 자바스크립트에서 배열은 사용 빈도가 매우 높은 자료구조이고 배열을 다룰 때 배열 고차 함수는 매우 중요하다. 이에 대해서는 27.9절 "배열 고차 함수"에서 자세히 살펴보기로 하자.

【 예제 12-55 】
```
// 콜백 함수를 사용하는 고차 함수 map
var res = [1, 2, 3].map(function (item) {
  return item * 2;
});

console.log(res); // [2, 4, 6]

// 콜백 함수를 사용하는 고차 함수 filter
res = [1, 2, 3].filter(function (item) {
  return item % 2;
});

console.log(res); // [1, 3]

// 콜백 함수를 사용하는 고차 함수 reduce
res = [1, 2, 3].reduce(function (acc, cur) {
  return acc + cur;
}, 0);

console.log(res); // 6
```

12.7.5 순수 함수와 비순수 함수

함수형 프로그래밍에서는 어떤 외부 상태에 의존하지도 않고 변경하지도 않는, 즉 부수 효과가 없는 함수를 순수 함수pure function라 하고, 외부 상태에 의존하거나 외부 상태를 변경하는, 즉 부수 효과가 있는 함수를 비순수 함수impure function라고 한다.

순수 함수는 동일한 인수가 전달되면 언제나 동일한 값을 반환하는 함수다. 즉, 순수 함수는 어떤 외부 상태에도 의존하지 않고 오직 매개변수를 통해 함수 내부로 전달된 인수에게만 의존해 값을 생성해 반환한다. 함수의 외부 상태에 의존하는 함수는 외부 상태에 따라 반환값이 달라진다. 외부 상태에는 전역 변수, 서버 데이터, 파일, Console, DOM 등이 있다. 만약 외부 상태에는 의존하지 않고 함수 내부 상태에만 의존한다 해도 그 내부 상태가 호출될 때마다 변화하는 값(예: 현재 시간)이라면 순수 함수가 아니다.

순수 함수는 일반적으로 최소 하나 이상의 인수를 전달받는다. 인수를 전달받지 않는 순수 함수는 언제나 동일한 값을 반환하므로 결국 상수와 마찬가지다. 따라서 최소 하나 이상의 인수를 전달받지 않는 순수 함수는 그다지 의미가 없다. 또한 순수 함수는 인수를 변경하지 않는 것이 기본이다. 다시 말해, 순수 함수는 인수의 불변성을 유지한다.

순수 함수의 또 하나의 특징은 함수의 외부 상태를 변경하지 않는다는 것이다. 즉, 순수 함수는 어떤 외부 상태에도 의존하시 않으며 외부 상태를 변경하지도 않는 함수다.

【 예제 12-56 】

```
var count = 0; // 현재 카운트를 나타내는 상태

// 순수 함수 increase는 동일한 인수가 전달되면 언제나 동일한 값을 반환한다.
function increase(n) {
  return ++n;
}

// 순수 함수가 반환한 결과값을 변수에 재할당해서 상태를 변경
count = increase(count);
console.log(count); // 1

count = increase(count);
console.log(count); // 2
```

반대로 함수의 외부 상태에 따라 반환값이 달라지는 함수, 다시 말해 외부 상태에 의존하는 함수를 비순수 함수라고 한다.

비순수 함수의 또 하나의 특징은 순수 함수와는 달리 함수의 외부 상태를 변경하는 부수 효과side effect[19]가 있다는 것이다. 즉, 비순수 함수는 외부 상태에 의존하거나 외부 상태를 변경하는 함수다.

---

19 부수 효과란 함수가 수행해야 하는 본연의 일 이외에 부수적으로 수행하는 일을 의미한다. 예를 들어 두 개의 인수를 전달받아 합계를 반환하는 함수 내부에서 합계를 합산하고 반환하는 일 이외에 console.log, alert 등으로 어떤 값을 출력하는 것은 부수 효과다.

【 예제 12-57 】

```javascript
var count = 0; // 현재 카운트를 나타내는 상태: increase 함수에 의해 변화한다.

// 비순수 함수
function increase() {
  return ++count; // 외부 상태에 의존하며 외부 상태를 변경한다.
}

// 비순수 함수는 외부 상태(count)를 변경하므로 상태 변화를 추적하기 어려워진다.
increase();
console.log(count); // 1

increase();
console.log(count); // 2
```

위 예제와 같이 인수를 전달받지 않고 함수 내부에서 외부 상태를 직접 참조하면 외부 상태에 의존하게 되어 반환값이 변할 수 있고, 외부 상태도 변경할 수 있으므로 비순수 함수가 된다. 함수 내부에서 외부 상태를 직접 참조하지 않더라도 매개변수를 통해 객체를 전달받으면 비순수 함수가 된다. 이에 대해서는 12.6절 "참조에 의한 전달과 외부 상태의 변경"에서 이미 살펴본 바 있다.

함수가 외부 상태를 변경하면 상태 변화를 추적하기 어려워진다. 따라서 함수 외부 상태의 변경을 지양하는 순수 함수를 사용하는 것이 좋다. 위 예제의 increase 함수와 같은 비순수 함수는 코드의 복잡성을 증가시킨다. 비순수 함수를 최대한 줄이는 것은 부수 효과를 최대한 억제하는 것과 같다.

함수형 프로그래밍은 순수 함수와 보조 함수의 조합을 통해 외부 상태를 변경하는 부수 효과를 최소화해서 불변성immutability을 지향하는 프로그래밍 패러다임이다. 로직 내에 존재하는 조건문과 반복문을 제거해서 복잡성을 해결하며, 변수 사용을 억제하거나 생명주기를 최소화해서 상태 변경을 피해 오류를 최소화하는 것을 목표로 한다. 조건문이나 반복문은 로직의 흐름을 이해하기 어렵게 해서 가독성을 해치고, 변수의 값은 누군가에 의해 언제든지 변경될 수 있어 오류 발생의 근본적 원인이 될 수 있기 때문이다.

함수형 프로그래밍은 결국 순수 함수를 통해 부수 효과를 최대한 억제해 오류를 피하고 프로그램의 안정성을 높이려는 노력의 일환이라 할 수 있다. 자바스크립트는 멀티 패러다임 언어이므로 객체지향 프로그래밍뿐만 아니라 함수형 프로그래밍을 적극적으로 활용하고 있다.

13.1 스코프란?

스코프^{scope}(유효범위)는 자바스크립트를 포함한 모든 프로그래밍 언어의 기본적이며 중요한 개념이다. 스코프의 이해가 부족하면 다른 개념을 이해하기 어려울 수 있다. 더욱이 자바스크립트의 스코프는 다른 언어의 스코프와 구별되는 특징이 있으므로 주의가 필요하다. 그리고 var 키워드로 선언한 변수와 let 또는 const 키워드로 선언한 변수의 스코프도 다르게 동작한다. 스코프는 변수 그리고 함수와 깊은 관련이 있다.

우리는 스코프를 이미 경험했다. 함수의 매개변수는 함수 몸체 내부에서만 참조할 수 있고 함수 몸체 외부에서는 참조할 수 없다고 했다. 이것은 매개변수를 참조할 수 있는 유효범위, 즉 매개변수의 스코프가 함수 몸체 내부로 한정되기 때문이다.

【 예제 13-01 】

```
function add(x, y) {
  // 매개변수는 함수 몸체 내부에서만 참조할 수 있다.
  // 즉, 매개변수의 스코프(유효범위)는 함수 몸체 내부다.
  console.log(x, y); // 2 5
  return x + y;
}

add(2, 5);

// 매개변수는 함수 몸체 내부에서만 참조할 수 있다.
console.log(x, y); // ReferenceError: x is not defined
```

변수는 코드의 가장 바깥 영역뿐 아니라 코드 블록이나 함수 몸체 내에서도 선언할 수 있다. 이때 코드 블록이나 함수는 중첩될 수 있다.

```
var var1 = 1; // 코드의 가장 바깥 영역에서 선언한 변수

if (true) {
  var var2 = 2; // 코드 블록 내에서 선언한 변수
  if (true) {
    var var3 = 3; // 중첩된 코드 블록 내에서 선언한 변수
  }
}

function foo() {
  var var4 = 4; // 함수 내에서 선언한 변수

  function bar() {
    var var5 = 5; // 중첩된 함수 내에서 선언한 변수
  }
}

console.log(var1); // 1
console.log(var2); // 2
console.log(var3); // 3
console.log(var4); // ReferenceError: var4 is not defined
console.log(var5); // ReferenceError: var5 is not defined
```

변수는 자신이 선언된 위치에 의해 자신이 유효한 범위, 즉 다른 코드가 변수 자신을 참조할 수 있는 범위가 결정된다. 변수뿐만 아니라 모든 식별자가 그렇다. 다시 말해, **모든 식별자(변수 이름, 함수 이름, 클래스 이름 등)는 자신이 선언된 위치에 의해 다른 코드가 식별자 자신을 참조할 수 있는 유효 범위가 결정된다. 이를 스코프라 한다. 즉, 스코프는 식별자가 유효한 범위를 말한다.**

다음 예제가 어떻게 동작할지 생각해보자.

【 예제 13-03 】

```
var x = 'global';

function foo() {
  var x = 'local';
  console.log(x); // ①
}

foo();

console.log(x); // ②
```

코드의 가장 바깥 영역과 foo 함수 내부에 같은 이름을 갖는 x 변수를 선언했고 ①과 ②에서 x 변수를 참조한다. 이때 자바스크립트 엔진은 이름이 같은 두 개의 변수 중에서 어떤 변수를 참조해야 할 것인지를 결정해야한다. 이를 **식별자 결정**identifier resolution이라 한다. 자바스크립트 엔진은 스코프를 통해 어떤 변수를 참조해야할 것인지 결정한다. 따라서 스코프란 자바스크립트 엔진이 **식별자를 검색할 때 사용하는 규칙**이라고도 할수 있다.

자바스크립트 엔진은 코드를 실행할 때 코드의 문맥context을 고려한다. 코드가 어디서 실행되며 주변에 어떤코드가 있는지에 따라 위 예제의 ①과 ②처럼 동일한 코드도 다른 결과를 만들어 낸다.

> 📄 **코드의 문맥과 환경**
>
> "코드가 어디서 실행되며 주변에 어떤 코드가 있는지"를 렉시컬 환경lexical environment이라고 부른다. 즉, 코드의 문맥context은 렉시컬 환경으로 이뤄진다. 이를 구현한 것이 "실행 컨텍스트execution context"이며, 모든 코드는 실행 컨텍스트에서 평가되고 실행된다. 스코프는 실행 컨텍스트와 깊은 관련이 있다. 이에 대해서는 23장 "실행 컨텍스트"에서 자세히 살펴보자.

위 예제에서 코드의 가장 바깥 영역에 선언된 x 변수는 어디서든 참조할 수 있다. 하지만 foo 함수 내부에서선언된 x 변수는 foo 함수 내부에서만 참조할 수 있고 foo 함수 외부에서는 참조할 수 없다. 이때 두 개의 x변수는 식별자 이름이 동일하지만 자신이 유효한 범위, 즉 스코프가 다른 별개의 변수다.

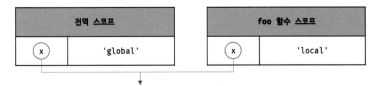

이름이 동일한 식별자이지만 스코프가 다른 별개의 변수다.

그림 13-1 스코프는 네임스페이스다.

만약 스코프라는 개념이 없다면 같은 이름을 갖는 변수는 충돌을 일으키므로 프로그램 전체에서 하나밖에 사용할 수 없다.

이미 살펴본 식별자[1]에 대해 다시 한번 생각해보자. 변수나 함수의 이름과 같은 식별자는 어떤 값을 구별하여식별해낼 수 있는 고유한 이름을 말한다. 사람을 고유한 이름으로 구별하듯이 값도 사람이 이해할 수 있는 언어로 지정한 고유한 식별자인 변수 이름에 의해 구별하여 참조할 수 있다.

식별자는 어떤 값을 구별할 수 있어야 하므로 유일unique해야 한다. 따라서 식별자인 변수 이름은 중복될 수 없다. 즉, 하나의 값은 유일한 식별자에 연결name binding[2]되어야 한다.

---

1 4.2절 "식별자" 참고

2 https://ko.wikipedia.org/wiki/네임_바인딩

예를 들어, 파일 이름은 하나의 파일을 구별하여 식별할 수 있는 식별자다. 식별자인 파일 이름은 유일해야 한다. 하지만 우리는 컴퓨터를 사용할 때 하나의 파일 이름만 사용하지는 않는다. 식별자인 파일 이름을 중복 해서 사용할 수 이유는 폴더(디렉터리)라는 개념이 있기 때문이다. 만약 폴더가 없다면 파일 이름은 유일해 야 한다. 컴퓨터 전체를 통틀어 하나의 파일 이름만 사용해야 한다면 파일 이름을 만드는 것이 무척이나 번거 로울 것이다.

이와 마찬가지로 프로그래밍 언어에서는 스코프(유효 범위)를 통해 식별자인 변수 이름의 충돌을 방지하여 같은 이름의 변수를 사용할 수 있게 한다. 스코프 내에서 식별자는 유일해야 하지만 다른 스코프에는 같은 이 름의 식별자를 사용할 수 있다. 즉, 스코프는 네임스페이스[3]다.

> 📄 var 키워드로 선언한 변수의 중복 선언
>
> var 키워드로 선언된 변수는 같은 스코프 내에서 중복 선언이 허용된다. 이는 의도치 않게 변수값이 재할당되어 변경되는 부작용 을 발생시킨다.
>
> 【 예제 13-04 】
>
> ```javascript
> function foo() {
>   var x = 1;
>   // var 키워드로 선언된 변수는 같은 스코프 내에서 중복 선언을 허용한다.
>   // 아래 변수 선언문은 자바스크립트 엔진에 의해 var 키워드가 없는 것처럼 동작한다.
>   var x = 2;
>   console.log(x); // 2
> }
> foo();
> ```
>
> 하지만 let이나 const 키워드로 선언된 변수는 같은 스코프 내에서 중복 선언을 허용하지 않는다.
>
> 【 예제 13-05 】
>
> ```javascript
> function bar() {
>   let x = 1;
>   // let이나 const 키워드로 선언된 변수는 같은 스코프 내에서 중복 선언을 허용하지 않는다.
>   let x = 2; // SyntaxError: Identifier 'x' has already been declared
> }
> bar();
> ```

---

3 https://ko.wikipedia.org/wiki/이름공간

13.2 스코프의 종류

코드는 전역global과 지역local으로 구분할 수 있다.

구분	설명	스코프	변수
전역	코드의 가장 바깥 영역	전역 스코프	전역 변수
지역	함수 몸체 내부	지역 스코프	지역 변수

이때 변수는 자신이 선언된 위치(전역 또는 지역)에 의해 자신이 유효한 범위인 스코프가 결정된다. 즉, 전역에서 선언된 변수는 전역 스코프를 갖는 전역 변수이고, 지역에서 선언된 변수는 지역 스코프를 갖는 지역 변수다.

13.2.1 전역과 전역 스코프

다음 예제를 살펴보자.

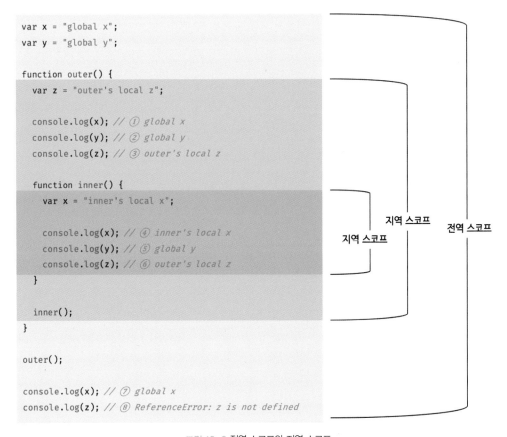

```
var x = "global x";
var y = "global y";

function outer() {
  var z = "outer's local z";

  console.log(x); // ① global x
  console.log(y); // ② global y
  console.log(z); // ③ outer's local z

  function inner() {
    var x = "inner's local x";

    console.log(x); // ④ inner's local x
    console.log(y); // ⑤ global y
    console.log(z); // ⑥ outer's local z
  }

  inner();
}

outer();

console.log(x); // ⑦ global x
console.log(z); // ⑧ ReferenceError: z is not defined
```

지역 스코프 지역 스코프 전역 스코프

그림 13-2 전역 스코프와 지역 스코프

전역이란 코드의 가장 바깥 영역을 말한다. 전역은 전역 스코프global scope를 만든다. 전역에 변수를 선언하면 전역 스코프를 갖는 전역 변수global variable가 된다. **전역 변수는 어디서든지 참조할 수 있다.**

위 예제에서 코드 가장 바깥 영역인 전역에서 선언된 x 변수와 y 변수는 전역 변수다. 전역 변수는 어디서든 참조할 수 있으므로 함수 내부에서도 참조할 수 있다.

13.2.2 지역과 지역 스코프

지역이란 **함수 몸체 내부**를 말한다. 지역은 지역 스코프local scope를 만든다. 지역에 변수를 선언하면 지역 스코프를 갖는 지역 변수local variable가 된다. 지역 변수는 자신이 선언된 지역과 하위 지역(중첩 함수)에서만 참조할 수 있다. 다시 말해, **지역 변수는 자신의 지역 스코프와 하위 지역 스코프에서 유효하다.**

위 예제(그림 13-2)에서 outer 함수 내부에서 선언된 z 변수는 지역 변수다. 지역 변수 z는 자신의 지역 스코프인 outer 함수 내부와 하위 지역 스코프인 inner 함수 내부에서 참조할 수 있다. 하지만 지역 변수 z를 전역에서 참조하면 참조 에러가 발생한다.

inner 함수 내부에서 선언된 x 변수도 지역 변수다. 지역 변수 x는 자신의 지역 스코프인 함수 inner 내부에서만 참조할 수 있다. 하지만 지역 변수 x를 전역 또는 inner 함수 내부 이외의 지역에서 참조하면 참조 에러가 발생한다.

그런데 inner 함수 내부에서 선언된 x 변수 이외에 이름이 같은 전역 변수 x가 존재한다. 이때 inner 함수 내부에서 x 변수를 참조하면 전역 변수 x를 참조하는 것이 아니라 inner 함수 내부에서 선언된 x 변수를 참조한다. 이는 자바스크립트 엔진이 스코프 체인을 통해 참조할 변수를 검색identifier resolution했기 때문이다.

13.3 스코프 체인

함수는 전역에서 정의할 수도 있고 함수 몸체 내부에서 정의할 수도 있다. 함수 몸체 내부에서 함수가 정의된 것을 '함수의 중첩'이라 한다. 그리고 함수 몸체 내부에서 정의한 함수를 '중첩 함수nested function', 중첩 함수를 포함하는 함수를 '외부 함수outer function'라고 한다.

함수는 중첩될 수 있으므로 함수의 지역 스코프도 중첩될 수 있다. 이는 **스코프가 함수의 중첩에 의해 계층적 구조를 갖는다**는 것을 의미한다. 다시 말해, 중첩 함수의 지역 스코프는 중첩 함수를 포함하는 외부 함수의 지역 스코프와 계층적 구조를 갖는다. 이때 외부 함수의 지역 스코프를 중첩 함수의 상위 스코프라 한다.

앞의 예제(그림 13-2)에서 지역은 outer 함수의 지역과 inner 함수의 지역이 있다. inner 함수는 outer 함수의 중첩 함수다. 이때 outer 함수가 만든 지역 스코프는 inner 함수가 만든 지역 스코프의 상위 스코프다. 그리고 outer 함수의 지역 스코프의 상위 스코프는 전역 스코프다. 이러한 계층 구조를 그림으로 나타내면 다음과 같다.

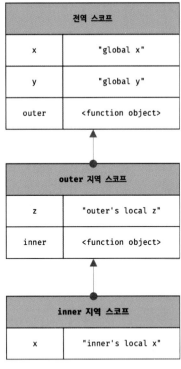

그림 13-3 스코프 체인

이처럼 모든 스코프는 하나의 계층적 구조로 연결되며, 모든 지역 스코프의 최상위 스코프는 전역 스코프다. 이렇게 스코프가 계층적으로 연결된 것을 **스코프 체인**scope chain이라 한다. 위 그림에서 스코프 체인은 최상위 스코프인 전역 스코프, 전역에서 선언된 outer 함수의 지역 스코프, outer 함수 내부에서 선언된 inner 함수의 지역 스코프로 이뤄진다.

변수를 참조할 때 자바스크립트 엔진은 스코프 체인을 통해 변수를 참조하는 코드의 스코프에서 시작하여 상위 스코프 방향으로 이동하며 선언된 변수를 검색identifier resolution**한다.** 이를 통해 상위 스코프에서 선언한 변수를 하위 스코프에서도 참조할 수 있다.

스코프 체인은 물리적인 실체로 존재한다. 자바스크립트 엔진은 코드(전역 코드와 함수 코드)를 실행하기에 앞서 위 그림과 유사한 자료구조인 렉시컬 환경Lexical Environment을 실제로 생성한다. 변수 선언이 실행되면 변수 식별자가 이 자료구조(렉시컬 환경)에 키key로 등록되고, 변수 할당이 일어나면 이 자료구조의 변수 식별자에 해당하는 값을 변경한다. 변수의 검색도 이 자료구조 상에서 이뤄진다.

📄 렉시컬 환경Lexical Environment

스코프 체인은 실행 컨텍스트의 렉시컬 환경을 단방향으로 연결chaining한 것이다. 전역 렉시컬 환경은 코드가 로드되면 곧바로 생성되고 함수의 렉시컬 환경은 함수가 호출되면 곧바로 생성된다. 이에 대해서는 23장 "실행 컨텍스트"에서 자세히 살펴보자.

13.3.1 스코프 체인에 의한 변수 검색

위 예제(그림 13-2)의 ④, ⑤, ⑥을 살펴보자. 이를 통해 자바스크립트 엔진이 스코프 체인을 통해 어떻게 변수를 찾아내는지 이해할 수 있다.

④ x 변수를 참조하는 코드의 스코프인 inner 함수의 지역 스코프에서 x 변수가 선언되었는지 검색한다. inner 함수 내에는 선언된 x 변수가 존재한다. 따라서 검색된 변수를 참조하고 검색을 종료한다.

⑤ y 변수를 참조하는 코드의 스코프인 inner 함수의 지역 스코프에서 y 변수가 선언되었는지 검색한다. inner 함수 내에는 y 변수의 선언이 존재하지 않으므로 상위 스코프인 outer 함수의 지역 스코프로 이동한다. outer 함수 내에도 y 변수의 선언이 존재하지 않으므로 또 다시 상위 스코프인 전역 스코프로 이동한다. 전역 스코프에는 y 변수의 선언이 존재한다. 따라서 검색된 변수를 참조하고 검색을 종료한다.

⑥ z 변수를 참조하는 코드의 스코프인 inner 함수의 지역 스코프에서 z 변수가 선언되었는지 검색한다. inner 함수 내에는 z 변수의 선언이 존재하지 않으므로 상위 스코프인 outer 함수의 지역 스코프로 이동한다. outer 함수 내에는 z 변수의 선언이 존재한다. 따라서 검색된 변수를 참조하고 검색을 종료한다.

이처럼 자바스크립트 엔진은 스코프 체인을 따라 변수를 참조하는 코드의 스코프에서 시작해서 상위 스코프 방향으로 이동하며 선언된 변수를 검색한다. 절대 하위 스코프로 내려가면서 식별자를 검색하는 일은 없다. 이는 **상위 스코프에서 유효한 변수는 하위 스코프에서 자유롭게 참조할 수 있지만 하위 스코프에서 유효한 변수를 상위 스코프에서 참조할 수 없다**는 것을 의미한다.

스코프 체인으로 연결된 스코프의 계층적 구조는 부자 관계로 이뤄진 상속inheritance과 유사하다. 상속을 통해 부모의 자산을 자식이 자유롭게 사용할 수 있지만 자식의 자산을 부모가 사용할 수는 없다. 스코프 체인도 마찬가지 개념이다.

13.3.2 스코프 체인에 의한 함수 검색

다음 예제를 살펴보자. 전역에서 정의된 foo 함수와 bar 함수 내부에서 정의된 foo 함수가 있다.

【 예제 13-06 】

```
// 전역 함수
function foo() {
  console.log('global function foo');
}

function bar() {
  // 중첩 함수
  function foo() {
    console.log('local function foo');
  }
```

```
    foo(); // ①
}

bar();
```

12.4.1절 "함수 선언문"과 12.4.3절 "함수 생성 시점과 함수 호이스팅"에서 살펴보았듯이 함수 선언문으로 함수를 정의하면 런타임 이전에 함수 객체가 먼저 생성된다. 그리고 자바스크립트 엔진은 함수 이름과 동일한 이름의 식별자를 암묵적으로 선언하고 생성된 함수 객체를 할당한다.

따라서 위 예제의 모든 함수는 함수 이름과 동일한 이름의 식별자에 할당된다. ①에서 foo 함수를 호출하면 자바스크립트 엔진은 함수를 호출하기 위해 먼저 함수를 가리키는 식별자 foo를 검색한다.

이처럼 함수도 식별자에 할당되기 때문에 스코프를 갖는다. 사실 함수는 식별자에 함수 객체가 할당된 것 외에는 일반 변수와 다를 바 없다. 따라서 스코프를 "변수를 검색할 때 사용하는 규칙"이라고 표현하기보다는 **"식별자를 검색하는 규칙"**이라고 표현하는 편이 좀 더 적합하다.

13.4 함수 레벨 스코프

지역은 함수 몸체 내부를 말하고 지역은 지역 스코프를 만든다고 했다. 이는 **코드 블록이 아닌 함수에 의해서만 지역 스코프가 생성된다**는 의미다.

C나 자바 등을 비롯한 대부분의 프로그래밍 언어는 함수 몸체만이 아니라 모든 코드 블록(if, for, while, try/catch 등)이 지역 스코프를 만든다. 이러한 특성을 **블록 레벨 스코프**block level scope라 한다. 하지만 **var 키워드로 선언된 변수는 오로지 함수의 코드 블록(함수 몸체)만을 지역 스코프로 인정**한다. 이러한 특성을 **함수 레벨 스코프**function level scope라 한다. 다음 예제를 살펴보자.

【 예제 13-07 】
```
var x = 1;

if (true) {
    // var 키워드로 선언된 변수는 함수의 코드 블록(함수 몸체)만을 지역 스코프로 인정한다.
    // 함수 밖에서 var 키워드로 선언된 변수는 코드 블록 내에서 선언되었다 할지라도 모두 전역 변수다.
    // 따라서 x는 전역 변수다. 이미 선언된 전역 변수 x가 있으므로 x 변수는 중복 선언된다.
    // 이는 의도치 않게 변수 값이 변경되는 부작용을 발생시킨다.
    var x = 10;
}

console.log(x); // 10
```

전역 변수 x가 선언되었고 if 문의 코드 블록 내에도 x 변수가 선언되었다. 이때 if 문의 코드 블록 내에서 선언된 x 변수는 전역 변수다. var 키워드로 선언된 변수는 함수 레벨 스코프만 인정하기 때문에 함수 밖에서 var 키워드로 선언된 변수는 코드 블록 내에서 선언되었다 할지라도 모두 전역 변수다. 따라서 전역 변수 x는 중복 선언되고 그 결과 의도치 않은 전역 변수의 값이 재할당된다. 예제를 하나 더 살펴보자.

【 예제 13-08 】

```
var i = 10;

// for 문에서 선언한 i는 전역 변수다. 이미 선언된 전역 변수 i가 있으므로 중복 선언된다.
for (var i = 0; i < 5; i++) {
  console.log(i); // 0 1 2 3 4
}

// 의도치 않게 변수의 값이 변경되었다.
console.log(i); // 5
```

블록 레벨 스코프를 지원하는 프로그래밍 언어에서는 for 문에서 반복을 위해 선언된 i 변수가 for 문의 코드 블록 내에서만 유효한 지역 변수다. 이 변수를 for 문 외부에서 사용할 일은 없기 때문이다. 하지만 var 키워드로 선언된 변수는 블록 레벨 스코프를 인정하지 않기 때문에 i 변수는 전역 변수가 된다. 따라서 전역 변수 i는 중복 선언되고 그 결과 의도치 않은 전역 변수의 값이 재할당된다.

var 키워드로 선언된 변수는 오로지 함수의 코드 블록만을 지역 스코프로 인정하지만 ES6에서 도입된 let, const 키워드는 블록 레벨 스코프를 지원한다. 이에 대해서는 15장 "let, const 키워드와 블록 레벨 스코프"에서 자세히 살펴보자.

13.5 렉시컬 스코프

다음 예제의 실행 결과를 예측해보자.

【 예제 13-09 】

```
var x = 1;

function foo() {
  var x = 10;
  bar();
}

function bar() {
  console.log(x);
}
```

```
foo(); // ?
bar(); // ?
```

위 예제의 실행 결과는 bar 함수의 상위 스코프가 무엇인지에 따라 결정된다. 두 가지 패턴을 예측할 수 있다.

1. **함수를 어디서 호출**했는지에 따라 함수의 상위 스코프를 결정한다.

2. **함수를 어디서 정의**했는지에 따라 함수의 상위 스코프를 결정한다.

첫 번째 방식으로 함수의 상위 스코프를 결정한다면 bar 함수의 상위 스코프는 foo 함수의 지역 스코프와 전역 스코프일 것이다. 두 번째 방식으로 함수의 상위 스코프를 결정한다면 bar 함수의 상위 스코프는 전역 스코프일 것이다. 프로그래밍 언어는 일반적으로 이 두 가지 방식 중 한 가지 방식으로 함수의 상위 스코프를 결정한다.

첫 번째 방식을 동적 스코프dynamic scope라 한다. 함수를 정의하는 시점에는 함수가 어디서 호출될지 알 수 없다. 따라서 함수가 호출되는 시점에 동적으로 상위 스코프를 결정해야 하기 때문에 동적 스코프라고 부른다.

두 번째 방식을 렉시컬 스코프lexical scope 또는 정적 스코프static scope라 한다. 동적 스코프 방식처럼 상위 스코프가 동적으로 변하지 않고 함수 정의가 평가되는 시점에 상위 스코프가 정적으로 결정되기 때문에 정적 스코프라고 부른다. 자바스크립트를 비롯한 대부분의 프로그래밍 언어는 렉시컬 스코프를 따른다.

자바스크립트는 렉시컬 스코프를 따르므로 함수를 어디서 호출했는지가 아니라 함수를 어디서 정의했는지에 따라 상위 스코프를 결정한다. 함수가 호출된 위치는 상위 스코프 결정에 어떠한 영향도 주지 않는다. 즉, 함수의 상위 스코프는 언제나 자신이 정의된 스코프다.

이처럼 함수의 상위 스코프는 함수 정의가 실행될 때 정적으로 결정된다. 함수 정의(함수 선언문 또는 함수 표현식)가 실행되어 생성된 함수 객체는 이렇게 결정된 상위 스코프를 기억한다. 함수가 호출될 때마다 함수의 상위 스코프를 참조할 필요가 있기 때문이다.

위 예제의 bar 함수는 전역에서 정의된 함수다. 함수 선언문으로 정의된 bar 함수는 전역 코드가 실행되기 전에 먼저 평가되어 함수 객체를 생성한다. 이때 생성된 bar 함수 객체는 자신이 정의된 스코프, 즉 전역 스코프를 기억한다. 그리고 bar 함수가 호출되면 호출된 곳이 어디인지 관계없이 언제나 자신이 기억하고 있는 전역 스코프를 상위 스코프로 사용한다. 따라서 위 예제를 실행하면 전역 변수 x의 값 1을 두 번 출력한다.

렉시컬 스코프는 클로저와 깊은 관계가 있다. 이에 대해서는 24장 "클로저"에서 자세히 살펴보자.

14장

전역 변수의 문제점

전역 변수의 무분별한 사용은 위험하다. 전역 변수를 반드시 사용해야 할 이유를 찾지 못한다면 지역 변수를 사용해야 한다. 이번 장에서는 전역 변수의 문제점과 전역 변수의 사용을 억제할 수 있는 방법을 살펴보자.

14.1 변수의 생명 주기

14.1.1 지역 변수의 생명 주기

변수는 선언에 의해 생성되고 할당을 통해 값을 갖는다. 그리고 언젠가 소멸한다. 즉, 변수는 생물과 유사하게 생성되고 소멸되는 생명 주기life cycle가 있다. 변수에 생명 주기가 없다면 한번 선언된 변수는 프로그램을 종료하지 않는 한 영원히 메모리 공간을 점유하게 된다.

변수는 자신이 선언된 위치에서 생성되고 소멸한다. 전역 변수의 생명 주기는 애플리케이션의 생명 주기와 같다. 하지만 함수 내부에서 선언된 지역 변수는 함수가 호출되면 생성되고 함수가 종료하면 소멸한다. 다음 예제를 살펴보자.

【 예제 14-01 】

```
function foo() {
  var x = 'local';
  console.log(x); // local
  return x;
}

foo();
console.log(x); // ReferenceError: x is not defined
```

지역 변수 x는 foo 함수가 호출되기 이전까지는 생성되지 않는다. foo 함수를 호출하지 않으면 함수 내부의 변수 선언문이 실행되지 않기 때문이다.

4.4절 "변수 선언의 실행 시점과 변수 호이스팅"에서 살펴보았듯이 변수 선언은 선언문이 어디에 있든 상관없이 가장 먼저 실행된다. 다시 말해, 변수 선언은 코드가 한 줄씩 순차적으로 실행되는 시점인 런타임에 실행되는 것이 아니라 런타임 이전 단계에서 자바스크립트 엔진에 의해 먼저 실행된다.

그런데 엄밀히 말하자면 위 설명은 전역 변수에 한정된 것이다. 함수 내부에서 선언한 변수는 함수가 호출된 직후에 함수 몸체의 코드가 한 줄씩 순차적으로 실행되기 이전에 자바스크립트 엔진에 의해 먼저 실행된다.

위 예제의 foo 함수를 호출하면 함수 몸체의 다른 문들이 순차적으로 실행되기 이전에 x 변수의 선언문이 자바스크립트 엔진에 의해 가장 먼저 실행되어 x 변수가 선언되고 undefined로 초기화된다. 그 후, 함수 몸체를 구성하는 문들이 순차적으로 실행되기 시작하고 변수 할당문이 실행되면 x 변수에 값이 할당된다. 그리고 함수가 종료하면 x 변수도 소멸되어 생명 주기가 종료된다. 따라서 함수 내부에서 선언된 지역 변수 x는 foo 함수가 호출되어 실행되는 동안에만 유효하다. 즉, **지역 변수의 생명 주기는 함수의 생명 주기와 일치한다.**

그림 14-1 지역 변수의 생명 주기

함수 몸체 내부에서 선언된 지역 변수의 생명 주기는 함수의 생명 주기와 대부분 일치하지만 지역 변수가 함수보다 오래 생존하는 경우도 있다.

변수는 하나의 값을 저장하기 위해 확보한 메모리 공간 자체 또는 그 메모리 공간을 식별하기 위해 붙인 이름이다. 따라서 변수의 생명 주기는 메모리 공간이 확보allocate된 시점부터 메모리 공간이 해제release되어 가용 메모리 풀memory pool에 반환되는 시점까지다.

함수 내부에서 선언된 지역 변수는 함수가 생성한 스코프에 등록된다. 함수가 생성한 스코프는 렉시컬 환경이라 부르는 물리적인 실체가 있다고 했다.[1] 따라서 변수는 자신이 등록된 스코프가 소멸(메모리 해제)될 때까지 유효하다. 할당된 메모리 공간은 더 이상 그 누구도 참조하지 않을 때 가비지 콜렉터에 의해 해제되어 가용 메모리 풀에 반환된다. 즉, 누군가가 메모리 공간을 참조하고 있으면 해제되지 않고 확보된 생태로 남아 있게 된다. 이는 스코프도 마찬가지다. 누군가 스코프를 참조하고 있으면 스코프는 소멸하지 않고 생존하게 된다.

---

1 13.3절 "스코프 체인" 참고

일반적으로 함수가 종료하면 함수가 생성한 스코프도 소멸한다. 하지만 누군가가 스코프를 참조하고 있다면 스코프는 해제되지 않고 생존하게 된다. 이에 대해서는 24장 "클로저"에서 자세히 살펴보기로 하자.

앞의 예제를 조금 변형한 퀴즈를 풀어보자. 다음 예제의 ①에서 출력되는 값은 무엇인가?

【 예제 14-02 】

```javascript
var x = 'global';

function foo() {
  console.log(x); // ①
  var x = 'local';
}

foo();
console.log(x); // global
```

foo 함수 내부에서 선언된 지역 변수 x는 ①의 시점에 이미 선언되었고 undefined로 초기화되어 있다. 따라서 전역 변수 x를 참조하는 것이 아니라 지역 변수 x를 참조해 값을 출력한다. 즉, 지역 변수는 함수 전체에서 유효하다. 단, 변수 할당문이 실행되기 이전까지는 undefined 값을 갖는다.

이처럼 **호이스팅은 스코프를 단위로 동작한다.** 전역 변수의 호이스팅은 전역 변수의 선언이 전역 스코프의 선두로 끌어 올려진 것처럼 동작한다. 따라서 전역 변수는 전역 전체에서 유효하다. 지역 변수의 호이스팅은 지역 변수의 선언이 지역 스코프의 선두로 끌어 올려진 것처럼 동작한다. 따라서 지역 변수는 함수 전체에서 유효하다. 즉, **호이스팅은 변수 선언이 스코프의 선두로 끌어 올려진 것처럼 동작하는 자바스크립트 고유의 특징을 말한다.**

14.1.2 전역 변수의 생명 주기

함수와 달리 전역 코드는 명시적인 호출 없이 실행된다. 다시 말해, 전역 코드는 함수 호출과 같이 전역 코드를 실행하는 특별한 진입점[2]이 없고 코드가 로드되자마자 곧바로 해석되고 실행된다. 함수는 함수 몸체의 마지막 문 또는 반환문이 실행되면 종료한다. 하지만 전역 코드에는 반환문을 사용할 수 없으므로 마지막 문이 실행되어 더 이상 실행할 문이 없을 때 종료한다.[3]

var 키워드로 선언한 전역 변수는 전역 객체의 프로퍼티가 된다. 이는 전역 변수의 생명 주기가 전역 객체의 생명 주기와 일치한다는 것을 말한다.

---

2   C나 자바로 작성된 코드를 실행하면 가장 먼저 main 함수가 호출된다. 이 main 함수는 프로그램이 시작되는 지점이므로 이를 진입점[entry point]이라고 한다.
3   12.5.4절 "반환문" 참고

브라우저 환경에서 전역 객체는 window이므로 브라우저 환경에서 var 키워드로 선언한 전역 변수는 전역 객체 window의 프로퍼티다. 전역 객체 window는 웹페이지를 닫기 전까지 유효하다. 따라서 브라우저 환경에서 var 키워드로 선언한 전역 변수는 웹페이지를 닫을 때까지 유효하다. 즉, **var 키워드로 선언한 전역 변수의 생명 주기는 전역 객체의 생명 주기와 일치한다.**

그림 14-2 전역 변수의 생명 주기

14.2 전역 변수의 문제점

암묵적 결합

전역 변수를 선언한 의도는 전역, 즉 코드 어디서든 참조하고 할당할 수 있는 변수를 사용하겠다는 것이다. 이는 모든 코드가 전역 변수를 참조하고 변경할 수 있는 **암묵적 결합**implicit coupling을 허용하는 것이다. 변수의 유효 범위가 크면 클수록 코드의 가독성은 나빠지고 의도치 않게 상태가 변경될 수 있는 위험성도 높아진다.

긴 생명 주기

전역 변수는 생명 주기가 길다. 따라서 메모리 리소스도 오랜 기간 소비한다. 또한 전역 변수의 상태를 변경할 수 있는 시간도 길고 기회도 많다.

더욱이 var 키워드는 변수의 중복 선언을 허용하므로 생명 주기가 긴 전역 변수는 변수 이름이 중복될 가능성이 있다. 변수 이름이 중복되면 의도치 않은 재할당이 이뤄진다.

【 예제 14-03 】
```
var x = 1;

// ...

// 변수의 중복 선언. 기존 변수에 값을 재할당한다.
var x = 100;
console.log(x); // 100
```

지역 변수는 전역 변수보다 생명 주기가 훨씬 짧다. 크지 않은 함수의 지역 변수는 생존 시간이 극히 짧다. 따라서 지역 변수의 상태를 변경할 수 있는 시간도 짧고 기회도 적다. 이는 전역 변수보다 상태 변경에 의한 오류가 발생할 확률이 작다는 것을 의미한다. 또한 메모리 리소스도 짧은 기간만 소비한다.

스코프 체인 상에서 종점에 존재

전역 변수는 스코프 체인 상에서 종점에 존재한다. 이는 변수를 검색할 때 전역 변수가 가장 마지막에 검색된다는 것을 말한다. 즉, **전역 변수의 검색 속도가 가장 느리다.** 검색 속도의 차이는 그다지 크지 않지만 속도의 차이는 분명히 있다.

네임스페이스 오염

자바스크립트의 가장 큰 문제점 중 하나는 파일이 분리되어 있다 해도 하나의 전역 스코프를 공유한다는 것이다. 따라서 다른 파일 내에서 동일한 이름으로 명명된 전역 변수나 전역 함수가 같은 스코프 내에 존재할 경우 예상치 못한 결과를 가져올 수 있다.

14.3 전역 변수의 사용을 억제하는 방법

전역 변수의 무분별한 사용은 위험하다. **전역 변수를 반드시 사용해야 할 이유를 찾지 못한다면 지역 변수를 사용해야 한다. 변수의 스코프는 좁을수록 좋다.** 전역 변수를 절대 사용하지 말라는 의미가 아니다. 무분별한 전역 변수의 남발은 억제해야 한다는 것이다. 전역 변수의 사용을 억제할 수 있는 몇 가지 방법을 살펴보자.

14.3.1 즉시 실행 함수

함수 정의와 동시에 호출되는 즉시 실행 함수는 단 한 번만 호출된다. **모든 코드를 즉시 실행 함수로 감싸면 모든 변수는 즉시 실행 함수의 지역 변수가 된다.** 이러한 특성을 이용해 전역 변수의 사용을 제한하는 방법이다.

【 예제 14-04 】

```
(function () {
  var foo = 10; // 즉시 실행 함수의 지역 변수
  // ...
}());

console.log(foo); // ReferenceError: foo is not defined
```

이 방법을 사용하면 전역 변수를 생성하지 않으므로 라이브러리 등에 자주 사용된다.

14.3.2 네임스페이스 객체

전역에 네임스페이스namespace[4] 역할을 담당할 객체를 생성하고 전역 변수처럼 사용하고 싶은 변수를 프로퍼티로 추가하는 방법이다.

【 예제 14-05 】

```
var MYAPP = {}; // 전역 네임스페이스 객체

MYAPP.name = 'Lee';

console.log(MYAPP.name); // Lee
```

네임스페이스 객체에 또 다른 네임스페이스 객체를 프로퍼티로 추가해서 네임스페이스를 계층적으로 구성할 수도 있다.

【 예제 14-06 】

```
var MYAPP = {}; // 전역 네임스페이스 객체

MYAPP.person = {
  name: 'Lee',
  address: 'Seoul'
};

console.log(MYAPP.person.name); // Lee
```

---

4 https://ko.wikipedia.org/wiki/이름공간

네임스페이스를 분리해서 식별자 충돌을 방지하는 효과는 있으나 네임스페이스 객체 자체가 전역 변수에 할당되므로 그다지 유용해 보이지는 않는다.

14.3.3 모듈 패턴

모듈 패턴은 클래스를 모방해서 관련이 있는 변수와 함수를 모아 즉시 실행 함수로 감싸 하나의 모듈을 만든다. 모듈 패턴은 자바스크립트의 강력한 기능인 클로저를 기반으로 동작한다. 모듈 패턴의 특징은 전역 변수의 억제는 물론 캡슐화까지 구현할 수 있다는 것이다.

모듈 패턴을 이해하려면 클로저를 먼저 이해해야 하므로 지금은 클로저라는 기능을 통해 전역 변수를 억제할수 있다는 데 주목하자. 클로저에 대해서는 24장 "클로저"에서 자세히 살펴보기로 하자.

캡슐화^{encapsulation}는 객체의 상태^{state}를 나타내는 프로퍼티와 프로퍼티를 참조하고 조작할 수 있는 동작^{behavior}인 메서드를 하나로 묶는 것을 말한다. 캡슐화는 객체의 특정 프로퍼티나 메서드를 감출 목적으로 사용하기도 하는데 이를 정보 은닉^{information hiding}이라 한다. [5]

대부분의 객체지향 프로그래밍 언어는 클래스를 구성하는 멤버에 대해 public, private, protected 등의 접근 제한자^{access modifier}를 사용해 공개 범위를 한정할 수 있다. public으로 선언된 데이터 또는 메서드는 외부에서 접근이 가능하지만 private으로 선언된 경우는 외부에서 접근할 수 없고 내부에서만 사용된다. 이것은 클래스 외부에는 제한된 접근 권한을 제공하며 원하지 않는 외부의 접근으로부터 내부를 보호하는 기능을 한다.

하지만 자바스크립트는 public, private, protected 등의 접근 제한자를 제공하지 않는다. 모듈 패턴은 전역 네임스페이스의 오염을 막는 기능은 물론 한정적이기는 하지만 정보 은닉을 구현하기 위해 사용한다.

【 예제 14-07 】

```
var Counter = (function () {
  // private 변수
  var num = 0;

  // 외부로 공개할 데이터나 메서드를 프로퍼티로 추가한 객체를 반환한다.
  return {
    increase() {
      return ++num;
    },
    decrease() {
      return --num;
    }
```

---

[5] 24.5절 "캡슐화와 정보 은닉" 참고

```
  };
}());

// private 변수는 외부로 노출되지 않는다.
console.log(Counter.num); // undefined

console.log(Counter.increase()); // 1
console.log(Counter.increase()); // 2
console.log(Counter.decrease()); // 1
console.log(Counter.decrease()); // 0
```

위 예제의 즉시 실행 함수는 객체를 반환한다. 이 객체에는 외부에 노출하고 싶은 변수나 함수를 담아 반환한다. 이때 반환되는 객체의 프로퍼티는 외부에 노출되는 퍼블릭 멤버^{public member}다. 외부로 노출하고 싶지 않은 변수나 함수는 반환하는 객체에 추가하지 않으면 외부에서 접근할 수 없는 프라이빗 멤버^{private member}가 된다. 이에 대해서는 24장 "클로저"에서 자세히 살펴보기로 하자.

14.3.4 ES6 모듈

ES6 모듈을 사용하면 더는 전역 변수를 사용할 수 없다. **ES6 모듈은 파일 자체의 독자적인 모듈 스코프를 제공한다.** 따라서 모듈 내에서 var 키워드로 선언한 변수는 더는 전역 변수가 아니며 window 객체의 프로퍼티도 아니다.

모던 브라우저(Chrome 61, FF 60, SF 10.1, Edge 16 이상)에서는 ES6 모듈을 사용할 수 있다. script 태그에 type="module" 어트리뷰트를 추가하면 로드된 자바스크립트 파일은 모듈로서 동작한다. 모듈의 파일 확장자는 mjs를 권장한다.

【 예제 14-08 】
```
<script type="module" src="lib.mjs"></script>
<script type="module" src="app.mjs"></script>
```

ES6 모듈은 IE를 포함한 구형 브라우저에서는 동작하지 않으며, 브라우저의 ES6 모듈 기능을 사용하더라도 트랜스파일링이나 번들링이 필요하기 때문에 아직까지는 브라우저가 지원하는 ES6 모듈 기능보다는 Webpack 등의 모듈 번들러를 사용하는 것이 일반적이다.

모듈과 Webpack 등의 모듈 번들러를 도입하는 방법에 대해서는 48장 "모듈"과 49장 "Babel과 Webpack을 이용한 ES6+/ES.NEXT 개발 환경 구축"에서 자세히 살펴보기로 하자.

15장

let, const 키워드와
블록 레벨 스코프

15.1 var 키워드로 선언한 변수의 문제점

ES5까지 변수를 선언할 수 있는 유일한 방법은 var 키워드를 사용하는 것이었다. var 키워드로 선언된 변수는 다음과 같은 특징이 있다. 이는 다른 언어와는 구별되는 독특한 특징으로, 주의를 기울이지 않으면 심각한 문제를 발생시킬 수 있다.

15.1.1 변수 중복 선언 허용

var 키워드로 선언한 변수는 중복 선언이 가능하다. 다음 예제를 살펴보자.

【 예제 15-01 】

```
var x = 1;
var y = 1;

// var 키워드로 선언된 변수는 같은 스코프 내에서 중복 선언을 허용한다.
// 초기화문이 있는 변수 선언문은 자바스크립트 엔진에 의해 var 키워드가 없는 것처럼 동작한다.
var x = 100;
// 초기화문이 없는 변수 선언문은 무시된다.
var y;

console.log(x); // 100
console.log(y); // 1
```

위 예제의 var 키워드로 선언한 x 변수와 y 변수는 중복 선언되었다. 이처럼 var 키워드로 선언한 변수를 중복 선언하면 초기화문(변수 선언과 동시에 초기값을 할당하는 문) 유무에 따라 다르게 동작한다. 초기화문이 있는 변수 선언문은 자바스크립트 엔진에 의해 var 키워드가 없는 것처럼 동작하고 초기화문이 없는 변수 선언문은 무시된다. 이때 에러는 발생하지 않는다.

위 예제와 같이 만약 동일한 이름의 변수가 이미 선언되어 있는 것을 모르고 변수를 중복 선언하면서 값까지 할당했다면 의도치 않게 먼저 선언된 변수 값이 변경되는 부작용이 발생한다.

15.1.2 함수 레벨 스코프

var 키워드로 선언한 변수는 오로지 함수의 코드 블록만을 지역 스코프로 인정한다. 따라서 함수 외부에서 var 키워드로 선언한 변수는 코드 블록 내에서 선언해도 모두 전역 변수가 된다.

【 예제 15-02 】

```
var x = 1;

if (true) {
  // x는 전역 변수다. 이미 선언된 전역 변수 x가 있으므로 x 변수는 중복 선언된다.
  // 이는 의도치 않게 변수값이 변경되는 부작용을 발생시킨다.
  var x = 10;
}

console.log(x); // 10
```

for 문의 변수 선언문에서 var 키워드로 선언한 변수도 전역 변수가 된다.

【 예제 15-03 】

```
var i = 10;

// for문에서 선언한 i는 전역 변수다. 이미 선언된 전역 변수 i가 있으므로 중복 선언된다.
for (var i = 0; i < 5; i++) {
  console.log(i); // 0 1 2 3 4
}

// 의도치 않게 i 변수의 값이 변경되었다.
console.log(i); // 5
```

함수 레벨 스코프는 전역 변수를 남발할 가능성을 높인다. 이로 인해 의도치 않게 전역 변수가 중복 선언되는 경우가 발생한다.

15.1.3 변수 호이스팅

var 키워드로 변수를 선언하면 변수 호이스팅[1]에 의해 변수 선언문이 스코프의 선두로 끌어 올려진 것처럼 동작한다. 즉, 변수 호이스팅에 의해 var 키워드로 선언한 변수는 변수 선언문 이전에 참조할 수 있다. 단, 할당문 이전에 변수를 참조하면 언제나 undefined를 반환한다.

【 예제 15-04 】

```
// 이 시점에는 변수 호이스팅에 의해 이미 foo 변수가 선언되었다(1. 선언 단계)
// 변수 foo는 undefined로 초기화된다(2. 초기화 단계)
console.log(foo); // undefined

// 변수에 값을 할당(3. 할당 단계)
foo = 123;

console.log(foo); // 123

// 변수 선언은 런타임 이전에 자바스크립트 엔진에 의해 암묵적으로 실행된다.
var foo;
```

변수 선언문 이전에 변수를 참조하는 것은 변수 호이스팅에 의해 에러를 발생시키지는 않지만 프로그램의 흐름상 맞지 않을뿐더러 가독성을 떨어뜨리고 오류를 발생시킬 여지를 남긴다.

15.2 let 키워드

앞에서 살펴본 var 키워드의 단점을 보완하기 위해 ES6에서는 새로운 변수 선언 키워드인 let과 const를 도입했다. var 키워드와의 차이점을 중심으로 let 키워드를 살펴보자.

15.2.1 변수 중복 선언 금지

var 키워드로 이름이 동일한 변수를 중복 선언하면 아무런 에러가 발생하지 않는다. 이때 변수를 중복 선언하면서 값까지 할당했다면 의도치 않게 먼저 선언된 변수 값이 재할당되어 변경되는 부작용이 발생한다.

하지만 let 키워드로 이름이 같은 변수를 중복 선언하면 문법 에러[SyntaxError]가 발생한다.

【 예제 15-05 】

```
var foo = 123;
// var 키워드로 선언된 변수는 같은 스코프 내에서 중복 선언을 허용한다.
// 아래 변수 선언문은 자바스크립트 엔진에 의해 var 키워드가 없는 것처럼 동작한다.
```

---

1   4.4절 "변수 선언의 실행 시점과 변수 호이스팅" 참고

```
var foo = 456;

let bar = 123;
// let이나 const 키워드로 선언된 변수는 같은 스코프 내에서 중복 선언을 허용하지 않는다.
let bar = 456; // SyntaxError: Identifier 'bar' has already been declared
```

15.2.2 블록 레벨 스코프

var 키워드로 선언한 변수는 오로지 함수의 코드 블록만을 지역 스코프로 인정하는 함수 레벨 스코프를 따른다. 하지만 let 키워드로 선언한 변수는 모든 코드 블록(함수, if 문, for 문, while 문, try/catch 문 등)을 지역 스코프로 인정하는 블록 레벨 스코프block-level scope를 따른다. 다음 예제를 살펴보자.

【 예제 15-06 】
```
let foo = 1; // 전역 변수

{
  let foo = 2; // 지역 변수
  let bar = 3; // 지역 변수
}

console.log(foo); // 1
console.log(bar); // ReferenceError: bar is not defined
```

let 키워드로 선언된 변수는 블록 레벨 스코프를 따른다. 따라서 위 예제의 코드 블록 내에서 선언된 foo 변수와 bar 변수는 지역 변수다. 전역에서 선언된 foo 변수와 코드 블록 내에서 선언된 foo 변수는 다른 별개의 변수다. 또한 bar 변수도 블록 레벨 스코프를 갖는 지역 변수다. 따라서 전역에서는 bar 변수를 참조할 수 없다.

함수도 코드 블록이므로 스코프를 만든다. 이때 함수 내의 코드 블록은 함수 레벨 스코프에 중첩된다.

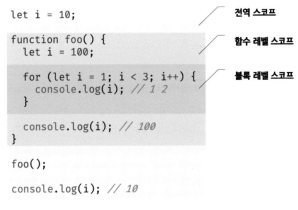

그림 15-1 블록 레벨 스코프의 중첩

15.2.3 변수 호이스팅

var 키워드로 선언한 변수와 달리 let 키워드로 선언한 변수는 변수 호이스팅이 발생하지 않는 것처럼 동작한다. 다음 예제를 살펴보자.

【 예제 15-07 】

```
console.log(foo); // ReferenceError: foo is not defined
let foo;
```

이처럼 let 키워드로 선언한 변수를 변수 선언문 이전에 참조하면 참조 에러(ReferenceError)가 발생한다.

4.3절 "변수 선언"에서 살펴본 바와 같이 var 키워드로 선언한 변수는 런타임 이전에 자바스크립트 엔진에 의해 암묵적으로 "선언 단계"와 "초기화 단계"가 한번에 진행된다.

즉, 선언 단계에서 스코프(실행 컨텍스트의 렉시컬 환경Lexical Environment)에 변수 식별자를 등록해 자바스크립트 엔진에 변수의 존재를 알린다. 그리고 즉시 초기화 단계에서 undefined로 변수를 초기화한다. 따라서 변수 선언문 이전에 변수에 접근해도 스코프에 변수가 존재하기 때문에 에러가 발생하지 않는다. 다만 undefined를 반환한다. 이후 변수 할당문에 도달하면 비로소 값이 할당된다.

【 예제 15-08 】

```
// var 키워드로 선언한 변수는 런타임 이전에 선언 단계와 초기화 단계가 실행된다.
// 따라서 변수 선언문 이전에 변수를 참조할 수 있다.
console.log(foo); // undefined

var foo;
console.log(foo); // undefined

foo = 1; // 할당문에서 할당 단계가 실행된다.
console.log(foo); // 1
```

그림 15-2 var 키워드로 선언한 변수의 생명 주기

let 키워드로 선언한 변수는 "선언 단계"와 "초기화 단계"가 분리되어 진행된다. 즉, 런타임 이전에 자바스크립트 엔진에 의해 암묵적으로 선언 단계가 먼저 실행되지만 초기화 단계는 변수 선언문에 도달했을 때 실행된다.

만약 초기화 단계가 실행되기 이전에 변수에 접근하려고 하면 참조 에러ReferenceError가 발생한다. let 키워드로 선언한 변수는 스코프의 시작 지점부터 초기화 단계 시작 지점(변수 선언문)까지 변수를 참조할 수 없다. 스코프의 시작 지점부터 초기화 시작 지점까지 변수를 참조할 수 없는 구간을 **일시적 사각지대**Temporal Dead Zone; TDZ라고 부른다.

【 예제 15-09 】

```
// 런타임 이전에 선언 단계가 실행된다. 아직 변수가 초기화되지 않았다.
// 초기화 이전의 일시적 사각지대에서는 변수를 참조할 수 없다.
console.log(foo); // ReferenceError: foo is not defined

let foo; // 변수 선언문에서 초기화 단계가 실행된다.
console.log(foo); // undefined

foo = 1; // 할당문에서 할당 단계가 실행된다.
console.log(foo); // 1
```

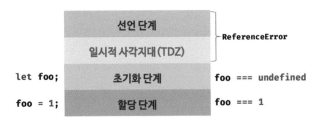

그림 15-3 let 키워드로 선언한 변수의 생명 주기

결국 let 키워드로 선언한 변수는 변수 호이스팅이 발생하지 않는 것처럼 보인다. 하지만 그렇지 않다. 다음 예제를 살펴보자.

【 예제 15-10 】

```
let foo = 1; // 전역 변수

{
  console.log(foo); // ReferenceError: Cannot access 'foo' before initialization
  let foo = 2; // 지역 변수
}
```

let 키워드로 선언한 변수의 경우 변수 호이스팅이 발생하지 않는다면 위 예제는 전역 변수 foo의 값을 출력해야 한다. 하지만 let 키워드로 선언한 변수도 여전히 호이스팅이 발생하기 때문에 참조 에러ReferenceError가 발생한다.

자바스크립트는 ES6에서 도입된 let, const를 포함해서 모든 선언(var, let, const, function, function*, class 등)을 호이스팅한다. 단, ES6에서 도입된 let, const, class를 사용한 선언문은 호이스팅이 발생하지 않는 것처럼 동작한다.

15.2.4 전역 객체와 let

var 키워드로 선언한 전역 변수와 전역 함수, 그리고 선언하지 않은 변수에 값을 할당한 암묵적 전역[2]은 전역 객체 window의 프로퍼티가 된다. 전역 객체의 프로퍼티를 참조할 때 window를 생략할 수 있다.

【 예제 15-11 】

```javascript
// 이 예제는 브라우저 환경에서 실행해야 한다.

// 전역 변수
var x = 1;
// 암묵적 전역
y = 2;
// 전역 함수
function foo() {}

// var 키워드로 선언한 전역 변수는 전역 객체 window의 프로퍼티다.
console.log(window.x); // 1
// 전역 객체 window의 프로퍼티는 전역 변수처럼 사용할 수 있다.
console.log(x); // 1

// 암묵적 전역은 전역 객체 window의 프로퍼티다.
console.log(window.y); // 2
console.log(y); // 2

// 함수 선언문으로 정의한 전역 함수는 전역 객체 window의 프로퍼티다.
console.log(window.foo); // f foo() {}
// 전역 객체 window의 프로퍼티는 전역 변수처럼 사용할 수 있다.
console.log(foo); // f foo() {}
```

let 키워드로 선언한 전역 변수는 전역 객체의 프로퍼티가 아니다. 즉, window.foo와 같이 접근할 수 없다. let 전역 변수는 보이지 않는 개념적인 블록(전역 렉시컬 환경의 선언적 환경 레코드. 이에 대해서는 23장 "실행 컨텍스트"에서 자세히 살펴본다) 내에 존재하게 된다.

---

2 21.4.3절 "암묵적 전역" 참고

```
// 이 예제는 브라우저 환경에서 실행해야 한다.
let x = 1;

// let, const 키워드로 선언한 전역 변수는 전역 객체 window의 프로퍼티가 아니다.
console.log(window.x); // undefined
console.log(x); // 1
```

15.3 const 키워드

const 키워드는 상수constant를 선언하기 위해 사용한다. 하지만 반드시 상수만을 위해 사용하지는 않는다. 이에 대해서는 후반부에 설명한다. const 키워드의 특징은 let 키워드와 대부분 동일하므로 let 키워드와 다른 점을 중심으로 살펴보자.

15.3.1 선언과 초기화

const 키워드로 선언한 변수는 반드시 선언과 동시에 초기화해야 한다.

【 예제 15-13 】

```
const foo = 1;
```

그렇지 않으면 다음과 같이 문법 에러가 발생한다.

【 예제 15-14 】

```
const foo; // SyntaxError: Missing initializer in const declaration
```

const 키워드로 선언한 변수는 let 키워드로 선언한 변수와 마찬가지로 블록 레벨 스코프를 가지며, 변수 호이스팅이 발생하지 않는 것처럼 동작한다.

【 예제 15-15 】

```
{
  // 변수 호이스팅이 발생하지 않는 것처럼 동작한다
  console.log(foo); // ReferenceError: Cannot access 'foo' before initialization
  const foo = 1;
  console.log(foo); // 1
}

// 블록 레벨 스코프를 갖는다.
console.log(foo); // ReferenceError: foo is not defined
```

15.3.2 재할당 금지

var 또는 let 키워드로 선언한 변수는 재할당이 자유로우나 **const 키워드로 선언한 변수는 재할당이 금지된다.**

【 예제 15-16 】

```
const foo = 1;
foo = 2; // TypeError: Assignment to constant variable.
```

15.3.3 상수

const 키워드로 선언한 변수에 원시 값을 할당한 경우 변수 값을 변경할 수 없다. 원시 값은 변경 불가능한 값immutable value이므로 재할당 없이 값을 변경할 수 있는 방법이 없기 때문이다. 이러한 특징을 이용해 const 키워드를 상수를 표현하는 데 사용하기도 한다.

변수의 상대 개념인 **상수는 재할당이 금지된 변수를 말한다.** 상수도 값을 저장하기 위한 메모리 공간이 필요하므로 변수라고 할 수 있다. 단, 변수는 언제든지 재할당을 통해 변수 값을 변경할 수 있지만 상수는 재할당이 금지된다.

상수는 상태 유지와 가독성, 유지보수의 편의를 위해 적극적으로 사용해야 한다. 다음 예제를 살펴보자.

【 예제 15-17 】

```
// 세전 가격
let preTaxPrice = 100;

// 세후 가격
// 0.1의 의미를 명확히 알기 어렵기 때문에 가독성이 좋지 않다.
let afterTaxPrice = preTaxPrice + (preTaxPrice * 0.1);

console.log(afterTaxPrice); // 110
```

코드 내에서 사용한 0.1은 어떤 의미로 사용했는지 명확히 알기 어렵기 때문에 가독성이 좋지 않다. 또한 세율을 의미하는 0.1은 쉽게 바뀌지 않는 값이며, 프로그램 전체에서 고정된 값을 사용해야 한다. 이때 세율을 상수로 정의하면 값의 의미를 쉽게 파악할 수 있고 변경될 수 없는 고정값으로 사용할 수 있다.

const 키워드로 선언된 변수는 재할당이 금지된다. **const 키워드로 선언된 변수에 원시 값을 할당한 경우 원시 값은 변경할 수 없는 값immutable value이고 const 키워드에 의해 재할당이 금지되므로 할당된 값을 변경할 수 있는 방법은 없다.** 또한 상수는 프로그램 전체에서 공통적으로 사용하므로 나중에 세율이 변경되면 상수만 변경하면 되기 때문에 유지보수성이 대폭 향상된다.

일반적으로 상수의 이름은 대문자로 선언해 상수임을 명확히 나타낸다. 여러 단어로 이뤄진 경우에는 언더스코어(_)로 구분해서 스네이크 케이스로 표현하는 것이 일반적이다.

【 예제 15-18 】

```
// 세율을 의미하는 0.1은 변경할 수 없는 상수로서 사용될 값이다.
// 변수 이름을 대문자로 선언해 상수임을 명확히 나타낸다.
const TAX_RATE = 0.1;

// 세전 가격
let preTaxPrice = 100;

// 세후 가격
let afterTaxPrice = preTaxPrice + (preTaxPrice * TAX_RATE);

console.log(afterTaxPrice); // 110
```

15.3.4 const 키워드와 객체

const 키워드로 선언된 변수에 원시 값을 할당한 경우 값을 변경할 수 없다. 하지만 **const 키워드로 선언된 변수에 객체를 할당한 경우 값을 변경할 수 있다.** 변경 불가능한 값인 원시 값은 재할당 없이 변경(교체)할 수 있는 방법이 없지만 변경 가능한 값인 객체는 재할당 없이도 직접 변경이 가능하기 때문이다.

【 예제 15-19 】

```
const person = {
  name: 'Lee'
};

// 객체는 변경 가능한 값이다. 따라서 재할당 없이 변경이 가능하다.
person.name = 'Kim';

console.log(person); // {name: "Kim"}
```

11.1.1절 "변경 불가능한 값"에서 살펴본 바와 같이 **const 키워드는 재할당을 금지할 뿐 "불변"을 의미하지는 않는다.** 다시 말해, 새로운 값을 재할당하는 것은 불가능하지만 프로퍼티 동적 생성, 삭제, 프로퍼티 값의 변경을 통해 객체를 변경하는 것은 가능하다. 이때 객체가 변경되더라도 변수에 할당된 참조 값은 변경되지 않는다.

15.4 var vs. let vs. const

변수 선언에는 기본적으로 const를 사용하고 let은 재할당이 필요한 경우에 한정해 사용하는 것이 좋다. const 키워드를 사용하면 의도치 않은 재할당을 방지하기 때문에 좀 더 안전하다.

var와 let, const 키워드는 다음과 같이 사용하는 것을 권장한다.

- ES6를 사용한다면 var 키워드는 사용하지 않는다.

- 재할당이 필요한 경우에 한정해 let 키워드를 사용한다. 이때 변수의 스코프는 최대한 좁게 만든다.

- 변경이 발생하지 않고 읽기 전용으로 사용하는(재할당이 필요 없는 상수) 원시 값과 객체에는 const 키워드를 사용한다. const 키워드는 재할당을 금지하므로 var, let 키워드보다 안전하다.

변수를 선언하는 시점에는 재할당이 필요할지 잘 모르는 경우가 많다. 그리고 객체는 의외로 재할당하는 경우가 드물다.[3] 따라서 변수를 선언할 때는 일단 const 키워드를 사용하자. 반드시 재할당이 필요하다면(반드시 재할당이 필요한지 한번 생각해 볼 일이다) 그때 const 키워드를 let 키워드로 변경해도 결코 늦지 않다.

---

3 Angular, React, Vue.js 같은 SPA 프레임워크에서는 상태가 변경되었음을 명확히 하기 위해 변경된 객체를 재할당하는 경우도 있다.

16장

프로퍼티 어트리뷰트

16.1 내부 슬롯과 내부 메서드

앞으로 살펴볼 프로퍼티 어트리뷰트를 이해하기 위해 먼저 내부 슬롯internal slot과 내부 메서드internal method의 개념에 대해 알아보자.

내부 슬롯과 내부 메서드는 자바스크립트 엔진의 구현 알고리즘을 설명하기 위해 ECMAScript 사양에서 사용하는 의사 프로퍼티pseudo property와 의사 메서드pseudo method다. ECMAScript 사양에 등장하는 이중 대괄호([[...]])로 감싼 이름들이 내부 슬롯과 내부 메서드다.

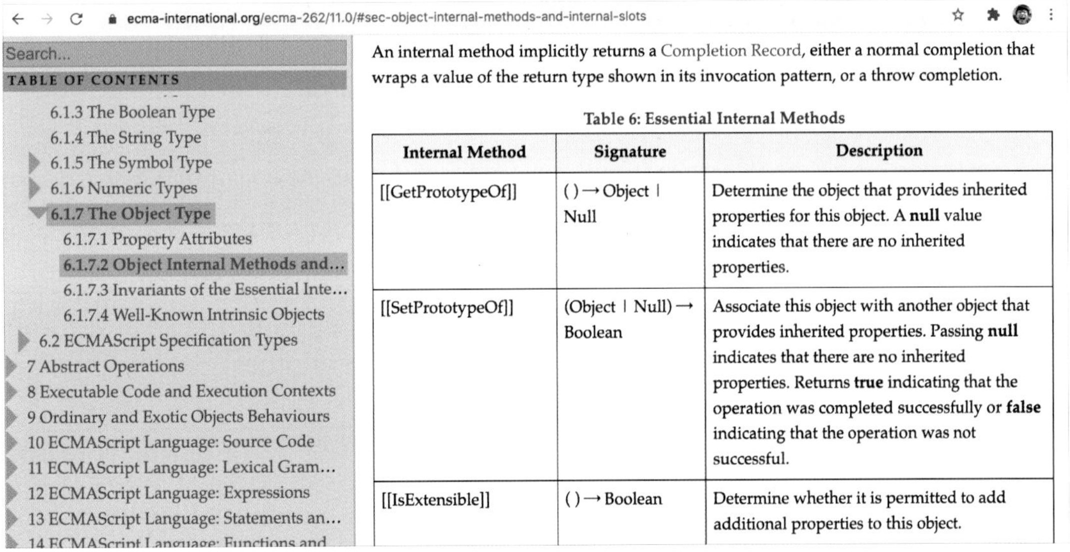

Internal Method	Signature	Description
[[GetPrototypeOf]]	( ) → Object | Null	Determine the object that provides inherited properties for this object. A **null** value indicates that there are no inherited properties.
[[SetPrototypeOf]]	(Object | Null) → Boolean	Associate this object with another object that provides inherited properties. Passing **null** indicates that there are no inherited properties. Returns **true** indicating that the operation was completed successfully or **false** indicating that the operation was not successful.
[[IsExtensible]]	( ) → Boolean	Determine whether it is permitted to add additional properties to this object.

그림 16-1 내부 슬롯과 내부 메서드[1]

1 http://ecma-international.org/ecma-262/11.0/#sec-object-internal-methods-and-internal-slots

내부 슬롯과 내부 메서드는 ECMAScript 사양에 정의된 대로 구현되어 자바스크립트 엔진에서 실제로 동작하지만 개발자가 직접 접근할 수 있도록 외부로 공개된 객체의 프로퍼티는 아니다. 즉, 내부 슬롯과 내부 메서드는 자바스크립트 엔진의 내부 로직이므로 원칙적으로 자바스크립트는 내부 슬롯과 내부 메서드에 직접적으로 접근하거나 호출할 수 있는 방법을 제공하지 않는다. 단, 일부 내부 슬롯과 내부 메서드에 한하여 간접적으로 접근할 수 있는 수단을 제공하기는 한다.

예를 들어, 모든 객체는 [[Prototype]]이라는 내부 슬롯을 갖는다. 내부 슬롯은 자바스크립트 엔진의 내부 로직이므로 원칙적으로 직접 접근할 수 없지만 [[Prototype]] 내부 슬롯의 경우, __proto__를 통해 간접적으로 접근할 수 있다.

【 예제 16-01 】

```
const o = {};

// 내부 슬롯은 자바스크립트 엔진의 내부 로직이므로 직접 접근할 수 없다.
o.[[Prototype]] // → Uncaught SyntaxError: Unexpected token '['
// 단, 일부 내부 슬롯과 내부 메서드에 한하여 간접적으로 접근할 수 있는 수단을 제공하기는 한다.
o.__proto__ // → Object.prototype
```

16.2 프로퍼티 어트리뷰트와 프로퍼티 디스크립터 객체

자바스크립트 엔진은 프로퍼티를 생성할 때 프로퍼티의 상태를 나타내는 프로퍼티 어트리뷰트를 기본값으로 자동 정의한다. 프로퍼티의 상태란 프로퍼티의 값^{value}, 값의 갱신 가능 여부^{writable}, 열거 가능 여부^{enumerable}, 재정의 가능 여부^{configurable}를 말한다.

프로퍼티 어트리뷰트는 자바스크립트 엔진이 관리하는 내부 상태 값$^{meta-property}$인 내부 슬롯 [[Value]], [[Writable]], [[Enumerable]], [[Configurable]]이다. 따라서 프로퍼티 어트리뷰트에 직접 접근할 수 없지만 Object.getOwnPropertyDescriptor 메서드를 사용하여 간접적으로 확인할 수는 있다.

【 예제 16-02 】

```
const person = {
  name: 'Lee'
};

// 프로퍼티 어트리뷰트 정보를 제공하는 프로퍼티 디스크립터 객체를 반환한다.
console.log(Object.getOwnPropertyDescriptor(person, 'name'));
// {value: "Lee", writable: true, enumerable: true, configurable: true}
```

Object.getOwnPropertyDescriptor 메서드를 호출할 때 첫 번째 매개변수에는 객체의 참조를 전달하고, 두 번째 매개변수에는 프로퍼티 키를 문자열로 전달한다. 이때 Object.getOwnPropertyDescriptor 메서드는 프로퍼티 어트리뷰트 정보를 제공하는 **프로퍼티 디스크립터**PropertyDescriptor **객체**를 반환한다. 만약 존재하지 않는 프로퍼티나 상속받은 프로퍼티에 대한 프로퍼티 디스크립터를 요구하면 undefined가 반환된다.

Object.getOwnPropertyDescriptor 메서드는 하나의 프로퍼티에 대해 프로퍼티 디스크립터 객체를 반환하지만 ES8에서 도입된 Object.getOwnPropertyDescriptors 메서드는 모든 프로퍼티의 프로퍼티 어트리뷰트 정보를 제공하는 프로퍼티 디스크립터 객체들을 반환한다.

【 예제 16-03 】

```
const person = {
  name: 'Lee'
};

// 프로퍼티 동적 생성
person.age = 20;

// 모든 프로퍼티의 프로퍼티 어트리뷰트 정보를 제공하는 프로퍼티 디스크립터 객체들을 반환한다.
console.log(Object.getOwnPropertyDescriptors(person));
/*
{
  name: {value: "Lee", writable: true, enumerable: true, configurable: true},
  age: {value: 20, writable: true, enumerable: true, configurable: true}
}
*/
```

16.3 데이터 프로퍼티와 접근자 프로퍼티

프로퍼티는 데이터 프로퍼티와 접근자 프로퍼디로 구분할 수 있다.

- **데이터 프로퍼티**data property

  키와 값으로 구성된 일반적인 프로퍼티다. 지금까지 살펴본 모든 프로퍼티는 데이터 프로퍼티다.

- **접근자 프로퍼티**accessor property

  자체적으로는 값을 갖지 않고 다른 데이터 프로퍼티의 값을 읽거나 저장할 때 호출되는 접근자 함수accessor function로 구성된 프로퍼티다.

16.3.1 데이터 프로퍼티

데이터 프로퍼티^{data property}는 다음과 같은 프로퍼티 어트리뷰트를 갖는다. 이 프로퍼티 어트리뷰트는 자바스크립트 엔진이 프로퍼티를 생성할 때 기본값으로 자동 정의된다.

프로퍼티 어트리뷰트	프로퍼티 디스크립터 객체의 프로퍼티	설명
[[Value]]	value	▪ 프로퍼티 키를 통해 프로퍼티 값에 접근하면 반환되는 값이다. ▪ 프로퍼티 키를 통해 프로퍼티 값을 변경하면 [[Value]]에 값을 재할당한다. 이때 프로퍼티가 없으면 프로퍼티를 동적 생성하고 생성된 프로퍼티의 [[Value]]에 값을 저장한다.
[[Writable]]	writable	▪ 프로퍼티 값의 변경 가능 여부를 나타내며 불리언 값을 갖는다. ▪ [[Writable]]의 값이 false인 경우 해당 프로퍼티의 [[Value]]의 값을 변경할 수 없는 읽기 전용 프로퍼티가 된다.
[[Enumerable]]	enumerable	▪ 프로퍼티의 열거 가능 여부를 나타내며 불리언 값을 갖는다. ▪ [[Enumerable]]의 값이 false인 경우 해당 프로퍼티는 for ... in 문이나 Object.keys 메서드 등으로 열거할 수 없다.[2]
[[Configurable]]	configurable	▪ 프로퍼티의 재정의 가능 여부를 나타내며 불리언 값을 갖는다. ▪ [[Configurable]]의 값이 false인 경우 해당 프로퍼티의 삭제, 프로퍼티 어트리뷰트 값의 변경이 금지된다. 단, [[Writable]]이 true인 경우 [[Value]]의 변경과 [[Writable]]을 false로 변경하는 것은 허용된다.[3]

다음 예제를 살펴보자.

【 예제 16-04 】

```
const person = {
  name: 'Lee'
};

// 프로퍼티 어트리뷰트 정보를 제공하는 프로퍼티 디스크립터 객체를 취득한다.
console.log(Object.getOwnPropertyDescriptor(person, 'name'));
// {value: "Lee", writable: true, enumerable: true, configurable: true}
```

---

2 19.14절 "프로퍼티 열거" 참고
3 16.5.2절 "객체 밀봉"과 16.5.3절 "객체 동결" 참고

`Object.getOwnPropertyDescriptor` 메서드가 반환한 프로퍼티 디스크립터 객체를 살펴보면 value 프로퍼티의 값은 'Lee'다. 이것은 프로퍼티 어트리뷰트 [[Value]]의 값이 'Lee'인 것을 의미한다. 그리고 writable, enumerable, configurable 프로퍼티의 값은 모두 true다. 이것은 프로퍼티 어트리뷰트 [[Writable]], [[Enumerable]], [[Configurable]]의 값이 모두 true인 것을 의미한다.

이처럼 프로퍼티가 생성될 때 [[Value]]의 값은 프로퍼티 값으로 초기화되며 [[Writable]], [[Enumerable]], [[Configurable]]의 값은 true로 초기화된다. 이것은 프로퍼티를 동적 추가해도 마찬가지다.

【 예제 16-05 】

```javascript
const person = {
  name: 'Lee'
};

// 프로퍼티 동적 생성
person.age = 20;

console.log(Object.getOwnPropertyDescriptors(person));
/*
{
  name: {value: "Lee", writable: true, enumerable: true, configurable: true},
  age: {value: 20, writable: true, enumerable: true, configurable: true}
}
*/
```

16.3.2 접근자 프로퍼티

접근자 프로퍼티accessor property는 자체적으로는 값을 갖지 않고 다른 데이터 프로퍼티의 값을 읽거나 저장할 때 사용하는 접근자 함수accessor function로 구성된 프로퍼티다.

접근자 프로퍼티는 다음과 같은 프로퍼티 어트리뷰트를 갖는다.

프로퍼티 어트리뷰트	프로퍼티 디스크립터 객체의 프로퍼티	설명
[[Get]]	get	접근자 프로퍼티를 통해 데이터 프로퍼티의 값을 읽을 때 호출되는 접근자 함수다. 즉, 접근자 프로퍼티 키로 프로퍼티 값에 접근하면 프로퍼티 어트리뷰트 [[Get]]의 값, 즉 getter 함수가 호출되고 그 결과가 프로퍼티 값으로 반환된다.

프로퍼티 어트리뷰트	프로퍼티 디스크립터 객체의 프로퍼티	설명
[[Set]]	set	접근자 프로퍼티를 통해 데이터 프로퍼티의 값을 저장할 때 호출되는 접근자 함수다. 즉, 접근자 프로퍼티 키로 프로퍼티 값을 저장하면 프로퍼티 어트리뷰트 [[Set]]의 값, 즉 setter 함수가 호출되고 그 결과가 프로퍼티 값으로 저장된다.
[[Enumerable]]	enumerable	데이터 프로퍼티의 [[Enumerable]]과 같다.
[[Configurable]]	configurable	데이터 프로퍼티의 [[Configurable]]과 같다.

접근자 함수는 getter/setter 함수라고도 부른다. 접근자 프로퍼티는 getter와 setter 함수를 모두 정의할 수도 있고 하나만 정의할 수도 있다. 다음 예제를 살펴보자.

【 예제 16-06 】

```javascript
const person = {
  // 데이터 프로퍼티
  firstName: 'Ungmo',
  lastName: 'Lee',

  // fullName은 접근자 함수로 구성된 접근자 프로퍼티다.
  // getter 함수
  get fullName() {
    return `${this.firstName} ${this.lastName}`;
  },
  // setter 함수
  set fullName(name) {
    // 배열 디스트럭처링 할당: "31.1 배열 디스트럭처링 할당" 참고
    [this.firstName, this.lastName] = name.split(' ');
  }
};

// 데이터 프로퍼티를 통한 프로퍼티 값의 참조.
console.log(person.firstName + ' ' + person.lastName); // Ungmo Lee

// 접근자 프로퍼티를 통한 프로퍼티 값의 저장
// 접근자 프로퍼티 fullName에 값을 저장하면 setter 함수가 호출된다.
person.fullName = 'Heegun Lee';
console.log(person); // {firstName: "Heegun", lastName: "Lee"}

// 접근자 프로퍼티를 통한 프로퍼티 값의 참조
// 접근자 프로퍼티 fullName에 접근하면 getter 함수가 호출된다.
console.log(person.fullName); // Heegun Lee
```

```
// firstName은 데이터 프로퍼티다.
// 데이터 프로퍼티는 [[Value]], [[Writable]], [[Enumerable]], [[Configurable]]
// 프로퍼티 어트리뷰트를 갖는다.
let descriptor = Object.getOwnPropertyDescriptor(person, 'firstName');
console.log(descriptor);
// {value: "Heegun", writable: true, enumerable: true, configurable: true}

// fullName은 접근자 프로퍼티다.
// 접근자 프로퍼티는 [[Get]], [[Set]], [[Enumerable]], [[Configurable]]
// 프로퍼티 어트리뷰트를 갖는다.
descriptor = Object.getOwnPropertyDescriptor(person, 'fullName');
console.log(descriptor);
// {get: ƒ, set: ƒ, enumerable: true, configurable: true}
```

person 객체의 firstName과 lastName 프로퍼티는 일반적인 데이터 프로퍼티다. 메서드 앞에 get, set이 붙은 메서드가 있는데 이것들이 바로 getter와 setter 함수이고, getter/setter 함수의 이름 fullName이 접근자 프로퍼티다. 접근자 프로퍼티는 자체적으로 값(프로퍼티 어트리뷰트 [[Value]])을 가지지 않으며 다만 데이터 프로퍼티의 값을 읽거나 저장할 때 관여할 뿐이다.

이를 내부 슬롯/메서드 관점에서 설명하면 다음과 같다. 접근자 프로퍼티 fullName으로 프로퍼티 값에 접근하면 내부적으로 [[Get]] 내부 메서드가 호출되어 다음과 같이 동작한다.[4]

1. 프로퍼티 키가 유효한지 확인한다. 프로퍼티 키는 문자열 또는 심벌이어야 한다. 프로퍼티 키 "fullName"은 문자열이므로 유효한 프로퍼티 키다.

2. 프로토타입 체인에서 프로퍼티를 검색한다. person 객체에 fullName 프로퍼티가 존재한다.

3. 검색된 fullName 프로퍼티가 데이터 프로퍼티인지 접근자 프로퍼티인지 확인한다. fullName 프로퍼티는 접근자 프로퍼티다.

4. 접근자 프로퍼티 fullName의 프로퍼티 어트리뷰트 [[Get]]의 값, 즉 getter 함수를 호출하여 그 결과를 반환한다. 프로퍼티 fullName의 프로퍼티 어트리뷰트 [[Get]]의 값은 Object.getOwnPropertyDescriptor 메서드가 반환하는 프로퍼티 디스크립터PropertyDescriptor 객체의 get 프로퍼티 값과 같다.

프로토타입prototype

프로토타입은 어떤 객체의 상위(부모) 객체의 역할을 하는 객체다. 프로토타입은 하위(자식) 객체에게 자신의 프로퍼티와 메서드를 상속한다. 프로토타입 객체의 프로퍼티나 메서드를 상속받은 하위 객체는 자신의 프로퍼티 또는 메서드인 것처럼 자유롭게 사용할 수 있다.

프로토타입 체인은 프로토타입이 단방향 링크드 리스트 형태로 연결되어 있는 상속 구조를 말한다. 객체의 프로퍼티나 메서드에 접근하려고 할 때 해당 객체에 접근하려는 프로퍼티 또는 메서드가 없다면 프로토타입 체인을 따라 프로토타입의 프로퍼티나 메서드를 차례대로 검색한다. 프로토타입과 프로토타입 체인에 대해서는 19장 "프로토타입"에서 자세히 살펴보도록 하자.

---

4 ECMAScript 스펙에서 정의한 [[Get]] 내부 메서드의 사양을 만족시키는 구현체가 자바스크립트 엔진에 존재한다는 것이 중요하지 [[Get]]이라는 이름으로 실제 자바스크립트 엔진이 구현되었는지는 중요하지 않다. 어차피 [[Get]] 내부 메서드에 직접 접근할 수도 없다.

접근자 프로퍼티와 데이터 프로퍼티를 구별하는 방법은 다음과 같다.

【 예제 16-07 】

```
// 일반 객체의 __proto__는 접근자 프로퍼티다.
Object.getOwnPropertyDescriptor(Object.prototype, '__proto__');
// {get: f, set: f, enumerable: false, configurable: true}

// 함수 객체의 prototype은 데이터 프로퍼티다.
Object.getOwnPropertyDescriptor(function() {}, 'prototype');
// {value: {...}, writable: true, enumerable: false, configurable: false}
```

Object.getOwnPropertyDescriptor 메서드가 반환한 프로퍼티 어트리뷰트를 객체로 표현한 프로퍼티 디스크립터 객체를 유심히 살펴보자. 접근자 프로퍼티와 데이터 프로퍼티의 프로퍼티 디스크립터 객체의 프로퍼티가 다른 것을 알 수 있다.

16.4 프로퍼티 정의

프로퍼티 정의란 새로운 프로퍼티를 추가하면서 프로퍼티 어트리뷰트를 명시적으로 정의하거나, 기존 프로퍼티의 프로퍼티 어트리뷰트를 재정의하는 것을 말한다. 예를 들어, 프로퍼티 값을 갱신 가능하도록 할 것인지, 프로퍼티를 열거 가능하도록 할 것인지, 프로퍼티를 재정의 가능하도록 할 것인지 정의할 수 있다. 이를 통해 객체의 프로퍼티가 어떻게 동작해야 하는지를 명확히 정의할 수 있다.

Object.defineProperty 메서드를 사용하면 프로퍼티의 어트리뷰트를 정의할 수 있다. 인수로는 객체의 참조와 데이터 프로퍼티의 키인 문자열, 프로퍼티 디스크립터 객체를 전달한다.

【 예제 16-08 】

```
const person = {};

// 데이터 프로퍼티 정의
Object.defineProperty(person, 'firstName', {
  value: 'Ungmo',
  writable: true,
  enumerable: true,
  configurable: true
});

Object.defineProperty(person, 'lastName', {
  value: 'Lee'
});
```

```javascript
let descriptor = Object.getOwnPropertyDescriptor(person, 'firstName');
console.log('firstName', descriptor);
// firstName {value: "Ungmo", writable: true, enumerable: true, configurable: true}

// 디스크립터 객체의 프로퍼티를 누락시키면 undefined, false가 기본값이다.
descriptor = Object.getOwnPropertyDescriptor(person, 'lastName');
console.log('lastName', descriptor);
// lastName {value: "Lee", writable: false, enumerable: false, configurable: false}

// [[Enumerable]]의 값이 false인 경우
// 해당 프로퍼티는 for... in 문이나 Object.keys 등으로 열거할 수 없다.
// lastName 프로퍼티는 [[Enumerable]]의 값이 false이므로 열거되지 않는다.
console.log(Object.keys(person)); // ["firstName"]

// [[Writable]]의 값이 false인 경우 해당 프로퍼티의 [[Value]]의 값을 변경할 수 없다.
// lastName 프로퍼티는 [[Writable]]의 값이 false이므로 값을 변경할 수 없다.
// 이때 값을 변경하면 에러는 발생하지 않고 무시된다.
person.lastName = 'Kim';

// [[Configurable]]의 값이 false인 경우 해당 프로퍼티를 삭제할 수 없다.
// lastName 프로퍼티는 [[Configurable]]의 값이 false이므로 삭제할 수 없다.
// 이때 프로퍼티를 삭제하면 에러는 발생하지 않고 무시된다.
delete person.lastName;

// [[Configurable]]의 값이 false인 경우 해당 프로퍼티를 재정의할 수 없다.
// Object.defineProperty(person, 'lastName', { enumerable: true });
// Uncaught TypeError: Cannot redefine property: lastName

descriptor = Object.getOwnPropertyDescriptor(person, 'lastName');
console.log('lastName', descriptor);
// lastName {value: "Lee", writable: false, enumerable: false, configurable: false}

// 접근자 프로퍼티 정의
Object.defineProperty(person, 'fullName', {
  // getter 함수
  get() {
    return `${this.firstName} ${this.lastName}`;
  },
  // setter 함수
  set(name) {
    [this.firstName, this.lastName] = name.split(' ');
  },
  enumerable: true,
  configurable: true
});
```

```
descriptor = Object.getOwnPropertyDescriptor(person, 'fullName');
console.log('fullName', descriptor);
// fullName {get: f, set: f, enumerable: true, configurable: true}

person.fullName = 'Heegun Lee';
console.log(person); // {firstName: "Heegun", lastName: "Lee"}
```

Object.defineProperty 메서드로 프로퍼티를 정의할 때 프로퍼티 디스크립터 객체의 프로퍼티를 일부 생략할 수 있다. 프로퍼티 디스크립터 객체에서 생략된 어트리뷰트는 다음과 같이 기본값이 적용된다.

프로퍼티 디스크립터 객체의 프로퍼티	대응하는 프로퍼티 어트리뷰트	생략했을 때의 기본값
value	[[Value]]	undefined
get	[[Get]]	undefined
set	[[Set]]	undefined
writable	[[Writable]]	false
enumerable	[[Enumerable]]	false
configurable	[[Configurable]]	false

Object.defineProperty 메서드는 한번에 하나의 프로퍼티만 정의할 수 있다. Object.defineProperties 메서드를 사용하면 여러 개의 프로퍼티를 한 번에 정의할 수 있다.

【 예제 16-09 】

```
const person = {};

Object.defineProperties(person, {
  // 데이터 프로퍼티 정의
  firstName: {
    value: 'Ungmo',
    writable: true,
    enumerable: true,
    configurable: true
  },
  lastName: {
    value: 'Lee',
    writable: true,
    enumerable: true,
    configurable: true
  },
  // 접근자 프로퍼티 정의
  fullName: {
    // getter 함수
```

```
    get() {
      return `${this.firstName} ${this.lastName}`;
    },
    // setter 함수
    set(name) {
      [this.firstName, this.lastName] = name.split(' ');
    },
    enumerable: true,
    configurable: true
  }
});

person.fullName = 'Heegun Lee';
console.log(person); // {firstName: "Heegun", lastName: "Lee"}
```

16.5 객체 변경 방지

객체는 변경 가능한 값이므로 재할당 없이 직접 변경할 수 있다. 즉, 프로퍼티를 추가하거나 삭제할 수 있고, 프로퍼티 값을 갱신할 수 있으며, Object.defineProperty 또는 Object.defineProperties 메서드를 사용하여 프로퍼티 어트리뷰트를 재정의할 수도 있다.

자바스크립트는 객체의 변경을 방지하는 다양한 메서드를 제공한다. 객체 변경 방지 메서드들은 객체의 변경을 금지하는 강도가 다르다.

구분	메서드	프로퍼티 추가	프로퍼티 삭제	프로퍼티 값 읽기	프로퍼티 값 쓰기	프로퍼티 어트리뷰트 재정의
객체 확장 금지	Object.preventExtensions	×	○	○	○	○
객체 밀봉	Object.seal	×	×	○	○	×
객체 동결	Object.freeze	×	×	○	×	×

16.5.1 객체 확장 금지

Object.preventExtensions 메서드는 객체의 확장을 금지한다. 객체 확장 금지란 프로퍼티 추가 금지를 의미한다. 즉, **확장이 금지된 객체는 프로퍼티 추가가 금지된다.** 프로퍼티는 프로퍼티 동적 추가와 Object.defineProperty 메서드로 추가할 수 있다. 이 두 가지 추가 방법이 모두 금지된다.

확장이 가능한 객체인지 여부는 `Object.isExtensible` 메서드로 확인할 수 있다.

【 예제 16-10 】

```javascript
const person = { name: 'Lee' };

// person 객체는 확장이 금지된 객체가 아니다.
console.log(Object.isExtensible(person)); // true

// person 객체의 확장을 금지하여 프로퍼티 추가를 금지한다.
Object.preventExtensions(person);

// person 객체는 확장이 금지된 객체다.
console.log(Object.isExtensible(person)); // false

// 프로퍼티 추가가 금지된다.
person.age = 20; // 무시. strict mode에서는 에러
console.log(person); // {name: "Lee"}

// 프로퍼티 추가는 금지되지만 삭제는 가능하다.
delete person.name;
console.log(person); // {}

// 프로퍼티 정의에 의한 프로퍼티 추가도 금지된다.
Object.defineProperty(person, 'age', { value: 20 });
// TypeError: Cannot define property age, object is not extensible
```

16.5.2 객체 밀봉

`Object.seal` 메서드는 객체를 밀봉한다. 객체 밀봉^{seal}이란 프로퍼티 추가 및 삭제와 프로퍼티 어트리뷰트 재정의 금지를 의미한다. 즉, **밀봉된 객체는 읽기와 쓰기만 가능하다.**

밀봉된 객체인지 여부는 `Object.isSealed` 메서드로 확인할 수 있다.

【 예제 16-11 】

```javascript
const person = { name: 'Lee' };

// person 객체는 밀봉(seal)된 객체가 아니다.
console.log(Object.isSealed(person)); // false

// person 객체를 밀봉(seal)하여 프로퍼티 추가, 삭제, 재정의를 금지한다.
Object.seal(person);

// person 객체는 밀봉(seal)된 객체다.
console.log(Object.isSealed(person)); // true
```

```
// 밀봉(seal)된 객체는 configurable이 false다.
console.log(Object.getOwnPropertyDescriptors(person));
/*
{
  name: {value: "Lee", writable: true, enumerable: true, configurable: false},
}
*/

// 프로퍼티 추가가 금지된다.
person.age = 20; // 무시. strict mode에서는 에러
console.log(person); // {name: "Lee"}

// 프로퍼티 삭제가 금지된다.
delete person.name; // 무시. strict mode에서는 에러
console.log(person); // {name: "Lee"}

// 프로퍼티 값 갱신은 가능하다.
person.name = 'Kim';
console.log(person); // {name: "Kim"}

// 프로퍼티 어트리뷰트 재정의가 금지된다.
Object.defineProperty(person, 'name', { configurable: true });
// TypeError: Cannot redefine property: name
```

16.5.3 객체 동결

Object.freeze 메서드는 객체를 동결한다. 객체 동결freeze이란 프로퍼티 추가 및 삭제와 프로퍼티 어트리뷰
트 재정의 금지, 프로퍼티 값 갱신 금지를 의미한다. 즉, **동결된 객체는 읽기만 가능하다.**

동결된 객체인지 여부는 Object.isFrozen 메서드로 확인할 수 있다.

【 예제 16-12 】

```
const person = { name: 'Lee' };

// person 객체는 동결(freeze)된 객체가 아니다.
console.log(Object.isFrozen(person)); // false

// person 객체를 동결(freeze)하여 프로퍼티 추가, 삭제, 재정의, 쓰기를 금지한다.
Object.freeze(person);

// person 객체는 동결(freeze)된 객체다.
console.log(Object.isFrozen(person)); // true

// 동결(freeze)된 객체는 writable과 configurable이 false다.
console.log(Object.getOwnPropertyDescriptors(person));
```

```
/*
{
  name: {value: "Lee", writable: false, enumerable: true, configurable: false},
}
*/

// 프로퍼티 추가가 금지된다.
person.age = 20; // 무시. strict mode에서는 에러
console.log(person); // {name: "Lee"}

// 프로퍼티 삭제가 금지된다.
delete person.name; // 무시. strict mode에서는 에러
console.log(person); // {name: "Lee"}

// 프로퍼티 값 갱신이 금지된다.
person.name = 'Kim'; // 무시. strict mode에서는 에러
console.log(person); // {name: "Lee"}

// 프로퍼티 어트리뷰트 재정의가 금지된다.
Object.defineProperty(person, 'name', { configurable: true });
// TypeError: Cannot redefine property: name
```

16.5.4 불변 객체

지금까지 살펴본 변경 방지 메서드들은 얕은 변경 방지^{shallow only}로 직속 프로퍼티만 변경이 방지되고 중첩 객체까지는 영향을 주지는 못한다. 따라서 `Object.freeze` 메서드로 객체를 동결하여도 중첩 객체까지 동결할 수 없다.

【 예제 16-13 】

```
const person = {
  name: 'Lee',
  address: { city: 'Seoul' }
};

// 얕은 객체 동결
Object.freeze(person);

// 직속 프로퍼티만 동결한다.
console.log(Object.isFrozen(person)); // true
// 중첩 객체까지 동결하지 못한다.
console.log(Object.isFrozen(person.address)); // false

person.address.city = 'Busan';
console.log(person); // {name: "Lee", address: {city: "Busan"}}
```

객체의 중첩 객체까지 동결하여 변경이 불가능한 읽기 전용의 불변 객체[5]를 구현하려면 객체를 값으로 갖는 모든 프로퍼티에 대해 재귀적으로 Object.freeze 메서드를 호출해야 한다.

【 예제 16-14 】

```javascript
function deepFreeze(target) {
  // 객체가 아니거나 동결된 객체는 무시하고 객체이고 동결되지 않은 객체만 동결한다.
  if (target && typeof target === 'object' && !Object.isFrozen(target)) {
    Object.freeze(target);
    /*
      모든 프로퍼티를 순회하며 재귀적으로 동결한다.
      Object.keys 메서드는 객체 자신의 열거 가능한 프로퍼티 키를 배열로 반환한다.
      (19.14.2절 "Object.keys/values/entries 메서드" 참고)
      forEach 메서드는 배열을 순회하며 배열의 각 요소에 대하여 콜백 함수를 실행한다.
      (27.9.2절 "Array.prototype.forEach" 참고)
    */
    Object.keys(target).forEach(key => deepFreeze(target[key]));
  }
  return target;
}

const person = {
  name: 'Lee',
  address: { city: 'Seoul' }
};

// 깊은 객체 동결
deepFreeze(person);

console.log(Object.isFrozen(person)); // true
// 중첩 객체까지 동결한다.
console.log(Object.isFrozen(person.address)); // true

person.address.city = 'Busan';
console.log(person); // {name: "Lee", address: {city: "Seoul"}}
```

---

5 12.6절 "참조에 의한 전달과 외부 상태의 변경" 참고

17장

생성자 함수에 의한
객체 생성

10장 "객체 리터럴"에서 객체 리터럴에 의한 객체 생성 방식을 살펴보았다. 객체 리터럴에 의한 객체 생성 방식은 가장 일반적이고 간단한 객체 생성 방식이다. 객체는 객체 리터럴 이외에도 다양한 방법으로 생성할 수 있다.

이번 장에서는 다양한 객체 생성 방식 중에서 생성자 함수를 사용하여 객체를 생성하는 방식을 살펴본다. 그리고 객체 리터럴을 사용하여 객체를 생성하는 방식과 생성자 함수를 사용하여 객체를 생성하는 방식과의 장단점을 살펴보자.

17.1 Object 생성자 함수

new 연산자와 함께 Object 생성자 함수를 호출하면 빈 객체를 생성하여 반환한다. 빈 객체를 생성한 이후 프로퍼티 또는 메서드를 추가하여 객체를 완성할 수 있다.

【 예제 17-01 】

```javascript
// 빈 객체의 생성
const person = new Object();

// 프로퍼티 추가
person.name = 'Lee';
person.sayHello = function () {
  console.log('Hi! My name is ' + this.name);
};

console.log(person); // {name: "Lee", sayHello: f}
person.sayHello(); // Hi! My name is Lee
```

생성자 함수^{constructor}란 new 연산자와 함께 호출하여 객체(인스턴스)를 생성하는 함수를 말한다. 생성자 함수에 의해 생성된 객체를 인스턴스^{instance}라 한다.

자바스크립트는 Object 생성자 함수 이외에도 String, Number, Boolean, Function, Array, Date, RegExp, Promise 등의 빌트인^{built-in} 생성자 함수를 제공한다.

【 예제 17-02 】

```javascript
// String 생성자 함수에 의한 String 객체 생성
const strObj = new String('Lee');
console.log(typeof strObj); // object
console.log(strObj);        // String {"Lee"}

// Number 생성자 함수에 의한 Number 객체 생성
const numObj = new Number(123);
console.log(typeof numObj); // object
console.log(numObj);        // Number {123}

// Boolean 생성자 함수에 의한 Boolean 객체 생성
const boolObj= new Boolean(true);
console.log(typeof boolObj); // object
console.log(boolObj);        // Boolean {true}

// Function 생성자 함수에 의한 Function 객체(함수) 생성
const func = new Function('x', 'return x * x');
console.log(typeof func); // function
console.dir(func);        // f anonymous(x)

// Array 생성자 함수에 의한 Array 객체(배열) 생성
const arr = new Array(1, 2, 3);
console.log(typeof arr); // object
console.log(arr);        // [1, 2, 3]

// RegExp 생성자 함수에 의한 RegExp 객체(정규 표현식) 생성
const regExp = new RegExp(/ab+c/i);
console.log(typeof regExp); // object
console.log(regExp);        // /ab+c/i

// Date 생성자 함수에 의한 Date 객체 생성
const date = new Date();
console.log(typeof date); // object
console.log(date);        // Mon May 04 2020 08:36:33 GMT+0900 (대한민국 표준시)
```

반드시 Object 생성자 함수를 사용해 빈 객체를 생성해야 하는 것은 아니다. 객체를 생성하는 방법은 객체 리터럴을 사용하는 것이 더 간편하다. Object 생성자 함수를 사용해 객체를 생성하는 방식은 특별한 이유가 없다면 그다지 유용해 보이지 않는다.

17.2 생성자 함수

17.2.1 객체 리터럴에 의한 객체 생성 방식의 문제점

객체 리터럴에 의한 객체 생성 방식은 직관적이고 간편하다. 하지만 객체 리터럴에 의한 객체 생성 방식은 단 하나의 객체만 생성한다. 따라서 동일한 프로퍼티를 갖는 객체를 여러 개 생성해야 하는 경우 매번 같은 프로퍼티를 기술해야 하기 때문에 비효율적이다. 다음 예제를 살펴보자.

【 예제 17-03 】

```
const circle1 = {
  radius: 5,
  getDiameter() {
    return 2 * this.radius;
  }
};

console.log(circle1.getDiameter()); // 10

const circle2 = {
  radius: 10,
  getDiameter() {
    return 2 * this.radius;
  }
};

console.log(circle2.getDiameter()); // 20
```

객체는 프로퍼티를 통해 객체 고유의 상태state를 표현한다. 그리고 메서드를 통해 상태 데이터인 프로퍼티를 참조하고 조작하는 동작behavior을 표현한다. 따라서 프로퍼티는 객체마다 프로퍼티 값이 다를 수 있지만 메서드는 내용이 동일한 경우가 일반적이다.

원을 표현한 객체인 circle1 객체와 circle2 객체는 프로퍼티 구조가 동일하다. 객체 고유의 상태 데이터인 radius 프로퍼티의 값은 객체마다 다를 수 있지만 getDiameter 메서드는 완전히 동일하다.

하지만 객체 리터럴에 의해 객체를 생성하는 경우 프로퍼티 구조가 동일함에도 불구하고 매번 같은 프로퍼티와 메서드를 기술해야 한다. 앞의 예제처럼 객체가 한두 개라면 넘어갈 수도 있겠지만 만약 수십 개의 객체를 생성해야 한다면 문제가 크다.

17.2.2 생성자 함수에 의한 객체 생성 방식의 장점

생성자 함수에 의한 객체 생성 방식은 마치 객체(인스턴스)를 생성하기 위한 템플릿(클래스)처럼 생성자 함수를 사용하여 프로퍼티 구조가 동일한 객체 여러 개를 간편하게 생성할 수 있다.

【 예제 17-04 】

```javascript
// 생성자 함수
function Circle(radius) {
  // 생성자 함수 내부의 this는 생성자 함수가 생성할 인스턴스를 가리킨다.
  this.radius = radius;
  this.getDiameter = function () {
    return 2 * this.radius;
  };
}

// 인스턴스의 생성
const circle1 = new Circle(5);  // 반지름이 5인 Circle 객체를 생성
const circle2 = new Circle(10); // 반지름이 10인 Circle 객체를 생성

console.log(circle1.getDiameter()); // 10
console.log(circle2.getDiameter()); // 20
```

📄 this

this는 객체 자신의 프로퍼티나 메서드를 참조하기 위한 자기 참조 변수self-referencing variable다. this가 가리키는 값, 즉 this 바인딩은 함수 호출 방식에 따라 동적으로 결정된다.

함수 호출 방식	this가 가리키는 값(this 바인딩)
일반 함수로서 호출	전역 객체
메서드로서 호출	메서드를 호출한 객체(마침표 앞의 객체)
생성자 함수로서 호출	생성자 함수가 (미래에) 생성할 인스턴스

【 예제 17-05 】

```javascript
// 함수는 다양한 방식으로 호출될 수 있다.
function foo() {
  console.log(this);
}

// 일반적인 함수로서 호출
// 전역 객체는 브라우저 환경에서는 window, Node.js 환경에서는 global을 가리킨다.
foo(); // window

const obj = { foo }; // ES6 프로퍼티 축약 표현
```

```
// 메서드로서 호출
obj.foo(); // obj

// 생성자 함수로서 호출
const inst = new foo(); // inst
```

this에 대해서는 22장 "this"에서 자세히 살펴보기로 하고 지금은 이 정도로만 정리하자.

생성자 함수는 이름 그대로 객체(인스턴스)를 생성하는 함수다. 하지만 자바와 같은 클래스 기반 객체지향 언어의 생성자와는 다르게 그 형식이 정해져 있는 것이 아니라 일반 함수와 동일한 방법으로 생성자 함수를 정의하고 **new 연산자와 함께 호출하면 해당 함수는 생성자 함수로 동작한다.** 만약 new 연산자와 함께 생성자 함수를 호출하지 않으면 생성자 함수가 아니라 일반 함수로 동작한다.

【 예제 17-06 】

```
// new 연산자와 함께 호출하지 않으면 생성자 함수로 동작하지 않는다.
// 즉, 일반 함수로서 호출된다.
const circle3 = Circle(15);

// 일반 함수로서 호출된 Circle은 반환문이 없으므로 암묵적으로 undefined를 반환한다.
console.log(circle3); // undefined

// 일반 함수로서 호출된 Circle 내의 this는 전역 객체를 가리킨다.
console.log(radius); // 15
```

17.2.3 생성자 함수의 인스턴스 생성 과정

먼저 생성자 함수의 함수 몸체에서 수행해야 하는 것이 무엇인지 생각해보자. 생성자 함수의 역할은 프로퍼티 구조가 동일한 인스턴스를 생성하기 위한 템플릿(클래스)으로서 동작하여 **인스턴스를 생성**하는 것과 **생성된 인스턴스를 초기화(인스턴스 프로퍼티 추가 및 초기값 할당)**하는 것이다. 생성자 함수가 인스턴스를 생성하는 것은 필수이고, 생성된 인스턴스를 초기화하는 것은 옵션이다. 다음 예제를 살펴보자.

【 예제 17-07 】

```
// 생성자 함수
function Circle(radius) {
  // 인스턴스 초기화
  this.radius = radius;
  this.getDiameter = function () {
    return 2 * this.radius;
  };
}
```

```
// 인스턴스 생성
const circle1 = new Circle(5);   // 반지름이 5인 Circle 객체를 생성
```

생성자 함수 내부의 코드를 살펴보면 this에 프로퍼티를 추가하고 필요에 따라 전달된 인수를 프로퍼티의 초기값으로서 할당하여 인스턴스를 초기화한다. 하지만 인스턴스를 생성하고 반환하는 코드는 보이지 않는다.

자바스크립트 엔진은 암묵적인 처리를 통해 인스턴스를 생성하고 반환한다. new 연산자와 함께 생성자 함수를 호출하면 자바스크립트 엔진은 다음과 같은 과정을 거쳐 암묵적으로 인스턴스를 생성하고 인스턴스를 초기화한 후 암묵적으로 인스턴스를 반환한다.

1. 인스턴스 생성과 this 바인딩

암묵적으로 빈 객체가 생성된다. 이 빈 객체가 바로 (아직 완성되지는 않았지만) 생성자 함수가 생성한 인스턴스다. 그리고 암묵적으로 생성된 빈 객체, 즉 인스턴스는 this에 바인딩된다. 생성자 함수 내부의 this가 생성자 함수가 생성할 인스턴스를 가리키는 이유가 바로 이것이다. 이 처리는 함수 몸체의 코드가 한 줄씩 실행되는 런타임 이전에 실행된다.

> **바인딩**name binding
>
> 바인딩[1]이란 식별자와 값을 연결하는 과정을 의미한다. 예를 들어, 변수 선언은 변수 이름(식별자)과 확보된 메모리 공간의 주소를 바인딩하는 것이다. this 바인딩은 this(키워드로 분류되지만 식별자 역할을 한다)와 this가 가리킬 객체를 바인딩하는 것이다.

【 예제 17-08 】

```
function Circle(radius) {
  // 1. 암묵적으로 인스턴스가 생성되고 this에 바인딩된다.
  console.log(this); // Circle {}

  this.radius = radius;
  this.getDiameter = function () {
    return 2 * this.radius;
  };
}
```

2. 인스턴스 초기화

생성자 함수에 기술되어 있는 코드가 한 줄씩 실행되어 this에 바인딩되어 있는 인스턴스를 초기화한다. 즉, this에 바인딩되어 있는 인스턴스에 프로퍼티나 메서드를 추가하고 생성자 함수가 인수로 전달받은 초기값을 인스턴스 프로퍼티에 할당하여 초기화하거나 고정값을 할당한다. 이 처리는 개발자가 기술한다.

---

1   https://ko.wikipedia.org/wiki/네임_바인딩

```
function Circle(radius) {
  // 1. 암묵적으로 인스턴스가 생성되고 this에 바인딩된다.

  // 2. this에 바인딩되어 있는 인스턴스를 초기화한다.
  this.radius = radius;
  this.getDiameter = function () {
    return 2 * this.radius;
  };
}
```

3. 인스턴스 반환

생성자 함수 내부에서 모든 처리가 끝나면 완성된 인스턴스가 바인딩된 this를 암묵적으로 반환한다.

```
function Circle(radius) {
  // 1. 암묵적으로 빈 객체가 생성되고 this에 바인딩된다.

  // 2. this에 바인딩되어 있는 인스턴스를 초기화한다.
  this.radius = radius;
  this.getDiameter = function () {
    return 2 * this.radius;
  };

  // 3. 완성된 인스턴스가 바인딩된 this가 암묵적으로 반환된다.
}

// 인스턴스 생성. Circle 생성자 함수는 암묵적으로 this를 반환한다.
const circle = new Circle(1);
console.log(circle); // Circle {radius: 1, getDiameter: ƒ}
```

만약 this가 아닌 다른 객체를 명시적으로 반환하면 this가 반환되지 못하고 return 문에 명시한 객체가 반환된다.

```
function Circle(radius) {
  // 1. 암묵적으로 빈 객체가 생성되고 this에 바인딩된다.

  // 2. this에 바인딩되어 있는 인스턴스를 초기화한다.
  this.radius = radius;
  this.getDiameter = function () {
    return 2 * this.radius;
  };
```

```
  // 3. 암묵적으로 this를 반환한다.
  // 명시적으로 객체를 반환하면 암묵적인 this 반환이 무시된다.
  return {};
}

// 인스턴스 생성. Circle 생성자 함수는 명시적으로 반환한 객체를 반환한다.
const circle = new Circle(1);
console.log(circle); // {}
```

하지만 명시적으로 원시 값을 반환하면 원시 값 반환은 무시되고 암묵적으로 this가 반환된다.

【 예제 17-12 】

```
function Circle(radius) {
  // 1. 암묵적으로 빈 객체가 생성되고 this에 바인딩된다.

  // 2. this에 바인딩되어 있는 인스턴스를 초기화한다.
  this.radius = radius;
  this.getDiameter = function () {
    return 2 * this.radius;
  };

  // 3. 암묵적으로 this를 반환한다.
  // 명시적으로 원시 값을 반환하면 원시 값 반환은 무시되고 암묵적으로 this가 반환된다.
  return 100;
}

// 인스턴스 생성. Circle 생성자 함수는 명시적으로 반환한 객체를 반환한다.
const circle = new Circle(1);
console.log(circle); // Circle {radius: 1, getDiameter: ƒ}
```

이처럼 생성자 함수 내부에서 명시적으로 this가 아닌 다른 값을 반환하는 것은 생성자 함수의 기본 동작을 훼손한다. 따라서 생성자 함수 내부에서 return 문을 반드시 생략해야 한다.

17.2.4 내부 메서드 [[Call]]과 [[Construct]]

함수 선언문 또는 함수 표현식으로 정의한 함수는 일반적인 함수로서 호출할 수 있는 것은 물론 생성자 함수로서 호출할 수 있다. 생성자 함수로서 호출한다는 것은 new 연산자와 함께 호출하여 객체를 생성하는 것을 의미한다.

함수는 객체이므로 일반 객체ordinary object와 동일하게 동작할 수 있다. 함수 객체는 일반 객체가 가지고 있는 내부 슬롯과 내부 메서드를 모두 가지고 있기 때문이다.

【 예제 17-13 】

```
// 함수는 객체다.
function foo() {}

// 함수는 객체이므로 프로퍼티를 소유할 수 있다.
foo.prop = 10;

// 함수는 객체이므로 메서드를 소유할 수 있다.
foo.method = function () {
  console.log(this.prop);
};

foo.method(); // 10
```

함수는 객체이지만 일반 객체와는 다르다. **일반 객체는 호출할 수 없지만 함수는 호출할 수 있다.** 따라서 함수 객체는 일반 객체가 가지고 있는 내부 슬롯과 내부 메서드[2]는 물론, 함수로서 동작하기 위해 함수 객체만을 위한 [[Environment]], [[FormalParameters]] 등의 내부 슬롯과 [[Call]], [[Construct]] 같은 내부 메서드[3]를 추가로 가지고 있다.

함수가 일반 함수로서 호출되면 함수 객체의 내부 메서드 [[Call]]이 호출되고 new 연산자와 함께 생성자 함수로서 호출되면 내부 메서드 [[Construct]]가 호출된다.

【 예제 17-14 】

```
function foo() {}

// 일반적인 함수로서 호출: [[Call]]이 호출된다.
foo();

// 생성자 함수로서 호출: [[Construct]]가 호출된다.
new foo();
```

내부 메서드 [[Call]]을 갖는 함수 객체를 callable이라 하며, 내부 메서드 [[Construct]]를 갖는 함수 객체를 constructor, [[Construct]]를 갖지 않는 함수 객체를 non-constructor라고 부른다. callable은 호출할 수 있는 객체, 즉 함수를 말하며, constructor는 생성자 함수로서 호출할 수 있는 함수, non-constructor는 객체를 생성자 함수로서 호출할 수 없는 함수를 의미한다.

호출할 수 없는 객체는 함수 객체가 아니므로 함수로서 기능하는 객체, 즉 함수 객체는 반드시 callable이어야 한다. 따라서 모든 함수 객체는 내부 메서드 [[Call]]을 갖고 있으므로 호출할 수 있다. 하지만 모든

---

2   http://ecma-international.org/ecma-262/11.0/#sec-ordinary-object-internal-methods-and-internal-slots
3   http://ecma-international.org/ecma-262/11.0/#sec-ecmascript-function-objects

함수 객체가 [[Construct]]를 갖는 것은 아니다. 다시 말해, 함수 객체는 constructor일 수도 있고 non-constructor일 수도 있다.

결론적으로 함수 객체는 callable이면서 constructor이거나 callable이면서 non-constructor다. 즉, 모든 함수 객체는 호출할 수 있지만 모든 함수 객체를 생성자 함수로서 호출할 수 있는 것은 아니다.

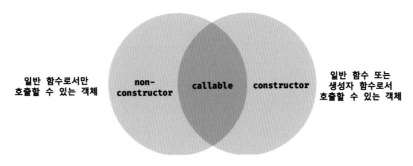

그림 17-1 모든 함수 객체는 callable이지만 모든 함수 객체가 constructor인 것은 아니다.

17.2.5 constructor와 non-constructor의 구분

자바스크립트 엔진이 어떻게 constructor와 non-constructor를 구분하는지 살펴보자. 자바스크립트 엔진은 함수 정의를 평가하여 함수 객체를 생성할 때 함수 정의 방식에 따라 함수를 constructor와 non-constructor로 구분한다.

- **constructor**: 함수 선언문, 함수 표현식, 클래스(클래스도 함수다)
- **non-constructor**: 메서드(ES6 메서드 축약 표현), 화살표 함수

이때 주의할 것은 ECMAScript 사양에서 메서드로 인정하는 범위가 일반적인 의미의 메서드보다 좁다는 것이다. 다음 예제를 살펴보자.

【 예제 17-15 】

```
// 일반 함수 정의: 함수 선언문, 함수 표현식
function foo() {}
const bar = function () {};
// 프로퍼티 x의 값으로 할당된 것은 일반 함수로 정의된 함수다. 이는 메서드로 인정하지 않는다.
const baz = {
  x: function () {}
};

// 일반 함수로 정의된 함수만이 constructor다.
new foo(); // → foo {}
new bar(); // → bar {}
```

```
new baz.x(); // → x {}

// 화살표 함수 정의
const arrow = () => {};

new arrow(); // TypeError: arrow is not a constructor

// 메서드 정의: ES6의 메서드 축약 표현만 메서드로 인정한다.
const obj = {
  x() {}
};

new obj.x(); // TypeError: obj.x is not a constructor
```

함수를 프로퍼티 값으로 사용하면 일반적으로 메서드로 통칭한다. 하지만 ECMAScript 사양에서 메서드란 ES6의 메서드 축약 표현[4]만을 의미한다. 다시 말해 함수가 어디에 할당되어 있는지에 따라 메서드인지를 판단하는 것이 아니라 함수 정의 방식에 따라 constructor와 non-constructor를 구분한다. 따라서 위 예제와 같이 일반 함수, 즉 함수 선언문과 함수 표현식으로 정의된 함수만이 constructor이고 ES6의 화살표 함수와 메서드 축약 표현으로 정의된 함수는 non-constructor다.

함수를 일반 함수로서 호출하면 함수 객체의 내부 메서드 [[Call]]이 호출되고 new 연산자와 함께 생성자 함수로서 호출하면 내부 메서드 [[Construct]]가 호출된다. non-constructor인 함수 객체는 내부 메서드 [[Construct]]를 갖지 않는다. 따라서 non-constructor인 함수 객체를 생성자 함수로서 호출하면 에러가 발생한다.

【 예제 17-16 】

```
function foo() {}

// 일반 함수로서 호출
// [[Call]]이 호출된다. 모든 함수 객체는 [[Call]]이 구현되어 있다.
foo();

// 생성자 함수로서 호출
// [[Construct]]가 호출된다. 이때 [[Construct]]를 갖지 않는다면 에러가 발생한다.
new foo();
```

주의할 것은 생성자 함수로서 호출될 것을 기대하고 정의하지 않은 일반 함수(callable이면서 constructor)에 new 연산자를 붙여 호출하면 생성자 함수처럼 동작할 수 있다는 것이다.

---

[4] 10.9.3절 "메서드 축약 표현" 참고

17.2.6 new 연산자

일반 함수와 생성자 함수에 특별한 형식적 차이는 없다. new 연산자와 함께 함수를 호출하면 해당 함수는 생성자 함수로 동작한다. 다시 말해, 함수 객체의 내부 메서드 [[Call]]이 호출되는 것이 아니라 [[Construct]]가 호출된다. 단, new 연산자와 함께 호출하는 함수는 non-constructor가 아닌 constructor이어야 한다.

【 예제 17-17 】

```javascript
// 생성자 함수로서 정의하지 않은 일반 함수
function add(x, y) {
  return x + y;
}

// 생성자 함수로서 정의하지 않은 일반 함수를 new 연산자와 함께 호출
let inst = new add();

// 함수가 객체를 반환하지 않았으므로 반환문이 무시된다. 따라서 빈 객체가 생성되어 반환된다.
console.log(inst); // {}

// 객체를 반환하는 일반 함수
function createUser(name, role) {
  return { name, role };
}

// 일반 함수를 new 연산자와 함께 호출
inst = new createUser('Lee', 'admin');
// 함수가 생성한 객체를 반환한다.
console.log(inst); // {name: "Lee", role: "admin"}
```

반대로 new 연산자 없이 생성자 함수를 호출하면 일반 함수로 호출된다. 다시 말해, 함수 객체의 내부 메서드 [[Construct]]가 호출되는 것이 아니라 [[Call]]이 호출된다.

【 예제 17-18 】

```javascript
// 생성자 함수
function Circle(radius) {
  this.radius = radius;
  this.getDiameter = function () {
    return 2 * this.radius;
  };
}

// new 연산자 없이 생성자 함수 호출하면 일반 함수로서 호출된다.
const circle = Circle(5);
```

```
console.log(circle); // undefined

// 일반 함수 내부의 this는 전역 객체 window를 가리킨다.
console.log(radius); // 5
console.log(getDiameter()); // 10

circle.getDiameter();
// TypeError: Cannot read property 'getDiameter' of undefined
```

Circle 함수를 new 연산자와 함께 생성자 함수로서 호출하면 함수 내부의 this는 Circle 생성자 함수가 생성할 인스턴스를 가리킨다. 하지만 Circle 함수를 일반적인 함수로서 호출하면 함수 내부의 this는 전역 객체 window를 가리킨다.

위 예제의 Circle 함수는 일반 함수로서 호출되었기 때문에 Circle 함수 내부의 this는 전역 객체 window를 가리킨다. 따라서 radius 프로퍼티와 getDiameter 메서드는 전역 객체의 프로퍼티와 메서드가 된다.

일반 함수와 생성자 함수에 특별한 형식적 차이는 없다. 따라서 생성자 함수는 일반적으로 첫 문자를 대문자로 기술하는 파스칼 케이스로 명명하여 일반 함수와 구별할 수 있도록 노력한다.

17.2.7 new.target

생성자 함수가 new 연산자 없이 호출되는 것을 방지하기 위해 파스칼 케이스 컨벤션을 사용한다 하더라도 실수는 언제나 발생할 수 있다. 이러한 위험성을 회피하기 위해 ES6에서는 new.target을 지원한다.

new.target은 this와 유사하게 constructor인 모든 함수 내부에서 암묵적인 지역 변수와 같이 사용되며 메타 프로퍼티라고 부른다. 참고로 IE는 new.target을 지원하지 않으므로 주의하기 바란다.

함수 내부에서 new.target을 사용하면 new 연산자와 함께 생성자 함수로서 호출되었는지 확인할 수 있다. **new 연산자와 함께 생성자 함수로서 호출되면 함수 내부의 new.target은 함수 자신을 가리킨다. new 연산자 없이 일반 함수로서 호출된 함수 내부의 new.target은 undefined다.**

따라서 함수 내부에서 new.target을 사용하여 new 연산자와 생성자 함수로서 호출했는지 확인하여 그렇지 않은 경우 new 연산자와 함께 재귀 호출을 통해 생성자 함수로서 호출할 수 있다.

【 예제 17-19 】

```
// 생성자 함수
function Circle(radius) {
  // 이 함수가 new 연산자와 함께 호출되지 않았다면 new.target은 undefined다.
  if (!new.target) {
    // new 연산자와 함께 생성자 함수를 재귀 호출하여 생성된 인스턴스를 반환한다.
    return new Circle(radius);
  }
```

```
  this.radius = radius;
  this.getDiameter = function () {
    return 2 * this.radius;
  };
}

// new 연산자 없이 생성자 함수를 호출하여도 new.target을 통해 생성자 함수로서 호출된다.
const circle = Circle(5);
console.log(circle.getDiameter());
```

📄 스코프 세이프 생성자 패턴scope-safe constructor

new.target은 ES6에서 도입된 최신 문법으로 IE에서는 지원하지 않는다. new.target을 사용할 수 없는 상황이라면 스코프 세
이프 생성자 패턴을 사용할 수 있다.

【 예제 17-20 】

```
// Scope-Safe Constructor Pattern
function Circle(radius) {
  // 생성자 함수가 new 연산자와 함께 호출되면 함수의 선두에서 빈 객체를 생성하고
  // this에 바인딩한다. 이때 this와 Circle은 프로토타입에 의해 연결된다.

  // 이 함수가 new 연산자와 함께 호출되지 않았다면 이 시점의 this는 전역 객체 window를 가리킨다.
  // 즉, this와 Circle은 프로토타입에 의해 연결되지 않는다.
  if (!(this instanceof Circle)) {
    // new 연산자와 함께 호출하여 생성된 인스턴스를 반환한다.
    return new Circle(radius);
  }

  this.radius = radius;
  this.getDiameter = function () {
    return 2 * this.radius;
  };
}

// new 연산자 없이 생성자 함수를 호출하여도 생성자 함수로서 호출된다.
const circle = Circle(5);
console.log(circle.getDiameter()); // 10
```

new 연산자와 함께 생성자 함수에 의해 생성된 객체(인스턴스)는 프로토타입에 의해 생성자 함수와 연결된
다. 이를 이용해 new 연산자와 함께 호출되었는지 확인할 수 있다. 프로토타입과 instanceof 연산자에 대해
서는 19장 "프로토타입"에서 살펴볼 것이다.

참고로 대부분의 빌트인 생성자 함수(Object, String, Number, Boolean, Function, Array, Date, RegExp, Promise 등)는 new 연산자와 함께 호출되었는지를 확인한 후 적절한 값을 반환한다.

예를 들어, Object와 Function 생성자 함수는 new 연산자 없이 호출해도 new 연산자와 함께 호출했을 때와 동일하게 동작한다.

【 예제 17-21 】

```
let obj = new Object();
console.log(obj); // {}

obj = Object();
console.log(obj); // {}

let f = new Function('x', 'return x ** x');
console.log(f); // f anonymous(x) { return x ** x }

f = Function('x', 'return x ** x');
console.log(f); // f anonymous(x) { return x ** x }
```

하지만 String, Number, Boolean 생성자 함수는 new 연산자와 함께 호출했을 때 String, Number, Boolean 객체를 생성하여 반환하지만 new 연산자 없이 호출하면 문자열, 숫자, 불리언 값을 반환한다. 이를 통해 데이터 타입을 변환[5]하기도 한다.

【 예제 17-22 】

```
const str = String(123);
console.log(str, typeof str); // 123 string

const num = Number('123');
console.log(num, typeof num); // 123 number

const bool = Boolean('true');
console.log(bool, typeof bool); // true boolean
```

---

5   9.3절 "명시적 타입 변환" 참고

18_장

함수와 일급 객체

18.1 일급 객체

다음과 같은 조건을 만족하는 객체를 **일급 객체**[1]라 한다.

1. 무명의 리터럴로 생성할 수 있다. 즉, 런타임에 생성이 가능하다.

2. 변수나 자료구조(객체, 배열 등)에 저장할 수 있다.

3. 함수의 매개변수에 전달할 수 있다.

4. 함수의 반환값으로 사용할 수 있다.

자바스크립트의 함수는 다음 예제와 같이 위의 조건을 모두 만족하므로 일급 객체다.

【 예제 18-01 】

```javascript
// 1. 함수는 무명의 리터럴로 생성할 수 있다.
// 2. 함수는 변수에 저장할 수 있다.
// 런타임(할당 단계)에 함수 리터럴이 평가되어 함수 객체가 생성되고 변수에 할당된다.
const increase = function (num) {
  return ++num;
};

const decrease = function (num) {
  return --num;
};

// 2. 함수는 객체에 저장할 수 있다.
const auxs = { increase, decrease };
```

---

1 https://ko.wikipedia.org/wiki/일급_객체

```
// 3. 함수의 매개변수에 전달할 수 있다.
// 4. 함수의 반환값으로 사용할 수 있다.
function makeCounter(aux) {
  let num = 0;

  return function () {
    num = aux(num);
    return num;
  };
}

// 3. 함수는 매개변수에게 함수를 전달할 수 있다.
const increaser = makeCounter(auxs.increase);
console.log(increaser()); // 1
console.log(increaser()); // 2

// 3. 함수는 매개변수에게 함수를 전달할 수 있다.
const decreaser = makeCounter(auxs.decrease);
console.log(decreaser()); // -1
console.log(decreaser()); // -2
```

함수가 일급 객체라는 것은 함수를 객체와 동일하게 사용할 수 있다는 의미다. 객체는 값이므로 함수는 값과 동일하게 취급할 수 있다. 따라서 함수는 값을 사용할 수 있는 곳(변수 할당문, 객체의 프로퍼티 값, 배열의 요소, 함수 호출의 인수, 함수 반환문)이라면 어디서든지 리터럴로 정의할 수 있으며 런타임runtime에 함수 객체로 평가된다.

일급 객체로서 함수가 가지는 가장 큰 특징은 일반 객체와 같이 함수의 매개변수에 전달할 수 있으며, 함수의 반환값으로 사용할 수도 있다는 것이다. 이는 함수형 프로그래밍[2]을 가능케 하는 자바스크립트의 장점 중 하나다.

함수는 객체이지만 일반 객체와는 차이가 있다. 일반 객체는 호출할 수 없지만 함수 객체는 호출할 수 있다. 그리고 함수 객체는 일반 객체에는 없는 함수 고유의 프로퍼티를 소유한다.

18.2 함수 객체의 프로퍼티

함수는 객체다. 따라서 함수도 프로퍼티를 가질 수 있다. 브라우저 콘솔에서 console.dir 메서드를 사용하여 함수 객체의 내부를 들여다보자.

---

2 12.7.5절 "순수 함수와 비순수 함수" 참고

【 예제 18-02 】

```
function square(number) {
  return number * number;
}

console.dir(square);
```

```
> function square(number) {
    return number * number;
  }

  console.dir(square);

  ▼ f square(number) 🛈
      arguments: null
      caller: null
      length: 1
      name: "square"
    ▶ prototype: {constructor: f}
    ▶ __proto__: f ()
      [[FunctionLocation]]: VM341:1
    ▶ [[Scopes]]: Scopes[1]
```

그림 18-1 함수 객체의 프로퍼티

square 함수의 모든 프로퍼티의 프로퍼티 어트리뷰트를 Object.getOwnPropertyDescriptors 메서드로 확인해 보면 다음과 같다.

【 예제 18-03 】

```
function square(number) {
  return number * number;
}

console.log(Object.getOwnPropertyDescriptors(square));
/*
{
  length: {value: 1, writable: false, enumerable: false, configurable: true},
  name: {value: "square", writable: false, enumerable: false, configurable: true},
  arguments: {value: null, writable: false, enumerable: false, configurable: false},
  caller: {value: null, writable: false, enumerable: false, configurable: false},
  prototype: {value: {...}, writable: true, enumerable: false, configurable: false}
}
*/

// __proto__는 square 함수의 프로퍼티가 아니다.
console.log(Object.getOwnPropertyDescriptor(square, '__proto__')); // undefined

// __proto__는 Object.prototype 객체의 접근자 프로퍼티다.
```

```
// square 함수는 Object.prototype 객체로부터 __proto__ 접근자 프로퍼티를 상속받는다.
console.log(Object.getOwnPropertyDescriptor(Object.prototype, '__proto__'));
// {get: f, set: f, enumerable: false, configurable: true}
```

이처럼 arguments, caller, length, name, prototype 프로퍼티는 모두 함수 객체의 데이터 프로퍼티다. 이들 프로퍼티는 일반 객체에는 없는 함수 객체 고유의 프로퍼티다. 하지만 __proto__는 접근자 프로퍼티이며, 함수 객체 고유의 프로퍼티가 아니라 Object.prototype 객체의 프로퍼티를 상속받은 것을 알 수 있다. Object.prototype 객체의 프로퍼티는 모든 객체가 상속받아 사용할 수 있다. 즉, Object.prototype 객체의 __proto__ 접근자 프로퍼티는 모든 객체가 사용할 수 있다. 상속에 대해서는 19장 "프로토타입"에서 자세히 살펴보자.

함수 객체의 프로퍼티에 대해 하나씩 살펴보도록 하자.

18.2.1 arguments 프로퍼티

함수 객체의 arguments 프로퍼티 값은 arguments 객체다. arguments 객체는 함수 호출 시 전달된 인수argument 들의 정보를 담고 있는 순회 가능한iterable 유사 배열 객체이며, 함수 내부에서 지역 변수처럼 사용된다. 즉, 함수 외부에서는 참조할 수 없다.

함수 객체의 arguments 프로퍼티는 현재 일부 브라우저에서 지원하고 있지만 ES3부터 표준에서 폐지[3]되었다. 따라서 Function.arguments와 같은 사용법은 권장되지 않으며 함수 내부에서 지역 변수처럼 사용할 수 있는 arguments 객체를 참조하도록 한다.

자바스크립트는 함수의 매개변수와 인수의 개수가 일치하는지 확인하지 않는다. 따라서 함수 호출 시 매개변수 개수만큼 인수를 전달하지 않아도 에러가 발생하지 않는다.

【 예제 18-04 】

```
function multiply(x, y) {
  console.log(arguments);
  return x * y;
}

console.log(multiply());        // NaN
console.log(multiply(1));       // NaN
console.log(multiply(1, 2));    // 2
console.log(multiply(1, 2, 3)); // 2
```

---

3 https://developer.mozilla.org/ko/docs/Web/JavaScript/Reference/Global_Objects/Function/arguments

함수를 정의할 때 선언한 매개변수는 함수 몸체 내부에서 변수와 동일하게 취급된다. 즉, 함수가 호출되면 함수 몸체 내에서 암묵적으로 매개변수가 선언되고 undefined로 초기화된 이후 인수가 할당된다.

선언된 매개변수의 개수보다 인수를 적게 전달했을 경우(multiply(), multiply(1)) 인수가 전달되지 않은 매개변수는 undefined로 초기화된 상태를 유지한다. 매개변수의 개수보다 인수를 더 많이 전달한 경우(multiply(1, 2, 3)) 초과된 인수는 무시된다.

그렇다고 초과된 인수가 그냥 버려지는 것은 아니다. 모든 인수는 암묵적으로 arguments 객체의 프로퍼티로 보관된다. 위 예제를 브라우저 콘솔에서 실행해 보자.

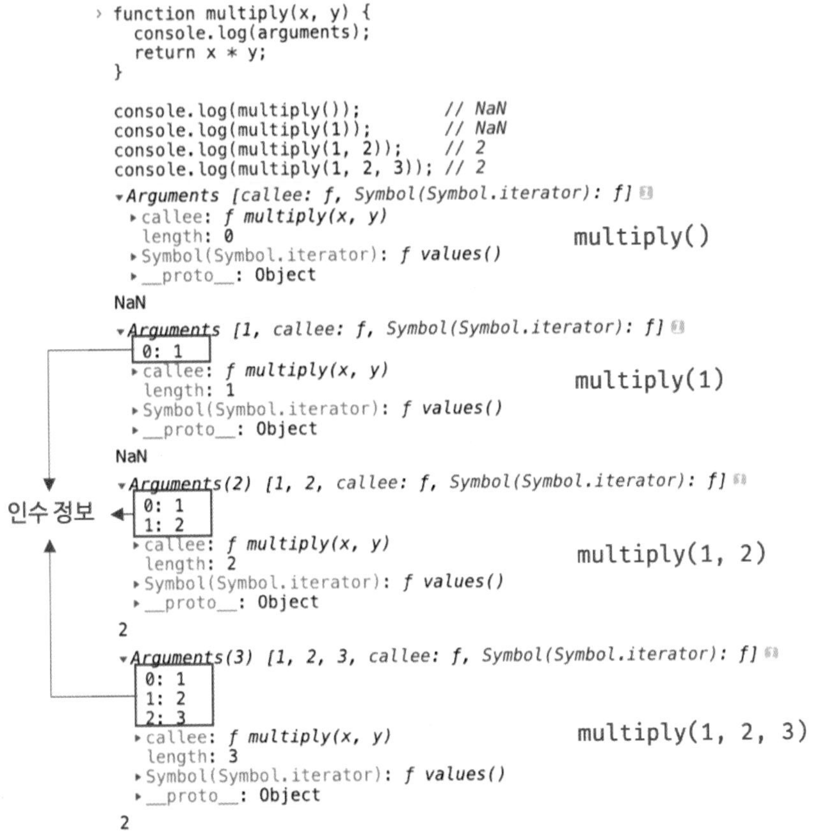

그림 18-2 arguments 객체의 프로퍼티

arguments 객체는 인수를 프로퍼티 값으로 소유하며 프로퍼티 키는 인수의 순서를 나타낸다. arguments 객체의 callee 프로퍼티는 호출되어 arguments 객체를 생성한 함수, 즉 함수 자신을 가리키고 arguments 객체의 length 프로퍼티는 인수의 개수를 가리킨다.

📄 arguments 객체의 Symbol(Symbol.iterator) 프로퍼티

arguments 객체의 Symbol(Symbol.iterator) 프로퍼티는 arguments 객체를 순회 가능한 자료구조인 이터러블^{iterable}로 만들기 위한 프로퍼티다. Symbol.iterator를 프로퍼티 키로 사용한 메서드를 구현하는 것에 의해 이터러블이 된다.

【 예제 18-05 】

```javascript
function multiply(x, y) {
  // 이터레이터
  const iterator = arguments[Symbol.iterator]();

  // 이터레이터의 next 메서드를 호출하여 이터러블 객체 arguments를 순회
  console.log(iterator.next()); // {value: 1, done: false}
  console.log(iterator.next()); // {value: 2, done: false}
  console.log(iterator.next()); // {value: 3, done: false}
  console.log(iterator.next()); // {value: undefined, done: true}

  return x * y;
}

multiply(1, 2, 3);
```

이에 대해서는 34장 "이터러블"에서 자세히 살펴보기로 하자.

선언된 매개변수의 개수와 함수를 호출할 때 전달하는 인수의 개수를 확인하지 않는 자바스크립트의 특성 때문에 함수가 호출되면 인수 개수를 확인하고 이에 따라 함수의 동작을 달리 정의할 필요가 있을 수 있다. 이때 유용하게 사용되는 것이 arguments 객체다.

arguments 객체는 매개변수 개수를 확정할 수 없는 **가변 인자 함수**를 구현할 때 유용하다.

【 예제 18-06 】

```javascript
function sum() {
  let res = 0;

  // arguments 객체는 length 프로퍼티가 있는 유사 배열 객체이므로 for 문으로 순회할 수 있다.
  for (let i = 0; i < arguments.length; i++) {
    res += arguments[i];
  }

  return res;
}

console.log(sum());       // 0
console.log(sum(1, 2));   // 3
console.log(sum(1, 2, 3)); // 6
```

arguments 객체는 배열 형태로 인자 정보를 담고 있지만 실제 배열이 아닌 유사 배열 객체^{array-like object}다. 유사 배열 객체란 length 프로퍼티를 가진 객체로 for 문으로 순회할 수 있는 객체를 말한다.

> 📄 **유사 배열 객체와 이터러블**
>
> ES6에서 도입된 이터레이션 프로토콜[4]을 준수하면 순회 가능한 자료구조인 이터러블이 된다. 이터러블의 개념이 없었던 ES5에서 arguments 객체는 유사 배열 객체로 구분되었다. 하지만 이터러블이 도입된 ES6부터 arguments 객체는 유사 배열 객체이면서 동시에 이터러블이다.

유사 배열 객체는 배열이 아니므로 배열 메서드를 사용할 경우 에러가 발생한다. 따라서 배열 메서드를 사용하려면 Function.prototype.call, Function.prototype.apply를 사용해 간접 호출해야 하는 번거로움이 있다. 간접 호출과 배열에 대해서는 아직 살펴보지 않았으므로 지금은 참고로만 알아두자. 간접 호출에 대해서는 22.2.4절 "Function.prototype.apply/call/bind 메서드에 의한 간접 호출"에서, 배열에 대해서는 27장 "배열"에서 자세히 살펴볼 것이다.

【 예제 18-07 】

```javascript
function sum() {
  // arguments 객체를 배열로 변환
  const array = Array.prototype.slice.call(arguments);
  return array.reduce(function (pre, cur) {
    return pre + cur;
  }, 0);
}

console.log(sum(1, 2));        // 3
console.log(sum(1, 2, 3, 4, 5)); // 15
```

이러한 번거로움을 해결하기 위해 ES6에서는 Rest 파라미터를 도입했다.

【 예제 18-08 】

```javascript
// ES6 Rest parameter
function sum(...args) {
  return args.reduce((pre, cur) => pre + cur, 0);
}

console.log(sum(1, 2));        // 3
console.log(sum(1, 2, 3, 4, 5)); // 15
```

ES6 Rest 파라미터의 도입으로 모던 자바스크립트에서는 arguments 객체의 중요성이 이전 같지는 않지만 언제나 ES6만 사용하지는 않을 수 있기 때문에 알아둘 필요가 있다. arguments 객체와 Rest 파라미터에 대해서는 26.4절 "Rest 파라미터"에서 좀 더 자세히 살펴볼 것이다.

---

4 34.1절 "이터레이션 프로토콜" 참고

18.2.2 caller 프로퍼티

caller 프로퍼티는 ECMAScript 사양에 포함되지 않은 비표준 프로퍼티다. 이후 표준화될 예정도 없는 프로퍼티이므로 사용하지 말고 참고로만 알아두자. 관심이 없다면 지나쳐도 좋다.

함수 객체의 caller 프로퍼티는 함수 자신을 호출한 함수를 가리킨다.

【 예제 18-09 】

```javascript
function foo(func) {
  return func();
}

function bar() {
  return 'caller : ' + bar.caller;
}

// 브라우저에서의 실행한 결과
console.log(foo(bar)); // caller : function foo(func) { ... }
console.log(bar());    // caller : null
```

함수 호출 foo(bar)의 경우 bar 함수를 foo 함수 내에서 호출했다. 이때 bar 함수의 caller 프로퍼티는 bar 함수를 호출한 foo 함수를 가리킨다. 함수 호출 bar()의 경우 bar 함수를 호출한 함수는 없다. 따라서 caller 프로퍼티는 null을 가리킨다.

위 결과는 브라우저에서 실행한 결과다. 만약 Node.js 환경에서 위 예제를 실행하면 다른 결과가 나온다. 이는 모듈과 관계가 있다. 모듈에 대해서는 48장 "모듈"에서 자세히 살펴볼 것이다.

18.2.3 length 프로퍼티

함수 객체의 length 프로퍼티는 함수를 정의할 때 선언한 매개변수의 개수를 가리킨다.

【 예제 18-10 】

```javascript
function foo() {}
console.log(foo.length); // 0

function bar(x) {
  return x;
}
console.log(bar.length); // 1

function baz(x, y) {
  return x * y;
}
console.log(baz.length); // 2
```

arguments 객체의 length 프로퍼티와 함수 객체의 length 프로퍼티의 값은 다를 수 있으므로 주의해야 한다. arguments 객체의 length 프로퍼티는 인자^{argument}의 개수를 가리키고, 함수 객체의 length 프로퍼티는 매개 변수^{parameter}의 개수를 가리킨다.

18.2.4 name 프로퍼티

함수 객체의 name 프로퍼티는 함수 이름을 나타낸다. name 프로퍼티는 ES6 이전까지는 비표준이었다가 ES6 에서 정식 표준이 되었다.

name 프로퍼티는 ES5와 ES6에서 동작을 달리하므로 주의하기 바란다. 익명 함수 표현식의 경우 ES5에서 name 프로퍼티는 빈 문자열을 값으로 갖는다. 하지만 ES6에서는 함수 객체를 가리키는 식별자를 값으로 갖 는다.

【 예제 18-11 】

```javascript
// 기명 함수 표현식
var namedFunc = function foo() {};
console.log(namedFunc.name); // foo

// 익명 함수 표현식
var anonymousFunc = function() {};
// ES5: name 프로퍼티는 빈 문자열을 값으로 갖는다.
// ES6: name 프로퍼티는 함수 객체를 가리키는 변수 이름을 값으로 갖는다.
console.log(anonymousFunc.name); // anonymousFunc

// 함수 선언문(Function declaration)
function bar() {}
console.log(bar.name); // bar
```

12.4.1절 "함수 선언문"에서 살펴본 바와 같이 함수 이름과 함수 객체를 가리키는 식별자는 의미가 다르다는 것을 잊지 말기 바란다. 함수를 호출할 때는 함수 이름이 아닌 함수 객체를 가리키는 식별자로 호출한다.

18.2.5 __proto__ 접근자 프로퍼티

모든 객체는 [[Prototype]]이라는 내부 슬롯을 갖는다. [[Prototype]] 내부 슬롯은 객체지향 프로그래밍의 상속을 구현하는 프로토타입 객체를 가리킨다. 프로토타입 객체에 대해서는 19장 "프로토타입"에서 자세히 살펴볼 것이다.

__proto__ 프로퍼티는 [[Prototype]] 내부 슬롯이 가리키는 프로토타입 객체에 접근하기 위해 사용하는 접 근자 프로퍼티다. 내부 슬롯에는 직접 접근할 수 없고 간접적인 접근 방법을 제공하는 경우에 한하여 접근할

수 있다. [[Prototype]] 내부 슬롯에도 직접 접근할 수 없으며 __proto__ 접근자 프로퍼티를 통해 간접적으로 프로토타입 객체에 접근할 수 있다.

【 예제 18-12 】

```
const obj = { a: 1 };

// 객체 리터럴 방식으로 생성한 객체의 프로토타입 객체는 Object.prototype이다.
console.log(obj.__proto__ === Object.prototype); // true

// 객체 리터럴 방식으로 생성한 객체는 프로토타입 객체인 Object.prototype의 프로퍼티를 상속받는다.
// hasOwnProperty 메서드는 Object.prototype의 메서드다.
console.log(obj.hasOwnProperty('a'));          // true
console.log(obj.hasOwnProperty('__proto__')); // false
```

📄 hasOwnProperty 메서드

hasOwnProperty 메서드[5]는 이름에서 알 수 있듯이 인수로 전달받은 프로퍼티 키가 객체 고유의 프로퍼티 키인 경우에만 true를 반환하고 상속받은 프로토타입의 프로퍼티 키인 경우 false를 반환한다.

18.2.6 prototype 프로퍼티

prototype 프로퍼티는 생성자 함수로 호출할 수 있는 함수 객체, 즉 constructor만이 소유하는 프로퍼티다. 일반 객체와 생성자 함수로 호출할 수 없는 non-constructor에는 prototype 프로퍼티가 없다.

【 예제 18-13 】

```
// 함수 객체는 prototype 프로퍼티를 소유한다.
(function () {}).hasOwnProperty('prototype'); // → true

// 일반 객체는 prototype 프로퍼티를 소유하지 않는다.
({}).hasOwnProperty('prototype'); // → false
```

prototype 프로퍼티는 함수가 객체를 생성하는 생성자 함수로 호출될 때 생성자 함수가 생성할 인스턴스의 프로토타입 객체를 가리킨다.

---

5 19.13.2절 "Object.prototype.hasOwnProperty 메서드" 참고

## 19장

프로토타입

자바스크립트는 명령형imperative, 함수형functional, 프로토타입 기반prototype-based 객체지향 프로그래밍OOP; Object Oriented Programming을 지원하는 멀티 패러다임 프로그래밍 언어다.

간혹 C++나 자바 같은 클래스 기반 객체지향 프로그래밍 언어의 특징인 클래스와 상속, 캡슐화를 위한 키워드인 public, private, protected 등이 없어서 자바스크립트는 객체지향 언어가 아니라고 오해(자바스크립트는 가장 많은 오해를 받는 언어다)하는 경우도 있다. 하지만 자바스크립트는 클래스 기반 객체지향 프로그래밍 언어보다 효율적이며 더 강력한 객체지향 프로그래밍 능력을 지니고 있는 프로토타입 기반의 객체지향 프로그래밍 언어다.

> **클래스**class
>
> ES6에서 클래스가 도입되었다. 하지만 ES6의 클래스가 기존의 프로토타입 기반 객체지향 모델을 폐지하고 새로운 객체지향 모델을 제공하는 것은 아니다. 사실 클래스도 함수이며, 기존 프로토타입 기반 패턴의 문법적 설탕syntactic sugar[1]이라고 볼 수 있다.
>
> 클래스와 생성자 함수는 모두 프로토타입 기반의 인스턴스를 생성하지만 정확히 동일하게 동작하지는 않는다. 클래스는 생성자 함수보다 엄격하며 클래스는 생성자 함수에서는 제공하지 않는 기능도 제공한다.
>
> 따라서 클래스를 프로토타입 기반 객체 생성 패턴의 단순한 문법적 설탕으로 보기보다는 새로운 객체 생성 메커니즘으로 보는 것이 좀 더 합당하다고 할 수 있다. 클래스에 대해서는 25장 "클래스"에서 자세히 살펴보자.

자바스크립트는 객체 기반의 프로그래밍 언어이며 **자바스크립트를 이루고 있는 거의 "모든 것"이 객체**다. 원시 타입primitive type의 값을 제외한 나머지 값들(함수, 배열, 정규 표현식 등)은 모두 객체다.

먼저 객체지향 프로그래밍에 대해 간단히 살펴보자.

---

1   https://en.wikipedia.org/wiki/Syntactic_sugar

19.1 객체지향 프로그래밍

객체지향 프로그래밍은 프로그램을 명령어 또는 함수의 목록으로 보는 전통적인 명령형 프로그래밍imperative programming의 절차지향적 관점에서 벗어나 여러 개의 독립적 단위, 즉 객체object의 집합으로 프로그램을 표현하려는 프로그래밍 패러다임을 말한다.

객체지향 프로그래밍은 실세계의 실체(사물이나 개념)를 인식하는 철학적 사고를 프로그래밍에 접목하려는 시도에서 시작한다. 실체는 특징이나 성질을 나타내는 **속성**attribute/property을 가지고 있고, 이를 통해 실체를 인식하거나 구별할 수 있다.

예를 들어, 사람은 이름, 주소, 성별, 나이, 신장, 체중, 학력, 성격, 직업 등 다양한 속성을 갖는다. 이때 "이름이 아무개이고 성별은 여성이며 나이는 20세인 사람"과 같이 속성을 구체적으로 표현하면 특정한 사람을 다른 사람과 구별하여 인식할 수 있다.

이러한 방식을 프로그래밍에 접목시켜보자. 사람에게는 다양한 속성이 있으나 우리가 구현하려는 프로그램에서는 사람의 "이름"과 "주소"라는 속성에만 관심이 있다고 가정하자. 이처럼 다양한 속성 중에서 프로그램에 필요한 속성만 간추려 내어 표현하는 것을 **추상화**abstraction라 한다.

"이름"과 "주소"라는 속성을 갖는 person이라는 객체를 자바스크립트로 표현하면 다음과 같다.

【 예제 19-01 】

```javascript
// 이름과 주소 속성을 갖는 객체
const person = {
  name: 'Lee',
  address: 'Seoul'
};

console.log(person); // {name: "Lee", address: "Seoul"}
```

이때 프로그래머(subject, 주체)는 이름과 주소 속성으로 표현된 객체(object)인 person을 다른 객체와 구별하여 인식할 수 있다. 이처럼 **속성을 통해 여러 개의 값을 하나의 단위로 구성한 복합적인 자료구조**를 객체라 하며, 객체지향 프로그래밍은 독립적인 객체의 집합으로 프로그램을 표현하려는 프로그래밍 패러다임이다.

이번에는 원Circle이라는 개념을 객체로 만들어보자. 원에는 반지름이라는 속성이 있다. 이 반지름을 가지고 원의 지름, 둘레, 넓이를 구할 수 있다. 이때 반지름은 원의 **상태를 나타내는 데이터**이며 원의 지름, 둘레, 넓이를 구하는 것은 **동작**이다.

【 예제 19-02 】

```javascript
const circle = {
  radius: 5, // 반지름
```

```javascript
  // 원의 지름: 2r
  getDiameter() {
    return 2 * this.radius;
  },

  // 원의 둘레: 2πr
  getPerimeter() {
    return 2 * Math.PI * this.radius;
  },

  // 원의 넓이: πrr
  getArea() {
    return Math.PI * this.radius ** 2;
  }
};

console.log(circle);
// {radius: 5, getDiameter: f, getPerimeter: f, getArea: f}

console.log(circle.getDiameter());  // 10
console.log(circle.getPerimeter()); // 31.41592653589793
console.log(circle.getArea());      // 78.53981633974483
```

이처럼 객체지향 프로그래밍은 객체의 **상태**state를 나타내는 데이터와 상태 데이터를 조작할 수 있는 **동작**behavior을 하나의 논리적인 단위로 묶어 생각한다. 따라서 객체는 **상태 데이터와 동작을 하나의 논리적인 단위로 묶은 복합적인 자료구조**라고 할 수 있다. 이때 객체의 상태 데이터를 프로퍼티property, 동작을 메서드method라 부른다.

각 객체는 고유의 기능을 갖는 독립적인 부품으로 볼 수 있지만 자신의 고유한 기능을 수행하면서 다른 객체와 관계성relationship을 가질 수 있다. 다른 객체와 메시지를 주고받거나 데이터를 처리할 수도 있다. 또는 다른 객체의 상태 데이터나 동작을 상속받아 사용하기도 한다.

19.2 상속과 프로토타입

상속inheritance은 객체지향 프로그래밍의 핵심 개념으로, 어떤 객체의 프로퍼티 또는 메서드를 다른 객체가 상속받아 그대로 사용할 수 있는 것을 말한다.

자바스크립트는 프로토타입을 기반으로 상속을 구현하여 불필요한 중복을 제거한다. 중복을 제거하는 방법은 기존의 코드를 적극적으로 재사용하는 것이다. 코드 재사용은 개발 비용을 현저히 줄일 수 있는 잠재력이 있으므로 매우 중요하다. 다음 예제를 살펴보자.

【 예제 19-03 】

```javascript
// 생성자 함수
function Circle(radius) {
  this.radius = radius;
  this.getArea = function () {
    // Math.PI는 원주율을 나타내는 상수다.
    return Math.PI * this.radius ** 2;
  };
}

// 반지름이 1인 인스턴스 생성
const circle1 = new Circle(1);
// 반지름이 2인 인스턴스 생성
const circle2 = new Circle(2);

// Circle 생성자 함수는 인스턴스를 생성할 때마다 동일한 동작을 하는
// getArea 메서드를 중복 생성하고 모든 인스턴스가 중복 소유한다.
// getArea 메서드는 하나만 생성하여 모든 인스턴스가 공유해서 사용하는 것이 바람직하다.
console.log(circle1.getArea === circle2.getArea); // false

console.log(circle1.getArea()); // 3.141592653589793
console.log(circle2.getArea()); // 12.566370614359172
```

17.2절 "생성자 함수"에서 살펴본 바와 같이 생성자 함수는 동일한 프로퍼티(메서드 포함) 구조를 갖는 객체를 여러 개 생성할 때 유용하다. 하지만 위 예제의 생성자 함수는 문제가 있다.

Circle 생성자 함수가 생성하는 모든 객체(인스턴스)는 radius 프로퍼티와 getArea 메서드를 갖는다. radius 프로퍼티 값은 일반적으로 인스턴스마다 다르다(같은 상태를 갖는 여러 개의 인스턴스가 필요하다면 radius 프로퍼티 값이 같을 수도 있다). 하지만 getArea 메서드는 모든 인스턴스가 동일한 내용의 메서드를 사용하므로 단 하나만 생성하여 모든 인스턴스가 공유해서 사용하는 것이 바람직하다. 그런데 Circle 생성자 함수는 인스턴스를 생성할 때마다 getArea 메서드를 중복 생성하고 모든 인스턴스가 중복 소유한다.

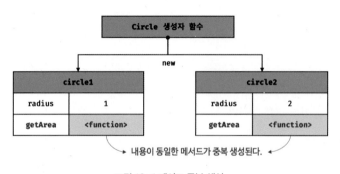

그림 19-1 메서드 중복 생성

이처럼 동일한 생성자 함수에 의해 생성된 모든 인스턴스가 동일한 메서드를 중복 소유하는 것은 메모리를 불필요하게 낭비한다. 또한 인스턴스를 생성할 때마다 메서드를 생성하므로 퍼포먼스에도 악영향을 준다. 만약 10개의 인스턴스를 생성하면 내용이 동일한 메서드도 10개 생성된다.

상속을 통해 불필요한 중복을 제거해 보자. **자바스크립트는 프로토타입**prototype**을 기반으로 상속을 구현한다.**

【 예제 19-04 】

```javascript
// 생성자 함수
function Circle(radius) {
  this.radius = radius;
}

// Circle 생성자 함수가 생성한 모든 인스턴스가 getArea 메서드를
// 공유해서 사용할 수 있도록 프로토타입에 추가한다.
// 프로토타입은 Circle 생성자 함수의 prototype 프로퍼티에 바인딩되어 있다.
Circle.prototype.getArea = function () {
  return Math.PI * this.radius ** 2;
};

// 인스턴스 생성
const circle1 = new Circle(1);
const circle2 = new Circle(2);

// Circle 생성자 함수가 생성한 모든 인스턴스는 부모 객체의 역할을 하는
// 프로토타입 Circle.prototype으로부터 getArea 메서드를 상속받는다.
// 즉, Circle 생성자 함수가 생성하는 모든 인스턴스는 하나의 getArea 메서드를 공유한다.
console.log(circle1.getArea === circle2.getArea); // true

console.log(circle1.getArea()); // 3.141592653589793
console.log(circle2.getArea()); // 12.566370614359172
```

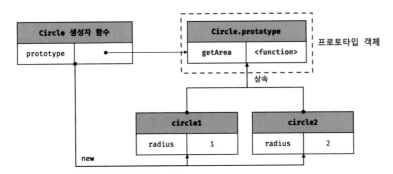

그림 19-2 상속에 의한 메서드 공유

Circle 생성자 함수가 생성한 모든 인스턴스는 자신의 프로토타입, 즉 상위(부모) 객체 역할을 하는 Circle. prototype의 모든 프로퍼티와 메서드를 상속받는다.

getArea 메서드는 단 하나만 생성되어 프로토타입인 Circle.prototype의 메서드로 할당되어 있다. 따라서 Circle 생성자 함수가 생성하는 모든 인스턴스는 getArea 메서드를 상속받아 사용할 수 있다. 즉, 자신의 상태를 나타내는 radius 프로퍼티만 개별적으로 소유하고 내용이 동일한 메서드는 상속을 통해 공유하여 사용하는 것이다.

상속은 코드의 재사용이란 관점에서 매우 유용하다. 생성자 함수가 생성할 모든 인스턴스가 공통적으로 사용할 프로퍼티나 메서드를 프로토타입에 미리 구현해 두면 생성자 함수가 생성할 모든 인스턴스는 별도의 구현 없이 상위(부모) 객체인 프로토타입의 자산을 공유하여 사용할 수 있다.

19.3 프로토타입 객체

프로토타입 객체(또는 줄여서 프로토타입)란 객체지향 프로그래밍의 근간을 이루는 객체 간 상속inheritance을 구현하기 위해 사용된다. 프로토타입은 어떤 객체의 상위(부모) 객체의 역할을 하는 객체로서 다른 객체에 공유 프로퍼티(메서드 포함)를 제공한다. 프로토타입을 상속받은 하위(자식) 객체는 상위 객체의 프로퍼티를 자신의 프로퍼티처럼 자유롭게 사용할 수 있다.

모든 객체는 [[Prototype]][2]이라는 내부 슬롯을 가지며, 이 내부 슬롯의 값은 프로토타입의 참조(null인 경우도 있다)다. [[Prototype]]에 저장되는 프로토타입은 객체 생성 방식에 의해 결정된다. 즉, 객체가 생성될 때 객체 생성 방식에 따라 프로토타입이 결정되고 [[Prototype]]에 저장된다.

예를 들어, 객체 리터럴에 의해 생성된 객체의 프로토타입은 Object.prototype이고 생성자 함수에 의해 생성된 객체의 프로토타입은 생성자 함수의 prototype 프로퍼티에 바인딩되어 있는 객체다. 이에 대해서는 19.6절 "객체 생성 방식과 프로토타입의 결정"에서 자세히 살펴볼 것이다.

모든 객체는 하나의 프로토타입을 갖는다.[3] 그리고 모든 프로토타입은 생성자 함수와 연결되어 있다. 즉, 객체와 프로토타입과 생성자 함수는 다음 그림과 같이 서로 연결되어 있다.

---

2   https://www.ecma-international.org/ecma-262/11.0/#sec-ordinary-object-internal-methods-and-internal-slots

3   [[Prototype]] 내부 슬롯의 값이 null인 객체는 프로토타입이 없다.

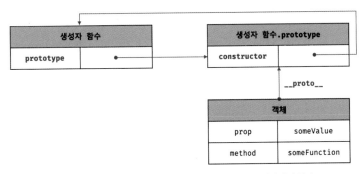

그림 19-3 객체와 프로토타입과 생성자 함수는 서로 연결되어 있다.

[[Prototype]] 내부 슬롯에는 직접 접근할 수 없지만, 위 그림처럼 __proto__ 접근자 프로퍼티를 통해 자신의 프로토타입, 즉 자신의 [[Prototype]] 내부 슬롯이 가리키는 프로토타입에 간접적으로 접근할 수 있다. 그리고 프로토타입은 자신의 constructor 프로퍼티를 통해 생성자 함수에 접근할 수 있고, 생성자 함수는 자신의 prototype 프로퍼티를 통해 프로토타입에 접근할 수 있다.

19.3.1 __proto__ 접근자 프로퍼티

모든 객체는 __proto__ 접근자 프로퍼티를 통해 자신의 프로토타입, 즉 [[Prototype]] 내부 슬롯에 간접적으로 접근할 수 있다. 다음 예제를 크롬 브라우저의 콘솔에서 출력해보자.

【 예제 19-05 】

```
const person = { name: 'Lee' };
```

```
> const person = { name: 'Lee' };
< undefined
> person
< ▼ {name: "Lee"} 🔳
    name: "Lee"                          person 객체의 프로퍼티
  ▼ __proto__:                           person 객체의 프로토타입
    ▶ constructor: f Object()
    ▶ hasOwnProperty: f hasOwnProperty()
    ▶ isPrototypeOf: f isPrototypeOf()
    ▶ propertyIsEnumerable: f propertyIsEnumerable()
    ▶ toLocaleString: f toLocaleString()
    ▶ toString: f toString()
    ▶ valueOf: f valueOf()
    ▶ __defineGetter__: f __defineGetter__()
    ▶ __defineSetter__: f __defineSetter__()
    ▶ __lookupGetter__: f __lookupGetter__()
    ▶ __lookupSetter__: f __lookupSetter__()
    ▶ get __proto__: f __proto__()
    ▶ set __proto__: f __proto__()
```

그림 19-4 크롬 브라우저의 콘솔에서 출력한 객체의 프로퍼티

그림의 빨간 박스로 표시한 것이 person 객체의 프로토타입인 Object.prototype이다. 이는 __proto__ 접근자 프로퍼티를 통해 person 객체의 [[Prototype]] 내부 슬롯이 가리키는 객체인 Object.prototype에 접근한 결과를 크롬 브라우저가 콘솔에 표시한 것이다. 이처럼 모든 객체는 __proto__ 접근자 프로퍼티를 통해 프로토타입을 가리키는 [[Prototype]] 내부 슬롯에 접근할 수 있다.

__proto__는 접근자 프로퍼티다.

16.1절 "내부 슬롯과 내부 메서드"에서 살펴보았듯이 내부 슬롯은 프로퍼티가 아니다. 따라서 자바스크립트는 원칙적으로 내부 슬롯과 내부 메서드에 직접적으로 접근하거나 호출할 수 있는 방법을 제공하지 않는다. 단, 일부 내부 슬롯과 내부 메서드에 한하여 간접적으로 접근할 수 있는 수단을 제공하기는 한다. [[Prototype]] 내부 슬롯에도 직접 접근할 수 없으며 __proto__ 접근자 프로퍼티를 통해 간접적으로 [[Prototype]] 내부 슬롯의 값, 즉 프로토타입에 접근할 수 있다.

16.3.2절 "접근자 프로퍼티"에서 살펴본 것처럼 접근자 프로퍼티는 자체적으로는 값([[Value]] 프로퍼티 어트리뷰트)을 갖지 않고 다른 데이터 프로퍼티의 값을 읽거나 저장할 때 사용하는 접근자 함수(accessor function), 즉 [[Get]], [[Set]] 프로퍼티 어트리뷰트로 구성된 프로퍼티다.

```
> Object.getOwnPropertyDescriptor(Object.prototype, '__proto__')
< ▼{get: f, set: f, enumerable: false, configurable: true} 🛈
      configurable: true
      enumerable: false
    ▶ get: f __proto__()
    ▶ set: f __proto__()
    ▶ __proto__: Object
```

그림 19-5 Object.prototype.__proto__는 접근자 프로퍼티다.

Object.prototype의 접근자 프로퍼티인 __proto__는 getter/setter 함수라고 부르는 접근자 함수([[Get]], [[Set]] 프로퍼티 어트리뷰트에 할당된 함수)를 통해 [[Prototype]] 내부 슬롯의 값, 즉 프로토타입을 취득하거나 할당한다. __proto__ 접근자 프로퍼티를 통해 프로토타입에 접근하면 내부적으로 __proto__ 접근자 프로퍼티의 getter 함수인 [[Get]](그림 19-5의 get __proto__)이 호출된다. __proto__ 접근자 프로퍼티를 통해 새로운 프로토타입을 할당하면 __proto__ 접근자 프로퍼티의 setter 함수인 [[Set]](그림 19-5의 set __proto__)이 호출된다.

【 예제 19-06 】

```
const obj = {};
const parent = { x: 1 };

// getter 함수인 get __proto__가 호출되어 obj 객체의 프로토타입을 취득
obj.__proto__;
```

```
// setter 함수인 set __proto__가 호출되어 obj 객체의 프로토타입을 교체
obj.__proto__ = parent;

console.log(obj.x); // 1
```

__proto__ 접근자 프로퍼티는 상속을 통해 사용된다.

__proto__ 접근자 프로퍼티는 객체가 직접 소유하는 프로퍼티가 아니라 Object.prototype의 프로퍼티다.
모든 객체는 상속을 통해 Object.prototype.__proto__ 접근자 프로퍼티를 사용할 수 있다.

【 예제 19-07 】

```
const person = { name: 'Lee' };

// person 객체는 __proto__ 프로퍼티를 소유하지 않는다.
console.log(person.hasOwnProperty('__proto__')); // false

// __proto__ 프로퍼티는 모든 객체의 프로토타입 객체인 Object.prototype의 접근자 프로퍼티다.
console.log(Object.getOwnPropertyDescriptor(Object.prototype, '__proto__'));
// {get: f, set: f, enumerable: false, configurable: true}

// 모든 객체는 Object.prototype의 접근자 프로퍼티 __proto__를 상속받아 사용할 수 있다.
console.log({}.__proto__ === Object.prototype); // true
```

📄 Object.prototype

모든 객체는 프로토타입의 계층 구조인 프로토타입 체인에 묶여 있다. 자바스크립트 엔진은 객체의 프로퍼티(메서드 포함)에 접근
하려고 할 때 해당 객체에 접근하려는 프로퍼티가 없다면 __proto__ 접근자 프로퍼티가 가리키는 참조를 따라 자신의 부모 역할
을 하는 프로토타입의 프로퍼티를 순차적으로 검색한다. 프로토타입 체인의 종점, 즉 프로토타입 체인의 최상위 객체는 Object.
prototype이며, 이 객체의 프로퍼티와 메서드는 모든 객체에 상속된다. 이에 대해서는 19.7절 "프로토타입 체인"에서 자세히 살
펴보도록 하자.

__proto__ 접근자 프로퍼티를 통해 프로토타입에 접근하는 이유

[[Prototype]] 내부 슬롯의 값, 즉 프로토타입에 접근하기 위해 접근자 프로퍼티를 사용하는 이유는 상호 참
조에 의해 프로토타입 체인이 생성되는 것을 방지하기 위해서다. 다음 예제를 살펴보자.

【 예제 19-08 】

```
const parent = {};
const child = {};

// child의 프로토타입을 parent로 설정
child.__proto__ = parent;
// parent의 프로토타입을 child로 설정
parent.__proto__ = child; // TypeError: Cyclic __proto__ value
```

위 예제에서는 parent 객체를 child 객체의 프로토타입으로 설정한 후, child 객체를 parent 객체의 프로토타입으로 설정했다. 이러한 코드가 에러 없이 정상적으로 처리되면 서로가 자신의 프로토타입이 되는 비정상적인 프로토타입 체인이 만들어지기 때문에 __proto__ 접근자 프로퍼티는 에러를 발생시킨다.

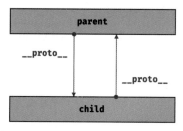

그림 19-6 서로가 자신의 프로토타입이 되는 비정상적인 프로토타입 체인

프로토타입 체인은 단방향 링크드 리스트[4]로 구현되어야 한다. 즉, 프로퍼티 검색 방향이 한쪽 방향으로만 흘러가야 한다. 하지만 위 그림과 같이 서로가 자신의 프로토타입이 되는 비정상적인 프로토타입 체인, 다시 말해 순환 참조circular reference하는 프로토타입 체인이 만들어지면 프로토타입 체인 종점이 존재하지 않기 때문에 프로토타입 체인에서 프로퍼티를 검색할 때 무한 루프에 빠진다. 따라서 아무런 체크 없이 무조건적으로 프로토타입을 교체할 수 없도록 __proto__ 접근자 프로퍼티를 통해 프로토타입에 접근하고 교체하도록 구현되어 있다.

__proto__ 접근자 프로퍼티를 코드 내에서 직접 사용하는 것은 권장하지 않는다.

__proto__ 접근자 프로퍼티는 ES5까지 ECMAScript 사양에 포함되지 않은 비표준이었다. 하지만 일부 브라우저에서 __proto__를 지원하고 있었기 때문에 브라우저 호환성을 고려하여 ES6에서 __proto__를 표준으로 채택했다. 현재 대부분의 브라우저(IE 11 이상)가 __proto__를 지원한다.

하지만 코드 내에서 __proto__ 접근자 프로퍼티를 직접 사용하는 것은 권장하지 않는다. 모든 객체가 __proto__ 접근자 프로퍼티를 사용할 수 있는 것은 아니기 때문이다. 나중에 살펴보겠지만 직접 상속[5]을 통해 다음과 같이 Object.prototype을 상속받지 않는 객체를 생성할 수도 있기 때문에 __proto__ 접근자 프로퍼티를 사용할 수 없는 경우가 있다.

【 예제 19-09 】

```javascript
// obj는 프로토타입 체인의 종점이다. 따라서 Object.__proto__를 상속받을 수 없다.
const obj = Object.create(null);
```

---

4 https://ko.wikipedia.org/wiki/연결_리스트
5 19.11절 "직접 상속" 참고

```
// obj는 Object.__proto__를 상속받을 수 없다.
console.log(obj.__proto__); // undefined

// 따라서 __proto__보다 Object.getPrototypeOf 메서드를 사용하는 편이 좋다.
console.log(Object.getPrototypeOf(obj)); // null
```

따라서 `__proto__` 접근자 프로퍼티 대신 프로토타입의 참조를 취득하고 싶은 경우에는 `Object.getPrototypeOf` 메서드[6]를 사용하고, 프로토타입을 교체하고 싶은 경우에는 `Object.setPrototypeOf` 메서드[7]를 사용할 것을 권장한다.

【 예제 19-10 】

```
const obj = {};
const parent = { x: 1 };

// obj 객체의 프로토타입을 취득
Object.getPrototypeOf(obj); // obj.__proto__;
// obj 객체의 프로토타입을 교체
Object.setPrototypeOf(obj, parent); // obj.__proto__ = parent;

console.log(obj.x); // 1
```

`Object.getPrototypeOf` 메서드[8]와 `Object.setPrototypeOf` 메서드[9]는 get Object.prototype.__proto__와 set Object.prototype.__proto__의 처리 내용과 정확히 일치한다. `Object.getPrototypeOf` 메서드는 ES5에서 도입된 메서드이며, IE9 이상에서 지원한다. `Object.setPrototypeOf` 메서드는 ES6에서 도입된 메서드이며, IE11 이상에서 지원한다.

19.3.2 함수 객체의 prototype 프로퍼티

함수 객체만이 소유하는 **prototype 프로퍼티는 생성자 함수가 생성할 인스턴스의 프로토타입을 가리킨다.**

【 예제 19-11 】

```
// 함수 객체는 prototype 프로퍼티를 소유한다.
(function () {}).hasOwnProperty('prototype'); // → true

// 일반 객체는 prototype 프로퍼티를 소유하지 않는다.
({}).hasOwnProperty('prototype'); // → false
```

---

6 https://developer.mozilla.org/ko/docs/Web/JavaScript/Reference/Global_Objects/Object/getPrototypeOf
7 https://developer.mozilla.org/ko/docs/Web/JavaScript/Reference/Global_Objects/Object/setPrototypeOf
8 https://www.ecma-international.org/ecma-262/11.0/#sec-object.getprototypeof
9 https://www.ecma-international.org/ecma-262/11.0/#sec-object.setprototypeof

prototype 프로퍼티는 생성자 함수가 생성할 객체(인스턴스)의 프로토타입을 가리킨다. 따라서 생성자 함수로서 호출할 수 없는 함수, 즉 non-constructor[10]인 화살표 함수와 ES6 메서드 축약 표현으로 정의한 메서드는 prototype 프로퍼티를 소유하지 않으며 프로토타입도 생성하지 않는다.

【 예제 19-12 】

```
// 화살표 함수는 non-constructor다.
const Person = name => {
  this.name = name;
};

// non-constructor는 prototype 프로퍼티를 소유하지 않는다.
console.log(Person.hasOwnProperty('prototype')); // false

// non-constructor는 프로토타입을 생성하지 않는다.
console.log(Person.prototype); // undefined

// ES6의 메서드 축약 표현으로 정의한 메서드는 non-constructor다.
const obj = {
  foo() {}
};

// non-constructor는 prototype 프로퍼티를 소유하지 않는다.
console.log(obj.foo.hasOwnProperty('prototype')); // false

// non-constructor는 프로토타입을 생성하지 않는다.
console.log(obj.foo.prototype); // undefined
```

생성자 함수로 호출하기 위해 정의하지 않은 일반 함수(함수 선언문, 함수 표현식)도 prototype 프로퍼티를 소유하지만 객체를 생성하지 않는 일반 함수의 prototype 프로퍼티는 아무런 의미가 없다.

모든 객체가 가지고 있는(엄밀히 말하면 Object.prototype으로부터 상속받은) __proto__ 접근자 프로퍼티와 함수 객체만이 가지고 있는 prototype 프로퍼티는 결국 동일한 프로토타입을 가리킨다. 하지만 이들 프로퍼티를 사용하는 주체가 다르다.

구분	소유	값	사용 주체	사용 목적
__proto__ 접근자 프로퍼티	모든 객체	프로토타입의 참조	모든 객체	객체가 자신의 프로토타입에 접근 또는 교체하기 위해 사용
prototype 프로퍼티	constructor	프로토타입의 참조	생성자 함수	생성자 함수가 자신이 생성할 객체(인스턴스)의 프로토타입을 할당하기 위해 사용

---

10 17.2.5절 "constructor와 non-constructor의 구분" 참고

예를 들어, 생성자 함수로 객체를 생성한 후 `__proto__` 접근자 프로퍼티와 prototype 프로퍼티로 프로토타입 객체에 접근해보자.

【 예제 19-13 】

```javascript
// 생성자 함수
function Person(name) {
  this.name = name;
}

const me = new Person('Lee');

// 결국 Person.prototype과 me.__proto__는 결국 동일한 프로토타입을 가리킨다.
console.log(Person.prototype === me.__proto__);  // true
```

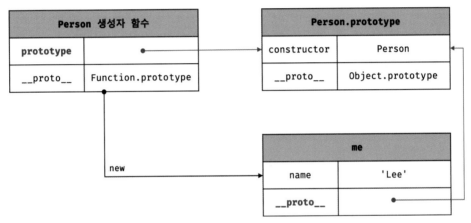

그림 19-7 객체의 `__proto__` 접근자 프로퍼티와 함수 객체의 prototype 프로퍼티는 결국 동일한 프로토타입을 가리킨다.

19.3.3 프로토타입의 constructor 프로퍼티와 생성자 함수

모든 프로토타입은 constructor 프로퍼티를 갖는다. 이 constructor 프로퍼티는 prototype 프로퍼티로 자신을 참조하고 있는 생성자 함수를 가리킨다. 이 연결은 생성자 함수가 생성될 때, 즉 함수 객체가 생성될 때 이뤄진다. 다음 예제를 살펴보자.

【 예제 19-14 】

```javascript
// 생성자 함수
function Person(name) {
  this.name = name;
}

const me = new Person('Lee');
```

```
// me 객체의 생성자 함수는 Person이다.
console.log(me.constructor === Person);  // true
```

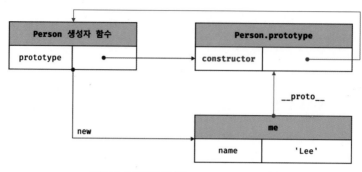

그림 19-8 프로토타입의 constructor 프로퍼티

위 예제에서 Person 생성자 함수는 me 객체를 생성했다. 이때 me 객체는 프로토타입의 constructor 프로퍼티를 통해 생성자 함수와 연결된다. me 객체에는 constructor 프로퍼티가 없지만 me 객체의 프로토타입인 Person.prototype에는 constructor 프로퍼티가 있다. 따라서 me 객체는 프로토타입인 Person.prototype의 constructor 프로퍼티를 상속받아 사용할 수 있다.

19.4 리터럴 표기법에 의해 생성된 객체의 생성자 함수와 프로토타입

앞에서 살펴본 바와 같이 생성자 함수에 의해 생성된 인스턴스는 프로토타입의 constructor 프로퍼티에 의해 생성자 함수와 연결된다. 이때 constructor 프로퍼티가 가리키는 생성자 함수는 인스턴스를 생성한 생성자 함수다.

【 예제 19-15 】

```
// obj 객체를 생성한 생성자 함수는 Object다.
const obj = new Object();
console.log(obj.constructor === Object); // true

// add 함수 객체를 생성한 생성자 함수는 Function이다.
const add = new Function('a', 'b', 'return a + b');
console.log(add.constructor === Function); // true

// 생성자 함수
function Person(name) {
  this.name = name;
}
```

```
// me 객체를 생성한 생성자 함수는 Person이다.
const me = new Person('Lee');
console.log(me.constructor === Person); // true
```

하지만 리터럴 표기법에 의한 객체 생성 방식과 같이 명시적으로 new 연산자와 함께 생성자 함수를 호출하여 인스턴스를 생성하지 않는 객체 생성 방식도 있다.

【 예제 19-16 】

```
// 객체 리터럴
const obj = {};

// 함수 리터럴
const add = function (a, b) { return a + b; };

// 배열 리터럴
const arr = [1, 2, 3];

// 정규 표현식 리터럴
const regexp = /is/ig;
```

리터럴 표기법에 의해 생성된 객체도 물론 프로토타입이 존재한다. 하지만 리터럴 표기법에 의해 생성된 객체의 경우 프로토타입의 constructor 프로퍼티가 가리키는 생성자 함수가 반드시 객체를 생성한 생성자 함수라고 단정할 수는 없다.

【 예제 19-17 】

```
// obj 객체는 Object 생성자 함수로 생성한 객체가 아니라 객체 리터럴로 생성했다.
const obj = {};

// 하지만 obj 객체의 생성자 함수는 Object 생성자 함수다.
console.log(obj.constructor === Object); // true
```

위 예제의 obj 객체는 Object 생성자 함수로 생성한 객체가 아니라 객체 리터럴에 의해 생성된 객체다. 하지만 obj 객체는 Object 생성자 함수와 constructor 프로퍼티로 연결되어 있다. 그렇다면 객체 리터럴에 의해 생성된 객체는 사실 Object 생성자 함수로 생성되는 것은 아닐까? ECMAScript 사양을 살펴보자. Object 생성자 함수는 다음과 같이 구현하도록 정의되어 있다.

19.1.1.1 Object ([*value*])

When the **Object** function is called with optional argument *value*, the following steps are taken:

1. If NewTarget is neither **undefined** nor the active function, then
   a. Return ? OrdinaryCreateFromConstructor(NewTarget, **"%Object.prototype%"**).
2. If *value* is **undefined** or **null**, return OrdinaryObjectCreate(%Object.prototype%).
3. Return ! ToObject(*value*).

The **"length"** property of the **Object** constructor function is 1.

그림 19-9 Object 생성자 함수[11]

2에서 Object 생성자 함수에 인수를 전달하지 않거나 undefined 또는 null을 인수로 전달하면서 호출하면 내부적으로는 추상 연산 OrdinaryObjectCreate를 호출하여 Object.prototype을 프로토타입으로 갖는 빈 객체를 생성한다.[12]

> 📄 **추상 연산**abstract operation
>
> 추상 연산은 ECMAScript 사양에서 내부 동작의 구현 알고리즘을 표현한 것이다. ECMAScript 사양에서 설명을 위해 사용되는 함수와 유사한 의사 코드라고 이해하자.

【 예제 19-18 】

```
// 2. Object 생성자 함수에 의한 객체 생성
// 인수가 전달되지 않았을 때 추상 연산 OrdinaryObjectCreate를 호출하여 빈 객체를 생성한다.
let obj = new Object();
console.log(obj); // {}

// 1. new.target이 undefined나 Object가 아닌 경우
// 인스턴스 → Foo.prototype → Object.prototype 순으로 프로토타입 체인이 생성된다.
class Foo extends Object {}
new Foo(); // Foo {}

// 3. 인수가 전달된 경우에는 인수를 객체로 변환한다.
// Number 객체 생성
obj = new Object(123);
console.log(obj); // Number {123}

// String 객체 생성
obj = new Object('123');
console.log(obj); // String {"123"}
```

---

11 https://www.ecma-international.org/ecma-262/11.0/#sec-object-value

12 참고로 1은 class Foo extends Object {}와 같이 Object 생성자 함수를 확장한 클래스를 new 연산자와 함께 초출하는 경우다. 이에 대해서는 25장 "클래스"에서 살펴보자. 3은 new 없이 Object 생성자 함수를 호출하는 경우다.

객체 리터럴이 평가될 때는 다음과 같이 추상 연산 OrdinaryObjectCreate를 호출하여 빈 객체를 생성하고 프로퍼티를 추가하도록 정의되어 있다.

12.2.6.7 Runtime Semantics: Evaluation

ObjectLiteral : **{ }**

    1. Return OrdinaryObjectCreate(%Object.prototype%).

ObjectLiteral :

      { *PropertyDefinitionList* **}**
      { *PropertyDefinitionList* **, }**

    1. Let *obj* be OrdinaryObjectCreate(%Object.prototype%).
    2. Perform ? PropertyDefinitionEvaluation of *PropertyDefinitionList* with arguments *obj* and **true**.
    3. Return *obj*.

그림 19-10 객체 리터럴의 평가[13]

이처럼 Object 생성자 함수 호출과 객체 리터럴의 평가는 추상 연산 OrdinaryObjectCreate를 호출하여 빈 객체를 생성하는 점에서 동일하나 new.target의 확인이나 프로퍼티를 추가하는 처리 등 세부 내용은 다르다. 따라서 객체 리터럴에 의해 생성된 객체는 Object 생성자 함수가 생성한 객체가 아니다.

함수 객체의 경우 차이가 더 명확하다. 12.4.4절 "Function 생성자 함수"에서 살펴보았듯이 Function 생성자 함수를 호출하여 생성한 함수는 렉시컬 스코프를 만들지 않고 전역 함수인 것처럼 스코프를 생성하며 클로저도 만들지 않는다. 따라서 함수 선언문과 함수 표현식을 평가하여 함수 객체를 생성한 것은 Function 생성자 함수가 아니다. 하지만 constructor 프로퍼티를 통해 확인해보면 foo 함수의 생성자 함수는 Function 생성자 함수다.

【 예제 19-19 】

```
// foo 함수는 Function 생성자 함수로 생성한 함수 객체가 아니라 함수 선언문으로 생성했다.
function foo() {}

// 하지만 constructor 프로퍼티를 통해 확인해보면 함수 foo의 생성자 함수는 Function 생성자 함수다.
console.log(foo.constructor === Function); // true
```

리터럴 표기법에 의해 생성된 객체도 상속을 위해 프로토타입이 필요하다. 따라서 리터럴 표기법에 의해 생성된 객체도 가상적인 생성자 함수를 갖는다. 프로토타입은 생성자 함수와 더불어 생성되며 prototype, constructor 프로퍼티에 의해 연결되어 있기 때문이다. 다시 말해, **프로토타입과 생성자 함수는 단독으로 존재할 수 없고 언제나 쌍**pair**으로 존재한다.**

---

13 https://www.ecma-international.org/ecma-262/11.0/#sec-object-initializer-runtime-semantics-evaluation

리터럴 표기법(객체 리터럴, 함수 리터럴, 배열 리터럴, 정규 표현식 리터럴 등)에 의해 생성된 객체는 생성자 함수에 의해 생성된 객체는 아니다. 하지만 큰 틀에서 생각해 보면 리터럴 표기법으로 생성한 객체도 생성자 함수로 생성한 객체와 본질적인 면에서 큰 차이는 없다.

예를 들어, 객체 리터럴에 의해 생성한 객체와 Object 생성자 함수에 의해 생성한 객체는 생성 과정에 미묘한 차이는 있지만 결국 객체로서 동일한 특성을 갖는다. 함수 리터럴에 의해 생성한 함수와 Function 생성자 함수에 의해 생성한 함수는 생성 과정과 스코프, 클로저 등의 차이가 있지만 결국 함수로서 동일한 특성을 갖는다.

따라서 프로토타입의 constructor 프로퍼티를 통해 연결되어 있는 생성자 함수를 리터럴 표기법으로 생성한 객체를 생성한 생성자 함수로 생각해도 크게 무리는 없다. 리터럴 표기법에 의해 생성된 객체의 생성자 함수와 프로토타입은 다음과 같다.

리터럴 표기법	생성자 함수	프로토타입
객체 리터럴	Object	Object.prototype
함수 리터럴	Function	Function.prototype
배열 리터럴	Array	Array.prototype
정규 표현식 리터럴	RegExp	RegExp.prototype

표 19-1 리터럴 표기법에 의해 생성된 객체의 생성자 함수와 프로토타입

19.5 프로토타입의 생성 시점

리터럴 표기법에 의해 생성된 객체도 생성자 함수와 연결되는 것을 살펴보았다. 객체는 리터럴 표기법 또는 생성자 함수에 의해 생성되므로 결국 모든 객체는 생성자 함수와 연결되어 있다.

📄 Object.create 메서드와 클래스에 의한 객체 생성

아직 살펴보지 않았지만 Object.create 메서드와 클래스로 객체를 생성하는 방법도 있다. Object.create 메서드와 클래스로 생성한 객체도 생성자 함수와 연결되어 있다. 이에 대해서는 19.11.1절 "Object.create에 의한 직접 상속"과 25장 "클래스"에서 살펴보도록 하자.

프로토타입은 생성자 함수가 생성되는 시점에 더불어 생성된다. 19.4절 "리터럴 표기법에 의해 생성된 객체의 생성자 함수와 프로토타입"에서 살펴본 바와 같이 프로토타입과 생성자 함수는 단독으로 존재할 수 없고 언제나 쌍으로 존재하기 때문이다.

생성자 함수는 사용자가 직접 정의한 사용자 정의 생성자 함수와 자바스크립트가 기본 제공하는 빌트인 생성자 함수로 구분할 수 있다. 사용자 정의 생성자 함수와 빌트인 생성자 함수를 구분하여 프로토타입 생성 시점에 대해 살펴보자.

19.5.1 사용자 정의 생성자 함수와 프로토타입 생성 시점

17.2.5절 "constructor와 non-constructor의 구분"에서 살펴본 바와 같이 내부 메서드 [[Construct]]를 갖는 함수 객체, 즉 화살표 함수나 ES6의 메서드 축약 표현으로 정의하지 않고 일반 함수(함수 선언문, 함수 표현식)로 정의한 함수 객체는 new 연산자와 함께 생성자 함수로서 호출할 수 있다.

생성자 함수로서 호출할 수 있는 함수, 즉 constructor는 함수 정의가 평가되어 함수 객체를 생성하는 시점에 프로토타입도 더불어 생성된다.

【 예제 19-20 】

```
// 함수 정의(constructor)가 평가되어 함수 객체를 생성하는 시점에 프로토타입도 더불어 생성된다.
console.log(Person.prototype); // {constructor: f}

// 생성자 함수
function Person(name) {
  this.name = name;
}
```

생성자 함수로서 호출할 수 없는 함수, 즉 non-constructor는 프로토타입이 생성되지 않는다.

【 예제 19-21 】

```
// 화살표 함수는 non-constructor다.
const Person = name => {
  this.name = name;
};

// non-constructor는 프로토타입이 생성되지 않는다.
console.log(Person.prototype); // undefined
```

12.4.3절 "함수 생성 시점과 함수 호이스팅"에서 살펴보았듯이 함수 선언문은 런타임 이전에 자바스크립트 엔진에 의해 먼저 실행된다. 따라서 함수 선언문으로 정의된 Person 생성자 함수는 어떤 코드보다 먼저 평가되어 함수 객체가 된다. 이때 프로토타입도 더불어 생성된다. 생성된 프로토타입은 Person 생성자 함수의 prototype 프로퍼티에 바인딩된다. Person 생성자 함수와 더불어 생성된 프로토타입의 내부를 살펴보자.

```
> // 프로토타입은 생성자 함수가 생성되는 시점에 더불어 생성된다.
  console.log(Person.prototype);

  // 생성자 함수
  function Person(name) {
    this.name = name;
  }
▼ {constructor: f} ℹ
  ▶ constructor: f Person(name)
  ▶ __proto__: Object
```

그림 19-11 생성자 함수와 더불어 생성된 프로토타입

생성된 프로토타입은 오직 constructor 프로퍼티만을 갖는 객체다. 프로토타입도 객체이고 모든 객체는 프로토타입을 가지므로 프로토타입도 자신의 프로토타입을 갖는다. 생성된 프로토타입의 프로토타입은 Object.prototype이다.

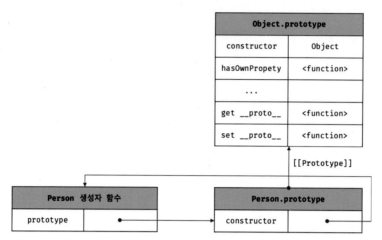

그림 19-12 Person.prototype의 프로토타입

이처럼 빌트인 생성자 함수가 아닌 사용자 정의 생성자 함수는 자신이 평가되어 함수 객체로 생성되는 시점에 프로토타입도 더불어 생성되며, 생성된 프로토타입의 프로토타입은 언제나 Object.prototype이다.

19.5.2 빌트인 생성자 함수와 프로토타입 생성 시점

Object, String, Number, Function, Array, RegExp, Date, Promise 등과 같은 빌트인 생성자 함수도 일반 함수와 마찬가지로 빌트인 생성자 함수가 생성되는 시점에 프로토타입이 생성된다. 모든 빌트인 생성자 함수는 전역 객체가 생성되는 시점에 생성된다. 생성된 프로토타입은 빌트인 생성자 함수의 prototype 프로퍼티에 바인딩된다.

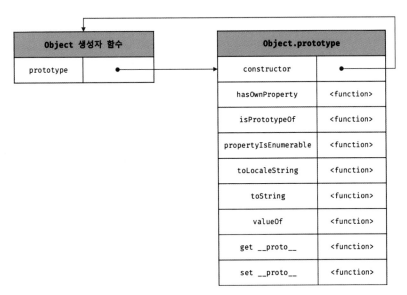

그림 19-13 Object 생성자 함수와 프로토타입

전역 객체는 코드가 실행되기 이전 단계에 자바스크립트 엔진에 의해 생성되는 특수한 객체다. 전역 객체는 클라이언트 사이드 환경(브라우저)에서는 window, 서버 사이드 환경(Node.js)에서는 global 객체를 의미한다.

전역 객체는 표준 빌트인 객체(Object, String, Number, Function, Array…)들과 환경에 따른 호스트 객체(클라이언트 Web API 또는 Node.js의 호스트 API), 그리고 var 키워드로 선언한 전역 변수와 전역 함수를 프로퍼티로 갖는다. Math, Reflect, JSON을 제외한 표준 빌트인 객체는 모두 생성자 함수다.

【 예제 19-22 】

```
// 전역 객체 window는 브라우저에 종속적이므로 아래 코드는 브라우저 환경에서 실행해야 한다.
// 빌트인 객체인 Object는 전역 객체 window의 프로퍼티다.
window.Object === Object // true
```

표준 빌트인 객체인 Object도 전역 객체의 프로퍼티이며, 전역 객체가 생성되는 시점에 생성된다. 전역 객체와 표준 빌트인 객체에 대해서는 21장 "빌트인 객체"에서 자세히 살펴보자.

이처럼 객체가 생성되기 이전에 생성자 함수와 프로토타입은 이미 객체화되어 존재한다. **이후 생성자 함수 또는 리터럴 표기법으로 객체를 생성하면 프로토타입은 생성된 객체의 [[Prototype]] 내부 슬롯에 할당된다.** 이로써 생성된 객체는 프로토타입을 상속받는다.

19.6 객체 생성 방식과 프로토타입의 결정

객체는 다음과 같이 다양한 생성 방법이 있다.

- 객체 리터럴
- Object 생성자 함수
- 생성자 함수
- Object.create 메서드
- 클래스(ES6)

이처럼 다양한 방식으로 생성된 모든 객체는 각 방식마다 세부적인 객체 생성 방식의 차이는 있으나 추상 연산 OrdinaryObjectCreate[14]에 의해 생성된다는 공통점이 있다.

추상 연산 OrdinaryObjectCreate는 필수적으로 자신이 생성할 객체의 프로토타입을 인수로 전달받는다. 그리고 자신이 생성할 객체에 추가할 프로퍼티 목록을 옵션으로 전달할 수 있다. 추상 연산 OrdinaryObjectCreate는 빈 객체를 생성한 후, 객체에 추가할 프로퍼티 목록이 인수로 전달된 경우 프로퍼티를 객체에 추가한다. 그리고 인수로 전달받은 프로토타입을 자신이 생성한 객체의 [[Prototype]] 내부 슬롯에 할당한 다음, 생성한 객체를 반환한다.

즉, 프로토타입은 추상 연산 OrdinaryObjectCreate에 전달되는 인수에 의해 결정된다. 이 인수는 객체가 생성되는 시점에 객체 생성 방식에 의해 결정된다.

19.6.1 객체 리터럴에 의해 생성된 객체의 프로토타입

자바스크립트 엔진은 객체 리터럴을 평가하여 객체를 생성할 때 추상 연산 OrdinaryObjectCreate를 호출한다.[15] 이때 추상 연산 OrdinaryObjectCreate에 전달되는 프로토타입은 Object.prototype이다. 즉, 객체 리터럴에 의해 생성되는 객체의 프로토타입은 Object.prototype이다. 다음 예제를 살펴보자.

【 예제 19-23 】

```
const obj = { x: 1 };
```

위 객체 리터럴이 평가되면 추상 연산 OrdinaryObjectCreate에 의해 다음과 같이 Object 생성자 함수와 Object.prototype과 생성된 객체 사이에 연결이 만들어진다.

---

14 https://www.ecma-international.org/ecma-262/11.0/#sec-ordinaryobjectcreate
15 https://www.ecma-international.org/ecma-262/11.0/#sec-object-initializer-runtime-semantics-evaluation

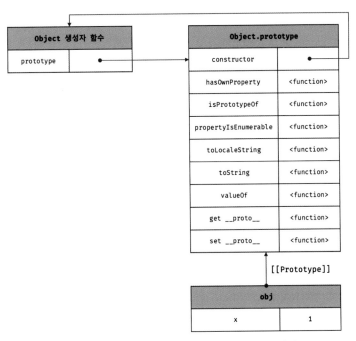

그림 19-14 객체 리터럴에 의해 생성된 객체의 프로토타입

이처럼 객체 리터럴에 의해 생성된 obj 객체는 Object.prototype을 프로토타입으로 갖게 되며, 이로써 Object.prototype을 상속받는다. obj 객체는 constructor 프로퍼티와 hasOwnProperty 메서드 등을 소유하지 않지만 자신의 프로토타입인 Object.prototype의 constructor 프로퍼티와 hasOwnProperty 메서드를 자신의 자산인 것처럼 자유롭게 사용할 수 있다. 이는 obj 객체가 자신의 프로토타입인 Object.prototype 객체를 상속받았기 때문이다.

【 예제 19-24 】

```
const obj = { x: 1 };

// 객체 리터럴에 의해 생성된 obj 객체는 Object.prototype을 상속받는다.
console.log(obj.constructor === Object); // true
console.log(obj.hasOwnProperty('x'));    // true
```

19.6.2 Object 생성자 함수에 의해 생성된 객체의 프로토타입

Object 생성자 함수를 인수 없이 호출하면 빈 객체가 생성된다. Object 생성자 함수를 호출하면 객체 리터럴과 마찬가지로 추상 연산 OrdinaryObjectCreate가 호출된다.[16] 이때 추상 연산 OrdinaryObjectCreate에 전

---

16 https://www.ecma-international.org/ecma-262/11.0/#sec-object-value

달되는 프로토타입은 Object.prototype이다. 즉, Object 생성자 함수에 의해 생성되는 객체의 프로토타입은 Object.prototype이다. 다음 예제를 살펴보자.

【 예제 19-25 】

```
const obj = new Object();
obj.x = 1;
```

위 코드가 실행되면 추상 연산 OrdinaryObjectCreate에 의해 다음과 같이 Object 생성자 함수와 Object. prototype과 생성된 객체 사이에 연결이 만들어진다. 객체 리터럴에 의해 생성된 객체와 동일한 구조를 갖는 것을 알 수 있다.

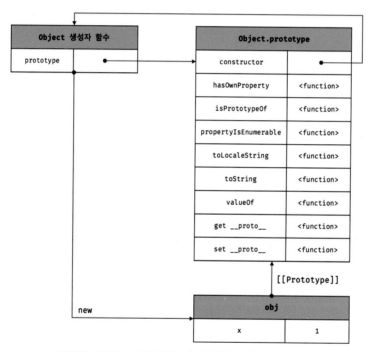

그림 19-15 Object 생성자 함수에 의해 생성된 객체의 프로토타입

이처럼 Object 생성자 함수에 의해 생성된 obj 객체는 Object.prototype을 프로토타입으로 갖게 되며, 이로 써 Object.prototype을 상속받는다.

【 예제 19-26 】

```
const obj = new Object();
obj.x = 1;

// Object 생성자 함수에 의해 생성된 obj 객체는 Object.prototype을 상속받는다.
console.log(obj.constructor === Object); // true
console.log(obj.hasOwnProperty('x'));    // true
```

객체 리터럴과 Object 생성자 함수에 의한 객체 생성 방식의 차이는 프로퍼티를 추가하는 방식에 있다. 객체 리터럴 방식은 객체 리터럴 내부에 프로퍼티를 추가하지만 Object 생성자 함수 방식은 일단 빈 객체를 생성한 이후 프로퍼티를 추가해야 한다.

19.6.3 생성자 함수에 의해 생성된 객체의 프로토타입

new 연산자와 함께 생성자 함수를 호출하여 인스턴스를 생성하면 다른 객체 생성 방식과 마찬가지로 추상 연산 OrdinaryObjectCreate가 호출된다.[17] 이때 추상 연산 OrdinaryObjectCreate에 전달되는 프로토타입은 생성자 함수의 prototype 프로퍼티에 바인딩되어 있는 객체다. 즉, 생성자 함수에 의해 생성되는 객체의 프로토타입은 생성자 함수의 prototype 프로퍼티에 바인딩되어 있는 객체다. 다음 예제를 살펴보자.

【 예제 19-27 】

```
function Person(name) {
  this.name = name;
}

const me = new Person('Lee');
```

위 코드가 실행되면 추상 연산 OrdinaryObjectCreate에 의해 다음과 같이 생성자 함수와 생성자 함수의 prototype 프로퍼티에 바인딩되어 있는 객체와 생성된 객체 사이에 연결이 만들어진다.

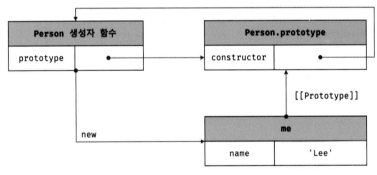

그림 19-16 생성자 함수에 의해 생성된 객체의 프로토타입

표준 빌트인 객체인 Object 생성자 함수와 더불어 생성된 프로토타입 Object.prototype은 다양한 빌트인 메서드(hasOwnProperty, propertyIsEnumerable 등)를 갖고 있다. 하지만 사용자 정의 생성자 함수 Person과 더불어 생성된 프로토타입 Person.prototype의 프로퍼티는 constructor뿐이다.

---

17 https://www.ecma-international.org/ecma-262/11.0/#sec-ordinarycreatefromconstructor

프로토타입 Person.prototype에 프로퍼티를 추가하여 하위(자식) 객체가 상속받을 수 있도록 구현해보자.
프로토타입은 객체다. 따라서 일반 객체와 같이 프로토타입에도 프로퍼티를 추가/삭제할 수 있다. 그리고 이
렇게 추가/삭제된 프로퍼티는 프로토타입 체인에 즉각 반영된다.

【 예제 19-28 】

```javascript
function Person(name) {
  this.name = name;
}

// 프로토타입 메서드
Person.prototype.sayHello = function () {
  console.log(`Hi! My name is ${this.name}`);
};

const me = new Person('Lee');
const you = new Person('Kim');

me.sayHello();  // Hi! My name is Lee
you.sayHello(); // Hi! My name is Kim
```

Person 생성자 함수를 통해 생성된 모든 객체는 프로토타입에 추가된 sayHello 메서드를 상속받아 자신의
메서드처럼 사용할 수 있다.

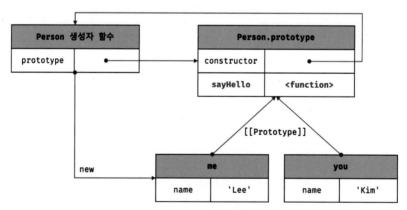

그림 19-17 프로토타입의 확장과 상속

19.7 프로토타입 체인

다음 예제를 살펴보자.

【 예제 19-29 】

```javascript
function Person(name) {
  this.name = name;
}

// 프로토타입 메서드
Person.prototype.sayHello = function () {
  console.log(`Hi! My name is ${this.name}`);
};

const me = new Person('Lee');

// hasOwnProperty는 Object.prototype의 메서드다.
console.log(me.hasOwnProperty('name')); // true
```

Person 생성자 함수에 의해 생성된 me 객체는 Object.prototype의 메서드인 hasOwnProperty를 호출할 수 있다. 이것은 me 객체가 Person.prototype뿐만 아니라 Object.prototype도 상속받았다는 것을 의미한다.

me 객체의 프로토타입은 Person.prototype이다.

【 예제 19-30 】

```javascript
Object.getPrototypeOf(me) === Person.prototype; // → true
```

Person.prototype의 프로토타입은 Object.prototype이다. 프로토타입의 프로토타입은 언제나 Object.prototype이다.

【 예제 19-31 】

```javascript
Object.getPrototypeOf(Person.prototype) === Object.prototype; // → true
```

따라서 위 예제를 그림으로 표현하면 다음과 같다.

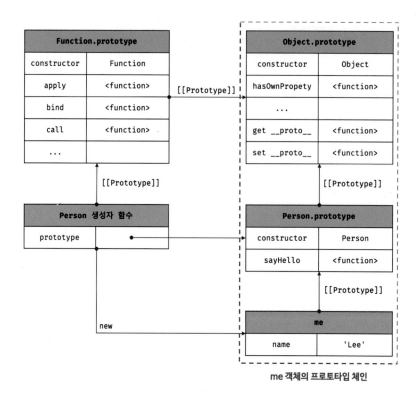

me 객체의 프로토타입 체인

그림 19-18 프로토타입 체인

자바스크립트는 객체의 프로퍼티(메서드 포함)에 접근하려고 할 때 해당 객체에 접근하려는 프로퍼티가 없다면 [[Prototype]] 내부 슬롯의 참조를 따라 자신의 부모 역할을 하는 프로토타입의 프로퍼티를 순차적으로 검색한다. 이를 프로토타입 체인이라 한다. 프로토타입 체인은 자바스크립트가 객체지향 프로그래밍의 상속을 구현하는 메커니즘이다.

【 예제 19-32 】

```
// hasOwnProperty는 Object.prototype의 메서드다.
// me 객체는 프로토타입 체인을 따라 hasOwnProperty 메서드를 검색하여 사용한다.
me.hasOwnProperty('name'); // → true
```

me.hasOwnProperty('name')과 같이 메서드를 호출하면 자바스크립트 엔진은 다음과 같은 과정을 거쳐 메서드를 검색한다. 물론 프로퍼티를 참조하는 경우도 마찬가지다.

1. 먼저 hasOwnProperty 메서드를 호출한 me 객체에서 hasOwnProperty 메서드를 검색한다. me 객체에는 hasOwnProperty 메서드가 없으므로 프로토타입 체인을 따라, 다시 말해 [[Prototype]] 내부 슬롯에 바인딩되어 있는 프로토타입(위 예제의 경우 Person.prototype)으로 이동하여 hasOwnProperty 메서드를 검색한다.

2. Person.prototype에도 hasOwnProperty 메서드가 없으므로 프로토타입 체인을 따라, 다시 말해 [[Prototype]] 내부 슬롯에 바인딩되어 있는 프로토타입(위 예제의 경우 Object.prototype)으로 이동하여 hasOwnProperty 메서드를 검색한다.

3. Object.prototype에는 hasOwnProperty 메서드가 존재한다. 자바스크립트 엔진은 Object.prototype.hasOwnProperty 메서드를 호출한다. 이때 Object.prototype.hasOwnProperty 메서드의 this에는 me 객체가 바인딩된다.

【 예제 19-33 】
```javascript
Object.prototype.hasOwnProperty.call(me, 'name');
```

📄 call 메서드

call 메서드는 this로 사용할 객체를 전달하면서 함수를 호출한다. 이에 대해서는 22.2.4절 "Function.prototype.apply/call/bind 메서드에 의한 간접 호출"에서 자세히 살펴볼 것이다. 지금은 this로 사용할 me 객체를 전달하면서 Object.prototype.hasOwnProperty 메서드를 호출한다고 이해하자.

프로토타입 체인의 최상위에 위치하는 객체는 언제나 Object.prototype이다. 따라서 모든 객체는 Object.prototype을 상속받는다. **Object.prototype을 프로토타입 체인의 종점(end of prototype chain)**이라 한다. Object.prototype의 프로토타입, 즉 [[Prototype]] 내부 슬롯의 값은 null이다.

프로토타입 체인의 종점인 Object.prototype에서도 프로퍼티를 검색할 수 없는 경우 undefined를 반환한다. 이때 에러가 발생하지 않는 것에 주의하자.

【 예제 19-34 】
```javascript
console.log(me.foo); // undefined
```

이처럼 자바스크립트 엔진은 프로토타입 체인을 따라 프로퍼티/메서드를 검색한다. 다시 말해, 자바스크립트 엔진은 객체 간의 상속 관계로 이루어진 프로토타입의 계층적인 구조에서 객체의 프로퍼티를 검색한다. 따라서 **프로토타입 체인은 상속과 프로퍼티 검색을 위한 메커니즘**이라고 할 수 있다.

이에 반해, 프로퍼티가 아닌 식별자는 스코프 체인에서 검색한다. 다시 말해, 자바스크립트 엔진은 함수의 중첩 관계로 이루어진 스코프의 계층적 구조에서 식별자를 검색한다. 따라서 **스코프 체인은 식별자 검색을 위한 메커니즘**이라고 할 수 있다.

【 예제 19-35 】
```javascript
me.hasOwnProperty('name');
```

위 예제의 경우, 먼저 스코프 체인에서 me 식별자를 검색한다. me 식별자는 전역에서 선언되었으므로 전역 스코프에서 검색된다. me 식별자를 검색한 다음, me 객체의 프로토타입 체인에서 hasOwnProperty 메서드를 검색한다.

이처럼 스코프 체인과 프로토타입 체인은 서로 연관없이 별도로 동작하는 것이 아니라 서로 협력하여 식별자와 프로퍼티를 검색하는 데 사용된다.

19.8 오버라이딩과 프로퍼티 섀도잉

다음 예제를 살펴보자.

【 예제 19-36 】

```javascript
const Person = (function () {
  // 생성자 함수
  function Person(name) {
    this.name = name;
  }

  // 프로토타입 메서드
  Person.prototype.sayHello = function () {
    console.log(`Hi! My name is ${this.name}`);
  };

  // 생성자 함수를 반환
  return Person;
}());

const me = new Person('Lee');

// 인스턴스 메서드
me.sayHello = function () {
  console.log(`Hey! My name is ${this.name}`);
};

// 인스턴스 메서드가 호출된다. 프로토타입 메서드는 인스턴스 메서드에 의해 가려진다.
me.sayHello(); // Hey! My name is Lee
```

생성자 함수로 객체(인스턴스)를 생성한 다음, 인스턴스에 메서드를 추가했다. 이를 그림으로 나타내면 다음과 같다.

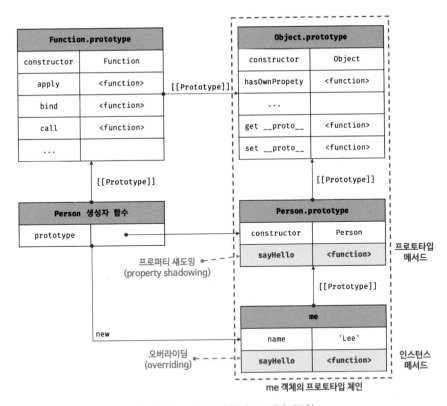

그림 19-19 오버라이딩과 프로퍼티 섀도잉

프로토타입이 소유한 프로퍼티(메서드 포함)를 프로토타입 프로퍼티, 인스턴스가 소유한 프로퍼티를 인스턴스 프로퍼티라고 부른다.

프로토타입 프로퍼티와 같은 이름의 프로퍼티를 인스턴스에 추가하면 프로토타입 체인을 따라 프로토타입 프로퍼티를 검색하여 프로토타입 프로퍼티를 덮어쓰는 것이 아니라 인스턴스 프로퍼티로 추가한다. 이때 인스턴스 메서드 sayHello는 프로토타입 메서드 sayHello를 오버라이딩했고 프로토타입 메서드 sayHello는 가려진다. 이처럼 상속 관계에 의해 프로퍼티가 가려지는 현상을 프로퍼티 섀도잉property shadowing이라 한다.

📄 **오버라이딩**overriding

상위 클래스가 가지고 있는 메서드를 하위 클래스가 재정의하여 사용하는 방식이다.

📄 **오버로딩**overloading

함수의 이름은 동일하지만 매개변수의 타입 또는 개수가 다른 메서드를 구현하고 매개변수에 의해 메서드를 구별하여 호출하는 방식이다. 자바스크립트는 오버로딩을 지원하지 않지만 arguments 객체를 사용하여 구현할 수는 있다.

프로퍼티를 삭제하는 경우도 마찬가지다. 위 예제에서 추가한 인스턴스 메서드 **sayHello**를 삭제해보자.

【 예제 19-37 】
```javascript
// 인스턴스 메서드를 삭제한다.
delete me.sayHello;
// 인스턴스에는 sayHello 메서드가 없으므로 프로토타입 메서드가 호출된다.
me.sayHello(); // Hi! My name is Lee
```

당연히 프로토타입 메서드가 아닌 인스턴스 메서드 **sayHello**가 삭제된다. 다시 한번 **sayHello** 메서드를 삭제하여 프로토타입 메서드의 삭제를 시도해보자.

【 예제 19-38 】
```javascript
// 프로토타입 체인을 통해 프로토타입 메서드가 삭제되지 않는다.
delete me.sayHello;
// 프로토타입 메서드가 호출된다.
me.sayHello(); // Hi! My name is Lee
```

이와 같이 하위 객체를 통해 프로토타입의 프로퍼티를 변경 또는 삭제하는 것은 불가능하다. 다시 말해 하위 객체를 통해 프로토타입에 get 액세스는 허용되나 set 액세스는 허용되지 않는다.

프로토타입 프로퍼티를 변경 또는 삭제하려면 하위 객체를 통해 프로토타입 체인으로 접근하는 것이 아니라 프로토타입에 직접 접근해야 한다.

【 예제 19-39 】
```javascript
// 프로토타입 메서드 변경
Person.prototype.sayHello = function () {
  console.log(`Hey! My name is ${this.name}`);
};
me.sayHello(); // Hey! My name is Lee

// 프로토타입 메서드 삭제
delete Person.prototype.sayHello;
me.sayHello(); // TypeError: me.sayHello is not a function
```

19.9 프로토타입의 교체

프로토타입은 임의의 다른 객체로 변경할 수 있다. 이것은 부모 객체인 프로토타입을 동적으로 변경할 수 있다는 것을 의미한다. 이러한 특징을 활용하여 객체 간의 상속 관계를 동적으로 변경할 수 있다. 프로토타입은 생성자 함수 또는 인스턴스에 의해 교체할 수 있다.

19.9.1 생성자 함수에 의한 프로토타입의 교체

다음 예제를 살펴보자.

【 예제 19-40 】
```javascript
const Person = (function () {
  function Person(name) {
    this.name = name;
  }

  // ① 생성자 함수의 prototype 프로퍼티를 통해 프로토타입을 교체
  Person.prototype = {
    sayHello() {
      console.log(`Hi! My name is ${this.name}`);
    }
  };

  return Person;
}());

const me = new Person('Lee');
```

①에서 Person.prototype에 객체 리터럴을 할당했다. 이는 Person 생성자 함수가 생성할 객체의 프로토타입을 객체 리터럴로 교체한 것이다. 이를 그림으로 나타내면 다음과 같다.

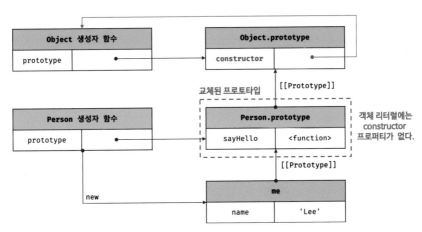

그림 19-20 생성자 함수에 의한 프로토타입의 교체

프로토타입으로 교체한 객체 리터럴에는 constructor 프로퍼티가 없다. constructor 프로퍼티는 자바스크립트 엔진이 프로토타입을 생성할 때 암묵적으로 추가한 프로퍼티다. 따라서 me 객체의 생성자 함수를 검색하면 Person이 아닌 Object가 나온다.

```
// 프로토타입을 교체하면 constructor 프로퍼티와 생성자 함수 간의 연결이 파괴된다.
console.log(me.constructor === Person); // false
// 프로토타입 체인을 따라 Object.prototype의 constructor 프로퍼티가 검색된다.
console.log(me.constructor === Object); // true
```

이처럼 프로토타입을 교체하면 constructor 프로퍼티와 생성자 함수 간의 연결이 파괴된다. 파괴된 constructor 프로퍼티와 생성자 함수 간의 연결을 되살려 보자. 프로토타입으로 교체한 객체 리터럴에 constructor 프로퍼티를 추가하여 프로토타입의 constructor 프로퍼티를 되살린다.

【 예제 19-42 】

```
const Person = (function () {
  function Person(name) {
    this.name = name;
  }

  // 생성자 함수의 prototype 프로퍼티를 통해 프로토타입을 교체
  Person.prototype = {
    // constructor 프로퍼티와 생성자 함수 간의 연결을 설정
    constructor: Person,
    sayHello() {
      console.log(`Hi! My name is ${this.name}`);
    }
  };

  return Person;
}());

const me = new Person('Lee');

// constructor 프로퍼티가 생성자 함수를 가리킨다.
console.log(me.constructor === Person); // true
console.log(me.constructor === Object); // false
```

19.9.2 인스턴스에 의한 프로토타입의 교체

프로토타입은 생성자 함수의 prototype 프로퍼티뿐만 아니라 인스턴스의 __proto__ 접근자 프로퍼티(또는 Object.getPrototypeOf 메서드)를 통해 접근할 수 있다. 따라서 인스턴스의 __proto__ 접근자 프로퍼티(또는 Object.setPrototypeOf 메서드)를 통해 프로토타입을 교체할 수 있다.

생성자 함수의 prototype 프로퍼티에 다른 임의의 객체를 바인딩하는 것은 미래에 생성할 인스턴스의 프로토타입을 교체하는 것이다. __proto__ 접근자 프로퍼티를 통해 프로토타입을 교체하는 것은 이미 생성된 객

체의 프로토타입을 교체하는 것이다. 다음 예제를 살펴보자.

【 예제 19-43 】

```
function Person(name) {
  this.name = name;
}

const me = new Person('Lee');

// 프로토타입으로 교체할 객체
const parent = {
  sayHello() {
    console.log(`Hi! My name is ${this.name}`);
  }
};

// ① me 객체의 프로토타입을 parent 객체로 교체한다.
Object.setPrototypeOf(me, parent);
// 위 코드는 아래의 코드와 동일하게 동작한다.
// me.__proto__ = parent;

me.sayHello(); // Hi! My name is Lee
```

①에서 me 객체의 프로토타입을 parent 객체로 교체했다. 이를 그림으로 나타내면 다음과 같다.

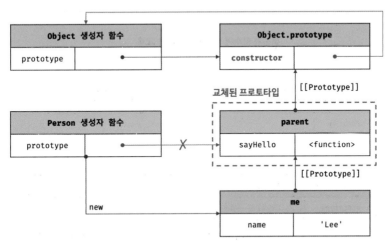

그림 19-21 인스턴스에 의한 프로토타입의 교체

19.9.1절 "생성자 함수에 의한 프로토타입의 교체"와 마찬가지로 프로토타입으로 교체한 객체에는 constructor 프로퍼티가 없으므로 constructor 프로퍼티와 생성자 함수 간의 연결이 파괴된다. 따라서 프로토타입의 constructor 프로퍼티로 me 객체의 생성자 함수를 검색하면 Person이 아닌 Object가 나온다.

【 예제 19-44 】

```
// 프로토타입을 교체하면 constructor 프로퍼티와 생성자 함수 간의 연결이 파괴된다.
console.log(me.constructor === Person); // false
// 프로토타입 체인을 따라 Object.prototype의 constructor 프로퍼티가 검색된다.
console.log(me.constructor === Object); // true
```

생성자 함수에 의한 프로토타입 교체와 인스턴스에 의한 프로토타입 교체는 별다른 차이가 없어 보인다. 하지만 미묘한 차이가 있다. 말로 설명하는 것보다 그림으로 설명하는 것이 이해하는 데 도움이 될 것 같아 그림으로 설명한다.

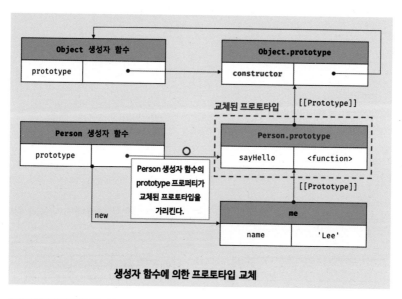

생성자 함수에 의한 프로토타입 교체

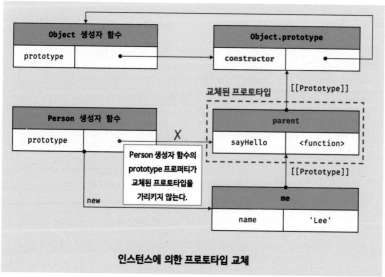

인스턴스에 의한 프로토타입 교체

그림 19-22 프로토타입 교체 방식에 의해 발생하는 차이

프로토타입으로 교체한 객체 리터럴에 constructor 프로퍼티를 추가하고 생성자 함수의 prototype 프로퍼티를 재설정하여 파괴된 생성자 함수와 프로토타입 간의 연결을 되살려 보자.

【 예제 19-45 】

```javascript
function Person(name) {
  this.name = name;
}

const me = new Person('Lee');

// 프로토타입으로 교체할 객체
const parent = {
  // constructor 프로퍼티와 생성자 함수 간의 연결을 설정
  constructor: Person,
  sayHello() {
    console.log(`Hi! My name is ${this.name}`);
  }
};

// 생성자 함수의 prototype 프로퍼티와 프로토타입 간의 연결을 설정
Person.prototype = parent;

// me 객체의 프로토타입을 parent 객체로 교체한다.
Object.setPrototypeOf(me, parent);
// 위 코드는 아래의 코드와 동일하게 동작한다.
// me.__proto__ = parent;

me.sayHello(); // Hi! My name is Lee

// constructor 프로퍼티가 생성자 함수를 가리킨다.
console.log(me.constructor === Person); // true
console.log(me.constructor === Object); // false

// 생성자 함수의 prototype 프로퍼티가 교체된 프로토타입을 가리킨다.
console.log(Person.prototype === Object.getPrototypeOf(me)); // true
```

이처럼 프로토타입 교체를 통해 객체 간의 상속 관계를 동적으로 변경하는 것은 꽤나 번거롭다. 따라서 프로토타입은 직접 교체하지 않는 것이 좋다. 상속 관계를 인위적으로 설정하려면 19.11절 "직접 상속"에서 살펴볼 직접 상속이 더 편리하고 안전하다. 또는 ES6에서 도입된 클래스를 사용하면 간편하고 직관적으로 상속 관계를 구현할 수 있다. 이에 대해서는 25장 "클래스"에서 자세히 살펴보도록 하자.

19.10 instanceof 연산자

instanceof 연산자는 이항 연산자로서 좌변에 객체를 가리키는 식별자, 우변에 생성자 함수를 가리키는 식별자를 피연산자로 받는다. 만약 우변의 피연산자가 함수가 아닌 경우 TypeError가 발생한다.

```
객체 instanceof 생성자 함수
```

우변의 생성자 함수의 prototype에 바인딩된 객체가 좌변의 객체의 프로토타입 체인 상에 존재하면 **true**로 평가되고, 그렇지 않은 경우에는 **false**로 평가된다.

【 예제 19-46 】

```javascript
// 생성자 함수
function Person(name) {
  this.name = name;
}

const me = new Person('Lee');

// Person.prototype이 me 객체의 프로토타입 체인 상에 존재하므로 true로 평가된다.
console.log(me instanceof Person); // true

// Object.prototype이 me 객체의 프로토타입 체인 상에 존재하므로 true로 평가된다.
console.log(me instanceof Object); // true
```

instanceof 연산자가 어떻게 동작하는지 이해하기 위해 프로토타입을 교체해 보자.

【 예제 19-47 】

```javascript
// 생성자 함수
function Person(name) {
  this.name = name;
}

const me = new Person('Lee');

// 프로토타입으로 교체할 객체
const parent = {};

// 프로토타입의 교체
Object.setPrototypeOf(me, parent);

// Person 생성자 함수와 parent 객체는 연결되어 있지 않다.
console.log(Person.prototype === parent); // false
console.log(parent.constructor === Person); // false
```

```
// Person.prototype이 me 객체의 프로토타입 체인 상에 존재하지 않기 때문에 false로 평가된다.
console.log(me instanceof Person); // false

// Object.prototype이 me 객체의 프로토타입 체인 상에 존재하므로 true로 평가된다.
console.log(me instanceof Object); // true
```

me 객체는 비록 프로토타입이 교체되어 프로토타입과 생성자 함수 간의 연결이 파괴되었지만 Person 생성자 함수에 의해 생성된 인스턴스임에는 틀림이 없다. 그러나 me instanceof Person은 false로 평가된다.

이는 Person.prototype이 me 객체의 프로토타입 체인 상에 존재하지 않기 때문이다. 따라서 프로토타입으로 교체한 parent 객체를 Person 생성자 함수의 prototype 프로퍼티에 바인딩하면 me instanceof Person은 true로 평가될 것이다.

【 예제 19-48 】
```
// 생성자 함수
function Person(name) {
  this.name = name;
}

const me = new Person('Lee');

// 프로토타입으로 교체할 객체
const parent = {};

// 프로토타입의 교체
Object.setPrototypeOf(me, parent);

// Person 생성자 함수와 parent 객체는 연결되어 있지 않다.
console.log(Person.prototype === parent); // false
console.log(parent.constructor === Person); // false

// parent 객체를 Person 생성자 함수의 prototype 프로퍼티에 바인딩한다.
Person.prototype = parent;

// Person.prototype이 me 객체의 프로토타입 체인 상에 존재하므로 true로 평가된다.
console.log(me instanceof Person); // true

// Object.prototype이 me 객체의 프로토타입 체인 상에 존재하므로 true로 평가된다.
console.log(me instanceof Object); // true
```

이처럼 instanceof 연산자는 프로토타입의 constructor 프로퍼티가 가리키는 생성자 함수를 찾는 것이 아니라 **생성자 함수의 prototype에 바인딩된 객체가 프로토타입 체인 상에 존재하는지 확인한다.** 다음 그림을 살펴보자.

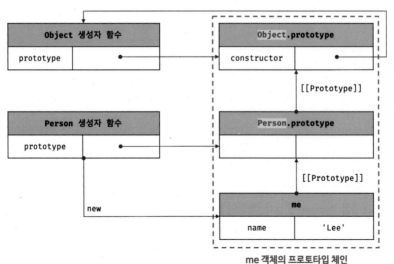

그림 19-23 instanceof 연산자

me instanceof Person의 경우 me 객체의 프로토타입 체인 상에 Person.prototype에 바인딩된 객체가 존재하는지 확인한다.

me instanceof Object의 경우도 마찬가지다. me 객체의 프로토타입 체인 상에 Object.prototype에 바인딩된 객체가 객체가 존재하는지 확인한다. instanceof 연산자를 함수로 표현하면 다음과 같다.

【 예제 19-49 】

```
function isInstanceof(instance, constructor) {
  // 프로토타입 취득
  const prototype = Object.getPrototypeOf(instance);

  // 재귀 탈출 조건
  // prototype이 null이면 프로토타입 체인의 종점에 다다른 것이다.
  if (prototype === null) return false;

  // 프로토타입이 생성자 함수의 prototype 프로퍼티에 바인딩된 객체라면 true를 반환한다.
  // 그렇지 않다면 재귀 호출로 프로토타입 체인 상의 상위 프로토타입으로 이동하여 확인한다.
  return prototype === constructor.prototype || isInstanceof(prototype, constructor);
}

console.log(isInstanceof(me, Person)); // true
console.log(isInstanceof(me, Object)); // true
console.log(isInstanceof(me, Array));  // false
```

따라서 생성자 함수에 의해 프로토타입이 교체되어 constructor 프로퍼티와 생성자 함수 간의 연결이 파괴되어도 생성자 함수의 prototype 프로퍼티와 프로토타입 간의 연결은 파괴되지 않으므로 instanceof는 아무런 영향을 받지 않는다.

```javascript
const Person = (function () {
  function Person(name) {
    this.name = name;
  }

  // 생성자 함수의 prototype 프로퍼티를 통해 프로토타입을 교체
  Person.prototype = {
    sayHello() {
      console.log(`Hi! My name is ${this.name}`);
    }
  };

  return Person;
}());

const me = new Person('Lee');

// constructor 프로퍼티와 생성자 함수 간의 연결이 파괴되어도 instanceof는 아무런 영향을 받지 않는다.
console.log(me.constructor === Person); // false

// Person.prototype이 me 객체의 프로토타입 체인 상에 존재하므로 true로 평가된다.
console.log(me instanceof Person); // true
// Object.prototype이 me 객체의 프로토타입 체인 상에 존재하므로 true로 평가된다.
console.log(me instanceof Object); // true
```

19.11 직접 상속

19.11.1 Object.create에 의한 직접 상속

Object.create 메서드는 명시적으로 프로토타입을 지정하여 새로운 객체를 생성한다. Object.create 메서드도 다른 객체 생성 방식과 마찬가지로 추상 연산 OrdinaryObjectCreate를 호출한다.[18]

Object.create 메서드의 첫 번째 매개변수에는 생성할 객체의 프로토타입으로 지정할 객체를 전달한다. 두 번째 매개변수에는 생성할 객체의 프로퍼티 키와 프로퍼티 디스크립터 객체로 이뤄진 객체를 전달한다. 이 객체의 형식은 Object.defineProperties 메서드[19]의 두 번째 인수와 동일하다. 두 번째 인수는 옵션이므로 생략 가능하다.

---

18 https://www.ecma-international.org/ecma-262/11.0/#sec-object.create
19 16.4절 "프로퍼티 정의" 참고

```
/**
 * 지정된 프로토타입 및 프로퍼티를 갖는 새로운 객체를 생성하여 반환한다.
 * @param {Object} prototype - 생성할 객체의 프로토타입으로 지정할 객체
 * @param {Object} [propertiesObject] - 생성할 객체의 프로퍼티를 갖는 객체
 * @returns {Object} 지정된 프로토타입 및 프로퍼티를 갖는 새로운 객체
 */
Object.create(prototype[, propertiesObject])
```

【 예제 19-51 】

```
// 프로토타입이 null인 객체를 생성한다. 생성된 객체는 프로토타입 체인의 종점에 위치한다.
// obj → null
let obj = Object.create(null);
console.log(Object.getPrototypeOf(obj) === null); // true
// Object.prototype을 상속받지 못한다.
console.log(obj.toString()); // TypeError: obj.toString is not a function

// obj → Object.prototype → null
// obj = {};와 동일하다.
obj = Object.create(Object.prototype);
console.log(Object.getPrototypeOf(obj) === Object.prototype); // true

// obj → Object.prototype → null
// obj = { x: 1 };와 동일하다.
obj = Object.create(Object.prototype, {
  x: { value: 1, writable: true, enumerable: true, configurable: true }
});
// 위 코드는 아래와 동일하다.
// obj = Object.create(Object.prototype);
// obj.x = 1;
console.log(obj.x); // 1
console.log(Object.getPrototypeOf(obj) === Object.prototype); // true

const myProto = { x: 10 };
// 임의의 객체를 직접 상속받는다.
// obj → myProto → Object.prototype → null
obj = Object.create(myProto);
console.log(obj.x); // 10
console.log(Object.getPrototypeOf(obj) === myProto); // true

// 생성자 함수
function Person(name) {
  this.name = name;
}
```

```
// obj → Person.prototype → Object.prototype → null
// obj = new Person('Lee')와 동일하다.
obj = Object.create(Person.prototype);
obj.name = 'Lee';
console.log(obj.name); // Lee
console.log(Object.getPrototypeOf(obj) === Person.prototype); // true
```

이처럼 Object.create 메서드는 첫 번째 매개변수에 전달한 객체의 프로토타입 체인에 속하는 객체를 생성한다. 즉, 객체를 생성하면서 직접적으로 상속을 구현하는 것이다. 이 메서드의 장점은 다음과 같다.

- new 연산자가 없이도 객체를 생성할 수 있다.
- 프로토타입을 지정하면서 객체를 생성할 수 있다.
- 객체 리터럴에 의해 생성된 객체도 상속받을 수 있다.

참고로 Object.prototype의 빌트인 메서드인 Object.prototype.hasOwnProperty, Object.prototype.isPrototypeOf, Object.prototype.propertyIsEnumerable 등은 모든 객체의 프로토타입 체인의 종점, 즉 Object.prototype의 메서드이므로 모든 객체가 상속받아 호출할 수 있다.

【 예제 19-52 】

```
const obj = { a: 1 };

obj.hasOwnProperty('a');        // → true
obj.propertyIsEnumerable('a'); // → true
```

그런데 ESLint에서는 앞의 예제와 같이 Object.prototype의 빌트인 메서드를 객체가 직접 호출하는 것을 권장하지 않는다. 그 이유는 Object.create 메서드를 통해 프로토타입 체인의 종점에 위치하는 객체를 생성할 수 있기 때문이다. 프로토타입 체인의 종점에 위치하는 객체는 Object.prototype의 빌트인 메서드를 사용할 수 없다.

【 예제 19-53 】

```
// 프로토타입이 null인 객체, 즉 프로토타입 체인의 종점에 위치하는 객체를 생성한다.
const obj = Object.create(null);
obj.a = 1;

console.log(Object.getPrototypeOf(obj) === null); // true

// obj는 Object.prototype의 빌트인 메서드를 사용할 수 없다.
console.log(obj.hasOwnProperty('a'));
// TypeError: obj.hasOwnProperty is not a function
```

따라서 이 같은 에러를 발생시킬 위험을 없애기 위해 Object.prototype의 빌트인 메서드는 다음과 같이 간접적으로 호출하는 것이 좋다.

【 예제 19-54 】

```javascript
// 프로토타입이 null인 객체를 생성한다.
const obj = Object.create(null);
obj.a = 1;

// console.log(obj.hasOwnProperty('a'));
// TypeError: obj.hasOwnProperty is not a function

// Object.prototype의 빌트인 메서드는 객체로 직접 호출하지 않는다.
console.log(Object.prototype.hasOwnProperty.call(obj, 'a')); // true
```

Function.prototype.call 메서드에 대해서는 22.2.4절 "Function.prototype.apply/call/bind 메서드에 의한 간접 호출"에서 살펴보도록 하자.

19.11.2 객체 리터럴 내부에서 __proto__에 의한 직접 상속

Object.create 메서드에 의한 직접 상속은 앞에서 다룬 것과 같이 여러 장점이 있다. 하지만 두 번째 인자로 프로퍼티를 정의하는 것은 번거롭다. 일단 객체를 생성한 이후 프로퍼티를 추가하는 방법도 있으나 이 또한 깔끔한 방법은 아니다.

ES6에서는 객체 리터럴 내부에서 __proto__ 접근자 프로퍼티를 사용하여 직접 상속을 구현할 수 있다.

【 예제 19-55 】

```javascript
const myProto = { x: 10 };

// 객체 리터럴에 의해 객체를 생성하면서 프로토타입을 지정하여 직접 상속받을 수 있다.
const obj = {
  y: 20,
  // 객체를 직접 상속받는다.
  // obj → myProto → Object.prototype → null
  __proto__: myProto
};
/* 위 코드는 아래와 동일하다.
const obj = Object.create(myProto, {
  y: { value: 20, writable: true, enumerable: true, configurable: true }
});
*/

console.log(obj.x, obj.y); // 10 20
console.log(Object.getPrototypeOf(obj) === myProto); // true
```

19.12 정적 프로퍼티/메서드

정적static 프로퍼티/메서드는 생성자 함수로 인스턴스를 생성하지 않아도 참조/호출할 수 있는 프로퍼티/메서드를 말한다. 다음 예제를 살펴보자.

【 예제 19-56 】

```javascript
// 생성자 함수
function Person(name) {
  this.name = name;
}

// 프로토타입 메서드
Person.prototype.sayHello = function () {
  console.log(`Hi! My name is ${this.name}`);
};

// 정적 프로퍼티
Person.staticProp = 'static prop';

// 정적 메서드
Person.staticMethod = function () {
  console.log('staticMethod');
};

const me = new Person('Lee');

// 생성자 함수에 추가한 정적 프로퍼티/메서드는 생성자 함수로 참조/호출한다.
Person.staticMethod(); // staticMethod

// 정적 프로퍼티/메서드는 생성자 함수가 생성한 인스턴스로 참조/호출할 수 없다.
// 인스턴스로 참조/호출할 수 있는 프로퍼티/메서드는 프로토타입 체인 상에 존재해야 한다.
me.staticMethod(); // TypeError: me.staticMethod is not a function
```

Person 생성자 함수는 객체이므로 자신의 프로퍼티/메서드를 소유할 수 있다. Person 생성자 함수 객체가 소유한 프로퍼티/메서드를 정적 프로퍼티/메서드라고 한다. 정적 프로퍼티/메서드는 생성자 함수가 생성한 인스턴스로 참조/호출할 수 없다.

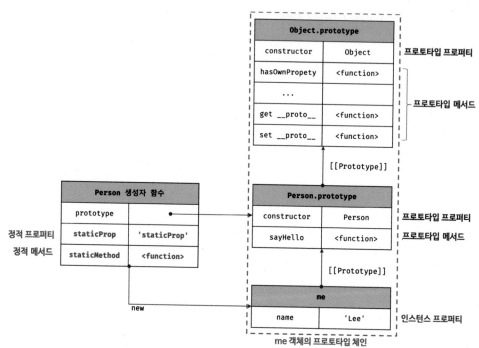

그림 19-24 정적 프로퍼티/메서드

생성자 함수가 생성한 인스턴스는 자신의 프로토타입 체인에 속한 객체의 프로퍼티/메서드에 접근할 수 있다. 하지만 정적 프로퍼티/메서드는 인스턴스의 프로토타입 체인에 속한 객체의 프로퍼티/메서드가 아니므로 인스턴스로 접근할 수 없다.

앞에서 살펴본 `Object.create` 메서드는 `Object` 생성자 함수의 정적 메서드고 `Object.prototype.hasOwnProperty` 메서드는 `Object.prototype`의 메서드다. 따라서 `Object.create` 메서드는 인스턴스, 즉 `Object` 생성자 함수가 생성한 객체로 호출할 수 없다. 하지만 `Object.prototype.hasOwnProperty` 메서드는 모든 객체의 프로토타입 체인의 종점, 즉 `Object.prototype`의 메서드이므로 모든 객체가 호출할 수 있다.

【 예제 19-57 】

```
// Object.create는 정적 메서드다.
const obj = Object.create({ name: 'Lee' });

// Object.prototype.hasOwnProperty는 프로토타입 메서드다.
obj.hasOwnProperty('name'); // → false
```

만약 인스턴스/프로토타입 메서드 내에서 this를 사용하지 않는다면 그 메서드는 정적 메서드로 변경할 수 있다. 인스턴스가 호출한 인스턴스/프로토타입 메서드 내에서 this는 인스턴스를 가리킨다. 메서드 내에서 인스턴스를 참조할 필요가 없다면 정적 메서드로 변경하여도 동작한다. 프로토타입 메서드를 호출하려면 인스턴스를 생성해야 하지만 정적 메서드는 인스턴스를 생성하지 않아도 호출할 수 있다.

```
function Foo() {}

// 프로토타입 메서드
// this를 참조하지 않는 프로토타입 메서드는 정적 메서드로 변경하여도 동일한 효과를 얻을 수 있다.
Foo.prototype.x = function () {
  console.log('x');
};

const foo = new Foo();
// 프로토타입 메서드를 호출하려면 인스턴스를 생성해야 한다.
foo.x(); // x

// 정적 메서드
Foo.x = function () {
  console.log('x');
};

// 정적 메서드는 인스턴스를 생성하지 않아도 호출할 수 있다.
Foo.x(); // x
```

MDN[20]과 같은 문서를 보면 다음과 같이 정적 프로퍼티/메서드와 프로토타입 프로퍼티/메서드를 구분하여 소개하고 있다. 따라서 표기법만으로도 정적 프로퍼티/메서드와 프로토타입 프로퍼티/메서드를 구별할 수 있어야 한다.

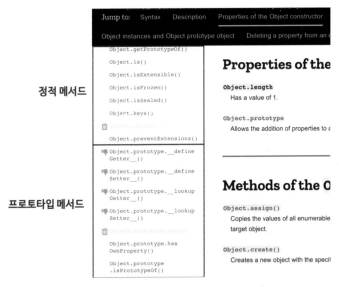

그림 19-25 MDN(https://developer.mozilla.org)

---

20 https://developer.mozilla.org

참고로 프로토타입 프로퍼티/메서드를 표기할 때 prototype을 #으로 표기(예를 들어, Object.prototype.isPrototypeOf를 Object#isPrototypeOf으로 표기)하는 경우도 있으니 알아두도록 하자.

19.13 프로퍼티 존재 확인

19.13.1 in 연산자

in 연산자는 객체 내에 특정 프로퍼티가 존재하는지 여부를 확인한다. in 연산자의 사용법은 다음과 같다.

```
/**
 * key: 프로퍼티 키를 나타내는 문자열
 * object: 객체로 평가되는 표현식
 */
key in object
```

【 예제 19–59 】

```
const person = {
  name: 'Lee',
  address: 'Seoul'
};

// person 객체에 name 프로퍼티가 존재한다.
console.log('name' in person);    // true
// person 객체에 address 프로퍼티가 존재한다.
console.log('address' in person); // true
// person 객체에 age 프로퍼티가 존재하지 않는다.
console.log('age' in person);     // false
```

in 연산자는 확인 대상 객체(위 예제의 경우 person 객체)의 프로퍼티뿐만 아니라 확인 대상 객체가 상속받은 모든 프로토타입의 프로퍼티를 확인하므로 주의가 필요하다. person 객체에는 toString이라는 프로퍼티가 없지만 다음 코드의 실행 결과는 true다.

【 예제 19–60 】

```
console.log('toString' in person); // true
```

이는 in 연산자가 person 객체가 속한 프로토타입 체인 상에 존재하는 모든 프로토타입에서 toString 프로퍼티를 검색했기 때문이다. toString은 Object.prototype의 메서드다.

in 연산자 대신 ES6에서 도입된 Reflect.has 메서드[21]를 사용할 수도 있다. Reflect.has 메서드는 in 연산자와 동일하게 동작한다.

【 예제 19-61 】

```
const person = { name: 'Lee' };

console.log(Reflect.has(person, 'name'));     // true
console.log(Reflect.has(person, 'toString')); // true
```

19.13.2 Object.prototype.hasOwnProperty 메서드

Object.prototype.hasOwnProperty 메서드를 사용해도 객체에 특정 프로퍼티가 존재하는지 확인할 수 있다.

【 예제 19-62 】

```
console.log(person.hasOwnProperty('name')); // true
console.log(person.hasOwnProperty('age'));  // false
```

Object.prototype.hasOwnProperty 메서드는 이름에서 알 수 있듯이 인수로 전달받은 프로퍼티 키가 객체 고유의 프로퍼티 키인 경우에만 true를 반환하고 상속받은 프로토타입의 프로퍼티 키인 경우 false를 반환한다.

【 예제 19-63 】

```
console.log(person.hasOwnProperty('toString')); // false
```

19.14 프로퍼티 열거

19.14.1 for ... in 문

객체의 모든 프로퍼티를 순회하며 열거enumeration하려면 for ... in 문을 사용한다.

```
for (변수선언문 in 객체) { ... }
```

【 예제 19-64 】

```
const person = {
  name: 'Lee',
```

---

21 https://developer.mozilla.org/ko/docs/Web/JavaScript/Reference/Global_Objects/Reflect/has

```
  address: 'Seoul'
};

// for...in 문의 변수 key에 person 객체의 프로퍼티 키가 할당된다.
for (const key in person) {
  console.log(key + ': ' + person[key]);
}
// name: Lee
// address: Seoul
```

for...in 문은 객체의 프로퍼티 개수만큼 순회하며 for...in 문의 변수 선언문에서 선언한 변수에 프로퍼티 키를 할당한다. 위 예제의 경우 person 객체에는 2개의 프로퍼티가 있으므로 객체를 2번 순회하면서 프로퍼티 키를 key 변수에 할당한 후 코드 블록을 실행한다. 첫 번째 순회에서는 프로퍼티 키 'name'을 key 변수에 할당한 후 코드 블록을 실행하고 두 번째 순회에서는 프로퍼티 키 'address'를 key 변수에 할당한 후 코드 블록을 실행한다.

for...in 문은 in 연산자처럼 순회 대상 객체의 프로퍼티뿐만 아니라 상속받은 프로토타입의 프로퍼티까지 열거한다. 하지만 위 예제의 경우 toString과 같은 Object.prototype의 프로퍼티가 열거되지 않는다.

【 예제 19-65 】

```
const person = {
  name: 'Lee',
  address: 'Seoul'
};

// in 연산자는 객체가 상속받은 모든 프로토타입의 프로퍼티를 확인한다.
console.log('toString' in person); // true

// for...in 문도 객체가 상속받은 모든 프로토타입의 프로퍼티를 열거한다.
// 하지만 toString과 같은 Object.prototype의 프로퍼티가 열거되지 않는다.
for (const key in person) {
  console.log(key + ': ' + person[key]);
}

// name: Lee
// address: Seoul
```

이는 toString 메서드가 열거할 수 없도록 정의되어 있는 프로퍼티이기 때문이다. 다시 말해, Object. prototype.toString 프로퍼티의 프로퍼티 어트리뷰트 [[Enumerable]]의 값이 false이기 때문이다. 프로퍼티 어트리뷰트 [[Enumerable]]은 프로퍼티의 열거 가능 여부를 나타내며 불리언 값을 갖는다.[22]

---

22 16장 "프로퍼티 어트리뷰트" 참고

```
// Object.getOwnPropertyDescriptor 메서드는 프로퍼티 디스크립터 객체를 반환한다.
// 프로퍼티 디스크립터 객체는 프로퍼티 어트리뷰트 정보를 담고 있는 객체다.
console.log(Object.getOwnPropertyDescriptor(Object.prototype, 'toString'));
// {value: f, writable: true, enumerable: false, configurable: true}
```

따라서 for... in 문에 대해 좀 더 정확히 표현하면 아래와 같다.

for... in 문은 객체의 프로토타입 체인 상에 존재하는 모든 프로토타입의 프로퍼티 중에서 프로퍼티 어트리뷰트 [[Enumerable]]의 값이 true인 프로퍼티를 순회하며 열거enumeration**한다.**

【 예제 19-67 】

```
const person = {
  name: 'Lee',
  address: 'Seoul',
  __proto__: { age: 20 }
};

for (const key in person) {
  console.log(key + ': ' + person[key]);
}
// name: Lee
// address: Seoul
// age: 20
```

for... in 문은 프로퍼티 키가 심벌인 프로퍼티는 열거하지 않는다.

【 예제 19-68 】

```
const sym = Symbol();
const obj = {
  a: 1,
  [sym]: 10
};

for (const key in obj) {
  console.log(key + ': ' + obj[key]);
}
// a: 1
```

상속받은 프로퍼티는 제외하고 객체 자신의 프로퍼티만 열거하려면 Object.prototype.hasOwnProperty 메서드를 사용하여 객체 자신의 프로퍼티인지 확인해야 한다.

【 예제 19-69 】

```javascript
const person = {
  name: 'Lee',
  address: 'Seoul',
  __proto__: { age: 20 }
};

for (const key in person) {
  // 객체 자신의 프로퍼티인지 확인한다.
  if (!person.hasOwnProperty(key)) continue;
  console.log(key + ': ' + person[key]);
}
// name: Lee
// address: Seoul
```

위 예제의 결과는 person 객체의 프로퍼티가 정의된 순서대로 열거되었다. 하지만 for … in 문은 프로퍼티를 열거할 때 순서를 보장하지 않으므로 주의하기 바란다. 하지만 대부분의 모던 브라우저는 순서를 보장하고 숫자(사실은 문자열)인 프로퍼티 키에 대해서는 정렬을 실시한다.

【 예제 19-70 】

```javascript
const obj = {
  2: 2,
  3: 3,
  1: 1,
  b: 'b',
  a: 'a'
};

for (const key in obj) {
  if (!obj.hasOwnProperty(key)) continue;
  console.log(key + ': ' + obj[key]);
}

/*
1: 1
2: 2
3: 3
b: b
a: a
*/
```

배열에는 for … in 문을 사용하지 말고 일반적인 for 문이나 for … of 문 또는 `Array.prototype.forEach` 메서드를 사용하기를 권장한다. 사실 배열도 객체이므로 프로퍼티와 상속받은 프로퍼티가 포함될 수 있다.

【 예제 19-71 】

```javascript
const arr = [1, 2, 3];
arr.x = 10; // 배열도 객체이므로 프로퍼티를 가질 수 있다.

for (const i in arr) {
  // 프로퍼티 x도 출력된다.
  console.log(arr[i]); // 1 2 3 10
};

// arr.length는 3이다.
for (let i = 0; i < arr.length; i++) {
  console.log(arr[i]); // 1 2 3
}

// forEach 메서드는 요소가 아닌 프로퍼티는 제외한다.
arr.forEach(v => console.log(v)); // 1 2 3

// for … of는 변수 선언문에서 선언한 변수에 키가 아닌 값을 할당한다.
for (const value of arr) {
  console.log(value); // 1 2 3
};
```

forEach 메서드에 대해서는 27.9.2절 "`Array.prototype.forEach`"에서, for … of 문에 대해서는 34.3절 "for … of 문"에서 자세히 살펴보도록 하자.

19.14.2 Object.keys/values/entries 메서드

지금까지 살펴보았듯이 for … in 문은 객체 자신의 고유 프로퍼티뿐 아니라 상속받은 프로퍼티도 열거한다. 따라서 `Object.prototype.hasOwnProperty` 메서드를 사용하여 객체 자신의 프로퍼티인지 확인하는 추가 처리가 필요하다.

객체 자신의 고유 프로퍼티만 열거하기 위해서는 for … in 문을 사용하는 것보다 Object.keys/values/entries 메서드를 사용하는 것을 권장한다.

Object.keys 메서드는 객체 자신의 열거 가능한enumerable 프로퍼티 키를 배열로 반환한다.

【 예제 19-72 】

```
const person = {
  name: 'Lee',
  address: 'Seoul',
  __proto__: { age: 20 }
};

console.log(Object.keys(person)); // ["name", "address"]
```

ES8에서 도입된 `Object.values` 메서드는 객체 자신의 열거 가능한 프로퍼티 값을 배열로 반환한다.

【 예제 19-73 】

```
console.log(Object.values(person)); // ["Lee", "Seoul"]
```

ES8에서 도입된 `Object.entries` 메서드는 객체 자신의 열거 가능한 프로퍼티 키와 값의 쌍의 배열을 배열에 담아 반환한다.

【 예제 19-74 】

```
console.log(Object.entries(person)); // [["name", "Lee"], ["address", "Seoul"]]

Object.entries(person).forEach(([key, value]) => console.log(key, value));
/*
name Lee
address Seoul
*/
```

20장

strict mode

20.1 strict mode란?

아래 예제의 실행 결과는 무엇일지 생각해보자.

【 예제 20-01 】

```
function foo() {
  x = 10;
}
foo();

console.log(x); // ?
```

foo 함수 내에서 선언하지 않은 x 변수에 값 10을 할당했다. 이때 x 변수를 찾아야 x에 값을 할당할 수 있기 때문에 자바스크립트 엔진은 x 변수가 어디에서 선언되었는지 스코프 체인을 통해 검색하기 시작한다.

자바스크립트 엔진은 먼저 foo 함수의 스코프에서 x 변수의 선언을 검색한다. foo 함수의 스코프에는 x 변수의 선언이 없으므로 검색에 실패할 것이고, 자바스크립트 엔진은 x 변수를 검색하기 위해 foo 함수 컨텍스트의 상위 스코프(위 예제의 경우 전역 스코프)에서 x 변수의 선언을 검색한다.

전역 스코프에도 x 변수의 선언이 존재하지 않기 때문에 ReferenceError를 발생시킬 것 같지만 자바스크립트 엔진은 암묵적으로 전역 객체에 x 프로퍼티를 동적 생성한다. 이때 전역 객체의 x 프로퍼티는 마치 전역 변수처럼 사용할 수 있다. 이러한 현상을 **암묵적 전역**implicit global [1]이라 한다.

개발자의 의도와는 상관없이 발생한 암묵적 전역은 오류를 발생시키는 원인이 될 가능성이 크다. 따라서 반드시 var, let, const 키워드를 사용하여 변수를 선언한 다음 사용해야 한다.

---

1   21.4.3절 "암묵적 전역" 참고

하지만 오타나 문법 지식의 미비로 인한 실수는 언제나 발생한다. 따라서 오류를 줄여 안정적인 코드를 생산하기 위해서는 좀 더 근본적인 접근이 필요하다. 다시 말해, 잠재적인 오류를 발생시키기 어려운 개발 환경을 만들고 그 환경에서 개발하는 것이 좀 더 근본적인 해결책이라고 할 수 있다.

이를 지원하기 위해 ES5부터 strict mode(엄격 모드)가 추가되었다. strict mode는 자바스크립트 언어의 문법을 좀 더 엄격히 적용하여 오류를 발생시킬 가능성이 높거나 자바스크립트 엔진의 최적화 작업에 문제를 일으킬 수 있는 코드에 대해 명시적인 에러를 발생시킨다.

ESLint[2] 같은 린트 도구를 사용해도 strict mode와 유사한 효과를 얻을 수 있다. 린트 도구는 정적 분석static analysis 기능을 통해 소스코드를 실행하기 전에 소스코드를 스캔하여 문법적 오류만이 아니라 잠재적 오류까지 찾아내고 오류의 원인을 리포팅해주는 유용한 도구다.

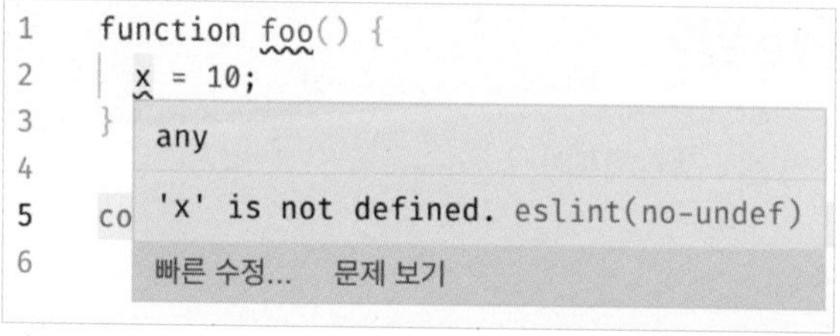

```
1   function foo() {
2     x = 10;
3   }
4
5   co   any
       'x' is not defined. eslint(no-undef)
6     빠른 수정...    문제 보기
```

그림 20-1 ESLint의 오류 리포팅

린트 도구는 strict mode가 제한하는 오류는 물론 코딩 컨벤션을 설정 파일 형태로 정의하고 강제할 수 있기 때문에 더욱 강력한 효과를 얻을 수 있다. 따라서 필자는 strict mode보다 린트 도구의 사용을 선호한다.

> 📑 ESLint를 사용하는 방법
>
> ESLint의 설치 및 비주얼 스튜디오 코드에서 ESLint를 사용하는 방법에 대해서는 https://poiemaweb.com/eslint를 참고하기 바란다.

strict mode의 적용 방법과 strict mode가 발생시키는 에러에 대해 간략히 살펴보자. 참고로 ES6에서 도입된 클래스와 모듈은 기본적으로 strict mode가 적용된다.

20.2 strict mode의 적용

strict mode를 적용하려면 전역의 선두 또는 함수 몸체의 선두에 'use strict';를 추가한다. 전역의 선두에 추가하면 스크립트 전체에 strict mode가 적용된다.

---

2 https://eslint.org

【 예제 20-02 】
```
'use strict';

function foo() {
  x = 10; // ReferenceError: x is not defined
}
foo();
```

함수 몸체의 선두에 추가하면 해당 함수와 중첩 함수에 strict mode가 적용된다.

【 예제 20-03 】
```
function foo() {
  'use strict';

  x = 10; // ReferenceError: x is not defined
}
foo();
```

코드의 선두에 'use strict';를 위치시키지 않으면 strict mode가 제대로 동작하지 않는다.

【 예제 20-04 】
```
function foo() {
  x = 10; // 에러를 발생시키지 않는다.
  'use strict';
}
foo();
```

20.3 전역에 strict mode를 적용하는 것은 피하자

전역에 적용한 strict mode는 스크립트 단위로 적용된다.

【 예제 20-05 】
```
<!DOCTYPE html>
<html>
<body>
  <script>
    'use strict';
  </script>
  <script>
    x = 1; // 에러가 발생하지 않는다.
```

```
    console.log(x); // 1
  </script>
  <script>
    'use strict';

    y = 1; // ReferenceError: y is not defined
    console.log(y);
  </script>
 </body>
 </html>
```

위 예제와 같이 스크립트 단위로 적용된 strict mode는 다른 스크립트에 영향을 주지 않고 해당 스크립트에 한정되어 적용된다.

하지만 strict mode 스크립트와 non-strict mode 스크립트를 혼용하는 것은 오류를 발생시킬 수 있다. 특히 외부 서드파티 라이브러리를 사용하는 경우 라이브러리가 non-strict mode인 경우도 있기 때문에 전역에 strict mode를 적용하는 것은 바람직하지 않다. 이러한 경우 즉시 실행 함수로 스크립트 전체를 감싸서 스코프를 구분하고 즉시 실행 함수의 선두에 strict mode를 적용한다.

【 예제 20-06 】

```
// 즉시 실행 함수의 선두에 strict mode 적용
(function () {
  'use strict';

  // Do something...
}());
```

20.4 함수 단위로 strict mode를 적용하는 것도 피하자

앞서 말한 바와 같이 함수 단위로 strict mode를 적용할 수도 있다. 그러나 어떤 함수는 strict mode를 적용하고 어떤 함수는 strict mode를 적용하지 않는 것은 바람직하지 않으며 모든 함수에 일일이 strict mode를 적용하는 것은 번거로운 일이다. 그리고 strict mode가 적용된 함수가 참조할 함수 외부의 컨텍스트에 strict mode를 적용하지 않는다면 이 또한 문제가 발생할 수 있다.

【 예제 20-07 】

```
(function () {
  // non-strict mode
  var let = 10; // 에러가 발생하지 않는다.
```

```
  function foo() {
    'use strict';

    let = 20; // SyntaxError: Unexpected strict mode reserved word
  }
  foo();
}());
```

따라서 strict mode는 즉시 실행 함수로 감싼 스크립트 단위로 적용하는 것이 바람직하다.

20.5 strict mode가 발생시키는 에러

다음은 strict mode를 적용했을 때 에러가 발생하는 대표적인 사례다.

20.5.1 암묵적 전역

선언하지 않은 변수를 참조하면 ReferenceError가 발생한다.

【 예제 20-08 】
```
(function () {
  'use strict';

  x = 1;
  console.log(x); // ReferenceError: x is not defined
}());
```

20.5.2 변수, 함수, 매개변수의 삭제

delete 연산자로 변수, 함수, 매개변수를 삭제하면 SyntaxError가 발생한다.

【 예제 20-09 】
```
(function () {
  'use strict';

  var x = 1;
  delete x; // SyntaxError: Delete of an unqualified identifier in strict mode.

  function foo(a) {
    delete a; // SyntaxError: Delete of an unqualified identifier in strict mode.
  }
  delete foo; // SyntaxError: Delete of an unqualified identifier in strict mode.
}());
```

20.5.3 매개변수 이름의 중복

중복된 매개변수 이름을 사용하면 SyntaxError가 발생한다.

【 예제 20-10 】

```
(function () {
  'use strict';

  //SyntaxError: Duplicate parameter name not allowed in this context
  function foo(x, x) {
    return x + x;
  }
  console.log(foo(1, 2));
}());
```

20.5.4 with 문의 사용

with 문을 사용하면 SyntaxError가 발생한다. with 문은 전달된 객체를 스코프 체인에 추가한다. with 문은 동일한 객체의 프로퍼티를 반복해서 사용할 때 객체 이름을 생략할 수 있어서 코드가 간단해지는 효과가 있지만 성능과 가독성이 나빠지는 문제가 있다. 따라서 with 문은 사용하지 않는 것이 좋다.

【 예제 20-11 】

```
(function () {
  'use strict';

  // SyntaxError: Strict mode code may not include a with statement
  with({ x: 1 }) {
    console.log(x);
  }
}());
```

20.6 strict mode 적용에 의한 변화

20.6.1 일반 함수의 this

strict mode에서 함수를 일반 함수로서 호출하면 this에 undefined가 바인딩된다. 생성자 함수가 아닌 일반 함수 내부에서는 this를 사용할 필요가 없기 때문이다. 이때 에러는 발생하지 않는다.

【 예제 20-12 】

```
(function () {
  'use strict';

  function foo() {
    console.log(this); // undefined
  }
  foo();

  function Foo() {
    console.log(this); // Foo
  }
  new Foo();
}());
```

20.6.2 arguments 객체

strict mode에서는 매개변수에 전달된 인수를 재할당하여 변경해도 arguments 객체에 반영되지 않는다.

【 예제 20-13 】

```
(function (a) {
  'use strict';
  // 매개변수에 전달된 인수를 재할당하여 변경
  a = 2;

  // 변경된 인수가 arguments 객체에 반영되지 않는다.
  console.log(arguments); // { 0: 1, length: 1 }
}(1));
```

21장

빌트인 객체

21.1 자바스크립트 객체의 분류

자바스크립트 객체는 다음과 같이 크게 3개의 객체로 분류할 수 있다.

- **표준 빌트인 객체**standard built-in objects/native objects/global objects

  표준 빌트인 객체는 ECMAScript 사양에 정의된 객체를 말하며, 애플리케이션 전역의 공통 기능을 제공한다. 표준 빌트인 객체는 ECMAScript 사양에 정의된 객체이므로 자바스크립트 실행 환경(브라우저 또는 Node.js 환경)과 관계없이 언제나 사용할 수 있다. 표준 빌트인 객체는 전역 객체의 프로퍼티로서 제공된다. 따라서 별도의 선언 없이 전역 변수처럼 언제나 참조할 수 있다.

- **호스트 객체**host objects

  호스트 객체는 ECMAScript 사양에 정의되어 있지 않지만 자바스크립트 실행 환경[1](브라우저 환경 또는 Node.js 환경)에서 추가로 제공하는 객체를 말한다.

  브라우저 환경에서는 DOM, BOM, Canvas, `XMLHttpRequest`, `fetch`, `requestAnimationFrame`, SVG, Web Storage, Web Component, Web Worker와 같은 클라이언트 사이드 Web API[2]를 호스트 객체로 제공하고, Node.js 환경에서는 Node.js 고유의 API[3]를 호스트 객체로 제공한다.

- **사용자 정의 객체**user-defined objects

  사용자 정의 객체는 표준 빌트인 객체와 호스트 객체처럼 기본 제공되는 객체가 아닌 사용자가 직접 정의한 객체를 말한다.

1 3.1절 "자바스크립트 실행 환경" 참고
2 https://developer.mozilla.org/ko/docs/Web/API
3 https://nodejs.org/dist/latest/docs/api/repl.html

21.2 표준 빌트인 객체

자바스크립트는 Object, String, Number, Boolean, Symbol, Date, Math, RegExp, Array, Map/Set, WeakMap/WeakSet, Function, Promise, Reflect, Proxy, JSON, Error 등 40여 개의 표준 빌트인 객체[4]를 제공한다.

Math, Reflect, JSON을 제외한 표준 빌트인 객체는 모두 인스턴스를 생성할 수 있는 생성자 함수 객체다. 생성자 함수 객체인 표준 빌트인 객체는 프로토타입 메서드와 정적 메서드를 제공하고 생성자 함수 객체가 아닌 표준 빌트인 객체는 정적 메서드만 제공한다.

예를 들어, 표준 빌트인 객체인 String, Number, Boolean, Function, Array, Date는 생성자 함수로 호출하여 인스턴스를 생성할 수 있다.

【 예제 21-01 】

```javascript
// String 생성자 함수에 의한 String 객체 생성
const strObj = new String('Lee'); // String {"Lee"}
console.log(typeof strObj);        // object

// Number 생성자 함수에 의한 Number 객체 생성
const numObj = new Number(123); // Number {123}
console.log(typeof numObj);     // object

// Boolean 생성자 함수에 의한 Boolean 객체 생성
const boolObj= new Boolean(true); // Boolean {true}
console.log(typeof boolObj);      // object

// Function 생성자 함수에 의한 Function 객체(함수) 생성
const func = new Function('x', 'return x * x'); // ƒ anonymous(x )
console.log(typeof func);                       // function

// Array 생성자 함수에 의한 Array 객체(배열) 생성
const arr = new Array(1, 2, 3); // (3) [1, 2, 3]
console.log(typeof arr);        // object

// RegExp 생성자 함수에 의한 RegExp 객체(정규 표현식) 생성
const regExp = new RegExp(/ab+c/i); // /ab+c/i
console.log(typeof regExp);         // object

// Date 생성자 함수에 의한 Date 객체 생성
const date = new Date();  // Fri May 08 2020 10:43:25 GMT+0900 (대한민국 표준시)
console.log(typeof date); // object
```

---

4 https://developer.mozilla.org/ko/docs/Web/JavaScript/Reference/Global_Objects

생성자 함수인 표준 빌트인 객체가 생성한 인스턴스의 프로토타입은 표준 빌트인 객체의 prototype 프로퍼티에 바인딩된 객체다. 예를 들어, 표준 빌트인 객체인 String을 생성자 함수로서 호출하여 생성한 String 인스턴스의 프로토타입은 String.prototype이다.

【 예제 21-02 】

```
// String 생성자 함수에 의한 String 객체 생성
const strObj = new String('Lee'); // String {"Lee"}

// String 생성자 함수를 통해 생성한 strObj 객체의 프로토타입은 String.prototype이다.
console.log(Object.getPrototypeOf(strObj) === String.prototype); // true
```

표준 빌트인 객체의 prototype 프로퍼티에 바인딩된 객체(예를 들어, String.prototype)는 다양한 기능의 빌트인 프로토타입 메서드를 제공한다. 그리고 표준 빌트인 객체는 인스턴스 없이도 호출 가능한 빌트인 정적 메서드를 제공한다.

예를 들어, 표준 빌트인 객체인 Number의 prototype 프로퍼티에 바인딩된 객체, Number.prototype은 다양한 기능의 빌트인 프로토타입 메서드를 제공한다. 이 프로토타입 메서드는 모든 Number 인스턴스가 상속을 통해 사용할 수 있다. 그리고 표준 빌트인 객체인 Number는 인스턴스 없이 정적으로 호출할 수 있는 정적 메서드를 제공한다.

【 예제 21-03 】

```
// Number 생성자 함수에 의한 Number 객체 생성
const numObj = new Number(1.5); // Number {1.5}

// toFixed는 Number.prototype의 프로토타입 메서드다.
// Number.prototype.toFixed는 소수점 자리를 반올림하여 문자열로 반환한다.
console.log(numObj.toFixed()); // 2

// isInteger는 Number의 정적 메서드다.
// Number.isInteger는 인수가 정수(integer)인지 검사하여 그 결과를 Boolean으로 반환한다.
console.log(Number.isInteger(0.5)); // false
```

21.3 원시값과 래퍼 객체

문자열이나 숫자, 불리언 등의 원시값이 있는데도 문자열, 숫자, 불리언 객체를 생성하는 String, Number, Boolean 등의 표준 빌트인 생성자 함수가 존재하는 이유는 무엇일까?

다음 예제를 살펴보자. 원시값은 객체가 아니므로 프로퍼티나 메서드를 가질 수 없는데도 원시값인 문자열이 마치 객체처럼 동작한다.

【 예제 21-04 】

```
const str = 'hello';

// 원시 타입인 문자열이 프로퍼티와 메서드를 갖고 있는 객체처럼 동작한다.
console.log(str.length); // 5
console.log(str.toUpperCase()); // HELLO
```

이는 원시값인 문자열, 숫자, 불리언 값의 경우 이들 원시값에 대해 마치 객체처럼 마침표 표기법(또는 대괄호 표기법)으로 접근하면 자바스크립트 엔진이 일시적으로 원시값을 연관된 객체로 변환해 주기 때문이다. 즉, 원시값을 객체처럼 사용하면 자바스크립트 엔진은 암묵적으로 연관된 객체를 생성하여 생성된 객체로 프로퍼티에 접근하거나 메서드를 호출하고 다시 원시값으로 되돌린다.

이처럼 **문자열, 숫자, 불리언 값에 대해 객체처럼 접근하면 생성되는 임시 객체를 래퍼 객체**^{wrapper object}라 한다.

예를 들어, 문자열에 대해 마침표 표기법으로 접근하면 그 순간 래퍼 객체인 String 생성자 함수의 인스턴스가 생성되고 문자열은 래퍼 객체의 [[StringData]] 내부 슬롯에 할당된다.

【 예제 21-05 】

```
const str = 'hi';

// 원시 타입인 문자열이 래퍼 객체인 String 인스턴스로 변환된다.
console.log(str.length); // 2
console.log(str.toUpperCase()); // HI

// 래퍼 객체로 프로퍼티에 접근하거나 메서드를 호출한 후, 다시 원시값으로 되돌린다.
console.log(typeof str); // string
```

이때 문자열 래퍼 객체인 String 생성자 함수의 인스턴스는 String.prototype의 메서드를 상속받아 사용할 수 있다.

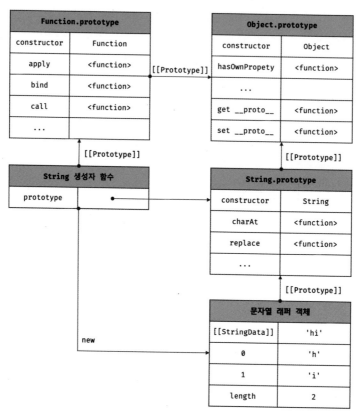

그림 21-1 문자열 래퍼 객체의 프로토타입 체인

그 후 래퍼 객체의 처리가 종료되면 래퍼 객체의 [[StringData]] 내부 슬롯에 할당된 원시값으로 원래의 상태, 즉 식별자가 원시값을 갖도록 되돌리고 래퍼 객체는 가비지 컬렉션의 대상이 된다. 다음 예제를 살펴보자.

【 예제 21-06 】

```javascript
// ① 식별자 str은 문자열을 값으로 가지고 있다.
const str = 'hello';

// ② 식별자 str은 암묵적으로 생성된 래퍼 객체를 가리킨다.
// 식별자 str의 값 'hello'는 래퍼 객체의 [[StringData]] 내부 슬롯에 할당된다.
// 래퍼 객체에 name 프로퍼티가 동적 추가된다.
str.name = 'Lee';

// ③ 식별자 str은 다시 원래의 문자열, 즉 래퍼 객체의 [[StringData]] 내부 슬롯에 할당된 원시값을 갖는다.
// 이때 ②에서 생성된 래퍼 객체는 아무도 참조하지 않는 상태이므로 가비지 컬렉션의 대상이 된다.

// ④ 식별자 str은 새롭게 암묵적으로 생성된(②에서 생성된 래퍼 객체와는 다른) 래퍼 객체를 가리킨다.
// 새롭게 생성된 래퍼 객체에는 name 프로퍼티가 존재하지 않는다.
console.log(str.name); // undefined
```

```
// ⑤ 식별자 str은 다시 원래의 문자열, 즉 래퍼 객체의 [[StringData]] 내부 슬롯에 할당된 원시값을 갖는다.
// 이때 ④에서 생성된 래퍼 객체는 아무도 참조하지 않는 상태이므로 가비지 컬렉션의 대상이 된다.
console.log(typeof str, str); // string hello
```

숫자 값도 마찬가지다. 숫자 값에 대해 마침표 표기법으로 접근하면 그 순간 래퍼 객체인 Number 생성자 함수의 인스턴스가 생성되고 숫자는 래퍼 객체의 [[NumberData]] 내부 슬롯에 할당된다. 이때 래퍼 객체인 Number 객체는 당연히 Number.prototype의 메서드를 상속받아 사용할 수 있다. 그 후, 래퍼 객체의 처리가 종료되면 래퍼 객체의 [[NumberData]] 내부 슬롯에 할당된 원시값을 되돌리고 래퍼 객체는 가비지 컬렉션의 대상이 된다.

【 예제 21-07 】

```
const num = 1.5;

// 원시 타입인 숫자가 래퍼 객체인 Number 객체로 변환된다.
console.log(num.toFixed()); // 2

// 래퍼 객체로 프로퍼티에 접근하거나 메서드를 호출한 후, 다시 원시값으로 되돌린다.
console.log(typeof num, num); // number 1.5
```

불리언 값도 문자열이나 숫자와 마찬가지이지만 불리언 값으로 메서드를 호출하는 경우는 없으므로 그다지 유용하지는 않다.

ES6에서 새롭게 도입된 원시값인 심벌도 래퍼 객체를 생성한다. 심벌은 일반적인 원시값과는 달리 리터럴 표기법으로 생성할 수 없고 Symbol 함수를 통해 생성해야 하므로 다른 원시값과는 차이가 있다. 심벌에 대해서는 33장 "7번째 데이터 타입 Symbol"에서 살펴보도록 하자.

이처럼 문자열, 숫자, 불리언, 심벌은 암묵적으로 생성되는 래퍼 객체에 의해 마치 객체처럼 사용할 수 있으며, 표준 빌트인 객체인 String, Number, Boolean, Symbol의 프로토타입 메서드 또는 프로퍼티를 참조할 수 있다. 따라서 String, Number, Boolean 생성자 함수를 new 연산자와 함께 호출하여 문자열, 숫자, 불리언 인스턴스를 생성할 필요가 없으며 권장하지도 않는다. Symbol은 생성자 함수가 아니므로 이 논의에서는 제외하도록 한다.

문자열, 숫자, 불리언, 심벌 이외의 원시값, 즉 null과 undefined는 래퍼 객체를 생성하지 않는다. 따라서 null과 undefined 값을 객체처럼 사용하면 에러가 발생한다.

21.4 전역 객체

전역 객체[global object]는 코드가 실행되기 이전 단계에 자바스크립트 엔진에 의해 어떤 객체보다도 먼저 생성되는 특수한 객체이며, 어떤 객체에도 속하지 않은 최상위 객체다.

전역 객체는 자바스크립트 환경에 따라 지칭하는 이름이 제각각이다. 브라우저 환경에서는 `window`(또는 `self`, `this`, `frames`)가 전역 객체를 가리키지만 Node.js 환경에서는 `global`이 전역 객체를 가리킨다.

📄 **globalThis**

> ECMAScript2020(ES11)에서 도입된 `globalThis`[5]는 브라우저 환경과 Node.js 환경에서 전역 객체를 가리키던 다양한 식별자를 통일한 식별자다. `globalThis`는 표준 사양이므로 ECMAScript 표준 사양을 준수하는 모든 환경에서 사용할 수 있다.
>
> 【 예제 21-08 】
>
> ```
> // 브라우저 환경
> globalThis === this   // true
> globalThis === window // true
> globalThis === self   // true
> globalThis === frames // true
>
> // Node.js 환경(12.0.0 이상)
> globalThis === this   // true
> globalThis === global // true
> ```

전역 객체는 표준 빌트인 객체(`Object`, `String`, `Number`, `Function`, `Array` 등)와 환경에 따른 호스트 객체(클라이언트 Web API 또는 Node.js의 호스트 API), 그리고 `var` 키워드로 선언한 전역 변수와 전역 함수를 프로퍼티로 갖는다.

즉, 전역 객체는 계층적 구조상 어떤 객체에도 속하지 않은 모든 빌트인 객체(표준 빌트인 객체와 호스트 객체)의 최상위 객체다. 전역 객체가 최상위 객체라는 것은 프로토타입 상속 관계상에서 최상위 객체라는 의미가 아니다. 전역 객체 자신은 어떤 객체의 프로퍼티도 아니며 객체의 계층적 구조상 표준 빌트인 객체와 호스트 객체를 프로퍼티로 소유한다는 것을 말한다.

전역 객체의 특징은 다음과 같다.

- 전역 객체는 개발자가 의도적으로 생성할 수 없다. 즉, 전역 객체를 생성할 수 있는 생성자 함수가 제공되지 않는다.
- 전역 객체의 프로퍼티를 참조할 때 `window`(또는 `global`)를 생략할 수 있다.

---

5   https://www.ecma-international.org/ecma-262/11.0/#sec-globalthis

【 예제 21-09 】

```javascript
// 문자열 'F'를 16진수로 해석하여 10진수로 변환하여 반환한다.
window.parseInt('F', 16); // → 15
// window.parseInt는 parseInt로 호출할 수 있다.
parseInt('F', 16); // → 15

window.parseInt === parseInt; // → true
```

- 전역 객체는 Object, String, Number, Boolean, Function, Array, RegExp, Date, Math, Promise 같은 모든 표준 빌트인 객체를 프로퍼티로 가지고 있다.

- 자바스크립트 실행 환경(브라우저 환경 또는 Node.js 환경)에 따라 추가적으로 프로퍼티와 메서드를 갖는다. 브라우저 환경에서는 DOM, BOM, Canvas, XMLHttpRequest, fetch, requestAnimationFrame, SVG, Web Storage, Web Component, Web Worker 같은 클라이언트 사이드 Web API[6]를 호스트 객체로 제공하고 Node.js 환경에서는 Node.js 고유의 API[7]를 호스트 객체로 제공한다.

- var 키워드로 선언한 전역 변수와 선언하지 않은 변수에 값을 할당한 암묵적 전역[8], 그리고 전역 함수는 전역 객체의 프로퍼티가 된다.

【 예제 21-10 】

```javascript
// var 키워드로 선언한 전역 변수
var foo = 1;
console.log(window.foo); // 1

// 선언하지 않은 변수에 값을 암묵적 전역. bar는 전역 변수가 아니라 전역 객체의 프로퍼티다.
bar = 2; // window.bar = 2
console.log(window.bar); // 2

// 전역 함수
function baz() { return 3; }
console.log(window.baz()); // 3
```

- let이나 const 키워드로 선언한 전역 변수는 전역 객체의 프로퍼티가 아니다. 즉, window.foo와 같이 접근할 수 없다. let이나 const 키워드로 선언한 전역 변수는 보이지 않는 개념적인 블록(전역 렉시컬 환경의 선언적 환경 레코드[9]) 내에 존재하게 된다.

【 예제 21-11 】

```javascript
let foo = 123;
console.log(window.foo); // undefined
```

- 브라우저 환경의 모든 자바스크립트 코드는 하나의 전역 객체 window를 공유한다. 여러 개의 script 태그를 통해 자바스크립트 코드를 분리해도 하나의 전역 객체 window를 공유하는 것은 변함이 없다. 이는 분리되어 있는 자바스크립트 코드가 하나의 전역을 공유한다는 의미다.

---

6 https://developer.mozilla.org/ko/docs/Web/API
7 https://nodejs.org/dist/latest/docs/api/repl.html
8 21.4.3절 "암묵적 전역" 참고
9 23장 "실행 컨텍스트" 참고

전역 객체는 몇 가지 프로퍼티와 메서드를 가지고 있다. 전역 객체의 프로퍼티와 메서드는 전역 객체를 가리키는 식별자, 즉 window나 global을 생략하여 참조/호출할 수 있으므로 전역 변수와 전역 함수처럼 사용할 수 있다. 이에 대해 살펴보자.

21.4.1 빌트인 전역 프로퍼티

빌트인 전역 프로퍼티^{built-in global property}는 전역 객체의 프로퍼티를 의미한다. 주로 애플리케이션 전역에서 사용하는 값을 제공한다.

Infinity

Infinity 프로퍼티는 무한대를 나타내는 숫자값 Infinity를 갖는다.

【 예제 21-12 】

```
// 전역 프로퍼티는 window를 생략하고 참조할 수 있다.
console.log(window.Infinity === Infinity); // true

// 양의 무한대
console.log(3/0);  // Infinity
// 음의 무한대
console.log(-3/0); // -Infinity
// Infinity는 숫자값이다.
console.log(typeof Infinity); // number
```

NaN

NaN 프로퍼티는 숫자가 아님(Not-a-Number)을 나타내는 숫자값 NaN을 갖는다. NaN 프로퍼티는 Number.NaN 프로퍼티와 같다.

【 예제 21-13 】

```
console.log(window.NaN); // NaN

console.log(Number('xyz')); // NaN
console.log(1 * 'string');  // NaN
console.log(typeof NaN);    // number
```

undefined

undefined 프로퍼티는 원시 타입 undefined를 값으로 갖는다.

```
console.log(window.undefined); // undefined

var foo;
console.log(foo); // undefined
console.log(typeof undefined); // undefined
```

21.4.2 빌트인 전역 함수

빌트인 전역 함수built-in global function는 애플리케이션 전역에서 호출할 수 있는 빌트인 함수로서 전역 객체의 메서드다.

eval

eval 함수는 자바스크립트 코드를 나타내는 문자열을 인수로 전달받는다. 전달받은 문자열 코드가 표현식이라면 eval 함수는 문자열 코드를 런타임에 평가하여 값을 생성하고, 전달받은 인수가 표현식이 아닌 문이라면 eval 함수는 문자열 코드를 런타임에 실행한다. 문자열 코드가 여러 개의 문으로 이루어져 있다면 모든 문을 실행한다.

```
/**
 * 주어진 문자열 코드를 런타임에 평가 또는 실행한다.
 * @param {string} code - 코드를 나타내는 문자열
 * @returns {*} 문자열 코드를 평가/실행한 결과값
 */
eval(code)
```

【 예제 21-15 】

```
// 표현식인 문
eval('1 + 2;'); // → 3
// 표현식이 아닌 문
eval('var x = 5;'); // → undefined

// eval 함수에 의해 런타임에 변수 선언문이 실행되어 x 변수가 선언되었다.
console.log(x); // 5

// 객체 리터럴은 반드시 괄호로 둘러싼다.
const o = eval('({ a: 1 })');
console.log(o); // {a: 1}

// 함수 리터럴은 반드시 괄호로 둘러싼다.
const f = eval('(function() { return 1; })');
console.log(f()); // 1
```

인수로 전달받은 문자열 코드가 여러 개의 문으로 이루어져 있다면 모든 문을 실행한 다음, 마지막 결과값을 반환한다.

【 예제 21-16 】

```
eval('1 + 2; 3 + 4;'); // → 7
```

eval 함수는 자신이 호출된 위치에 해당하는 기존의 스코프를 런타임에 동적으로 수정한다. 다음 예제를 살펴보자.

【 예제 21-17 】

```
const x = 1;

function foo() {
  // eval 함수는 런타임에 foo 함수의 스코프를 동적으로 수정한다.
  eval('var x = 2;');
  console.log(x); // 2
}

foo();
console.log(x); // 1
```

위 예제의 eval 함수는 새로운 x 변수를 선언하면서 foo 함수의 스코프에 선언된 x 변수를 동적으로 추가한다. 함수가 호출되면 런타임 이전에 먼저 함수 몸체 내부의 모든 선언문을 먼저 실행하고 그 결과를 스코프에 등록한다. 따라서 위 예제의 eval 함수가 호출되는 시점에는 이미 foo 함수의 스코프가 존재한다. 하지만 **eval 함수는 기존의 스코프를 런타임에 동적으로 수정한다.** 그리고 eval 함수에 전달된 코드는 이미 그 위치에 존재하던 코드처럼 동작한다. 즉, eval 함수가 호출된 foo 함수의 스코프에서 실행된다.

단, strict mode(엄격 모드)에서 eval 함수는 기존의 스코프를 수정하지 않고 eval 함수 자신의 자체적인 스코프를 생성한다.

【 예제 21-18 】

```
const x = 1;

function foo() {
  'use strict';

  // strict mode에서 eval 함수는 기존의 스코프를 수정하지 않고 eval 함수 자신의 자체적인 스코프를 생성한다.
  eval('var x = 2; console.log(x);'); // 2
  console.log(x); // 1
}
```

```
  foo();
  console.log(x); // 1
```

또한 인수로 전달받은 문자열 코드가 let, const 키워드를 사용한 변수 선언문이라면 암묵적으로 strict mode가 적용된다.

【 예제 21-19 】

```
const x = 1;

function foo() {
  eval('var x = 2; console.log(x);'); // 2
  // let, const 키워드를 사용한 변수 선언문은 strict mode가 적용된다.
  eval('const x = 3; console.log(x);'); // 3
  console.log(x); // 2
}

foo();
console.log(x); // 1
```

eval 함수를 통해 사용자로부터 입력받은 콘텐츠^{untrusted data}를 실행하는 것은 보안에 매우 취약하다. 또한 eval 함수를 통해 실행되는 코드는 자바스크립트 엔진에 의해 최적화가 수행되지 않으므로 일반적인 코드 실행에 비해 처리 속도가 느리다. 따라서 **eval 함수의 사용은 금지해야 한다.**

isFinite

전달받은 인수가 정상적인 유한수인지 검사하여 유한수이면 true를 반환하고, 무한수이면 false를 반환한다. 전달받은 인수의 타입이 숫자가 아닌 경우, 숫자로 타입을 변환한 후 검사를 수행한다. 이때 인수가 NaN으로 평가되는 값이라면 false를 반환한다.

```
/**
 * 전달받은 인수가 유한수인지 확인하고 그 결과를 반환한다.
 * @param {number} testValue - 검사 대상 값
 * @returns {boolean} 유한수 여부 확인 결과
 */
isFinite(testValue)
```

【 예제 21-20 】

```
// 인수가 유한수이면 true를 반환한다.
isFinite(0);    // → true
isFinite(2e64); // → true
isFinite('10'); // → true: '10' → 10
```

```
isFinite(null); // → true: null → 0

// 인수가 무한수 또는 NaN으로 평가되는 값이라면 false를 반환한다.
isFinite(Infinity);  // → false
isFinite(-Infinity); // → false

// 인수가 NaN으로 평가되는 값이라면 false를 반환한다.
isFinite(NaN);       // → false
isFinite('Hello');   // → false
isFinite('2005/12/12'); // → false
```

isFinite(null)은 true를 반환한다. 이것은 null을 숫자로 변환하여 검사를 수행했기 때문이다. null을 숫자 타입으로 변환하면 0이 된다.[10]

【 예제 21-21 】

```
console.log(+null); // 0
```

isNaN

전달받은 인수가 NaN인지 검사하여 그 결과를 불리언 타입으로 반환한다. 전달받은 인수의 타입이 숫자가 아닌 경우 숫자로 타입을 변환한 후 검사를 수행한다.

```
/**
 * 주어진 숫자가 NaN인지 확인하고 그 결과를 반환한다.
 * @param {number} testValue - 검사 대상 값
 * @returns {boolean} NaN 여부 확인 결과
 */
isNaN(testValue)
```

【 예제 21-22 】

```
// 숫자
isNaN(NaN); // → true
isNaN(10);  // → false

// 문자열
isNaN('blabla'); // → true: 'blabla' => NaN
isNaN('10');     // → false: '10' => 10
isNaN('10.12');  // → false: '10.12' => 10.12
isNaN('');       // → false: '' => 0
isNaN(' ');      // → false: ' ' => 0
```

---

10 9장 "타입 변환과 단축 평가" 참고

```
// 불리언
isNaN(true); // → false: true → 1
isNaN(null); // → false: null → 0

// undefined
isNaN(undefined); // → true: undefined => NaN

// 객체
isNaN({}); // → true: {} => NaN

// date
isNaN(new Date());                  // → false: new Date() => Number
isNaN(new Date().toString()); // → true:  String => NaN
```

parseFloat

전달받은 문자열 인수를 부동 소수점 숫자floating point number, 즉 실수로 해석parsing하여 반환한다.

```
/**
 * 전달받은 문자열 인수를 실수로 해석하여 반환한다.
 * @param {string} string - 변환 대상 값
 * @returns {number} 변환 결과
 */
parseFloat(string)
```

【 예제 21-23 】

```
// 문자열을 실수로 해석하여 반환한다.
parseFloat('3.14');  // → 3.14
parseFloat('10.00'); // → 10

// 공백으로 구분된 문자열은 첫 번째 문자열만 변환한다.
parseFloat('34 45 66'); // → 34
parseFloat('40 years'); // → 40

// 첫 번째 문자열을 숫자로 변환할 수 없다면 NaN을 반환한다.
parseFloat('He was 40'); // → NaN

// 앞뒤 공백은 무시된다.
parseFloat(' 60 '); // → 60
```

parseInt

전달받은 문자열 인수를 정수integer로 해석parsing하여 반환한다.

```
/**
 * 전달받은 문자열 인수를 정수로 해석하여 반환한다.
 * @param {string} string - 변환 대상 값
 * @param {number} [radix] - 진법을 나타내는 기수(2 ~ 36, 기본값 10)
 * @returns {number} 변환 결과
 */
parseInt(string, radix);
```

【 예제 21-24 】

```
// 문자열을 정수로 해석하여 반환한다.
parseInt('10');     // → 10
parseInt('10.123'); // → 10
```

전달받은 인수가 문자열이 아니면 문자열로 변환한 다음, 정수로 해석하여 반환한다.

【 예제 21-25 】

```
parseInt(10);     // → 10
parseInt(10.123); // → 10
```

두 번째 인수로 진법을 나타내는 기수(2 ~ 36)를 전달할 수 있다. 기수를 지정하면 첫 번째 인수로 전달된 문자열을 해당 기수의 숫자로 해석하여 반환한다. 이때 반환값은 언제나 10진수다. 기수를 생략하면 첫 번째 인수로 전달된 문자열을 10진수로 해석하여 반환한다.

【 예제 21-26 】

```
// 10'을 10진수로 해석하고 그 결과를 10진수 정수로 반환한다.
parseInt('10'); // → 10
// '10'을 2진수로 해석하고 그 결과를 10진수 정수로 반환한다.
parseInt('10', 2); // → 2
// '10'을 8진수로 해석하고 그 결과를 10진수 정수로 반환한다.
parseInt('10', 8); // → 8
// '10'을 16진수로 해석하고 그 결과를 10진수 정수로 반환한다.
parseInt('10', 16); // → 16
```

참고로 기수를 지정하여 10진수 숫자를 해당 기수의 문자열로 변환하여 반환하고 싶을 때는 Number.prototype.toString 메서드[11]를 사용한다.

---

11 28.3.8절 "Number.prototype.toString" 참고

```
const x = 15;

// 10진수 15를 2진수로 변환하여 그 결과를 문자열로 반환한다.
x.toString(2); // → '1111'
// 문자열 '1111'을 2진수로 해석하고 그 결과를 10진수 정수로 반환한다.
parseInt(x.toString(2), 2); // → 15

// 10진수 15를 8진수로 변환하여 그 결과를 문자열로 반환한다.
x.toString(8); // → '17'
// 문자열 '17'을 8진수로 해석하고 그 결과를 10진수 정수로 반환한다.
parseInt(x.toString(8), 8); // → 15

// 10진수 15를 16진수로 변환하여 그 결과를 문자열로 반환한다.
x.toString(16); // → 'f'
// 문자열 'f'를 16진수로 해석하고 그 결과를 10진수 정수로 반환한다.
parseInt(x.toString(16), 16); // → 15

// 숫자값을 문자열로 변환한다.
x.toString(); // → '15'
// 문자열 '15'를 10진수로 해석하고 그 결과를 10진수 정수로 반환한다.
parseInt(x.toString()); // → 15
```

두 번째 인수로 진법을 나타내는 기수를 지정하지 않더라도 첫 번째 인수로 전달된 문자열이 "0x" 또는 "0X"로 시작하는 16진수 리터럴이라면 16진수로 해석하여 10진수 정수로 반환한다.

【 예제 21-28 】

```
// 16진수 리터럴 '0xf'를 16진수로 해석하고 10진수 정수로 그 결과를 반환한다.
parseInt('0xf'); // → 15
// 위 코드와 같다.
parseInt('f', 16); // → 15
```

하지만 2진수 리터럴과 8진수 리터럴은 제대로 해석하지 못한다.

【 예제 21-29 】

```
// 2진수 리터럴(0b로 시작)은 제대로 해석하지 못한다. 0 이후가 무시된다.
parseInt('0b10'); // → 0
// 8진수 리터럴(ES6에서 도입. 0o로 시작)은 제대로 해석하지 못한다. 0 이후가 무시된다.
parseInt('0o10'); // → 0
```

ES5 이전까지는 비록 사용을 금지하고는 있었지만 "0"으로 시작하는 숫자를 8진수로 해석했다. ES6부터는 "0"으로 시작하는 숫자를 8진수로 해석하지 않고 10진수로 해석한다. 따라서 문자열을 8진수로 해석하려면 지수를 반드시 지정해야 한다.

```
// 문자열 '10'을 2진수로 해석한다.
parseInt('10', 2); // → 2
// 문자열 '10'을 8진수로 해석한다.
parseInt('10', 8); // → 8
```

첫 번째 인수로 전달한 문자열의 첫 번째 문자가 해당 지수의 숫자로 변환될 수 없다면 NaN을 반환한다.

【 예제 21-31 】

```
// 'A'는 10진수로 해석할 수 없다.
parseInt('A0'); // → NaN
// '2'는 2진수로 해석할 수 없다.
parseInt('20', 2); // → NaN
```

하지만 첫 번째 인수로 전달한 문자열의 두 번째 문자부터 해당 진수를 나타내는 숫자가 아닌 문자(예를 들어 2진수의 경우 2)와 마주치면 이 문자와 계속되는 문자들은 전부 무시되며 해석된 정수값만 반환한다.

【 예제 21-32 】

```
// 10진수로 해석할 수 없는 'A' 이후의 문자는 모두 무시된다.
parseInt('1A0'); // → 1
// 2진수로 해석할 수 없는 '2' 이후의 문자는 모두 무시된다.
parseInt('102', 2); // → 2
// 8진수로 해석할 수 없는 '8' 이후의 문자는 모두 무시된다.
parseInt('58', 8); // → 5
// 16진수로 해석할 수 없는 'G' 이후의 문자는 모두 무시된다.
parseInt('FG', 16); // → 15
```

첫 번째 인수로 전달한 문자열에 공백이 있다면 첫 번째 문자열만 해석하여 반환하며 앞뒤 공백은 무시된다. 만일 첫 번째 문자열을 숫자로 해석할 수 없는 경우 NaN을 반환한다.

【 예제 21-33 】

```
// 공백으로 구분된 문자열은 첫 번째 문자열만 변환한다.
parseInt('34 45 66'); // → 34
parseInt('40 years'); // → 40
// 첫 번째 문자열을 숫자로 변환할 수 없다면 NaN을 반환한다.
parseInt('He was 40'); // → NaN
// 앞뒤 공백은 무시된다.
parseInt(' 60 '); // → 60
```

encodeURI / decodeURI

encodeURI 함수는 완전한 URI^Uniform Resource Identifier를 문자열로 전달받아 이스케이프 처리를 위해 인코딩한다. URI는 인터넷에 있는 자원을 나타내는 유일한 주소를 말한다. URI의 하위개념으로 URL, URN이 있다.

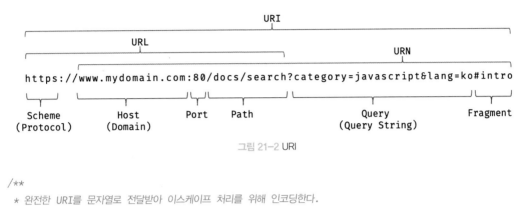

그림 21-2 URI

```
/**
 * 완전한 URI를 문자열로 전달받아 이스케이프 처리를 위해 인코딩한다.
 * @param {string} uri - 완전한 URI
 * @returns {string} 인코딩된 URI
 */
encodeURI(uri)
```

인코딩이란 URI의 문자들을 이스케이프 처리하는 것을 의미한다. 이스케이프 처리는 네트워크를 통해 정보를 공유할 때 어떤 시스템에서도 읽을 수 있는 아스키 문자 셋[12]으로 변환하는 것이다. UTF-8 특수 문자의 경우 1문자당 1~3바이트 UTF-8 한글 표현의 경우 1문자당 3바이트다. 예를 들어, 특수 문자인 공백 문자는 %20, 한글 '가'는 %EC%9E%90으로 인코딩된다.

URI 문법 형식 표준 RFC3986[13]에 따르면 URL은 아스키 문자 셋으로만 구성되어야 하며 한글을 포함한 대부분의 외국어나 아스키 문자 셋에 정의되지 않은 특수 문자의 경우 URL에 포함될 수 없다. 따라서 URL 내에서 의미를 갖고 있는 문자(%, ?, #)나 URL에 올 수 없는 문자(한글, 공백 등) 또는 시스템에 의해 해석될 수 있는 문자(<, >)를 이스케이프 처리하여 야기될 수 있는 문제를 예방하기 위해 이스케이프 처리가 필요하다. 단, 알파벳, 0~9의 숫자, - _ . ! ~ * ' ( ) 문자는 이스케이프 처리에서 제외된다.

【 예제 21-34 】

```
// 완전한 URI
const uri = 'http://example.com?name=이웅모&job=programmer&teacher';
```

---

12 https://en.wikipedia.org/wiki/ASCII
13 http://www.ietf.org/rfc/rfc3986.txt

```
// encodeURI 함수는 완전한 URI를 전달받아 이스케이프 처리를 위해 인코딩한다.
const enc = encodeURI(uri);
console.log(enc);
// http://example.com?name=%EC%9D%B4%EC%9B%85%EB%AA%A8&job=programmer&teacher
```

decodeURI 함수는 인코딩된 URI를 인수로 전달받아 이스케이프 처리 이전으로 디코딩한다.

```
/**
 * 인코딩된 URI를 전달받아 이스케이프 처리 이전으로 디코딩한다.
 * @param {string} encodedURI - 인코딩된 URI
 * @returns {string} 디코딩된 URI
 */
decodeURI(encodedURI)
```

【 예제 21-35 】

```
const uri = 'http://example.com?name=이웅모&job=programmer&teacher';

// encodeURI 함수는 완전한 URI를 전달받아 이스케이프 처리를 위해 인코딩한다.
const enc = encodeURI(uri);
console.log(enc);
// http://example.com?name=%EC%9D%B4%EC%9B%85%EB%AA%A8&job=programmer&teacher

// decodeURI 함수는 인코딩된 완전한 URI를 전달받아 이스케이프 처리 이전으로 디코딩한다.
const dec = decodeURI(enc);
console.log(dec);
// http://example.com?name=이웅모&job=programmer&teacher
```

encodeURIComponent / decodeURIComponent

encodeURIComponent 함수는 URI 구성 요소component를 인수로 전달받아 인코딩한다. 여기서 인코딩이란 URI 의 문자들을 이스케이프 처리하는 것을 의미한다. 단, 알파벳, 0~9의 숫자, - _ . ! ~ * ' ( ) 문자는 이스케이 프 처리에서 제외된다. decodeURIComponent 함수는 매개변수로 전달된 URI 구성 요소를 디코딩한다.

```
/**
 * URI의 구성요소를 전달받아 이스케이프 처리를 위해 인코딩한다.
 * @param {string} uriComponent - URI의 구성요소
 * @returns {string} 인코딩된 URI의 구성요소
 */
encodeURIComponent(uriComponent)
```

```
/**
 * 인쿠딩된 URI의 구성요소를 전달받아 이스케이프 처리 이전으로 디코딩한다.
```

```
 * @param {string} encodedURIComponent - 인코딩된 URI의 구성요소
 * @returns {string} 디코딩된 URI의 구성요소
 */
decodeURIComponent(encodedURIComponent)
```

encodeURIComponent 함수는 인수로 전달된 문자열을 URI의 구성요소인 쿼리 스트링의 일부로 간주한다. 따라서 쿼리 스트링 구분자로 사용되는 =, ?, &까지 인코딩한다.

반면 encodeURI 함수는 매개변수로 전달된 문자열을 완전한 URI 전체라고 간주한다. 따라서 쿼리 스트링 구분자로 사용되는 =, ?, &은 인코딩하지 않는다.

【 예제 21-36 】

```
// URI의 쿼리 스트링
const uriComp = 'name=이웅모&job=programmer&teacher';

// encodeURIComponent 함수는 인수로 전달받은 문자열을 URI의 구성요소인 쿼리 스트링의 일부로 간주한다.
// 따라서 쿼리 스트링 구분자로 사용되는 =, ?, &까지 인코딩한다.
let enc = encodeURIComponent(uriComp);
console.log(enc);
// name%3D%EC%9D%B4%EC%9B%85%EB%AA%A8%26job%3Dprogrammer%26teacher

let dec = decodeURIComponent(enc);
console.log(dec);
// 이웅모&job=programmer&teacher

// encodeURI 함수는 인수로 전달받은 문자열을 완전한 URI로 간주한다.
// 따라서 쿼리 스트링 구분자로 사용되는 =, ?, &를 인코딩하지 않는다.
enc = encodeURI(uriComp);
console.log(enc);
// name=%EC%9D%B4%EC%9B%85%EB%AA%A8&job=programmer&teacher

dec = decodeURI(enc);
console.log(dec);
// name=이웅모&job=programmer&teacher
```

21.4.3 암묵적 전역

먼저 다음 예제를 살펴보자.

【 예제 21-37 】

```
var x = 10; // 전역 변수

function foo () {
```

```
  // 선언하지 않은 식별자에 값을 할당
  y = 20; // window.y = 20;
}
foo();

// 선언하지 않은 식별자 y를 전역에서 참조할 수 있다.
console.log(x + y); // 30
```

foo 함수 내의 y는 선언하지 않은 식별자다. 따라서 y = 20이 실행되면 참조 에러가 발생할 것처럼 보인다. 하지만 선언하지 않은 식별자 y는 마치 선언된 전역 변수처럼 동작한다. 이는 선언하지 않은 식별자에 값을 할당하면 전역 객체의 프로퍼티가 되기 때문이다.

foo 함수가 호출되면 자바스크립트 엔진은 y 변수에 값을 할당하기 위해 먼저 스코프 체인을 통해 선언된 변수인지 확인한다. 이때 foo 함수의 스코프와 전역 스코프 어디에서도 y 변수의 선언을 찾을 수 없으므로 참조 에러가 발생한다. 하지만 자바스크립트 엔진은 y = 20을 window.y = 20으로 해석하여 전역 객체에 프로퍼티를 동적 생성한다. 결국 y는 전역 객체의 프로퍼티가 되어 마치 전역 변수처럼 동작한다. 이러한 현상을 **암묵적 전역**implicit global이라 한다.

하지만 y는 변수 선언 없이 단지 전역 객체의 프로퍼티로 추가되었을 뿐이다. 따라서 y는 변수가 아니다. y는 변수가 아니므로 변수 호이스팅이 발생하지 않는다.

【 예제 21-38 】

```
// 전역 변수 x는 호이스팅이 발생한다.
console.log(x); // undefined
// 전역 변수가 아니라 단지 전역 객체의 프로퍼티인 y는 호이스팅이 발생하지 않는다.
console.log(y); // ReferenceError: y is not defined

var x = 10; // 전역 변수

function foo () {
  // 선언하지 않은 식별자에 값을 할당
  y = 20; // window.y = 20;
}
foo();

// 선언하지 않은 식별자 y를 전역에서 참조할 수 있다.
console.log(x + y); // 30
```

또한 변수가 아니라 단지 프로퍼티인 y는 delete 연산자로 삭제할 수 있다. 전역 변수는 프로퍼티이지만 delete 연산자로 삭제할 수 없다.

```javascript
var x = 10; // 전역 변수

function foo () {
  // 선언하지 않은 식별자에 값을 할당
  y = 20; // window.y = 20;
  console.log(x + y);
}

foo(); // 30

console.log(window.x); // 10
console.log(window.y); // 20

delete x; // 전역 변수는 삭제되지 않는다.
delete y; // 프로퍼티는 삭제된다.

console.log(window.x); // 10
console.log(window.y); // undefined
```

22장

this

22.1 this 키워드

19.1절 "객체지향 프로그래밍"에서 살펴보았듯이 객체는 상태^{state}를 나타내는 프로퍼티와 동작^{behavior}을 나타내는 메서드를 하나의 논리적인 단위로 묶은 복합적인 자료구조다.

동작을 나타내는 메서드는 자신이 속한 객체의 상태, 즉 프로퍼티를 참조하고 변경할 수 있어야 한다. 이때 메서드가 자신이 속한 객체의 프로퍼티를 참조하려면 먼저 **자신이 속한 객체를 가리키는 식별자를 참조할 수 있어야 한다.**

객체 리터럴 방식으로 생성한 객체의 경우 메서드 내부에서 메서드 자신이 속한 객체를 가리키는 식별자를 재귀적으로 참조할 수 있다.

【 예제 22-01 】

```
const circle = {
  // 프로퍼티: 객체 고유의 상태 데이터
  radius: 5,
  // 메서드: 상태 데이터를 참조하고 조작하는 동작
  getDiameter() {
    // 이 메서드가 자신이 속한 객체의 프로퍼티나 다른 메서드를 참조하려면
    // 자신이 속한 객체인 circle을 참조할 수 있어야 한다.
    return 2 * circle.radius;
  }
};

console.log(circle.getDiameter()); // 10
```

getDiameter 메서드 내에서 메서드 자신이 속한 객체를 가리키는 식별자 circle을 참조하고 있다. 이 참조 표현식이 평가되는 시점은 getDiameter 메서드가 호출되어 함수 몸체가 실행되는 시점이다.

위 예제의 객체 리터럴은 circle 변수에 할당되기 직전에 평가된다. 따라서 getDiameter 메서드가 호출되는 시점에는 이미 객체 리터럴의 평가가 완료되어 객체가 생성되었고 circle 식별자에 생성된 객체가 할당된 이후다. 따라서 메서드 내부에서 circle 식별자를 참조할 수 있다.

하지만 자기 자신이 속한 객체를 재귀적으로 참조하는 방식은 일반적이지 않으며 바람직하지도 않다. 생성자 함수 방식으로 인스턴스를 생성하는 경우를 생각해보자.

【 예제 22-02 】

```
function Circle(radius) {
  // 이 시점에는 생성자 함수 자신이 생성할 인스턴스를 가리키는 식별자를 알 수 없다.
  ????.radius = radius;
}

Circle.prototype.getDiameter = function () {
  // 이 시점에는 생성자 함수 자신이 생성할 인스턴스를 가리키는 식별자를 알 수 없다.
  return 2 * ????.radius;
};

// 생성자 함수로 인스턴스를 생성하려면 먼저 생성자 함수를 정의해야 한다.
const circle = new Circle(5);
```

생성자 함수 내부에서는 프로퍼티 또는 메서드를 추가하기 위해 자신이 생성할 인스턴스를 참조할 수 있어야 한다. 하지만 생성자 함수에 의한 객체 생성 방식은 먼저 생성자 함수를 정의한 이후 new 연산자와 함께 생성자 함수를 호출하는 단계가 추가로 필요하다. 다시 말해, 생성자 함수로 인스턴스를 생성하려면 먼저 생성자 함수가 존재해야 한다.

생성자 함수를 정의하는 시점에는 아직 인스턴스를 생성하기 이전이므로 생성자 함수가 생성할 인스턴스를 가리키는 식별자를 알 수 없다. 따라서 자신이 속한 객체 또는 자신이 생성할 인스턴스를 가리키는 특수한 식별자가 필요하다. 이를 위해 자바스크립트는 this라는 특수한 식별자를 제공한다.

this는 자신이 속한 객체 또는 자신이 생성할 인스턴스를 가리키는 자기 참조 변수self-referencing variable**다. this를 통해 자신이 속한 객체 또는 자신이 생성할 인스턴스의 프로퍼티나 메서드를 참조할 수 있다.**

this는 자바스크립트 엔진에 의해 암묵적으로 생성되며, 코드 어디서든 참조할 수 있다. 함수를 호출하면 arguments 객체와 this가 암묵적으로 함수 내부에 전달된다. 함수 내부에서 arguments 객체를 지역 변수처럼 사용할 수 있는 것처럼 this도 지역 변수처럼 사용할 수 있다. 단, **this가 가리키는 값, 즉 this 바인딩은 함수 호출 방식에 의해 동적으로 결정된다.**

📄 **this 바인딩**^{this binding}

위에서 살펴본 객체 리터럴과 생성자 함수의 예제를 this를 사용해 수정해 보자.

【 예제 22-03 】

```javascript
// 객체 리터럴
const circle = {
  radius: 5,
  getDiameter() {
    // this는 메서드를 호출한 객체를 가리킨다.
    return 2 * this.radius;
  }
};

console.log(circle.getDiameter()); // 10
```

객체 리터럴의 메서드 내부에서의 this는 메서드를 호출한 객체, 즉 circle을 가리킨다.

【 예제 22-04 】

```javascript
// 생성자 함수
function Circle(radius) {
  // this는 생성자 함수가 생성할 인스턴스를 가리킨다.
  this.radius = radius;
}

Circle.prototype.getDiameter = function () {
  // this는 생성자 함수가 생성할 인스턴스를 가리킨다.
  return 2 * this.radius;
};

// 인스턴스 생성
const circle = new Circle(5);
console.log(circle.getDiameter()); // 10
```

생성자 함수 내부의 this는 생성자 함수가 생성할 인스턴스를 가리킨다. 이처럼 this는 상황에 따라 가리키는 대상이 다르다.

---

1 https://ko.wikipedia.org/wiki/네임_바인딩

자바나 C++ 같은 클래스 기반 언어에서 this는 언제나 클래스가 생성하는 인스턴스를 가리킨다. 하지만 **자바스크립트의 this는 함수가 호출되는 방식에 따라 this에 바인딩될 값, 즉 this 바인딩이 동적으로 결정된다.** 또한 strict mode(엄격 모드) 역시 this 바인딩에 영향을 준다.[2]

this는 코드 어디에서든 참조 가능하다. 전역에서도 함수 내부에서도 참조할 수 있다.

【 예제 22-05 】

```javascript
// this는 어디서든지 참조 가능하다.
// 전역에서 this는 전역 객체 window를 가리킨다.
console.log(this); // window

function square(number) {
  // 일반 함수 내부에서 this는 전역 객체 window를 가리킨다.
  console.log(this); // window
  return number * number;
}
square(2);

const person = {
  name: 'Lee',
  getName() {
    // 메서드 내부에서 this는 메서드를 호출한 객체를 가리킨다.
    console.log(this); // {name: "Lee", getName: f}
    return this.name;
  }
};
console.log(person.getName()); // Lee

function Person(name) {
  this.name = name;
  // 생성자 함수 내부에서 this는 생성자 함수가 생성할 인스턴스를 가리킨다.
  console.log(this); // Person {name: "Lee"}
}

const me = new Person('Lee');
```

하지만 this는 객체의 프로퍼티나 메서드를 참조하기 위한 자기 참조 변수이므로 일반적으로 객체의 메서드 내부 또는 생성자 함수 내부에서만 의미가 있다. 따라서 strict mode가 적용된 일반 함수 내부의 this에는 undefined가 바인딩된다. 일반 함수 내부에서 this를 사용할 필요가 없기 때문이다.

---

2   20.6.1절 "일반 함수의 this" 참고

22.2 함수 호출 방식과 this 바인딩

this 바인딩(this에 바인딩될 값)은 함수 호출 방식, 즉 함수가 어떻게 호출되었는지에 따라 동적으로 결정된다.

📄 렉시컬 스코프와 this 바인딩은 결정 시기가 다르다.

함수의 상위 스코프를 결정하는 방식인 렉시컬 스코프lexical scope는 함수 정의가 평가되어 함수 객체가 생성되는 시점에 상위 스코프를 결정한다. 하지만 this 바인딩은 함수 호출 시점에 결정된다.

주의할 것은 동일한 함수도 다양한 방식으로 호출할 수 있다는 것이다. 함수를 호출하는 방식은 다음과 같이 다양하다.

1. 일반 함수 호출

2. 메서드 호출

3. 생성자 함수 호출

4. Function.prototype.apply/call/bind 메서드에 의한 간접 호출

【 예제 22-06 】

```javascript
// this 바인딩은 함수 호출 방식에 따라 동적으로 결정된다.
const foo = function () {
  console.dir(this);
};

// 동일한 함수도 다양한 방식으로 호출할 수 있다.

// 1. 일반 함수 호출
// foo 함수를 일반적인 방식으로 호출
// foo 함수 내부의 this는 전역 객체 window를 가리킨다.
foo(); // window

// 2. 메서드 호출
// foo 함수를 프로퍼티 값으로 할당하여 호출
// foo 함수 내부의 this는 메서드를 호출한 객체 obj를 가리킨다.
const obj = { foo };
obj.foo(); // obj

// 3. 생성자 함수 호출
// foo 함수를 new 연산자와 함께 생성자 함수로 호출
// foo 함수 내부의 this는 생성자 함수가 생성한 인스턴스를 가리킨다.
new foo(); // foo {}
```

```
// 4. Function.prototype.apply/call/bind 메서드에 의한 간접 호출
// foo 함수 내부의 this는 인수에 의해 결정된다.
const bar = { name: 'bar' };

foo.call(bar);   // bar
foo.apply(bar);  // bar
foo.bind(bar)(); // bar
```

함수 호출 방식에 따라 this 바인딩이 어떻게 결정되는지 알아보자.

22.2.1 일반 함수 호출

기본적으로 this에는 전역 객체global object**가 바인딩된다.**

【 예제 22-07 】

```
function foo() {
  console.log("foo's this: ", this);   // window
  function bar() {
    console.log("bar's this: ", this); // window
  }
  bar();
}
foo();
```

위 예제처럼 전역 함수는 물론이고 중첩 함수를 **일반 함수로 호출하면 함수 내부의 this에는 전역 객체가
바인딩된다.** 다만 this는 객체의 프로퍼티나 메서드를 참조하기 위한 자기 참조 변수이므로 객체를 생성하
지 않는 일반 함수에서 this는 의미가 없다. 따라서 다음 예제처럼 strict mode가 적용된 일반 함수 내부의
this에는 undefined가 바인딩된다.

【 예제 22-08 】

```
function foo() {
  'use strict';

  console.log("foo's this: ", this);   // undefined
  function bar() {
    console.log("bar's this: ", this); // undefined
  }
  bar();
}
foo();
```

메서드 내에서 정의한 중첩 함수도 일반 함수로 호출되면 중첩 함수 내부의 this에는 전역 객체가 바인딩된다.

```javascript
// var 키워드로 선언한 전역 변수 value는 전역 객체의 프로퍼티다.
var value = 1;
// const 키워드로 선언한 전역 변수 value는 전역 객체의 프로퍼티가 아니다.
// const value = 1;

const obj = {
  value: 100,
  foo() {
    console.log("foo's this: ", this);  // {value: 100, foo: f}
    console.log("foo's this.value: ", this.value); // 100

    // 메서드 내에서 정의한 중첩 함수
    function bar() {
      console.log("bar's this: ", this); // window
      console.log("bar's this.value: ", this.value); // 1
    }

    // 메서드 내에서 정의한 중첩 함수도 일반 함수로 호출되면 중첩 함수 내부의 this에는
    // 전역 객체가 바인딩된다.
    bar();
  }
};

obj.foo();
```

콜백 함수가 일반 함수로 호출된다면 콜백 함수 내부의 this에도 전역 객체가 바인딩된다. 어떠한 함수라도 일반 함수로 호출되면 this에 전역 객체가 바인딩된다.

```javascript
var value = 1;

const obj = {
  value: 100,
  foo() {
    console.log("foo's this: ", this); // {value: 100, foo: f}
    // 콜백 함수 내부의 this에는 전역 객체가 바인딩된다.
    setTimeout(function () {
      console.log("callback's this: ", this); // window
      console.log("callback's this.value: ", this.value); // 1
    }, 100);
  }
};

obj.foo();
```

setTimeout 함수는 두 번째 인수로 전달한 시간(ms)만큼 대기한 다음, 첫 번째 인수로 전달한 콜백 함수를 호출하는 타이머 함수다. 위 예제에서는 100ms를 대기한 다음, 콜백 함수를 호출한다. setTimeout 함수에 대해서는 41장 "타이머"에서 자세히 살펴볼 것이다.

이처럼 일반 함수로 호출된 모든 함수(중첩 함수, 콜백 함수 포함) 내부의 this에는 전역 객체가 바인딩된다.

하지만 메서드 내에서 정의한 중첩 함수 또는 메서드에게 전달한 콜백 함수(보조 함수)가 일반 함수로 호출될 때 메서드 내의 중첩 함수 또는 콜백 함수의 this가 전역 객체를 바인딩하는 것은 문제가 있다. 중첩 함수 또는 콜백 함수는 외부 함수를 돕는 헬퍼 함수의 역할을 하므로 외부 함수의 일부 로직을 대신하는 경우가 대부분이다. 하지만 외부 함수인 메서드와 중첩 함수 또는 콜백 함수의 this가 일치하지 않는다는 것은 중첩 함수 또는 콜백 함수를 헬퍼 함수로 동작하기 어렵게 만든다.

위 예제의 경우 메서드 내부에서 setTimeout 함수에 전달된 콜백 함수의 this에는 전역 객체가 바인딩된다. 따라서 this.value는 obj 객체의 value 프로퍼티가 아닌 전역 객체의 value 프로퍼티, 즉 window.value를 참조한다. var 키워드로 선언한 전역 변수는 전역 객체의 프로퍼티가 되므로 window.value는 1이다.

메서드 내부의 중첩 함수나 콜백 함수의 this 바인딩을 메서드의 this 바인딩과 일치시키기 위한 방법은 다음과 같다.

【 예제 22-11 】

```
var value = 1;

const obj = {
  value: 100,
  foo() {
    // this 바인딩(obj)을 변수 that에 할당한다.
    const that = this;

    // 콜백 함수 내부에서 this 대신 that을 참조한다.
    setTimeout(function () {
      console.log(that.value); // 100
    }, 100);
  }
};

obj.foo();
```

위 방법 이외에도 자바스크립트는 this를 명시적으로 바인딩할 수 있는 Function.prototype.apply, Function.prototype.call, Function.prototype.bind 메서드를 제공한다.

【 예제 22-12 】

```
var value = 1;

const obj = {
  value: 100,
  foo() {
    // 콜백 함수에 명시적으로 this를 바인딩한다.
    setTimeout(function () {
      console.log(this.value); // 100
    }.bind(this), 100);
  }
};

obj.foo();
```

Function.prototype.apply, Function.prototype.call, Function.prototype.bind 메서드에 대해서는
22.2.4절 "Function.prototype.apply/call/bind 메서드에 의한 간접 호출"에서 살펴보도록 하자.

또는 화살표 함수를 사용해서 this 바인딩을 일치시킬 수도 있다.

【 예제 22-13 】

```
var value = 1;

const obj = {
  value: 100,
  foo() {
    // 화살표 함수 내부의 this는 상위 스코프의 this를 가리킨다.
    setTimeout(() => console.log(this.value), 100); // 100
  }
};

obj.foo();
```

화살표 함수에 대해서는 26.3절 "화살표 함수"에서 자세히 살펴보자.

22.2.2 메서드 호출

메서드 내부의 this에는 메서드를 호출한 객체, 즉 메서드를 호출할 때 메서드 이름 앞의 마침표(.) 연산자
앞에 기술한 객체가 바인딩된다. 주의할 것은 메서드 내부의 this는 메서드를 소유한 객체가 아닌 메서드를
호출한 객체에 바인딩된다는 것이다. 다음 예제를 살펴보자.

```
const person = {
  name: 'Lee',
  getName() {
    // 메서드 내부의 this는 메서드를 호출한 객체에 바인딩된다.
    return this.name;
  }
};

// 메서드 getName을 호출한 객체는 person이다.
console.log(person.getName()); // Lee
```

위 예제의 getName 메서드는 person 객체의 메서드로 정의되었다. 메서드는 프로퍼티에 바인딩된 함수다. 즉, person 객체의 getName 프로퍼티가 가리키는 함수 객체는 person 객체에 포함된 것이 아니라 독립적으로 존재하는 별도의 객체다. getName 프로퍼티가 함수 객체를 가리키고 있을 뿐이다.

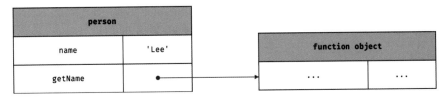

그림 22-1 메서드는 객체에 포함된 것이 아니라 독립적으로 존재하는 별도의 객체다.

따라서 getName 프로퍼티가 가리키는 함수 객체, 즉 getName 메서드는 다른 객체의 프로퍼티에 할당하는 것으로 다른 객체의 메서드가 될 수도 있고 일반 변수에 할당하여 일반 함수로 호출될 수도 있다.

【 예제 22-15 】

```
const anotherPerson = {
  name: 'Kim'
};
// getName 메서드를 anotherPerson 객체의 메서드로 할당
anotherPerson.getName = person.getName;

// getName 메서드를 호출한 객체는 anotherPerson이다.
console.log(anotherPerson.getName()); // Kim

// getName 메서드를 변수에 할당
const getName = person.getName;

// getName 메서드를 일반 함수로 호출
console.log(getName()); // ''
// 일반 함수로 호출된 getName 함수 내부의 this.name은 브라우저 환경에서 window.name과 같다.
```

```
// 브라우저 환경에서 window.name은 브라우저 창의 이름을 나타내는 빌트인 프로퍼티이며 기본값은 ''이다.
// Node.js 환경에서 this.name은 undefined다.
```

따라서 메서드 내부의 this는 프로퍼티로 메서드를 가리키고 있는 객체와는 관계가 없고 메서드를 호출한 객체에 바인딩된다.

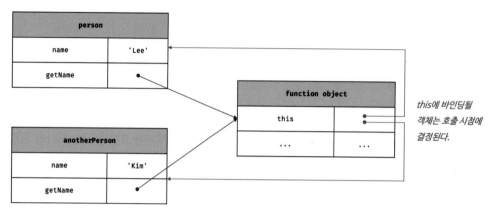

그림 22-2 메서드 내부의 this는 자신을 호출한 객체를 가리킨다.

프로토타입 메서드 내부에서 사용된 this도 일반 메서드와 마찬가지로 해당 메서드를 호출한 객체에 바인딩된다.

【 예제 22-16 】

```
function Person(name) {
  this.name = name;
}

Person.prototype.getName = function () {
  return this.name;
};

const me = new Person('Lee');

// getName 메서드를 호출한 객체는 me다.
console.log(me.getName()); // ① Lee

Person.prototype.name = 'Kim';

// getName 메서드를 호출한 객체는 Person.prototype이다.
console.log(Person.prototype.getName()); // ② Kim
```

①의 경우 getName 메서드를 호출한 객체는 me다. 따라서 getName 메서드 내부의 this는 me를 가리키며 this.name은 'Lee'다.

②의 경우 getName 메서드를 호출한 객체는 Person.prototype이다. Person.prototype도 객체이므로 직접 메서드를 호출할 수 있다. 따라서 getName 메서드 내부의 this는 Person.prototype을 가리키며 this.name 은 'Kim'이다.

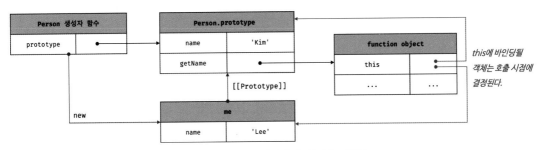

그림 22-3 프로토타입 메서드와 this 바인딩

22.2.3 생성자 함수 호출

생성자 함수 내부의 this에는 생성자 함수가 (미래에) 생성할 인스턴스가 바인딩된다.

【 예제 22-17 】

```
// 생성자 함수
function Circle(radius) {
  // 생성자 함수 내부의 this는 생성자 함수가 생성할 인스턴스를 가리킨다.
  this.radius = radius;
  this.getDiameter = function () {
    return 2 * this.radius;
  };
}

// 반지름이 5인 Circle 객체를 생성
const circle1 = new Circle(5);
// 반지름이 10인 Circle 객체를 생성
const circle2 = new Circle(10);

console.log(circle1.getDiameter()); // 10
console.log(circle2.getDiameter()); // 20
```

17.2절 "생성자 함수"에서 살펴보았듯이 생성자 함수는 이름 그대로 객체(인스턴스)를 생성하는 함수다. 일 반 함수와 동일한 방법으로 생성자 함수를 정의하고 new 연산자와 함께 호출하면 해당 함수는 생성자 함수로 동작한다. 만약 new 연산자와 함께 생성자 함수를 호출하지 않으면 생성자 함수가 아니라 일반 함수로 동작 한다.

```
// new 연산자와 함께 호출하지 않으면 생성자 함수로 동작하지 않는다. 즉, 일반적인 함수의 호출이다.
const circle3 = Circle(15);

// 일반 함수로 호출된 Circle에는 반환문이 없으므로 암묵적으로 undefined를 반환한다.
console.log(circle3); // undefined

// 일반 함수로 호출된 Circle 내부의 this는 전역 객체를 가리킨다.
console.log(radius); // 15
```

22.2.4 Function.prototype.apply/call/bind 메서드에 의한 간접 호출

apply, call, bind 메서드는 Function.prototype의 메서드다. 즉, 이들 메서드는 모든 함수가 상속받아 사용할 수 있다.

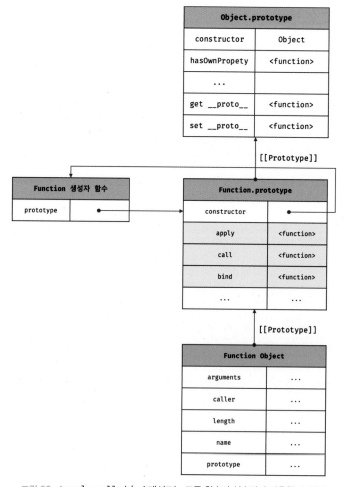

그림 22-4 apply, call, bind 메서드는 모든 함수가 상속받아 사용할 수 있다.

Function.prototype.apply, Function.prototype.call 메서드는 this로 사용할 객체와 인수 리스트를 인수로 전달받아 함수를 호출한다. apply와 call 메서드의 사용법은 다음과 같다.

```
/**
 * 주어진 this 바인딩과 인수 리스트 배열을 사용하여 함수를 호출한다.
 * @param thisArg - this로 사용할 객체
 * @param argsArray - 함수에게 전달할 인수 리스트의 배열 또는 유사 배열 객체
 * @returns 호출된 함수의 반환값
 */
Function.prototype.apply(thisArg[, argsArray])

/**
 * 주어진 this 바인딩과 ,로 구분된 인수 리스트를 사용하여 함수를 호출한다.
 * @param thisArg - this로 사용할 객체
 * @param arg1, arg2, ... - 함수에게 전달할 인수 리스트
 * @returns 호출된 함수의 반환값
 */
Function.prototype.call (thisArg[, arg1[, arg2[, ... ]]])
```

다음 예제를 살펴보자.

【 예제 22-19 】

```
function getThisBinding() {
  return this;
}

// this로 사용할 객체
const thisArg = { a: 1 };

console.log(getThisBinding()); // window

// getThisBinding 함수를 호출하면서 인수로 전달한 객체를 getThisBinding 함수의 this에 바인딩한다.
console.log(getThisBinding.apply(thisArg)); // {a: 1}
console.log(getThisBinding.call(thisArg)); // {a: 1}
```

apply와 call 메서드의 본질적인 기능은 함수를 호출하는 것이다. apply와 call 메서드는 함수를 호출하면서 첫 번째 인수로 전달한 특정 객체를 호출한 함수의 this에 바인딩한다.

apply와 call 메서드는 호출할 함수에 인수를 전달하는 방식만 다를 뿐 동일하게 동작한다. 위 예제는 호출할 함수, 즉 getThisBinding 함수에 인수를 전달하지 않는다. apply와 call 메서드를 통해 getThisBinding 함수를 호출하면서 인수를 전달해 보자.

【 예제 22-20 】

```javascript
function getThisBinding() {
  console.log(arguments);
  return this;
}

// this로 사용할 객체
const thisArg = { a: 1 };

// getThisBinding 함수를 호출하면서 인수로 전달한 객체를 getThisBinding 함수의 this에 바인딩한다.
// apply 메서드는 호출 함수의 인수를 배열로 묶어 전달한다.
console.log(getThisBinding.apply(thisArg, [1, 2, 3]));
// Arguments(3) [1, 2, 3, callee: ƒ, Symbol(Symbol.iterator): ƒ]
// {a: 1}

// call 메서드는 호출할 함수의 인수를 쉼표로 구분한 리스트 형식으로 전달한다.
console.log(getThisBinding.call(thisArg, 1, 2, 3));
// Arguments(3) [1, 2, 3, callee: ƒ, Symbol(Symbol.iterator): ƒ]
// {a: 1}
```

apply 메서드는 호출할 함수의 인수를 배열로 묶어 전달한다. call 메서드는 호출할 함수의 인수를 쉼표로 구분한 리스트 형식으로 전달한다. 이처럼 apply와 call 메서드는 호출할 함수에 인수를 전달하는 방식만 다를 뿐 this로 사용할 객체를 전달하면서 함수를 호출하는 것은 동일하다.

apply와 call 메서드의 대표적인 용도는 arguments 객체와 같은 유사 배열 객체에 배열 메서드를 사용하는 경우다. arguments 객체는 배열이 아니기 때문에 Array.prototype.slice 같은 배열의 메서드를 사용할 수 없으나 apply와 call 메서드를 이용하면 가능하다.

【 예제 22-21 】

```javascript
function convertArgsToArray() {
  console.log(arguments);

  // arguments 객체를 배열로 변환
  // Array.prototype.slice를 인수 없이 호출하면 배열의 복사본을 생성한다.
  const arr = Array.prototype.slice.call(arguments);
  // const arr = Array.prototype.slice.apply(arguments);
  console.log(arr);

  return arr;
}

convertArgsToArray(1, 2, 3); // [1, 2, 3]
```

아직 배열에 대해 살펴보지 않았기 때문에 지금은 위 예제를 이해하지 못해도 좋다. 27장 "배열"에서 다시 자세히 살펴보도록 하자. 참고로 ES6의 36장 "디스트럭처링 할당"에서도 이에 대해 언급할 것이다.

Function.prototype.bind 메서드는 apply와 call 메서드와 달리 함수를 호출하지 않는다. 다만 첫 번째 인수로 전달한 값으로 this 바인딩이 교체된 함수를 새롭게 생성해 반환한다.

【 예제 22-22 】

```javascript
function getThisBinding() {
  return this;
}

// this로 사용할 객체
const thisArg = { a: 1 };

// bind 메서드는 첫 번째 인수로 전달한 thisArg로 this 바인딩이 교체된
// getThisBinding 함수를 새롭게 생성해 반환한다.
console.log(getThisBinding.bind(thisArg)); // getThisBinding
// bind 메서드는 함수를 호출하지는 않으므로 명시적으로 호출해야 한다.
console.log(getThisBinding.bind(thisArg)()); // {a: 1}
```

bind 메서드는 메서드의 this와 메서드 내부의 중첩 함수 또는 콜백 함수의 this가 불일치하는 문제를 해결하기 위해 유용하게 사용된다. 다음 예제를 살펴보자.

【 예제 22-23 】

```javascript
const person = {
  name: 'Lee',
  foo(callback) {
    // ①
    setTimeout(callback, 100);
  }
};

person.foo(function () {
  console.log(`Hi! my name is ${this.name}.`); // ② Hi! my name is .
  // 일반 함수로 호출된 콜백 함수 내부의 this.name은 브라우저 환경에서 window.name과 같다.
  // 브라우저 환경에서 window.name은 브라우저 창의 이름을 나타내는 빌트인 프로퍼티이며 기본값은 ''이다.
  // Node.js 환경에서 this.name은 undefined다.
});
```

person.foo의 콜백 함수가 호출되기 이전인 ①의 시점에서 this는 foo 메서드를 호출한 객체, 즉 person 객체를 가리킨다. 그러나 person.foo의 콜백 함수가 일반 함수로서 호출된 ②의 시점에서 this는 전역 객체 window를 가리킨다. 따라서 person.foo의 콜백 함수 내부에서 this.name은 window.name과 같다.

이때 위 예제에서 person.foo의 콜백 함수는 외부 함수 person.foo를 돕는 헬퍼 함수(보조 함수) 역할을 하기 때문에 외부 함수 person.foo 내부의 this와 콜백 함수 내부의 this가 상이하면 문맥상 문제가 발생한다.

따라서 콜백 함수 내부의 this를 외부 함수 내부의 this와 일치시켜야 한다. 이때 bind 메서드를 사용하여 this를 일치시킬 수 있다.

【 예제 22-24 】

```javascript
const person = {
  name: 'Lee',
  foo(callback) {
    // bind 메서드로 callback 함수 내부의 this 바인딩을 전달
    setTimeout(callback.bind(this), 100);
  }
};

person.foo(function () {
  console.log(`Hi! my name is ${this.name}.`); // Hi! my name is Lee.
});
```

지금까지 함수 호출 방식에 따라 this 바인딩이 동적으로 결정되는 것에 대해 살펴보았다. 이를 정리해 보면 다음과 같다.

함수 호출 방식	this 바인딩
일반 함수 호출	전역 객체
메서드 호출	메서드를 호출한 객체
생성자 함수 호출	생성자 함수가 (미래에) 생성할 인스턴스
Function.prototype.apply/call/bind 메서드에 의한 간접 호출	Function.prototype.apply/call/bind 메서드에 첫 번째 인수로 전달한 객체

## 23 장

실행 컨텍스트

실행 컨텍스트^{execution context}는 자바스크립트의 동작 원리를 담고 있는 핵심 개념이다. 실행 컨텍스트를 바르게 이해하면 자바스크립트가 스코프를 기반으로 식별자와 식별자에 바인딩된 값(식별자 바인딩)을 관리하는 방식과 호이스팅이 발생하는 이유, 클로저의 동작 방식, 그리고 태스크 큐와 함께 동작하는 이벤트 핸들러와 비동기 처리의 동작 방식을 이해할 수 있다.

ECMAScript 사양에서 사용하는 생소한 용어가 다수 등장해서 어렵게 느껴질 수 있지만 천천히 읽어보면 그리 어렵지 않은 개념이다. 이해를 돕기 위해 가급적 그림으로 표현했다. 머릿속에 그림을 떠올려보며 이해하도록 하자.

23.1 소스코드의 타입

ECMAScript 사양은 소스코드(ECMAScript code)를 4가지 타입으로 구분한다.[1] 4가지 타입의 소스코드는 실행 컨텍스트를 생성한다.

소스코드의 타입	설명
전역 코드^{global code}	전역에 존재하는 소스코드를 말한다. 전역에 정의된 함수, 클래스 등의 내부 코드는 포함되지 않는다.
함수 코드^{function code}	함수 내부에 존재하는 소스코드를 말한다. 함수 내부에 중첩된 함수, 클래스 등의 내부 코드는 포함되지 않는다.
eval 코드^{eval code}	빌트인 전역 함수인 eval 함수에 인수로 전달되어 실행되는 소스코드를 말한다.
모듈 코드^{module code}	모듈 내부에 존재하는 소스코드를 말한다. 모듈 내부의 함수, 클래스 등의 내부 코드는 포함되지 않는다.

표 23-1 소스코드의 타입

---

1   https://www.ecma-international.org/ecma-262/11.0/#sec-types-of-source-code

소스코드(실행 가능한 코드executable code)를 4가지 타입으로 구분하는 이유는 소스코드의 타입에 따라 실행 컨텍스트를 생성하는 과정과 관리 내용이 다르기 때문이다.

1. 전역 코드

전역 코드는 전역 변수를 관리하기 위해 최상위 스코프인 전역 스코프를 생성해야 한다. 그리고 var 키워드로 선언된 전역 변수와 함수 선언문으로 정의된 전역 함수를 전역 객체의 프로퍼티와 메서드로 바인딩하고 참조하기 위해 전역 객체와 연결되어야 한다. 이를 위해 전역 코드가 평가되면 전역 실행 컨텍스트가 생성된다.

2. 함수 코드

함수 코드는 지역 스코프를 생성하고 지역 변수, 매개변수, arguments 객체를 관리해야 한다. 그리고 생성한 지역 스코프를 전역 스코프에서 시작하는 스코프 체인의 일원으로 연결해야 한다. 이를 위해 함수 코드가 평가되면 함수 실행 컨텍스트가 생성된다.

3. eval 코드

eval 코드는 strict mode(엄격 모드)에서 자신만의 독자적인 스코프를 생성한다. 이를 위해 eval 코드가 평가되면 eval 실행 컨텍스트가 생성된다.

4. 모듈 코드

모듈 코드는 모듈별로 독립적인 모듈 스코프를 생성한다. 이를 위해 모듈 코드가 평가되면 모듈 실행 컨텍스트가 생성된다.

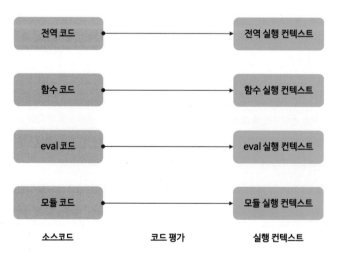

그림 23-1 소스코드를 평가하여 실행 컨텍스트를 생성한다.

23.2 소스코드의 평가와 실행

모든 소스코드는 실행에 앞서 평가 과정을 거치며 코드를 실행하기 위한 준비를 한다. 다시 말해, 자바스크립트 엔진은 소스코드를 2개의 과정, 즉 "소스코드의 평가"와 "소스코드의 실행" 과정으로 나누어 처리한다.

소스코드 평가 과정에서는 실행 컨텍스트를 생성하고 변수, 함수 등의 선언문만 먼저 실행하여 생성된 변수나 함수 식별자를 키로 실행 컨텍스트가 관리하는 스코프(렉시컬 환경의 환경 레코드)에 등록한다.

소스코드 평가 과정이 끝나면 비로소 선언문을 제외한 소스코드가 순차적으로 실행되기 시작한다. 즉, 런타임이 시작된다. 이때 소스코드 실행에 필요한 정보, 즉 변수나 함수의 참조를 실행 컨텍스트가 관리하는 스코프에서 검색해서 취득한다. 그리고 변수 값의 변경 등 소스코드의 실행 결과는 다시 실행 컨텍스트가 관리하는 스코프에 등록된다.

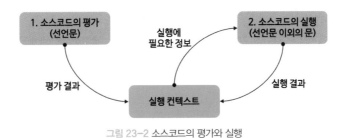

그림 23-2 소스코드의 평가와 실행

예를 들어, 다음과 같은 소스코드가 실행된다고 생각해보자.

【 예제 23-01 】

```
var x;
x = 1;
```

자바스크립트 엔진은 위 예제를 2개의 과정으로 나누어 처리한다. 먼저 소스코드 평가 과정에서 변수 선언문 var x;를 먼저 실행한다. 이때 생성된 변수 식별자 x는 실행 컨텍스트가 관리하는 스코프에 등록되고 undefined로 초기화된다.

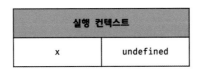

그림 23-3 소스코드의 평가

소스코드 평가 과정이 끝나면 비로소 소스코드 실행 과정이 시작된다. 변수 선언문 var x;는 소스코드 평가 과정에서 이미 실행이 완료되었다. 따라서 소스코드 실행 과정에서는 변수 할당문 x = 1;만 실행된다. 이때 x 변수에 값을 할당하려면 먼저 x 변수가 선언된 변수인지 확인해야 한다.

이를 위해 실행 컨텍스트가 관리하는 스코프에 x 변수가 등록되어 있는지 확인한다. 다시 말해, x 변수가 선언된 변수인지 확인한다. 만약 x 변수가 실행 컨텍스트가 관리하는 스코프에 등록되어 있다면 x 변수는 선언된 변수, 즉 소스코드 평가 과정에서 선언문이 실행되어 등록된 변수다. x 변수가 선언된 변수라면 값을 할당하고 할당 결과를 실행 컨텍스트에 등록하여 관리한다.

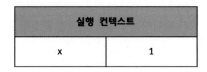

실행 컨텍스트	
x	1

그림 23-4 소스코드의 실행

23.3 실행 컨텍스트의 역할

다음 예제는 전역 코드와 함수 코드로 구성되어 있다. 자바스크립트 엔진이 이 예제를 어떻게 평가하고 실행할지 생각해보자.

【 예제 23-02 】

```
// 전역 변수 선언
const x = 1;
const y = 2;

// 함수 정의
function foo(a) {
  // 지역 변수 선언
  const x = 10;
  const y = 20;

  // 메서드 호출
  console.log(a + x + y); // 130
}

// 함수 호출
foo(100);

// 메서드 호출
console.log(x + y); // 3
```

1. 전역 코드 평가

전역 코드를 실행하기에 앞서 먼저 전역 코드 평가 과정을 거치며 전역 코드를 실행하기 위한 준비를 한다. 소스코드 평가 과정에서는 선언문만 먼저 실행한다. 따라서 전역 코드의 변수 선언문과 함수 선언문이 먼저 실행되고, 그 결과 생성된 전역 변수와 전역 함수가 실행 컨텍스트가 관리하는 전역 스코프에 등록된다. 이때 var 키워드로 선언된 전역 변수와 함수 선언문으로 정의된 전역 함수는 전역 객체의 프로퍼티와 메서드가 된다.

2. 전역 코드 실행

전역 코드 평가 과정이 끝나면 런타임이 시작되어 전역 코드가 순차적으로 실행되기 시작한다. 이때 전역 변수에 값이 할당되고 함수가 호출된다. 함수가 호출되면 순차적으로 실행되던 전역 코드의 실행을 일시 중단하고 코드 실행 순서를 변경하여 함수 내부로 진입한다.

3. 함수 코드 평가

함수 호출에 의해 코드 실행 순서가 변경되어 함수 내부로 진입하면 함수 내부의 문들을 실행하기에 앞서 함수 코드 평가 과정을 거치며 함수 코드를 실행하기 위한 준비를 한다. 이때 매개변수와 지역 변수 선언문이 먼저 실행되고, 그 결과 생성된 매개변수와 지역 변수가 실행 컨텍스트가 관리하는 지역 스코프에 등록된다. 또한 함수 내부에서 지역 변수처럼 사용할 수 있는 arguments 객체가 생성되어 지역 스코프에 등록되고 this 바인딩도 결정된다.

4. 함수 코드 실행

함수 코드 평가 과정이 끝나면 런타임이 시작되어 함수 코드가 순차적으로 실행되기 시작한다. 이때 매개변수와 지역 변수에 값이 할당되고 console.log 메서드가 호출된다.

console.log 메서드를 호출하기 위해 먼저 식별자인 console을 스코프 체인을 통해 검색한다. 이를 위해 함수 코드의 지역 스코프는 상위 스코프인 전역 스코프와 연결되어야 한다. 하지만 console 식별자는 스코프 체인에 등록되어 있지 않고 전역 객체에 프로퍼티로 존재한다. 이는 전역 객체의 프로퍼티가 마치 전역 변수처럼 전역 스코프를 통해 검색 가능해야 한다는 것을 의미한다.

다음은 log 프로퍼티를 console 객체의 프로토타입 체인을 통해 검색한다. 그후 console.log 메서드에 인수로 전달된 표현식 a + x + y가 평가된다. a, x, y 식별자는 스코프 체인을 통해 검색한다. console.log 메서드의 실행이 종료되면 함수 코드 실행 과정이 종료되고 함수 호출 이전으로 되돌아가 전역 코드 실행을 계속한다.

이처럼 코드가 실행되려면 스코프를 구분하여 식별자와 바인딩된 값이 관리되어야 한다. 그리고 중첩 관계에 의해 스코프 체인을 형성하여 식별자를 검색할 수 있어야 하고, 전역 객체의 프로퍼티도 전역 변수처럼 검색할 수 있어야 한다.

또한 함수 호출이 종료되면 함수 호출 이전으로 되돌아가기 위해 현재 실행 중인 코드와 이전에 실행하던 코드를 구분하여 관리해야 한다. **이처럼 코드가 실행되려면 다음과 같이 스코프, 식별자, 코드 실행 순서 등의 관리가 필요하다.**

1. 선언에 의해 생성된 모든 식별자(변수, 함수, 클래스 등)를 스코프를 구분하여 등록하고 상태 변화(식별자에 바인딩된 값의 변화)를 지속적으로 관리할 수 있어야 한다.

2. 스코프는 중첩 관계에 의해 스코프 체인을 형성해야 한다. 즉, 스코프 체인을 통해 상위 스코프로 이동하며 식별자를 검색할 수 있어야 한다.

3. 현재 실행 중인 코드의 실행 순서를 변경(예를 들어, 함수 호출에 의한 실행 순서 변경)할 수 있어야 하며 다시 되돌아갈 수도 있어야 한다.

이 모든 것을 관리하는 것이 바로 실행 컨텍스트다. **실행 컨텍스트는 소스코드를 실행하는 데 필요한 환경을 제공하고 코드의 실행 결과를 실제로 관리하는 영역이다.**

좀 더 구체적으로 말해, **실행 컨텍스트는 식별자(변수, 함수, 클래스 등의 이름)를 등록하고 관리하는 스코프와 코드 실행 순서 관리를 구현한 내부 메커니즘으로, 모든 코드는 실행 컨텍스트를 통해 실행되고 관리된다.**

식별자와 스코프는 실행 컨텍스트의 **렉시컬 환경**으로 관리하고 코드 실행 순서는 **실행 컨텍스트 스택**으로 관리한다. 먼저 실행 컨텍스트 스택에 대해 살펴보자.

23.4 실행 컨텍스트 스택

다음 예제를 살펴보자.

【 예제 23-03 】

```
const x = 1;

function foo () {
  const y = 2;

  function bar () {
    const z = 3;
    console.log(x + y + z);
  }
  bar();
}

foo(); // 6
```

위 예제는 소스코드의 타입으로 분류할 때 전역 코드와 함수 코드로 이루어져 있다. 자바스크립트 엔진은 먼저 전역 코드를 평가하여 전역 실행 컨텍스트를 생성한다. 그리고 함수가 호출되면 함수 코드를 평가하여 함수 실행 컨텍스트를 생성한다.

이때 생성된 실행 컨텍스트는 스택stack[2] 자료구조로 관리된다. 이를 **실행 컨텍스트 스택**[3]이라고 부른다.

위 코드를 실행하면 코드가 실행되는 시간의 흐름에 따라 실행 컨텍스트 스택에는 다음과 같이 실행 컨텍스트가 추가push되고 제거pop된다.

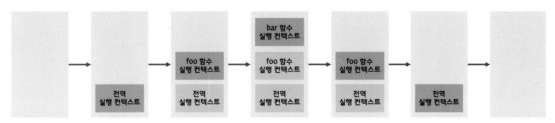

그림 23-5 실행 컨텍스트 스택

1. 전역 코드의 평가와 실행

자바스크립트 엔진은 먼저 전역 코드를 평가하여 전역 실행 컨텍스트를 생성하고 실행 컨텍스트 스택에 푸시한다. 이때 전역 변수 x와 전역 함수 foo는 전역 실행 컨텍스트에 등록된다. 이후 전역 코드가 실행되기 시작하여 전역 변수 x에 값이 할당되고 전역 함수 foo가 호출된다.

2. foo 함수 코드의 평가와 실행

전역 함수 foo가 호출되면 전역 코드의 실행은 일시 중단되고 코드의 제어권control이 foo 함수 내부로 이동한다. 자바스크립트 엔진은 foo 함수 내부의 함수 코드를 평가하여 foo 함수 실행 컨텍스트를 생성하고 실행 컨텍스트 스택에 푸시한다. 이때 foo 함수의 지역 변수 y와 중첩 함수 bar가 foo 함수 실행 컨텍스트에 등록된다. 이후 foo 함수 코드가 실행되기 시작하여 지역 변수 y에 값이 할당되고 중첩 함수 bar가 호출된다.

3. bar 함수 코드의 평가와 실행

중첩 함수 bar가 호출되면 foo 함수 코드의 실행은 일시 중단되고 코드의 제어권이 bar 함수 내부로 이동한다. 자바스크립트 엔진은 bar 함수 내부의 함수 코드를 평가하여 bar 함수 실행 컨텍스트를 생성하고 실행 컨텍스트 스택에 푸시한다. 이때 bar 함수의 지역 변수 z가 bar 함수 실행 컨텍스트에 등록된다. 이후, bar 함수 코드가 실행되기 시작하여 지역 변수 z에 값이 할당되고 console.log 메서드를 호출[4]한 이후, bar 함수는 종료된다.

---

2   27.8.4절 "Array.prototype.pop" 참고
3   실행 컨텍스트 스택을 콜 스택call stack이라고 부르기도 한다.
4   console.log 메서드도 함수이므로 호출되면 실행 컨텍스트를 생성하고 실행 컨텍스트 스택에 푸시한다. 이는 그림에서 생략했다.

4. foo 함수 코드로 복귀

bar 함수가 종료되면 코드의 제어권은 다시 foo 함수로 이동한다. 이때 자바스크립트 엔진은 bar 함수 실행 컨텍스트를 실행 컨텍스트 스택에서 팝하여 제거한다. 그리고 foo 함수는 더 이상 실행할 코드가 없으므로 종료된다.

5. 전역 코드로 복귀

foo 함수가 종료되면 코드의 제어권은 다시 전역 코드로 이동한다. 이때 자바스크립트 엔진은 foo 함수 실행 컨텍스트를 실행 컨텍스트 스택에서 팝하여 제거한다. 그리고 더 이상 실행할 전역 코드가 남아 있지 않으므로 전역 실행 컨텍스트도 실행 컨텍스트 스택에서 팝되어 실행 컨텍스트 스택에는 아무것도 남아있지 않게 된다.

이처럼 **실행 컨텍스트 스택은 코드의 실행 순서를 관리한다.** 소스코드가 평가되면 실행 컨텍스트가 생성되고 실행 컨텍스트 스택의 최상위에 쌓인다. **실행 컨텍스트 스택의 최상위에 존재하는 실행 컨텍스트는 언제나 현재 실행 중인 코드의 실행 컨텍스트다.** 따라서 실행 컨텍스트 스택의 최상위에 존재하는 실행 컨텍스트를 **실행 중인 실행 컨텍스트**running execution context라 부른다.

23.5 렉시컬 환경

렉시컬 환경Lexical Environment은 식별자와 식별자에 바인딩된 값, 그리고 상위 스코프에 대한 참조를 기록하는 자료구조로 실행 컨텍스트를 구성하는 컴포넌트다. 실행 컨텍스트 스택이 코드의 실행 순서를 관리한다면 렉시컬 환경은 스코프와 식별자를 관리한다.

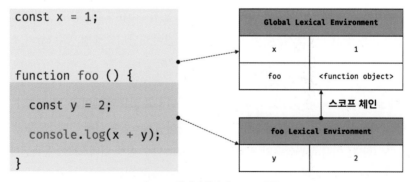

그림 23-6 렉시컬 환경과 스코프 체인

렉시컬 환경은 키와 값을 갖는 객체 형태의 스코프(전역, 함수, 블록 스코프)를 생성하여 식별자를 키로 등록하고 식별자에 바인딩된 값을 관리한다. 즉, 렉시컬 환경은 스코프를 구분하여 식별자를 등록하고 관리하는 저장소 역할을 하는 렉시컬 스코프의 실체다.

실행 컨텍스트는 LexicalEnvironment 컴포넌트와 VariableEnvironment 컴포넌트로 구성된다. 생성 초기의 실행 컨텍스트와 렉시컬 환경을 그림으로 표현하면 다음과 같다.

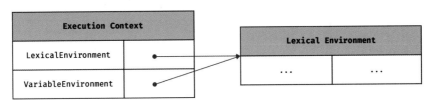

그림 23-7 실행 컨텍스트와 렉시컬 환경

생성 초기에 LexicalEnvironment 컴포넌트와 VariableEnvironment 컴포넌트는 하나의 동일한 렉시컬 환경을 참조한다. 이후 몇 가지 상황을 만나면 VariableEnvironment 컴포넌트를 위한 새로운 렉시컬 환경을 생성하고, 이때부터 VariableEnvironment 컴포넌트와 LexicalEnvironment 컴포넌트는 내용이 달라지는 경우도 있다. 이 책에서는 strict mode와 eval 코드, try/catch 문과 같은 특수한 상황은 제외하고, LexicalEnvironment 컴포넌트와 VariableEnvironment 컴포넌트도 구분하지 않고 렉시컬 환경으로 통일해 간략하게 설명하려 한다.

렉시컬 환경은 다음과 같이 두 개의 컴포넌트로 구성된다.

Lexical Environment	
EnvironmentRecord	...
OuterLexicalEnvironmentReference	...

그림 23-8 렉시컬 환경의 구성 컴포넌트

1. **환경 레코드**Environment Record

   스코프에 포함된 식별자를 등록하고 등록된 식별자에 바인딩된 값을 관리하는 저장소다. 환경 레코드는 소스코드의 타입에 따라 관리하는 내용에 차이가 있다.

2. **외부 렉시컬 환경에 대한 참조**Outer Lexical Environment Reference

   외부 렉시컬 환경에 대한 참조는 상위 스코프를 가리킨다. 이때 상위 스코프란 외부 렉시컬 환경, 즉 해당 실행 컨텍스트를 생성한 소스코드를 포함하는 상위 코드의 렉시컬 환경을 말한다. 외부 렉시컬 환경에 대한 참조를 통해 단방향 링크드 리스트인 스코프 체인을 구현한다.

23.6 실행 컨텍스트의 생성과 식별자 검색 과정

다음 예제를 통해 어떻게 실행 컨텍스트가 생성되고 코드 실행 결과가 관리되는지, 그리고 어떻게 실행 컨텍스트를 통해 식별자를 검색하는지 살펴보자.

【 예제 23-04 】

```
var x = 1;
const y = 2;

function foo (a) {
  var x = 3;
  const y = 4;

  function bar (b) {
    const z = 5;
    console.log(a + b + x + y + z);
  }
  bar(10);
}

foo(20); // 42
```

23.6.1 전역 객체 생성

전역 객체[5]는 전역 코드가 평가되기 이전에 생성된다. 이때 전역 객체에는 빌트인 전역 프로퍼티와 빌트인 전역 함수, 그리고 표준 빌트인 객체가 추가되며 동작 환경(클라이언트 사이드 또는 서버 사이드)에 따라 클라이언트 사이드 Web API(DOM, BOM, Canvas, XMLHttpRequest, fetch, requestAnimationFrame, SVG, Web Storage, Web Component, Web Worker 등) 또는 특정 환경을 위한 호스트 객체[6]를 포함한다.

전역 객체도 Object.prototype을 상속받는다. 즉, 전역 객체도 프로토타입 체인의 일원이다.

【 예제 23-05 】

```
// Object.prototype.toString
window.toString(); // → "[object Window]"

window.__proto__.__proto__.__proto__.__proto__ === Object.prototype; // → true
```

---

5   21.4절 "전역 객체" 참고
6   21.1절 "자바스크립트 객체의 분류" 참고

23.6.2 전역 코드 평가

소스코드가 로드되면 자바스크립트 엔진은 전역 코드를 평가한다. 전역 코드 평가는 다음과 같은 순서로 진행된다.

1. 전역 실행 컨텍스트 생성

2. 전역 렉시컬 환경 생성

    2.1. 전역 환경 레코드 생성

        2.1.1. 객체 환경 레코드 생성

        2.1.2. 선언적 환경 레코드 생성

    2.2. this 바인딩

    2.3. 외부 렉시컬 환경에 대한 참조 결정

위 과정을 거쳐 생성된 전역 실행 컨텍스트와 렉시컬 환경은 다음과 같다.

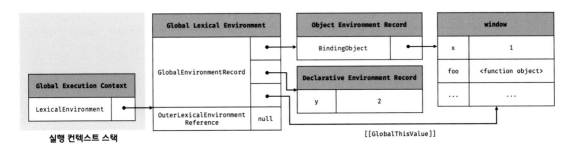

그림 23-9 전역 실행 컨텍스트와 렉시컬 환경

세부적인 생성 과정을 순서대로 살펴보자.

1. 전역 실행 컨텍스트 생성

먼저 비어있는 전역 실행 컨텍스트를 생성하여 실행 컨텍스트 스택에 푸시한다. 이때 전역 실행 컨텍스트는 실행 컨텍스트 스택의 최상위, 즉 실행 중인 실행 컨텍스트running execution context가 된다.

실행 컨텍스트 스택

그림 23-10 전역 실행 컨텍스트 생성

2. 전역 렉시컬 환경 생성

전역 렉시컬 환경Global Lexical Environment을 생성하고 전역 실행 컨텍스트에 바인딩한다.

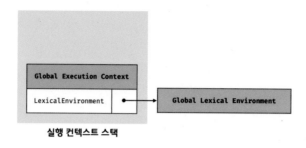

그림 23-11 전역 렉시컬 환경 생성

23.5절 "렉시컬 환경"에서 살펴보았듯이 렉시컬 환경은 2개의 컴포넌트, 즉 환경 레코드Environment Record와 외부 렉시컬 환경에 대한 참조OuterLexicalEnvironmentReference로 구성된다.

2.1. 전역 환경 레코드 생성

전역 렉시컬 환경을 구성하는 컴포넌트인 전역 환경 레코드Global Environment Record는 전역 변수를 관리하는 전역 스코프, 전역 객체의 빌트인 전역 프로퍼티와 빌트인 전역 함수, 표준 빌트인 객체를 제공한다.[7]

모든 전역 변수가 전역 객체의 프로퍼티가 되는 ES6 이전에는 전역 객체가 전역 환경 레코드의 역할을 수행했다. 하지만 15.2.4절 "전역 객체와 let"에서 살펴보았듯이 ES6의 let, const 키워드로 선언한 전역 변수는 전역 객체의 프로퍼티가 되지 않고 개념적인 블록 내에 존재하게 된다.

이처럼 기존의 var 키워드로 선언한 전역 변수와 ES6의 let, const 키워드로 선언한 전역 변수를 구분하여 관리하기 위해 전역 스코프 역할을 하는 **전역 환경 레코드는 객체 환경 레코드**Object Environment Record **와 선언적 환경 레코드**Declarative Environment Record**로 구성되어 있다**(그림 23-9 참고).

객체 환경 레코드는 기존의 전역 객체가 관리하던 var 키워드로 선언한 전역 변수와 함수 선언문으로 정의한 전역 함수, 빌트인 전역 프로퍼티와 빌트인 전역 함수, 표준 빌트인 객체를 관리하고, 선언적 환경 레코드는 let, const 키워드로 선언한 전역 변수를 관리한다. 즉, 전역 환경 레코드의 객체 환경 레코드와 선언적 환경 레코드는 서로 협력하여 전역 스코프와 전역 객체(전역 변수의 전역 객체 프로퍼티화)를 관리한다.

---

7 https://www.ecma-international.org/ecma-262/11.0/#sec-newglobalenvironment

2.1.1. 객체 환경 레코드 생성

전역 환경 레코드를 구성하는 컴포넌트인 객체 환경 레코드는 BindingObject라고 부르는 객체와 연결된다(그림 23-9 참고). BindingObject는 23.6.1절 "전역 객체 생성"에서 생성된 전역 객체다.

전역 코드 평가 과정에서 var 키워드로 선언한 전역 변수와 함수 선언문으로 정의된 전역 함수는 전역 환경 레코드의 객체 환경 레코드에 연결된 BindingObject를 통해 전역 객체의 프로퍼티와 메서드가 된다. 그리고 이때 등록된 식별자를 전역 환경 레코드의 객체 환경 레코드에서 검색하면 전역 객체의 프로퍼티를 검색하여 반환한다.

이것이 var 키워드로 선언된 전역 변수와 함수 선언문으로 정의된 전역 함수가 전역 객체의 프로퍼티와 메서드가 되고 전역 객체를 가리키는 식별자(window) 없이 전역 객체의 프로퍼티를 참조(예를 들어, window.alert을 alert으로 참조)할 수 있는 메커니즘이다.

위 예제의 전역 변수 x와 전역 함수 foo는 객체 환경 레코드를 통해 객체 환경 레코드의 BindingObject에 바인딩되어 있는 전역 객체의 프로퍼티와 메서드가 된다.

【 예제 23-06 】

```
var x = 1;
const y = 2;

function foo (a) {
...
```

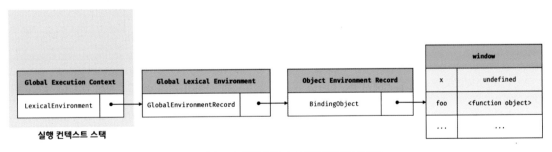

그림 23-12 전역 환경 레코드의 객체 환경 레코드

x 변수는 var 키워드로 선언한 변수다. 따라서 "선언 단계"와 "초기화 단계"가 동시에 진행된다.[8] 다시 말해, 전역 코드 평가 시점에 객체 환경 레코드에 바인딩된 BindingObject를 통해 전역 객체에 변수 식별자를 키로 등록한 다음, 암묵적으로 undefined를 바인딩한다.

---

8 4.3절 "변수 선언" 참고

따라서 var 키워드로 선언한 변수는 코드 실행 단계(현 시점은 코드 실행 단계가 아니라 코드 평가 단계다)에서 변수 선언문 이전에도 참조할 수 있다. 단, 변수 선언문 이전에 참조한 변수의 값은 언제나 undefined다. var 키워드로 선언한 변수에 할당한 함수 표현식도 이와 동일하게 동작한다. 이것이 변수 호이스팅이 발생하는 원인이다.

함수 선언문으로 정의한 함수가 평가되면 함수 이름과 동일한 이름의 식별자를 객체 환경 레코드에 바인딩된 BindingObject를 통해 전역 객체에 키로 등록하고 생성된 함수 객체를 즉시 할당한다. 이것이 변수 호이스팅과 함수 호이스팅의 차이다. 즉, 함수 선언문으로 정의한 함수는 함수 선언문 이전에 호출할 수 있다.

2.1.2. 선언적 환경 레코드 생성

var 키워드로 선언한 전역 변수와 함수 선언문으로 정의한 전역 함수 이외의 선언, 즉 let, const 키워드로 선언한 전역 변수(let, const 키워드로 선언한 변수에 할당한 함수 표현식 포함)는 선언적 환경 레코드에 등록되고 관리된다.

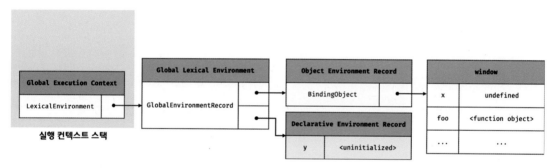

그림 23-13 전역 환경 레코드의 선언적 환경 레코드

15.2.4절 "전역 객체와 let"에서 ES6의 let, const 키워드로 선언한 전역 변수는 전역 객체의 프로퍼티가 되지 않고 개념적인 블록 내에 존재하게 된다고 했다. 여기서 개념적인 블록이 바로 전역 환경 레코드의 선언적 환경 레코드다.

따라서 위 예제의 전역 변수 y는 let, const 키워드로 선언한 변수이므로 전역 객체의 프로퍼티가 되지 않기 때문에 window.y와 같이 전역 객체의 프로퍼티로서 참조할 수 없다. 또한 const 키워드로 선언한 변수는 "선언 단계"와 "초기화 단계"가 분리되어 진행한다. 따라서 초기화 단계, 즉 런타임에 실행 흐름이 변수 선언문에 도달하기 전까지 **일시적 사각지대**Temporal Dead Zone; TDZ에 빠지게 된다. [9]

---

9 15.2.3절 "변수 호이스팅" 참고

위 그림에서 y 변수에 바인딩되어 있는 <uninitialized>는 초기화 단계가 진행되지 않아 변수에 접근할 수 없음을 나타내기 위해 사용한 표현이다. 실제로 <uninitialized>라는 값이 바인딩된 것이 아니다.

let, const 키워드로 선언한 변수도 변수 호이스팅이 발생하는 것은 변함이 없다. 단, let, const 키워드로 선언한 변수는 런타임에 컨트롤이 변수 선언문에 도달하기 전까지 일시적 사각지대에 빠지기 때문에 참조할 수 없다.

【 예제 23-07 】
```
let foo = 1; // 전역 변수

{
  // let, const 키워드로 선언한 변수가 호이스팅되지 않는다면 전역 변수를 참조해야 한다.
  // 하지만 let 키워드로 선언한 변수도 여전히 호이스팅이 발생하기 때문에
  // 참조 에러(ReferenceError)가 발생한다.
  console.log(foo); // ReferenceError: Cannot access 'foo' before initialization
  let foo = 2; // 지역 변수
}
```

2.2. this 바인딩

전역 환경 레코드의 [[GlobalThisValue]] 내부 슬롯에 this가 바인딩된다. 일반적으로 전역 코드에서 this는 전역 객체를 가리키므로 전역 환경 레코드의 [[GlobalThisValue]] 내부 슬롯에는 전역 객체가 바인딩된다. 전역 코드에서 this를 참조하면 전역 환경 레코드의 [[GlobalThisValue]] 내부 슬롯에 바인딩되어 있는 객체가 반환된다.[10]

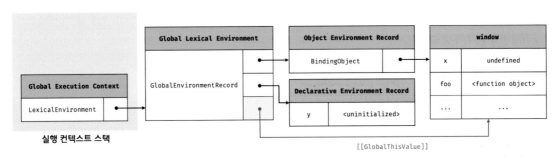

그림 23-14 this 바인딩

참고로 전역 환경 레코드를 구성하는 객체 환경 레코드와 선언적 환경 레코드에는 this 바인딩이 없다. this 바인딩은 전역 환경 레코드와 함수 환경 레코드에만 존재한다. 함수 환경 레코드에 대해서는 23.6.4절 "foo 함수 코드 평가"에서 자세히 살펴보자.

---

10 https://www.ecma-international.org/ecma-262/11.0/#sec-global-environment-records-getthisbinding

2.3. 외부 렉시컬 환경에 대한 참조 결정

외부 렉시컬 환경에 대한 참조^{Outer Lexical Environment Reference}는 현재 평가 중인 소스코드를 포함하는 외부 소스코드의 렉시컬 환경, 즉 상위 스코프를 가리킨다. 이를 통해 단방향 링크드 리스트인 스코프 체인을 구현한다.

현재 평가 중인 소스코드는 전역 코드다. 전역 코드를 포함하는 소스코드는 없으므로 전역 렉시컬 환경의 외부 렉시컬 환경에 대한 참조에 null이 할당된다. 이는 전역 렉시컬 환경이 스코프 체인의 종점에 존재함을 의미한다.

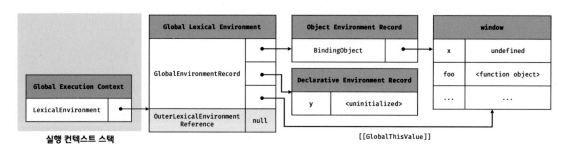

그림 23-15 외부 렉시컬 환경에 대한 참조 결정

외부 렉시컬 환경에 대한 참조를 통해 스코프 체인을 구현하는 메커니즘에 대해서는 함수 코드 평가에서 좀 더 자세히 살펴보자.

23.6.3 전역 코드 실행

이제 전역 코드가 순차적으로 실행되기 시작한다. 변수 할당문이 실행되어 전역 변수 x, y에 값이 할당된다. 그리고 foo 함수가 호출된다.

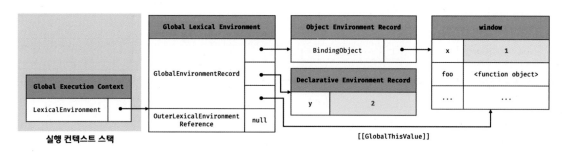

그림 23-16 전역 코드의 실행

변수 할당문 또는 함수 호출문을 실행하려면 먼저 변수 또는 함수 이름이 선언된 식별자인지 확인해야 한다. 선언되지 않는 식별자는 참조할 수 없으므로 할당이나 호출도 할 수 없기 때문이다. 또한 식별자는 스코프가 다르면 같은 이름을 가질 수 있다. 즉, 동일한 이름의 식별자가 다른 스코프에 여러 개 존재할 수도 있다. 따라서 어느 스코프의 식별자를 참조하면 되는지 결정할 필요가 있다. 이를 **식별자 결정**^{identifier resolution}이라 한다.

식별자 결정을 위해 식별자를 검색할 때는 실행 중인 실행 컨텍스트에서 식별자를 검색하기 시작한다. 선언된 식별자는 실행 컨텍스트의 렉시컬 환경의 환경 레코드에 등록되어 있다.

현재 실행 중인 실행 컨텍스트는 전역 실행 컨텍스트이므로 전역 렉시컬 환경에서 식별자 x, y, foo를 검색하기 시작한다. 만약 실행 중인 실행 컨텍스트의 렉시컬 환경에서 식별자를 검색할 수 없으면 외부 렉시컬 환경에 대한 참조가 가리키는 렉시컬 환경, 즉 상위 스코프로 이동하여 식별자를 검색한다.

이것이 바로 스코프 체인의 동작 원리다. 하지만 전역 렉시컬 환경은 스코프 체인의 종점이므로 전역 렉시컬 환경에서 검색할 수 없는 식별자는 참조 에러^{ReferenceError}를 발생시킨다. 식별자 결정에 실패했기 때문이다.

이처럼 실행 컨텍스트는 소스코드를 실행하기 위해 필요한 환경을 제공하고 코드의 실행 결과를 실제로 관리하는 영역이다.

23.6.4 foo 함수 코드 평가

예제 코드를 다시 한번 살펴보자. 현재 전역 코드 평가를 통해 전역 실행 컨텍스트가 생성되었고 전역 코드를 실행하고 있다. 현재 진행 상황은 foo 함수를 호출하기 직전이다.

【 예제 23-08 】

```javascript
var x = 1;
const y = 2;

function foo (a) {
  var x = 3;
  const y = 4;

  function bar (b) {
    const z = 5;
    console.log(a + b + x + y + z);
  }
  bar(10);
}

foo(20); // ← 호출 직전
```

foo 함수가 호출되면 전역 코드의 실행을 일시 중단하고 foo 함수 내부로 코드의 제어권이 이동한다. 그리고 함수 코드를 평가하기 시작한다. 함수 코드 평가는 아래 순서로 진행된다.

1. 함수 실행 컨텍스트 생성

2. 함수 렉시컬 환경 생성

   2.1. 함수 환경 레코드 생성

   2.2. this 바인딩

   2.3. 외부 렉시컬 환경에 대한 참조 결정

위 과정을 거쳐 생성된 foo 함수 실행 컨텍스트와 렉시컬 환경은 다음과 같다.

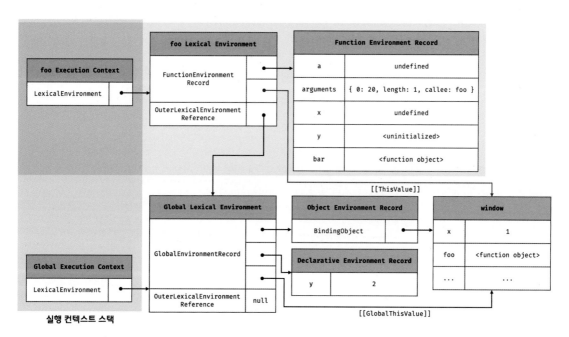

그림 23-17 foo 함수 실행 컨텍스트와 렉시컬 환경

세부적인 생성 과정을 순서대로 살펴보자.

1. 함수 실행 컨텍스트 생성

먼저 foo 함수 실행 컨텍스트를 생성한다. 생성된 함수 실행 컨텍스트는 함수 렉시컬 환경이 완성된 다음 실행 컨텍스트 스택에 푸시된다. 이때 foo 함수 실행 컨텍스트는 실행 컨텍스트 스택의 최상위, 즉 실행 중인 실행 컨텍스트running execution context가 된다.

2. 함수 렉시컬 환경 생성

foo 함수 렉시컬 환경Function Lexical Environment을 생성하고 foo 함수 실행 컨텍스트에 바인딩한다.

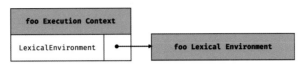

그림 23-18 foo 함수 실행 컨텍스트와 렉시컬 환경 생성

23.5질 "렉시컬 환경"에서 살펴보았듯이 렉시컬 환경은 2개의 컴포넌트, 즉 환경 레코드와 외부 렉시컬 환경에 대한 참조로 구성된다.

2.1. 함수 환경 레코드 생성

함수 렉시컬 환경을 구성하는 컴포넌트 중 하나인 함수 환경 레코드Function Environment Record는 매개변수, arguments 객체, 함수 내부에서 선언한 지역 변수와 중첩 함수를 등록하고 관리한다. [11]

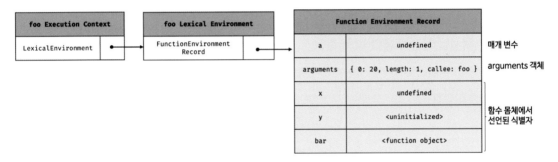

그림 23-19 함수 환경 레코드의 환경 레코드

2.2. this 바인딩

함수 환경 레코드의 [[ThisValue]] 내부 슬롯에 this가 바인딩된다. [[ThisValue]] 내부 슬롯에 바인딩될 객체는 22장 "this"에서 살펴보았듯이 함수 호출 방식에 따라 결정된다.

foo 함수는 일반 함수로 호출되었으므로 this는 전역 객체를 가리킨다. 따라서 함수 환경 레코드의 [[ThisValue]] 내부 슬롯에는 전역 객체가 바인딩된다. foo 함수 내부에서 this를 참조하면 함수 환경 레코드의 [[ThisValue]] 내부 슬롯에 바인딩되어 있는 객체가 반환된다.

---

11 https://www.ecma-international.org/ecma-262/11.0/#sec-newfunctionenvironment

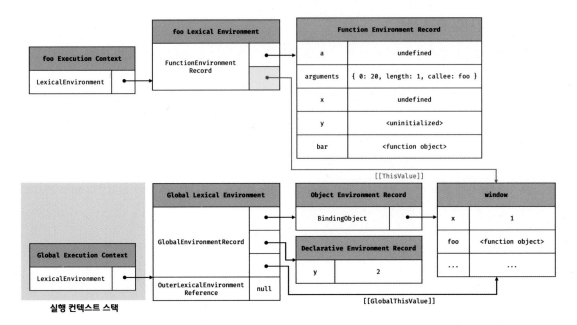

그림 23-20 this 바인딩

2.3. 외부 렉시컬 환경에 대한 참조 결정

외부 렉시컬 환경에 대한 참조에 foo 함수 정의가 평가된 시점에 실행 중인 실행 컨텍스트의 렉시컬 환경의 참조가 할당된다.

foo 함수는 전역 코드에 정의된 전역 함수다. 따라서 foo 함수 정의는 전역 코드 평가 시점에 평가된다. 이 시점의 실행 중인 실행 컨텍스트는 전역 실행 컨텍스트다. 따라서 외부 렉시컬 환경에 대한 참조에는 전역 렉시컬 환경의 참조가 할당된다.

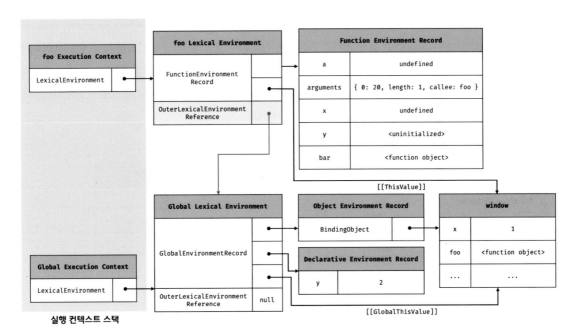

실행 컨텍스트 스택

그림 23-21 외부 렉시컬 환경에 대한 참조 결정

13.5절 "렉시컬 스코프"에서 자바스크립트는 **함수를 어디서 호출했는지가 아니라 어디에 정의했는지에
따라 상위 스코프를 결정한다**고 했다. 그리고 함수 객체는 자신이 정의된 스코프, 즉 상위 스코프를 기억
한다고 했다.

자바스크립트 엔진은 함수 정의를 평가하여 함수 객체를 생성할 때 현재 실행 중인 실행 컨텍스트의 렉
시컬 환경, 즉 함수의 상위 스코프를 함수 객체의 내부 슬롯 [[Environment]]에 저장한다.[12] 함수 렉
시컬 환경의 외부 렉시컬 환경에 대한 참조에 할당되는 것은 바로 함수의 상위 스코프를 가리키는 함
수 객체의 내부 슬롯 [[Environment]]에 저장된 렉시컬 환경의 참조다. 즉, 함수 객체의 내부 슬롯
[[Environment]]가 바로 렉시컬 스코프를 구현하는 메커니즘이다.

함수 객체의 내부 슬롯 [[Environment]]와 렉시컬 스코프는 클로저를 이해할 수 있는 중요한 단서다. 이
에 대해서는 24장 "클로저"에서 자세히 살펴보도록 하자.

23.6.5 foo 함수 코드 실행

이제 런타임이 시작되어 foo 함수의 소스코드가 순차적으로 실행되기 시작한다. 매개변수에 인수가 할당되
고, 변수 할당문이 실행되어 지역 변수 x, y에 값이 할당된다. 그리고 함수 bar가 호출된다.

---

12 https://www.ecma-international.org/ecma-262/11.0/#sec-ordinaryfunctioncreate

이때 **식별자 결정을 위해 실행 중인 실행 컨텍스트의 렉시컬 환경에서 식별자를 검색하기 시작한다.** 현재 실행 중인 실행 컨텍스트는 foo 함수 실행 컨텍스트이므로 foo 함수 렉시컬 환경에서 식별자 x, y를 검색하기 시작한다. 만약 실행 중인 실행 컨텍스트의 렉시컬 환경에서 식별자를 검색할 수 없으면 외부 렉시컬 환경에 대한 참조가 가리키는 렉시컬 환경으로 이동하여 식별자를 검색한다. 다행히 모든 식별자는 현재 실행 중인 실행 컨텍스트의 렉시컬 환경에서 모두 검색할 수 있다. 검색된 식별자에 값을 바인딩한다.

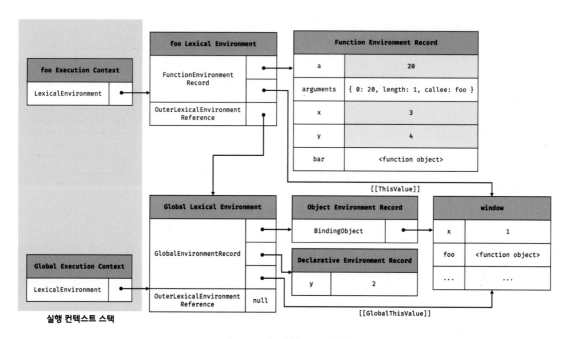

그림 23-22 foo 함수 코드의 실행

23.6.6 bar 함수 코드 평가

예제 코드를 다시 한번 살펴보자. 현재 foo 함수 코드 평가를 통해 foo 함수 실행 컨텍스트가 생성되었고 foo 함수 코드를 실행하고 있다. 현재 진행 상황은 bar 함수를 호출하기 직전이다.

【 예제 23-09 】

```
var x = 1;
const y = 2;

function foo (a) {
  var x = 3;
  const y = 4;

  function bar (b) {
    const z = 5;
```

```
    console.log(a + b + x + y + z);
  }
  bar(10); // ← 호출 직전
}

foo(20);
```

bar 함수가 호출되면 bar 함수 내부로 코드의 제어권이 이동한다. 그리고 bar 함수 코드를 평가하기 시작한다. 실행 컨텍스트와 렉시컬 환경의 생성 과정은 foo 함수 코드 평가와 동일하다. 생성된 bar 함수 실행 컨텍스트와 렉시컬 환경은 다음과 같다.

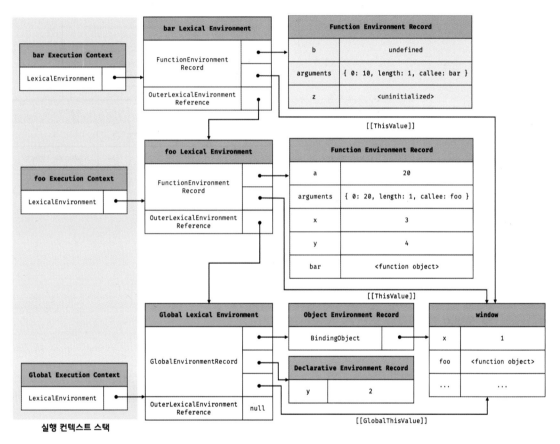

그림 23-23 bar 함수 실행 컨텍스트와 렉시컬 환경

23.6.7 bar 함수 코드 실행

이제 런타임이 시작되어 bar 함수의 소스코드가 순차적으로 실행되기 시작한다. 매개변수에 인수가 할당되고, 변수 할당문이 실행되어 지역 변수 z에 값이 할당된다.

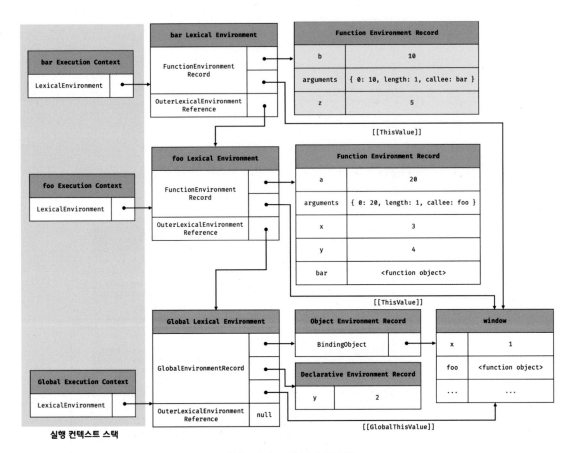

그림 23-24 bar 함수 코드의 실행

그리고 console.log(a + b + x + y + z);가 실행된다. 이 코드는 다음 순서로 실행된다.

1. console 식별자 검색

먼저 console 식별자를 스코프 체인에서 검색한다. 스코프 체인은 현재 실행 중인 실행 컨텍스트의 렉시컬 환경에서 시작하여 외부 렉시컬 환경에 대한 참조로 이어지는 렉시컬 환경의 연속이다. 따라서 식별자를 검색할 때는 언제나 현재 실행 중인 실행 컨텍스트의 렉시컬 환경에서 검색하기 시작한다.

실행 중인 실행 컨텍스트는 bar 함수 실행 컨텍스트다. 따라서 bar 함수 실행 컨텍스트의 bar 함수 렉시컬 환경bar Lexical Environment에서 console 식별자를 검색하기 시작한다. 이곳에는 console 식별자가 없으므로 스코프 체인 상의 상위 스코프, 즉 외부 렉시컬 환경에 대한 참조가 가리키는 foo 함수 렉시컬 환경foo Lexical Environment으로 이동하여 console 식별자를 검색한다.

이곳에도 console 식별자가 없으므로 스코프 체인 상의 상위 스코프, 즉 외부 렉시컬 환경에 대한 참조가 가리키는 전역 렉시컬 환경Global Lexical Environment으로 이동하여 console 식별자를 검색한다.

전역 렉시컬 환경은 객체 환경 레코드와 선언적 환경 레코드로 구성되어 있다. console 식별자는 객체 환경 레코드의 BindingObject를 통해 전역 객체에서 찾을 수 있다.

2. log 메서드 검색

이제 console 식별자에 바인딩된 객체, 즉 console 객체에서 log 메서드를 검색한다. 이때 console 객체의 프로토타입 체인을 통해 메서드를 검색한다. log 메서드는 상속된 프로퍼티가 아니라 console 객체가 직접 소유하는 프로퍼티다.

【 예제 23-10 】
```
console.hasOwnProperty('log'); // → true
```

3. 표현식 a + b + x + y + z의 평가

이제 console.log 메서드에 전달할 인수, 즉 표현식 a + b + x + y + z를 평가하기 위해 a, b, x, y, z 식별자를 검색한다. 식별자는 스코프 체인, 즉 현재 실행 중인 실행 컨텍스트의 렉시컬 환경에서 시작하여 외부 렉시컬 환경에 대한 참조로 이어지는 렉시컬 환경의 연속에서 검색한다.

a 식별자는 foo 함수 렉시컬 환경에서, b 식별자는 bar 함수 렉시컬 환경에서, x와 y 식별자는 foo 함수 렉시컬 환경에서, z 식별자는 bar 함수 렉시컬 환경에서 검색된다.

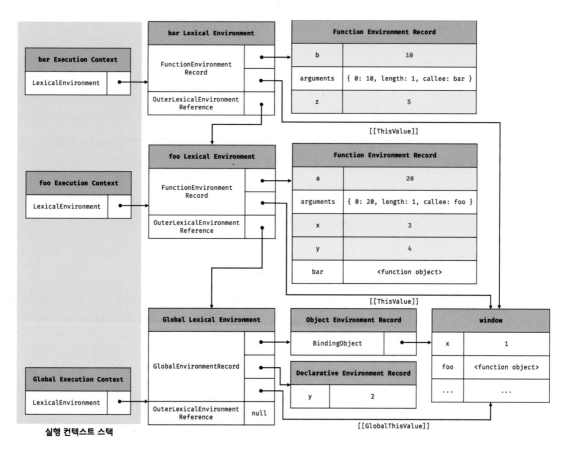

그림 23-25 식별자 검색

4. console.log 메서드 호출

표현식 a + b + x + y + z가 평가되어 생성한 값 42(20 + 10 + 3 + 4 + 5)를 console.log 메서드에 전달하여 호출한다.

23.6.8 bar 함수 코드 실행 종료

console.log 메서드가 호출되고 종료하면 더는 실행할 코드가 없으므로 bar 함수 코드의 실행이 종료된다. 이때 실행 컨텍스트 스택에서 bar 함수 실행 컨텍스트가 팝되어 제거되고 foo 실행 컨텍스트가 실행 중인 실행 컨텍스트가 된다.

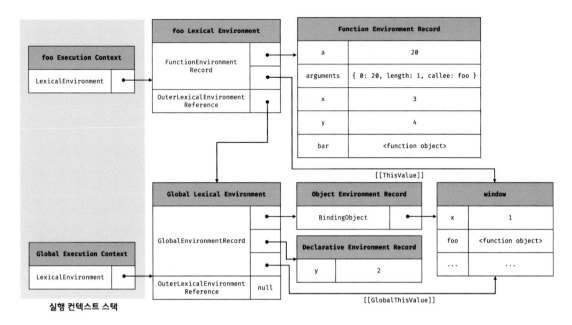

그림 23-26 bar 함수 코드 실행 종료

실행 컨텍스트 스택에서 bar 함수 실행 컨텍스트가 제거되었다고 해서 bar 함수 렉시컬 환경까지 즉시 소멸하는 것은 아니다. 렉시컬 환경은 실행 컨텍스트에 의해 참조되기는 하지만 독립적인 객체다. 객체를 포함한 모든 값은 누군가에 의해 참조되지 않을 때 비로소 가비지 컬렉터에 의해 메모리 공간의 확보가 해제되어 소멸한다.

bar 함수 실행 컨텍스트가 소멸되었다 하더라도 만약 bar 함수 렉시컬 환경을 누군가 참조하고 있다면 bar 함수 렉시컬 환경은 소멸하지 않는다.

23.6.9 foo 함수 코드 실행 종료

bar 함수가 종료하면 더 이상 실행할 코드가 없으므로 foo 함수 코드의 실행이 종료된다. 이때 실행 컨텍스트 스택에서 foo 함수 실행 컨텍스트가 팝되어 제거되고 전역 실행 컨텍스트가 실행 중인 실행 컨텍스트가 된다.

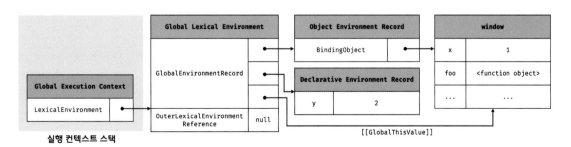

그림 23-27 foo 함수 코드 실행 종료

23.6.10 전역 코드 실행 종료

foo 함수가 종료되면 더는 실행할 전역 코드가 없으므로 전역 코드의 실행이 종료되고 전역 실행 컨텍스트도 실행 컨텍스트 스택에서 팝되어 실행 컨텍스트 스택에는 아무것도 남아있지 않게 된다.

23.7 실행 컨텍스트와 블록 레벨 스코프

15장 "let, const 키워드와 블록 레벨 스코프"에서 살펴보았듯이 var 키워드로 선언한 변수는 오로지 함수의 코드 블록만 지역 스코프로 인정하는 함수 레벨 스코프를 따른다. 하지만 let, const 키워드로 선언한 변수는 모든 코드 블록(함수, if 문, for 문, while 문, try/catch 문 등)을 지역 스코프로 인정하는 블록 레벨 스코프block-level scope를 따른다.

다음 예제를 살펴보자.

【 예제 23-11 】

```
let x = 1;

if (true) {
  let x = 10;
  console.log(x); // 10
}

console.log(x); // 1
```

if 문의 코드 블록 내에서 let 키워드로 변수가 선언되었다. 따라서 if 문의 코드 블록이 실행되면 if 문의 코드 블록을 위한 블록 레벨 스코프를 생성해야 한다. 이를 위해 선언적 환경 레코드를 갖는 렉시컬 환경을 새롭게 생성하여 기존의 전역 렉시컬 환경을 교체한다. 이때 새롭게 생성된 if 문의 코드 블록을 위한 렉시컬 환경의 외부 렉시컬 환경에 대한 참조는 if 문이 실행되기 이전의 전역 렉시컬 환경을 가리킨다. [13]

---

13 https://www.ecma-international.org/ecma-262/11.0/#sec-block-runtime-semantics-evaluation

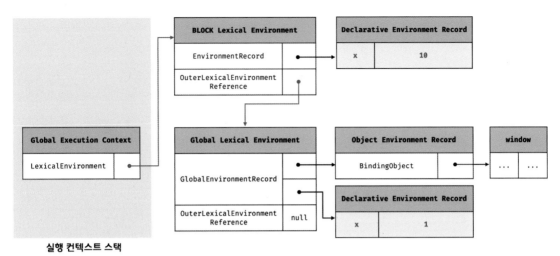

실행 컨텍스트 스택

그림 23-28 if 문의 코드 블록이 실행되면 새로운 렉시컬 환경을 생성하여 기존의 렉시컬 환경을 교체

if 문 코드 블록의 실행이 종료되면 if 문의 코드 블록이 실행되기 이전의 렉시컬 환경으로 되돌린다.

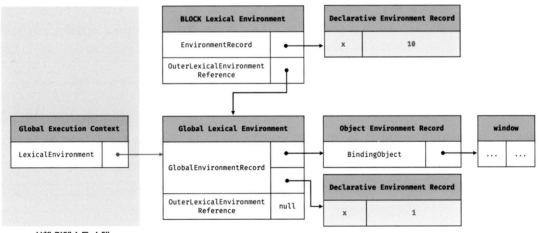

실행 컨텍스트 스택

그림 23-29 if 문의 코드 블록을 위한 렉시컬 환경에서 이전 렉시컬 환경으로 복귀

이는 if 문뿐 아니라 블록 레벨 스코프를 생성하는 모든 블록문에 적용된다.

for 문의 변수 선언문에 let 키워드를 사용한 for 문은 코드 블록이 반복해서 실행될 때마다 코드 블록을 위한 새로운 렉시컬 환경을 생성한다. 만약 for 문의 코드 블록 내에서 정의된 함수가 있다면 이 함수의 상위 스코프는 for 문의 코드 블록이 생성한 렉시컬 환경이다.

이때 함수의 상위 스코프는 for 문의 코드 블록이 반복해서 실행될 때마다 식별자(for 문의 변수 선언문 및 for 문의 코드 블록 내에서 선언된 지역 변수 등)의 값을 유지해야 한다. 이를 위해 for 문의 코드 블록이 반복해서 실행될 때마다 독립적인 렉시컬 환경을 생성하여 식별자의 값을 유지한다. 이에 대해서는 다음 장 24장 "클로저"에서 자세히 살펴보도록 하자.

24장

클로저

클로저closure는 난해하기로 유명한 자바스크립트의 개념 중 하나로 자바스크립트에 관심이 있다면 한번쯤 들어보았을 것이다. 사실 클로저는 앞서 살펴본 실행 컨텍스트에 대한 사전 지식이 있으면 이해하기 어려운 개념은 아니다.

클로저는 자바스크립트 고유의 개념이 아니다. 함수를 일급 객체로 취급하는 함수형 프로그래밍 언어(예: 하스켈Haskell, 리스프Lisp, 얼랭Erlnag, 스칼라Scala 등)에서 사용되는 중요한 특성이다.

클로저는 자바스크립트 고유의 개념이 아니므로 클로저의 정의가 ECMAScript 사양에 등장하지 않는다. MDN[1]에서는 클로저에 대해 다음과 같이 정의하고 있다.

> "A closure is the combination of a function and the lexical environment within which that function was declared."
> 클로저는 함수와 그 함수가 선언된 렉시컬 환경과의 조합이다.

정의가 무척이나 난해해서 무슨 의미인지 잘 와 닿지 않는다. 예제를 통해 정의의 의미부터 살펴보자. 위 정의에서 먼저 이해해야 할 핵심 키워드는 "함수가 선언된 렉시컬 환경"이다.

【 예제 24-01 】

```
const x = 1;

function outerFunc() {
  const x = 10;
```

---

1 https://developer.mozilla.org/en-US/docs/Web/JavaScript/Closures

```
  function innerFunc() {
    console.log(x); // 10
  }

  innerFunc();
}

outerFunc();
```

outerFunc 함수 내부에서 중첩 함수 innerFunc가 정의되고 호출되었다. 이때 중첩 함수 innerFunc의 상위 스코프는 외부 함수 outerFunc의 스코프다. 따라서 중첩 함수 innerFunc 내부에서 자신을 포함하고 있는 외부 함수 outerFunc의 x 변수에 접근할 수 있다.

만약 innerFunc 함수가 outerFunc 함수의 내부에서 정의된 중첩 함수가 아니라면 innerFunc 함수를 outerFunc 함수의 내부에서 호출한다 하더라도 outerFunc 함수의 변수에 접근할 수 없다.

【 예제 24-02 】
```
const x = 1;

function outerFunc() {
  const x = 10;
  innerFunc();
}

function innerFunc() {
  console.log(x); // 1
}

outerFunc();
```

이 같은 현상이 발생하는 이유는 자바스크립트가 렉시컬 스코프를 따르는 프로그래밍 언어이기 때문이다.

24.1 렉시컬 스코프

렉시컬 스코프에 대해서는 이미 13.5절 "렉시컬 스코프"에서 살펴보았다. 렉시컬 스코프를 실행 컨텍스트의 관점에서 다시 한번 살펴보자.

자바스크립트 엔진은 함수를 어디서 호출했는지가 아니라 함수를 어디에 정의했는지에 따라 상위 스코프를 결정한다. 이를 렉시컬 스코프(정적 스코프)라 한다.

13.5절 "렉시컬 스코프"에서 살펴보았던 예제를 다시 한번 살펴보자.

```
const x = 1;

function foo() {
  const x = 10;
  bar();
}

function bar() {
  console.log(x);
}

foo(); // ?
bar(); // ?
```

위 예제의 foo 함수와 bar 함수는 모두 전역에서 정의된 전역 함수다. 함수의 상위 스코프는 함수를 어디서 정의했느냐에 따라 결정되므로 foo 함수와 bar 함수의 상위 스코프는 전역이다. 함수를 어디서 호출하는지는 함수의 상위 스코프 결정에 어떠한 영향도 주지 못한다. 즉, 함수의 상위 스코프는 함수를 정의한 위치에 의해 정적으로 결정되고 변하지 않는다.

23장 "실행 컨텍스트"에서 살펴보았듯이 스코프의 실체는 실행 컨텍스트의 렉시컬 환경이다. 이 렉시컬 환경은 자신의 "외부 렉시컬 환경에 대한 참조^{Outer Lexical Environment Reference}"를 통해 상위 렉시컬 환경과 연결된다. 이것이 바로 스코프 체인이다.

따라서 "함수의 상위 스코프를 결정한다"는 것은 "렉시컬 환경의 외부 렉시컬 환경에 대한 참조에 저장할 참조값을 결정한다"는 것과 같다. 렉시컬 환경의 "외부 렉시컬 환경에 대한 참조"에 저장할 참조값이 바로 상위 렉시컬 환경에 대한 참조이며, 이것이 상위 스코프이기 때문이다. 이 개념을 반영해서 다시 한번 렉시컬 스코프를 정의해 보면 다음과 같다.

렉시컬 환경의 "외부 렉시컬 환경에 대한 참조"에 저장할 참조값, 즉 상위 스코프에 대한 참조는 함수 정의가 평가되는 시점에 함수가 정의된 환경(위치)에 의해 결정된다. 이것이 바로 렉시컬 스코프다.

24.2 함수 객체의 내부 슬롯 [[Environment]]

함수가 정의된 환경(위치)과 호출되는 환경(위치)은 다를 수 있다. 따라서 렉시컬 스코프가 가능하려면 함수는 자신이 호출되는 환경과는 상관없이 자신이 정의된 환경, 즉 상위 스코프(함수 정의가 위치하는 스코프가 바로 상위 스코프다)를 기억해야 한다. 이를 위해 **함수는 자신의 내부 슬롯 [[Environment]]에 자신이 정의된 환경, 즉 상위 스코프의 참조를 저장한다.**

다시 말해, 함수 정의가 평가되어 함수 객체를 생성할 때 자신이 정의된 환경(위치)에 의해 결정된 상위 스코프의 참조를 함수 객체 자신의 내부 슬롯 [[Environment]]에 저장한다. 이때 자신의 내부 슬롯 [[Environment]]에 저장된 상위 스코프의 참조는 현재 실행 중인 실행 컨텍스트의 렉시컬 환경을 가리킨다.[2]

왜냐하면 함수 정의가 평가되어 함수 객체를 생성하는 시점은 함수가 정의된 환경, 즉 상위 함수(또는 전역 코드)가 평가 또는 실행되고 있는 시점이며, 이때 현재 실행 중인 실행 컨텍스트는 상위 함수(또는 전역 코드)의 실행 컨텍스트이기 때문이다.

예를 들어, 전역에서 정의된 함수 선언문은 전역 코드가 평가되는 시점에 평가되어 함수 객체를 생성한다. 이때 생성된 함수 객체의 내부 슬롯 [[Environment]]에는 함수 정의가 평가되는 시점, 즉 전역 코드 평가 시점에 실행 중인 실행 컨텍스트의 렉시컬 환경인 전역 렉시컬 환경의 참조가 저장된다.

함수 내부에서 정의된 함수 표현식은 외부 함수 코드가 실행되는 시점에 평가되어 함수 객체를 생성한다. 이때 생성된 함수 객체의 내부 슬롯 [[Environment]]에는 함수 정의가 평가되는 시점, 즉 외부 함수 코드 실행 시점에 실행 중인 실행 컨텍스트의 렉시컬 환경인 외부 함수 렉시컬 환경의 참조가 저장된다.

따라서 함수 객체의 내부 슬롯 [[Environment]]에 저장된 현재 실행 중인 실행 컨텍스트의 렉시컬 환경의 참조가 바로 상위 스코프다. 또한 자신이 호출되었을 때 생성될 함수 렉시컬 환경의 "외부 렉시컬 환경에 대한 참조"에 저장될 참조값이다. 함수 객체는 내부 슬롯 [[Environment]]에 저장한 렉시컬 환경의 참조, 즉 상위 스코프를 자신이 존재하는 한 기억한다.

13.5절 "렉시컬 스코프"에서 살펴보았던 예제를 다시 한번 살펴보자.

【 예제 24-04 】
```
const x = 1;

function foo() {
  const x = 10;

  // 상위 스코프는 함수 정의 환경(위치)에 따라 결정된다.
  // 함수 호출 위치와 상위 스코프는 아무런 관계가 없다.
  bar();
}

// 함수 bar는 자신의 상위 스코프, 즉 전역 렉시컬 환경을 [[Environment]]에 저장하여 기억한다.
function bar() {
  console.log(x);
```

2 https://www.ecma-international.org/ecma-262/11.0/#sec-ordinaryfunctioncreate

```
}

foo(); // ?
bar(); // ?
```

위 예제의 foo 함수 내부에서 bar 함수가 호출되어 실행 중인 시점의 실행 컨텍스트는 다음과 같다.

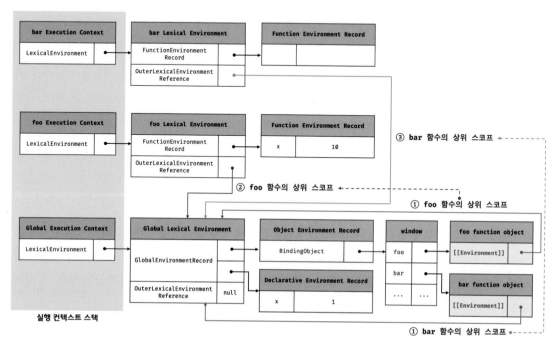

그림 24-1 함수 객체의 내부 슬롯 [[Environment]]에는 상위 스코프가 저장된다.

foo 함수와 bar 함수는 모두 전역에서 함수 선언문으로 정의되었다. 따라서 foo 함수와 bar 함수는 모두 전역 코드가 평가되는 시점에 평가되어 함수 객체를 생성하고 전역 객체 window의 메서드가 된다. 이때 생성된 함수 객체의 내부 슬롯 [[Environment]]에는 함수 정의가 평가된 시점, 즉 전역 코드 평가 시점에 실행 중인 실행 컨텍스트의 렉시컬 환경인 전역 렉시컬 환경의 참조가 저장된다(위 그림에서 ①).

함수가 호출되면 함수 내부로 코드의 제어권이 이동한다. 그리고 함수 코드를 평가하기 시작한다. 함수 코드 평가는 아래 순서로 진행된다.

1. 함수 실행 컨텍스트 생성

2. 함수 렉시컬 환경 생성

  2.1. 함수 환경 레코드 생성

  2.2. this 바인딩

  2.3. 외부 렉시컬 환경에 대한 참조 결정

이때 함수 렉시컬 환경의 구성 요소인 **외부 렉시컬 환경에 대한 참조에는 함수 객체의 내부 슬롯 [[Environment]]에 저장된 렉시컬 환경의 참조가 할당된다**(위 그림에서 ②와 ③). 즉, 함수 객체의 내부 슬롯 [[Environment]]에 저장된 렉시컬 환경의 참조는 바로 함수의 상위 스코프를 의미한다. 이것이 바로 함수 정의 위치에 따라 상위 스코프를 결정하는 렉시컬 스코프의 실체다.

24.3 클로저와 렉시컬 환경

다음 예제를 살펴보자.

【 예제 24-05 】

```
const x = 1;

// ①
function outer() {
  const x = 10;
  const inner = function () { console.log(x); }; // ②
  return inner;
}

// outer 함수를 호출하면 중첩 함수 inner를 반환한다.
// 그리고 outer 함수의 실행 컨텍스트는 실행 컨텍스트 스택에서 팝되어 제거된다.
const innerFunc = outer(); // ③
innerFunc(); // ④ 10
```

outer 함수를 호출(③)하면 outer 함수는 중첩 함수 inner를 반환하고 생명 주기^{life cycle}를 마감한다. 즉, outer 함수의 실행이 종료되면 outer 함수의 실행 컨텍스트는 실행 컨텍스트 스택에서 제거^{pop}된다. 이때 outer 함수의 지역 변수 x와 변수 값 10을 저장하고 있던 outer 함수의 실행 컨텍스트가 제거되었으므로 outer 함수의 지역 변수 x 또한 생명 주기를 마감한다. 따라서 outer 함수의 지역 변수 x는 더는 유효하지 않게 되어 x 변수에 접근할 수 있는 방법은 달리 없어 보인다.

그러나 위 코드의 실행 결과(④)는 outer 함수의 지역 변수 x의 값인 10이다. 이미 생명 주기가 종료되어 실행 컨텍스트 스택에서 제거된 outer 함수의 지역 변수 x가 다시 부활이라도 한 듯이 동작하고 있다.

이처럼 **외부 함수보다 중첩 함수가 더 오래 유지되는 경우 중첩 함수는 이미 생명 주기가 종료한 외부 함수의 변수를 참조할 수 있다. 이러한 중첩 함수를 클로저^{closure}라고 부른다.**

다시 클로저에 대한 MDN의 정의로 돌아가 보자.

24.1절 "렉시컬 스코프"에서 살펴보았듯이 위 정의에서 "그 함수가 선언된 렉시컬 환경"이란 함수가 정의된 위치의 스코프, 즉 상위 스코프를 의미하는 실행 컨텍스트의 렉시컬 환경을 말한다.

자바스크립트의 모든 함수는 자신의 상위 스코프를 기억한다고 했다. 모든 함수가 기억하는 상위 스코프는 함수를 어디서 호출하든 상관없이 유지된다. 따라서 함수를 어디서 호출하든 상관없이 함수는 언제나 자신이 기억하는 상위 스코프의 식별자를 참조할 수 있으며 식별자에 바인딩된 값을 변경할 수도 있다.

위 예제에서 inner 함수는 자신이 평가될 때 자신이 정의된 위치에 의해 결정된 상위 스코프를 [[Environment]] 내부 슬롯에 저장한다. 이때 저장된 상위 스코프는 함수가 존재하는 한 유지된다.

위 예제로 돌아가 보자. 위 예제에서 outer 함수가 평가되어 함수 객체를 생성할 때(① 현재 실행 중인 실행 컨텍스트의 렉시컬 환경, 즉 전역 렉시컬 환경을 outer 함수 객체의 [[Environment]] 내부 슬롯에 상위 스코프로서 저장한다.

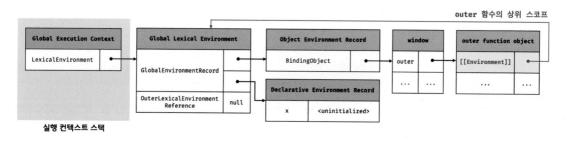

그림 24-2 전역 함수 객체의 상위 스코프 결정

outer 함수를 호출하면 outer 함수의 렉시컬 환경이 생성되고 앞서 outer 함수 객체의 [[Environment]] 내부 슬롯에 저장된 전역 렉시컬 환경을 outer 함수 렉시컬 환경의 "외부 렉시컬 환경에 대한 참조"에 할당한다.

그리고 중첩 함수 inner가 평가된다(② inner 함수는 함수 표현식으로 정의했기 때문에 런타임에 평가된다). 이때 중첩 함수 inner는 자신의 [[Environment]] 내부 슬롯에 현재 실행 중인 실행 컨텍스트의 렉시컬 환경, 즉 outer 함수의 렉시컬 환경을 상위 스코프로서 저장한다.

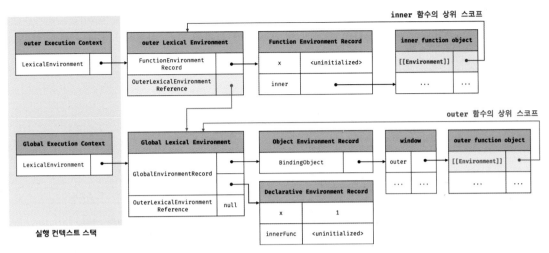

그림 24-3 중첩 함수의 상위 스코프 결정

outer 함수의 실행이 종료하면 inner 함수를 반환하면서 outer 함수의 생명 주기가 종료된다(③). 즉, outer 함수의 실행 컨텍스트가 실행 컨텍스트 스택에서 제거된다. 이때 **outer 함수의 실행 컨텍스트는 실행 컨텍스트 스택에서 제거되지만 outer 함수의 렉시컬 환경까지 소멸하는 것은 아니다.**

outer 함수의 렉시컬 환경은 inner 함수의 [[Environment]] 내부 슬롯에 의해 참조되고 있고 inner 함수는 전역 변수 innerFunc에 의해 참조되고 있으므로 가비지 컬렉션의 대상이 되지 않기 때문이다. 가비지 컬렉터는 누군가가 참조하고 있는 메모리 공간을 함부로 해제하지 않는다.

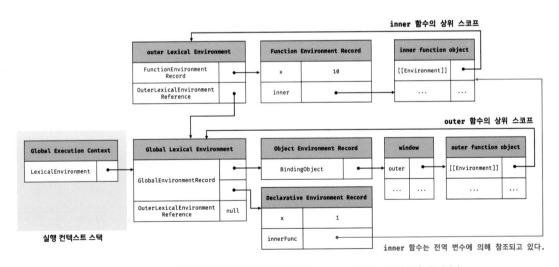

그림 24-4 outer 함수의 실행 컨텍스트가 제거되어도 outer 함수의 렉시컬 환경은 유지된다.

outer 함수가 반환한 inner 함수를 호출(④)하면 inner 함수의 실행 컨텍스트가 생성되고 실행 컨텍스트 스택에 푸시된다. 그리고 렉시컬 환경의 외부 렉시컬 환경에 대한 참조에는 inner 함수 객체의 [[Environment]] 내부 슬롯에 저장되어 있는 참조값이 할당된다.

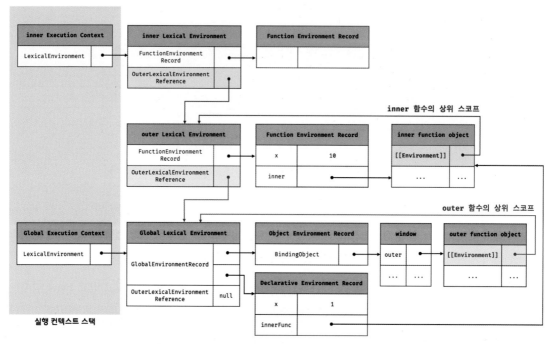

그림 24-5 외부 함수가 소멸해도 반환된 중첩 함수는 외부 함수의 변수를 참조할 수 있다.

중첩 함수 inner는 외부 함수 outer보다 더 오래 생존했다. 이때 외부 함수보다 더 오래 생존한 중첩 함수는 외부 함수의 생존 여부(실행 컨텍스트의 생존 여부)와 상관없이 자신이 정의된 위치에 의해 결정된 상위 스코프를 기억한다. 이처럼 중첩 함수 inner의 내부에서는 상위 스코프를 참조할 수 있으므로 상위 스코프의 식별자를 참조할 수 있고 식별자의 값을 변경할 수도 있다.

자바스크립트의 모든 함수는 상위 스코프를 기억하므로 이론적으로 모든 함수는 클로저다. 하지만 일반적으로 모든 함수를 클로저라고 하지는 않는다. 다음 예제를 브라우저에서 디버깅 모드로 실행해보자.

【 예제 24-06 】

```
<!DOCTYPE html>
<html>
<body>
  <script>
    function foo() {
      const x - 1;
```

```
      const y = 2;

      // 일반적으로 클로저라고 하지 않는다.
      function bar() {
        const z = 3;

        debugger;
        // 상위 스코프의 식별자를 참조하지 않는다.
        console.log(z);
      }

      return bar;
    }

    const bar = foo();
    bar();
  </script>
</body>
</html>
```

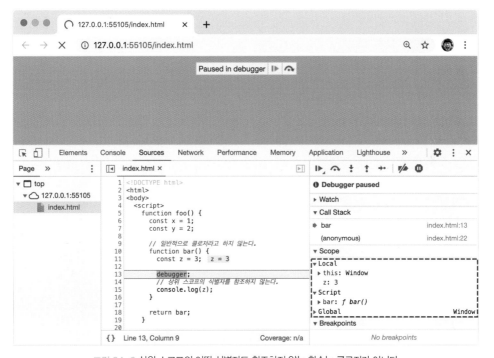

그림 24-6 상위 스코프의 어떤 식별자도 참조하지 않는 함수는 클로저가 아니다.

위 예제의 중첩 함수 bar는 외부 함수 foo보다 더 오래 유지되지만 상위 스코프의 어떤 식별자도 참조하지 않는다. 이처럼 상위 스코프의 어떤 식별자도 참조하지 않는 경우 대부분의 모던 브라우저는 최적화를 통해 다음 그림과 같이 상위 스코프를 기억하지 않는다.[3] 참조하지도 않는 식별자를 기억하는 것은 메모리 낭비이기 때문이다. 따라서 bar 함수는 클로저라고 할 수 없다.

또 다른 예제를 브라우저에서 디버깅 모드로 실행해보자.

【 예제 24-07 】

```
<!DOCTYPE html>
<html>
<body>
  <script>
    function foo() {
      const x = 1;

      // bar 함수는 클로저였지만 곧바로 소멸한다.
      // 이러한 함수는 일반적으로 클로저라고 하지 않는다.
      function bar() {
        debugger;
        // 상위 스코프의 식별자를 참조한다.
        console.log(x);
      }
      bar();
    }

    foo();
  </script>
</body>
</html>
```

---

3   그림 24-6에서 Local은 지역 스코프, Script는 현재 실행 중인 함수 객체, Global은 전역 객체를 나타낸다. 현재 실행 중인 중첩 함수 bar가 클로저라면 bar가 기억하는 상위 스코프가 Closure에 표시된다.

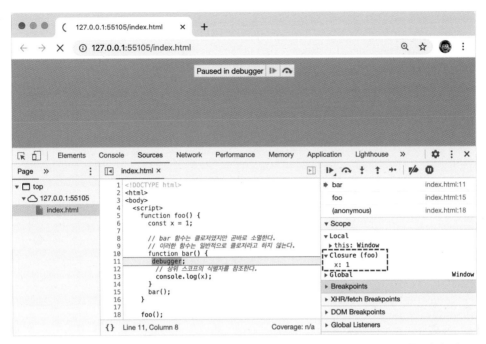

그림 24-7 중첩 함수 bar는 클로저였지만 외부 함수보다 일찍 소멸되기 때문에 클로저의 본질에 부합하지 않는다.

위 예제의 중첩 함수 bar는 상위 스코프의 식별자를 참조하고 있으므로 클로저다. 하지만 외부 함수 foo의 외부로 중첩 함수 bar가 반환되지 않는다. 즉, 외부 함수 foo보다 중첩 함수 bar의 생명 주기가 짧다. 이런 경우 중첩 함수 bar는 클로저였지만 외부 함수보다 일찍 소멸되기 때문에 생명 주기가 종료된 외부 함수의 식별자를 참조할 수 있다는 클로저의 본질에 부합하지 않는다. 따라서 중첩 함수 bar는 일반적으로 클로저라고 하지 않는다.

또 다른 예제를 브라우저에서 디버깅 모드로 실행해보자.

【 예제 24-08 】

```html
<!DOCTYPE html>
<html>
<body>
  <script>
    function foo() {
      const x = 1;
      const y = 2;

      // 클로저
      // 중첩 함수 bar는 외부 함수보다 더 오래 유지되며 상위 스코프의 식별자를 참조한다.
      function bar() {
        debugger;
```

```
        console.log(x);
      }
      return bar;
    }

    const bar = foo();
    bar();
  </script>
</body>
</html>
```

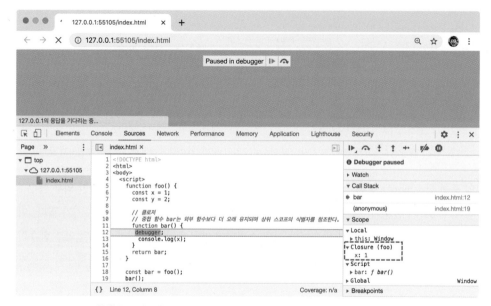

그림 24-8 중첩 함수 bar는 외부 함수보다 더 오래 유지되고 상위 스코프의 식별자를 참조하므로 클로저다.

위 예제의 중첩 함수 bar는 상위 스코프의 식별자를 참조하고 있으므로 클로저다. 그리고 외부 함수의 외부로 반환되어 외부 함수보다 더 오래 살아 남는다.

이처럼 외부 함수보다 중첩 함수가 더 오래 유지되는 경우 중첩 함수는 이미 생명 주기가 종료한 외부 함수의 변수를 참조할 수 있다. 이러한 중첩 함수를 클로저라고 부른다. **클로저는 중첩 함수가 상위 스코프의 식별자를 참조하고 있고 중첩 함수가 외부 함수보다 더 오래 유지되는 경우에 한정하는 것이 일반적이다.**

다만 클로저인 중첩 함수 bar는 상위 스코프의 x, y 식별자 중에서 x만 참조하고 있다. 이런 경우 대부분의 모던 브라우저는 최적화를 통해 그림 24-8과 같이 상위 스코프의 식별자 중에서 클로저가 참조하고 있는 식별자만을 기억한다.

클로저에 의해 참조되는 상위 스코프의 변수(위 예제의 경우 foo 함수의 x 변수)를 **자유 변수**free variable라고 부른다. 클로저closure란 "함수가 자유 변수에 대해 닫혀있다closed"라는 의미다. 이를 좀 더 알기 쉽게 의역하자면 "자유 변수에 묶여있는 함수"라고 할 수 있다.

이론적으로 클로저는 상위 스코프를 기억해야 하므로 불필요한 메모리의 점유를 걱정할 수도 있겠다. 하지만 모던 자바스크립트 엔진은 최적화가 잘 되어 있어서 클로저가 참조하고 있지 않는 식별자는 기억하지 않는다. 즉, 상위 스코프의 식별자 중에서 기억해야 할 식별자만 기억한다. 기억해야 할 식별자를 기억하는 것을 불필요한 메모리 낭비라고 볼 수 없다. 즉, 클로저의 메모리 점유는 필요한 것을 기억하기 위한 것이므로 이는 걱정할 대상이 아니다.

클로저는 자바스크립트의 강력한 기능으로, 필요하다면 적극적으로 활용해야 한다. 클로저가 유용하게 사용되는 상황을 살펴보자.

24.4 클로저의 활용

클로저는 상태state**를 안전하게 변경하고 유지하기 위해 사용한다.** 다시 말해, 상태가 의도치 않게 변경되지 않도록 **상태를 안전하게 은닉**information hiding**하고 특정 함수에게만 상태 변경을 허용**하기 위해 사용한다.

함수가 호출될 때마다 호출된 횟수를 누적하여 출력하는 카운터를 만들어보자. 이 예제의 호출된 횟수(num 변수)가 바로 안전하게 변경하고 유지해야 할 상태다.

【 예제 24-09 】
```javascript
// 카운트 상태 변수
let num = 0;

// 카운트 상태 변경 함수
const increase = function () {
  // 카운트 상태를 1만큼 증가시킨다.
  return ++num;
};

console.log(increase()); // 1
console.log(increase()); // 2
console.log(increase()); // 3
```

위 코드는 잘 동작하지만 오류를 발생시킬 가능성을 내포하고 있는 좋지 않은 코드다. 그 이유는 위 예제가 바르게 동작하려면 다음의 전제 조건이 지켜져야 하기 때문이다.

1. 카운트 상태(num 변수의 값)는 increase 함수가 호출되기 전까지 변경되지 않고 유지되어야 한다.

2. 이를 위해 카운트 상태(num 변수의 값)는 increase 함수만이 변경할 수 있어야 한다.

하지만 카운트 상태는 전역 변수를 통해 관리되고 있기 때문에 언제든지 누구나 접근할 수 있고 변경할 수 있다(암묵적 결합[4]). 이는 의도치 않게 상태가 변경될 수 있다는 것을 의미한다. 만약 누군가에 의해 의도치 않게 카운트 상태, 즉 전역 변수 num의 값이 변경되면 이는 오류로 이어진다.

따라서 카운트 상태를 안전하게 변경하고 유지하기 위해서는 increase 함수만이 num 변수를 참조하고 변경할 수 있게 하는 것이 바람직하다. 이를 위해 전역 변수 num을 increase 함수의 지역 변수로 바꾸어 의도치 않은 상태 변경을 방지해보자.

【 예제 24-10 】

```
// 카운트 상태 변경 함수
const increase = function () {
  // 카운트 상태 변수
  let num = 0;

  // 카운트 상태를 1만큼 증가시킨다.
  return ++num;
};

// 이전 상태를 유지하지 못한다.
console.log(increase()); // 1
console.log(increase()); // 1
console.log(increase()); // 1
```

카운트 상태를 안전하게 변경하고 유지하기 위한 전역 변수 num을 increase 함수의 지역 변수로 변경하여 의도치 않은 상태 변경은 방지했다. 이제 num 변수의 상태는 increase 함수만이 변경할 수 있다.

하지만 increase 함수가 호출될 때마다 지역 변수 num은 다시 선언되고 0으로 초기화되기 때문에 출력 결과는 언제나 1이다. 다시 말해, 상태가 변경되기 이전 상태를 유지하지 못한다. 이전 상태를 유지할 수 있도록 클로저를 사용해보자.

【 예제 24-11 】

```
// 카운트 상태 변경 함수
const increase = (function () {
  // 카운트 상태 변수
  let num = 0;
```

---

4   14.2절 "전역 변수의 문제점" 참고

```
  // 클로저
  return function () {
    // 카운트 상태를 1만큼 증가시킨다.
    return ++num;
  };
}());

console.log(increase()); // 1
console.log(increase()); // 2
console.log(increase()); // 3
```

위 코드가 실행되면 즉시 실행 함수가 호출되고 즉시 실행 함수가 반환한 함수가 increase 변수에 할당된다. increase 변수에 할당된 함수는 자신이 정의된 위치에 의해 결정된 상위 스코프인 즉시 실행 함수의 렉시컬 환경을 기억하는 클로저다.

즉시 실행 함수는 호출된 이후 소멸되지만 즉시 실행 함수가 반환한 클로저는 increase 변수에 할당되어 호출된다. 이때 즉시 실행 함수가 반환한 클로저는 자신이 정의된 위치에 의해 결정된 상위 스코프인 즉시 실행 함수의 렉시컬 환경을 기억하고 있다. 따라서 즉시 실행 함수가 반환한 클로저는 카운트 상태를 유지하기 위한 자유 변수 num을 언제 어디서 호출하든지 참조하고 변경할 수 있다.

즉시 실행 함수는 한 번만 실행되므로 increase가 호출될 때마다 num 변수가 재차 초기화될 일은 없을 것이다. 또한 num 변수는 외부에서 직접 접근할 수 없는 은닉된 private 변수이므로 전역 변수를 사용했을 때와 같이 의도되지 않은 변경을 걱정할 필요도 없기 때문에 더 안정적인 프로그래밍이 가능하다.

이처럼 클로저는 상태state가 의도치 않게 변경되지 않도록 안전하게 은닉information hiding하고 특정 함수에게만 상태 변경을 허용하여 상태를 안전하게 변경하고 유지하기 위해 사용한다.

앞의 예제는 카운트 상태를 증가시킬 수만 있다. 카운트 상태를 감소시킬 수도 있도록 좀 더 발전시켜보자.

【 예제 24-12 】
```
const counter = (function () {
  // 카운트 상태 변수
  let num = 0;

  // 클로저인 메서드를 갖는 객체를 반환한다.
  // 객체 리터럴은 스코프를 만들지 않는다.
  // 따라서 아래 메서드들의 상위 스코프는 즉시 실행 함수의 렉시컬 환경이다.
  return {
    // num: 0, // 프로퍼티는 public하므로 은닉되지 않는다.
    increase() {
      return ++num;
```

```
    },
    decrease() {
      return num > 0 ? --num : 0;
    }
  };
}());

console.log(counter.increase()); // 1
console.log(counter.increase()); // 2

console.log(counter.decrease()); // 1
console.log(counter.decrease()); // 0
```

위 예제에서 즉시 실행 함수가 반환하는 객체 리터럴은 즉시 실행 함수의 실행 단계에서 평가되어 객체가 된다. 이때 객체의 메서드도 함수 객체로 생성된다. 객체 리터럴의 중괄호는 코드 블록이 아니므로 별도의 스코프를 생성하지 않는다.

위 예제의 increase, decrease 메서드의 상위 스코프는 increase, decrease 메서드가 평가되는 시점에 실행 중인 실행 컨텍스트인 즉시 실행 함수 실행 컨텍스트의 렉시컬 환경이다. 따라서 increase, decrease 메서드가 언제 어디서 호출되든 상관없이 increase, decrease 함수는 즉시 실행 함수의 스코프의 식별자를 참조할 수 있다.

위 예제를 생성자 함수로 표현하면 다음과 같다.

【 예제 24-13 】

```
const Counter = (function () {
  // ① 카운트 상태 변수
  let num = 0;

  function Counter() {
    // this.num = 0; // ② 프로퍼티는 public하므로 은닉되지 않는다.
  }

  Counter.prototype.increase = function () {
    return ++num;
  };

  Counter.prototype.decrease = function () {
    return num > 0 ? --num : 0;
  };

  return Counter;
}());
```

```
const counter = new Counter();

console.log(counter.increase()); // 1
console.log(counter.increase()); // 2

console.log(counter.decrease()); // 1
console.log(counter.decrease()); // 0
```

위 예제의 num(①)은 생성자 함수 Counter가 생성할 인스턴스의 프로퍼티가 아니라 즉시 실행 함수 내에서
선언된 변수다. 만약 num이 생성자 함수 Counter가 생성할 인스턴스의 프로퍼티라면(②) 인스턴스를 통해 외
부에서 접근이 자유로운 public 프로퍼티가 된다. 하지만 즉시 실행 함수 내에서 선언된 num 변수는 인스턴
스를 통해 접근할 수 없으며, 즉시 실행 함수 외부에서도 접근할 수 없는 은닉된 변수다.

생성자 함수 Counter는 프로토타입을 통해 increase, decrease 메서드를 상속받는 인스턴스를 생성한다.
increase, decrease 메서드는 모두 자신의 함수 정의가 평가되어 함수 객체가 될 때 실행 중인 실행 컨텍스
트인 즉시 실행 함수 실행 컨텍스트의 렉시컬 환경을 기억하는 클로저다. 따라서 프로토타입을 통해 상속되
는 프로토타입 메서드일지라도 즉시 실행 함수의 자유 변수 num을 참조할 수 있다. 다시 말해, num 변수의 값
은 increase, decrease 메서드만이 변경할 수 있다.

변수 값은 누군가에 의해 언제든지 변경될 수 있어 오류 발생의 근본적 원인이 될 수 있다. 외부 상태 변경이
나 가변mutable 데이터를 피하고 불변성immutability을 지향하는 함수형 프로그래밍에서 부수 효과를 최대한 억제하
여 오류를 피하고 프로그램의 안정성을 높이기 위해 클로저는 적극적으로 사용된다. 다음은 함수형 프로그래
밍에서 클로저를 활용하는 간단한 예제다.

【 예제 24-14 】
```
// 함수를 인수로 전달받고 함수를 반환하는 고차 함수
// 이 함수는 카운트 상태를 유지하기 위한 자유 변수 counter를 기억하는 클로저를 반환한다.
function makeCounter(aux) {
  // 카운트 상태를 유지하기 위한 자유 변수
  let counter = 0;

  // 클로저를 반환
  return function () {
    // 인수로 전달받은 보조 함수에 상태 변경을 위임한다.
    counter = aux(counter);
    return counter;
  };
}

// 보조 함수
```

```javascript
function increase(n) {
  return ++n;
}

// 보조 함수
function decrease(n) {
  return --n;
}

// 함수로 함수를 생성한다.
// makeCounter 함수는 보조 함수를 인수로 전달받아 함수를 반환한다.
const increaser = makeCounter(increase); // ①
console.log(increaser()); // 1
console.log(increaser()); // 2

// increaser 함수와는 별개의 독립된 렉시컬 환경을 갖기 때문에 카운터 상태가 연동하지 않는다.
const decreaser = makeCounter(decrease); // ②
console.log(decreaser()); // -1
console.log(decreaser()); // -2
```

makeCounter 함수는 보조 함수를 인자로 전달받고 함수를 반환하는 고차 함수다. makeCounter 함수가 반환하는 함수는 자신이 생성됐을 때의 렉시컬 환경인 makeCounter 함수의 스코프에 속한 counter 변수를 기억하는 클로저다.

makeCounter 함수는 인자로 전달받은 보조 함수를 합성하여 자신이 반환하는 함수의 동작을 변경할 수 있다. 이때 주의해야 할 것은 **makeCounter 함수를 호출해 함수를 반환할 때 반환된 함수는 자신만의 독립된 렉시컬 환경을 갖는다**는 것이다. 이는 함수를 호출하면 그때마다 새로운 makeCounter 함수 실행 컨텍스트의 렉시컬 환경이 생성되기 때문이다.

①에서 makeCounter 함수를 호출하면 makeCounter 함수의 실행 컨텍스트가 생성된다. 그리고 makeCounter 함수는 함수 객체를 생성하여 반환한 후 소멸된다. makeCounter 함수가 반환한 함수는 makeCounter 함수의 렉시컬 환경을 상위 스코프로서 기억하는 클로저이며, 전역 변수인 increaser에 할당된다. 이때 makeCounter 함수의 실행 컨텍스트는 소멸되지만 makeCounter 함수 실행 컨텍스트의 렉시컬 환경은 makeCounter 함수가 반환한 함수의 [[Environment]] 내부 슬롯에 의해 참조되고 있기 때문에 소멸되지 않는다.

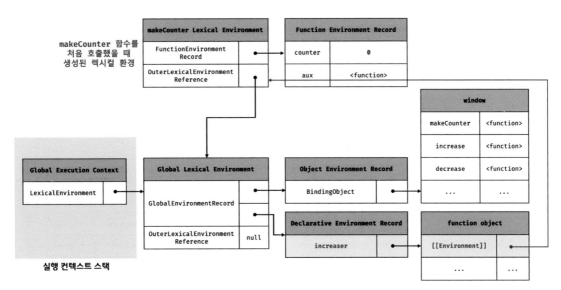

②에서 makeCounter 함수를 호출하면 새로운 makeCounter 함수의 실행 컨텍스트가 생성된다. 그리고 makeCounter 함수는 함수 객체를 생성하여 반환한 후 소멸된다. makeCounter 함수가 반환한 함수는 makeCounter 함수의 렉시컬 환경을 상위 스코프로서 기억하는 클로저이며, 전역 변수인 decreaser에 할당된다. 이때 makeCounter 함수의 실행 컨텍스트는 소멸되지만 makeCounter 함수 실행 컨텍스트의 렉시컬 환경은 makeCounter 함수가 반환한 함수의 [[Environment]] 내부 슬롯에 의해 참조되고 있기 때문에 소멸되지 않는다.

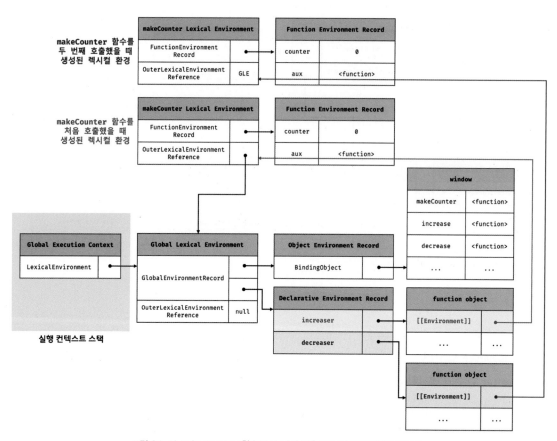

그림 24-10 makeCounter 함수를 두 번째 호출했을 때 생성된 렉시컬 환경

위 예제에서 전역 변수 increaser와 decreaser에 할당된 함수는 각각 자신만의 독립된 렉시컬 환경을 갖기 때문에 카운트를 유지하기 위한 자유 변수 counter를 공유하지 않아 카운터의 증감이 연동되지 않는다. 따라서 독립된 카운터가 아니라 연동하여 증감이 가능한 카운터를 만들려면 렉시컬 환경을 공유하는 클로저를 만들어야 한다. 이를 위해서는 makeCounter 함수를 두 번 호출하지 말아야 한다.

【 예제 24-15 】

```
// 함수를 반환하는 고차 함수
// 이 함수는 카운트 상태를 유지하기 위한 자유 변수 counter를 기억하는 클로저를 반환한다.
const counter = (function () {
  // 카운트 상태를 유지하기 위한 자유 변수
  let counter = 0;

  // 함수를 인수로 전달받는 클로저를 반환
  return function (aux) {
    // 인수로 전달받은 보조 함수에 상태 변경을 위임한다.
    counter = aux(counter);
```

```
    return counter;
  };
}());

// 보조 함수
function increase(n) {
  return ++n;
}

// 보조 함수
function decrease(n) {
  return --n;
}

// 보조 함수를 전달하여 호출
console.log(counter(increase)); // 1
console.log(counter(increase)); // 2

// 자유 변수를 공유한다.
console.log(counter(decrease)); // 1
console.log(counter(decrease)); // 0
```

24.5 캡슐화와 정보 은닉

캡슐화encapsulation [5]는 객체의 상태state를 나타내는 프로퍼티와 프로퍼티를 참조하고 조작할 수 있는 동작behavior 인 메서드를 하나로 묶는 것을 말한다. 캡슐화는 객체의 특정 프로퍼티나 메서드를 감출 목적으로 사용하기도 하는데 이를 정보 은닉information hiding이라 한다.

정보 은닉은 외부에 공개할 필요가 없는 구현의 일부를 외부에 공개되지 않도록 감추어 적절치 못한 접근으로부터 객체의 상태가 변경되는 것을 방지해 정보를 보호하고, 객체 간의 상호 의존성, 즉 결합도coupling [6]를 낮추는 효과가 있다.

대부분의 객체지향 프로그래밍 언어는 클래스를 정의하고 그 클래스를 구성하는 멤버(프로퍼티와 메서드)에 대하여 public, private, protected 같은 접근 제한자access modifier를 선언하여 공개 범위를 한정할 수 있다. public으로 선언된 프로퍼티와 메서드는 클래스 외부에서 참조할 수 있지만 private으로 선언된 경우는 클래스 외부에서 참조할 수 없다.

---

5   https://ko.wikipedia.org/wiki/캡슐화
6   https://ko.wikipedia.org/wiki/결합도

자바스크립트는 public, private, protected 같은 접근 제한자를 제공하지 않는다. 따라서 자바스크립트 객체의 모든 프로퍼티와 메서드는 기본적으로 외부에 공개되어 있다. 즉, 객체의 모든 프로퍼티와 메서드는 기본적으로 public하다.

다음 예제를 살펴보자.

【 예제 24-16 】

```javascript
function Person(name, age) {
  this.name = name; // public
  let _age = age;   // private

  // 인스턴스 메서드
  this.sayHi = function () {
    console.log(`Hi! My name is ${this.name}. I am ${_age}.`);
  };
}

const me = new Person('Lee', 20);
me.sayHi(); // Hi! My name is Lee. I am 20.
console.log(me.name); // Lee
console.log(me._age); // undefined

const you = new Person('Kim', 30);
you.sayHi(); // Hi! My name is Kim. I am 30.
console.log(you.name); // Kim
console.log(you._age); // undefined
```

위 예제의 name 프로퍼티는 현재 외부로 공개되어 있어서 자유롭게 참조하거나 변경할 수 있다. 즉, name 프로퍼티는 public하다. 하지만 _age 변수는 Person 생성자 함수의 지역 변수이므로 Person 생성자 함수 외부에서 참조하거나 변경할 수 없다. 즉, _age 변수는 private하다.

하지만 위 예제의 sayHi 메서드는 인스턴스 메서드이므로 Person 객체가 생성될 때마다 중복 생성된다. sayHi 메서드를 프로토타입 메서드로 변경하여 sayHi 메서드의 중복 생성을 방지해 보자.

【 예제 24-17 】

```javascript
function Person(name, age) {
  this.name = name; // public
  let _age = age;   // private
}

// 프로토타입 메서드
Person.prototype.sayHi = function () {
```

```
    // Person 생성자 함수의 지역 변수 _age를 참조할 수 없다.
    console.log(`Hi! My name is ${this.name}. I am ${_age}.`);
  };
```

이때 Person.prototype.sayHi 메서드 내에서 Person 생성자 함수의 지역 변수 _age를 참조할 수 없는 문제가 발생한다. 따라서 다음과 같이 즉시 실행 함수를 사용하여 Person 생성자 함수와 Person.prototype.sayHi 메서드를 하나의 함수 내에 모아 보자.

【 예제 24-18 】

```
const Person = (function () {
  let _age = 0; // private

  // 생성자 함수
  function Person(name, age) {
    this.name = name; // public
    _age = age;
  }

  // 프로토타입 메서드
  Person.prototype.sayHi = function () {
    console.log(`Hi! My name is ${this.name}. I am ${_age}.`);
  };

  // 생성자 함수를 반환
  return Person;
}());

const me = new Person('Lee', 20);
me.sayHi(); // Hi! My name is Lee. I am 20.
console.log(me.name); // Lee
console.log(me._age); // undefined

const you = new Person('Kim', 30);
you.sayHi(); // Hi! My name is Kim. I am 30.
console.log(you.name); // Kim
console.log(you._age); // undefined
```

위 패턴을 사용하면 public, private, protected 같은 접근 제한자를 제공하지 않는 자바스크립트에서도 정보 은닉이 가능한 것처럼 보인다. 즉시 실행 함수가 반환하는 Person 생성자 함수와 Person 생성자 함수의 인스턴스가 상속받아 호출할 Person.prototype.sayHi 메서드는 즉시 실행 함수가 종료된 이후 호출된다. 하지만 Person 생성자 함수와 sayHi 메서드는 이미 종료되어 소멸한 즉시 실행 함수의 지역 변수 _age를 참조할 수 있는 클로저다.

하지만 위 코드도 문제가 있다. Person 생성자 함수가 여러 개의 인스턴스를 생성할 경우 다음과 같이 _age 변수의 상태가 유지되지 않는다는 것이다.

【 예제 24-19 】

```javascript
const me = new Person('Lee', 20);
me.sayHi(); // Hi! My name is Lee. I am 20.

const you = new Person('Kim', 30);
you.sayHi(); // Hi! My name is Kim. I am 30.

// _age 변수 값이 변경된다!
me.sayHi(); // Hi! My name is Lee. I am 30.
```

이는 Person.prototype.sayHi 메서드가 단 한 번 생성되는 클로저이기 때문에 발생하는 현상이다. Person.prototype.sayHi 메서드는 즉시 실행 함수가 호출될 때 생성된다. 이때 Person.prototype.sayHi 메서드는 자신의 상위 스코프인 즉시 실행 함수의 실행 컨텍스트의 렉시컬 환경의 참조를 [[Environment]]에 저장하여 기억한다. 따라서 Person 생성자 함수의 모든 인스턴스가 상속을 통해 호출할 수 있는 Person.prototype.sayHi 메서드의 상위 스코프는 어떤 인스턴스로 호출하더라도 하나의 동일한 상위 스코프를 사용하게 된다. 이러한 이유로 Person 생성자 함수가 여러 개의 인스턴스를 생성할 경우 위와 같이 _age 변수의 상태가 유지되지 않는다.

이처럼 자바스크립트는 정보 은닉을 완전하게 지원하지 않는다. 인스턴스 메서드를 사용한다면 자유 변수를 통해 private을 흉내 낼 수는 있지만 프로토타입 메서드를 사용하면 이마저도 불가능해진다. ES6의 Symbol 또는 WeakMap을 사용하여 private한 프로퍼티를 흉내 내기도 했으나 근본적인 해결책이 되지는 않는다.[7]

다행히도 2021년 1월 현재, TC39 프로세스의 stage 3(candidate)에는 클래스에 private 필드를 정의할 수 있는 새로운 표준 사양이 제안[8]되어 있다. 표준 사양으로 승급이 확실시되는 이 제안은 현재 최신 브라우저(Chrome 74 이상)와 최신 Node.js(버전 12 이상)에 이미 구현되어 있다. 이에 대해서는 25.7.4절 "private 필드 정의 제안"에서 살펴보도록 하자.

---

[7] You Can Create Truly Private Properties In JS (without ES6): https://medium.com/@weberino/you-can-create-truly-private-properties-in-js-without-es6-7d770f55fbc3

[8] https://github.com/tc39/proposal-class-fields#private-fields

24.6 자주 발생하는 실수

아래는 클로저를 사용할 때 자주 발생할 수 있는 실수를 보여주는 예제다.

【 예제 24-20 】

```
var funcs = [];

for (var i = 0; i < 3; i++) {
  funcs[i] = function () { return i; }; // ①
}

for (var j = 0; j < funcs.length; j++) {
  console.log(funcs[j]()); // ②
}
```

첫 번째 for 문의 코드 블록 내(①)에서 함수가 funcs 배열의 요소로 추가된다. 그리고 두 번째 for 문의 코드 블록 내(②)에서 funcs 배열의 요소로 추가된 함수를 순차적으로 호출한다. 이때 funcs 배열의 요소로 추가된 3개의 함수가 0, 1, 2를 반환할 것으로 기대했다면 아쉽지만 결과는 그렇지 않다.

for 문의 변수 선언문에서 var 키워드로 선언한 i 변수는 블록 레벨 스코프가 아닌 함수 레벨 스코프를 갖기 때문에 전역 변수다. 전역 변수 i에는 0, 1, 2가 순차적으로 할당된다. 따라서 funcs 배열의 요소로 추가한 함수를 호출하면 전역 변수 i를 참조하여 i의 값 3이 출력된다.

클로저를 사용해 위 예제를 바르게 동작하는 코드로 만들어보자.

【 예제 24-21 】

```
var funcs = [];

for (var i = 0; i < 3; i++){
  funcs[i] = (function (id) { // ①
    return function () {
      return id;
    };
  }(i));
}

for (var j = 0; j < funcs.length; j++) {
  console.log(funcs[j]());
}
```

①에서 즉시 실행 함수는 전역 변수 i에 현재 할당되어 있는 값을 인수로 전달받아 매개변수 id에 할당한 후 중첩 함수를 반환하고 종료된다. 즉시 실행 함수가 반환한 함수는 funcs 배열에 순차적으로 저장된다.

이때 즉시 실행 함수의 매개변수 id는 즉시 실행 함수가 반환한 중첩 함수의 상위 스코프에 존재한다. 즉시 실행 함수가 반환한 중첩 함수는 자신의 상위 스코프(즉시 실행 함수의 렉시컬 환경)를 기억하는 클로저이고, 매개변수 id는 즉시 실행 함수가 반환한 중첩 함수에 묶여있는 자유 변수가 되어 그 값이 유지된다.

위 예제는 자바스크립트의 함수 레벨 스코프 특성으로 인해 for 문의 변수 선언문에서 var 키워드로 선언한 변수가 전역 변수가 되기 때문에 발생하는 현상이다. ES6의 let 키워드를 사용하면 이 같은 번거로움이 깔끔하게 해결된다.

[예제 24-22]

```
const funcs = [];

for (let i = 0; i < 3; i++) {
  funcs[i] = function () { return i; };
}

for (let i = 0; i < funcs.length; i++) {
  console.log(funcs[i]()); // 0 1 2
}
```

for 문의 변수 선언문에서 let 키워드로 선언한 변수를 사용하면 for 문의 코드 블록이 반복 실행될 때마다 for 문 코드 블록의 새로운 렉시컬 환경이 생성된다. 만약 for 문의 코드 블록 내에서 정의한 함수가 있다면 이 함수의 상위 스코프는 for 문의 코드 블록이 반복 실행될 때마다 생성된 for 문 코드 블록의 새로운 렉시컬 환경이다.

이때 함수의 상위 스코프는 for 문의 코드 블록이 반복 실행될 때마다 식별자(for 문의 변수 선언문에서 선언한 초기화 변수 및 for 문의 코드 블록 내에서 선언한 지역 변수 등)의 값을 유지해야 한다. 이를 위해 for 문이 반복될 때마다 독립적인 렉시컬 환경을 생성하여 식별자의 값을 유지한다.

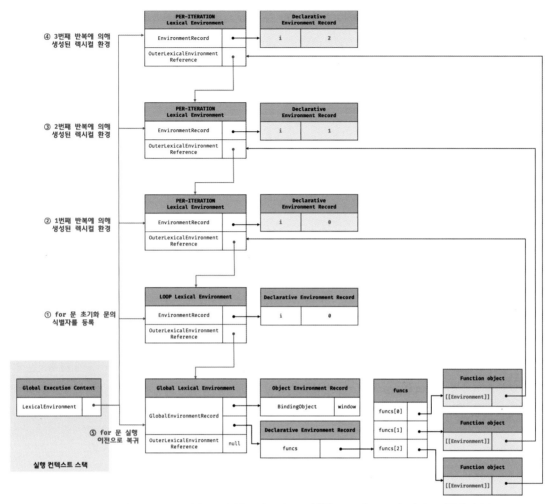

그림 24-11 for 문의 변수 선언문에서 let 키워드로 선언한 초기화 변수를 사용한 for 문은 코드 블록이 반복 실행될 때마다 for 문 코드
블록의 새로운 렉시컬 환경을 생성한다.

① for 문의 변수 선언문에서 let 키워드로 선언한 초기화 변수를 사용한 for 문이 평가되면 먼저 새로운 렉
시컬 환경LOOP Lexical Environment을 생성하고 초기화 변수 식별자와 값을 등록한다. 그리고 새롭게 생성된 렉시컬
환경을 현재 실행 중인 실행 컨텍스트의 렉시컬 환경으로 교체한다.

②, ③, ④ for 문의 코드 블록이 반복 실행되기 시작되면 새로운 렉시컬 환경PER-ITERATION Lexical Environment을 생
성하고 for 문 코드 블록 내의 식별자와 값(증감문 반영 이전)을 등록한다. 그리고 새롭게 생성된 렉시컬 환
경을 현재 실행 중인 실행 컨텍스트의 렉시컬 환경으로 교체한다.

⑤ for 문의 코드 블록의 반복 실행이 모두 종료되면 for 문이 실행되기 이전의 렉시컬 환경을 실행 중인 실
행 컨텍스트의 렉시컬 환경으로 되돌린다.

이처럼 let이나 const 키워드를 사용하는 반복문(for 문, for ... in 문, for ... of 문, while 문 등)은 코드 블록을 반복 실행할 때마다 새로운 렉시컬 환경을 생성하여 반복할 당시의 상태를 마치 스냅숏을 찍는 것처럼 저장한다. 단, 이는 반복문의 코드 블록 내부에서 함수를 정의할 때 의미가 있다. 반복문의 코드 블록 내부에 함수 정의가 없는 반복문이 생성하는 새로운 렉시컬 환경은 반복 직후, 아무도 참조하지 않기 때문에 가비지 컬렉션의 대상이 된다.

또 다른 방법으로 함수형 프로그래밍 기법인 고차 함수를 사용하는 방법이 있다. 이 방법은 변수와 반복문의 사용을 억제할 수 있기 때문에 오류를 줄이고 가독성을 좋게 만든다. 다음 예제에는 아직 살펴보지 않은 내용이 포함되어 있으므로 또 다른 방법이 있다는 것만 참고로 알아두자.

【 예제 24-23 】

```
// 요소가 3개인 배열을 생성하고 배열의 인덱스를 반환하는 함수를 요소로 추가한다.
// 배열의 요소로 추가된 함수들은 모두 클로저다.
const funcs = Array.from(new Array(3), (_, i) => () => i); // (3) [f, f, f]

// 배열의 요소로 추가된 함수들을 순차적으로 호출한다.
funcs.forEach(f => console.log(f())); // 0 1 2
```

Array 생성자 함수와 Array.from, Array.prototype.fill, Array.prototype.forEach 메서드에 대해서는 27장 "배열"에서 자세히 살펴보도록 하자. 아직 살펴보지 않은 화살표 함수에 대해서는 26.3절 "화살표 함수"에서 자세히 살펴보자.

## 25장

클래스

25.1 클래스는 프로토타입의 문법적 설탕인가?

자바스크립트는 프로토타입 기반prototype based 객체지향 언어다. 비록 다른 객체지향 언어와의 차이점에 대한 논쟁이 있긴 하지만 자바스크립트는 강력한 객체지향 프로그래밍 능력을 지니고 있다.

프로토타입 기반 객체지향 언어는 클래스가 필요 없는class free 객체지향 프로그래밍 언어다. ES5에서는 클래스 없이도 다음과 같이 생성자 함수와 프로토타입을 통해 객체지향 언어의 상속을 구현할 수 있다.

【 예제 25-01 】

```
// ES5 생성자 함수
var Person = (function () {
  // 생성자 함수
  function Person(name) {
    this.name = name;
  }

  // 프로토타입 메서드
  Person.prototype.sayHi = function () {
    console.log('Hi! My name is ' + this.name);
  };

  // 생성자 함수 반환
  return Person;
}());

// 인스턴스 생성
var me = new Person('Lee');
me.sayHi(); // Hi! My name is Lee
```

하지만 클래스 기반 언어에 익숙한 프로그래머들은 프로토타입 기반 프로그래밍 방식에 혼란을 느낄 수 있으며, 자바스크립트를 어렵게 느끼게 하는 하나의 장벽처럼 인식되었다.

ES6에서 도입된 클래스는 기존 프로토타입 기반 객체지향 프로그래밍보다 자바나 C#과 같은 클래스 기반 객체지향 프로그래밍에 익숙한 프로그래머가 더욱 빠르게 학습할 수 있도록 클래스 기반 객체지향 프로그래밍 언어와 매우 흡사한 새로운 객체 생성 메커니즘을 제시한다.

그렇다고 ES6의 클래스가 기존의 프로토타입 기반 객체지향 모델을 폐지하고 새롭게 클래스 기반 객체지향 모델을 제공하는 것은 아니다. 사실 클래스는 함수이며 기존 프로토타입 기반 패턴을 클래스 기반 패턴처럼 사용할 수 있도록 하는 문법적 설탕^{syntactic sugar}[1]이라고 볼 수도 있다.

단, 클래스와 생성자 함수는 모두 프로토타입 기반의 인스턴스를 생성하지만 정확히 동일하게 동작하지는 않는다. 클래스는 생성자 함수보다 엄격하며 생성자 함수에서는 제공하지 않는 기능도 제공한다.

클래스는 생성자 함수와 매우 유사하게 동작하지만 다음과 같이 몇 가지 차이가 있다.

1. 클래스를 new 연산자 없이 호출하면 에러가 발생한다. 하지만 생성자 함수를 new 연산자 없이 호출하면 일반 함수로서 호출된다.

2. 클래스는 상속을 지원하는 extends와 super 키워드를 제공한다. 하지만 생성자 함수는 extends와 super 키워드를 지원하지 않는다.

3. 클래스는 호이스팅이 발생하지 않는 것처럼 동작한다. 하지만 함수 선언문으로 정의된 생성자 함수는 함수 호이스팅이, 함수 표현식으로 정의한 생성자 함수는 변수 호이스팅이 발생한다.

4. 클래스 내의 모든 코드에는 암묵적으로 strict mode가 지정되어 실행되며 strict mode를 해제할 수 없다. 하지만 생성자 함수는 암묵적으로 strict mode가 지정되지 않는다.

5. 클래스의 constructor, 프로토타입 메서드, 정적 메서드는 모두 프로퍼티 어트리뷰트 [[Enumerable]]의 값이 false다. 다시 말해, 열거되지 않는다.

생성자 함수와 클래스는 프로토타입 기반의 객체지향을 구현했다는 점에서 매우 유사하다. 하지만 클래스는 생성자 함수 기반의 객체 생성 방식보다 견고하고 명료하다(그렇다고 클래스가 자바스크립트의 다른 객체 생성 방식보다 우월하다고 생각하지는 않는다). 특히 클래스의 extends와 super 키워드는 상속 관계 구현을 더욱 간결하고 명료하게 한다.

따라서 클래스를 프로토타입 기반 객체 생성 패턴의 단순한 문법적 설탕이라고 보기보다는 **새로운 객체 생성 메커니즘**으로 보는 것이 좀 더 합당하다.

---

1 https://en.wikipedia.org/wiki/Syntactic_sugar

25.2 클래스 정의

클래스는 class 키워드를 사용하여 정의한다. 클래스 이름은 생성자 함수와 마찬가지로 파스칼 케이스를 사용하는 것이 일반적이다. 파스칼 케이스를 사용하지 않아도 에러가 발생하지는 않는다.

【 예제 25-02 】

```
// 클래스 선언문
class Person {}
```

일반적이지는 않지만 함수와 마찬가지로 표현식으로 클래스를 정의할 수도 있다. 이때 클래스는 함수와 마찬가지로 이름을 가질 수도 있고, 갖지 않을 수도 있다.

【 예제 25-03 】

```
// 익명 클래스 표현식
const Person = class {};

// 기명 클래스 표현식
const Person = class MyClass {};
```

클래스를 표현식으로 정의할 수 있다는 것은 클래스가 값으로 사용할 수 있는 일급 객체라는 것을 의미한다. 즉, 클래스는 일급 객체로서 다음과 같은 특징을 갖는다.

- 무명의 리터럴로 생성할 수 있다. 즉, 런타임에 생성이 가능하다.
- 변수나 자료구조(객체, 배열 등)에 저장할 수 있다.
- 함수의 매개변수에게 전달할 수 있다.
- 함수의 반환값으로 사용할 수 있다.

좀 더 자세히 말하자면 클래스는 함수다. 따라서 클래스는 값처럼 사용할 수 있는 일급 객체다. 이에 대해서는 차차 알아보도록 하자.

클래스 몸체에는 0개 이상의 메서드만 정의할 수 있다. 클래스 몸체에서 정의할 수 있는 메서드는 constructor(생성자), 프로토타입 메서드, 정적 메서드의 세 가지가 있다.

【 예제 25-04 】

```
// 클래스 선언문
class Person {
  // 생성자
  constructor(name) {
    // 인스턴스 생성 및 초기화
```

```
    this.name = name; // name 프로퍼티는 public하다.
  }

  // 프로토타입 메서드
  sayHi() {
    console.log(`Hi! My name is ${this.name}`);
  }

  // 정적 메서드
  static sayHello() {
    console.log('Hello!');
  }
}

// 인스턴스 생성
const me = new Person('Lee');

// 인스턴스의 프로퍼티 참조
console.log(me.name); // Lee
// 프로토타입 메서드 호출
me.sayHi(); // Hi! My name is Lee
// 정적 메서드 호출
Person.sayHello(); // Hello!
```

클래스와 생성자 함수의 정의 방식을 비교해 보면 다음과 같다.

```
var Person = (function () {                        class Person {
  // 생성자 함수                                      // 생성자
  function Person(name) {                             constructor(name) {
    this.name = name;                                   this.name = name;
  }                                                   }

  // 프로토타입 메서드                                   // 프로토타입 메서드
  Person.prototype.sayHi = function () {              sayHi() {
    console.log('Hi! My name is ' + this.name);        console.log(`Hi! My name is ${this.name}`);
  };                                                  }

  // 정적 메서드                                        // 정적 메서드
  Person.sayHello = function () {                     static sayHello() {
    console.log('Hello!');                             console.log('Hello!');
  };                                                  }
                                                    }
  // 생성자 함수 반환
  return Person;
}());
```

그림 25-1 클래스와 생성자 함수의 정의 방식 비교

이처럼 클래스와 생성자 함수의 정의 방식은 형태적인 면에서 매우 유사하다.

25.3 클래스 호이스팅

클래스는 함수로 평가된다.

【 예제 25-05 】
```
// 클래스 선언문
class Person {}

console.log(typeof Person); // function
```

클래스 선언문으로 정의한 클래스는 함수 선언문과 같이 소스코드 평가 과정, 즉 런타임 이전에 먼저 평가되어 함수 객체를 생성한다. 이때 클래스가 평가되어 생성된 함수 객체는 생성자 함수로서 호출할 수 있는 함수, 즉 constructor다. 생성자 함수로서 호출할 수 있는 함수는 함수 정의가 평가되어 함수 객체를 생성하는 시점에 프로토타입도 더불어 생성된다.[2] 프로토타입과 생성자 함수는 단독으로 존재할 수 없고 언제나 쌍pair으로 존재하기 때문이다.

단, 클래스는 클래스 정의 이전에 참조할 수 없다.

【 예제 25-06 】
```
console.log(Person);
// ReferenceError: Cannot access 'Person' before initialization

// 클래스 선언문
class Person {}
```

클래스 선언문은 마치 호이스팅이 발생하지 않는 것처럼 보이나 그렇지 않다. 다음 예제를 살펴보자.

【 예제 25-07 】
```
const Person = '';

{
  // 호이스팅이 발생하지 않는다면 ''이 출력되어야 한다.
  console.log(Person);
  // ReferenceError: Cannot access 'Person' before initialization

  // 클래스 선언문
```

---

2   19.5절 "프로토타입의 생성 시점" 참고

```
  class Person {}
}
```

클래스 선언문도 변수 선언, 함수 정의와 마찬가지로 호이스팅이 발생한다. 단, 클래스는 let, const 키워드로 선언한 변수처럼 호이스팅된다. 따라서 클래스 선언문 이전에 일시적 사각지대^{Temporal Dead Zone; TDZ}에 빠지기 때문에 호이스팅이 발생하지 않는 것처럼 동작한다.

var, let, const, function, function*, class 키워드를 사용하여 선언된 모든 식별자는 호이스팅된다. 모든 선언문은 런타임 이전에 먼저 실행되기 때문이다.

25.4 인스턴스 생성

클래스는 생성자 함수이며 new 연산자와 함께 호출되어 인스턴스를 생성한다.

【 예제 25-08 】

```
class Person {}

// 인스턴스 생성
const me = new Person();
console.log(me); // Person {}
```

함수는 new 연산자의 사용 여부에 따라 일반 함수로 호출되거나 인스턴스 생성을 위한 생성자 함수로 호출되지만 클래스는 인스턴스를 생성하는 것이 유일한 존재 이유이므로 반드시 new 연산자와 함께 호출해야 한다.

【 예제 25-09 】

```
class Person {}

// 클래스를 new 연산자 없이 호출하면 타입 에러가 발생한다.
const me = Person();
// TypeError: Class constructor Person cannot be invoked without 'new'
```

클래스 표현식으로 정의된 클래스의 경우 다음 예제와 같이 클래스를 가리키는 식별자(Person)를 사용해 인스턴스를 생성하지 않고 기명 클래스 표현식의 클래스 이름(MyClass)을 사용해 인스턴스를 생성하면 에러가 발생한다.

【 예제 25-10 】

```
const Person = class MyClass {};

// 함수 표현식과 마찬가지로 클래스를 가리키는 식별자로 인스턴스를 생성해야 한다.
```

```
const me = new Person();

// 클래스 이름 MyClass는 함수와 동일하게 클래스 몸체 내부에서만 유효한 식별자다.
console.log(MyClass); // ReferenceError: MyClass is not defined

const you = new MyClass(); // ReferenceError: MyClass is not defined
```

이는 기명 함수 표현식과 마찬가지로 클래스 표현식에서 사용한 클래스 이름은 외부 코드에서 접근 불가능하기 때문이다.[3]

25.5 메서드

클래스 몸체에는 0개 이상의 메서드만 선언할 수 있다. 클래스 몸체에서 정의할 수 있는 메서드는 constructor(생성자), 프로토타입 메서드, 정적 메서드의 세 가지가 있다.

> **클래스 정의에 대한 새로운 제안 사양**
>
> ECMAScript 사양(ES11/ECMAScript 2020)에 따르면 인스턴스 프로퍼티는 반드시 constructor 내부에서 정의해야 한다. 하지만 2021년 1월 현재, 클래스 몸체에 메서드뿐만 아니라 프로퍼티를 직접 정의할 수 있는 새로운 표준 사양이 제안되어 있다.[4]
>
> 이 제안 사양에 의해 머지않아 클래스 몸체에서 메서드뿐만 아니라 프로퍼티도 정의할 수 있게 될 것으로 보인다(현재 크롬과 같은 모던 브라우저에서는 이미 사용 가능하다). 이에 대해서는 25.7.3절 "클래스 필드 정의 제안"에서 살펴볼 것이다.

25.5.1 constructor

constructor는 인스턴스를 생성하고 초기화하기 위한 특수한 메서드다. constructor는 이름을 변경할 수 없다.

【 예제 25-11 】
```
class Person {
  // 생성자
  constructor(name) {
    // 인스턴스 생성 및 초기화
    this.name = name;
  }
}
```

---

3 12.4.2절 "함수 표현식" 참고
4 https://github.com/tc39/proposal-class-fields#field-declarations

앞에서 살펴보았듯이 클래스는 인스턴스를 생성하기 위한 생성자 함수다. 클래스의 내부를 들여다보기 위해 다음 코드를 크롬 브라우저의 개발자 도구에서 실행해보자.

【 예제 25-12 】

```
// 클래스는 함수다.
console.log(typeof Person); // function
console.dir(Person);
```

▼ *class Person* 🛈
    arguments: (...)
    caller: (...)
    length: 1
    name: "Person"
   ▼ prototype:
     ▶ constructor: *class Person*
     ▶ __proto__: Object
   ▶ __proto__: *f ()*
    [[FunctionLocation]]: <u>VM29:3</u>
   ▼ [[Scopes]]: Scopes[2]
    ▶ 0: Script {Person: *f*}
    ▶ 1: Global {postMessage: *f*, blur: *f*, focus: *f*, close: *f*, parent: Window, …}

그림 25-2 클래스는 함수다.

이처럼 클래스는 평가되어 함수 객체가 된다. 18.2절 "함수 객체의 프로퍼티"에서 살펴보았듯이 클래스도 함수 객체 고유의 프로퍼티를 모두 갖고 있다. 함수와 동일하게 프로토타입과 연결되어 있으며 자신의 스코프 체인을 구성한다.

모든 함수 객체가 가지고 있는 prototype 프로퍼티가 가리키는 프로토타입 객체의 constructor 프로퍼티는 클래스 자신을 가리키고 있다. 이는 클래스가 인스턴스를 생성하는 생성자 함수라는 것을 의미한다. 즉, new 연산자와 함께 클래스를 호출하면 클래스는 인스턴스를 생성한다.

이번에는 클래스가 생성한 인스턴스의 내부를 들여다보기 위해 다음 코드를 크롬 브라우저의 개발자 도구에서 실행해보자.

【 예제 25-13 】

```
// 인스턴스 생성
const me = new Person('Lee');
console.log(me);
```

```
▼Person {name: "Lee"} ⓘ
    name: "Lee"
  ▼ __proto__:
    ▶ constructor: class Person
    ▼ __proto__:
      ▶ constructor: f Object()
      ▶ hasOwnProperty: f hasOwnProperty()
      ▶ isPrototypeOf: f isPrototypeOf()
      ▶ propertyIsEnumerable: f propertyIsEnumerable()
      ▶ toLocaleString: f toLocaleString()
      ▶ toString: f toString()
      ▶ valueOf: f valueOf()
      ▶ __defineGetter__: f __defineGetter__()
      ▶ __defineSetter__: f __defineSetter__()
      ▶ __lookupGetter__: f __lookupGetter__()
      ▶ __lookupSetter__: f __lookupSetter__()
    ▶ get __proto__: f __proto__()
    ▶ set __proto__: f __proto__()
```

그림 25-3 Person 클래스로 생성한 인스턴스

Person 클래스의 constructor 내부에서 this에 추가한 name 프로퍼티가 클래스가 생성한 인스턴스의 프로퍼티로 추가된 것을 확인할 수 있다. 즉, 생성자 함수와 마찬가지로 constructor 내부에서 this에 추가한 프로퍼티는 인스턴스 프로퍼티가 된다. constructor 내부의 this는 생성자 함수와 마찬가지로 클래스가 생성한 인스턴스를 가리킨다.

【 예제 25-14 】

```javascript
// 클래스
class Person {
  // 생성자
  constructor(name) {
    // 인스턴스 생성 및 초기화
    this.name = name;
  }
}

// 생성자 함수
function Person(name) {
  // 인스턴스 생성 및 초기화
  this.name = name;
}
```

그런데 흥미로운 것은 클래스가 평가되어 생성된 함수 객체(그림 25-2 참고)나 클래스가 생성한 인스턴스(그림 25-3 참고) 어디에도 constructor 메서드가 보이지 않는다는 것이다. 이는 클래스 몸체에 정의한 constructor가 단순한 메서드가 아니라는 것을 의미한다.

constructor는 메서드로 해석되는 것이 아니라 클래스가 평가되어 생성한 함수 객체 코드의 일부가 된다. 다시 말해, 클래스 정의가 평가되면 constructor의 기술된 동작을 하는 함수 객체가 생성된다.

📄 **클래스의 constructor 메서드와 프로토타입의 constructor 프로퍼티**

클래스의 constructor 메서드와 프로토타입의 constructor 프로퍼티는 이름이 같아 혼동하기 쉽지만 직접적인 관련이 없다. 프로토타입의 constructor 프로퍼티는 모든 프로토타입이 가지고 있는 프로퍼티이며, 생성자 함수를 가리킨다.[5]

constructor는 생성자 함수와 유사하지만 몇 가지 차이가 있다.

constructor는 클래스 내에 최대 한 개만 존재할 수 있다. 만약 클래스가 2개 이상의 constructor를 포함하면 문법 에러[SyntaxError]가 발생한다.

【 예제 25-15 】

```javascript
class Person {
  constructor() {}
  constructor() {}
}
// SyntaxError: A class may only have one constructor
```

constructor는 생략할 수 있다.

【 예제 25-16 】

```javascript
class Person {}
```

constructor를 생략하면 클래스에 다음과 같이 빈 constructor가 암묵적으로 정의된다. constructor를 생략한 클래스는 빈 constructor에 의해 빈 객체를 생성한다.

【 예제 25-17 】

```javascript
class Person {
  // constructor는 생략하면 아래와 같이 빈 constructor가 암묵적으로 정의된다.
  constructor() {}
}

// 빈 객체가 생성된다.
const me = new Person();
console.log(me); // Person {}
```

---

5   19.3.3절 "프로토타입의 constructor 프로퍼티와 생성자 함수" 참고

프로퍼티가 추가되어 초기화된 인스턴스를 생성하려면 constructor 내부에서 this에 인스턴스 프로퍼티를 추가한다.

【 예제 25-18 】

```javascript
class Person {
  constructor() {
    // 고정값으로 인스턴스 초기화
    this.name = 'Lee';
    this.address = 'Seoul';
  }
}

// 인스턴스 프로퍼티가 추가된다.
const me = new Person();
console.log(me); // Person {name: "Lee", address: "Seoul"}
```

인스턴스를 생성할 때 클래스 외부에서 인스턴스 프로퍼티의 초기값을 전달하려면 다음과 같이 constructor 에 매개변수를 선언하고 인스턴스를 생성할 때 초기값을 전달한다. 이때 초기값은 constructor의 매개변수 에게 전달된다.

【 예제 25-19 】

```javascript
class Person {
  constructor(name, address) {
    // 인수로 인스턴스 초기화
    this.name = name;
    this.address = address;
  }
}

// 인수로 초기값을 전달한다. 초기값은 constructor에 전달된다.
const me = new Person('Lee', 'Seoul');
console.log(me); // Person {name: "Lee", address: "Seoul"}
```

이처럼 constructor 내에서는 인스턴스의 생성과 동시에 인스턴스 프로퍼티 추가를 통해 인스턴스의 초기화 를 실행한다. 따라서 인스턴스를 초기화하려면 constructor를 생략해서는 안 된다.

constructor는 별도의 반환문을 갖지 않아야 한다. 이는 17.2.3절 "생성자 함수의 인스턴스 생성 과정"에서 살펴보았듯이 new 연산자와 함께 클래스가 호출되면 생성자 함수와 동일하게 암묵적으로 this, 즉 인스턴스 를 반환하기 때문이다.

만약 this가 아닌 다른 객체를 명시적으로 반환하면 this, 즉 인스턴스가 반환되지 못하고 return 문에 명시 한 객체가 반환된다.

```javascript
class Person {
  constructor(name) {
    this.name = name;

    // 명시적으로 객체를 반환하면 암묵적인 this 반환이 무시된다.
    return {};
  }
}

// constructor에서 명시적으로 반환한 빈 객체가 반환된다.
const me = new Person('Lee');
console.log(me); // {}
```

하지만 명시적으로 원시값을 반환하면 원시값 반환은 무시되고 암묵적으로 this가 반환된다.

【 예제 25-21 】

```javascript
class Person {
  constructor(name) {
    this.name = name;

    // 명시적으로 원시값을 반환하면 원시값 반환은 무시되고 암묵적으로 this가 반환된다.
    return 100;
  }
}

const me = new Person('Lee');
console.log(me); // Person { name: "Lee" }
```

이처럼 constructor 내부에서 명시적으로 this가 아닌 다른 값을 반환하는 것은 클래스의 기본 동작을 훼손한다. 따라서 constructor 내부에서 return 문을 반드시 생략해야 한다.

25.5.2 프로토타입 메서드

생성자 함수를 사용하여 인스턴스를 생성하는 경우 프로토타입 메서드를 생성하기 위해서는 다음과 같이 명시적으로 프로토타입에 메서드를 추가해야 한다.

【 예제 25-22 】

```javascript
// 생성자 함수
function Person(name) {
  this.name = name;
}
```

```
// 프로토타입 메서드
Person.prototype.sayHi = function () {
  console.log(`Hi! My name is ${this.name}`);
};

const me = new Person('Lee');
me.sayHi(); // Hi! My name is Lee
```

클래스 몸체에서 정의한 메서드는 생성자 함수에 의한 객체 생성 방식과는 다르게 클래스의 prototype 프로
퍼티에 메서드를 추가하지 않아도 기본적으로 프로토타입 메서드가 된다.

【 예제 25-23 】

```
class Person {
  // 생성자
  constructor(name) {
    // 인스턴스 생성 및 초기화
    this.name = name;
  }

  // 프로토타입 메서드
  sayHi() {
    console.log(`Hi! My name is ${this.name}`);
  }
}

const me = new Person('Lee');
me.sayHi(); // Hi! My name is Lee
```

생성자 함수와 마찬가지로 클래스가 생성한 인스턴스는 프로토타입 체인의 일원이 된다.

【 예제 25-24 】

```
// me 객체의 프로토타입은 Person.prototype이다.
Object.getPrototypeOf(me) === Person.prototype; // → true
me instanceof Person; // → true

// Person.prototype의 프로토타입은 Object.prototype이다.
Object.getPrototypeOf(Person.prototype) === Object.prototype; // → true
me instanceof Object; // → true

// me 객체의 constructor는 Person 클래스다.
me.constructor === Person; // → true
```

위 예제의 Person 클래스는 다음과 같이 프로토타입 체인을 생성한다.

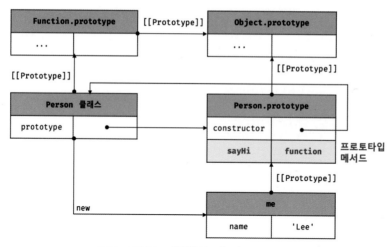

그림 25-4 클래스로 생성한 인스턴스의 프로토타입 체인

이처럼 클래스 몸체에서 정의한 메서드는 인스턴스의 프로토타입에 존재하는 프로토타입 메서드가 된다. 인스턴스는 프로토타입 메서드를 상속받아 사용할 수 있다.

프로토타입 체인은 기존의 모든 객체 생성 방식(객체 리터럴, 생성자 함수, Object.create 메서드 등)뿐만 아니라 클래스에 의해 생성된 인스턴스에도 동일하게 적용된다. 생성자 함수의 역할을 클래스가 할 뿐이다.

결국 클래스는 생성자 함수와 같이 인스턴스를 생성하는 생성자 함수라고 볼 수 있다. 다시 말해, 클래스는 생성자 함수와 마찬가지로 프로토타입 기반의 객체 생성 메커니즘이다.

25.5.3 정적 메서드

19.12절 "정적 프로퍼티/메서드"에서 살펴보았듯이 정적static 메서드는 인스턴스를 생성하지 않아도 호출할 수 있는 메서드를 말한다.

생성자 함수의 경우 정적 메서드를 생성하기 위해서는 다음과 같이 명시적으로 생성자 함수에 메서드를 추가해야 한다.

【 예제 25-25 】

```
// 생성자 함수
function Person(name) {
  this.name = name;
}

// 정적 메서드
```

```
Person.sayHi = function () {
  console.log('Hi!');
};

// 정적 메서드 호출
Person.sayHi(); // Hi!
```

클래스에서는 메서드에 static 키워드를 붙이면 정적 메서드(클래스 메서드)가 된다.

【 예제 25-26 】
```
class Person {
  // 생성자
  constructor(name) {
    // 인스턴스 생성 및 초기화
    this.name = name;
  }

  // 정적 메서드
  static sayHi() {
    console.log('Hi!');
  }
}
```

위 예제의 Person 클래스는 다음과 같이 프로토타입 체인을 생성한다.

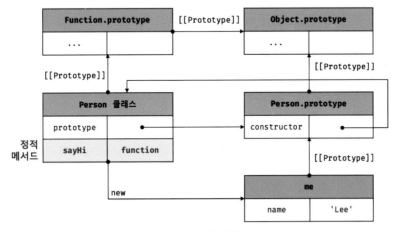

그림 25-5 정적 메서드

이처럼 정적 메서드는 클래스에 바인딩된 메서드가 된다. 클래스는 함수 객체로 평가되므로 자신의 프로퍼티/메서드를 소유할 수 있다. 클래스는 클래스 정의(클래스 선언문이나 클래스 표현식)가 평가되는 시점에 함수 객체가 되므로 인스턴스와 달리 별다른 생성 과정이 필요 없다. 따라서 정적 메서드는 클래스 정의 이후 인스턴스를 생성하지 않아도 호출할 수 있다.

정적 메서드는 프로토타입 메서드처럼 인스턴스로 호출하지 않고 클래스로 호출한다.

【 예제 25-27 】

```
// 정적 메서드는 클래스로 호출한다.
// 정적 메서드는 인스턴스 없이도 호출할 수 있다.
Person.sayHi(); // Hi!
```

정적 메서드는 인스턴스로 호출할 수 없다. 정적 메서드가 바인딩된 클래스는 인스턴스의 프로토타입 체인 상에 존재하지 않기 때문이다. 다시 말해, 인스턴스의 프로토타입 체인 상에는 클래스가 존재하지 않기 때문에 인스턴스로 클래스의 메서드를 상속받을 수 없다.

【 예제 25-28 】

```
// 인스턴스 생성
const me = new Person('Lee');
me.sayHi(); // TypeError: me.sayHi is not a function
```

25.5.4 정적 메서드와 프로토타입 메서드의 차이

정적 메서드와 프로토타입 메서드는 무엇이 다르며, 무엇을 기준으로 구분하여 정의해야 할지 생각해 보자. 정적 메서드와 프로토타입 메서드의 차이는 다음과 같다.

1. 정적 메서드와 프로토타입 메서드는 자신이 속해 있는 프로토타입 체인이 다르다.
2. 정적 메서드는 클래스로 호출하고 프로토타입 메서드는 인스턴스로 호출한다.
3. 정적 메서드는 인스턴스 프로퍼티를 참조할 수 없지만 프로토타입 메서드는 인스턴스 프로퍼티를 참조할 수 있다.

다음 예제를 살펴보자.

【 예제 25-29 】

```
class Square {
  // 정적 메서드
  static area(width, height) {
    return width * height;
  }
}

console.log(Square.area(10, 10)); // 100
```

정적 메서드 area는 2개의 인수를 전달받아 면적을 계산한다. 이때 정적 메서드 area는 인스턴스 프로퍼티를 참조하지 않는다. 만약 인스턴스 프로퍼티를 참조해야 한다면 정적 메서드 대신 프로토타입 메서드를 사용해야 한다.

【 예제 25-30 】

```javascript
class Square {
  constructor(width, height) {
    this.width = width;
    this.height = height;
  }

  // 프로토타입 메서드
  area() {
    return this.width * this.height;
  }
}

const square = new Square(10, 10);
console.log(square.area()); // 100
```

22.2절 "함수 호출 방식과 this 바인딩"에서 살펴보았듯이 메서드 내부의 this는 메서드를 소유한 객체가 아니라 메서드를 호출한 객체, 즉 메서드 이름 앞의 마침표(.) 연산자 앞에 기술한 객체에 바인딩된다.

프로토타입 메서드는 인스턴스로 호출해야 하므로 프로토타입 메서드 내부의 this는 프로토타입 메서드를 호출한 인스턴스를 가리킨다. 위 예제의 경우 square 객체로 프로토타입 메서드 area를 호출했기 때문에 area 내부의 this는 square 객체를 가리킨다.

정적 메서드는 클래스로 호출해야 히므로 정적 메서드 내부의 this는 인스턴스가 아닌 클래스를 가리킨다. 즉, 프로토타입 메서드와 정적 메서드 내부의 this 바인딩이 다르다.

따라서 메서드 내부에서 인스턴스 프로퍼티를 참조할 필요가 있다면 this를 사용해야 하며, 이러한 경우 프로토타입 메서드로 정의해야 한다. 하지만 메서드 내부에서 인스턴스 프로퍼티를 참조해야 할 필요가 없다면 this를 사용하지 않게 된다.

물론 메서드 내부에서 this를 사용하지 않더라도 프로토타입 메서드로 정의할 수 있다. 하지만 반드시 인스턴스를 생성한 다음 인스턴스로 호출해야 하므로 this를 사용하지 않는 메서드는 정적 메서드로 정의하는 것이 좋다.

표준 빌트인 객체인 Math, Number, JSON, Object, Reflect 등은 다양한 정적 메서드를 가지고 있다. 이들 정적 메서드는 애플리케이션 전역에서 사용할 유틸리티utility 함수다. 예를 들어, 전달받은 인수 중에서 가장 큰 수를 반환하는 정적 메서드 Math.max는 인스턴스와 상관없이 애플리케이션 전역에서 사용할 유틸리티 함수다.

【 예제 25-31 】

```
// 표준 빌트인 객체의 정적 메서드
Math.max(1, 2, 3);          // → 3
Number.isNaN(NaN);          // → true
JSON.stringify({ a: 1 });   // → "{"a":1}"
Object.is({}, {});          // → false
Reflect.has({ a: 1 }, 'a'); // → true
```

이처럼 클래스 또는 생성자 함수를 하나의 네임스페이스namespace[6]로 사용하여 정적 메서드를 모아 놓으면 이름 충돌 가능성을 줄여 주고 관련 함수들을 구조화할 수 있는 효과가 있다. 이 같은 이유로 정적 메서드는 애플리케이션 전역에서 사용할 유틸리티 함수를 전역 함수로 정의하지 않고 메서드로 구조화할 때 유용하다.

📄 ES6에 추가된 표준 빌트인 객체 Number의 정적 메서드

ES6에서는 21.4.2절 "빌트인 전역 함수"에서 살펴본 isFinite, isNaN parseFloat, parseInt 등의 빌트인 전역 함수를 표준 빌트인 객체 Number의 정적 메서드로 추가 구현했다. Number의 정적 메서드 isFinite, isNaN, parseFloat, parseInt는 빌트인 전역 함수 isFinite, isNaN, parseFloat, parseInt보다 엄격하다. 이에 대해서는 28장 "Number"에서 자세히 살펴보자.

25.5.5 클래스에서 정의한 메서드의 특징

클래스에서 정의한 메서드는 다음과 같은 특징을 갖는다.

1. function 키워드를 생략한 메서드 축약 표현을 사용한다.

2. 객체 리터럴과는 다르게 클래스에 메서드를 정의할 때는 콤마가 필요 없다.

3. 암묵적으로 strict mode로 실행된다.[7]

4. for... in 문이나 Object.keys 메서드 등으로 열거할 수 없다. 즉, 프로퍼티의 열거 가능 여부를 나타내며, 불리언 값을 갖는 프로퍼티 어트리뷰트 [[Enumerable]]의 값이 false다.[8]

5. 내부 메서드 [[Construct]]를 갖지 않는 non-constructor다. 따라서 new 연산자와 함께 호출할 수 없다.[9]

---

6   14.3.2절 "네임스페이스 객체" 참고
7   20장 "strict mode" 참고
8   16장 "프로퍼티 어트리뷰트" 참고
9   17.2.5절 "constructor와 non-constructor의 구분" 참고

25.6 클래스의 인스턴스 생성 과정

new 연산자와 함께 클래스를 호출하면 생성자 함수와 마찬가지로 클래스의 내부 메서드 [[Construct]]가 호출된다. 클래스는 new 연산자 없이 호출할 수 없다. 이때 17.2.3절 "생성자 함수의 인스턴스 생성 과정"에서 살펴본 바와 유사하게 다음과 같은 과정을 거쳐 인스턴스가 생성된다.

1. 인스턴스 생성과 this 바인딩

new 연산자와 함께 클래스를 호출하면 constructor의 내부 코드가 실행되기에 앞서 암묵적으로 빈 객체가 생성된다. 이 빈 객체가 바로 (아직 완성되지는 않았지만) 클래스가 생성한 인스턴스다. 이때 클래스가 생성한 인스턴스의 프로토타입으로 클래스의 prototype 프로퍼티가 가리키는 객체가 설정된다. 그리고 암묵적으로 생성된 빈 객체, 즉 인스턴스는 this에 바인딩된다. 따라서 constructor 내부의 this는 클래스가 생성한 인스턴스를 가리킨다.

2. 인스턴스 초기화

constructor의 내부 코드가 실행되어 this에 바인딩되어 있는 인스턴스를 초기화한다. 즉, this에 바인딩되어 있는 인스턴스에 프로퍼티를 추가하고 constructor가 인수로 전달받은 초기값으로 인스턴스의 프로퍼티 값을 초기화한다. 만약 constructor가 생략되었다면 이 과정도 생략된다.

3. 인스턴스 반환

클래스의 모든 처리가 끝나면 완성된 인스턴스가 바인딩된 this가 암묵적으로 반환된다.

【 예제 25-32 】

```
class Person {
  // 생성자
  constructor(name) {
    // 1. 암묵적으로 인스턴스가 생성되고 this에 바인딩된다.
    console.log(this); // Person {}
    console.log(Object.getPrototypeOf(this) === Person.prototype); // true

    // 2. this에 바인딩되어 있는 인스턴스를 초기화한다.
    this.name = name;

    // 3. 완성된 인스턴스가 바인딩된 this가 암묵적으로 반환된다.
  }
}
```

25.7 프로퍼티

25.7.1 인스턴스 프로퍼티

인스턴스 프로퍼티는 constructor 내부에서 정의해야 한다.

【 예제 25-33 】

```
class Person {
  constructor(name) {
    // 인스턴스 프로퍼티
    this.name = name;
  }
}

const me = new Person('Lee');
console.log(me); // Person {name: "Lee"}
```

25.6절 "클래스의 인스턴스 생성 과정"에서 살펴보았듯이 constructor 내부 코드가 실행되기 이전에 constructor 내부의 this에는 이미 클래스가 암묵적으로 생성한 인스턴스인 빈 객체가 바인딩되어 있다.

생성자 함수에서 생성자 함수가 생성할 인스턴스의 프로퍼티를 정의하는 것과 마찬가지로 constructor 내부에서 this에 인스턴스 프로퍼티를 추가한다. 이로써 클래스가 암묵적으로 생성한 빈 객체, 즉 인스턴스에 프로퍼티가 추가되어 인스턴스가 초기화된다.

【 예제 25-34 】

```
class Person {
  constructor(name) {
    // 인스턴스 프로퍼티
    this.name = name; // name 프로퍼티는 public하다.
  }
}

const me = new Person('Lee');

// name은 public하다.
console.log(me.name); // Lee
```

constructor 내부에서 this에 추가한 프로퍼티는 언제나 클래스가 생성한 인스턴스의 프로퍼티가 된다. ES6의 클래스는 다른 객체지향 언어처럼 private, public, protected 키워드와 같은 접근 제한자access modifier를 지원하지 않는다. 따라서 인스턴스 프로퍼티는 언제나 public하다. 다행히도 private한 프로퍼티를 정의할 수 있는 사양이 현재 제안 중에 있다. 이에 대해서는 25.7.4절 "private 필드 정의 제안"에서 살펴보자.

25.7.2 접근자 프로퍼티

16.3.2절 "접근자 프로퍼티"에서 살펴보았듯이 접근자 프로퍼티accessor property는 자체적으로는 값([[Value]] 내부 슬롯)을 갖지 않고 다른 데이터 프로퍼티의 값을 읽거나 저장할 때 사용하는 접근자 함수accessor function로 구성된 프로퍼티다.

【 예제 25-35 】

```javascript
const person = {
  // 데이터 프로퍼티
  firstName: 'Ungmo',
  lastName: 'Lee',

  // fullName은 접근자 함수로 구성된 접근자 프로퍼티다.
  // getter 함수
  get fullName() {
    return `${this.firstName} ${this.lastName}`;
  },
  // setter 함수
  set fullName(name) {
    // 배열 디스트럭처링 할당: "36.1. 배열 디스트럭처링 할당" 참고
    [this.firstName, this.lastName] = name.split(' ');
  }
};

// 데이터 프로퍼티를 통한 프로퍼티 값의 참조.
console.log(`${person.firstName} ${person.lastName}`); // Ungmo Lee

// 접근자 프로퍼티를 통한 프로퍼티 값의 저장
// 접근자 프로퍼티 fullName에 값을 저장하면 setter 함수가 호출된다.
person.fullName = 'Heegun Lee';
console.log(person); // {firstName: "Heegun", lastName: "Lee"}

// 접근자 프로퍼티를 통한 프로퍼티 값의 참조
// 접근자 프로퍼티 fullName에 접근하면 getter 함수가 호출된다.
console.log(person.fullName); // Heegun Lee

// fullName은 접근자 프로퍼티다.
// 접근자 프로퍼티는 get, set, enumerable, configurable 프로퍼티 어트리뷰트를 갖는다.
console.log(Object.getOwnPropertyDescriptor(person, 'fullName'));
// {get: f, set: f, enumerable: true, configurable: true}
```

접근자 프로퍼티는 클래스에서도 사용할 수 있다. 위 예제의 객체 리터럴을 클래스로 표현하면 다음과 같다.

```javascript
class Person {
  constructor(firstName, lastName) {
    this.firstName = firstName;
    this.lastName = lastName;
  }

  // fullName은 접근자 함수로 구성된 접근자 프로퍼티다.
  // getter 함수
  get fullName() {
    return `${this.firstName} ${this.lastName}`;
  }

  // setter 함수
  set fullName(name) {
    [this.firstName, this.lastName] = name.split(' ');
  }
}

const me = new Person('Ungmo', 'Lee');

// 데이터 프로퍼티를 통한 프로퍼티 값의 참조.
console.log(`${me.firstName} ${me.lastName}`); // Ungmo Lee

// 접근자 프로퍼티를 통한 프로퍼티 값의 저장
// 접근자 프로퍼티 fullName에 값을 저장하면 setter 함수가 호출된다.
me.fullName = 'Heegun Lee';
console.log(me); // {firstName: "Heegun", lastName: "Lee"}

// 접근자 프로퍼티를 통한 프로퍼티 값의 참조
// 접근자 프로퍼티 fullName에 접근하면 getter 함수가 호출된다.
console.log(me.fullName); // Heegun Lee

// fullName은 접근자 프로퍼티다.
// 접근자 프로퍼티는 get, set, enumerable, configurable 프로퍼티 어트리뷰트를 갖는다.
console.log(Object.getOwnPropertyDescriptor(Person.prototype, 'fullName'));
// {get: f, set: f, enumerable: false, configurable: true}
```

접근자 프로퍼티는 자체적으로는 값을 갖지 않고 다른 데이터 프로퍼티의 값을 읽거나 저장할 때 사용하는 접근자 함수, 즉 getter 함수와 setter 함수로 구성되어 있다.

getter는 인스턴스 프로퍼티에 접근할 때마다 프로퍼티 값을 조작하거나 별도의 행위가 필요할 때 사용한다. getter는 메서드 이름 앞에 get 키워드를 사용해 정의한다. setter는 인스턴스 프로퍼티에 값을 할당할 때마다 프로퍼티 값을 조작하거나 별도의 행위가 필요할 때 사용한다. setter는 메서드 이름 앞에 set 키워드를 사용해 정의한다.

이때 getter와 setter 이름은 인스턴스 프로퍼티처럼 사용된다. 다시 말해 getter는 호출하는 것이 아니라 프로퍼티처럼 참조하는 형식으로 사용하며, 참조 시에 내부적으로 getter가 호출된다. setter도 호출하는 것이 아니라 프로퍼티처럼 값을 할당하는 형식으로 사용하며, 할당 시에 내부적으로 setter가 호출된다.

getter는 이름 그대로 무언가를 취득할 때 사용하므로 반드시 무언가를 반환해야 하고 setter는 무언가를 프로퍼티에 할당해야 할 때 사용하므로 반드시 매개변수가 있어야 한다. setter는 단 하나의 값만 할당받기 때문에 단 하나의 매개변수만 선언할 수 있다.

클래스의 메서드는 기본적으로 프로토타입 메서드가 된다. 따라서 클래스의 접근자 프로퍼티 또한 인스턴스 프로퍼티가 아닌 프로토타입의 프로퍼티가 된다.

【 예제 25-37 】

```
// Object.getOwnPropertyNames는 비열거형(non-enumerable)을 포함한 모든 프로퍼티의 이름을
// 반환한다(상속 제외)
Object.getOwnPropertyNames(me); // → ["firstName", "lastName"]
Object.getOwnPropertyNames(Object.getPrototypeOf(me)); // → ["constructor", "fullName"]
```

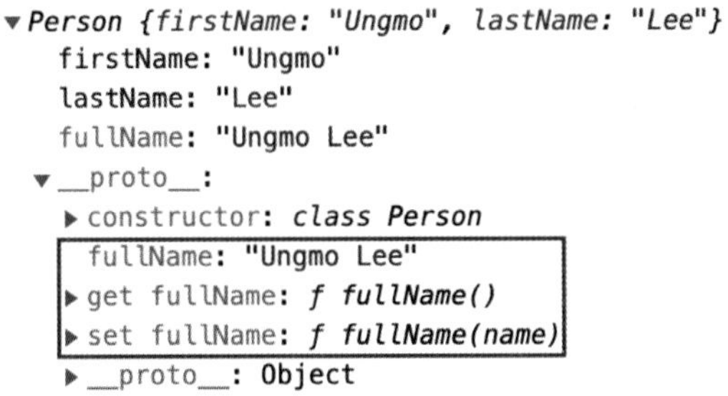

```
▼ Person {firstName: "Ungmo", lastName: "Lee"}
    firstName: "Ungmo"
    lastName: "Lee"
    fullName: "Ungmo Lee"
  ▼ __proto__:
    ▶ constructor: class Person
      fullName: "Ungmo Lee"
    ▶ get fullName: f fullName()
    ▶ set fullName: f fullName(name)
    ▶ __proto__: Object
```

그림 25-6 클래스의 접근자 프로퍼티는 프로토타입 프로퍼티다.

25.7.3 클래스 필드 정의 제안

먼저 클래스 필드^{class field}가 무엇인지 살펴보자. 클래스 필드(필드 또는 멤버)는 클래스 기반 객체지향 언어에서 클래스가 생성할 인스턴스의 프로퍼티를 가리키는 용어다. 클래스 기반 객체지향 언어인 자바의 클래스 정의를 살펴보자. 자바의 클래스 필드는 마치 클래스 내부에서 변수처럼 사용된다.

【 예제 25-38 】

```
// 자바의 클래스 정의
public class Person {
  // ① 클래스 필드 정의
  // 클래스 필드는 클래스 몸체에 this 없이 선언해야 한다.
  private String firstName = "";
```

```
  private String lastName = "";

  // 생성자
  Person(String firstName, String lastName) {
    // ③ this는 언제나 클래스가 생성할 인스턴스를 가리킨다.
    this.firstName = firstName;
    this.lastName = lastName;
  }

  public String getFullName() {
    // ② 클래스 필드 참조
    // this 없이도 클래스 필드를 참조할 수 있다.
    return firstName + " " + lastName;
  }
}
```

자바스크립트의 클래스에서 인스턴스 프로퍼티를 선언하고 초기화하려면 반드시 constructor 내부에서 this에 프로퍼티를 추가해야 한다. 하지만 자바의 클래스에서는 위 예제의 ①과 같이 클래스 필드를 마치 변수처럼 클래스 몸체에 this 없이 선언한다.

또한 자바스크립트의 클래스에서 인스턴스 프로퍼티를 참조하려면 반드시 this를 사용하여 참조해야 한다. 하지만 자바의 클래스에서는 위 예제의 ②와 같이 this를 생략해도 클래스 필드를 참조할 수 있다.

클래스 기반 객체지향 언어의 this는 언제나 클래스가 생성할 인스턴스를 가리킨다. 위 예제의 ③과 같이 this는 주로 클래스 필드가 생성자 또는 메서드의 매개변수 이름과 동일할 때 클래스 필드임을 명확히 하기 위해 사용한다.

자바스크립트의 클래스 몸체class body에는 메서드만 선언할 수 있다. 따라서 클래스 몸체에 자바와 유사하게 클래스 필드를 선언하면 문법 에러SyntaxError가 발생한다.

【 예제 25-39 】

```
class Person {
  // 클래스 필드 정의
  name = 'Lee';
}

const me = new Person('Lee');
```

하지만 위 예제를 최신 브라우저(Chrome 72 이상) 또는 최신 Node.js(버전 12 이상)에서 실행하면 문법 에러SyntaxError가 발생하지 않고 정상 동작한다. 그 이유를 살펴보자.

자바스크립트에서도 인스턴스 프로퍼티를 마치 클래스 기반 객체지향 언어의 클래스 필드처럼 정의할 수 있는 새로운 표준 사양인 "Class field declarations"[10]가 2021년 1월 현재, TC39 프로세스[11]의 stage 3(candidate)[12]에 제안되어 있다.

📄 Technical Committee 39(TC39)

ECMA 인터내셔널은 ECMAScript 이외에도 다양한 기술의 사양을 관리하고, 이들 사양을 관리하는 주체인 기술 위원회Technical Committee도 여럿 존재한다. 여러 사양 중에서 ECMA-262 사양(ECMAScript)의 관리를 담당하는 위원회가 바로 TC39다. TC39는 구글, 애플, 마이크로소프트, 모질라 등 브라우저 벤더와 페이스북, 트위터와 같이 ECMA-262 사양(ECMAScript)을 제대로 준수해야 하는 기업으로 구성되어 있다.

📄 TC39 프로세스

TC39 프로세스는 ECMA-262 사양(ECMAScript)에 새로운 표준 사양(제안proposal)을 추가하기 위해 공식적으로 명문화해 놓은 과정을 말한다. TC39 프로세스는 0단계부터 4단계까지 총 5개의 단계로 구성되어 있고, 상위 단계로 승급하기 위한 명시적인 조건들이 있다. 승급 조건을 충족시킨 제안proposal은 TC39의 동의를 통해 다음 단계stage로 승급된다.

TC39 프로세스는 다음과 같은 단계를 거쳐 최종적으로 ECMA-262 사양(ECMAScript)의 새로운 표준 사양이 된다.

stage 0: strawman → stage 1: proposal → stage 2: draft → stage 3: candidate → stage 4: finished

stage 3(candidate)까지 승급한 제안은 심각한 문제가 없는 한 변경되지 않고 대부분 stage 4로 승급된다. stage 4(finished)까지 승급한 제안은 큰 이변이 없는 이상, 차기 ECMAScript 버전에 포함된다. 현재 TC39 프로세스에 올라와 있는 제안을 확인하려면 ECMAScript proposals[13]를 참고하기 바란다.

클래스 몸체에서 클래스 필드를 정의할 수 있는 클래스 필드 정의Class field definitions 제안은 아직 ECMAScript의 정식 표준 사양으로 승급되지 않았다. 하지만 최신 브라우저(Chrome 72 이상)와 최신 Node.js(버전 12 이상)는 표준 사양으로 승급이 확실시되는 이 제안을 선제적으로 미리 구현해 놓았다. 따라서 최신 브라우저와 최신 Node.js에서는 다음 예제와 같이 클래스 필드를 클래스 몸체에 정의할 수 있다.

【 예제 25-40 】

```
class Person {
  // 클래스 필드 정의
  name = 'Lee';
}

const me = new Person();
console.log(me); // Person {name: "Lee"}
```

---

10 https://github.com/tc39/proposal-class-fields#field-declarations
11 https://tc39.github.io/process-document
12 https://github.com/tc39/proposals/blob/master/README.md
13 https://github.com/tc39/proposals

클래스 몸체에서 클래스 필드를 정의하는 경우 this에 클래스 필드를 바인딩해서는 안 된다. this는 클래스의 constructor와 메서드 내에서만 유효하다.

【 예제 25-41 】

```javascript
class Person {
  // this에 클래스 필드를 바인딩해서는 안 된다.
  this.name = ''; // SyntaxError: Unexpected token '.'
}
```

클래스 필드를 참조하는 경우 자바와 같은 클래스 기반 객체지향 언어에서는 this를 생략할 수 있으나 자바스크립트에서는 this를 반드시 사용해야 한다.

【 예제 25-42 】

```javascript
class Person {
  // 클래스 필드
  name = 'Lee';

  constructor() {
    console.log(name); // ReferenceError: name is not defined
  }
}

new Person();
```

클래스 필드에 초기값을 할당하지 않으면 undefined를 갖는다.

【 예제 25-43 】

```javascript
class Person {
  // 클래스 필드를 초기화하지 않으면 undefined를 갖는다.
  name;
}

const me = new Person();
console.log(me); // Person {name: undefined}
```

인스턴스를 생성할 때 외부의 초기값으로 클래스 필드를 초기화해야 할 필요가 있다면 constructor에서 클래스 필드를 초기화해야 한다.

【 예제 25-44 】

```javascript
class Person {
  name;
```

```
  constructor(name) {
    // 클래스 필드 초기화
    this.name = name;
  }
}

const me = new Person('Lee');
console.log(me); // Person {name: "Lee"}
```

이처럼 인스턴스를 생성할 때 클래스 필드를 초기화할 필요가 있다면 constructor 밖에서 클래스 필드를 정의할 필요가 없다. 클래스 필드를 초기화할 필요가 있다면 어차피 constructor 내부에서 클래스 필드를 참조하여 초기값을 할당해야 한다. 이때 this, 즉 클래스가 생성한 인스턴스에 클래스 필드에 해당하는 프로퍼티가 없다면 자동 추가되기 때문이다.

【 예제 25-45 】

```
class Person {
  constructor(name) {
    this.name = name;
  }
}

const me = new Person('Lee');
console.log(me); // Person {name: "Lee"}
```

함수는 일급 객체이므로 함수를 클래스 필드에 할당할 수 있다. 따라서 클래스 필드를 통해 메서드를 정의할 수도 있다.

【 예제 25-46 】

```
class Person {
  // 클래스 필드에 문자열을 할당
  name = 'Lee';

  // 클래스 필드에 함수를 할당
  getName = function () {
    return this.name;
  }
  // 화살표 함수로 정의할 수도 있다.
  // getName = () => this.name;
}

const me = new Person();
console.log(me); // Person {name: "Lee", getName: f}
console.log(me.getName()); // Lee
```

이처럼 클래스 필드에 함수를 할당하는 경우, 이 함수는 프로토타입 메서드가 아닌 인스턴스 메서드가 된다. 모든 클래스 필드는 인스턴스 프로퍼티가 되기 때문이다. 따라서 클래스 필드에 함수를 할당하는 것은 권장하지 않는다.

📄 **클래스 필드와 화살표 함수**

클래스 필드에 화살표 함수를 할당하여 화살표 함수 내부의 this가 인스턴스를 가리키게 하는 경우도 있다.

【 예제 25-47 】

```html
<!DOCTYPE html>
<html>
<body>
  <button class="btn">0</button>
  <script>
    class App {
      constructor() {
        this.$button = document.querySelector('.btn');
        this.count = 0;

        // increase 메서드를 이벤트 핸들러로 등록
        // 이벤트 핸들러 내부의 this는 DOM 요소(this.$button)를 가리킨다.
        // 하지만 increase는 화살표 함수로 정의되어 있으므로
        // increase 내부의 this는 인스턴스를 가리킨다.
        this.$button.onclick = this.increase;

        // 만약 increase가 화살표 함수가 아니라면 bind 메서드를 사용해야 한다.
        // $button.onclick = this.increase.bind(this);
      }

      // 인스턴스 메서드
      // 화살표 함수 내부의 this는 언제나 상위 컨텍스트의 this를 가리킨다.
      increase = () => this.$button.textContent = ++this.count;
    }
    new App();
  </script>
</body>
</html>
```

인스턴스가 여러 개 생성된다면 이 방법도 메모리의 손해를 감수할 수밖에 없다. 이에 대해서는 26.3절 "화살표 함수"와 40.9절 "이벤트 핸들러 내부의 this"에서 살펴보기로 하자.

클래스 필드 정의 제안으로 인해 인스턴스 프로퍼티를 정의하는 방식은 두 가지가 되었다. 인스턴스를 생성힐 때 외부 초기값으로 글래스 필드를 초기화할 필요가 있다면 constructor에서 인스턴스 프로퍼티를 정의

하는 기존 방식을 사용하고, 인스턴스를 생성할 때 외부 초기값으로 클래스 필드를 초기화할 필요가 없다면 기존의 constructor에서 인스턴스 프로퍼티를 정의하는 방식과 클래스 필드 정의 제안 모두 사용할 수 있다.

25.7.4 private 필드 정의 제안

24.5절 "캡슐화와 정보 은닉"에서 살펴보았듯이 자바스크립트는 캡슐화를 완전하게 지원하지 않는다. ES6의 클래스도 생성자 함수와 마찬가지로 다른 클래스 기반 객체지향 언어에서는 지원하는 private, public, protected 키워드와 같은 접근 제한자를 지원하지 않는다. 따라서 인스턴스 프로퍼티는 인스턴스를 통해 클래스 외부에서 언제나 참조할 수 있다. 즉, 언제나 public이다.

【 예제 25-48 】

```
class Person {
  constructor(name) {
    this.name = name; // 인스턴스 프로퍼티는 기본적으로 public하다.
  }
}

const me = new Person('Lee');
console.log(me.name); // Lee
```

클래스 필드 정의 제안을 사용하더라도 클래스 필드는 기본적으로 public하기 때문에 외부에 그대로 노출된다.

【 예제 25-49 】

```
class Person {
  name = 'Lee'; // 클래스 필드도 기본적으로 public하다.
}

// 인스턴스 생성
const me = new Person();
console.log(me.name); // Lee
```

다행히도 2021년 1월 현재, TC39 프로세스의 stage 3(candidate)에는 private 필드를 정의할 수 있는 새로운 표준 사양이 제안[14]되어 있다. 표준 사양으로 승급이 확실시되는 이 제안도 최신 브라우저(Chrome 74 이상)와 최신 Node.js(버전 12 이상)에 이미 구현되어 있다.

다음 예제를 살펴보자. private 필드의 선두에는 #을 붙여준다. private 필드를 참조할 때도 #을 붙여주어야 한다.

---

14 https://github.com/tc39/proposal-class-fields#private-fields

【 예제 25-50 】

```javascript
class Person {
  // private 필드 정의
  #name = '';

  constructor(name) {
    // private 필드 참조
    this.#name = name;
  }
}

const me = new Person('Lee');

// private 필드 #name은 클래스 외부에서 참조할 수 없다.
console.log(me.#name);
// SyntaxError: Private field '#name' must be declared in an enclosing class
```

📑 **타입스크립트**

C#의 창시자인 덴마크 출신 소프트웨어 엔지니어 아네르스 하일스베르Anders Hejlsberg가 개발을 주도한 자바스크립트의 상위 확장superset인 타입스크립트TypeScript는 클래스 기반 객체지향 언어가 지원하는 접근 제한자인 public, private, protected를 모두 지원하며, 의미 또한 기본적으로 동일하다.[15]

public 필드는 어디서든 참조할 수 있지만 private 필드는 클래스 내부에서만 참조할 수 있다.

접근 가능성	public	private
클래스 내부	○	○
자식 클래스 내부	○	×
클래스 인스턴스를 통한 접근	○	×

이처럼 클래스 외부에서 private 필드에 직접 접근할 수 있는 방법은 없다. 다만 접근자 프로퍼티[16]를 통해 간접적으로 접근하는 방법은 유효하다.

【 예제 25-51 】

```javascript
class Person {
  // private 필드 정의
  #name = '';
```

---

15 https://poiemaweb.com/typescript-class
16 25.7.2절 "접근자 프로퍼티" 참고

```
  constructor(name) {
    this.#name = name;
  }

  // name은 접근자 프로퍼티다.
  get name() {
    // private 필드를 참조하여 trim한 다음 반환한다.
    return this.#name.trim();
  }
}

const me = new Person(' Lee ');
console.log(me.name); // Lee
```

private 필드는 반드시 클래스 몸체에 정의해야 한다. private 필드를 직접 constructor에 정의하면 에러가 발생한다.

【 예제 25-52 】

```
class Person {
  constructor(name) {
    // private 필드는 클래스 몸체에서 정의해야 한다.
    this.#name = name;
    // SyntaxError: Private field '#name' must be declared in an enclosing class
  }
}
```

25.7.5 static 필드 정의 제안

25.5.3절 "정적 메서드"에서 살펴보았듯이 클래스에는 static 키워드를 사용하여 정적 메서드를 정의할 수 있다. 하지만 static 키워드를 사용하여 정적 필드를 정의할 수는 없었다. 하지만 static public 필드, static private 필드, static private 메서드를 정의할 수 있는 새로운 표준 사양인 "Static class features"[17]가 2021년 1월 현재, TC39 프로세스의 stage 3(candidate)에 제안되어 있다. 이 제안 중에서 static public/private 필드는 2021년 1월 현재, 최신 브라우저(Chrome 72 이상)와 최신 Node.js(버전 12 이상)에 이미 구현되어 있다.

【 예제 25-53 】

```
class MyMath {
  // static public 필드 정의
```

---

17 https://github.com/tc39/proposal-static-class-features

```
  static PI = 22 / 7;

  // static private 필드 정의
  static #num = 10;

  // static 메서드
  static increment() {
    return ++MyMath.#num;
  }
}

console.log(MyMath.PI); // 3.142857142857143
console.log(MyMath.increment()); // 11
```

25.8 상속에 의한 클래스 확장

25.8.1 클래스 상속과 생성자 함수 상속

상속에 의한 클래스 확장은 지금까지 살펴본 프로토타입 기반 상속과는 다른 개념이다. 프로토타입 기반 상속은 프로토타입 체인을 통해 다른 객체의 자산을 상속받는 개념이지만 **상속에 의한 클래스 확장은 기존 클래스를 상속받아 새로운 클래스를 확장**extends**하여 정의하는 것이다.**

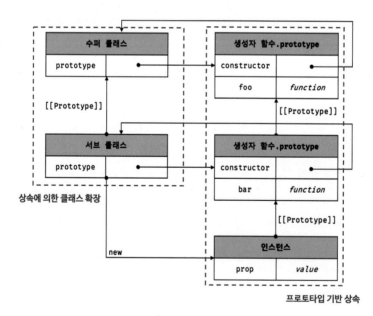

그림 25-7 상속에 의한 클래스 확장

클래스와 생성자 함수는 인스턴스를 생성할 수 있는 함수라는 점에서 매우 유사하다. 하지만 클래스는 상속을 통해 기존 클래스를 확장할 수 있는 문법이 기본적으로 제공되지만 생성자 함수는 그렇지 않다.

예를 들어, 동물을 추상화한 Animal 클래스와 새와 사자를 추상화한 Bird, Lion 클래스를 각각 정의한다고 생각해보자. 새와 사자는 동물에 속하므로 동물의 속성을 갖는다. 하지만 새와 사자는 자신만의 고유한 속성도 갖는다. 이때 Animal 클래스는 동물의 속성을 표현하고 Bird, Lion 클래스는 상속을 통해 Animal 클래스의 속성을 그대로 사용하면서 자신만의 고유한 속성만 추가하여 확장할 수 있다.

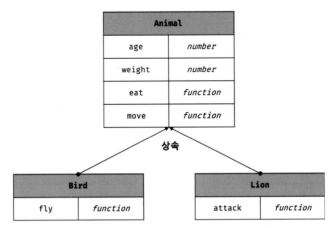

그림 25-8 클래스 상속을 통해 클래스의 속성을 상속받는다.

Bird 클래스와 Lion 클래스는 상속을 통해 Animal 클래스의 속성을 그대로 사용하고 자신만의 고유한 속성을 추가하여 확장했다. 이처럼 상속에 의한 클래스 확장은 코드 재사용 관점에서 매우 유용하다.

상속을 통해 Animal 클래스를 확장한 Bird 클래스를 구현해 보자.

【 예제 25-54 】

```javascript
class Animal {
  constructor(age, weight) {
    this.age = age;
    this.weight = weight;
  }

  eat() { return 'eat'; }

  move() { return 'move'; }
}

// 상속을 통해 Animal 클래스를 확장한 Bird 클래스
class Bird extends Animal {
  fly() { return 'fly'; }
}
```

```
const bird = new Bird(1, 5);

console.log(bird); // Bird {age: 1, weight: 5}
console.log(bird instanceof Bird); // true
console.log(bird instanceof Animal); // true

console.log(bird.eat());  // eat
console.log(bird.move()); // move
console.log(bird.fly());  // fly
```

상속에 의해 확장된 클래스 Bird를 통해 생성된 인스턴스의 프로토타입 체인은 다음과 같다.

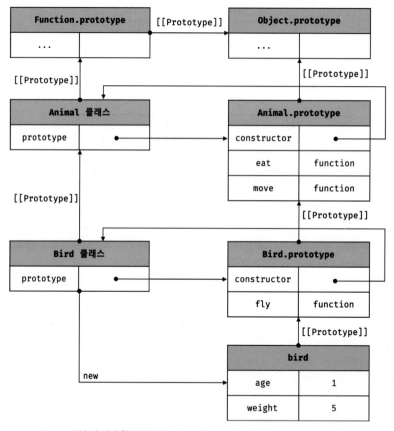

그림 25-9 상속에 의해 확장된 클래스 Bird에 의해 생성된 인스턴스의 프로토타입 체인

클래스는 상속을 통해 다른 클래스를 확장할 수 있는 문법인 extends 키워드가 기본적으로 제공된다. extends 키워드를 사용한 클래스 확장은 간편하고 직관적이다. 하지만 생성자 함수는 클래스와 같이 상속을 통해 다른 생성자 함수를 확장할 수 있는 문법이 제공되지 않는다.

자바스크립트는 클래스 기반 언어가 아니므로 생성자 함수를 사용하여 클래스를 흉내 내려는 시도를 권장하지는 않지만 의사 클래스 상속^{pseudo classical inheritance} 패턴을 사용하여 상속에 의한 클래스 확장을 흉내 내기도 했다. 클래스의 등장으로 다음 예제와 같은 의사 클래스 상속 패턴은 더는 필요하지 않다. 참고로만 살펴보기 바란다.

【 예제 25-55 】

```
// 의사 클래스 상속(pseudo classical inheritance) 패턴
var Animal = (function () {
  function Animal(age, weight) {
    this.age = age;
    this.weight = weight;
  }

  Animal.prototype.eat = function () {
    return 'eat';
  };

  Animal.prototype.move = function () {
    return 'move';
  };

  return Animal;
}());

// Animal 생성자 함수를 상속하여 확장한 Bird 생성자 함수
var Bird = (function () {
  function Bird() {
    // Animal 생성자 함수에게 this와 인수를 전달하면서 호출
    Animal.apply(this, arguments);
  }

  // Bird.prototype을 Animal.prototype을 프로토타입으로 갖는 객체로 교체
  Bird.prototype = Object.create(Animal.prototype);
  // Bird.prototype.constructor을 Animal에서 Bird로 교체
  Bird.prototype.constructor = Bird;

  Bird.prototype.fly = function () {
    return 'fly';
  };

  return Bird;
}());

var bird = new Bird(1, 5);
```

```
console.log(bird); // Bird {age: 1, weight: 5}
console.log(bird.eat()); // eat
console.log(bird.move());// move
console.log(bird.fly()); // fly
```

25.8.2 extends 키워드

상속을 통해 클래스를 확장하려면 extends 키워드를 사용하여 상속받을 클래스를 정의한다.

【 예제 25-56 】

```
// 수퍼(베이스/부모)클래스
class Base {}

// 서브(파생/자식)클래스
class Derived extends Base {}
```

상속을 통해 확장된 클래스를 서브클래스subclass라 부르고, 서브클래스에게 상속된 클래스를 수퍼클래스super-
class라 부른다. 서브클래스를 파생 클래스derived class 또는 자식 클래스child class, 수퍼클래스를 베이스 클래스base
class 또는 부모 클래스parent class라고 부르기도 한다.

extends 키워드의 역할은 수퍼클래스와 서브클래스 간의 상속 관계를 설정하는 것이다. 클래스도 프로토타
입을 통해 상속 관계를 구현한다.

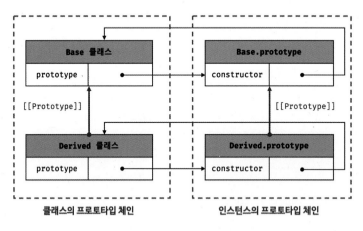

그림 25-10 extends 키워드

수퍼클래스와 서브클래스는 인스턴스의 프로토타입 체인뿐 아니라 클래스 간의 프로토타입 체인도 생성한
다. 이를 통해 프로토타입 메서드, 정적 메서드 모두 상속이 가능하다.

25.8.3 동적 상속

extends 키워드는 클래스뿐만 아니라 생성자 함수를 상속받아 클래스를 확장할 수도 있다. 단, extends 키워드 앞에는 반드시 클래스가 와야 한다.

【 예제 25-57 】

```javascript
// 생성자 함수
function Base(a) {
  this.a = a;
}

// 생성자 함수를 상속받는 서브클래스
class Derived extends Base {}

const derived = new Derived(1);
console.log(derived); // Derived {a: 1}
```

extends 키워드 다음에는 클래스뿐만이 아니라 [[Construct]] 내부 메서드를 갖는 함수 객체로 평가될 수 있는 모든 표현식을 사용할 수 있다. 이를 통해 동적으로 상속받을 대상을 결정할 수 있다.

【 예제 25-58 】

```javascript
function Base1() {}

class Base2 {}

let condition = true;

// 조건에 따라 동적으로 상속 대상을 결정하는 서브클래스
class Derived extends (condition ? Base1 : Base2) {}

const derived = new Derived();
console.log(derived); // Derived {}

console.log(derived instanceof Base1); // true
console.log(derived instanceof Base2); // false
```

25.8.4 서브클래스의 constructor

25.5.1절 "constructor"에서 살펴보았듯이 클래스에서 constructor를 생략하면 클래스에 다음과 같이 비어 있는 constructor가 암묵적으로 정의된다.

【 예제 25-59 】

```
constructor() {}
```

서브클래스에서 constructor를 생략하면 클래스에 다음과 같은 constructor가 암묵적으로 정의된다. args 는 new 연산자와 함께 클래스를 호출할 때 전달한 인수의 리스트다.

【 예제 25-60 】

```
constructor( ...args) { super( ...args); }
```

super( )는 수퍼클래스의 constructor(super-constructor)를 호출하여 인스턴스를 생성한다.

📄 Rest 파라미터

매개변수에 ... 을 붙이면 Rest 파라미터가 된다. Rest 파라미터는 함수에 전달된 인수들의 목록을 배열로 전달받는다. 이에 대해 서는 26.4절 "Rest 파라미터"에서 살펴볼 것이다.

다음 예제를 살펴보자. 수퍼클래스와 서브클래스 모두 constructor를 생략했다.

【 예제 25-61 】

```
// 수퍼클래스
class Base {}

// 서브클래스
class Derived extends Base {}
```

위 예제의 클래스에는 다음과 같이 암묵적으로 constructor가 정의된다.

【 예제 25-62 】

```
// 수퍼클래스
class Base {
  constructor() {}
}

// 서브클래스
class Derived extends Base {
  constructor( ...args) { super( ...args); }
}

const derived = new Derived();
console.log(derived); // Derived {}
```

위 예제와 같이 수퍼클래스와 서브클래스 모두 constructor를 생략하면 빈 객체가 생성된다. 프로퍼티를 소유하는 인스턴스를 생성하려면 constructor 내부에서 인스턴스에 프로퍼티를 추가해야 한다.

25.8.5 super 키워드

super 키워드는 함수처럼 호출할 수도 있고 this와 같이 식별자처럼 참조할 수 있는 특수한 키워드다. super 는 다음과 같이 동작한다.

- super를 호출하면 수퍼클래스의 constructor(super-constructor)를 호출한다.
- super를 참조하면 수퍼클래스의 메서드를 호출할 수 있다.

super 호출

super를 호출하면 수퍼클래스의 constructor(super-constructor)를 호출한다.

다음 예제와 같이 수퍼클래스의 constructor 내부에서 추가한 프로퍼티를 그대로 갖는 인스턴스를 생성한다면 서브클래스의 constructor를 생략할 수 있다. 이때 new 연산자와 함께 서브클래스를 호출하면서 전달한 인수는 모두 서브클래스에 암묵적으로 정의된 constructor의 super 호출을 통해 수퍼클래스의 constructor 에 전달된다.

【 예제 25-63 】

```javascript
// 수퍼클래스
class Base {
  constructor(a, b) {
    this.a = a;
    this.b = b;
  }
}

// 서브클래스
class Derived extends Base {
  // 다음과 같이 암묵적으로 constructor가 정의된다.
  // constructor(...args) { super(...args); }
}

const derived = new Derived(1, 2);
console.log(derived); // Derived {a: 1, b: 2}
```

다음 예제와 같이 수퍼클래스에서 추가한 프로퍼티와 서브클래스에서 추가한 프로퍼티를 갖는 인스턴스를 생성한다면 서브클래스의 constructor를 생략할 수 없다. 이때 new 연산자와 함께 서브클래스를 호출하면서 전달한 인수 중에서 수퍼클래스의 constructor에 전달할 필요가 있는 인수는 서브클래스의 constructor에 서 호출하는 super를 통해 전달한다.

```
// 수퍼클래스
class Base {
  constructor(a, b) { // ④
    this.a = a;
    this.b = b;
  }
}

// 서브클래스
class Derived extends Base {
  constructor(a, b, c) { // ②
    super(a, b); // ③
    this.c = c;
  }
}

const derived = new Derived(1, 2, 3); // ①
console.log(derived); // Derived {a: 1, b: 2, c: 3}
```

new 연산자와 함께 Derived 클래스를 호출(①)하면서 전달한 인수 1, 2, 3은 Derived 클래스의 constructor(②)에 전달되고 super 호출(③)을 통해 Base 클래스의 constructor(④)에 일부가 전달된다.

이처럼 인스턴스 초기화를 위해 전달한 인수는 수퍼클래스와 서브클래스에 배분되고 상속 관계의 두 클래스는 서로 협력하여 인스턴스를 생성한다.

super를 호출할 때 주의할 사항은 다음과 같다.

01. 서브클래스에서 constructor를 생략하지 않는 경우 서브클래스의 constructor에서는 반드시 super를 호출해야 한다.

【 예제 25-65 】

```
class Base {}

class Derived extends Base {
  constructor() {
    // ReferenceError: Must call super constructor in derived class before accessing
'this' or returning from derived constructor
    console.log('constructor call');
  }
}

const derived = new Derived();
```

02. 서브클래스의 constructor에서 super를 호출하기 전에는 this를 참조할 수 없다.

【 예제 25-66 】

```
class Base {}

class Derived extends Base {
  constructor() {
    // ReferenceError: Must call super constructor in derived class before accessing
'this' or returning from derived constructor
    this.a = 1;
    super();
  }
}

const derived = new Derived(1);
```

03. super는 반드시 서브클래스의 constructor에서만 호출한다. 서브클래스가 아닌 클래스의 constructor나 함수에서 super를 호출하면 에러가 발생한다.

【 예제 25-67 】

```
class Base {
  constructor() {
    super(); // SyntaxError: 'super' keyword unexpected here
  }
}

function Foo() {
  super(); // SyntaxError: 'super' keyword unexpected here
}
```

super 참조

메서드 내에서 super를 참조하면 수퍼클래스의 메서드를 호출할 수 있다.

01. 서브클래스의 프로토타입 메서드 내에서 super.sayHi는 수퍼클래스의 프로토타입 메서드 sayHi를 가리킨다.

【 예제 25-68 】

```
// 수퍼클래스
class Base {
  constructor(name) {
    this.name = name;
  }

  sayHi() {
```

```
      return `Hi! ${this.name}`;
    }
  }

  // 서브클래스
  class Derived extends Base {
    sayHi() {
      // super.sayHi는 수퍼클래스의 프로토타입 메서드를 가리킨다.
      return `${super.sayHi()}. how are you doing?`;
    }
  }

  const derived = new Derived('Lee');
  console.log(derived.sayHi()); // Hi! Lee. how are you doing?
```

super 참조를 통해 수퍼클래스의 메서드를 참조하려면 super가 수퍼클래스의 메서드가 바인딩된 객체, 즉 수퍼클래스의 prototype 프로퍼티에 바인딩된 프로토타입을 참조할 수 있어야 한다. 위 예제는 다음 예제와 동일하게 동작한다.

【 예제 25-69 】

```
  // 수퍼클래스
  class Base {
    constructor(name) {
      this.name = name;
    }

    sayHi() {
      return `Hi! ${this.name}`;
    }
  }

  class Derived extends Base {
    sayHi() {
      // __super는 Base.prototype을 가리킨다.
      const __super = Object.getPrototypeOf(Derived.prototype);
      return `${__super.sayHi.call(this)} how are you doing?`;
    }
  }
```

super는 자신을 참조하고 있는 메서드(위 예제의 경우 Derived의 sayHi)가 바인딩되어 있는 객체(위 예제의 경우 Derived.prototype)의 프로토타입(위 예제의 경우 Base.prototype)을 가리킨다. 따라서 super.sayHi는 Base.prototype.sayHi를 가리킨다. 단, super.sayHi, 즉 Base.prototype.sayHi를 호출할 때 call 메서드를 사용해 this를 전달해야 한다.

call 메서드를 사용해 this를 전달하지 않고 Base.prototype.sayHi를 그대로 호출하면 Base.prototype.
sayHi 메서드 내부의 this는 Base.prototype을 가리킨다. Base.prototype.sayHi 메서드는 프로토타입 메서
드이기 때문에 내부의 this는 Base.prototype이 아닌 인스턴스를 가리켜야 한다. name 프로퍼티는 인스턴스에
존재하기 때문이다.

이처럼 super 참조가 동작하기 위해서는 super를 참조하고 있는 메서드(위 예제의 경우 Derived의 sayHi)가 바
인딩되어 있는 객체(위 예제의 경우 Derived.prototype)의 프로토타입(위 예제의 경우 Base.prototype)을 찾
을 수 있어야 한다. 이를 위해 메서드는 내부 슬롯 [[HomeObject]]를 가지며, 자신을 바인딩하고 있는 객체를 가
리킨다.

super 참조를 의사 코드로 표현하면 다음과 같다.

【 예제 25-70 】

```
/*
[[HomeObject]]는 메서드 자신을 바인딩하고 있는 객체를 가리킨다.
[[HomeObject]]를 통해 메서드 자신을 바인딩하고 있는 객체의 프로토타입을 찾을 수 있다.
예를 들어, Derived 클래스의 sayHi 메서드는 Derived.prototype에 바인딩되어 있다.
따라서 Derived 클래스의 sayHi 메서드의 [[HomeObject]]는 Derived.prototype이고
이를 통해 Derived 클래스의 sayHi 메서드 내부의 super 참조가 Base.prototype으로 결정된다.
따라서 super.sayHi는 Base.prototype.sayHi를 가리키게 된다.
*/
super = Object.getPrototypeOf([[HomeObject]])
```

주의할 것은 ES6의 메서드 축약 표현으로 정의된 함수만이 [[HomeObject]]를 갖는다는 것이다.

【 예제 25-71 】

```
const obj = {
  // foo는 ES6의 메서드 축약 표현으로 정의한 메서드다. 따라서 [[HomeObject]]를 갖는다.
  foo() {},
  // bar는 ES6의 메서드 축약 표현으로 정의한 메서드가 아니라 일반 함수다.
  // 따라서 [[HomeObject]]를 갖지 않는다.
  bar: function () {}
};
```

[[HomeObject]]를 가지는 함수만이 super 참조를 할 수 있다. 따라서 [[HomeObject]]를 가지는 ES6의 메서드
축약 표현으로 정의된 함수만이 super 참조를 할 수 있다. 단, super 참조는 수퍼클래스의 메서드를 참조하기 위해
사용하므로 서브클래스의 메서드에서 사용해야 한다.

super 참조는 클래스의 전유물은 아니다. 객체 리터럴에서도 super 참조를 사용할 수 있다. 단, ES6의 메서드 축약
표현으로 정의된 함수만 가능하다.

【 예제 25-72 】

```javascript
const base = {
  name: 'Lee',
  sayHi() {
    return `Hi! ${this.name}`;
  }
};

const derived = {
  __proto__: base,
  // ES6 메서드 축약 표현으로 정의한 메서드다. 따라서 [[HomeObject]]를 갖는다.
  sayHi() {
    return `${super.sayHi()}. how are you doing?`;
  }
};

console.log(derived.sayHi()); // Hi! Lee. how are you doing?
```

02. 서브클래스의 정적 메서드 내에서 super.sayHi는 수퍼클래스의 정적 메서드 sayHi를 가리킨다.

【 예제 25-73 】

```javascript
// 수퍼클래스
class Base {
  static sayHi() {
    return 'Hi!';
  }
}

// 서브클래스
class Derived extends Base {
  static sayHi() {
    // super.sayHi는 수퍼클래스의 정적 메서드를 가리킨다.
    return `${super.sayHi()} how are you doing?`;
  }
}

console.log(Derived.sayHi()); // Hi! how are you doing?
```

25.8.6 상속 클래스의 인스턴스 생성 과정

상속 관계에 있는 두 클래스가 어떻게 협력하며 인스턴스를 생성하는지 살펴보도록 하자. 이를 통해 super를 더욱 명확하게 이해할 수 있을 것이다.

25.6절 "클래스의 인스턴스 생성 과정"에서 살펴본 클래스가 단독으로 인스턴스를 생성하는 과정보다 상속 관계에 있는 두 클래스가 협력하며 인스턴스를 생성하는 과정은 좀 더 복잡하다.

직사각형을 추상화한 Rectangle 클래스와 상속을 통해 Rectangle 클래스를 확장한 ColorRectangle 클래스를 정의해 보자.

【 예제 25-74 】

```javascript
// 수퍼클래스
class Rectangle {
  constructor(width, height) {
    this.width = width;
    this.height = height;
  }

  getArea() {
    return this.width * this.height;
  }

  toString() {
    return `width = ${this.width}, height = ${this.height}`;
  }
}

// 서브클래스
class ColorRectangle extends Rectangle {
  constructor(width, height, color) {
    super(width, height);
    this.color = color;
  }

  // 메서드 오버라이딩
  toString() {
    return super.toString() + `, color = ${this.color}`;
  }
}

const colorRectangle = new ColorRectangle(2, 4, 'red');
console.log(colorRectangle); // ColorRectangle {width: 2, height: 4, color: "red"}

// 상속을 통해 getArea 메서드를 호출
console.log(colorRectangle.getArea()); // 8
// 오버라이딩된 toString 메서드를 호출
console.log(colorRectangle.toString()); // width = 2, height = 4, color = red
```

ColorRectangle 클래스에 의해 생성된 인스턴스의 프로토타입 체인은 다음과 같다.

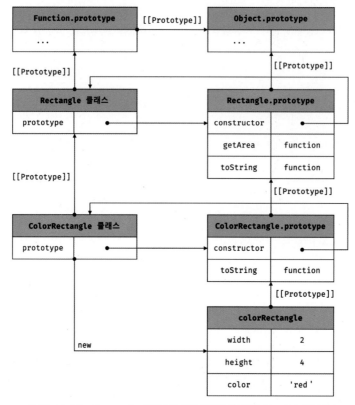

그림 25-11 ColorRectangle 클래스에 의해 생성된 인스턴스의 프로토타입 체인

서브클래스 ColorRectangle이 new 연산자와 함께 호출되면 다음 과정을 통해 인스턴스를 생성한다.

1. 서브클래스의 super 호출

자바스크립트 엔진은 클래스를 평가할 때 수퍼클래스와 서브클래스를 구분하기 위해 "base" 또는 "derived"를 값으로 갖는 내부 슬롯 [[ConstructorKind]]를 갖는다. [18] 다른 클래스를 상속받지 않는 클래스(그리고 생성자 함수)는 내부 슬롯 [[ConstructorKind]]의 값이 "base"로 설정되지만 다른 클래스를 상속받는 서브클래스는 내부 슬롯 [[ConstructorKind]]의 값이 "derived"로 설정된다. 이를 통해 수퍼클래스와 서브클래스는 new 연산자와 함께 호출되었을 때의 동작이 구분된다.

다른 클래스를 상속받지 않는 클래스(그리고 생성자 함수)는 25.6절 "클래스의 인스턴스 생성 과정"에서 살펴보았듯이 new 연산자와 함께 호출되었을 때 암묵적으로 빈 객체, 즉 인스턴스를 생성하고 이를 this에 바인딩한다.

---

18 https://www.ecma-international.org/ecma-262/11.0/#table-27

하지만 **서브클래스는 자신이 직접 인스턴스를 생성하지 않고 수퍼클래스에게 인스턴스 생성을 위임한다. 이 것이 바로 서브클래스의 constructor에서 반드시 super를 호출해야 하는 이유다.**

서브클래스가 new 연산자와 함께 호출되면 서브클래스 constructor 내부의 super 키워드가 함수처럼 호출 된다. super가 호출되면 수퍼클래스의 constructor(super-constructor)가 호출된다. 좀 더 정확히 말하자 면 수퍼클래스가 평가되어 생성된 함수 객체의 코드가 실행되기 시작한다.

만약 서브클래스 constructor 내부에 super 호출이 없으면 에러가 발생한다. 실제로 인스턴스를 생성하는 주체는 수퍼클래스이므로 수퍼클래스의 constructor를 호출하는 super가 호출되지 않으면 인스턴스를 생성 할 수 없기 때문이다.

2. 수퍼클래스의 인스턴스 생성과 this 바인딩

수퍼클래스의 constructor 내부의 코드가 실행되기 이전에 암묵적으로 빈 객체를 생성한다. 이 빈 객체가 바 로 (아직 완성되지는 않았지만) 클래스가 생성한 인스턴스다. 그리고 암묵적으로 생성된 빈 객체, 즉 인스턴 스는 this에 바인딩된다. 따라서 수퍼클래스의 constructor 내부의 this는 생성된 인스턴스를 가리킨다.

【 예제 25-75 】

```
// 수퍼클래스
class Rectangle {
  constructor(width, height) {
    // 암묵적으로 빈 객체, 즉 인스턴스가 생성되고 this에 바인딩된다.
    console.log(this); // ColorRectangle {}
    // new 연산자와 함께 호출된 함수, 즉 new.target은 ColorRectangle이다.
    console.log(new.target); // ColorRectangle
...
```

이때 인스턴스는 수퍼클래스가 생성한 것이다. 하지만 new 연산자와 함께 호출된 클래스가 서브클래스라는 것이 중요하다. 즉, new 연산자와 함께 호출된 함수를 가리키는 new.target[19]은 서브클래스를 가리킨다. 따 라서 **인스턴스는 new.target이 가리키는 서브클래스가 생성한 것으로 처리된다.**

따라서 생성된 인스턴스의 프로토타입은 수퍼클래스의 prototype 프로퍼티가 가리키는 객체(Rectangle. prototype)가 아니라 new.target, 즉 서브클래스의 prototype 프로퍼티가 가리키는 객체(ColorRectangle. prototype)다.

---

19 17.2.7절 "new.target" 참고

【 예제 25-76 】

```
// 수퍼클래스
class Rectangle {
  constructor(width, height) {
    // 암묵적으로 빈 객체, 즉 인스턴스가 생성되고 this에 바인딩된다.
    console.log(this); // ColorRectangle {}
    // new 연산자와 함께 호출된 함수, 즉 new.target은 ColorRectangle이다.
    console.log(new.target); // ColorRectangle

    // 생성된 인스턴스의 프로토타입으로 ColorRectangle.prototype이 설정된다.
    console.log(Object.getPrototypeOf(this) === ColorRectangle.prototype); // true
    console.log(this instanceof ColorRectangle); // true
    console.log(this instanceof Rectangle); // true
...
```

3. 수퍼클래스의 인스턴스 초기화

수퍼클래스의 constructor가 실행되어 this에 바인딩되어 있는 인스턴스를 초기화한다. 즉, this에 바인딩되어 있는 인스턴스에 프로퍼티를 추가하고 constructor가 인수로 전달받은 초기값으로 인스턴스의 프로퍼티를 초기화한다.

【 예제 25-77 】

```
// 수퍼클래스
class Rectangle {
  constructor(width, height) {
    // 암묵적으로 빈 객체, 즉 인스턴스가 생성되고 this에 바인딩된다.
    console.log(this); // ColorRectangle {}
    // new 연산자와 함께 호출된 함수, 즉 new.target은 ColorRectangle이다.
    console.log(new.target); // ColorRectangle

    // 생성된 인스턴스의 프로토타입으로 ColorRectangle.prototype이 설정된다.
    console.log(Object.getPrototypeOf(this) === ColorRectangle.prototype); // true
    console.log(this instanceof ColorRectangle); // true
    console.log(this instanceof Rectangle); // true

    // 인스턴스 초기화
    this.width = width;
    this.height = height;

    console.log(this); // ColorRectangle {width: 2, height: 4}
  }
...
```

4. 서브클래스 constructor로의 복귀와 this 바인딩

super의 호출이 종료되고 제어 흐름이 서브클래스 constructor로 돌아온다. 이때 super가 반환한 인스턴스가 this에 바인딩된다. 서브클래스는 별도의 인스턴스를 생성하지 않고 super가 반환한 인스턴스를 this에 바인딩하여 그대로 사용한다.

【 예제 25-78 】

```javascript
// 서브클래스
class ColorRectangle extends Rectangle {
  constructor(width, height, color) {
    super(width, height);

    // super가 반환한 인스턴스가 this에 바인딩된다.
    console.log(this); // ColorRectangle {width: 2, height: 4}
  ...
```

이처럼 super가 호출되지 않으면 인스턴스가 생성되지 않으며, this 바인딩도 할 수 없다. 서브클래스의 constructor에서 super를 호출하기 전에는 this를 참조할 수 없는 이유가 바로 이 때문이다. 따라서 서브클래스 constructor 내부의 인스턴스 초기화는 반드시 super 호출 이후에 처리되어야 한다.

5. 서브클래스의 인스턴스 초기화

super 호출 이후, 서브클래스의 constructor에 기술되어 있는 인스턴스 초기화가 실행된다. 즉, this에 바인딩되어 있는 인스턴스에 프로퍼티를 추가하고 constructor가 인수로 전달받은 초기값으로 인스턴스의 프로퍼티를 초기화한다.

6. 인스턴스 반환

클래스의 모든 처리가 끝나면 완성된 인스턴스가 바인딩된 this가 암묵적으로 반환된다.

【 예제 25-79 】

```javascript
// 서브클래스
class ColorRectangle extends Rectangle {
  constructor(width, height, color) {
    super(width, height);

    // super가 반환한 인스턴스가 this에 바인딩된다.
    console.log(this); // ColorRectangle {width: 2, height: 4}

    // 인스턴스 초기화
    this.color = color;
```

```
    // 완성된 인스턴스가 바인딩된 this가 암묵적으로 반환된다.
    console.log(this); // ColorRectangle {width: 2, height: 4, color: "red"}
  }
  ...
```

25.8.7 표준 빌트인 생성자 함수 확장

25.8.3절 "동적 상속"에서 살펴보았듯이 extends 키워드 다음에는 클래스뿐만이 아니라 [[Construct]] 내부 메서드를 갖는 함수 객체로 평가될 수 있는 모든 표현식을 사용할 수 있다. String, Number, Array 같은 표준 빌트인 객체도 [[Construct]] 내부 메서드를 갖는 생성자 함수이므로 extends 키워드를 사용하여 확장할 수 있다.

다음 예제를 살펴보자. 예제에 등장하는 filter, reduce 메서드에 대해서는 아직 살펴보지 않았다. 이에 대해서는 27장 "배열"에서 자세히 살펴보기로 하고 지금은 extends 키워드를 사용하여 표준 빌트인 생성자 함수를 확장하는 것에 주목하자.

【 예제 25-80 】

```
// Array 생성자 함수를 상속받아 확장한 MyArray
class MyArray extends Array {
  // 중복된 배열 요소를 제거하고 반환한다: [1, 1, 2, 3] => [1, 2, 3]
  uniq() {
    return this.filter((v, i, self) => self.indexOf(v) === i);
  }

  // 모든 배열 요소의 평균을 구한다: [1, 2, 3] => 2
  average() {
    return this.reduce((pre, cur) => pre + cur, 0) / this.length;
  }
}

const myArray = new MyArray(1, 1, 2, 3);
console.log(myArray); // MyArray(4) [1, 1, 2, 3]

// MyArray.prototype.uniq 호출
console.log(myArray.uniq()); // MyArray(3) [1, 2, 3]
// MyArray.prototype.average 호출
console.log(myArray.average()); // 1.75
```

Array 생성자 함수를 상속받아 확장한 MyArray 클래스가 생성한 인스턴스는 Array.prototype과 MyArray.prototype의 모든 메서드를 사용할 수 있다.

이때 주의할 것은 Array.prototype의 메서드 중에서 map, filter와 같이 새로운 배열을 반환하는 메서드가 MyArray 클래스의 인스턴스를 반환한다는 것이다.

【 예제 25-81 】

```
console.log(myArray.filter(v => v % 2) instanceof MyArray); // true
```

만약 새로운 배열을 반환하는 메서드가 MyArray 클래스의 인스턴스를 반환하지 않고 Array의 인스턴스를 반환하면 MyArray 클래스의 메서드와 메서드 체이닝method chaining이 불가능하다.

【 예제 25-82 】

```
// 메서드 체이닝
// [1, 1, 2, 3] => [ 1, 1, 3 ] => [ 1, 3 ] => 2
console.log(myArray.filter(v => v % 2).uniq().average()); // 2
```

myArray.filter가 반환하는 인스턴스는 MyArray 클래스가 생성한 인스턴스, 즉 MyArray 타입이다. 따라서 myArray.filter가 반환하는 인스턴스로 uniq 메서드를 연이어 호출(메서드 체이닝)할 수 있다. uniq 메서드 가 반환하는 인스턴스는 Array.prototype.filter에 의해 생성되었기 때문에 Array 생성자 함수가 생성한 인스턴스로 생각할 수도 있겠다. 하지만 uniq 메서드가 반환하는 인스턴스도 MyArray 타입이다. 따라서 uniq 메서드가 반환하는 인스턴스로 average 메서드를 연이어 호출(메서드 체이닝)할 수 있다.

만약 MyArray 클래스의 uniq 메서드가 MyArray 클래스가 생성한 인스턴스가 아닌 Array가 생성한 인스턴스를 반환하게 하려면 다음과 같이 Symbol.species를 사용하여 정적 접근자 프로퍼티를 추가한다.

【 예제 25-83 】

```
// Array 생성자 함수를 상속받아 확장한 MyArray
class MyArray extends Array {
  // 모든 메서드가 Array 타입의 인스턴스를 반환하도록 한다.
  static get [Symbol.species]() { return Array; }

  // 중복된 배열 요소를 제거하고 반환한다: [1, 1, 2, 3] => [1, 2, 3]
  uniq() {
    return this.filter((v, i, self) => self.indexOf(v) === i);
  }

  // 모든 배열 요소의 평균을 구한다: [1, 2, 3] => 2
  average() {
    return this.reduce((pre, cur) => pre + cur, 0) / this.length;
  }
}
```

```
const myArray = new MyArray(1, 1, 2, 3);

console.log(myArray.uniq() instanceof MyArray); // false
console.log(myArray.uniq() instanceof Array); // true

// 메서드 체이닝
// uniq 메서드는 Array 인스턴스를 반환하므로 average 메서드를 호출할 수 없다.
console.log(myArray.uniq().average());
// TypeError: myArray.uniq( ... ).average is not a function
```

## 26 장

ES6 함수의 추가 기능

26.1 함수의 구분

ES6 이전까지 자바스크립트의 함수는 별다른 구분 없이 다양한 목적으로 사용되었다. 자바스크립트의 함수는 일반적인 함수로서 호출할 수도 있고, new 연산자와 함께 호출하여 인스턴스를 생성할 수 있는 생성자 함수로서 호출할 수도 있으며, 객체에 바인딩되어 메서드로서 호출할 수도 있다. 이는 언뜻 보면 편리한 것 같지만 실수를 유발시킬 수 있으며 성능 면에서도 손해다.

다음 예제를 살펴보자. ES6 이전의 함수는 동일한 함수라도 다양한 형태로 호출할 수 있다.

【 예제 26-01 】

```
var foo = function () {
  return 1;
};

// 일반적인 함수로서 호출
foo(); // → 1

// 생성자 함수로서 호출
new foo(); // → foo {}

// 메서드로서 호출
var obj = { foo: foo };
obj.foo(); // → 1
```

이처럼 ES6 이전의 함수는 사용 목적에 따라 명확히 구분되지 않는다. 즉, **ES6 이전의 모든 함수는 일반 함수로서 호출할 수 있는 것은 물론 생성자 함수로서 호출할 수 있다.** 다시 말해, ES6 이전의 모든 함수는 callable이면서 constructor다.

【 예제 26-02 】

```
var foo = function () {};

// ES6 이전의 모든 함수는 callable이면서 constructor다.
foo(); // → undefined
new foo(); // → foo {}
```

> 📄 callable과 constructor/non-constructor
>
> 17.2.4절 "내부 메서드 [[Call]]과 [[Construct]]"에서 살펴보았듯이 호출할 수 있는 함수 객체를 callable이라 하며, 인스턴스를 생성할 수 있는 함수 객체를 constructor, 인스턴스를 생성할 수 없는 함수 객체를 non-constructor라고 부른다.

주의할 것은 ES6 이전에 일반적으로 메서드라고 부르던 객체에 바인딩된 함수도 callable이며 constructor라는 것이다. 따라서 객체에 바인딩된 함수도 일반 함수로서 호출할 수 있는 것은 물론 생성자 함수로서 호출할 수도 있다.

【 예제 26-03 】

```
// 프로퍼티 f에 바인딩된 함수는 callable이며 constructor다.
var obj = {
  x: 10,
  f: function () { return this.x; }
};

// 프로퍼티 f에 바인딩된 함수를 메서드로서 호출
console.log(obj.f()); // 10

// 프로퍼티 f에 바인딩된 함수를 일반 함수로서 호출
var bar = obj.f;
console.log(bar()); // undefined

// 프로퍼티 f에 바인딩된 함수를 생성자 함수로서 호출
console.log(new obj.f()); // f {}
```

위 예제와 같이 객체에 바인딩된 함수를 생성자 함수로 호출하는 경우가 흔치는 않겠지만 문법상 가능하다는 것은 문제가 있다. 그리고 이는 성능 면에서도 문제가 있다. 객체에 바인딩된 함수가 constructor라는 것은 객체에 바인딩된 함수가 prototype 프로퍼티를 가지며, 프로토타입 객체도 생성한다는 것을 의미하기 때문이다.

함수에 전달되어 보조 함수의 역할을 수행하는 콜백 함수도 마찬가지다. 콜백 함수도 constructor이기 때문에 불필요한 프로토타입 객체를 생성한다.

【 예제 26-04 】

```
// 콜백 함수를 사용하는 고차 함수 map. 콜백 함수도 constructor이며 프로토타입을 생성한다.
[1, 2, 3].map(function (item) {
  return item * 2;
}); // → [ 2, 4, 6 ]
```

이처럼 ES6 이전의 모든 함수는 사용 목적에 따라 명확한 구분이 없으므로 호출 방식에 특별한 제약이 없고 생성자 함수로 호출되지 않아도 프로토타입 객체를 생성한다. 이는 혼란스러우며 실수를 유발할 가능성이 있고 성능에도 좋지 않다.

이러한 문제를 해결하기 위해 ES6에서는 함수를 사용 목적에 따라 세 가지 종류로 명확히 구분했다.[1]

ES6 함수의 구분	constructor	prototype	super	arguments
일반 함수(Normal)	○	○	×	○
메서드(Method)	×	×	○	○
화살표 함수(Arrow)	×	×	×	×

일반 함수는 함수 선언문이나 함수 표현식으로 정의한 함수를 말하며, ES6 이전의 함수와 차이가 없다. 하지만 ES6의 메서드와 화살표 함수는 ES6 이전의 함수와 명확한 차이가 있다.

일반 함수는 constructor이지만 ES6의 메서드와 화살표 함수는 non-constructor다. 이에 대해 좀 더 자세히 살펴보자.

26.2 메서드

ES6 이전 사양에는 메서드에 대한 명확한 정의가 없었다. 일반적으로 메서드는 객체에 바인딩된 함수를 일컫는 의미로 사용되었다. ES6 사양에서는 메서드에 대한 정의가 명확하게 규정되었다. **ES6 사양에서 메서드는 메서드 축약 표현으로 정의된 함수만을 의미한다.**

【 예제 26-05 】

```
const obj = {
  x: 1,
  // foo는 메서드다.
  foo() { return this.x; },
  // bar에 바인딩된 함수는 메서드가 아닌 일반 함수다.
```

---

[1] 사실 이 세 가지 종류의 함수 외에도 제너레이터 함수와 async 함수가 존재한다. 이에 대해서는 46장 "제너레이터와 async/await"에서 자세히 살펴보자.

```
  bar: function() { return this.x; }
};

console.log(obj.foo()); // 1
console.log(obj.bar()); // 1
```

ES6 사양에서 정의한 메서드(이하 ES6 메서드)는 인스턴스를 생성할 수 없는 non-constructor다. 따라서 ES6 메서드는 생성자 함수로서 호출할 수 없다.

【 예제 26-06 】

```
new obj.foo(); // → TypeError: obj.foo is not a constructor
new obj.bar(); // → bar {}
```

ES6 메서드는 인스턴스를 생성할 수 없으므로 prototype 프로퍼티가 없고 프로토타입도 생성하지 않는다.

【 예제 26-07 】

```
// obj.foo는 constructor가 아닌 ES6 메서드이므로 prototype 프로퍼티가 없다.
obj.foo.hasOwnProperty('prototype'); // → false

// obj.bar는 constructor인 일반 함수이므로 prototype 프로퍼티가 있다.
obj.bar.hasOwnProperty('prototype'); // → true
```

참고로 표준 빌트인 객체가 제공하는 프로토타입 메서드와 정적 메서드는 모두 non-constructor다.

【 예제 26-08 】

```
String.prototype.toUpperCase.prototype;  // → undefined
String.fromCharCode.prototype            // → undefined

Number.prototype.toFixed.prototype;      // → undefined
Number.isFinite.prototype;               // → undefined

Array.prototype.map.prototype;  // → undefined
Array.from.prototype;           // → undefined
```

ES6 메서드는 자신을 바인딩한 객체를 가리키는 내부 슬롯 [[HomeObject]]를 갖는다.[2] super 참조는 내부 슬롯 [[HomeObject]]를 사용하여 수퍼클래스의 메서드를 참조하므로 내부 슬롯 [[HomeObject]]를 갖는 ES6 메서드는 super 키워드를 사용할 수 있다.

---

2   25.8.5절 "super 키워드" 참고

```
const base = {
  name: 'Lee',
  sayHi() {
    return `Hi! ${this.name}`;
  }
};

const derived = {
  __proto__: base,
  // sayHi는 ES6 메서드다. ES6 메서드는 [[HomeObject]]를 갖는다.
  // sayHi의 [[HomeObject]]는 sayHi가 바인딩된 객체인 derived를 가리키고
  // super는 sayHi의 [[HomeObject]]의 프로토타입인 base를 가리킨다.
  sayHi() {
    return `${super.sayHi()}. how are you doing?`;
  }
};

console.log(derived.sayHi()); // Hi! Lee. how are you doing?
```

ES6 메서드가 아닌 함수는 super 키워드를 사용할 수 없다. ES6 메서드가 아닌 함수는 내부 슬롯 [[HomeObject]]를 갖지 않기 때문이다.

【 예제 26-10 】

```
const derived = {
  __proto__: base,
  // sayHi는 ES6 메서드가 아니다.
  // 따라서 sayHi는 [[HomeObject]]를 갖지 않으므로 super 키워드를 사용할 수 없다.
  sayHi: function () {
    // SyntaxError: 'super' keyword unexpected here
    return `${super.sayHi()}. how are you doing?`;
  }
};
```

이처럼 ES6 메서드는 본연의 기능(super)을 추가하고 의미적으로 맞지 않는 기능(constructor)은 제거했다. 따라서 메서드를 정의할 때 프로퍼티 값으로 익명 함수 표현식을 할당하는 ES6 이전의 방식은 사용하지 않는 것이 좋다.

26.3 화살표 함수

화살표 함수^{arrow function}는 function 키워드 대신 화살표(=>, fat arrow)를 사용하여 기존의 함수 정의 방식보다 간략하게 함수를 정의할 수 있다. 화살표 함수는 표현만 간략한 것이 아니라 내부 동작도 기존의 함수보다 간략하다. 특히 화살표 함수는 콜백 함수 내부에서 this가 전역 객체를 가리키는 문제를 해결하기 위한 대안으로 유용하다.

26.3.1 화살표 함수 정의

화살표 함수 정의 문법은 다음과 같다.

함수 정의

화살표 함수는 함수 선언문으로 정의할 수 없고 함수 표현식으로 정의해야 한다. 호출 방식은 기존 함수와 동일하다.

【 예제 26-11 】

```
const multiply = (x, y) => x * y;
multiply(2, 3); // → 6
```

매개변수 선언

매개변수가 여러 개인 경우 소괄호 ( ) 안에 매개변수를 선언한다.

【 예제 26-12 】

```
const arrow = (x, y) => { ... };
```

매개변수가 한 개인 경우 소괄호 ( )를 생략할 수 있다.

【 예제 26-13 】

```
const arrow = x => { ... };
```

매개변수가 없는 경우 소괄호 ( )를 생략할 수 없다.

【 예제 26-14 】

```
const arrow = () => { ... };
```

함수 몸체 정의

함수 몸체가 하나의 문으로 구성된다면 함수 몸체를 감싸는 중괄호 {}를 생략할 수 있다. 이때 함수 몸체 내부의 문이 값으로 평가될 수 있는 표현식인 문이라면 암묵적으로 반환된다.

【 예제 26-15 】

```
// concise body
const power = x => x ** 2;
power(2); // → 4

// 위 표현은 다음과 동일하다.
// block body
const power = x => { return x ** 2; };
```

함수 몸체를 감싸는 중괄호 {}를 생략한 경우 함수 몸체 내부의 문이 표현식이 아닌 문이라면 에러가 발생한다. 표현식이 아닌 문은 반환할 수 없기 때문이다.

【 예제 26-16 】

```
const arrow = () => const x = 1; // SyntaxError: Unexpected token 'const'

// 위 표현은 다음과 같이 해석된다.
const arrow = () => { return const x = 1; };
```

따라서 함수 몸체가 하나의 문으로 구성된다 해도 함수 몸체의 문이 표현식이 아닌 문이라면 중괄호를 생략할 수 없다.

【 예제 26-17 】

```
const arrow = () => { const x = 1; };
```

객체 리터럴을 반환하는 경우 객체 리터럴을 소괄호 ( )로 감싸 주어야 한다.

【 예제 26-18 】

```
const create = (id, content) => ({ id, content });
create(1, 'JavaScript'); // → {id: 1, content: "JavaScript"}

// 위 표현은 다음과 동일하다.
const create = (id, content) => { return { id, content }; };
```

객체 리터럴을 소괄호 ( )로 감싸지 않으면 객체 리터럴의 중괄호 {}를 함수 몸체를 감싸는 중괄호 {}로 잘못 해석한다.

【 예제 26-19 】

```
// { id, content }를 함수 몸체 내의 쉼표 연산자문으로 해석한다.
const create = (id, content) => { id, content };
create(1, 'JavaScript'); // → undefined
```

함수 몸체가 여러 개의 문으로 구성된다면 함수 몸체를 감싸는 중괄호 {}를 생략할 수 없다. 이때 반환값이 있다면 명시적으로 반환해야 한다.

【 예제 26-20 】

```
const sum = (a, b) => {
  const result = a + b;
  return result;
};
```

화살표 함수도 즉시 실행 함수IIFE로 사용할 수 있다.

【 예제 26-21 】

```
const person = (name => ({
  sayHi() { return `Hi? My name is ${name}.`; }
}))('Lee');

console.log(person.sayHi()); // Hi? My name is Lee.
```

화살표 함수도 일급 객체이므로 `Array.prototype.map`, `Array.prototype.filter`, `Array.prototype.reduce` 같은 고차 함수Higher-Order Function, HOF에 인수로 전달할 수 있다. 이 경우 일반적인 함수 표현식보다 표현이 간결하고 가독성이 좋다.

【 예제 26-22 】

```
// ES5
[1, 2, 3].map(function (v) {
  return v * 2;
});

// ES6
[1, 2, 3].map(v => v * 2); // → [ 2, 4, 6 ]
```

이처럼 화살표 함수는 콜백 함수로서 정의할 때 유용하다. 화살표 함수는 표현만 간략한 것만이 아니다. 화살표 함수는 일반 함수의 기능을 간략화했으며 this도 편리하게 설계되었다. 일반 함수와 화살표 함수의 차이에 대해 살펴보자.

26.3.2 화살표 함수와 일반 함수의 차이

화살표 함수와 일반 함수의 차이는 다음과 같다.

01. 화살표 함수는 인스턴스를 생성할 수 없는 non-constructor다.

【 예제 26-23 】

```
const Foo = () => {};
// 화살표 함수는 생성자 함수로서 호출할 수 없다.
new Foo(); // TypeError: Foo is not a constructor
```

화살표 함수는 인스턴스를 생성할 수 없으므로 prototype 프로퍼티가 없고 프로토타입도 생성하지 않는다.

【 예제 26-24 】

```
const Foo = () => {};
// 화살표 함수는 prototype 프로퍼티가 없다.
Foo.hasOwnProperty('prototype'); // → false
```

02. 중복된 매개변수 이름을 선언할 수 없다.

일반 함수는 중복된 매개변수 이름을 선언해도 에러가 발생하지 않는다.

【 예제 26-25 】

```
function normal(a, a) { return a + a; }
console.log(normal(1, 2)); // 4
```

단, strict mode에서 중복된 매개변수 이름을 선언하면 에러가 발생한다.

【 예제 26-26 】

```
'use strict';

function normal(a, a) { return a + a; }
// SyntaxError: Duplicate parameter name not allowed in this context
```

화살표 함수에서도 중복된 매개변수 이름을 선언하면 에러가 발생한다.

【 예제 26-27 】

```
const arrow = (a, a) => a + a;
// SyntaxError: Duplicate parameter name not allowed in this context
```

03. 화살표 함수는 함수 자체의 this, arguments, super, new.target 바인딩을 갖지 않는다.

따라서 화살표 함수 내부에서 this, arguments, super, new.target을 참조하면 스코프 체인을 통해 상위 스코프의 this, arguments, super, new.target을 참조한다.

만약 화살표 함수와 화살표 함수가 중첩되어 있다면 상위 화살표 함수에도 this, arguments, super, new.target 바인딩이 없으므로 스코프 체인 상에서 가장 가까운 상위 함수 중에서 화살표 함수가 아닌 함수의 this, arguments, super, new.target을 참조한다.

26.3.3 this

화살표 함수가 일반 함수와 구별되는 가장 큰 특징은 바로 this다. 그리고 화살표 함수는 다른 함수의 인수로 전달되어 콜백 함수로 사용되는 경우가 많다.

화살표 함수의 this는 일반 함수의 this와 다르게 동작한다. 이는 "콜백 함수 내부의 this 문제", 즉 콜백 함수 내부의 this가 외부 함수의 this와 다르기 때문에 발생하는 문제를 해결하기 위해 의도적으로 설계된 것이다. "콜백 함수 내부의 this 문제"에 대해 다시 한번 살펴보자.

22장 "this"에서 살펴보았듯이 this 바인딩은 함수의 호출 방식, 즉 함수가 어떻게 호출되었는지에 따라 동적으로 결정된다. 다시 말해, 함수를 정의할 때 this에 바인딩할 객체가 정적으로 결정되는 것이 아니고, 함수를 호출할 때 함수가 어떻게 호출되었는지에 따라 this에 바인딩할 객체가 동적으로 결정된다.

이때 주의할 것은 일반 함수로서 호출되는 콜백 함수의 경우다. 고차 함수Higher-Order Function, HOF의 인수로 전달되어 고차 함수 내부에서 호출되는 콜백 함수도 중첩 함수라고 할 수 있다. 주어진 배열의 각 요소에 접두어를 추가하는 다음 예제를 살펴보자.

【 예제 26-28 】

```
class Prefixer {
  constructor(prefix) {
    this.prefix = prefix;
  }

  add(arr) {
    // add 메서드는 인수로 전달된 배열 arr을 순회하며 배열의 모든 요소에 prefix를 추가한다.
    // ①
    return arr.map(function (item) {
      return this.prefix + item; // ②
      // → TypeError: Cannot read property 'prefix' of undefined
    });
  }
}

const prefixer = new Prefixer('-webkit-');
console.log(prefixer.add(['transition', 'user-select']));
```

위 예제를 실행했을 때 기대하는 결과는 ['-webkit-transition', '-webkit-user-select']다. 하지만 TypeError가 발생한다. 그 이유에 대해 살펴보자.

프로토타입 메서드 내부인 ①에서 this는 메서드를 호출한 객체(위 예제의 경우 prefixer 객체)를 가리킨다. 그런데 Array.prototype.map의 인수로 전달한 콜백 함수의 내부인 ②에서 this는 undefined를 가리킨다. 이는 Array.prototype.map 메서드가 콜백 함수를 일반 함수로서 호출하기 때문이다.

📄 **Array.prototype.map 메서드**

> 아직 살펴보지 않았지만 Array.prototype.map 메서드는 배열을 순회하며 배열의 각 요소에 대하여 인수로 전달된 콜백 함수를 호출한다. 그리고 콜백 함수의 반환값들로 구성된 새로운 배열을 반환한다. 위 예제에서 map 메서드는 매개변수 arr에 전달된 ['transition', 'user-select']를 순회하며 콜백 함수의 item 매개변수에게 arr의 요소값을 전달하면서 콜백 함수를 arr의 요소 개수만큼 호출한다. 그리고 콜백 함수의 반환값들로 구성된 새로운 배열을 반환한다 이에 대해서는 27.9.3절 "Array.prototype.map"에서 자세히 살펴볼 것이다. 지금은 일반 함수로서 호출되는 "콜백 함수 내부의 this 문제"에 주목하자.

22장 "this"에서 살펴보았듯이 일반 함수로서 호출되는 모든 함수 내부의 this는 전역 객체를 가리킨다. 그런데 클래스 내부의 모든 코드에는 strict mode가 암묵적으로 적용된다. 따라서 Array.prototype.map 메서드의 콜백 함수에도 strict mode가 적용된다. strict mode에서 일반 함수로서 호출된 모든 함수 내부의 this에는 전역 객체가 아니라 undefined가 바인딩되므로 일반 함수로서 호출되는 Array.prototype.map 메서드의 콜백 함수 내부의 this에는 undefined가 바인딩된다.[3]

이때 발생하는 문제가 바로 "콜백 함수 내부의 this 문제"다. 즉, 콜백 함수의 this(②)와 외부 함수의 this(①)가 서로 다른 값을 가리키고 있기 때문에 TypeError가 발생한 것이다. 이와 같은 "콜백 함수 내부의 this 문제"를 해결하기 위해 ES6 이전에는 다음과 같은 방법을 사용했다.

01. add 메서드를 호출한 prefixer 객체를 가리키는 this를 일단 회피시킨 후에 콜백 함수 내부에서 사용한다.

【 예제 26-29 】

```
...
add(arr) {
  // this를 일단 회피시킨다.
  const that = this;
  return arr.map(function (item) {
    // this 대신 that을 참조한다.
    return that.prefix + ' ' + item;
  });
}
...
```

02. Array.prototype.map의 두 번째 인수로 add 메서드를 호출한 prefixer 객체를 가리키는 this를 전달한다.

ES5에서 도입된 Array.prototype.map은 "콜백 함수 내부의 this 문제"를 해결하기 위해 두 번째 인수로 콜백 함수 내부에서 this로 사용할 객체를 전달할 수 있다.

---

3 20.6.1절 "일반 함수의 this" 참고

```
...
add(arr) {
  return arr.map(function (item) {
    return this.prefix + ' ' + item;
  }, this); // this에 바인딩된 값이 콜백 함수 내부의 this에 바인딩된다.
}
...
```

03. Function.prototype.bind 메서드[4]를 사용하여 add 메서드를 호출한 prefixer 객체를 가리키는 this를 바인딩한다.

【 예제 26-31 】

```
...
add(arr) {
  return arr.map(function (item) {
    return this.prefix + ' ' + item;
  }.bind(this)); // this에 바인딩된 값이 콜백 함수 내부의 this에 바인딩된다.
}
...
```

ES6에서는 화살표 함수를 사용하여 "콜백 함수 내부의 this 문제"를 해결할 수 있다.

【 예제 26-32 】

```
class Prefixer {
  constructor(prefix) {
    this.prefix = prefix;
  }

  add(arr) {
    return arr.map(item => this.prefix + item);
  }
}

const prefixer = new Prefixer('-webkit-');
console.log(prefixer.add(['transition', 'user-select']));
// ['-webkit-transition', '-webkit-user-select']
```

화살표 함수는 함수 자체의 this 바인딩을 갖지 않는다. 따라서 화살표 함수 내부에서 this를 참조하면 상위 스코프의 this를 그대로 참조한다. 이를 lexical this라 한다. 이는 마치 렉시컬 스코프[5]와 같이 화살표 함수의 this가 함수가 정의된 위치에 의해 결정된다는 것을 의미한다.

---

4   22.2.4절 "Function.prototype.apply/call/bind 메서드에 의한 간접 호출" 참고
5   13.5절 "렉시컬 스코프" 참고

화살표 함수를 제외한 모든 함수에는 this 바인딩이 반드시 존재한다. 따라서 ES6에서 화살표 함수가 도입되기 이전에는 일반적인 식별자처럼 스코프 체인을 통해 this를 탐색할 필요가 없었다. 하지만 화살표 함수는 함수 자체의 this 바인딩이 존재하지 않는다. 따라서 화살표 함수 내부에서 this를 참조하면 일반적인 식별자처럼 스코프 체인을 통해 상위 스코프에서 this를 탐색한다. 화살표 함수를 Function.prototype.bind를 사용하여 표현하면 다음과 같다.

【 예제 26-33 】

```
// 화살표 함수는 상위 스코프의 this를 참조한다.
() => this.x;

// 익명 함수에 상위 스코프의 this를 주입한다. 위 화살표 함수와 동일하게 동작한다.
(function () { return this.x; }).bind(this);
```

만약 화살표 함수와 화살표 함수가 중첩되어 있다면 상위 화살표 함수에도 this 바인딩이 없으므로 스코프 체인 상에서 가장 가까운 상위 함수 중에서 화살표 함수가 아닌 함수의 this를 참조한다.

【 예제 26-34 】

```
// 중첩 함수 foo의 상위 스코프는 즉시 실행 함수다.
// 따라서 화살표 함수 foo의 this는 상위 스코프인 즉시 실행 함수의 this를 가리킨다.
(function () {
  const foo = () => console.log(this);
  foo();
}).call({ a: 1 }); // { a: 1 }

// bar 함수는 화살표 함수를 반환한다.
// bar 함수가 반환한 화살표 함수의 상위 스코프는 화살표 함수 bar다.
// 하지만 화살표 함수는 함수 자체의 this 바인딩을 갖지 않으므로 bar 함수가 반환한
// 화살표 함수 내부에서 참조하는 this는 화살표 함수가 아닌 즉시 실행 함수의 this를 가리킨다.
(function () {
  const bar = () => () => console.log(this);
  bar()();
}).call({ a: 1 }); // { a: 1 }
```

만약 화살표 함수가 전역 함수라면 화살표 함수의 this는 전역 객체를 가리킨다. 전역 함수의 상위 스코프는 전역이고 전역에서 this는 전역 객체를 가리키기 때문이다.

【 예제 26-35 】

```
// 전역 함수 foo의 상위 스코프는 전역이므로 화살표 함수 foo의 this는 전역 객체를 가리킨다.
const foo = () => console.log(this);
foo(); // window
```

프로퍼티에 할당한 화살표 함수도 스코프 체인 상에서 가장 가까운 상위 함수 중에서 화살표 함수가 아닌 함
수의 this를 참조한다.

【 예제 26-36 】

```
// increase 프로퍼티에 할당한 화살표 함수의 상위 스코프는 전역이다.
// 따라서 increase 프로퍼티에 할당한 화살표 함수의 this는 전역 객체를 가리킨다.
const counter = {
  num: 1,
  increase: () => ++this.num
};

console.log(counter.increase()); // NaN
```

화살표 함수는 함수 자체의 this 바인딩을 갖지 않기 때문에 Function.prototype.call, Function.prototype.
apply, Function.prototype.bind 메서드를 사용해도 화살표 함수 내부의 this를 교체할 수 없다.

【 예제 26-37 】

```
window.x = 1;

const normal = function () { return this.x; };
const arrow = () => this.x;

console.log(normal.call({ x: 10 })); // 10
console.log(arrow.call({ x: 10 }));  // 1
```

화살표 함수가 Function.prototype.call, Function.prototype.apply, Function.prototype.bind 메서드를
호출할 수 없다는 의미는 아니다. 화살표 함수는 함수 자체의 this 바인딩을 갖지 않기 때문에 this를 교체
할 수 없고 언제나 상위 스코프의 this 바인딩을 참조한다.

【 예제 26-38 】

```
const add = (a, b) => a + b;

console.log(add.call(null, 1, 2));    // 3
console.log(add.apply(null, [1, 2])); // 3
console.log(add.bind(null, 1, 2)());  // 3
```

메서드를 화살표 함수로 정의하는 것은 피해야 한다. 화살표 함수로 메서드를 정의하여 보자. 여기서 말하는
메서드는 ES6 메서드가 아닌 일반적인 의미의 메서드를 말한다.

【 예제 26-39 】

```
// Bad
const person = {
  name: 'Lee',
  sayHi: () => console.log(`Hi ${this.name}`)
};

// sayHi 프로퍼티에 할당된 화살표 함수 내부의 this는 상위 스코프인 전역의 this가 가리키는
// 전역 객체를 가리키므로 이 예제를 브라우저에서 실행하면 this.name은 빈 문자열을 갖는 window.name과 같다.
// 전역 객체 window에는 빌트인 프로퍼티 name이 존재한다.
person.sayHi(); // Hi
```

위 예제의 경우 sayHi 프로퍼티에 할당한 화살표 함수 내부의 this는 메서드를 호출한 객체인 person을 가리키지 않고 상위 스코프인 전역의 this가 가리키는 전역 객체를 가리킨다. 따라서 화살표 함수로 메서드를 정의하는 것은 바람직하지 않다. 메서드를 정의할 때는 ES6 메서드 축약 표현으로 정의한 ES6 메서드를 사용하는 것이 좋다.

【 예제 26-40 】

```
// Good
const person = {
  name: 'Lee',
  sayHi() {
    console.log(`Hi ${this.name}`);
  }
};

person.sayHi(); // Hi Lee
```

프로토타입 객체의 프로퍼티에 화살표 함수를 할당하는 경우도 동일한 문제가 발생한다.

【 예제 26-41 】

```
// Bad
function Person(name) {
  this.name = name;
}

Person.prototype.sayHi = () => console.log(`Hi ${this.name}`);

const person = new Person('Lee');
// 이 예제를 브라우저에서 실행하면 this.name은 빈 문자열을 갖는 window.name과 같다.
person.sayHi(); // Hi
```

프로퍼티를 동적 추가할 때는 ES6 메서드 정의를 사용할 수 없으므로 일반 함수를 할당한다.

【 예제 26-42 】

```javascript
// Good
function Person(name) {
  this.name = name;
}

Person.prototype.sayHi = function () { console.log(`Hi ${this.name}`); };

const person = new Person('Lee');
person.sayHi(); // Hi Lee
```

일반 함수가 아닌 ES6 메서드를 동적 추가하고 싶다면 다음과 같이 객체 리터럴을 바인딩하고 프로토타입의 constructor 프로퍼티와 생성자 함수 간의 연결을 재설정한다. [6]

【 예제 26-43 】

```javascript
function Person(name) {
  this.name = name;
}

Person.prototype = {
  // constructor 프로퍼티와 생성자 함수 간의 연결을 재설정
  constructor: Person,
  sayHi() { console.log(`Hi ${this.name}`); }
};

const person = new Person('Lee');
person.sayHi(); // Hi Lee
```

클래스 필드 정의 제안[7]을 사용하여 클래스 필드에 화살표 함수를 할당할 수도 있다.

【 예제 26-44 】

```javascript
// Bad
class Person {
  // 클래스 필드 정의 제안
  name = 'Lee';
  sayHi = () => console.log(`Hi ${this.name}`);
}
```

6 10.9.1절 "생성자 함수에 의한 프로토타입의 교체" 참고
7 25.7.3절 "클래스 필드 정의 제안" 참고

```
const person = new Person();
person.sayHi(); // Hi Lee
```

이때 sayHi 클래스 필드에 할당한 화살표 함수 내부에서 this를 참조하면 상위 스코프의 this 바인딩을 참조한다. 그렇다면 sayHi 클래스 필드에 할당한 화살표 함수의 상위 스코프는 무엇일까? sayHi 클래스 필드는 인스턴스 프로퍼티이므로 다음과 같은 의미다.

【 예제 26-45 】

```
class Person {
  constructor() {
    this.name = 'Lee';
    // 클래스가 생성한 인스턴스(this)의 sayHi 프로퍼티에 화살표 함수를 할당한다.
    // 따라서 sayHi 프로퍼티는 인스턴스 프로퍼티다.
    this.sayHi = () => console.log(`Hi ${this.name}`);
  }
}
```

sayHi 클래스 필드에 할당한 화살표 함수의 상위 스코프는 사실 클래스 외부다. 하지만 this는 클래스 외부의 this를 참조하지 않고 클래스가 생성할 인스턴스를 참조한다. 따라서 sayHi 클래스 필드에 할당한 화살표 함수 내부에서 참조한 this는 constructor 내부의 this 바인딩과 같다. constructor 내부의 this 바인딩은 클래스가 생성한 인스턴스를 가리키므로 sayHi 클래스 필드에 할당한 화살표 함수 내부의 this 또한 클래스가 생성한 인스턴스를 가리킨다.

하지만 클래스 필드에 할당한 화살표 함수는 프로토타입 메서드가 아니라 인스턴스 메서드가 된다. 따라서 메서드를 정의할 때는 ES6 메서드 축약 표현으로 정의한 ES6 메서드를 사용하는 것이 좋다.

【 예제 26-46 】

```
// Good
class Person {
  // 클래스 필드 정의
  name = 'Lee';

  sayHi() { console.log(`Hi ${this.name}`); }
}
const person = new Person();
person.sayHi(); // Hi Lee
```

26.3.4 super

화살표 함수는 함수 자체의 super 바인딩을 갖지 않는다. 따라서 화살표 함수 내부에서 super를 참조하면 this와 마찬가지로 상위 스코프의 super를 참조한다.

【 예제 26-47 】

```javascript
class Base {
  constructor(name) {
    this.name = name;
  }

  sayHi() {
    return `Hi! ${this.name}`;
  }
}

class Derived extends Base {
  // 화살표 함수의 super는 상위 스코프인 constructor의 super를 가리킨다.
  sayHi = () => `${super.sayHi()} how are you doing?`;
}

const derived = new Derived('Lee');
console.log(derived.sayHi()); // Hi! Lee how are you doing?
```

super는 내부 슬롯 [[HomeObject]]를 갖는 ES6 메서드 내에서만 사용할 수 있는 키워드다. sayHi 클래스 필드에 할당한 화살표 함수는 ES6 메서드는 아니지만 함수 자체의 super 바인딩을 갖지 않으므로 super를 참조해도 에러가 발생하지 않고 constructor의 super 바인딩을 참조한다. this와 마찬가지로 클래스 필드에 할당한 화살표 함수 내부에서 super를 참조하면 constructor 내부의 super 바인딩을 참조한다. 위 예제의 경우 Derived 클래스의 constructor는 생략되었지만 암묵적으로 constructor가 생성된다[8].

26.3.5 arguments

화살표 함수는 함수 자체의 arguments 바인딩을 갖지 않는다. 따라서 화살표 함수 내부에서 arguments를 참조하면 this와 마찬가지로 상위 스코프의 arguments를 참조한다.

【 예제 26-48 】

```javascript
(function () {
  // 화살표 함수 foo의 arguments는 상위 스코프인 즉시 실행 함수의 arguments를 가리킨다.
  const foo = () => console.log(arguments); // [Arguments] { '0': 1, '1': 2 }
```

---

8 25.8.4절 "서브클래스의 constructor" 참고

```
  foo(3, 4);
}(1, 2));

// 화살표 함수 foo의 arguments는 상위 스코프인 전역의 arguments를 가리킨다.
// 하지만 전역에는 arguments 객체가 존재하지 않는다. arguments 객체는 함수 내부에서만 유효하다.
const foo = () => console.log(arguments);
foo(1, 2); // ReferenceError: arguments is not defined
```

18.2.1절 "arguments 프로퍼티"에서 살펴보았듯이 arguments 객체는 함수를 정의할 때 매개변수의 개수를 확정할 수 없는 가변 인자 함수를 구현할 때 유용하다. 하지만 화살표 함수에서는 arguments 객체를 사용할수 없다. 상위 스코프의 arguments 객체를 참조할 수는 있지만 화살표 함수 자신에게 전달된 인수 목록을 확인할 수 없고 상위 함수에게 전달된 인수 목록을 참조하므로 그다지 도움이 되지 않는다.

따라서 화살표 함수로 가변 인자 함수를 구현해야 할 때는 반드시 Rest 파라미터를 사용해야 한다.

26.4 Rest 파라미터

26.4.1 기본 문법

Rest 파라미터(나머지 매개변수)는 매개변수 이름 앞에 세개의 점 ... 을 붙여서 정의한 매개변수를 의미한다. **Rest 파라미터는 함수에 전달된 인수들의 목록을 배열로 전달받는다.**

【 예제 26-49 】

```
function foo( ... rest) {
  // 매개변수 rest는 인수들의 목록을 배열로 전달받는 Rest 파라미터다.
  console.log(rest); // [ 1, 2, 3, 4, 5 ]
}

foo(1, 2, 3, 4, 5);
```

일반 매개변수와 Rest 파라미터는 함께 사용할 수 있다. 이때 함수에 전달된 인수들은 매개변수와 Rest 파라미터에 순차적으로 할당된다.

【 예제 26-50 】

```
function foo(param, ... rest) {
  console.log(param); // 1
  console.log(rest);  // [ 2, 3, 4, 5 ]
}

foo(1, 2, 3, 4, 5);
```

```
function bar(param1, param2, ... rest) {
  console.log(param1); // 1
  console.log(param2); // 2
  console.log(rest);   // [ 3, 4, 5 ]
}

bar(1, 2, 3, 4, 5);
```

Rest 파라미터는 이름 그대로 먼저 선언된 매개변수에 할당된 인수를 제외한 나머지 인수들로 구성된 배열이 할당된다. 따라서 Rest 파라미터는 반드시 마지막 파라미터이어야 한다.

【 예제 26-51 】
```
function foo( ... rest, param1, param2) { }

foo(1, 2, 3, 4, 5);
// SyntaxError: Rest parameter must be last formal parameter
```

Rest 파라미터는 단 하나만 선언할 수 있다.

【 예제 26-52 】
```
function foo( ... rest1, ... rest2) { }

foo(1, 2, 3, 4, 5);
// SyntaxError: Rest parameter must be last formal parameter
```

Rest 파라미터는 함수 정의 시 선언한 매개변수 개수를 나타내는 함수 객체의 length 프로퍼티에 영향을 주지 않는다.

【 예제 26-53 】
```
function foo( ... rest) {}
console.log(foo.length); // 0

function bar(x, ... rest) {}
console.log(bar.length); // 1

function baz(x, y, ... rest) {}
console.log(baz.length); // 2
```

26.4.2 Rest 파라미터와 arguments 객체

ES5에서는 함수를 정의할 때 매개변수의 개수를 확정할 수 없는 가변 인자 함수의 경우 매개변수를 통해 인수를 전달받는 것이 불가능하므로 arguments 객체를 활용하여 인수를 전달받았나. arguments 객체는 함수 호출 시 전달된 인수argument들의 정보를 담고 있는 순회 가능한 유사 배열 객체array-like object이며, 함수 내부에서 지역 변수처럼 사용할 수 있다.

【 예제 26-54 】

```
// 매개변수의 개수를 사전에 알 수 없는 가변 인자 함수
function sum() {
  // 가변 인자 함수는 arguments 객체를 통해 인수를 전달받는다.
  console.log(arguments);
}

sum(1, 2); // {length: 2, '0': 1, '1': 2}
```

하지만 arguments 객체는 배열이 아닌 유사 배열 객체이므로 배열 메서드를 사용하려면 Function. prototype.call이나 Function.prototype.apply 메서드를 사용해 arguments 객체를 배열로 변환해야 하는 번거로움이 있었다.

【 예제 26-55 】

```
function sum() {
  // 유사 배열 객체인 arguments 객체를 배열로 변환한다.
  var array = Array.prototype.slice.call(arguments);

  return array.reduce(function (pre, cur) {
    return pre + cur;
  }, 0);
}

console.log(sum(1, 2, 3, 4, 5)); // 15
```

ES6에서는 rest 파라미터를 사용하여 가변 인자 함수의 인수 목록을 배열로 직접 전달받을 수 있다. 이를 통해 유사 배열 객체인 arguments 객체를 배열로 변환하는 번거로움을 피할 수 있다.

【 예제 26-56 】

```
function sum(...args) {
  // Rest 파라미터 args에는 배열 [1, 2, 3, 4, 5]가 할당된다.
  return args.reduce((pre, cur) => pre + cur, 0);
}
console.log(sum(1, 2, 3, 4, 5)); // 15
```

함수와 ES6 메서드는 Rest 파라미터와 arguments 객체를 모두 사용할 수 있다. 하지만 화살표 함수는 함수 자체의 arguments 객체를 갖지 않는다. 따라서 화살표 함수로 가변 인자 함수를 구현해야 할 때는 반드시 Rest 파라미터를 사용해야 한다.

26.5 매개변수 기본값

함수를 호출할 때 매개변수의 개수만큼 인수를 전달하는 것이 바람직하지만 그렇지 않은 경우에도 에러가 발생하지 않는다. 이는 자바스크립트 엔진이 매개변수의 개수와 인수의 개수를 체크하지 않기 때문이다.

인수가 전달되지 않은 매개변수의 값은 undefined다. 이를 방치하면 다음 예제와 같이 의도치 않은 결과가 나올 수 있다.

【 예제 26-57 】

```
function sum(x, y) {
  return x + y;
}

console.log(sum(1)); // NaN
```

따라서 다음 예제와 같이 매개변수에 인수가 전달되었는지 확인하여 인수가 전달되지 않은 경우 매개변수에 기본값을 할당할 필요가 있다. 즉, 방어 코드가 필요하다.

【 예제 26-58 】

```
function sum(x, y) {
  // 인수가 전달되지 않아 매개변수의 값이 undefined인 경우 기본값을 할당한다.
  x = x || 0;
  y = y || 0;

  return x + y;
}

console.log(sum(1, 2)); // 3
console.log(sum(1));    // 1
```

ES6에서 도입된 매개변수 기본값을 사용하면 함수 내에서 수행하던 인수 체크 및 초기화를 간소화할 수 있다.

【 예제 26-59 】

```
function sum(x = 0, y = 0) {
  return x + y;
}

console.log(sum(1, 2)); // 3
console.log(sum(1));    // 1
```

매개변수 기본값은 매개변수에 인수를 전달하지 않은 경우와 undefined를 전달한 경우에만 유효하다.

```
function logName(name = 'Lee') {
  console.log(name);
}

logName();          // Lee
logName(undefined); // Lee
logName(null);      // null
```

앞서 살펴본 Rest 파라미터에는 기본값을 지정할 수 없다.

【 예제 26-61 】

```
function foo( ... rest = []) {
  console.log(rest);
}
// SyntaxError: Rest parameter may not have a default initializer
```

매개변수 기본값은 함수 정의 시 선언한 매개변수 개수를 나타내는 함수 객체의 length 프로퍼티와 arguments 객체에 아무런 영향을 주지 않는다.

【 예제 26-62 】

```
function sum(x, y = 0) {
  console.log(arguments);
}

console.log(sum.length); // 1

sum(1);    // Arguments { '0': 1 }
sum(1, 2); // Arguments { '0': 1, '1': 2 }
```

27장

배열

27.1 배열이란?

배열^{array}은 여러 개의 값을 순차적으로 나열한 자료구조다. 배열은 사용 빈도가 매우 높은 가장 기본적인 자료구조다. 자바스크립트는 배열을 다루기 위한 유용한 메서드를 다수 제공한다. 배열은 사용 빈도가 높으므로 배열 메서드를 능숙하게 다룰 수 있다면 코딩에 매우 도움이 된다.

간단한 배열을 만들어 보자. 다음 배열은 배열 리터럴을 통해 생성한 것이다.

【 예제 27-01 】

```
const arr = ['apple', 'banana', 'orange'];
```

배열이 가지고 있는 값을 **요소**^{element}라고 부른다. 자바스크립트의 모든 값은 배열의 요소가 될 수 있다. 즉, 원시값은 물론 객체, 함수, 배열 등 자바스크립트에서 값으로 인정하는 모든 것은 배열의 요소가 될 수 있다.

배열의 요소는 배열에서 자신의 위치를 나타내는 0 이상의 정수인 **인덱스**^{index}를 갖는다. 인덱스는 배열의 요소에 접근할 때 사용한다. 대부분의 프로그래밍 언어에서 인덱스는 0부터 시작한다.

위 예제의 배열 arr은 3개의 요소 'apple', 'banana', 'orange'로 구성되어 있다. 첫 번째 요소인 'apple'의 인덱스는 0, 두 번째 요소인 'banana'의 인덱스는 1, 세 번째 요소인 'orange'의 인덱스는 2다.

요소에 접근할 때는 대괄호 표기법을 사용한다. 대괄호 내에는 접근하고 싶은 요소의 인덱스를 지정한다.

【 예제 27-02 】

```
arr[0] // → 'apple'
arr[1] // → 'banana'
arr[2] // → 'orange'
```

배열은 요소의 개수, 즉 배열의 길이를 나타내는 **length 프로퍼티**를 갖는다.

【 예제 27-03 】

```
arr.length // → 3
```

배열은 인덱스와 length 프로퍼티를 갖기 때문에 for 문을 통해 순차적으로 요소에 접근할 수 있다.

【 예제 27-04 】

```
// 배열의 순회
for (let i = 0; i < arr.length; i++) {
  console.log(arr[i]); // 'apple' 'banana' 'orange'
}
```

자바스크립트에 배열이라는 타입은 존재하지 않는다. 배열은 객체 타입이다.

【 예제 27-05 】

```
typeof arr // → object
```

배열은 배열 리터럴, Array 생성자 함수, Array.of, Array.from 메서드로 생성할 수 있다. 배열의 생성자 함수는 Array이며, 배열의 프로토타입 객체는 Array.prototype이다. Array.prototype은 배열을 위한 빌트인 메서드를 제공한다.

【 예제 27-06 】

```
const arr = [1, 2, 3];

arr.constructor === Array // → true
Object.getPrototypeOf(arr) === Array.prototype // → true
```

배열은 객체지만 일반 객체와는 구별되는 독특한 특징이 있다.

구분	객체	배열
구조	프로퍼티 키와 프로퍼티 값	인덱스와 요소
값의 참조	프로퍼티 키	인덱스
값의 순서	×	○
length 프로퍼티	×	○

일반 객체와 배열을 구분하는 가장 명확한 차이는 "값의 순서"와 "length 프로퍼티"다. 인덱스로 표현되는 값의 순서와 length 프로퍼티를 갖는 배열은 반복문을 통해 순차적으로 값에 접근하기 적합한 자료구조다.

```javascript
const arr = [1, 2, 3];

// 반복문으로 자료구조를 순서대로 순회하기 위해서는 자료구조의 요소에 순서대로 접근할 수 있어야 하며
// 자료구조의 길이를 알 수 있어야 한다.
for (let i = 0; i < arr.length; i++) {
  console.log(arr[i]); // 1 2 3
}
```

배열의 장점은 처음부터 순차적으로 요소에 접근할 수도 있고, 마지막부터 역순으로 요소에 접근할 수도 있으며, 특정 위치부터 순차적으로 요소에 접근할 수도 있다는 것이다. 이는 배열이 인덱스, 즉 값의 순서와 length 프로퍼티를 갖기 때문에 가능한 것이다.

27.2 자바스크립트 배열은 배열이 아니다

자료구조data structure에서 말하는 배열은 동일한 크기의 메모리 공간이 빈틈없이 연속적으로 나열된 자료구조를 말한다. 즉, 배열의 요소는 하나의 데이터 타입으로 통일되어 있으며 서로 연속적으로 인접해 있다. 이러한 배열을 **밀집 배열**dense array이라 한다.

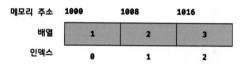

그림 27-1 자료구조에서 말하는 배열은 동일한 크기의 메모리 공간이 빈틈없이 연속적으로 나열된 자료구조다.

이처럼 일반적인 의미의 배열은 각 요소가 동일한 데이터 크기를 가지며, 빈틈없이 연속적으로 이어져 있으므로 다음과 같이 인덱스를 통해 단 한 번의 연산으로 임의의 요소에 접근(임의 접근random access, 시간 복잡도 O(1))할 수 있다. 이는 매우 효율적이며, 고속으로 동작한다.

검색 대상 요소의 메모리 주소 = 배열의 시작 메모리 주소 + 인덱스 * 요소의 바이트 수

예를 들어, 위 그림처럼 메모리 주소 1000에서 시작하고 각 요소가 8바이트인 배열을 생각해 보자.

- 인덱스가 0인 요소의 메모리 주소: 1000 + 0 * 8 = 1000

- 인덱스가 1인 요소의 메모리 주소: 1000 + 1 * 8 = 1008

- 인덱스가 2인 요소의 메모리 주소: 1000 + 2 * 8 = 1016

이처럼 배열은 인덱스를 통해 효율적으로 요소에 접근할 수 있다는 장점이 있다. 하지만 정렬되지 않은 배열에서 특정한 요소를 검색하는 경우 배열의 모든 요소를 처음부터 특정 요소를 발견할 때까지 차례대로 검색(선형 검색linear search, 시간 복잡도 O(n))해야 한다.

【 예제 27-08 】
```javascript
// 선형 검색을 통해 배열(array)에 특정 요소(target)가 존재하는지 확인한다.
// 배열에 특정 요소가 존재하면 특정 요소의 인덱스를 반환하고, 존재하지 않으면 -1을 반환한다.
function linearSearch(array, target) {
  const length = array.length;

  for (let i = 0; i < length; i++) {
    if (array[i] === target) return i;
  }

  return -1;
}

console.log(linearSearch([1, 2, 3, 4, 5, 6], 3)); // 2
console.log(linearSearch([1, 2, 3, 4, 5, 6], 0)); // -1
```

또한 배열에 요소를 삽입하거나 삭제하는 경우 배열의 요소를 연속적으로 유지하기 위해 요소를 이동시켜야 하는 단점도 있다.

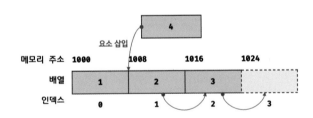

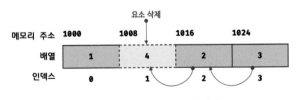

그림 27-2 배열 요소의 삽입과 삭제

자바스크립트의 배열은 지금까지 살펴본 자료구조에서 말하는 일반적인 의미의 배열과 다르다. 즉, 배열의 요소를 위한 각각의 메모리 공간은 동일한 크기를 갖지 않아도 되며, 연속적으로 이어져 있지 않을 수도 있다. 배열의 요소가 연속적으로 이어져 있지 않는 배열을 **희소 배열**sparse array이라 한다.

이처럼 자바스크립트의 배열은 엄밀히 말해 일반적 의미의 배열이 아니다. **자바스크립트의 배열은 일반적인 배열의 동작을 흉내 낸 특수한 객체다.** 다음 예제를 살펴보자.

【 예제 27-09 】

```javascript
// 16.2절 "프로퍼티 어트리뷰트와 프로퍼티 디스크립터 객체" 참고
console.log(Object.getOwnPropertyDescriptors([1, 2, 3]));
/*
{
  '0': {value: 1, writable: true, enumerable: true, configurable: true}
  '1': {value: 2, writable: true, enumerable: true, configurable: true}
  '2': {value: 3, writable: true, enumerable: true, configurable: true}
  length: {value: 3, writable: true, enumerable: false, configurable: false}
}
*/
```

이처럼 자바스크립트 배열은 인덱스를 나타내는 문자열을 프로퍼티 키로 가지며, length 프로퍼티를 갖는 특수한 객체다. 자바스크립트 배열의 요소는 사실 프로퍼티 값이다. 자바스크립트에서 사용할 수 있는 모든 값은 객체의 프로퍼티 값이 될 수 있으므로 어떤 타입의 값이라도 배열의 요소가 될 수 있다.

【 예제 27-10 】

```javascript
const arr = [
  'string',
  10,
  true,
  null,
  undefined,
  NaN,
  Infinity,
  [ ],
  { },
  function () {}
];
```

일반적인 배열과 자바스크립트 배열의 장단점을 정리해보면 다음과 같다.

- 일반적인 배열은 인덱스로 요소에 빠르게 접근할 수 있다. 하지만 요소를 삽입 또는 삭제하는 경우에는 효율적이지 않다.

- 자바스크립트 배열은 해시 테이블로 구현된 객체이므로 인덱스로 요소에 접근하는 경우 일반적인 배열보다 성능적인 면에서 느릴 수밖에 없는 구조적인 단점이 있다. 하지만 요소를 삽입 또는 삭제하는 경우에는 일반적인 배열보다 빠른 성능을 기대할 수 있다.

즉, 자바스크립트 배열은 인덱스로 배열 요소에 접근하는 경우에는 일반적인 배열보다 느리지만 요소를 삽입 또는 삭제하는 경우에는 일반적인 배열보다 빠르다. 자바스크립트 배열은 인덱스로 접근하는 경우의 성능 대신 배열 요소를 삽입 또는 삭제하는 경우의 성능을 선택한 것이다.

인덱스로 배열 요소에 접근할 때 일반적인 배열보다 느릴 수밖에 없는 구조적인 단점을 보완하기 위해 대부분의 모던 자바스크립트 엔진은 배열을 일반 객체와 구별하여 좀 더 배열처럼 동작하도록 최적화하여 구현했다. 다음과 같이 배열과 일반 객체의 성능을 테스트해 보면 배열이 일반 객체보다 약 2배 정도 빠르다는 것을 알 수 있다.

【 예제 27-11 】

```javascript
const arr = [];

console.time('Array Performance Test');

for (let i = 0; i < 10000000; i++) {
  arr[i] = i;
}
console.timeEnd('Array Performance Test');
// 약 340ms

const obj = {};

console.time('Object Performance Test');

for (let i = 0; i < 10000000; i++) {
  obj[i] = i;
}

console.timeEnd('Object Performance Test');
// 약 600ms
```

27.3 length 프로퍼티와 희소 배열

length 프로퍼티는 요소의 개수, 즉 배열의 길이를 나타내는 0 이상의 정수를 값으로 갖는다. length 프로퍼티의 값은 빈 배열일 경우 0이며, 빈 배열이 아닐 경우 가장 큰 인덱스에 1을 더한 것과 같다.

【 예제 27-12 】

```javascript
[].length        // → 0
[1, 2, 3].length // → 3
```

length 프로퍼티의 값은 0과 $2^{32} - 1(4,294,967,296 - 1)$ 미만의 양의 정수다. 즉, 배열은 요소를 최대 $2^{32} - 1(4,294,967,295)$개 가질 수 있다. 따라서 배열에서 사용할 수 있는 가장 작은 인덱스는 0이며, 가장 큰 인덱스는 $2^{32} - 2(4,294,967,294)$다.

length 프로퍼티의 값은 배열에 요소를 추가하거나 삭제하면 자동 갱신된다.

【 예제 27-13 】
```javascript
const arr = [1, 2, 3];
console.log(arr.length); // 3

// 요소 추가
arr.push(4);
// 요소를 추가하면 length 프로퍼티의 값이 자동 갱신된다.
console.log(arr.length); // 4

// 요소 삭제
arr.pop();
// 요소를 삭제하면 length 프로퍼티의 값이 자동 갱신된다.
console.log(arr.length); // 3
```

length 프로퍼티 값은 요소의 개수, 즉 배열의 길이를 바탕으로 결정되지만 임의의 숫자 값을 명시적으로 할당할 수도 있다.

현재 length 프로퍼티 값보다 작은 숫자 값을 할당하면 배열의 길이가 줄어든다.

【 예제 27-14 】
```javascript
const arr = [1, 2, 3, 4, 5];

// 현재 length 프로퍼티 값인 5보다 작은 숫자 값 3을 length 프로퍼티에 할당
arr.length = 3;

// 배열의 길이가 5에서 3으로 줄어든다.
console.log(arr); // [1, 2, 3]
```

주의할 것은 현재 length 프로퍼티 값보다 큰 숫자 값을 할당하는 경우다. 이때 length 프로퍼티 값은 변경되지만 실제로 배열의 길이가 늘어나지는 않는다.

【 예제 27-15 】
```javascript
const arr = [1];

// 현재 length 프로퍼티 값인 1보다 큰 숫자 값 3을 length 프로퍼티에 할당
arr.length = 3;
```

```
// length 프로퍼티 값은 변경되지만 실제로 배열의 길이가 늘어나지는 않는다.
console.log(arr.length); // 3
console.log(arr); // [1, empty × 2]
```

위 예제의 출력 결과에서 empty × 2는 실제로 추가된 배열의 요소가 아니다. 즉, arr[1]과 arr[2]에는 값이 존재하지 않는다.

이처럼 현재 length 프로퍼티 값보다 큰 숫자 값을 length 프로퍼티에 할당하는 경우 length 프로퍼티 값은 성공적으로 변경되지만 실제 배열에는 아무런 변함이 없다. 값 없이 비어 있는 요소를 위해 메모리 공간을 확보하지 않으며 빈 요소를 생성하지도 않는다.

【 예제 27-16 】

```
console.log(Object.getOwnPropertyDescriptors(arr));
/*
{
  '0': {value: 1, writable: true, enumerable: true, configurable: true},
  length: {value: 3, writable: true, enumerable: false, configurable: false}
}
*/
```

이처럼 배열의 요소가 연속적으로 위치하지 않고 일부가 비어 있는 배열을 희소 배열이라 한다. 자바스크립트는 희소 배열을 문법적으로 허용한다. 위 예제는 배열의 뒷부분만 비어 있어서 요소가 연속적으로 위치하는 것처럼 보일 수 있으나 중간이나 앞부분이 비어 있을 수도 있다.

【 예제 27-17 】

```
// 희소 배열
const sparse = [, 2, , 4];

// 희소 배열의 length 프로퍼티 값은 요소의 개수와 일치하지 않는다.
console.log(sparse.length); // 4
console.log(sparse); // [empty, 2, empty, 4]

// 배열 sparse에는 인덱스가 0, 2인 요소가 존재하지 않는다.
console.log(Object.getOwnPropertyDescriptors(sparse));
/*
{
  '1': { value: 2, writable: true, enumerable: true, configurable: true },
  '3': { value: 4, writable: true, enumerable: true, configurable: true },
  length: { value: 4, writable: true, enumerable: false, configurable: false }
}
*/
```

일반적인 배열의 length는 배열 요소의 개수, 즉 배열의 길이와 언제나 일치한다. 하지만 **희소 배열은 length 와 배열 요소의 개수가 일치하지 않는다. 희소 배열의 length는 희소 배열의 실제 요소 개수보다 언제나 크다.**

자바스크립트는 문법적으로 희소 배열을 허용하지만 희소 배열은 사용하지 않는 것이 좋다. 의도적으로 희소 배열을 만들어야 하는 상황은 발생하지 않는다. 희소 배열은 연속적인 값의 집합이라는 배열의 기본적인 개념과 맞지 않으며, 성능에도 좋지 않은 영향을 준다. 최적화가 잘 되어 있는 모던 자바스크립트 엔진은 요소의 타입이 일치하는 배열을 생성할 때 일반적인 의미의 배열처럼 연속된 메모리 공간을 확보하는 것으로 알려져 있다.

배열을 생성할 경우에는 희소 배열을 생성하지 않도록 주의하자. **배열에는 같은 타입의 요소를 연속적으로 위치시키는 것이 최선이다.**

27.4 배열 생성

27.4.1 배열 리터럴

객체와 마찬가지로 배열도 다양한 생성 방식이 있다. 가장 일반적이고 간편한 배열 생성 방식은 배열 리터럴을 사용하는 것이다.

배열 리터럴은 0개 이상의 요소를 쉼표로 구분하여 대괄호([])로 묶는다. 배열 리터럴은 객체 리터럴과 달리 프로퍼티 키가 없고 값만 존재한다.

【 예제 27-18 】

```
const arr = [1, 2, 3];
console.log(arr.length); // 3
```

배열 리터럴에 요소를 하나도 추가하지 않으면 배열의 길이, 즉 length 프로퍼티 값이 0인 빈 배열이 된다.

【 예제 27-19 】

```
const arr = [];
console.log(arr.length); // 0
```

배열 리터럴에 요소를 생략하면 희소 배열이 생성된다.

【 예제 27-20 】

```
const arr = [1, , 3]; // 희소 배열

// 희소 배열의 length는 배열의 실제 요소 개수보다 언제나 크다.
```

```
console.log(arr.length); // 3
console.log(arr);        // [1, empty, 3]
console.log(arr[1]);     // undefined
```

위 예제의 arr은 인덱스가 1인 요소를 갖지 않는 희소 배열이다. arr[1]이 undefined인 이유는 사실은 객체 인 arr에 프로퍼티 키가 '1'인 프로퍼티가 존재하지 않기 때문이다.

27.4.2 Array 생성자 함수

Object 생성자 함수를 통해 객체를 생성할 수 있듯이 Array 생성자 함수를 통해 배열을 생성할 수도 있다. Array 생성자 함수는 전달된 인수의 개수에 따라 다르게 동작하므로 주의가 필요하다.

- 전달된 인수가 1개이고 숫자인 경우 length 프로퍼티 값이 인수인 배열을 생성한다.

【 예제 27-21 】

```
const arr = new Array(10);

console.log(arr); // [empty × 10]
console.log(arr.length); // 10
```

이때 생성된 배열은 희소 배열이다. length 프로퍼티 값은 0이 아니지만 실제로 배열의 요소는 존재하지 않는다.

【 예제 27-22 】

```
console.log(Object.getOwnPropertyDescriptors(arr));
/*
{
  length: {value: 10, writable: true, enumerable: false, configurable: false}
}
*/
```

배열은 요소를 최대 $2^{32} - 1$(4,294,967,295)개 가질 수 있다. 따라서 Array 생성자 함수에 전달할 인수는 0 또는 $2^{32} - 1$ (4,294,967,295) 이하인 양의 정수이어야 한다. 전달된 인수가 범위를 벗어나면 RangeError가 발생한다.

【 예제 27-23 】

```
// 배열은 요소를 최대 4,294,967,295개 가질 수 있다.
new Array(4294967295);

// 전달된 인수가 0 ~ 4,294,967,295를 벗어나면 RangeError가 발생한다.
new Array(4294967296); // RangeError: Invalid array length

// 전달된 인수가 음수이면 에러가 발생한다.
new Array(-1); // RangeError: Invalid array length
```

- 전달된 인수가 없는 경우 빈 배열을 생성한다. 즉, 배열 리터럴 [ ]과 같다.

【 예제 27-24 】

```
new Array(); // → []
```

- 전달된 인수가 2개 이상이거나 숫자가 아닌 경우 인수를 요소로 갖는 배열을 생성한다.

【 예제 27-25 】

```
// 전달된 인수가 2개 이상이면 인수를 요소로 갖는 배열을 생성한다.
new Array(1, 2, 3); // → [1, 2, 3]

// 전달된 인수가 1개지만 숫자가 아니면 인수를 요소로 갖는 배열을 생성한다.
new Array({}); // → [{}]
```

Array 생성자 함수는 new 연산자와 함께 호출하지 않더라도, 즉 일반 함수로서 호출해도 배열을 생성하는 생성자 함수로 동작한다. 이는 Array 생성자 함수 내부에서 new.target[1]을 확인하기 때문이다.

【 예제 27-26 】

```
Array(1, 2, 3); // → [1, 2, 3]
```

27.4.3 Array.of

ES6에서 도입된 Array.of 메서드는 전달된 인수를 요소로 갖는 배열을 생성한다. Array.of는 Array 생성자 함수와 다르게 전달된 인수가 1개이고 숫자이더라도 인수를 요소로 갖는 배열을 생성한다.

【 예제 27-27 】

```
// 전달된 인수가 1개이고 숫자이더라도 인수를 요소로 갖는 배열을 생성한다.
Array.of(1); // → [1]

Array.of(1, 2, 3); // → [1, 2, 3]

Array.of('string'); // → ['string']
```

27.4.4 Array.from

ES6에서 도입된 Array.from 메서드는 유사 배열 객체array-like object 또는 이터러블 객체iterable object를 인수로 전달받아 배열로 변환하여 반환한다.

---

1 17.2.7절 "new.target" 참고

```
// 유사 배열 객체를 변환하여 배열을 생성한다.
Array.from({ length: 2, 0: 'a', 1: 'b' }); // → ['a', 'b']

// 이터러블을 변환하여 배열을 생성한다. 문자열은 이터러블이다.
Array.from('Hello'); // → ['H', 'e', 'l', 'l', 'o']
```

Array.from을 사용하면 두 번째 인수로 전달한 콜백 함수를 통해 값을 만들면서 요소를 채울 수 있다. Array.from 메서드는 두 번째 인수로 전달한 콜백 함수에 첫 번째 인수에 의해 생성된 배열의 요소값과 인덱스를 순차적으로 전달하면서 호출하고, 콜백 함수의 반환값으로 구성된 배열을 반환한다.

【 예제 27-29 】

```
// Array.from에 length만 존재하는 유사 배열 객체를 전달하면 undefined를 요소로 채운다.
Array.from({ length: 3 }); // → [undefined, undefined, undefined]

// Array.from은 두 번째 인수로 전달한 콜백 함수의 반환값으로 구성된 배열을 반환한다.
Array.from({ length: 3 }, (_, i) => i); // → [0, 1, 2]
```

📄 **유사 배열 객체와 이터러블 객체**

유사 배열 객체array-like object는 마치 배열처럼 인덱스로 프로퍼티 값에 접근할 수 있고 length 프로퍼티를 갖는 객체를 말한다. 유사 배열 객체는 마치 배열처럼 for 문으로 순회할 수도 있다.

【 예제 27-30 】

```
// 유사 배열 객체
const arrayLike = {
  '0': 'apple',
  '1': 'banana',
  '2': 'orange',
  length: 3
};

// 유사 배열 객체는 마치 배열처럼 for 문으로 순회할 수도 있다.
for (let i = 0; i < arrayLike.length; i++) {
  console.log(arrayLike[i]); // apple banana orange
}
```

이터러블 객체iterable object는 Symbol.iterator 메서드를 구현하여 for...of 문으로 순회할 수 있으며, 스프레드 문법과 배열 디스트럭처링 할당의 대상으로 사용할 수 있는 객체를 말한다. ES6에서 제공하는 빌트인 이터러블은 Array, String, Map, Set, DOM 컬렉션(NodeList, HTMLCollection), arguments 등이 있다. 이에 대해서는 34장 "이터러블"에서 자세히 살펴볼 것이다.

27.5 배열 요소의 참조

배열의 요소를 참조할 때에는 대괄호([ ]) 표기법을 사용한다. 대괄호 안에는 인덱스가 와야 한다. 정수로 평가되는 표현식이라면 인덱스 대신 사용할 수 있다. 인덱스는 값을 참조할 수 있다는 의미에서 객체의 프로퍼티 키와 같은 역할을 한다.

【 예제 27-31 】

```
const arr = [1, 2];

// 인덱스가 0인 요소를 참조
console.log(arr[0]); // 1
// 인덱스가 1인 요소를 참조
console.log(arr[1]); // 2
```

존재하지 않는 요소에 접근하면 undefined가 반환된다.

【 예제 27-32 】

```
const arr = [1, 2];

// 인덱스가 2인 요소를 참조. 배열 arr에는 인덱스가 2인 요소가 존재하지 않는다.
console.log(arr[2]); // undefined
```

배열은 사실 인덱스를 나타내는 문자열을 프로퍼티 키로 갖는 객체다. 따라서 존재하지 않는 프로퍼티 키로 객체의 프로퍼티에 접근했을 때 undefined를 반환하는 것처럼 배열도 존재하지 않는 요소를 참조하면 undefined를 반환한다.

같은 이유로 희소 배열의 존재하지 않는 요소를 참조해도 undefined가 반환된다.

【 예제 27-33 】

```
// 희소 배열
const arr = [1, , 3];

// 배열 arr에는 인덱스가 1인 요소가 존재하지 않는다.
console.log(Object.getOwnPropertyDescriptors(arr));
/*
{
  '0': {value: 1, writable: true, enumerable: true, configurable: true},
  '2': {value: 3, writable: true, enumerable: true, configurable: true},
  length: {value: 3, writable: true, enumerable: false, configurable: false}
}
*/
```

```
// 존재하지 않는 요소를 참조하면 undefined가 반환된다.
console.log(arr[1]); // undefined
console.log(arr[3]); // undefined
```

27.6 배열 요소의 추가와 갱신

객체에 프로퍼티를 동적으로 추가할 수 있는 것처럼 배열에도 요소를 동적으로 추가할 수 있다. 존재하지 않는 인덱스를 사용해 값을 할당하면 새로운 요소가 추가된다. 이때 length 프로퍼티 값은 자동 갱신된다.

【 예제 27-34 】

```
const arr = [0];

// 배열 요소의 추가
arr[1] = 1;

console.log(arr); // [0, 1]
console.log(arr.length); // 2
```

만약 현재 배열의 length 프로퍼티 값보다 큰 인덱스로 새로운 요소를 추가하면 희소 배열이 된다.

【 예제 27-35 】

```
arr[100] = 100;

console.log(arr); // [0, 1, empty × 98, 100]
console.log(arr.length); // 101
```

이때 인덱스로 요소에 접근하여 명시적으로 값을 할당하지 않은 요소는 생성되지 않는다는 것에 주의하자.

【 예제 27-36 】

```
// 명시적으로 값을 할당하지 않은 요소는 생성되지 않는다.
console.log(Object.getOwnPropertyDescriptors(arr));
/*
{
  '0': {value: 0, writable: true, enumerable: true, configurable: true},
  '1': {value: 1, writable: true, enumerable: true, configurable: true},
  '100': {value: 100, writable: true, enumerable: true, configurable: true},
  length: {value: 101, writable: true, enumerable: false, configurable: false}
}
*/
```

이미 요소가 존재하는 요소에 값을 재할당하면 요소값이 갱신된다.

```
// 요소값의 갱신
arr[1] = 10;

console.log(arr); // [0, 10, empty × 98, 100]
```

인덱스는 요소의 위치를 나타내므로 반드시 0 이상의 정수(또는 정수 형태의 문자열)를 사용해야 한다. 만약
정수 이외의 값을 인덱스처럼 사용하면 요소가 생성되는 것이 아니라 프로퍼티가 생성된다. 이때 추가된 프
로퍼티는 length 프로퍼티 값에 영향을 주지 않는다.

【 예제 27-38 】

```
const arr = [];

// 배열 요소의 추가
arr[0] = 1;
arr['1'] = 2;

// 프로퍼티 추가
arr['foo'] = 3;
arr.bar = 4;
arr[1.1] = 5;
arr[-1] = 6;

console.log(arr); // [1, 2, foo: 3, bar: 4, '1.1': 5, '-1': 6]

// 프로퍼티는 length에 영향을 주지 않는다.
console.log(arr.length); // 2
```

27.7 배열 요소의 삭제

배열은 사실 객체이기 때문에 배열의 특정 요소를 삭제하기 위해 delete 연산자를 사용할 수 있다.

【 예제 27-39 】

```
const arr = [1, 2, 3];

// 배열 요소의 삭제
delete arr[1];
console.log(arr); // [1, empty, 3]

// length 프로퍼티에 영향을 주지 않는다. 즉, 희소 배열이 된다.
console.log(arr.length); // 3
```

delete 연산자[2]는 객체의 프로퍼티를 삭제한다. 따라서 위 예제의 delete arr[1]은 arr에서 프로퍼티 키가 '1'인 프로퍼티를 삭제한다. 이때 배열은 희소 배열이 되며 length 프로퍼티 값은 변하지 않는다. 따라서 희소 배열을 만드는 delete 연산자는 사용하지 않는 것이 좋다.

희소 배열을 만들지 않으면서 배열의 특정 요소를 완전히 삭제하려면 Array.prototype.splice 메서드[3]를 사용한다.

【 예제 27-40 】

```javascript
const arr = [1, 2, 3];

// Array.prototype.splice(삭제를 시작할 인덱스, 삭제할 요소 수)
// arr[1]부터 1개의 요소를 제거
arr.splice(1, 1);
console.log(arr); // [1, 3]

// length 프로퍼티가 자동 갱신된다.
console.log(arr.length); // 2
```

27.8 배열 메서드

자바스크립트는 배열을 다룰 때 유용한 다양한 빌트인 메서드를 제공한다. Array 생성자 함수는 정적 메서드를 제공하며, 배열 객체의 프로토타입인 Array.prototype은 프로토타입 메서드를 제공한다. 배열은 사용 빈도가 높은 자료구조이므로 배열 메서드의 사용법을 잘 알아둘 필요가 있다.

배열 메서드는 결과물을 반환하는 패턴이 두 가지이므로 주의가 필요하다. **배열에는 원본 배열(배열 메서드를 호출한 배열, 즉 배열 메서드의 구현체 내부에서 this가 가리키는 객체)을 직접 변경하는 메서드**[mutator method]**와 원본 배열을 직접 변경하지 않고 새로운 배열을 생성하여 반환하는 메서드**[accessor method]**가 있다.** 예를 들어 다음 예제를 살펴보자.

【 예제 27-41 】

```javascript
const arr = [1];

// push 메서드는 원본 배열(arr)을 직접 변경한다.
arr.push(2);
console.log(arr); // [1, 2]
```

---

2   10.8절 "프로퍼티 삭제" 참고
3   27.8.8절 "Array.prototype.splice" 참고

```
// concat 메서드는 원본 배열(arr)을 직접 변경하지 않고 새로운 배열을 생성하여 반환한다.
const result = arr.concat(3);
console.log(arr);    // [1, 2]
console.log(result); // [1, 2, 3]
```

ES5부터 도입된 배열 메서드는 대부분 원본 배열을 직접 변경하지 않지만 초창기 배열 메서드는 원본 배열을 직접 변경하는 경우가 많다. 원본 배열을 직접 변경하는 메서드는 외부 상태를 직접 변경하는 부수 효과가 있으므로 사용할 때 주의해야 한다. 따라서 가급적 원본 배열을 직접 변경하지 않는 메서드accessor method를 사용하는 편이 좋다.

배열이 제공하는 메서드 중에서 사용 빈도가 높은 메서드에 대해 살펴보도록 하자.

27.8.1 Array.isArray

Array.isArray는 Array 생성자 함수의 정적 메서드[4]다. 27.4절 "배열 생성"에서 살펴본 Array.of와 Array.from도 Array 생성자 함수의 정적 메서드다.

Array.isArray 메서드는 전달된 인수가 배열이면 true, 배열이 아니면 false를 반환한다.

【 예제 27-42 】

```
// true
Array.isArray([]);
Array.isArray([1, 2]);
Array.isArray(new Array());

// false
Array.isArray();
Array.isArray({});
Array.isArray(null);
Array.isArray(undefined);
Array.isArray(1);
Array.isArray('Array');
Array.isArray(true);
Array.isArray(false);
Array.isArray({ 0: 1, length: 1 })
```

27.8.2 Array.prototype.indexOf

indexOf 메서드는 원본 배열에서 인수로 전달된 요소를 검색하여 인덱스를 반환한다.

---

4   19.12절 "정적 프로퍼티/메서드" 참고

- 원본 배열에 인수로 전달한 요소와 중복되는 요소가 여러 개 있다면 첫 번째로 검색된 요소의 인덱스를 반환한다.

- 원본 배열에 인수로 전달한 요소가 존재하지 않으면 -1을 반환한다.

【 예제 27-43 】

```
const arr = [1, 2, 2, 3];

// 배열 arr에서 요소 2를 검색하여 첫 번째로 검색된 요소의 인덱스를 반환한다.
arr.indexOf(2);    // → 1
// 배열 arr에 요소 4가 없으므로 -1을 반환한다.
arr.indexOf(4);    // → -1
// 두 번째 인수는 검색을 시작할 인덱스다. 두 번째 인수를 생략하면 처음부터 검색한다.
arr.indexOf(2, 2); // → 2
```

indexOf 메서드는 배열에 특정 요소가 존재하는지 확인할 때 유용하다.

【 예제 27-44 】

```
const foods = ['apple', 'banana', 'orange'];

// foods 배열에 'orange' 요소가 존재하는지 확인한다.
if (foods.indexOf('orange') === -1) {
  // foods 배열에 'orange' 요소가 존재하지 않으면 'orange' 요소를 추가한다.
  foods.push('orange');
}

console.log(foods); // ["apple", "banana", "orange"]
```

indexOf 메서드 대신 ES7에서 도입된 Array.prototype.includes 메서드[5]를 사용하면 가독성이 더 좋다.

【 예제 27-45 】

```
const foods = ['apple', 'banana', 'orange'];

// foods 배열에 'orange' 요소가 존재하는지 확인한다.
if (!foods.includes('orange')) {
  // foods 배열에 'orange' 요소가 존재하지 않으면 'orange' 요소를 추가한다.
  foods.push('orange');
}

console.log(foods); // ["apple", "banana", "orange"]
```

---

5   27.8.13절 "Array.prototype.includes" 참고

27.8.3 Array.prototype.push

push 메서드는 인수로 전달받은 모든 값을 원본 배열의 마지막 요소로 추가하고 변경된 length 프로퍼티 값을 반환한다. push 메서드는 원본 배열을 직접 변경한다.

【 예제 27-46 】

```
const arr = [1, 2];

// 인수로 전달받은 모든 값을 원본 배열 arr의 마지막 요소로 추가하고 변경된 length 값을 반환한다.
let result = arr.push(3, 4);
console.log(result); // 4

// push 메서드는 원본 배열을 직접 변경한다.
console.log(arr); // [1, 2, 3, 4]
```

push 메서드는 성능 면에서 좋지 않다. 마지막 요소로 추가할 요소가 하나뿐이라면 push 메서드를 사용하지 않고 length 프로퍼티를 사용하여 배열의 마지막에 요소를 직접 추가할 수도 있다. 이 방법이 push 메서드보다 빠르다.

【 예제 27-47 】

```
const arr = [1, 2];

// arr.push(3)과 동일한 처리를 한다. 이 방법이 push 메서드보다 빠르다.
arr[arr.length] = 3;
console.log(arr); // [1, 2, 3]
```

push 메서드는 원본 배열을 직접 변경하는 부수 효과가 있다. 따라서 push 메서드보다는 ES6의 스프레드 문법을 사용하는 편이 좋다. 스프레드 문법을 사용하면 함수 호출 없이 표현식으로 마지막에 요소를 추가할 수 있으며 부수 효과도 없다. 이에 대해서는 35장 "스프레드 문법"에서 자세히 살펴볼 것이다.

【 예제 27-48 】

```
const arr = [1, 2];

// ES6 스프레드 문법
const newArr = [...arr, 3];
console.log(newArr); // [1, 2, 3]
```

27.8.4 Array.prototype.pop

pop 메서드는 원본 배열에서 마지막 요소를 제거하고 제거한 요소를 반환한다. 원본 배열이 빈 배열이면 undefined를 반환한다. pop 메서드는 원본 배열을 직접 변경한다.

```
const arr = [1, 2];

// 원본 배열에서 마지막 요소를 제거하고 제거한 요소를 반환한다.
let result = arr.pop();
console.log(result); // 2

// pop 메서드는 원본 배열을 직접 변경한다.
console.log(arr); // [1]
```

pop 메서드와 push 메서드를 사용하면 스택을 쉽게 구현할 수 있다.

스택stack[6]은 데이터를 마지막에 밀어 넣고, 마지막에 밀어 넣은 데이터를 먼저 꺼내는 후입 선출(LIFO – Last In First Out) 방식의 자료구조다. 스택은 언제나 가장 마지막에 밀어 넣은 최신 데이터를 먼저 취득한다. 스택에 데이터를 밀어 넣는 것을 푸시push라 하고 스택에서 데이터를 꺼내는 것을 팝pop이라고 한다.

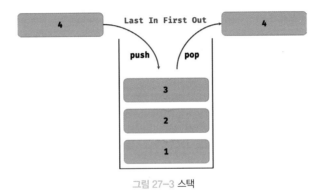

그림 27-3 스택

스택을 생성자 함수로 구현해 보면 다음과 같다.

【 예제 27-50 】

```
const Stack = (function () {
  function Stack(array = []) {
    if (!Array.isArray(array)) {
      // 47장 "에러 처리" 참고
      throw new TypeError(`${array} is not an array.`);
    }
    this.array = array;
  }

  Stack.prototype = {
```

```javascript
    // 19.9.1절 "생성자 함수에 의한 프로토타입의 교체" 참고
    constructor: Stack,
    // 스택의 가장 마지막에 데이터를 밀어 넣는다.
    push(value) {
      return this.array.push(value);
    },
    // 스택의 가장 마지막 데이터, 즉 가장 나중에 밀어 넣은 최신 데이터를 꺼낸다.
    pop() {
      return this.array.pop();
    },
    // 스택의 복사본 배열을 반환한다.
    entries() {
      return [...this.array];
    }
  };

  return Stack;
}());

const stack = new Stack([1, 2]);
console.log(stack.entries()); // [1, 2]

stack.push(3);
console.log(stack.entries()); // [1, 2, 3]

stack.pop();
console.log(stack.entries()); // [1, 2]
```

스택을 클래스로 구현해 보면 다음과 같다.

【 예제 27-51 】

```javascript
class Stack {
  #array; // private class member

  constructor(array = []) {
    if (!Array.isArray(array)) {
      throw new TypeError(`${array} is not an array.`);
    }
    this.#array = array;
  }

  // 스택의 가장 마지막에 데이터를 밀어 넣는다.
  push(value) {
    return this.#array.push(value);
  }
```

```
  // 스택의 가장 마지막 데이터, 즉 가장 나중에 밀어 넣은 최신 데이터를 꺼낸다.
  pop() {
    return this.#array.pop();
  }

  // 스택의 복사본 배열을 반환한다.
  entries() {
    return [...this.#array];
  }
}

const stack = new Stack([1, 2]);
console.log(stack.entries()); // [1, 2]

stack.push(3);
console.log(stack.entries()); // [1, 2, 3]

stack.pop();
console.log(stack.entries()); // [1, 2]
```

27.8.5 Array.prototype.unshift

unshift 메서드는 인수로 전달받은 모든 값을 원본 배열의 선두에 요소로 추가하고 변경된 length 프로퍼티 값을 반환한다. unshift 메서드는 원본 배열을 직접 변경한다.

【 예제 27-52 】

```
const arr = [1, 2];

// 인수로 전달받은 모든 값을 원본 배열의 선두에 요소로 추가하고 변경된 length 값을 반환한다.
let result = arr.unshift(3, 4);
console.log(result); // 4

// unshift 메서드는 원본 배열을 직접 변경한다.
console.log(arr); // [3, 4, 1, 2]
```

unshift 메서드는 원본 배열을 직접 변경하는 부수 효과가 있다. 따라서 unshift 메서드보다는 ES6의 스프레드 문법을 사용하는 편이 좋다. 스프레드 문법을 사용하면 함수 호출 없이 표현식으로 선두에 요소를 추가할 수 있으며 부수 효과도 없다. 이에 대해서는 35장 "스프레드 문법"에서 자세히 살펴볼 것이다.

【 예제 27-53 】

```
const arr = [1, 2];

// ES6 스프레드 문법
const newArr = [3, ...arr];
console.log(newArr); // [3, 1, 2]
```

27.8.6 Array.prototype.shift

shift 메서드는 원본 배열에서 첫 번째 요소를 제거하고 제거한 요소를 반환한다. 원본 배열이 빈 배열이면 undefined를 반환한다. shift 메서드는 원본 배열을 직접 변경한다.

【 예제 27-54 】

```
const arr = [1, 2];

// 원본 배열에서 첫 번째 요소를 제거하고 제거한 요소를 반환한다.
let result = arr.shift();
console.log(result); // 1

// shift 메서드는 원본 배열을 직접 변경한다.
console.log(arr); // [2]
```

shift 메서드와 push 메서드를 사용하면 큐를 쉽게 구현할 수 있다.

큐queue[7]는 데이터를 마지막에 밀어 넣고, 처음 데이터, 즉 가장 먼저 밀어 넣은 데이터를 먼저 꺼내는 선입 선출(FIFO - First In First Out) 방식의 자료구조다. 스택은 언제나 마지막에 밀어 넣은 최신 데이터를 취득하지만 큐는 언제나 데이터를 밀어 넣은 순서대로 취득한다.

그림 27-4 큐

큐를 생성자 함수로 구현해 보면 다음과 같다.

---

7   https://ko.wikipedia.org/wiki/큐

```javascript
const Queue = (function () {
  function Queue(array = []) {
    if (!Array.isArray(array)) {
      // 47장 "에러 처리" 참고
      throw new TypeError(`${array} is not an array.`);
    }
    this.array = array;
  }

  Queue.prototype = {
    // 19.9.1절 "생성자 함수에 의한 프로토타입의 교체" 참고
    constructor: Queue,
    // 큐의 가장 마지막에 데이터를 밀어 넣는다.
    enqueue(value) {
      return this.array.push(value);
    },
    // 큐의 가장 처음 데이터, 즉 가장 먼저 밀어 넣은 데이터를 꺼낸다.
    dequeue() {
      return this.array.shift();
    },
    // 큐의 복사본 배열을 반환한다.
    entries() {
      return [ ... this.array];
    }
  };

  return Queue;
}());

const queue = new Queue([1, 2]);
console.log(queue.entries()); // [1, 2]

queue.enqueue(3);
console.log(queue.entries()); // [1, 2, 3]

queue.dequeue();
console.log(queue.entries()); // [2, 3]
```

큐를 클래스로 구현해 보면 다음과 같다.

【 예제 27-56 】

```javascript
class Queue {
  #array; // private class member
```

```javascript
  constructor(array = []) {
    if (!Array.isArray(array)) {
      throw new TypeError(`${array} is not an array.`);
    }
    this.#array = array;
  }

  // 큐의 가장 마지막에 데이터를 밀어 넣는다.
  enqueue(value) {
    return this.#array.push(value);
  }

  // 큐의 가장 처음 데이터, 즉 가장 먼저 밀어 넣은 데이터를 꺼낸다.
  dequeue() {
    return this.#array.shift();
  }

  // 큐의 복사본 배열을 반환한다.
  entries() {
    return [...this.#array];
  }
}

const queue = new Queue([1, 2]);
console.log(queue.entries()); // [1, 2]

queue.enqueue(3);
console.log(queue.entries()); // [1, 2, 3]

queue.dequeue();
console.log(queue.entries()); // [2, 3]
```

27.8.7 Array.prototype.concat

concat 메서드는 인수로 전달된 값들(배열 또는 원시값)을 원본 배열의 마지막 요소로 추가한 새로운 배열을 반환한다. 인수로 전달한 값이 배열인 경우 배열을 해체하여 새로운 배열의 요소로 추가한다. 원본 배열은 변경되지 않는다.

【 예제 27-57 】

```javascript
const arr1 = [1, 2];
const arr2 = [3, 4];
```

```
// 배열 arr2를 원본 배열 arr1의 마지막 요소로 추가한 새로운 배열을 반환한다.
// 인수로 전달한 값이 배열인 경우 배열을 해체하여 새로운 배열의 요소로 추가한다.
let result = arr1.concat(arr2);
console.log(result); // [1, 2, 3, 4]

// 숫자를 원본 배열 arr1의 마지막 요소로 추가한 새로운 배열을 반환한다.
result = arr1.concat(3);
console.log(result); // [1, 2, 3]

// 배열 arr2와 숫자를 원본 배열 arr1의 마지막 요소로 추가한 새로운 배열을 반환한다.
result = arr1.concat(arr2, 5);
console.log(result); // [1, 2, 3, 4, 5]

// 원본 배열은 변경되지 않는다.
console.log(arr1); // [1, 2]
```

push와 unshift 메서드는 concat 메서드로 대체할 수 있다. push와 unshift 메서드는 concat 메서드와 유사하게 동작하지만 다음과 같이 미묘한 차이가 있다.

- push와 unshift 메서드는 원본 배열을 직접 변경하지만 concat 메서드는 원본 배열을 변경하지 않고 새로운 배열을 반환한다. 따라서 push와 unshift 메서드를 사용할 경우 원본 배열을 반드시 변수에 저장해 두어야 하며 concat 메서드를 사용할 경우 반환값을 반드시 변수에 할당받아야 한다.

【 예제 27-58 】
```
const arr1 = [3, 4];

// unshift 메서드는 원본 배열을 직접 변경한다.
// 따라서 원본 배열을 변수에 저장해 두지 않으면 변경된 배열을 사용할 수 없다.
arr1.unshift(1, 2);
// unshift 메서드를 사용할 경우 원본 배열을 반드시 변수에 저장해 두어야 결과를 확인할 수 있다.
console.log(arr1); // [1, 2, 3, 4]

// push 메서드는 원본 배열을 직접 변경한다.
// 따라서 원본 배열을 변수에 저장해 두지 않으면 변경된 배열을 사용할 수 없다.
arr1.push(5, 6);
// push 메서드를 사용할 경우 원본 배열을 반드시 변수에 저장해 두어야 결과를 확인할 수 있다.
console.log(arr1); // [1, 2, 3, 4, 5, 6]

// unshift와 push 메서드는 concat 메서드로 대체할 수 있다.
const arr2 = [3, 4];

// concat 메서드는 원본 배열을 변경하지 않고 새로운 배열을 반환한다.
// arr1.unshift(1, 2)를 다음과 같이 대체할 수 있다.
let result = [1, 2].concat(arr2);
```

```
console.log(result); // [1, 2, 3, 4]

// arr1.push(5, 6)를 다음과 같이 대체할 수 있다.
result = result.concat(5, 6);
console.log(result); // [1, 2, 3, 4, 5, 6]
```

■ 인수로 전달받은 값이 배열인 경우 push와 unshift 메서드는 배열을 그대로 원본 배열의 마지막/첫 번째 요소로 추가하지만 concat 메서드는 인수로 전달받은 배열을 해체하여 새로운 배열의 마지막 요소로 추가한다.

【 예제 27-59 】

```
const arr = [3, 4];

// unshift와 push 메서드는 인수로 전달받은 배열을 그대로 원본 배열의 요소로 추가한다.
arr.unshift([1, 2]);
arr.push([5, 6]);
console.log(arr); // [[1, 2], 3, 4,[5, 6]]

// concat 메서드는 인수로 전달받은 배열을 해체하여 새로운 배열의 요소로 추가한다.
let result = [1, 2].concat([3, 4]);
result = result.concat([5, 6]);

console.log(result); // [1, 2, 3, 4, 5, 6]
```

concat 메서드는 ES6의 스프레드 문법으로 대체할 수 있다.

【 예제 27-60 】

```
let result = [1, 2].concat([3, 4]);
console.log(result); // [1, 2, 3, 4]

// concat 메서드는 ES6의 스프레드 문법으로 대체할 수 있다.
result = [ ... [1, 2], ... [3, 4]];
console.log(result); // [1, 2, 3, 4]
```

결론적으로 push/unshift 메서드와 concat 메서드를 사용하는 대신 ES6의 스프레드 문법을 일관성 있게 사용하는 것을 권장한다.

27.8.8 Array.prototype.splice

push, pop, unshift, shift 메서드는 모두 원본 배열을 직접 변경하는 메서드mutator method이며 원본 배열의 처음이나 마지막에 요소를 추가하거나 제거한다.

```
       arr.shift()              arr.pop()
           ┌─┐                      ┌─┐
           └─┐                      └─┐
const arr = [ 1, 2, 3 ];
           ┌─┘                      ┌─┘
           └─┐                      └─┐
      arr.unshift(1)             arr.push(3)
```

그림 27-5 push, pop, unshift, shift 메서드

원본 배열의 중간에 요소를 추가하거나 중간에 있는 요소를 제거하는 경우 splice 메서드를 사용한다. splice 메서드는 3개의 매개변수가 있으며 원본 배열을 직접 변경한다.

- start: 원본 배열의 요소를 제거하기 시작할 인덱스다. start만 지정하면 원본 배열의 start부터 모든 요소를 제거한다. start 가 음수인 경우 배열의 끝에서의 인덱스를 나타낸다. 만약 start가 -1이면 마지막 요소를 가리키고 -n이면 마지막에서 n번째 요소를 가리킨다.

- deleteCount: 원본 배열의 요소를 제거하기 시작할 인덱스인 start부터 제거할 요소의 개수다. deleteCount가 0인 경우 아무런 요소도 제거되지 않는다(옵션).

- items: 제거한 위치에 삽입할 요소들의 목록이다. 생략할 경우 원본 배열에서 요소들을 제거하기만 한다(옵션).

【 예제 27-61 】

```
const arr = [1, 2, 3, 4];

// 원본 배열의 인덱스 1부터 2개의 요소를 제거하고 그 자리에 새로운 요소 20, 30을 삽입한다.
const result = arr.splice(1, 2, 20, 30);

// 제거한 요소가 배열로 반환된다.
console.log(result); // [2, 3]
// splice 메서드는 원본 배열을 직접 변경한다.
console.log(arr); // [1, 20, 30, 4]
```

splice 메서드에 3개의 인수를 빠짐없이 전달하면 첫 번째 인수, 즉 시작 인덱스부터 두 번째 인수, 즉 제거할 요소의 개수만큼 원본 배열에서 요소를 제거한다. 그리고 세 번째 인수, 즉 제거한 위치에 삽입할 요소들을 원본 배열에 삽입한다.

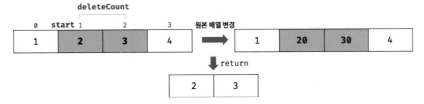

그림 27-6 Array.prototype.splice 메서드

splice 메서드의 두 번째 인수, 즉 제거할 요소의 개수를 0으로 지정하면 아무런 요소도 제거하지 않고 새로운 요소들을 삽입한다.

【 예제 27-62 】

```javascript
const arr = [1, 2, 3, 4];

// 원본 배열의 인덱스 1부터 0개의 요소를 제거하고 그 자리에 새로운 요소 100을 삽입한다.
const result = arr.splice(1, 0, 100);

// 원본 배열이 변경된다.
console.log(arr); // [1, 100, 2, 3, 4]
// 제거한 요소가 배열로 반환된다.
console.log(result); // []
```

splice 메서드의 세 번째 인수, 즉 제거한 위치에 추가할 요소들의 목록을 전달하지 않으면 원본 배열에서 지정된 요소를 제거하기만 한다.

【 예제 27-63 】

```javascript
const arr = [1, 2, 3, 4];

// 원본 배열의 인덱스 1부터 2개의 요소를 제거한다.
const result = arr.splice(1, 2);

// 원본 배열이 변경된다.
console.log(arr); // [1, 4]
// 제거한 요소가 배열로 반환된다.
console.log(result); // [2, 3]
```

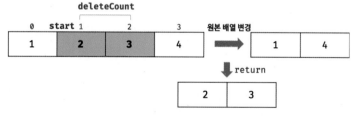

그림 27-7 Array.prototype.splice 메서드

splice 메서드의 두 번째 인수, 즉 제거할 요소의 개수를 생략하면 첫 번째 인수로 전달된 시작 인덱스부터 모든 요소를 제거한다.

```
const arr = [1, 2, 3, 4];

// 원본 배열의 인덱스 1부터 모든 요소를 제거한다.
const result = arr.splice(1);

// 원본 배열이 변경된다.
console.log(arr); // [1]
// 제거한 요소가 배열로 반환된다.
console.log(result); // [2, 3, 4]
```

배열에서 특정 요소를 제거하려면 indexOf 메서드를 통해 특정 요소의 인덱스를 취득한 다음 splice 메서드를 사용한다.

【 예제 27-65 】

```
const arr = [1, 2, 3, 1, 2];

// 배열 array에서 item 요소를 제거한다. item 요소가 여러 개 존재하면 첫 번째 요소만 제거한다.
function remove(array, item) {
  // 제거할 item 요소의 인덱스를 취득한다.
  const index = array.indexOf(item);

  // 제거할 item 요소가 있다면 제거한다.
  if (index !== -1) array.splice(index, 1);

  return array;
}

console.log(remove(arr, 2)); // [1, 3, 1, 2]
console.log(remove(arr, 10)); // [1, 3, 1, 2]
```

filter 메서드[8]를 사용하여 특정 요소를 제거할 수도 있다. 하지만 특정 요소가 중복된 경우 모두 제거된다.

【 예제 27-66 】

```
const arr = [1, 2, 3, 1, 2];

// 배열 array에서 모든 item 요소를 제거한다.
function removeAll(array, item) {
  return array.filter(v => v !== item);
}

console.log(removeAll(arr, 2)); // [1, 3, 1]
```

8 27.9.4절 "Array.prototype.filter" 참고

27.8.9 Array.prototype.slice

slice 메서드는 인수로 전달된 범위의 요소들을 복사하여 배열로 반환한다. 원본 배열은 변경되지 않는다. 이름이 유사한 splice 메서드는 원본 배열을 변경하므로 주의하기 바란다.

slice 메서드는 두 개의 매개변수를 갖는다.

- start: 복사를 시작할 인덱스다. 음수인 경우 배열의 끝에서의 인덱스를 나타낸다. 예를 들어, slice(-2)는 배열의 마지막 두 개의 요소를 복사하여 배열로 반환한다.

- end: 복사를 종료할 인덱스다. 이 인덱스에 해당하는 요소는 복사되지 않는다. end는 생략 가능하며 생략 시 기본값은 length 프로퍼티 값이다.

【 예제 27-67 】

```javascript
const arr = [1, 2, 3];

// arr[0]부터 arr[1] 이전(arr[1] 미포함)까지 복사하여 반환한다.
arr.slice(0, 1); // → [1]

// arr[1]부터 arr[2] 이전(arr[2] 미포함)까지 복사하여 반환한다.
arr.slice(1, 2); // → [2]

// 원본은 변경되지 않는다.
console.log(arr); // [1, 2, 3]
```

slice 메서드는 첫 번째 인수(start)로 전달받은 인덱스부터 두 번째 인수(end)로 전달받은 인덱스 이전 (end 미포함)까지 요소들을 복사하여 배열로 반환한다.

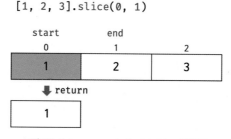

그림 27-8 Array.prototype.slice 메서드

slice 메서드의 두 번째 인수(end)를 생략하면 첫 번째 인수(start)로 전달받은 인덱스부터 모든 요소를 복사하여 배열로 반환한다.

```
const arr = [1, 2, 3];

// arr[1]부터 이후의 모든 요소를 복사하여 반환한다.
arr.slice(1); // → [2, 3]
```

slice 메서드의 첫 번째 인수가 음수인 경우 배열의 끝에서부터 요소를 복사하여 배열로 반환한다.

【 예제 27-69 】

```
const arr = [1, 2, 3];

// 배열의 끝에서부터 요소를 한 개 복사하여 반환한다.
arr.slice(-1); // → [3]

// 배열의 끝에서부터 요소를 두 개 복사하여 반환한다.
arr.slice(-2); // → [2, 3]
```

slice 메서드의 인수를 모두 생략하면 원본 배열의 복사본을 생성하여 반환한다.

【 예제 27-70 】

```
const arr = [1, 2, 3];

// 인수를 모두 생략하면 원본 배열의 복사본을 생성하여 반환한다.
const copy = arr.slice();
console.log(copy); // [1, 2, 3]
console.log(copy === arr); // false
```

이때 생성된 복사본은 얕은 복사shallow copy를 통해 생성된다.

【 예제 27-71 】

```
const todos = [
  { id: 1, content: 'HTML', completed: false },
  { id: 2, content: 'CSS', completed: true },
  { id: 3, content: 'Javascript', completed: false }
];

// 얕은 복사(shallow copy)
const _todos = todos.slice();
// const _todos = [...todos];

// _todos와 todos는 참조값이 다른 별개의 객체다.
console.log(_todos === todos); // false

// 배열 요소의 참조값이 같다. 즉, 얕은 복사되었다.
console.log(_todos[0] === todos[0]); // true
```

slice 메서드가 복사본을 생성하는 것을 이용하여 arguments, HTMLCollection, NodeList 같은 유사 배열 객체를 배열로 변환할 수 있다.

【 예제 27-72 】

```
function sum() {
  // 유사 배열 객체를 배열로 변환(ES5)
  var arr = Array.prototype.slice.call(arguments);
  console.log(arr); // [1, 2, 3]

  return arr.reduce(function (pre, cur) {
    return pre + cur;
  }, 0);
}

console.log(sum(1, 2, 3)); // 6
```

Array.from 메서드[10]를 사용하면 더욱 간단하게 유사 배열 객체를 배열로 변환할 수 있다. Array.from 메서드는 유사 배열 객체 또는 이터러블 객체를 배열로 변환한다.

【 예제 27-73 】

```
function sum() {
  const arr = Array.from(arguments);
  console.log(arr); // [1, 2, 3]

  return arr.reduce((pre, cur) => pre + cur, 0);
}

console.log(sum(1, 2, 3)); // 6
```

34장 "이터러블"에서 자세히 살펴보겠지만 arguments 객체는 유사 배열 객체이면서 이터러블 객체다. 이터러블 객체는 ES6의 스프레드 문법을 사용하여 간단하게 배열로 변환할 수 있다.

---

9   https://lodash.com/docs/4.17.15#cloneDeep
10 27.4.4절 "Array.from" 참고

```
function sum() {
  // 이터러블을 배열로 변환(ES6 스프레드 문법)
  const arr = [ ...arguments ];
  console.log(arr); // [1, 2, 3]

  return arr.reduce((pre, cur) => pre + cur, 0);
}

console.log(sum(1, 2, 3)); // 6
```

27.8.10 Array.prototype.join

join 메서드는 원본 배열의 모든 요소를 문자열로 변환한 후, 인수로 전달받은 문자열, 즉 구분자separator로 연결한 문자열을 반환한다. 구분자는 생략 가능하며 기본 구분자는 콤마(',')다.

【 예제 27-75 】

```
const arr = [1, 2, 3, 4];

// 기본 구분자는 콤마다.
// 원본 배열 arr의 모든 요소를 문자열로 변환한 후 기본 구분자로 연결한 문자열을 반환한다.
arr.join(); // → '1,2,3,4';

// 원본 배열 arr의 모든 요소를 문자열로 변환한 후, 빈 문자열로 연결한 문자열을 반환한다.
arr.join(''); // → '1234'

// 원본 배열 arr의 모든 요소를 문자열로 변환한 후 구분자 ':'로 연결한 문자열을 반환한다.
arr.join(':'); // → '1:2:3:4'
```

27.8.11 Array.prototype.reverse

reverse 메서드는 원본 배열의 순서를 반대로 뒤집는다. 이때 원본 배열이 변경된다. 반환값은 변경된 배열이다.

【 예제 27-76 】

```
const arr = [1, 2, 3];
const result = arr.reverse();

// reverse 메서드는 원본 배열을 직접 변경한다.
console.log(arr); // [3, 2, 1]
// 반환값은 변경된 배열이다.
console.log(result); // [3, 2, 1]
```

27.8.12 Array.prototype.fill

ES6에서 도입된 fill 메서드는 인수로 전달받은 값을 배열의 처음부터 끝까지 요소로 채운다. 이때 원본 배열이 변경된다.

【 예제 27-77 】

```
const arr = [1, 2, 3];

// 인수로 전달받은 값 0을 배열의 처음부터 끝까지 요소로 채운다.
arr.fill(0);

// fill 메서드는 원본 배열을 직접 변경한다.
console.log(arr); // [0, 0, 0]
```

두 번째 인수로 요소 채우기를 시작할 인덱스를 전달할 수 있다.

【 예제 27-78 】

```
const arr = [1, 2, 3];

// 인수로 전달받은 값 0을 배열의 인덱스 1부터 끝까지 요소로 채운다.
arr.fill(0, 1);

// fill 메서드는 원본 배열을 직접 변경한다.
console.log(arr); // [1, 0, 0]
```

세 번째 인수로 요소 채우기를 멈출 인덱스를 전달할 수 있다.

【 예제 27-79 】

```
const arr = [1, 2, 3, 4, 5];

// 인수로 전달받은 값 0을 배열의 인덱스 1부터 3 이전(인덱스 3 미포함)까지 요소로 채운다.
arr.fill(0, 1, 3);

// fill 메서드는 원본 배열을 직접 변경한다.
console.log(arr); // [1, 0, 0, 4, 5]
```

fill 메서드를 사용하면 배열을 생성하면서 특정 값으로 요소를 채울 수 있다.

【 예제 27-80 】

```
const arr = new Array(3);
console.log(arr); // [empty × 3]

// 인수로 전달받은 값 1을 배열의 처음부터 끝까지 요소로 채운다.
const result = arr.fill(1);
```

```
// fill 메서드는 원본 배열을 직접 변경한다.
console.log(arr); // [1, 1, 1]

// fill 메서드는 변경된 원본 배열을 반환한다.
console.log(result); // [1, 1, 1]
```

fill 메서드로 요소를 채울 경우 모든 요소를 하나의 값만으로 채울 수밖에 없다는 단점이 있다. 하지만 Array.from 메서드[11]를 사용하면 두 번째 인수로 전달한 콜백 함수를 통해 요소값을 만들면서 배열을 채울 수 있다. Array.from 메서드는 두 번째 인수로 전달한 콜백 함수에 첫 번째 인수에 의해 생성된 배열의 요소값과 인덱스를 순차적으로 전달하면서 호출하고, 콜백 함수의 반환값으로 구성된 배열을 반환한다.

【 예제 27-81 】

```
// 인수로 전달받은 정수만큼 요소를 생성하고 0부터 1씩 증가하면서 요소를 채운다.
const sequences = (length = 0) => Array.from({ length }, (_, i) => i);
// const sequences = (length = 0) => Array.from(new Array(length), (_, i) => i);

console.log(sequences(3)); // [0, 1, 2]
```

27.8.13 Array.prototype.includes

ES7에서 도입된 includes 메서드는 배열 내에 특정 요소가 포함되어 있는지 확인하여 true 또는 false를 반환한다. 첫 번째 인수로 검색할 대상을 지정한다.

【 예제 27-82 】

```
const arr = [1, 2, 3];

// 배열에 요소 2가 포함되어 있는지 확인한다.
arr.includes(2); // → true

// 배열에 요소 100이 포함되어 있는지 확인한다.
arr.includes(100); // → false
```

두 번째 인수로 검색을 시작할 인덱스를 전달할 수 있다. 두 번째 인수를 생략할 경우 기본값 0이 설정된다. 만약 두 번째 인수에 음수를 전달하면 length 프로퍼티 값과 음수 인덱스를 합산하여(length + index) 검색 시작 인덱스를 설정한다.

---

11 27.4.4절 "Array.from" 참고

```
const arr = [1, 2, 3];

// 배열에 요소 1이 포함되어 있는지 인덱스 1부터 확인한다.
arr.includes(1, 1); // → false

// 배열에 요소 3이 포함되어 있는지 인덱스 2(arr.length - 1)부터 확인한다.
arr.includes(3, -1); // → true
```

배열에서 인수로 전달된 요소를 검색하여 인덱스를 반환하는 indexOf 메서드[12]를 사용하여도 배열 내에 특정 요소가 포함되어 있는지 확인할 수 있다. 하지만 indexOf 메서드를 사용하면 반환값이 −1인지 확인해 보아야 하고 배열에 NaN이 포함되어 있는지 확인할 수 없다는 문제가 있다.

```
[NaN].indexOf(NaN) !== -1; // → false
[NaN].includes(NaN);       // → true
```

27.8.14 Array.prototype.flat

ES10(ECMAScript 2019)에서 도입된 flat 메서드는 인수로 전달한 깊이만큼 재귀적으로 배열을 평탄화한다.

```
[1, [2, 3, 4, 5]].flat(); // → [1, 2, 3, 4, 5]
```

중첩 배열을 평탄화할 깊이를 인수로 전달할 수 있다. 인수를 생략할 경우 기본값은 1이다. 인수로 Infinity를 전달하면 중첩 배열 모두를 평탄화한다.

```
// 중첩 배열을 평탄화하기 위한 깊이 값의 기본값은 1이다.
[1, [2, [3, [4]]]].flat();  // → [1, 2, [3, [4]]]
[1, [2, [3, [4]]]].flat(1); // → [1, 2, [3, [4]]]

// 중첩 배열을 평탄화하기 위한 깊이 값을 2로 지정하여 2단계 깊이까지 평탄화한다.
[1, [2, [3, [4]]]].flat(2); // → [1, 2, 3, [4]]
// 2번 평탄화한 것과 동일하다.
[1, [2, [3, [4]]]].flat().flat(); // → [1, 2, 3, [4]]

// 중첩 배열을 평탄화하기 위한 깊이 값을 Infinity로 지정하여 중첩 배열 모두를 평탄화한다.
[1, [2, [3, [4]]]].flat(Infinity); // → [1, 2, 3, 4]
```

---

12 27.8.2절 "Array.prototype.indexOf" 참고

27.9 배열 고차 함수

고차 함수Higher-Order Function, HOF는 함수를 인수로 전달받거나 함수를 반환하는 함수를 말한다. 자바스크립트의 함수는 일급 객체이므로 함수를 값처럼 인수로 전달할 수 있으며 반환할 수도 있다. 고차 함수는 외부 상태의 변경이나 가변mutable 데이터를 피하고 **불변성immutability을 지향**하는 함수형 프로그래밍에 기반을 두고 있다.

함수형 프로그래밍은 순수 함수pure function와 보조 함수의 조합을 통해 로직 내에 존재하는 **조건문과 반복문을 제거**하여 복잡성을 해결하고 **변수의 사용을 억제**하여 상태 변경을 피하려는 프로그래밍 패러다임이다. 조건 문이나 반복문은 로직의 흐름을 이해하기 어렵게 하여 가독성을 해치고, 변수는 누군가에 의해 언제든지 변경될 수 있어 오류 발생의 근본적 원인이 될 수 있기 때문이다. 함수형 프로그래밍은 결국 **순수 함수를 통해 부수 효과를 최대한 억제**하여 오류를 피하고 프로그램의 안정성을 높이려는 노력의 일환이라고 할 수 있다.

자바스크립트는 고차 함수를 다수 지원한다. 특히 배열은 매우 유용한 고차 함수를 제공한다. 배열 고차 함수 는 활용도가 매우 높으므로 사용법을 잘 이해하기 바란다.

27.9.1 Array.prototype.sort

sort 메서드는 배열의 요소를 정렬한다. 원본 배열을 직접 변경하며 정렬된 배열을 반환한다.

sort 메서드는 기본적으로 오름차순으로 요소를 정렬한다.

【 예제 27-87 】

```javascript
const fruits = ['Banana', 'Orange', 'Apple'];

// 오름차순(ascending) 정렬
fruits.sort();

// sort 메서드는 원본 배열을 직접 변경한다.
console.log(fruits); // ['Apple', 'Banana', 'Orange']
```

한글 문자열인 요소도 오름차순으로 정렬된다.

【 예제 27-88 】

```javascript
const fruits = ['바나나', '오렌지', '사과'];

// 오름차순(ascending) 정렬
fruits.sort();

// sort 메서드는 원본 배열을 직접 변경한다.
console.log(fruits); // ['바나나', '사과', '오렌지']
```

sort 메서드는 기본적으로 오름차순으로 요소를 정렬한다. 따라서 내림차순으로 요소를 정렬하려면 sort 메서드를 사용하여 오름차순으로 정렬한 후 reverse 메서드를 사용하여 요소의 순서를 뒤집는다.

【 예제 27-89 】

```javascript
const fruits = ['Banana', 'Orange', 'Apple'];

// 오름차순(ascending) 정렬
fruits.sort();

// sort 메서드는 원본 배열을 직접 변경한다.
console.log(fruits); // ['Apple', 'Banana', 'Orange']

// 내림차순(descending) 정렬
fruits.reverse();

// reverse 메서드도 원본 배열을 직접 변경한다.
console.log(fruits); // ['Orange', 'Banana', 'Apple']
```

문자열 요소로 이루어진 배열의 정렬은 아무런 문제가 없다. 하지만 숫자 요소로 이루어진 배열을 정렬할 때는 주의가 필요하다. 다음 예제를 살펴보자.

【 예제 27-90 】

```javascript
const points = [40, 100, 1, 5, 2, 25, 10];

points.sort();

// 숫자 요소들로 이루어진 배열은 의도한 대로 정렬되지 않는다.
console.log(points); // [1, 10, 100, 2, 25, 40, 5]
```

sort 메서드의 기본 정렬 순서는 유니코드 코드 포인트[13]의 순서를 따른다. 배열의 요소가 숫자 타입이라 할지라도 배열의 요소를 일시적으로 문자열로 변환한 후 유니코드 코드 포인트의 순서를 기준으로 정렬한다.

예를 들어, 문자열 '1'의 유니코드 코드 포인트는 U+0031, 문자열 '2'의 유니코드 코드 포인트는 U+0032다. 이처럼 문자열 '1'의 유니코드 코드 포인트 순서가 문자열 '2'의 유니코드 코드 포인트 순서보다 앞서므로 문자열 배열 ['2', '1']을 sort 메서드로 정렬하면 ['1', '2']로 정렬된다. sort 메서드는 배열의 요소를 일시적으로 문자열로 변환한 후 정렬하므로 숫자 배열 [2, 1]을 sort 메서드로 정렬해도 [1, 2]로 정렬된다.

【 예제 27-91 】

```javascript
['2', '1'].sort(); // → ["1", "2"]
[2, 1].sort();     // → [1, 2]
```

---

13 한글 인코딩의 이해 1편: 한글 인코딩의 역사와 유니코드(https://d2.naver.com/helloworld/19187) 참고

하지만 문자열 '10'의 유니코드 코드 포인트는 U+0031U+0030이다. 따라서 문자열 배열 ['2', '10']을 sort 메서드로 정렬하면 문자열 '10'의 유니코드 코드 포인트 U+0031U+0030이 문자열 '2'의 유니코드 코드 포인트 U+0032보다 앞서므로 ['10', '2']로 정렬된다. sort 메서드는 배열의 요소를 일시적으로 문자열로 변환한 후 정렬하므로 숫자 배열 [2, 10]을 sort 메서드로 정렬해도 [10, 2]로 정렬된다.

【 예제 27-92 】

```
['2', '10'].sort(); // → ["10", "2"]
[2, 10].sort();     // → [10, 2]
```

따라서 숫자 요소를 정렬할 때는 sort 메서드에 **정렬 순서를 정의하는 비교 함수를 인수로 전달**해야 한다. 비교 함수는 양수나 음수 또는 0을 반환해야 한다. 비교 함수의 반환값이 0보다 작으면 비교 함수의 첫 번째 인수를 우선하여 정렬하고, 0이면 정렬하지 않으며[14], 0보다 크면 두 번째 인수를 우선하여 정렬한다.

【 예제 27-93 】

```
const points = [40, 100, 1, 5, 2, 25, 10];

// 숫자 배열의 오름차순 정렬. 비교 함수의 반환값이 0보다 작으면 a를 우선하여 정렬한다.
points.sort((a, b) => a - b);
console.log(points); // [1, 2, 5, 10, 25, 40, 100]

// 숫자 배열에서 최소/최대값 취득
console.log(points[0], points[points.length - 1]); // 1 100

// 숫자 배열의 내림차순 정렬. 비교 함수의 반환값이 0보다 크면 b를 우선하여 정렬한다.
points.sort((a, b) => b - a);
console.log(points); // [100, 40, 25, 10, 5, 2, 1]

// 숫자 배열에서 최소/최대값 취득
console.log(points[points.length - 1], points[0]); // 1 100
```

객체를 요소로 갖는 배열을 정렬하는 예제는 다음과 같다.

【 예제 27-94 】

```
const todos = [
  { id: 4, content: 'JavaScript' },
  { id: 1, content: 'HTML' },
  { id: 2, content: 'CSS' }
];
```

---

14 비교 함수의 반환값이 0인 경우의 정렬 방식은 ECMAScript 사양에 명시되어 있지 않다. 따라서 자바스크립트 엔진마다 동작이 다를 수 있다.

```
// 비교 함수. 매개변수 key는 프로퍼티 키다.
function compare(key) {
  // 프로퍼티 값이 문자열인 경우 - 산술 연산으로 비교하면 NaN이 나오므로 비교 연산을 사용한다.
  // 비교 함수는 양수/음수/0을 반환하면 되므로 - 산술 연산 대신 비교 연산을 사용할 수 있다.
  return (a, b) => (a[key] > b[key] ? 1 : (a[key] < b[key] ? -1 : 0));
}

// id를 기준으로 오름차순 정렬
todos.sort(compare('id'));
console.log(todos);
/*
[
  { id: 1, content: 'HTML' },
  { id: 2, content: 'CSS' },
  { id: 4, content: 'JavaScript' }
]
*/

// content를 기준으로 오름차순 정렬
todos.sort(compare('content'));
console.log(todos);
/*
[
  { id: 2, content: 'CSS' },
  { id: 1, content: 'HTML' },
  { id: 4, content: 'JavaScript' }
]
*/
```

📄 sort 메서드의 정렬 알고리즘

sort 메서드는 quicksort 알고리즘[15]을 사용했었다. quicksort 알고리즘은 동일한 값의 요소가 중복되어 있을 때 초기 순서와 변경될 수 있는 불안정한 정렬 알고리즘으로 알려져 있다. ECMAScript 2019(ES10)에서는 timsort 알고리즘[16]을 사용하도록 바뀌었다.

27.9.2 Array.prototype.forEach

앞에서 살펴보았듯이 함수형 프로그래밍은 순수 함수와 보조 함수의 조합을 통해 로직 내에 존재하는 **조건문과 반복문을 제거**하여 복잡성을 해결하고 **변수의 사용을 억제**하여 상태 변경을 피하려는 프로그래밍 패러다임이다.

---

15 https://ko.wikipedia.org/wiki/퀵_정렬
16 https://en.wikipedia.org/wiki/Timsort

조건문이나 반복문은 로직의 흐름을 이해하기 어렵게 한다. 특히 for 문은 반복을 위한 변수를 선언해야 하며, 조건식과 증감식으로 이루어져 있어서 함수형 프로그래밍이 추구하는 바와 맞지 않는다.

【 예제 27-95 】

```
const numbers = [1, 2, 3];
const pows = [];

// for 문으로 배열 순회
for (let i = 0; i < numbers.length; i++) {
  pows.push(numbers[i] ** 2);
}
console.log(pows); // [1, 4, 9]
```

forEach 메서드는 for 문을 대체할 수 있는 고차 함수다. forEach 메서드는 자신의 내부에서 반복문을 실행한다. 즉, forEach 메서드는 반복문을 추상화한 고차 함수로서 내부에서 반복문을 통해 자신을 호출한 배열을 순회하면서 수행해야 할 처리를 콜백 함수[17]로 전달받아 반복 호출한다. for 문으로 구현된 위 예제를 forEach 메서드로 구현하면 다음과 같다.

【 예제 27-96 】

```
const numbers = [1, 2, 3];
const pows = [];

// forEach 메서드는 numbers 배열의 모든 요소를 순회하면서 콜백 함수를 반복 호출한다.
numbers.forEach(item => pows.push(item ** 2));
console.log(pows); // [1, 4, 9]
```

위 예제의 경우 forEach 메서드는 numbers 배열의 모든 요소를 순회하며 콜백 함수를 반복 호출한다. numbers 배열의 요소가 3개이므로 콜백 함수도 3번 호출된다. 이때 콜백 함수를 호출하는 forEach 메서드는 콜백 함수에 인수를 전달할 수 있다.

forEach 메서드의 콜백 함수는 forEach 메서드를 호출한 배열의 요소값과 인덱스, forEach 메서드를 호출한 배열 자체, 즉 this[18]를 순차적으로 전달받을 수 있다. 다시 말해, forEach 메서드는 콜백 함수를 호출할 때 3개의 인수, 즉 forEach 메서드를 호출한 배열의 요소값과 인덱스, forEach 메서드를 호출한 배열(this)을 순차적으로 전달한다.

---

17 12.7.4절 "콜백 함수" 참고
18 여기서 말하는 this는 forEach 메서드 내부의 this를 의미한다. forEach 메서드의 콜백 함수 내부의 this를 의미하지 않는다는 데 주의하기 바란다.

【 예제 27-97 】

```
// forEach 메서드는 콜백 함수를 호출하면서 3개(요소값, 인덱스, this)의 인수를 전달한다.
[1, 2, 3].forEach((item, index, arr) => {
  console.log(`요소값: ${item}, 인덱스: ${index}, this: ${JSON.stringify(arr)}`);
});
/*
요소값: 1, 인덱스: 0, this: [1,2,3]
요소값: 2, 인덱스: 1, this: [1,2,3]
요소값: 3, 인덱스: 2, this: [1,2,3]
*/
```

📄 JSON.stringify 메서드

JSON.stringify 메서드는 객체를 JSON 포맷의 문자열로 변환한다. 위 예제에서는 객체인 arr 배열을 문자열로 출력하기 위해 사용했다. JSON.stringify 메서드는 43.2.2절 "JSON.stringify"에서 자세히 살펴볼 것이다.

forEach 메서드는 원본 배열(forEach 메서드를 호출한 배열, 즉 this)을 변경하지 않는다. 하지만 콜백 함수를 통해 원본 배열을 변경할 수는 있다.

【 예제 27-98 】

```
const numbers = [1, 2, 3];

// forEach 메서드는 원본 배열을 변경하지 않지만 콜백 함수를 통해 원본 배열을 변경할 수는 있다.
// 콜백 함수의 세 번째 매개변수 arr은 원본 배열 numbers를 가리킨다.
// 따라서 콜백 함수의 세 번째 매개변수 arr을 직접 변경하면 원본 배열 numbers가 변경된다.
numbers.forEach((item, index, arr) => { arr[index] = item ** 2; });
console.log(numbers); // [1, 4, 9]
```

forEach 메서드의 반환값은 언제나 undefined다.

【 예제 27-99 】

```
const result = [1, 2, 3].forEach(console.log);
console.log(result); // undefined
```

forEach 메서드의 두 번째 인수로 forEach 메서드의 콜백 함수 내부에서 this로 사용할 객체를 전달할 수 있다. 다음 예제를 살펴보자.

【 예제 27-100 】

```
class Numbers {
  numberArray = [];
```

```
  multiply(arr) {
    arr.forEach(function (item) {
      // TypeError: Cannot read property 'numberArray' of undefined
      this.numberArray.push(item * item);
    });
  }
}

const numbers = new Numbers();
numbers.multiply([1, 2, 3]);
```

forEach 메서드의 콜백 함수는 일반 함수로 호출되므로 콜백 함수 내부의 this는 undefined를 가리킨다. this가 전역 객체가 아닌 undefined를 가리키는 이유는 클래스 내부의 모든 코드에는 암묵적으로 strict mode가 적용되기 때문이다.

forEach 메서드의 콜백 함수 내부의 this와 multiply 메서드 내부의 this를 일치시키려면 forEach 메서드의 두 번째 인수로 forEach 메서드의 콜백 함수 내부에서 this로 사용할 객체를 전달한다. 아래 예제의 경우 forEach 메서드의 두 번째 인수로 multiply 메서드 내부의 this를 전달하고 있다.

【 예제 27-101 】

```
class Numbers {
  numberArray = [];

  multiply(arr) {
    arr.forEach(function (item) {
      this.numberArray.push(item * item);
    }, this); // forEach 메서드의 콜백 함수 내부에서 this로 사용할 객체를 전달
  }
}

const numbers = new Numbers();
numbers.multiply([1, 2, 3]);
console.log(numbers.numberArray); // [1, 4, 9]
```

더 나은 방법은 ES6의 화살표 함수를 사용하는 것이다. 화살표 함수는 함수 자체의 this 바인딩을 갖지 않는다. 따라서 화살표 함수 내부에서 this를 참조하면 상위 스코프, 즉 multiply 메서드 내부의 this를 그대로 참조한다.

【 예제 27-102 】

```
class Numbers {
  numberArray = [];
```

```
  multiply(arr) {
    // 화살표 함수 내부에서 this를 참조하면 상위 스코프의 this를 그대로 참조한다.
    arr.forEach(item => this.numberArray.push(item * item));
  }
}

const numbers = new Numbers();
numbers.multiply([1, 2, 3]);
console.log(numbers.numberArray); // [1, 4, 9]
```

forEach 메서드의 동작을 이해하기 위해 forEach 메서드의 폴리필[19]을 살펴보자.

【 예제 27-103 】

```
// 만약 Array.prototype에 forEach 메서드가 존재하지 않으면 폴리필을 추가한다.
if (!Array.prototype.forEach) {
  Array.prototype.forEach = function (callback, thisArg) {
    // 첫 번째 인수가 함수가 아니면 TypeError를 발생시킨다.
    if (typeof callback !== 'function') {
      throw new TypeError(callback + ' is not a function');
    }

    // this로 사용할 두 번째 인수를 전달받지 못하면 전역 객체를 this로 사용한다.
    thisArg = thisArg || window;

    // for 문으로 배열을 순회하면서 콜백 함수를 호출한다.
    for (var i = 0; i < this.length; i++) {
      // call 메서드를 통해 thisArg를 전달하면서 콜백 함수를 호출한다.
      // 이때 콜백 함수의 인수로 배열 요소, 인덱스, 배열 자신을 전달한다.
      callback.call(thisArg, this[i], i, this);
    }
  };
}
```

이처럼 forEach 메서드도 내부에서는 반복문(for 문)을 통해 배열을 순회할 수밖에 없다. 단, 반복문을 메서드 내부로 은닉하여 로직의 흐름을 이해하기 쉽게 하고 복잡성을 해결한다.

forEach 메서드는 for 문과는 달리 break, continue 문을 사용할 수 없다. 다시 말해, 배열의 모든 요소를 빠짐없이 모두 순회하며 중간에 순회를 중단할 수 없다.

---

[19] 최신 사양의 기능을 지원하지 않는 브라우저를 위해 누락된 최신 사양의 기능을 구현하여 추가하는 것을 폴리필polyfill이라 한다.

```
[1, 2, 3].forEach(item => {
  console.log(item);
  if (item > 1) break; // SyntaxError: Illegal break statement
});

[1, 2, 3].forEach(item => {
  console.log(item);
  if (item > 1) continue;
  // SyntaxError: Illegal continue statement: no surrounding iteration statement
});
```

희소 배열의 경우 존재하지 않는 요소는 순회 대상에서 제외된다. 이는 앞으로 살펴볼 배열을 순회하는 map, filter, reduce 메서드 등에서도 마찬가지다.

【 예제 27-105 】

```
// 희소 배열
const arr = [1, , 3];

// for 문으로 희소 배열을 순회
for (let i = 0; i < arr.length; i++) {
  console.log(arr[i]); // 1, undefined, 3
}

// forEach 메서드는 희소 배열의 존재하지 않는 요소를 순회 대상에서 제외한다.
arr.forEach(v => console.log(v)); // 1, 3
```

forEach 메서드는 for 문에 비해 성능이 좋지는 않지만 가독성은 더 좋다. 따라서 요소가 대단히 많은 배열을 순회하거나 시간이 많이 걸리는 복잡한 코드 또는 높은 성능이 필요한 경우가 아니라면 for 문 대신 forEach 메서드를 사용할 것을 권장한다.

27.9.3 Array.prototype.map

map 메서드는 자신을 호출한 배열의 모든 요소를 순회하면서 인수로 전달받은 콜백 함수를 반복 호출한다. 그리고 **콜백 함수의 반환값들로 구성된 새로운 배열을 반환한다.** 이때 원본 배열은 변경되지 않는다.

【 예제 27-106 】

```
const numbers = [1, 4, 9];

// map 메서드는 numbers 배열의 모든 요소를 순회하면서 콜백 함수를 반복 호출한다.
// 그리고 콜백 함수의 반환값들로 구성된 새로운 배열을 반환한다.
const roots = numbers.map(item => Math.sqrt(item));
```

```
// 위 코드는 다음과 같다.
// const roots = numbers.map(Math.sqrt);

// map 메서드는 새로운 배열을 반환한다.
console.log(roots);    // [ 1, 2, 3 ]
// map 메서드는 원본 배열을 변경하지 않는다.
console.log(numbers); // [ 1, 4, 9 ]
```

forEach 메서드와 map 메서드의 공통점은 자신을 호출한 배열의 모든 요소를 순회하면서 인수로 전달받은 콜백 함수를 반복 호출한다는 것이다. 하지만 forEach 메서드는 언제나 undefined를 반환하고, map 메서드는 콜백 함수의 반환값들로 구성된 새로운 배열을 반환하는 차이가 있다. 즉, forEach 메서드는 단순히 반복문을 대체하기 위한 고차 함수이고, map 메서드는 요소값을 다른 값으로 매핑mapping한 새로운 배열을 생성하기 위한 고차 함수다.

map 메서드가 생성하여 반환하는 새로운 배열의 length 프로퍼티 값은 map 메서드를 호출한 배열의 length 프로퍼티 값과 반드시 일치한다. 즉, map 메서드를 호출한 배열과 map 메서드가 생성하여 반환한 배열은 1:1 매핑한다.

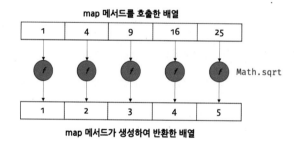

그림 27-9 Array.prototype.map

forEach 메서드와 마찬가지로 map 메서드의 콜백 함수는 map 메서드를 호출한 배열의 요소값과 인덱스, map 메서드를 호출한 배열 자체, 즉 this를 순차적으로 전달받을 수 있다. 다시 말해, map 메서드는 콜백 함수를 호출할 때 3개의 인수, 즉 map 메서드를 호출한 배열의 요소값과 인덱스 그리고 map 메서드를 호출한 배열(this)을 순차적으로 전달한다.

【 예제 27-107 】

```
// map 메서드는 콜백 함수를 호출하면서 3개(요소값, 인덱스, this)의 인수를 전달한다.
[1, 2, 3].map((item, index, arr) => {
  console.log(`요소값: ${item}, 인덱스: ${index}, this: ${JSON.stringify(arr)}`);
  return item;
});
```

```
/*
요소값: 1, 인덱스: 0, this: [1,2,3]
요소값: 2, 인덱스: 1, this: [1,2,3]
요소값: 3, 인덱스: 2, this: [1,2,3]
*/
```

forEach 메서드와 마찬가지로 map 메서드의 두 번째 인수로 map 메서드의 콜백 함수 내부에서 this로 사용할 객체를 전달할 수 있다.

【 예제 27-108 】

```
class Prefixer {
  constructor(prefix) {
    this.prefix = prefix;
  }

  add(arr) {
    return arr.map(function (item) {
      // 외부에서 this를 전달하지 않으면 this는 undefined를 가리킨다.
      return this.prefix + item;
    }, this); // map 메서드의 콜백 함수 내부에서 this로 사용할 객체를 전달
  }
}

const prefixer = new Prefixer('-webkit-');
console.log(prefixer.add(['transition', 'user-select']));
// ['-webkit-transition', '-webkit-user-select']
```

더 나은 방법은 ES6의 화살표 함수를 사용하는 것이다. 화살표 함수는 함수 자체의 this 바인딩을 갖지 않는다. 따라서 화살표 함수 내부에서 this를 참조하면 상위 스코프, 즉 add 메서드 내부의 this를 그대로 참조한다.

【 예제 27-109 】

```
class Prefixer {
  constructor(prefix) {
    this.prefix = prefix;
  }

  add(arr) {
    // 화살표 함수 내부에서 this를 참조하면 상위 스코프의 this를 그대로 참조한다.
    return arr.map(item => this.prefix + item);
  }
}
```

```
const prefixer = new Prefixer('-webkit-');
console.log(prefixer.add(['transition', 'user-select']));
// ['-webkit-transition', '-webkit-user-select']
```

27.9.4 Array.prototype.filter

filter 메서드는 자신을 호출한 배열의 모든 요소를 순회하면서 인수로 전달받은 콜백 함수를 반복 호출한다. 그리고 **콜백 함수의 반환값이 true인 요소로만 구성된 새로운 배열을 반환한다.** 이때 원본 배열은 변경되지 않는다.

【 예제 27-110 】

```
const numbers = [1, 2, 3, 4, 5];

// filter 메서드는 numbers 배열의 모든 요소를 순회하면서 콜백 함수를 반복 호출한다.
// 그리고 콜백 함수의 반환값이 true인 요소로만 구성된 새로운 배열을 반환한다.
// 다음의 경우 numbers 배열에서 홀수인 요소만 필터링한다(1은 true로 평가된다).
const odds = numbers.filter(item => item % 2);
console.log(odds); // [1, 3, 5]
```

forEach, map 메서드와 마찬가지로 filter 메서드는 자신을 호출한 배열의 모든 요소를 순회하면서 인수로 전달받은 콜백 함수를 반복 호출한다. forEach 메서드는 언제나 undefined를 반환하고, map 메서드는 콜백 함수의 반환값들로 구성된 새로운 배열을 반환하지만 filter 메서드는 콜백 함수의 반환값이 true인 요소만 추출한 새로운 배열을 반환한다.

filter 메서드는 자신을 호출한 배열에서 필터링 조건을 만족하는 특정 요소만 추출하여 새로운 배열을 만들고 싶을 때 사용한다. 위 예제에서 filter 메서드의 콜백 함수는 요소값을 2로 나눈 나머지를 반환한다. 이때 반환값이 true, 즉 홀수인 요소만 추출하여 새로운 배열을 반환한다. 따라서 **filter 메서드가 생성하여 반환한 새로운 배열의 length 프로퍼티 값은 filter 메서드를 호출한 배열의 length 프로퍼티 값과 같거나 작다.**

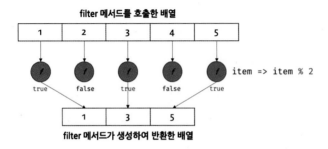

그림 27-10 Array.prototype.filter

forEach, map 메서드와 마찬가지로 filter 메서드의 콜백 함수는 filter 메서드를 호출한 배열의 요소값과 인덱스, filter 메서드를 호출한 배열 자체, 즉 this를 순차적으로 전달받을 수 있다. 다시 말해, filter 메서드는 콜백 함수를 호출할 때 3개의 인수, 즉 filter 메서드를 호출한 배열의 요소값과 인덱스, filter 메서드를 호출한 배열(this)을 순차적으로 전달한다.

【 예제 27-111 】

```javascript
// filter 메서드는 콜백 함수를 호출하면서 3개(요소값, 인덱스, this)의 인수를 전달한다.
[1, 2, 3].filter((item, index, arr) => {
  console.log(`요소값: ${item}, 인덱스: ${index}, this: ${JSON.stringify(arr)}`);
  return item % 2;
});
/*
요소값: 1, 인덱스: 0, this: [1,2,3]
요소값: 2, 인덱스: 1, this: [1,2,3]
요소값: 3, 인덱스: 2, this: [1,2,3]
*/
```

forEach, map 메서드와 마찬가지로 filter 메서드의 두 번째 인수로 filter 메서드의 콜백 함수 내부에서 this로 사용할 객체를 전달할 수 있다. map 메서드에서 살펴보았듯이 더 나은 방법은 화살표 함수를 사용하는 것이다.

filter 메서드는 자신을 호출한 배열에서 특정 요소를 제거하기 위해 사용할 수도 있다.

【 예제 27-112 】

```javascript
class Users {
  constructor() {
    this.users = [
      { id: 1, name: 'Lee' },
      { id: 2, name: 'Kim' }
    ];
  }

  // 요소 추출
  findById(id) {
    // id가 일치하는 사용자만 반환한다.
    return this.users.filter(user => user.id === id);
  }

  // 요소 제거
  remove(id) {
    // id가 일치하지 않는 사용자를 제거한다.
```

```
      this.users = this.users.filter(user => user.id !== id);
  }
}

const users = new Users();

let user = users.findById(1);
console.log(user); // [{ id: 1, name: 'Lee' }]

// id가 1인 사용자를 제거한다.
users.remove(1);

user = users.findById(1);
console.log(user); // []
```

filter 메서드를 사용해 특정 요소를 제거할 경우 특정 요소가 중복되어 있다면 중복된 요소가 모두 제거된
다. 특정 요소를 하나만 제거하려면 indexOf 메서드를 통해 특정 요소의 인덱스를 취득한 다음 splice 메서
드를 사용한다. [20]

27.9.5 Array.prototype.reduce

reduce 메서드는 자신을 호출한 배열을 모든 요소를 순회하며 인수로 전달받은 콜백 함수를 반복 호출한다.
그리고 콜백 함수의 반환값을 다음 순회 시에 콜백 함수의 첫 번째 인수로 전달하면서 콜백 함수를 호출하여
하나의 결과값을 만들어 반환한다. 이때 원본 배열은 변경되지 않는다.

reduce 메서드는 첫 번째 인수로 콜백 함수, 두 번째 인수로 초기값을 전달받는다. reduce 메서드의 콜백 함
수에는 4개의 인수, 초기값 또는 콜백 함수의 이전 반환값, reduce 메서드를 호출한 배열의 요소값과 인덱스,
reduce 메서드를 호출한 배열 자체, 즉 this가 전달된다.

다음 예제를 살펴보자. 예제의 reduce 메서드는 2개의 인수, 즉 콜백 함수와 초기값 0을 전달받아 자신을 호
출한 배열의 모든 요소를 누적한 결과를 반환한다.

【 예제 27-113 】

```
// 1부터 4까지 누적을 구한다.
const sum = [1, 2, 3, 4].reduce((accumulator, currentValue, index, array) => accumula-
tor + currentValue, 0);

console.log(sum); // 10
```

---

20 27.8.8절 "Array.prototype.splice" 참고

reduce 메서드의 콜백 함수는 4개의 인수를 전달받아 배열의 length만큼 총 4회 호출된다. 이때 콜백 함수로 전달되는 인수와 콜백 함수의 반환값은 다음과 같다.

구분	콜백 함수에 전달되는 인수				콜백 함수의 반환값
	accumulator	currentValue	index	array	
첫 번째 순회	0 (초기값)	1	0	[1, 2, 3, 4]	1 (accumulator + currentValue)
두 번째 순회	1	2	1	[1, 2, 3, 4]	3 (accumulator + currentValue)
세 번째 순회	3	3	2	[1, 2, 3, 4]	6 (accumulator + currentValue)
네 번째 순회	6	4	3	[1, 2, 3, 4]	10 (accumulator + currentValue)

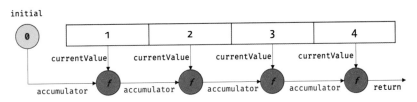

```
[1, 2, 3, 4].reduce((accumulator, currentValue, index, array) => accumulator + currentValue, 0);
```

그림 27-11 Array.prototype.reduce

이처럼 reduce 메서드는 초기값과 배열의 첫 번째 요소값을 콜백 함수에게 인수로 전달하면서 호출하고 다음 순회에는 콜백 함수의 반환값과 두 번째 요소값을 콜백 함수의 인수로 전달하면서 호출한다. 이러한 과정을 반복하여 **reduce 메서드는 하나의 결과값을 반환한다.**

reduce 메서드는 자신을 호출한 배열의 모든 요소를 순회하며 하나의 결과값을 구해야 하는 경우에 사용한다. reduce 메서드의 다양한 활용법을 살펴보자.

평균 구하기

【 예제 27-114 】

```
const values = [1, 2, 3, 4, 5, 6];

const average = values.reduce(((acc, cur, i, { length }) => {
  // 마지막 순회가 아니면 누적값을 반환하고 마지막 순회면 누적값으로 평균을 구해 반환한다.
  return i === length - 1 ? (acc + cur) / length : acc + cur;
}, 0);

console.log(average); // 3.5
```

최대값 구하기

【 예제 27-115 】

```
const values = [1, 2, 3, 4, 5];

const max = values.reduce((acc, cur) => (acc > cur ? acc : cur), 0);
console.log(max); // 5
```

최대값을 구할 때는 reduce 메서드보다 Math.max 메서드[21]를 사용하는 방법이 더 직관적이다.

【 예제 27-116 】

```
const values = [1, 2, 3, 4, 5];

const max = Math.max( ... values);
// var max = Math.max.apply(null, values);
console.log(max); // 5
```

요소의 중복 횟수 구하기

【 예제 27-117 】

```
const fruits = ['banana', 'apple', 'orange', 'orange', 'apple'];

const count = fruits.reduce((acc, cur) => {
  // 첫 번째 순회 시 acc는 초기값인 {}이고 cur은 첫 번째 요소인 'banana'다.
  // 초기값으로 전달받은 빈 객체에 요소값인 cur을 프로퍼티 키로, 요소의 개수를 프로퍼티 값으로 할당한다.
  // 만약 프로퍼티 값이 undefined(처음 등장하는 요소)이면 프로퍼티 값을 1로 초기화한다.
  acc[cur] = (acc[cur] || 0) + 1;
  return acc;
}, {});
```

---

21 29.2.8절 "Math.max" 참고

```
// 콜백 함수는 총 5번 호출되고 다음과 같이 결과값을 반환한다.
/*
{banana: 1} => {banana: 1, apple: 1} => {banana: 1, apple: 1, orange: 1}
=> {banana: 1, apple: 1, orange: 2} => {banana: 1, apple: 2, orange: 2}
*/

console.log(count); // { banana: 1, apple: 2, orange: 2 }
```

중첩 배열 평탄화

【 예제 27-118 】

```
const values = [1, [2, 3], 4, [5, 6]];

const flatten = values.reduce((acc, cur) => acc.concat(cur), []);
// [1] => [1, 2, 3] => [1, 2, 3, 4] => [1, 2, 3, 4, 5, 6]

console.log(flatten); // [1, 2, 3, 4, 5, 6]
```

중첩 배열을 평탄화할 때는 reduce 메서드보다 ES10(ECMAScript 2019)에서 도입된 Array.prototype.flat 메서드[22]를 사용하는 방법이 더 직관적이다.

【 예제 27-119 】

```
[1, [2, 3, 4, 5]].flat(); // → [1, 2, 3, 4, 5]

// 인수 2는 중첩 배열을 평탄화하기 위한 깊이 값이다.
[1, [2, 3, [4, 5]]].flat(2); // → [1, 2, 3, 4, 5]
```

중복 요소 제거

【 예제 27-120 】

```
const values = [1, 2, 1, 3, 5, 4, 5, 3, 4, 4];

const result = values.reduce(
  (unique, val, i, _values) =>
    // 현재 순회 중인 요소의 인덱스 i가 val의 인덱스와 같다면 val은 처음 순회하는 요소다.
    // 현재 순회 중인 요소의 인덱스 i가 val의 인덱스와 다르다면 val은 중복된 요소다.
    // 처음 순회하는 요소만 초기값 []가 전달된 unique 배열에 담아 반환하면 중복된 요소는 제거된다.
    _values.indexOf(val) === i ? [ ...unique, val] : unique,
  []
);

console.log(result); // [1, 2, 3, 5, 4]
```

---

22 27.8.14절 "Array.prototype.flat" 참고

중복 요소를 제거할 때는 reduce 메서드보다 filter 메서드를 사용하는 방법이 더 직관적이다.

【 예제 27-121 】

```
const values = [1, 2, 1, 3, 5, 4, 5, 3, 4, 4];

// 현재 순회 중인 요소의 인덱스 i가 val의 인덱스와 같다면 val은 처음 순회하는 요소다. 이 요소만 필터링한다.
const result = values.filter((val, i, _values) => _values.indexOf(val) === i);
console.log(result); // [1, 2, 3, 5, 4]
```

또는 중복되지 않는 유일한 값들의 집합인 Set[23]을 사용할 수도 있다. 중복 요소를 제거할 때는 이 방법을 추천한다.

【 예제 27-122 】

```
const values = [1, 2, 1, 3, 5, 4, 5, 3, 4, 4];

// 중복을 허용하지 않는 Set 객체의 특성을 활용하여 배열에서 중복된 요소를 제거할 수 있다.
const result = [...new Set(values)];
console.log(result); // [1, 2, 3, 5, 4]
```

이처럼 map, filter, some, every, find 같은 모든 배열의 고차 함수는 reduce 메서드로 구현할 수 있다.

앞서 살펴보았듯이 reduce 메서드의 두 번째 인수로 전달하는 초기값은 첫 번째 순회에 콜백 함수의 첫 번째 인수로 전달된다. 주의할 것은 두 번째 인수로 전달하는 초기값이 옵션이라는 것이다. 즉, reduce 메서드의 두 번째 인수로 전달하는 초기값은 생략할 수 있다.

【 예제 27-123 】

```
// reduce 메서드의 두 번째 인수, 즉 초기값을 생략했다.
const sum = [1, 2, 3, 4].reduce((acc, cur) => acc + cur);
console.log(sum); // 10
```

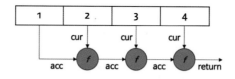

`[1, 2, 3, 4].reduce((acc, cur) => acc + cur);`

그림 27-12 Array.prototype.reduce 메서드의 초기값 생략

하지만 reduce 메서드를 호출할 때는 언제나 초기값을 전달하는 것이 안전하다. 다음 예제를 살펴보자.

---

23 37.1절 "Set" 참고

```
const sum = [].reduce((acc, cur) => acc + cur);
// TypeError: Reduce of empty array with no initial value
```

이처럼 빈 배열로 reduce 메서드를 호출하면 에러가 발생한다. 이때 reduce 메서드에 초기값을 전달하면 에러가 발생하지 않는다.

【 예제 27-125 】

```
const sum = [].reduce((acc, cur) => acc + cur, 0);
console.log(sum); // 0
```

reduce 메서드로 객체의 특정 프로퍼티 값을 합산하는 경우를 생각해 보자.

【 예제 27-126 】

```
const products = [
  { id: 1, price: 100 },
  { id: 2, price: 200 },
  { id: 3, price: 300 }
];

// 1번째 순회 시 acc는 { id: 1, price: 100 }, cur은 { id: 2, price: 200 }이고
// 2번째 순회 시 acc는 300, cur은 { id: 3, price: 300 }이다.
// 2번째 순회 시 acc에 함수에 객체가 아닌 숫자값이 전달된다. 이때 acc.price는 undefined다.
const priceSum = products.reduce((acc, cur) => acc.price + cur.price);

console.log(priceSum); // NaN
```

이처럼 객체의 특정 프로퍼티 값을 합산하는 경우에는 반드시 초기값을 전달해야 한다.

【 예제 27-127 】

```
const products = [
  { id: 1, price: 100 },
  { id: 2, price: 200 },
  { id: 3, price: 300 }
];

/*
1번째 순회 : acc => 0,   cur => { id: 1, price: 100 }
2번째 순회 : acc => 100, cur => { id: 2, price: 200 }
3번째 순회 : acc => 300, cur => { id: 3, price: 300 }
*/
const priceSum = products.reduce((acc, cur) => acc + cur.price, 0);

console.log(priceSum); // 600
```

이처럼 reduce 메서드를 호출할 때는 초기값을 생략하지 말고 언제나 전달하는 것이 안전하다.

27.9.6 Array.prototype.some

some 메서드는 자신을 호출한 배열의 요소를 순회하면서 인수로 전달된 콜백 함수를 호출한다. 이때 some 메서드는 콜백 함수의 반환값이 단 한 번이라도 참이면 true, 모두 거짓이면 false를 반환한다. 즉, 배열의 요소 중에 콜백 함수를 통해 정의한 조건을 만족하는 요소가 1개 이상 존재하는지 확인하여 그 결과를 불리언 타입으로 반환한다. 단, some 메서드를 호출한 배열이 빈 배열인 경우 언제나 false를 반환하므로 주의하기 바란다.

forEach, map, filter 메서드와 마찬가지로 some 메서드의 콜백 함수는 some 메서드를 호출한 요소값과 인덱스, some 메서드를 호출한 배열 자체, 즉 this를 순차적으로 전달받을 수 있다.

【 예제 27-128 】

```
// 배열의 요소 중 10보다 큰 요소가 1개 이상 존재하는지 확인
[5, 10, 15].some(item => item > 10); // → true

// 배열의 요소 중 0보다 작은 요소가 1개 이상 존재하는지 확인
[5, 10, 15].some(item => item < 0); // → false

// 배열의 요소 중 'banana'가 1개 이상 존재하는지 확인
['apple', 'banana', 'mango'].some(item => item === 'banana'); // → true

// some 메서드를 호출한 배열이 빈 배열인 경우 언제나 false를 반환한다.
[].some(item => item > 3); // → false
```

forEach, map, filter 메서드와 마찬가지로 some 메서드의 두 번째 인수로 some 메서드의 콜백 함수 내부에서 this로 사용할 객체를 전달할 수 있다. 더 나은 방법은 화살표 함수를 사용하는 것이다.

27.9.7 Array.prototype.every

every 메서드는 자신을 호출한 배열의 요소를 순회하면서 인수로 전달된 콜백 함수를 호출한다. 이때 every 메서드는 콜백 함수의 반환값이 모두 참이면 true, 단 한 번이라도 거짓이면 false를 반환한다. 즉, 배열의 모든 요소가 콜백 함수를 통해 정의한 조건을 모두 만족하는지 확인하여 그 결과를 불리언 타입으로 반환한다. 단, every 메서드를 호출한 배열이 빈 배열인 경우 언제나 true를 반환하므로 주의하기 바란다.

forEach, map, filter 메서드와 마찬가지로 every 메서드의 콜백 함수는 every 메서드를 호출한 요소값과 인덱스, every 메서드를 호출한 배열 자체, 즉 this를 순차적으로 전달받을 수 있다.

```
// 배열의 모든 요소가 3보다 큰지 확인
[5, 10, 15].every(item => item > 3); // → true

// 배열의 모든 요소가 10보다 큰지 확인
[5, 10, 15].every(item => item > 10); // → false

// every 메서드를 호출한 배열이 빈 배열인 경우 언제나 true를 반환한다.
[].every(item => item > 3); // → true
```

forEach, map, filter 메서드와 마찬가지로 every 메서드의 두 번째 인수로 every 메서드의 콜백 함수 내부에서 this로 사용할 객체를 전달할 수 있다. 더 나은 방법은 화살표 함수를 사용하는 것이다.

27.9.8 Array.prototype.find

ES6에서 도입된 find 메서드는 자신을 호출한 배열의 요소를 순회하면서 인수로 전달된 콜백 함수를 호출하여 반환값이 true인 첫 번째 요소를 반환한다. 콜백 함수의 반환값이 true인 요소가 존재하지 않는다면 undefined를 반환한다.

forEach, map, filter 메서드와 마찬가지로 find 메서드의 콜백 함수는 find 메서드를 호출한 요소값과 인덱스, find 메서드를 호출한 배열 자체, 즉 this를 순차적으로 전달받을 수 있다.

[예제 27-130]

```
const users = [
  { id: 1, name: 'Lee' },
  { id: 2, name: 'Kim' },
  { id: 2, name: 'Choi' },
  { id: 3, name: 'Park' }
];

// id가 2인 첫 번째 요소를 반환한다. find 메서드는 배열이 아니라 요소를 반환한다.
users.find(user => user.id === 2); // → {id: 2, name: 'Kim'}
```

filter 메서드는 콜백 함수의 호출 결과가 true인 요소만 추출한 새로운 배열을 반환한다. 따라서 filter 메서드의 반환값은 언제나 배열이다. 하지만 find 메서드는 콜백 함수의 반환값이 true인 첫 번째 요소를 반환하므로 find의 결과값은 배열이 아닌 해당 요소값이다.

[예제 27-131]

```
// filter 메서드는 배열을 반환한다.
[1, 2, 2, 3].filter(item => item === 2); // → [2, 2]

// find 메서드는 요소를 반환한다.
[1, 2, 2, 3].find(item => item === 2); // → 2
```

forEach, map, filter 메서드와 마찬가지로 find 메서드의 두 번째 인수로 find 메서드의 콜백 함수 내부에서 this로 사용할 객체를 전달할 수 있다. 더 나은 방법은 화살표 함수를 사용하는 것이다.

27.9.9 Array.prototype.findIndex

ES6에서 도입된 findIndex 메서드는 자신을 호출한 배열의 요소를 순회하면서 인수로 전달된 콜백 함수를 호출하여 반환값이 true인 첫 번째 요소의 인덱스를 반환한다. 콜백 함수의 반환값이 true인 요소가 존재하지 않는다면 -1을 반환한다.

forEach, map, filter 메서드와 마찬가지로 findIndex 메서드의 콜백 함수는 findIndex 메서드를 호출한 요소값과 인덱스, findIndex 메서드를 호출한 배열 자체, 즉 this를 순차적으로 전달받을 수 있다.

【 예제 27-132 】

```
const users = [
  { id: 1, name: 'Lee' },
  { id: 2, name: 'Kim' },
  { id: 2, name: 'Choi' },
  { id: 3, name: 'Park' }
];

// id가 2인 요소의 인덱스를 구한다.
users.findIndex(user => user.id === 2); // → 1

// name이 'Park'인 요소의 인덱스를 구한다.
users.findIndex(user => user.name === 'Park'); // → 3

// 위와 같이 프로퍼티 키와 프로퍼티 값으로 요소의 인덱스를 구하는 경우 다음과 같이 콜백 함수를 추상화할 수 있다.
function predicate(key, value) {
  // key와 value를 기억하는 클로저를 반환
  return item => item[key] === value;
}

// id가 2인 요소의 인덱스를 구한다.
users.findIndex(predicate('id', 2)); // → 1

// name이 'Park'인 요소의 인덱스를 구한다.
users.findIndex(predicate('name', 'Park')); // → 3
```

forEach, map, filter 메서드와 마찬가지로 findIndex 메서드의 두 번째 인수로 findIndex 메서드의 콜백 함수 내부에서 this로 사용할 객체를 전달할 수 있다. 더 나은 방법은 화살표 함수를 사용하는 것이다.

27.9.10 Array.prototype.flatMap

ES10(ECMAScript 2019)에서 도입된 flatMap 메서드는 map 메서드를 통해 생성된 새로운 배열을 평탄화한다. 즉, map 메서드와 flat 메서드를 순차적으로 실행하는 효과가 있다.

【 예제 27-133 】

```
const arr = ['hello', 'world'];

// map과 flat을 순차적으로 실행
arr.map(x => x.split('')).flat();
// → ['h', 'e', 'l', 'l', 'o', 'w', 'o', 'r', 'l', 'd']

// flatMap은 map을 통해 생성된 새로운 배열을 평탄화한다.
arr.flatMap(x => x.split(''));
// → ['h', 'e', 'l', 'l', 'o', 'w', 'o', 'r', 'l', 'd']
```

단, flatMap 메서드는 flat 메서드처럼 인수를 전달하여 평탄화 깊이를 지정할 수는 없고 1단계만 평탄화한다. map 메서드를 통해 생성된 중첩 배열의 평탄화 깊이를 지정해야 하면 flatMap 메서드를 사용하지 말고 map 메서드와 flat 메서드를 각각 호출한다.

【 예제 27-134 】

```
const arr = ['hello', 'world'];

// flatMap은 1단계만 평탄화한다.
arr.flatMap((str, index) => [index, [str, str.length]]);
// → [[0, ['hello', 5]], [1, ['world', 5]]] => [0, ['hello', 5], 1, ['world', 5]]

// 평탄화 깊이를 지정해야 하면 flatMap 메서드를 사용하지 말고 map 메서드와 flat 메서드를 각각 호출한다.
arr.map((str, index) => [index, [str, str.length]]).flat(2);
// → [[0, ['hello', 5]], [1, ['world', 5]]] => [0, 'hello', 5, 1, 'world', 5]
```

28장

Number

표준 빌트인 객체standard built-in object인 Number는 원시 타입인 숫자를 다룰 때 유용한 프로퍼티와 메서드를 제공한다.

28.1 Number 생성자 함수

표준 빌트인 객체인 Number 객체는 생성자 함수 객체다. 따라서 new 연산자와 함께 호출하여 Number 인스턴스를 생성할 수 있다.

Number 생성자 함수에 인수를 전달하지 않고 new 연산자와 함께 호출하면 [[NumberData]] 내부 슬롯에 0을 할당한 Number 래퍼 객체[1]를 생성한다.

【 예제 28-01 】

```
const numObj = new Number();
console.log(numObj); // Number {[[PrimitiveValue]]: 0}
```

위 예제를 크롬 브라우저의 개발자 도구에서 실행해보면 [[PrimitiveValue]]라는 접근할 수 없는 프로퍼티가 보인다. 이는 [[NumberData]] 내부 슬롯을 가리킨다. ES5에서는 [[NumberData]]를 [[PrimitiveValue]]라 불렀다.

Number 생성자 함수의 인수로 숫자를 전달하면서 new 연산자와 함께 호출하면 [[NumberData]] 내부 슬롯에 인수로 전달받은 숫자를 할당한 Number 래퍼 객체를 생성한다.

---

1   21.3절 "원시 값과 래퍼 객체" 참고

```
const numObj = new Number(10);
console.log(numObj); // Number {[[PrimitiveValue]]: 10}
```

Number 생성자 함수의 인수로 숫자가 아닌 값을 전달하면 인수를 숫자로 강제 변환한 후, [[NumberData]]
내부 슬롯에 변환된 숫자를 할당한 Number 래퍼 객체를 생성한다. 인수를 숫자로 변환할 수 없다면 NaN을
[[NumberData]] 내부 슬롯에 할당한 Number 래퍼 객체를 생성한다.

【 예제 28-03 】

```
let numObj = new Number('10');
console.log(numObj); // Number {[[PrimitiveValue]]: 10}

numObj = new Number('Hello');
console.log(numObj); // Number {[[PrimitiveValue]]: NaN}
```

9.3절 "명시적 타입 변환"에서 살펴보았듯이 new 연산자를 사용하지 않고 Number 생성자 함수를 호출하면
Number 인스턴스가 아닌 숫자를 반환한다. 이를 이용하여 명시적으로 타입을 변환하기도 한다.

【 예제 28-04 】

```
// 문자열 타입 => 숫자 타입
Number('0');     // → 0
Number('-1');    // → -1
Number('10.53'); // → 10.53

// 불리언 타입 => 숫자 타입
Number(true);  // → 1
Number(false); // → 0
```

28.2 Number 프로퍼티

28.2.1 Number.EPSILON

ES6에서 도입된 Number.EPSILON은 1과 1보다 큰 숫자 중에서 가장 작은 숫자와의 차이와 같다. Number.
EPSILON은 약 $2.2204460492503130808472633361816 \times 10^{-16}$이다.

다음 예제와 같이 부동소수점 산술 연산은 정확한 결과를 기대하기 어렵다. 정수는 2진법으로 오차 없이 저장 가능하지만 부동소수점[2]을 표현하기 위해 가장 널리 쓰이는 표준인 IEEE 754[3]는 2진법으로 변환했을 때 무한소수가 되어 미세한 오차가 발생할 수밖에 없는 구조적 한계가 있다.

【 예제 28-05 】

```
0.1 + 0.2;          // → 0.30000000000000004
0.1 + 0.2 === 0.3; // → false
```

Number.EPSILON은 부동소수점으로 인해 발생하는 오차를 해결하기 위해 사용한다. 다음 예제는 Number.EPSILON을 사용하여 부동소수점을 비교하는 함수다.

【 예제 28-06 】

```
function isEqual(a, b){
  // a와 b를 뺀 값의 절대값이 Number.EPSILON보다 작으면 같은 수로 인정한다.
  return Math.abs(a - b) < Number.EPSILON;
}

isEqual(0.1 + 0.2, 0.3); // → true
```

28.2.2 Number.MAX_VALUE

Number.MAX_VALUE는 자바스크립트에서 표현할 수 있는 가장 큰 양수 값($1.7976931348623157 \times 10^{308}$)이다. Number.MAX_VALUE보다 큰 숫자는 Infinity다.

【 예제 28-07 】

```
Number.MAX_VALUE; // → 1.7976931348623157e+308
Infinity > Number.MAX_VALUE; // → true
```

28.2.3 Number.MIN_VALUE

Number.MIN_VALUE는 자바스크립트에서 표현할 수 있는 가장 작은 양수 값(5×10^{-324})이다. Number.MIN_VALUE보다 작은 숫자는 0이다.

【 예제 28-08 】

```
Number.MIN_VALUE; // → 5e-324
Number.MIN_VALUE > 0; // → true
```

---

2   https://en.wikipedia.org/wiki/Double-precision_floating-point_format
3   https://en.wikipedia.org/wiki/IEEE_754

28.2.4 Number.MAX_SAFE_INTEGER

Number.MAX_SAFE_INTEGER는 자바스크립트에서 안전하게 표현할 수 있는 가장 큰 정수값(9007199254740991)이다.

【 예제 28-09 】

```
Number.MAX_SAFE_INTEGER; // → 9007199254740991
```

28.2.5 Number.MIN_SAFE_INTEGER

Number.MIN_SAFE_INTEGER는 자바스크립트에서 안전하게 표현할 수 있는 가장 작은 정수값(-9007199254740991)이다.

【 예제 28-10 】

```
Number.MIN_SAFE_INTEGER; // → -9007199254740991
```

28.2.6 Number.POSITIVE_INFINITY

Number.POSITIVE_INFINITY는 양의 무한대를 나타내는 숫자값 Infinity와 같다.

【 예제 28-11 】

```
Number.POSITIVE_INFINITY; // → Infinity
```

28.2.7 Number.NEGATIVE_INFINITY

Number.NEGATIVE_INFINITY는 음의 무한대를 나타내는 숫자값 -Infinity와 같다.

【 예제 28-12 】

```
Number.NEGATIVE_INFINITY; // → -Infinity
```

28.2.8 Number.NaN

Number.NaN은 숫자가 아님(Not-a-Number)을 나타내는 숫자값이다. Number.NaN은 window.NaN과 같다.

【 예제 28-13 】

```
Number.NaN; // → NaN
```

28.3 Number 메서드

28.3.1 Number.isFinite

ES6에서 도입된 `Number.isFinite` 정적 메서드는 인수로 전달된 숫자값이 정상적인 유한수, 즉 Infinity 또는 -Infinity가 아닌지 검사하여 그 결과를 불리언 값으로 반환한다.

【 예제 28-14 】

```javascript
// 인수가 정상적인 유한수이면 true를 반환한다.
Number.isFinite(0);                // → true
Number.isFinite(Number.MAX_VALUE); // → true
Number.isFinite(Number.MIN_VALUE); // → true

// 인수가 무한수이면 false를 반환한다.
Number.isFinite(Infinity);  // → false
Number.isFinite(-Infinity); // → false
```

만약 인수가 NaN이면 언제나 false를 반환한다.

【 예제 28-15 】

```javascript
Number.isFinite(NaN); // → false
```

`Number.isFinite` 메서드는 빌트인 전역 함수 `isFinite`[4]와 차이가 있다. 빌트인 전역 함수 `isFinite`는 전달받은 인수를 숫자로 암묵적 타입 변환하여 검사를 수행하지만 `Number.isFinite`는 전달받은 인수를 숫자로 암묵적 타입 변환하지 않는다. 따라서 숫자가 아닌 인수가 주어졌을 때 반환값은 언제나 false다.

【 예제 28-16 】

```javascript
// Number.isFinite는 인수를 숫자로 암묵적 타입 변환하지 않는다.
Number.isFinite(null); // → false

// isFinite는 인수를 숫자로 암묵적 타입 변환한다. null은 0으로 암묵적 타입 변환된다.
isFinite(null); // → true
```

28.3.2 Number.isInteger

ES6에서 도입된 `Number.isInteger` 정적 메서드는 인수로 전달된 숫자값이 정수integer인지 검사하여 그 결과를 불리언 값으로 반환한다. 검사하기 전에 인수를 숫자로 암묵적 타입 변환하지 않는다.

---

4 21.4.2절 "빌트인 전역 함수" 참고

【 예제 28-17 】

```
// 인수가 정수이면 true를 반환한다.
Number.isInteger(0)      // → true
Number.isInteger(123)    // → true
Number.isInteger(-123)   // → true

// 0.5는 정수가 아니다.
Number.isInteger(0.5)    // → false
// '123'을 숫자로 암묵적 타입 변환하지 않는다.
Number.isInteger('123')  // → false
// false를 숫자로 암묵적 타입 변환하지 않는다.
Number.isInteger(false)  // → false
// Infinity/-Infinity는 정수가 아니다.
Number.isInteger(Infinity)   // → false
Number.isInteger(-Infinity)  // → false
```

28.3.3 Number.isNaN

ES6에서 도입된 Number.isNaN 정적 메서드는 인수로 전달된 숫자값이 NaN인지 검사하여 그 결과를 불리언 값으로 반환한다.

【 예제 28-18 】

```
// 인수가 NaN이면 true를 반환한다.
Number.isNaN(NaN); // → true
```

Number.isNaN 메서드는 빌트인 전역 함수 isNaN[5]과 차이가 있다. 빌트인 전역 함수 isNaN은 전달받은 인수를 숫자로 암묵적 타입 변환하여 검사를 수행하지만 Number.isNaN 메서드는 전달받은 인수를 숫자로 암묵적 타입 변환하지 않는다. 따라서 숫자가 아닌 인수가 주어졌을 때 반환값은 언제나 false다.

【 예제 28-19 】

```
// Number.isNaN은 인수를 숫자로 암묵적 타입 변환하지 않는다.
Number.isNaN(undefined); // → false

// isNaN은 인수를 숫자로 암묵적 타입 변환한다. undefined는 NaN으로 암묵적 타입 변환된다.
isNaN(undefined); // → true
```

---

5 21.4.2절 "빌트인 전역 함수" 참고

28.3.4 Number.isSafeInteger

ES6에서 도입된 `Number.isSafeInteger` 정적 메서드는 인수로 전달된 숫자값이 안전한 정수인지 검사하여 그 결과를 불리언 값으로 반환한다. 안전한 정수값은 $-(2^{53} - 1)$과 $2^{53} - 1$ 사이의 정수값이다. 검사전에 인수를 숫자로 암묵적 타입 변환하지 않는다.

【 예제 28-20 】

```
// 0은 안전한 정수다.
Number.isSafeInteger(0); // → true
// 1000000000000000은 안전한 정수다.
Number.isSafeInteger(1000000000000000); // → true

// 10000000000000001은 안전하지 않다.
Number.isSafeInteger(10000000000000001); // → false
// 0.5는 정수가 아니다.
Number.isSafeInteger(0.5); // → false
// '123'을 숫자로 암묵적 타입 변환하지 않는다.
Number.isSafeInteger('123'); // → false
// false를 숫자로 암묵적 타입 변환하지 않는다.
Number.isSafeInteger(false); // → false
// Infinity/-Infinity는 정수가 아니다.
Number.isSafeInteger(Infinity); // → false
```

28.3.5 Number.prototype.toExponential

`toExponential` 메서드는 숫자를 지수 표기법으로 변환하여 문자열로 반환한다. 지수 표기법이란 매우 크거나 작은 숫자를 표기할 때 주로 사용하며 e(Exponent) 앞에 있는 숫자에 10의 n승을 곱하는 형식으로 수를 나타내는 방식이다. 인수로 소수점 이하로 표현할 자릿수를 전달할 수 있다.

【 예제 28-21 】

```
(77.1234).toExponential();  // → "7.71234e+1"
(77.1234).toExponential(4); // → "7.7123e+1"
(77.1234).toExponential(2); // → "7.71e+1"
```

참고로 다음과 같이 숫자 리터럴과 함께 Number 프로토타입 메서드를 사용할 경우 에러가 발생한다.

【 예제 28-22 】

```
77.toExponential(); // → SyntaxError: Invalid or unexpected token
```

숫자 뒤의 .은 의미가 모호하다. 부동 소수점 숫자의 소수 구분 기호일 수도 있고 객체 프로퍼티에 접근하기 위한 프로퍼티 접근 연산자일 수도 있다. 자바스크립트 엔진은 숫자 뒤의 .을 부동 소수점 숫자의 소수 구분 기호로 해석한다. 그러나 77.toExponential()에서 77은 Number 래퍼 객체다. 따라서 77 뒤의 .을 소수 구분 기호로 해석하면 뒤에 이어지는 toExponential을 프로퍼티로 해석할 수 없으므로 에러(SyntaxError: Invalid or unexpected token)가 발생한다.

【 예제 28-23 】
```
77.1234.toExponential(); // → "7.71234e+1"
```

위 예제의 경우 숫자 77 뒤의 . 뒤에는 숫자가 이어지므로 .은 명백하게 부동 소수점 숫자의 소수 구분 기호다. 숫자에 소수점은 하나만 존재하므로 두 번째 .은 프로퍼티 접근 연산자로 해석된다. 따라서 숫자 리터럴과 함께 메서드를 사용할 경우 혼란을 방지하기 위해 그룹 연산자를 사용할 것을 권장한다.

【 예제 28-24 】
```
(77).toExponential(); // → "7.7e+1"
```

다음과 같은 방법도 허용되기는 한다. 자바스크립트 숫자는 정수 부분과 소수 부분 사이에 공백을 포함할 수 없다. 따라서 숫자 뒤의 . 뒤에 공백이 오면 .을 프로퍼티 접근 연산자로 해석하기 때문이다.

【 예제 28-25 】
```
77 .toExponential(); // → "7.7e+1"
```

28.3.6 Number.prototype.toFixed

toFixed 메서드는 숫자를 반올림하여 문자열로 반환한다. 반올림하는 소수점 이하 자릿수를 나타내는 0~20 사이의 정수값을 인수로 전달할 수 있다. 인수를 생략하면 기본값 0이 지정된다.

【 예제 28-26 】
```
// 소수점 이하 반올림. 인수를 생략하면 기본값 0이 지정된다.
(12345.6789).toFixed(); // → "12346"
// 소수점 이하 1자릿수 유효, 나머지 반올림
(12345.6789).toFixed(1); // → "12345.7"
// 소수점 이하 2자릿수 유효, 나머지 반올림
(12345.6789).toFixed(2); // → "12345.68"
// 소수점 이하 3자릿수 유효, 나머지 반올림
(12345.6789).toFixed(3); // → "12345.679"
```

28.3.7 Number.prototype.toPrecision

toPrecision 메서드는 인수로 전달받은 전체 자릿수까지 유효하도록 나머지 자릿수를 반올림하여 문자열로 반환한다. 인수로 전달받은 전체 자릿수로 표현할 수 없는 경우 지수 표기법으로 결과를 반환한다.

전체 자릿수를 나타내는 0~21 사이의 정수값을 인수로 전달할 수 있다. 인수를 생략하면 기본값 0이 지정된다.

【 예제 28-27 】

```
// 전체 자릿수 유효. 인수를 생략하면 기본값 0이 지정된다.
(12345.6789).toPrecision(); // → "12345.6789"
// 전체 1자릿수 유효, 나머지 반올림
(12345.6789).toPrecision(1); // → "1e+4"
// 전체 2자릿수 유효, 나머지 반올림
(12345.6789).toPrecision(2); // → "1.2e+4"
// 전체 6자릿수 유효, 나머지 반올림
(12345.6789).toPrecision(6); // → "12345.7"
```

28.3.8 Number.prototype.toString

toString 메서드는 숫자를 문자열로 변환하여 반환한다. 진법을 나타내는 2~36 사이의 정수값을 인수로 전달할 수 있다. 인수를 생략하면 기본값 10진법이 지정된다.

【 예제 28-28 】

```
// 인수를 생략하면 10진수 문자열을 반환한다.
(10).toString(); // → "10"
// 2진수 문자열을 반환한다.
(16).toString(2); // → "10000"
// 8진수 문자열을 반환한다.
(16).toString(8); // → "20"
// 16진수 문자열을 반환한다.
(16).toString(16); // → "10"
```

## 29 장

Math

표준 빌트인 객체인 Math는 수학적인 상수와 함수를 위한 프로퍼티와 메서드를 제공한다. Math는 생성자 함수가 아니다. 따라서 Math는 정적 프로퍼티와 정적 메서드만 제공한다.

29.1 Math 프로퍼티

29.1.1 Math.PI

원주율 PI 값($\pi \approx 3.141592653589793$)을 반환한다.

【 예제 29-01 】

```
Math.PI; // → 3.141592653589793
```

29.2 Math 메서드

29.2.1 Math.abs

Math.abs 메서드는 인수로 전달된 숫자의 절대값absolute value을 반환한다. 절대값은 반드시 0 또는 양수이어야 한다.

```
Math.abs(-1);          // → 1
Math.abs('-1');        // → 1
Math.abs('');          // → 0
Math.abs([]);          // → 0
Math.abs(null);        // → 0
Math.abs(undefined);   // → NaN
Math.abs({});          // → NaN
Math.abs('string');    // → NaN
Math.abs();            // → NaN
```

29.2.2 Math.round

`Math.round` 메서드는 인수로 전달된 숫자의 소수점 이하를 반올림한 정수를 반환한다.

【 예제 29-03 】

```
Math.round(1.4);   // → 1
Math.round(1.6);   // → 2
Math.round(-1.4);  // → -1
Math.round(-1.6);  // → -2
Math.round(1);     // → 1
Math.round();      // → NaN
```

29.2.3 Math.ceil

`Math.ceil` 메서드는 인수로 전달된 숫자의 소수점 이하를 올림한 정수를 반환한다. 소수점 이하를 올림하면 더 큰 정수가 된다. 예를 들어, 1.4의 소수점 이하를 올림하면 2가 되고, -1.4의 소수점 이하를 올림하면 -1 이 된다.

【 예제 29-04 】

```
Math.ceil(1.4);   // → 2
Math.ceil(1.6);   // → 2
Math.ceil(-1.4);  // → -1
Math.ceil(-1.6);  // → -1
Math.ceil(1);     // → 1
Math.ceil();      // → NaN
```

29.2.4 Math.floor

`Math.floor` 메서드는 인수로 전달된 숫자의 소수점 이하를 내림한 정수를 반환한다. 즉, `Math.ceil` 메서드의 반대 개념이다.

소수점 이하를 내림하면 더 작은 정수가 된다. 예를 들어, 1.9의 소수점 이하를 내림하면 1이 되고, -1.9의 소수점 이하를 내림하면 -2가 된다.

【 예제 29-05 】

```
Math.floor(1.9);   // → 1
Math.floor(9.1);   // → 9
Math.floor(-1.9);  // → -2
Math.floor(-9.1);  // → -10
Math.floor(1);     // → 1
Math.floor();      // → NaN
```

29.2.5 Math.sqrt

Math.sqrt 메서드는 인수로 전달된 숫자의 제곱근을 반환한다.

【 예제 29-06 】

```
Math.sqrt(9);   // → 3
Math.sqrt(-9);  // → NaN
Math.sqrt(2);   // → 1.414213562373095
Math.sqrt(1);   // → 1
Math.sqrt(0);   // → 0
Math.sqrt();    // → NaN
```

29.2.6 Math.random

Math.random 메서드는 임의의 난수(랜덤 숫자)를 반환한다. Math.random 메서드가 반환한 난수는 0에서 1 미만의 실수다. 즉, 0은 포함되지만 1은 포함되지 않는다.

【 예제 29-07 】

```
Math.random(); // 0에서 1 미만의 랜덤 실수(0.8208720231391746)

/*
1에서 10 범위의 랜덤 정수 취득
1) Math.random으로 0에서 1 미만의 랜덤 실수를 구한 다음, 10을 곱해 0에서 10 미만의 랜덤 실수를 구한다.
2) 0에서 10 미만의 랜덤 실수에 1을 더해 1에서 10 범위의 랜덤 실수를 구한다.
3) Math.floor로 1에서 10 범위의 랜덤 실수의 소수점 이하를 떼어 버린 다음 정수를 반환한다.
*/
const random = Math.floor((Math.random() * 10) + 1);
console.log(random); // 1에서 10 범위의 정수
```

29.2.7 Math.pow

Math.pow 메서드는 첫 번째 인수를 밑base으로, 두 번째 인수를 지수exponent로 거듭제곱한 결과를 반환한다.

【 예제 29-08 】

```
Math.pow(2, 8);   // → 256
Math.pow(2, -1);  // → 0.5
Math.pow(2);      // → NaN
```

Math.pow 메서드 대신 ES7에서 도입된 지수 연산자[1]를 사용하면 가독성이 더 좋다.

【 예제 29-09 】

```
// ES7 지수 연산자
2 ** 2 ** 2; // → 16
Math.pow(Math.pow(2, 2), 2); // → 16
```

29.2.8 Math.max

Math.max 메서드는 전달받은 인수 중에서 가장 큰 수를 반환한다. 인수가 전달되지 않으면 -Infinity를 반환한다.

【 예제 29-10 】

```
Math.max(1); // → 1
Math.max(1, 2); // → 2
Math.max(1, 2, 3); // → 3
Math.max(); // → -Infinity
```

배열을 인수로 전달받아 배열의 요소 중에서 최대값을 구하려면 Function.prototype.apply 메서드[2] 또는 스프레드 문법[3]을 사용해야 한다.

【 예제 29-11 】

```
// 배열 요소 중에서 최대값 취득
Math.max.apply(null, [1, 2, 3]); // → 3

// ES6 스프레드 문법
Math.max( ...[1, 2, 3]); // → 3
```

---

1 7.9절 "지수 연산자" 참고
2 22.2.4절 "Function prototype apply/call/bind 메서드에 의한 간접 호출" 참고
3 35.1절 "함수 호출문의 인수 목록에서 사용하는 경우" 참고

29.2.9 Math.min

`Math.min` 메서드는 전달받은 인수 중에서 가장 작은 수를 반환한다. 인수가 전달되지 않으면 `Infinity`를 반환한다.

【 예제 29-12 】

```
Math.min(1); // → 1
Math.min(1, 2); // → 1
Math.min(1, 2, 3); // → 1
Math.min(); // → Infinity
```

배열을 인수로 전달받아 배열의 요소 중에서 최소값을 구하려면 `Function.prototype.apply` 메서드 또는 스프레드 문법을 사용해야 한다.

【 예제 29-13 】

```
// 배열 요소 중에서 최소값 취득
Math.min.apply(null, [1, 2, 3]); // → 1

// ES6 스프레드 문법
Math.min( ...[1, 2, 3]); // → 1
```

30_장

Date

표준 빌트인 객체인 Date는 날짜와 시간(연, 월, 일, 시, 분, 초, 밀리초(millisecond/ms. 천분의 1초))을 위한 메서드를 제공하는 빌트인 객체이면서 생성자 함수다.

UTC(협정 세계시^{Coordinated Universal Time})[1]는 국제 표준시를 말한다. UTC는 GMT(그리니치 평균시^{Greenwich Mean Time})로 불리기도 한다. UTC와 GMT는 초의 소수점 단위에서만 차이가 나기 때문에 일상에서는 혼용되어 사용된다. 기술적인 표기에서는 UTC가 사용된다.

KST(한국 표준시^{Korea Standard Time})는 UTC에 9시간을 더한 시간이다. 즉, KST는 UTC보다 9시간이 빠르다. 예를 들어, UTC 00:00 AM은 KST 09:00 AM이다.

현재 날짜와 시간은 자바스크립트 코드가 실행된 시스템의 시계에 의해 결정된다.

30.1 Date 생성자 함수

Date는 생성자 함수다. Date 생성자 함수로 생성한 Date 객체는 내부적으로 날짜와 시간을 나타내는 정수값을 갖는다. 이 값은 1970년 1월 1일 00:00:00(UTC)을 기점으로 Date 객체가 나타내는 날짜와 시간까지의 밀리초를 나타낸다. 예를 들어, 모든 시간의 기점인 1970년 1월 1일 0시를 나타내는 Date 객체는 내부적으로 정수값 0을 가지며, 1970년 1월 1일 0시를 기점으로 하루가 지난 1970년 1월 2일 0시를 나타내는 Date 객체는 내부적으로 정수값 86,400,000(24h * 60m * 60s * 1000ms)을 갖는다.

Date 생성자 함수로 생성한 Date 객체는 기본적으로 현재 날짜와 시간을 나타내는 정수값을 가진다. 현재 날짜와 시간이 아닌 다른 날짜와 시간을 다루고 싶은 경우 Date 생성자 함수에 명시적으로 해당 날짜와 시간 정보를 인수로 지정한다. Date 생성자 함수로 객체를 생성하는 방법은 다음과 같이 4가지가 있다.

---

1 https://ko.wikipedia.org/wiki/협정_세계시

30.1.1 new Date( )

Date 생성자 함수를 인수 없이 new 연산자와 함께 호출하면 현재 날짜와 시간을 가지는 Date 객체를 반환한다. Date 객체는 내부적으로 날짜와 시간을 나타내는 정수값을 갖지만 Date 객체를 콘솔에 출력하면 기본적으로 날짜와 시간 정보를 출력한다.

【 예제 30-01 】

```
new Date(); // → Mon Jul 06 2020 01:03:18 GMT+0900 (대한민국 표준시)
```

Date 생성자 함수를 new 연산자 없이 호출하면 Date 객체를 반환하지 않고 날짜와 시간 정보를 나타내는 문자열을 반환한다.

【 예제 30-02 】

```
Date(); // → "Mon Jul 06 2020 01:10:47 GMT+0900 (대한민국 표준시)"
```

30.1.2 new Date(milliseconds)

Date 생성자 함수에 숫자 타입의 밀리초를 인수로 전달하면 1970년 1월 1일 00:00:00(UTC)을 기점으로 인수로 전달된 밀리초만큼 경과한 날짜와 시간을 나타내는 Date 객체를 반환한다.

【 예제 30-03 】

```
// 한국 표준시 KST는 협정 세계시 UTC에 9시간을 더한 시간이다.
new Date(0); // → Thu Jan 01 1970 09:00:00 GMT+0900 (대한민국 표준시)

/*
86400000ms는 1day를 의미한다.
1s = 1,000ms
1m = 60s * 1,000ms = 60,000ms
1h = 60m * 60,000ms = 3,600,000ms
1d = 24h * 3,600,000ms = 86,400,000ms
*/
new Date(86400000); // → Fri Jan 02 1970 09:00:00 GMT+0900 (대한민국 표준시)
```

30.1.3 new Date(dateString)

Date 생성자 함수에 날짜와 시간을 나타내는 문자열을 인수로 전달하면 지정된 날짜와 시간을 나타내는 Date 객체를 반환한다. 이때 인수로 전달한 문자열은 Date.parse 메서드[2]에 의해 해석 가능한 형식이어야 한다.

---

2 30.2.2절 "Date.parse" 참고

【 예제 30-04 】

```
new Date('May 26, 2020 10:00:00');
// → Tue May 26 2020 10:00:00 GMT+0900 (대한민국 표준시)

new Date('2020/03/26/10:00:00');
// → Thu Mar 26 2020 10:00:00 GMT+0900 (대한민국 표준시)
```

30.1.4 new Date(year, month[, day, hour, minute, second, millisecond])

Date 생성자 함수에 연, 월, 일, 시, 분, 초, 밀리초를 의미하는 숫자를 인수로 전달하면 지정된 날짜와 시간을 나타내는 Date 객체를 반환한다. 이때 연, 월은 반드시 지정해야 한다. 지정하지 않은 옵션 정보는 0 또는 1로 초기화된다. 인수는 다음과 같다.

인수	내용
year	연을 나타내는 1900년 이후의 정수. 0부터 99는 1900부터 1999로 처리된다.
month	월을 나타내는 0 ～ 11까지의 정수(주의: 0부터 시작, 0 = 1월)
day	일을 나타내는 1 ～ 31까지의 정수
hour	시를 나타내는 0 ～ 23까지의 정수
minute	분을 나타내는 0 ～ 59까지의 정수
second	초를 나타내는 0 ～ 59까지의 정수
millisecond	밀리초를 나타내는 0 ～ 999까지의 정수

연, 월을 지정하지 않은 경우 1970년 1월 1일 00:00:00(UTC)을 나타내는 Date 객체를 반환한다.

【 예제 30-05 】

```
// 월을 나타내는 2는 3월을 의미한다. 2020/3/1/00:00:00:00
new Date(2020, 2);
// → Sun Mar 01 2020 00:00:00 GMT+0900 (대한민국 표준시)

// 월을 나타내는 2는 3월을 의미한다. 2020/3/26/10:00:00:00
new Date(2020, 2, 26, 10, 00, 00, 0);
// → Thu Mar 26 2020 10:00:00 GMT+0900 (대한민국 표준시)

// 다음처럼 표현하면 가독성이 훨씬 좋다.
new Date('2020/3/26/10:00:00');
// → Thu Mar 26 2020 10:00:00 GMT+0900 (대한민국 표준시)
```

30.2 Date 메서드

30.2.1 Date.now

1970년 1월 1일 00:00:00(UTC)을 기점으로 현재 시간까지 경과한 밀리초를 숫자로 반환한다.

【 예제 30-06 】

```
const now = Date.now(); // → 1593971539112

// Date 생성자 함수에 숫자 타입의 밀리초를 인수로 전달하면 1970년 1월 1일 00:00:00(UTC)을
// 기점으로 인수로 전달된 밀리초만큼 경과한 날짜와 시간을 나타내는 Date 객체를 반환한다.
// (30.1.2절 "new Date(milliseconds)" 참고)
new Date(now); // → Mon Jul 06 2020 02:52:19 GMT+0900 (대한민국 표준시)
```

30.2.2 Date.parse

1970년 1월 1일 00:00:00(UTC)을 기점으로 인수로 전달된 지정 시간(new Date(dateString)의 인수와 동일한 형식)까지의 밀리초를 숫자로 반환한다.

【 예제 30-07 】

```
// UTC
Date.parse('Jan 2, 1970 00:00:00 UTC'); // → 86400000

// KST
Date.parse('Jan 2, 1970 09:00:00'); // → 86400000

// KST
Date.parse('1970/01/02/09:00:00'); // → 86400000
```

30.2.3 Date.UTC

1970년 1월 1일 00:00:00(UTC)을 기점으로 인수로 전달된 지정 시간까지의 밀리초를 숫자로 반환한다.

Date.UTC 메서드는 new Date(year, month[, day, hour, minute, second, millisecond])와 같은 형식의 인수를 사용해야 한다. Date.UTC 메서드의 인수는 로컬 타임(KST)이 아닌 UTC로 인식된다. month는 월을 의미하는 0~11까지의 정수다. 0부터 시작하므로 주의가 필요하다.

```
Date.UTC(1970, 0, 2); // → 86400000
Date.UTC('1970/1/2'); // → NaN
```

30.2.4 Date.prototype.getFullYear

Date 객체의 연도를 나타내는 정수를 반환한다.

【 예제 30-09 】

```
new Date('2020/07/24').getFullYear(); // → 2020
```

30.2.5 Date.prototype.setFullYear

Date 객체에 연도를 나타내는 정수를 설정한다. 연도 이외에 옵션으로 월, 일도 설정할 수 있다.

【 예제 30-10 】

```
const today = new Date();

// 년도 지정
today.setFullYear(2000);
today.getFullYear(); // → 2000

// 년도/월/일 지정
today.setFullYear(1900, 0, 1);
today.getFullYear(); // → 1900
```

30.2.6 Date.prototype.getMonth

Date 객체의 월을 나타내는 0 ~ 11의 정수를 반환한다. 1월은 0, 12월은 11이다.

【 예제 30-11 】

```
new Date('2020/07/24').getMonth(); // → 6
```

30.2.7 Date.prototype.setMonth

Date 객체에 월을 나타내는 0 ~ 11의 정수를 설정한다. 1월은 0, 12월은 11이다. 월 이외에 옵션으로 일도 설정할 수 있다.

```
const today = new Date();

// 월 지정
today.setMonth(0); // 1월
today.getMonth(); // → 0

// 월/일 지정
today.setMonth(11, 1); // 12월 1일
today.getMonth(); // → 11
```

30.2.8 Date.prototype.getDate

Date 객체의 날짜(1 ~ 31)를 나타내는 정수를 반환한다.

【 예제 30-13 】

```
new Date('2020/07/24').getDate(); // → 24
```

30.2.9 Date.prototype.setDate

Date 객체에 날짜(1 ~ 31)를 나타내는 정수를 설정한다.

【 예제 30-14 】

```
const today = new Date();

// 날짜 지정
today.setDate(1);
today.getDate(); // → 1
```

30.2.10 Date.prototype.getDay

Date 객체의 요일(0 ~ 6)을 나타내는 정수를 반환한다. 반환값은 다음과 같다.

요일	반환값
일요일	0
월요일	1
화요일	2
수요일	3
목요일	4
금요일	5
토요일	6

```
new Date('2020/07/24').getDay(); // → 5
```

30.2.11 Date.prototype.getHours

Date 객체의 시간(0 ~ 23)을 나타내는 정수를 반환한다.

【 예제 30-16 】

```
new Date('2020/07/24/12:00').getHours(); // → 12
```

30.2.12 Date.prototype.setHours

Date 객체에 시간(0 ~ 23)을 나타내는 정수를 설정한다. 시간 이외에 옵션으로 분, 초, 밀리초도 설정할 수 있다.

【 예제 30-17 】

```
const today = new Date();

// 시간 지정
today.setHours(7);
today.getHours(); // → 7

// 시간/분/초/밀리초 지정
today.setHours(0, 0, 0, 0); // 00:00:00:00
today.getHours(); // → 0
```

30.2.13 Date.prototype.getMinutes

Date 객체의 분(0 ~ 59)을 나타내는 정수를 반환한다.

【 예제 30-18 】

```
new Date('2020/07/24/12:30').getMinutes(); // → 30
```

30.2.14 Date.prototype.setMinutes

Date 객체에 분(0 ~ 59)을 나타내는 정수를 설정한다. 분 이외에 옵션으로 초, 밀리초도 설정할 수 있다.

【 예제 30-19 】
```
const today = new Date();

// 분 지정
today.setMinutes(50);
today.getMinutes(); // → 50

// 분/초/밀리초 지정
today.setMinutes(5, 10, 999); // HH:05:10:999
today.getMinutes(); // → 5
```

30.2.15 Date.prototype.getSeconds

Date 객체의 초(0 ~ 59)를 나타내는 정수를 반환한다.

【 예제 30-20 】
```
new Date('2020/07/24/12:30:10').getSeconds(); // → 10
```

30.2.16 Date.prototype.setSeconds

Date 객체에 초(0 ~ 59)를 나타내는 정수를 설정한다. 초 이외에 옵션으로 밀리초도 설정할 수 있다.

【 예제 30-21 】
```
const today = new Date();

// 초 지정
today.setSeconds(30);
today.getSeconds(); // → 30

// 초/밀리초 지정
today.setSeconds(10, 0); // HH:MM:10:000
today.getSeconds(); // → 10
```

30.2.17 Date.prototype.getMilliseconds

Date 객체의 밀리초(0 ~ 999)를 나타내는 정수를 반환한다.

【 예제 30-22 】
```
new Date('2020/07/24/12:30:10:150').getMilliseconds(); // → 150
```

30.2.18 Date.prototype.setMilliseconds

Date 객체에 밀리초(0 ~ 999)를 나타내는 정수를 설정한다.

【 예제 30-23 】

```javascript
const today = new Date();

// 밀리초 지정
today.setMilliseconds(123);
today.getMilliseconds(); // → 123
```

30.2.19 Date.prototype.getTime

1970년 1월 1일 00:00:00(UTC)를 기점으로 Date 객체의 시간까지 경과된 밀리초를 반환한다.

【 예제 30-24 】

```javascript
new Date('2020/07/24/12:30').getTime(); // → 1595561400000
```

30.2.20 Date.prototype.setTime

Date 객체에 1970년 1월 1일 00:00:00(UTC)를 기점으로 경과된 밀리초를 설정한다.

【 예제 30-25 】

```javascript
const today = new Date();

// 1970년 1월 1일 00:00:00(UTC)를 기점으로 경과된 밀리초 설정
today.setTime(86400000); // 86400000은 1day를 나타낸다.
console.log(today); // → Fri Jan 02 1970 09:00:00 GMT+0900 (대한민국 표준시)
```

30.2.21 Date.prototype.getTimezoneOffset

UTC와 Date 객체에 지정된 로캘^{locale} 시간과의 차이를 분 단위로 반환한다. KST는 UTC에 9시간을 더한 시간이다. 즉, UTC = KST − 9h다.

【 예제 30-26 】

```javascript
const today = new Date(); // today의 지정 로캘은 KST다.

//UTC와 today의 지정 로캘 KST와의 차이는 −9시간이다.
today.getTimezoneOffset() / 60; // -9
```

30.2.22 Date.prototype.toDateString

사람이 읽을 수 있는 형식의 문자열로 Date 객체의 날짜를 반환한다.

【 예제 30-27 】

```javascript
const today = new Date('2020/7/24/12:30');

today.toString();     // → Fri Jul 24 2020 12:30:00 GMT+0900 (대한민국 표준시)
today.toDateString(); // → Fri Jul 24 2020
```

30.2.23 Date.prototype.toTimeString

사람이 읽을 수 있는 형식으로 Date 객체의 시간을 표현한 문자열을 반환한다.

【 예제 30-28 】

```javascript
const today = new Date('2020/7/24/12:30');

today.toString();     // → Fri Jul 24 2020 12:30:00 GMT+0900 (대한민국 표준시)
today.toTimeString(); // → 12:30:00 GMT+0900 (대한민국 표준시)
```

30.2.24 Date.prototype.toISOString

ISO 8601[3] 형식으로 Date 객체의 날짜와 시간을 표현한 문자열을 반환한다.

【 예제 30-29 】

```javascript
const today = new Date('2020/7/24/12:30');

today.toString();    // → Fri Jul 24 2020 12:30:00 GMT+0900 (대한민국 표준시)
today.toISOString(); // → 2020-07-24T03:30:00.000Z

today.toISOString().slice(0, 10); // → 2020-07-24
today.toISOString().slice(0, 10).replace(/-/g, ''); // → 20200724
```

30.2.25 Date.prototype.toLocaleString

인수로 전달한 로캘을 기준으로 Date 객체의 날짜와 시간을 표현한 문자열을 반환한다. 인수를 생략한 경우 브라우저가 동작 중인 시스템의 로캘을 적용한다.

---

3 https://ko.wikipedia.org/wiki/ISO_8601

【 예제 30-30 】

```
const today = new Date('2020/7/24/12:30');

today.toString(); // → Fri Jul 24 2020 12:30:00 GMT+0900 (대한민국 표준시)
today.toLocaleString(); // → 2020. 7. 24. 오후 12:30:00
today.toLocaleString('ko-KR'); // → 2020. 7. 24. 오후 12:30:00
today.toLocaleString('en-US'); // → 7/24/2020, 12:30:00 PM
today.toLocaleString('ja-JP'); // → 2020/7/24 12:30:00
```

30.2.26 Date.prototype.toLocaleTimeString

인수로 전달한 로캘을 기준으로 Date 객체의 시간을 표현한 문자열을 반환한다. 인수를 생략한 경우 브라우저가 동작 중인 시스템의 로캘을 적용한다.

【 예제 30-31 】

```
const today = new Date('2020/7/24/12:30');

today.toString(); // → Fri Jul 24 2020 12:30:00 GMT+0900 (대한민국 표준시)
today.toLocaleTimeString(); // → 오후 12:30:00
today.toLocaleTimeString('ko-KR'); // → 오후 12:30:00
today.toLocaleTimeString('en-US'); // → 12:30:00 PM
today.toLocaleTimeString('ja-JP'); // → 12:30:00
```

30.3 Date를 활용한 시계 예제

다음 예제는 현재 날짜와 시간을 초 단위로 반복 출력한다.

【 예제 30-32 】

```
(function printNow() {
  const today = new Date();

  const dayNames = [
    '(일요일)',
    '(월요일)',
    '(화요일)',
    '(수요일)',
    '(목요일)',
    '(금요일)',
    '(토요일)'
  ];
```

```javascript
  // getDay 메서드는 해당 요일(0 ~ 6)을 나타내는 정수를 반환한다.
  const day = dayNames[today.getDay()];

  const year = today.getFullYear();
  const month = today.getMonth() + 1;
  const date = today.getDate();
  let hour = today.getHours();
  let minute = today.getMinutes();
  let second = today.getSeconds();
  const ampm = hour >= 12 ? 'PM' : 'AM';

  // 12시간제로 변경
  hour %= 12;
  hour = hour || 12; // hour가 0이면 12를 재할당

  // 10 미만인 분과 초를 2자리로 변경
  minute = minute < 10 ? '0' + minute : minute;
  second = second < 10 ? '0' + second : second;

  const now = `${year}년 ${month}월 ${date}일 ${day} ${hour}:${minute}:${second}
${ampm}`;

  console.log(now);

  // 1초마다 printNow 함수를 재귀 호출한다. 41.2.1절 "setTimeout / clearTimeout" 참고
  setTimeout(printNow, 1000);
}());
```

31장

RegExp

31.1 정규 표현식이란?

정규 표현식[regular expression][1]은 일정한 패턴을 가진 문자열의 집합을 표현하기 위해 사용하는 형식 언어(formal language)[2]다. 정규 표현식은 자바스크립트의 고유 문법이 아니며, 대부분의 프로그래밍 언어와 코드 에디터에 내장되어 있다. 자바스크립트는 펄[Perl][3]의 정규 표현식 문법을 ES3부터 도입했다.

정규 표현식은 문자열을 대상으로 **패턴 매칭 기능**을 제공한다. 패턴 매칭 기능이란 특정 패턴과 일치하는 문자열을 검색하거나 추출 또는 치환할 수 있는 기능을 말한다.

예를 들어, 회원가입 화면에서 사용자로부터 입력받은 휴대폰 전화번호가 유효한 휴대폰 전화번호인지 체크하는 경우를 생각해 보자. 휴대폰 전화번호는 "숫자 3개 + '–' + 숫자 4개 + '–' + 숫자 4개"라는 일정한 패턴이 있다. 이 휴대폰 전화번호 패턴을 다음과 같이 정규 표현식으로 정의하고 사용자로부터 입력받은 문자열이 이 휴대폰 전화번호 패턴에 매칭하는지 체크할 수 있다.

【 예제 31-01 】

```
// 사용자로부터 입력받은 휴대폰 전화번호
const tel = '010-1234-567팔';

// 정규 표현식 리터럴로 휴대폰 전화번호 패턴을 정의한다.
const regExp = /^\d{3}-\d{4}-\d{4}$/;

// tel이 휴대폰 전화번호 패턴에 매칭하는지 테스트(확인)한다.
regExp.test(tel); // → false
```

만약 정규표현식을 사용하지 않는다면 반복문과 조건문을 통해 '첫 번째 문자가 숫자이고 이어지는 문자도 숫자이고 이어지는 문자도 숫자이고 다음은 '–'이고 … '와 같이 한 문자씩 연속해서 체크해야 한다.

---

[1] https://ko.wikipedia.org/wiki/정규_표현식
[2] https://ko.wikipedia.org/wiki/형식_언어
[3] https://www.perl.org

정규표현식을 사용하면 반복문과 조건문 없이 패턴을 정의하고 테스트하는 것으로 간단히 체크할 수 있다 다만 정규표현식은 주석이나 공백을 허용하지 않고 여러 가지 기호를 혼합하여 사용하기 때문에 가독성이 좋지 않다는 문제가 있다.

31.2 정규 표현식의 생성

정규 표현식 객체(RegExp 객체)를 생성하기 위해서는 정규 표현식 리터럴과 RegExp 생성자 함수를 사용할 수 있다. 일반적인 방법은 정규 표현식 리터럴을 사용하는 것이다. 정규 표현식 리터럴은 다음과 같이 표현한다.

이처럼 정규 표현식 리터럴은 패턴과 플래그로 구성된다. 정규 표현식 리터럴을 사용하여 간단한 정규 표현식 객체를 생성해 보자.

그림 3-11 정규 표현식 리터럴

【 예제 31-02 】

```
const target = 'Is this all there is?';

// 패턴: is
// 플래그: i => 대소문자를 구별하지 않고 검색한다.
const regexp = /is/i;

// test 메서드는 target 문자열에 대해 정규 표현식 regexp의 패턴을 검색하여 매칭 결과를
// 불리언 값으로 반환한다.
regexp.test(target); // → true
```

RegExp 생성자 함수를 사용하여 RegExp 객체를 생성할 수도 있다.

```
/**
 * pattern: 정규 표현식의 패턴
 * flags: 정규 표현식의 플래그(g, i, m, u, y)
 */

new RegExp(pattern[, flags])
```

【 예제 31-03 】

```
const target = 'Is this all there is?';

const regexp = new RegExp(/is/i); // ES6
// const regexp = new RegExp(/is/, 'i');
// const regexp = new RegExp('is', 'i');

regexp.test(target); // → true
```

RegExp 생성자 함수를 사용하면 변수를 사용해 동적으로 RegExp 객체를 생성할 수 있다.

【 예제 31-04 】

```
const count = (str, char) => (str.match(new RegExp(char, 'gi')) ?? []).length;

count('Is this all there is?', 'is'); // → 3
count('Is this all there is?', 'xx'); // → 0
```

31.3 RegExp 메서드

정규표현식을 사용하는 메서드는 RegExp.prototype.exec, RegExp.prototype.test, String.prototype. match, String.prototype.replace, String.prototype.search, String.prototype.split 등이 있다.

String.prototype.replace, String.prototype.search, String.prototype.split 메서드는 32장 "String" 에서 살펴보기로 하고 지금은 RegExp.prototype.exec, RegExp.prototype.test, String.prototype.match 메서드에 대해 살펴보자.

31.3.1 RegExp.prototype.exec

exec 메서드는 인수로 전달받은 문자열에 대해 정규 표현식의 패턴을 검색하여 매칭 결과를 배열로 반환한다. 매칭 결과가 없는 경우 null을 반환한다.

【 예제 31-05 】

```
const target = 'Is this all there is?';
const regExp = /is/;

regExp.exec(target);
// → ["is", index: 5, input: "Is this all there is?", groups: undefined]
```

exec 메서드는 문자열 내의 모든 패턴을 검색하는 g 플래그[4]를 지정해도 첫 번째 매칭 결과만 반환하므로 주의하기 바란다.

31.3.2 RegExp.prototype.test

test 메서드는 인수로 전달받은 문자열에 대해 정규 표현식의 패턴을 검색하여 매칭 결과를 불리언 값으로 반환한다.

---

4 31.4절 "플래그" 참조

【 예제 31-06 】

```javascript
const target = 'Is this all there is?';
const regExp = /is/;

regExp.test(target); // → true
```

31.3.3 String.prototype.match

String 표준 빌트인 객체가 제공하는 match 메서드는 대상 문자열과 인수로 전달받은 정규 표현식과의 매칭 결과를 배열로 반환한다.

【 예제 31-07 】

```javascript
const target = 'Is this all there is?';
const regExp = /is/;

target.match(regExp);
// → ["is", index: 5, input: "Is this all there is?", groups: undefined]
```

exec 메서드는 문자열 내의 모든 패턴을 검색하는 g 플래그를 지정해도 첫 번째 매칭 결과만 반환한다. 하지만 String.prototype.match 메서드는 g 플래그가 지정되면 모든 매칭 결과를 배열로 반환한다.

【 예제 31-08 】

```javascript
const target = 'Is this all there is?';
const regExp = /is/g;

target.match(regExp); // → ["is", "is"]
```

31.4 플래그

패턴과 함께 정규 표현식을 구성하는 플래그는 정규 표현식의 검색 방식을 설정하기 위해 사용한다. 플래그는 총 6개 있다. 그중 중요한 3개의 플래그를 살펴보자.

플래그	의미	설명
i	Ignore case	대소문자를 구별하지 않고 패턴을 검색한다.
g	Global	대상 문자열 내에서 패턴과 일치하는 모든 문자열을 전역 검색한다.
m	Multi line	문자열의 행이 바뀌더라도 패턴 검색을 계속한다.

플래그는 옵션이므로 선택적으로 사용할 수 있으며, 순서와 상관없이 하나 이상의 플래그를 동시에 설정할 수도 있다. 어떠한 플래그를 사용하지 않은 경우 대소문자를 구별해서 패턴을 검색한다. 그리고 문자열에 패턴 검색 매칭 대상이 1개 이상 존재해도 첫 번째 매칭한 대상만 검색하고 종료한다.

【 예제 31-09 】

```javascript
const target = 'Is this all there is?';

// target 문자열에서 is 문자열을 대소문자를 구별하여 한 번만 검색한다.
target.match(/is/);
// → ["is", index: 5, input: "Is this all there is?", groups: undefined]

// target 문자열에서 is 문자열을 대소문자를 구별하지 않고 한 번만 검색한다.
target.match(/is/i);
// → ["Is", index: 0, input: "Is this all there is?", groups: undefined]

// target 문자열에서 is 문자열을 대소문자를 구별하여 전역 검색한다.
target.match(/is/g);
// → ["is", "is"]

// target 문자열에서 is 문자열을 대소문자를 구별하지 않고 전역 검색한다.
target.match(/is/ig);
// → ["Is", "is", "is"]
```

31.5 패턴

정규 표현식은 "일정한 규칙(패턴)을 가진 문자열의 집합을 표현하기 위해 사용하는 형식 언어formal language[5]"다. 정규 표현식은 패턴과 플래그로 구성된다. 정규 표현식의 패턴은 문자열의 일정한 규칙을 표현하기 위해 사용하며, 정규 표현식의 플래그는 정규 표현식의 검색 방식을 설정하기 위해 사용한다.

패턴은 /로 열고 닫으며 문자열의 따옴표는 생략한다. 따옴표를 포함하면 따옴표까지도 패턴에 포함되어 검색된다. 또한 패턴은 특별한 의미를 가지는 메타문자meta character[6] 또는 기호로 표현할 수 있다. 어떤 문자열 내에 패턴과 일치하는 문자열이 존재할 때 '정규 표현식과 매치match한다'고 표현한다. 패턴을 표현하는 몇 가지 방법에 대해 살펴보자.

---

5   https://ko.wikipedia.org/wiki/형식_언어
6   http://www.ktword.co.kr/abbr_view.php?m_temp1=5851

31.5.1 문자열 검색

정규 표현식의 패턴에 문자 또는 문자열을 지정하면 검색 대상 문자열에서 패턴으로 지정한 문자 또는 문자열을 검색한다. 물론 정규 표현식을 생성하는 것만으로 검색이 수행되지는 않는다. 앞서 살펴본 RegExp 메서드[7]를 사용하여 검색 대상 문자열과 정규 표현식의 매칭 결과를 구하면 검색이 수행된다.

검색 대상 문자열과 플래그를 생략한 정규 표현식의 매칭 결과를 구하면 대소문자를 구별하여 정규 표현식과 매치한 첫 번째 결과만 반환한다.

【 예제 31-10 】

```
const target = 'Is this all there is?';

// 'is' 문자열과 매치하는 패턴. 플래그가 생략되었으므로 대소문자를 구별한다.
const regExp = /is/;

// target과 정규 표현식이 매치하는지 테스트한다.
regExp.test(target); // → true

// target과 정규 표현식의 매칭 결과를 구한다.
target.match(regExp);
// → ["is", index: 5, input: "Is this all there is?", groups: undefined]
```

대소문자를 구별하지 않고 검색하려면 플래그 i를 사용한다.

【 예제 31-11 】

```
const target = 'Is this all there is?';

// 'is' 문자열과 매치하는 패턴. 플래그 i를 추가하면 대소문자를 구별하지 않는다.
const regExp = /is/i;

target.match(regExp);
// → ["Is", index: 0, input: "Is this all there is?", groups: undefined]
```

검색 대상 문자열 내에서 패턴과 매치하는 모든 문자열을 전역 검색하려면 플래그 g를 사용한다.

【 예제 31-12 】

```
const target = 'Is this all there is?';

// 'is' 문자열과 매치하는 패턴.
// 플래그 g를 추가하면 대상 문자열 내에서 패턴과 일치하는 모든 문자열을 전역 검색한다.
const regExp = /is/ig;

target.match(regExp); // → ["Is", "is", "is"]
```

---

7   31.3절 "RegExp 메서드" 참고

31.5.2 임의의 문자열 검색

.은 임의의 문자 한 개를 의미한다. 문자의 내용은 무엇이든 상관없다. 다음 예제의 경우 .을 3개 연속하여 패턴을 생성했으므로 문자의 내용과 상관없이 3자리 문자열과 매치한다.

【 예제 31-13 】

```
const target = 'Is this all there is?';

// 임의의 3자리 문자열을 대소문자를 구별하여 전역 검색한다.
const regExp = /.../g;

target.match(regExp); // → ["Is ", "thi", "s a", "ll ", "the", "re ", "is?"]
```

31.5.3 반복 검색

{m,n}은 앞선 패턴(다음 예제의 경우 A)이 최소 m번, 최대 n번 반복되는 문자열을 의미한다. 콤마 뒤에 공백이 있으면 정상 동작하지 않으므로 주의하기 바란다.

【 예제 31-14 】

```
const target = 'A AA B BB Aa Bb AAA';

// 'A'가 최소 1번, 최대 2번 반복되는 문자열을 전역 검색한다.
const regExp = /A{1,2}/g;

target.match(regExp); // → ["A", "AA", "A", "AA", "A"]
```

{n}은 앞선 패턴이 n번 반복되는 문자열을 의미한다. 즉, {n}은 {n, n}과 같다.

【 예제 31-15 】

```
const target = 'A AA B BB Aa Bb AAA';

// 'A'가 2번 반복되는 문자열을 전역 검색한다.
const regExp = /A{2}/g;

target.match(regExp); // → ["AA", "AA"]
```

{n,}은 앞선 패턴이 최소 n번 이상 반복되는 문자열을 의미한다.

【 예제 31-16 】

```
const target = 'A AA B BB Aa Bb AAA';

// 'A'가 최소 2번 이상 반복되는 문자열을 전역 검색한다.
const regExp = /A{2,}/g;

target.match(regExp); // → ["AA", "AAA"]
```

+는 앞선 패턴이 최소 한번 이상 반복되는 문자열을 의미한다. 즉, +는 {1,}과 같다. 다음 예제의 경우 A+는 앞선 패턴 'A'가 한번 이상 반복되는 문자열, 즉 'A'만으로 이루어진 문자열 'A', 'AA', 'AAA', ... 와 매치한다.

【 예제 31-17 】

```javascript
const target = 'A AA B BB Aa Bb AAA';

// 'A'가 최소 한 번 이상 반복되는 문자열('A, 'AA', 'AAA', ... )을 전역 검색한다.
const regExp = /A+/g;

target.match(regExp); // → ["A", "AA", "A", "AAA"]
```

?는 앞선 패턴이 최대 한 번(0번 포함) 이상 반복되는 문자열을 의미한다. 즉, ?는 {0,1}과 같다. 다음 예제의 경우 /colou?r/는 'colo' 다음 'u'가 최대 한 번(0번 포함) 이상 반복되고 'r'이 이어지는 문자열 'color', 'colour'와 매치한다.

【 예제 31-18 】

```javascript
const target = 'color colour';

// 'colo' 다음 'u'가 최대 한 번(0번 포함) 이상 반복되고 'r'이 이어지는
// 문자열 'color', 'colour'를 전역 검색한다.
const regExp = /colou?r/g;

target.match(regExp); // → ["color", "colour"]
```

31.5.4 OR 검색

|은 or의 의미를 갖는다. 다음 예제의 /A|B/는 'A' 또는 'B'를 의미한다.

【 예제 31-19 】

```javascript
const target = 'A AA B BB Aa Bb';

// 'A' 또는 'B'를 전역 검색한다.
const regExp = /A|B/g;

target.match(regExp); // → ["A", "A", "A", "B", "B", "B", "A", "B"]
```

분해되지 않은 단어 레벨로 검색하기 위해서는 +를 함께 사용한다.

【 예제 31-20 】
```
const target = 'A AA B BB Aa Bb';

// 'A' 또는 'B'가 한 번 이상 반복되는 문자열을 전역 검색한다.
// 'A', 'AA', 'AAA', ... 또는 'B', 'BB', 'BBB', ...
const regExp = /A+|B+/g;

target.match(regExp); // → ["A", "AA", "B", "BB", "A", "B"]
```

위 예제는 패턴을 or로 한 번 이상 반복하는 것인데 이를 간단히 표현하면 다음과 같다. [ ] 내의 문자는 or로 동작한다. 그 뒤에 +를 사용하면 앞선 패턴을 한 번 이상 반복한다.

【 예제 31-21 】
```
const target = 'A AA B BB Aa Bb';

// 'A' 또는 'B'가 한 번 이상 반복되는 문자열을 전역 검색한다.
// 'A', 'AA', 'AAA', ... 또는 'B', 'BB', 'BBB', ...
const regExp = /[AB]+/g;

target.match(regExp); // → ["A", "AA", "B", "BB", "A", "B"]
```

범위를 지정하려면 [ ] 내에 -를 사용한다. 다음 예제의 경우 대문자 알파벳을 검색한다.

【 예제 31-22 】
```
const target = 'A AA BB ZZ Aa Bb';

// 'A' ~ 'Z'가 한 번 이상 반복되는 문자열을 전역 검색한다.
// 'A', 'AA', 'AAA', ... 또는 'B', 'BB', 'BBB', ... ~ 또는 'Z', 'ZZ', 'ZZZ', ...
const regExp = /[A-Z]+/g;

target.match(regExp); // → ["A", "AA", "BB", "ZZ", "A", "B"]
```

대소문자를 구별하지 않고 알파벳을 검색하는 방법은 다음과 같다.

【 예제 31-23 】
```
const target = 'AA BB Aa Bb 12';

// 'A' ~ 'Z' 또는 'a' ~ 'z'가 한 번 이상 반복되는 문자열을 전역 검색한다.
const regExp = /[A-Za-z]+/g;

target.match(regExp); // → ["AA", "BB", "Aa", "Bb"]
```

숫자를 검색하는 방법은 다음과 같다.

【 예제 31-24 】

```
const target = 'AA BB 12,345';

// '0' ~ '9'가 한 번 이상 반복되는 문자열을 전역 검색한다.
const regExp = /[0-9]+/g;

target.match(regExp); // → ["12", "345"]
```

위 예제의 경우 쉼표 때문에 매칭 결과가 분리되므로 쉼표를 패턴에 포함시킨다.

【 예제 31-25 】

```
const target = 'AA BB 12,345';

// '0' ~ '9' 또는 ','가 한 번 이상 반복되는 문자열을 전역 검색한다.
const regExp = /[0-9,]+/g;

target.match(regExp); // → ["12,345"]
```

위 예제를 간단히 표현하면 다음과 같다. \d는 숫자를 의미한다. 즉, \d는 [0-9]와 같다. \D는 \d와 반대로 동작한다. 즉, \D는 숫자가 아닌 문자를 의미한다.

【 예제 31-26 】

```
const target = 'AA BB 12,345';

// '0' ~ '9' 또는 ','가 한 번 이상 반복되는 문자열을 전역 검색한다.
let regExp = /[\d,]+/g;

target.match(regExp); // → ["12,345"]

// '0'~'9'가 아닌 문자(숫자가 아닌 문자) 또는 ','가 한 번 이상 반복되는 문자열을 전역 검색한다.
regExp = /[\D,]+/g;

target.match(regExp); // → ["AA BB ", ","]
```

\w는 알파벳, 숫자, 언더스코어를 의미한다. 즉, \w는 [A-Za-z0-9_]와 같다. \W는 \w와 반대로 동작한다. 즉, \W는 알파벳, 숫자, 언더스코어가 아닌 문자를 의미한다.

【 예제 31-27 】

```
const target = 'Aa Bb 12,345 _$%&';

// 알파벳, 숫자, 언더스코어, ','가 한 번 이상 반복되는 문자열을 전역 검색한다.
let regExp = /[\w,]+/g;
```

```
target.match(regExp); // → ["Aa", "Bb", "12,345", "_"]

// 알파벳, 숫자, 언더스코어가 아닌 문자 또는 ','가 한 번 이상 반복되는 문자열을 전역 검색한다.
regExp = /[\W,]+/g;

target.match(regExp); // → [" ", " ", ",", " ", "$%&"]
```

31.5.5 NOT 검색

[...] 내의 ^은 not의 의미를 갖는다. 예를 들어, [^0-9]는 숫자를 제외한 문자를 의미한다. 따라서 [0-9]와 같은 의미의 \d와 반대로 동작하는 \D는 [^0-9]와 같고, [A-Za-z0-9_]와 같은 의미의 \w와 반대로 동작하는 \W는 [^A-Za-z0-9_]와 같다.

【 예제 31-28 】

```
const target = 'AA BB 12 Aa Bb';

// 숫자를 제외한 문자열을 전역 검색한다.
const regExp = /[^0-9]+/g;

target.match(regExp); // → ["AA BB ", " Aa Bb"]
```

31.5.6 시작 위치로 검색

[...] 밖의 ^은 문자열의 시작을 의미한다. 단, [...] 내의 ^은 not의 의미를 가지므로 주의하기 바란다.

【 예제 31-29 】

```
const target = 'https://poiemaweb.com';

// 'https'로 시작하는지 검사한다.
const regExp = /^https/;

regExp.test(target); // → true
```

31.5.7 마지막 위치로 검색

$는 문자열의 마지막을 의미한다.

【 예제 31-30 】

```
const target = 'https://poiemaweb.com';

// 'com'으로 끝나는지 검사한다.
const regExp = /com$/;

regExp.test(target); // → true
```

31.6 자주 사용하는 정규표현식

31.6.1 특정 단어로 시작하는지 검사

다음 예제는 검색 대상 문자열이 'http://' 또는 'https://'로 시작하는지 검사한다.

[...] 바깥의 ^은 문자열의 시작을 의미하고, ?은 앞선 패턴(다음 예제의 경우 's')이 최대 한 번(0번 포함) 이상 반복되는지를 의미한다. 다시 말해, 검색 대상 문자열에 앞선 패턴('s')이 있어도 없어도 매치된다.

【 예제 31-31 】

```
const url = 'https://example.com';

// 'http://' 또는 'https://'로 시작하는지 검사한다.
/^https?:\/\//.test(url); // → true
```

다음 방법도 동일하게 동작한다.

【 예제 31-32 】

```
/^(http|https):\/\//.test(url); // → true
```

31.6.2 특정 단어로 끝나는지 검사

다음 예제는 검색 대상 문자열이 'html'로 끝나는지 검사한다. `$`는 문자열의 마지막을 의미한다.

【 예제 31-33 】

```
const fileName = 'index.html';

// 'html'로 끝나는지 검사한다.
/html$/.test(fileName); // → true
```

31.6.3 숫자로만 이루어진 문자열인지 검사

다음 예제는 검색 대상 문자열이 숫자로만 이루어진 문자열인지 검사한다.

[...] 바깥의 ^은 문자열의 시작을, $는 문자열의 마지막을 의미한다. \d는 숫자를 의미하고 +는 앞선 패턴이 최소 한 번 이상 반복되는 문자열을 의미한다. 즉, 처음과 끝이 숫자이고 최소 한 번 이상 반복되는 문자열과 매치한다.

【 예제 31-34 】

```
const target = '12345';

// 숫자로만 이루어진 문자열인지 검사한다.
/^\d+$/.test(target); // → true
```

31.6.4 하나 이상의 공백으로 시작하는지 검사

다음 예제는 검색 대상 문자열이 하나 이상의 공백으로 시작하는지 검사한다.

\s는 여러 가지 공백 문자(스페이스, 탭 등)를 의미한다. 즉, \s는 [\t\r\n\v\f]와 같은 의미다.

【 예제 31-35 】

```
const target = ' Hi!';

// 하나 이상의 공백으로 시작하는지 검사한다.
/^[\s]+/.test(target); // → true
```

31.6.5 아이디로 사용 가능한지 검사

다음 예제는 검색 대상 문자열이 알파벳 대소문자 또는 숫자로 시작하고 끝나며 4~10자리인지 검사한다.

{4,10}은 앞선 패턴(알파벳 대소문자 또는 숫자)이 최소 4번, 최대 10번 반복되는 문자열을 의미한다. 즉, 4~10자리로 이루어진 알파벳 대소문자 또는 숫자를 의미한다.

【 예제 31-36 】

```
const id = 'abc123';

// 알파벳 대소문자 또는 숫자로 시작하고 끝나며 4~10자리인지 검사한다.
/^[A-Za-z0-9]{4,10}$/.test(id); // → true
```

31.6.6 메일 주소 형식에 맞는지 검사

다음 예제는 검색 대상 문자열이 메일 주소 형식에 맞는지 검사한다.

【 예제 31-37 】

```
const email = 'ungmo2@gmail.com';

/^[0-9a-zA-Z]([-_\.]?[0-9a-zA-Z])*@[0-9a-zA-Z]([-_\.]?[0-9a-zA-Z])*\.[a-zA-Z]{2,3}$/.
test(email); // → true
```

참고로 인터넷 메시지 형식internet message format 규약인 RFC 5322[8]에 맞는 정교한 패턴 매칭이 필요하다면 다음과 같이 무척이나 복잡한 패턴을 사용할 필요가 있다. [9]

---

8 https://tools.ietf.org/html/rfc5322

9 https://emailregex.com

【 예제 31-38 】

```
(?:[a-z0-9!#$%&'*+/=?^_`{|}~-]+(?:\.[a-z0-9!#$%&'*+/=?^_`{|}~-]+)*|"(?:[\x01-\x08\x0b\
x0c\x0e-\x1f\x21\x23-\x5b\x5d-\x7f]|\\[\x01-\x09\x0b\x0c\x0e-\x7f])*")@(?:(?:[a-z0-
9](?:[a-z0-9-]*[a-z0-9])?\.)+[a-z0-9](?:[a-z0-9-]*[a-z0-9])?|\[(?:(?:25[0-5]|2[0-4]
[0-9]|[01]?[0-9][0-9]?)\.){3}(?:25[0-5]|2[0-4][0-9]|[01]?[0-9][0-9]?|[a-z0-9-]*[a-
z0-9]:(?:[\x01-\x08\x0b\x0c\x0e-\x1f\x21-\x5a\x53-\x7f]|\\[\x01-\x09\x0b\x0c\x0e-
\x7f])+)\])
```

31.6.7 핸드폰 번호 형식에 맞는지 검사

다음 예제는 검색 대상 문자열이 핸드폰 번호 형식에 맞는지 검사한다.

【 예제 31-39 】

```
const cellphone = '010-1234-5678';

/^\d{3}-\d{3,4}-\d{4}$/.test(cellphone); // → true
```

31.6.8 특수 문자 포함 여부 검사

다음 예제는 검색 대상 문자열에 특수 문자가 포함되어 있는지 검사한다. 특수 문자는 A-Za-z0-9 이외의 문자다.

【 예제 31-40 】

```
const target = 'abc#123';

(/[^A-Za-z0-9]/gi).test(target); // → true
```

다음 방식으로 대체해 사용할 수도 있다. 이 방식은 특수 문자를 선택적으로 검사할 수 있다는 장점이 있다.

【 예제 31-41 】

```
(/[\{\}\[\]\/?.,;:|\)*~`!^\-_+<>@\#$%&\\\=\(\'\"]/gi).test(target); // → true
```

특수 문자를 제거할 때는 String.prototype.replace 메서드[10]를 사용한다.

【 예제 31-42 】

```
// 특수 문자를 제거한다.
target.replace(/[^A-Za-z0-9]/gi, ''); // → abc123
```

---

10 32.3.13절 "String.prototype.replace" 참고

32장

String

표준 빌트인 객체인 String은 원시 타입인 문자열을 다룰 때 유용한 프로퍼티와 메서드를 제공한다.

32.1 String 생성자 함수

표준 빌트인 객체인 String 객체는 생성자 함수 객체다. 따라서 new 연산자와 함께 호출하여 String 인스턴스를 생성할 수 있다.

String 생성자 함수에 인수를 전달하지 않고 new 연산자와 함께 호출하면 [[StringData]] 내부 슬롯에 빈 문자열을 할당한 String 래퍼 객체[1]를 생성한다.

【 예제 32-01 】

```
const strObj = new String();
console.log(strObj); // String {length: 0, [[PrimitiveValue]]: ""}
```

위 예제를 크롬 브라우저의 개발자 도구에서 실행해보면 [[PrimitiveValue]]라는 접근할 수 없는 프로퍼티가 보인다. 이는 [[StringData]] 내부 슬롯을 가리킨다. ES5에서는 [[StringData]]를 [[PrimitiveValue]]라 불렀다.

String 생성자 함수의 인수로 문자열을 전달하면서 new 연산자와 함께 호출하면 [[StringData]] 내부 슬롯에 인수로 전달받은 문자열을 할당한 String 래퍼 객체를 생성한다.

【 예제 32-02 】

```
const strObj = new String('Lee');
console.log(strObj);
// String {0: "L", 1: "e", 2: "e", length: 3, [[PrimitiveValue]]: "Lee"}
```

---

1   21.3절 "원시 값과 래퍼 객체" 참고

11.1.2절 "문자열과 불변성"에서 살펴보았듯이 String 래퍼 객체는 배열과 마찬가지로 length 프로퍼티와 인덱스를 나타내는 숫자 형식의 문자열을 프로퍼티 키로, 각 문자를 프로퍼티 값으로 갖는 유사 배열 객체이면서 이터러블이다. 따라서 배열과 유사하게 인덱스를 사용하여 각 문자에 접근할 수 있다.

【 예제 32-03 】

```
console.log(strObj[0]); // L
```

단, 문자열은 원시 값이므로 변경할 수 없다. 이때 에러가 발생하지 않는다.

【 예제 32-04 】

```
// 문자열은 원시 값이므로 변경할 수 없다. 이때 에러가 발생하지 않는다.
strObj[0] = 'S';
console.log(strObj); // 'Lee'
```

String 생성자 함수의 인수로 문자열이 아닌 값을 전달하면 인수를 문자열로 강제 변환한 후, [[StringData]] 내부 슬롯에 변환된 문자열을 할당한 String 래퍼 객체를 생성한다.

【 예제 32-05 】

```
let strObj = new String(123);
console.log(strObj);
// String {0: "1", 1: "2", 2: "3", length: 3, [[PrimitiveValue]]: "123"}

strObj = new String(null);
console.log(strObj);
// String {0: "n", 1: "u", 2: "l", : "l", length: 4, [[PrimitiveValue]]: "null"}
```

9.3절 "명시적 타입 변환"에서 살펴보았듯이 new 연산자를 사용하지 않고 String 생성자 함수를 호출하면 String 인스턴스가 아닌 문자열을 반환한다. 이를 이용하여 명시적으로 타입을 변환하기도 한다.

【 예제 32-06 】

```
// 숫자 타입 => 문자열 타입
String(1);        // → "1"
String(NaN);      // → "NaN"
String(Infinity); // → "Infinity"

// 불리언 타입 => 문자열 타입
String(true);  // → "true"
String(false); // → "false"
```

32.2 length 프로퍼티

length 프로퍼티는 문자열의 문자 개수를 반환한다.

【 예제 32-07 】
```
'Hello'.length;    // → 5
'안녕하세요!'.length; // → 6
```

String 래퍼 객체는 배열과 마찬가지로 length 프로퍼티를 갖는다. 그리고 인덱스를 나타내는 숫자를 프로퍼티 키로, 각 문자를 프로퍼티 값으로 가지므로 String 래퍼 객체는 유사 배열 객체다.

32.3 String 메서드

배열에는 원본 배열(배열 메서드를 호출한 배열)을 직접 변경하는 메서드mutator method와 원본 배열을 직접 변경하지 않고 새로운 배열을 생성하여 반환하는 메서드accessor method가 있다.

하지만 String 객체에는 원본 String 래퍼 객체(String 메서드를 호출한 String 래퍼 객체)를 직접 변경하는 메서드는 존재하지 않는다. 즉, String 객체의 메서드는 언제나 새로운 문자열을 반환한다. 문자열은 변경 불가능immutable한 원시 값이기 때문에 **String 래퍼 객체도 읽기 전용read only 객체로 제공된다.**

【 예제 32-08 】
```
const strObj = new String('Lee');

console.log(Object.getOwnPropertyDescriptors(strObj));
/* String 래퍼 객체는 읽기 전용 객체다. 즉, writable 프로퍼티 어트리뷰트 값이 false다.
{
  '0': { value: 'L', writable: false, enumerable: true, configurable: false },
  '1': { value: 'e', writable: false, enumerable: true, configurable: false },
  '2': { value: 'e', writable: false, enumerable: true, configurable: false },
  length: { value: 3, writable: false, enumerable: false, configurable: false }
}
*/
```

만약 String 래퍼 객체가 읽기 전용 객체가 아니라면 변경된 String 래퍼 객체를 문자열로 되돌릴 때 문자열이 변경된다. 따라서 String 객체의 모든 메서드는 String 래퍼 객체를 직접 변경할 수 없고, String 객체의 메서드는 언제나 새로운 문자열을 생성하여 반환한다.

사용 빈도가 높은 String 메서드에 대해 살펴보도록 하자.

32.3.1 String.prototype.indexOf

indexOf 메서드는 대상 문자열(메서드를 호출한 문자열)[2]에서 인수로 전달받은 문자열을 검색하여 첫 번째 인덱스를 반환한다. 검색에 실패하면 −1을 반환한다.

【 예제 32-09 】

```
const str = 'Hello World';

// 문자열 str에서 'l'을 검색하여 첫 번째 인덱스를 반환한다.
str.indexOf('l'); // → 2

// 문자열 str에서 'or'를 검색하여 첫 번째 인덱스를 반환한다.
str.indexOf('or'); // → 7

// 문자열 str에서 'x'를 검색하여 첫 번째 인덱스를 반환한다. 검색에 실패하면 -1을 반환한다.
str.indexOf('x'); // → -1
```

indexOf 메서드의 2번째 인수로 검색을 시작할 인덱스를 전달할 수 있다.

【 예제 32-10 】

```
// 문자열 str의 인덱스 3부터 'l'을 검색하여 첫 번째 인덱스를 반환한다.
str.indexOf('l', 3); // → 3
```

indexOf 메서드는 대상 문자열에 특정 문자열이 존재하는지 확인할 때 유용하다.

【 예제 32-11 】

```
if (str.indexOf('Hello') !== -1) {
  // 문자열 str에 'Hello'가 포함되어 있는 경우에 처리할 내용
}
```

ES6에서 도입된 String.prototype.includes 메서드를 사용하면 가독성이 더 좋다.

【 예제 32-12 】

```
if (str.includes('Hello')) {
  // 문자열 str에 'Hello'가 포함되어 있는 경우에 처리할 내용
}
```

---

2 정확히 표현하면 String 래퍼 객체가 맞지만 결국 String 래퍼 객체는 문자열을 다루기 위한 임시 객체이므로 편의상 앞으로 대상 문자열로 표현한다.

32.3.2 String.prototype.search

search 메서드는 대상 문자열에서 인수로 전달받은 정규 표현식과 매치하는 문자열을 검색하여 일치하는 문자열의 인덱스를 반환한다. 검색에 실패하면 -1을 반환한다.

【 예제 32-13 】

```
const str = 'Hello world';

// 문자열 str에서 정규 표현식과 매치하는 문자열을 검색하여 일치하는 문자열의 인덱스를 반환한다.
str.search(/o/); // → 4
str.search(/x/); // → -1
```

32.3.3 String.prototype.includes

ES6에서 도입된 includes 메서드는 대상 문자열에 인수로 전달받은 문자열이 포함되어 있는지 확인하여 그 결과를 true 또는 false로 반환한다.

【 예제 32-14 】

```
const str = 'Hello world';

str.includes('Hello'); // → true
str.includes('');       // → true
str.includes('x');      // → false
str.includes();         // → false
```

includes 메서드의 2번째 인수로 검색을 시작할 인덱스를 전달할 수 있다.

【 예제 32-15 】

```
const str = 'Hello world';

// 문자열 str의 인덱스 3부터 'l'이 포함되어 있는지 확인
str.includes('l', 3); // → true
str.includes('H', 3); // → false
```

32.3.4 String.prototype.startsWith

ES6에서 도입된 startsWith 메서드는 대상 문자열이 인수로 전달받은 문자열로 시작하는지 확인하여 그 결과를 true 또는 false로 반환한다.

【 예제 32-16 】

```javascript
const str = 'Hello world';

// 문자열 str이 'He'로 시작하는지 확인
str.startsWith('He'); // → true
// 문자열 str이 'x'로 시작하는지 확인
str.startsWith('x'); // → false
```

startsWith 메서드의 2번째 인수로 검색을 시작할 인덱스를 전달할 수 있다.

【 예제 32-17 】

```javascript
// 문자열 str의 인덱스 5부터 시작하는 문자열이 ' '로 시작하는지 확인
str.startsWith(' ', 5); // → true
```

32.3.5 String.prototype.endsWith

ES6에서 도입된 endsWith 메서드는 대상 문자열이 인수로 전달받은 문자열로 끝나는지 확인하여 그 결과를 true 또는 false로 반환한다.

【 예제 32-18 】

```javascript
const str = 'Hello world';

// 문자열 str이 'ld'로 끝나는지 확인
str.endsWith('ld'); // → true
// 문자열 str이 'x'로 끝나는지 확인
str.endsWith('x'); // → false
```

endsWith 메서드의 2번째 인수로 검색할 문자열의 길이를 전달할 수 있다.

【 예제 32-19 】

```javascript
// 문자열 str의 처음부터 5자리까지('Hello')가 'lo'로 끝나는지 확인
str.endsWith('lo', 5); // → true
```

32.3.6 String.prototype.charAt

charAt 메서드는 대상 문자열에서 인수로 전달받은 인덱스에 위치한 문자를 검색하여 반환한다.

【 예제 32-20 】

```
const str = 'Hello';

for (let i = 0; i < str.length; i++) {
  console.log(str.charAt(i)); // H e l l o
}
```

인덱스는 문자열의 범위, 즉 0 ~ (문자열 길이 − 1) 사이의 정수이어야 한다. 인덱스가 문자열의 범위를 벗어난 정수인 경우 빈 문자열을 반환한다.

【 예제 32-21 】

```
// 인덱스가 문자열의 범위(0 ~ str.length-1)를 벗어난 경우 빈 문자열을 반환한다.
str.charAt(5); // → ''
```

charAt 메서드와 유사한 문자열 메서드는 `String.prototype.charCodeAt`[3]과 `String.prototype.codePointAt`[4]이 있다.

32.3.7 String.prototype.substring

substring 메서드는 대상 문자열에서 첫 번째 인수로 전달받은 인덱스에 위치하는 문자부터 두 번째 인수로 전달받은 인덱스에 위치하는 문자의 바로 이전 문자까지의 부분 문자열을 반환한다.

【 예제 32-22 】

```
const str = 'Hello World';

// 인덱스 1부터 인덱스 4 이전까지의 부분 문자열을 반환한다.
str.substring(1, 4); // → ell
```

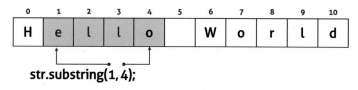

그림 32-1 String.prototype.substring

substring 메서드의 두 번째 인수는 생략할 수 있다. 이때 첫 번째 인수로 전달한 인덱스에 위치하는 문자부터 마지막 문자까지 부분 문자열을 반환한다.

---

3 https://developer.mozilla.org/ko/docs/Web/JavaScript/Reference/Global_Objects/String/charCodeAt

4 https://developer.mozilla.org/ko/docs/Web/JavaScript/Reference/Global_Objects/String/codePointAt

【 예제 32-23 】

```
const str = 'Hello World';

// 인덱스 1부터 마지막 문자까지 부분 문자열을 반환한다.
str.substring(1); // → 'ello World'
```

substring 메서드의 첫 번째 인수는 두 번째 인수보다 작은 정수이어야 정상이다. 하지만 다음과 같이 인수를 전달하여도 정상 동작한다.

- 첫 번째 인수 > 두 번째 인수인 경우 두 인수는 교환된다.
- 인수 < 0 또는 NaN인 경우 0으로 취급된다.
- 인수 > 문자열의 길이(str.length)인 경우 인수는 문자열의 길이(str.length)로 취급된다.

【 예제 32-24 】

```
const str = 'Hello World'; // str.length == 11

// 첫 번째 인수 > 두 번째 인수인 경우 두 인수는 교환된다.
str.substring(4, 1); // → 'ell'

// 인수 < 0 또는 NaN인 경우 0으로 취급된다.
str.substring(-2); // → 'Hello World'

// 인수 > 문자열의 길이(str.length)인 경우 인수는 문자열의 길이(str.length)로 취급된다.
str.substring(1, 100); // → 'ello World'
str.substring(20); // → ''
```

Stirng.prototype.indexOf 메서드와 함께 사용하면 특정 문자열을 기준으로 앞뒤에 위치한 부분 문자열을 취득할 수 있다.

【 예제 32-25 】

```
const str = 'Hello World';

// 스페이스를 기준으로 앞에 있는 부분 문자열 취득
str.substring(0, str.indexOf(' ')); // → 'Hello'

// 스페이스를 기준으로 뒤에 있는 부분 문자열 취득
str.substring(str.indexOf(' ') + 1, str.length); // → 'World'
```

32.3.8 String.prototype.slice

slice 메서드는 substring 메서드와 동일하게 동작한다. 단, slice 메서드에는 음수인 인수를 전달할 수 있다. 음수인 인수를 전달하면 대상 문자열의 가장 뒤에서부터 시작하여 문자열을 잘라내어 반환한다.

【 예제 32-26 】

```
const str = 'hello world';

// substring과 slice 메서드는 동일하게 동작한다.
// 0번째부터 5번째 이전 문자까지 잘라내어 반환
str.substring(0, 5); // → 'hello'
str.slice(0, 5); // → 'hello'

// 인덱스가 2인 문자부터 마지막 문자까지 잘라내어 반환
str.substring(2); // → 'llo world'
str.slice(2); // → 'llo world'

// 인수 < 0 또는 NaN인 경우 0으로 취급된다.
str.substring(-5); // → 'hello world'
// slice 메서드는 음수인 인수를 전달할 수 있다. 뒤에서 5자리를 잘라내어 반환한다.
str.slice(-5); // → 'world'
```

32.3.9 String.prototype.toUpperCase

toUpperCase 메서드는 대상 문자열을 모두 대문자로 변경한 문자열을 반환한다.

【 예제 32-27 】

```
const str = 'Hello World!';

str.toUpperCase(); // → 'HELLO WORLD!'
```

32.3.10 String.prototype.toLowerCase

toLowerCase 메서드는 대상 문자열을 모두 소문자로 변경한 문자열을 반환한다.

【 예제 32-28 】

```
const str = 'Hello World!';

str.toLowerCase(); // → 'hello world!'
```

32.3.11 String.prototype.trim

trim 메서드는 대상 문자열 앞뒤에 공백 문자가 있을 경우 이를 제거한 문자열을 반환한다.

【 예제 32-29 】
```
const str = '   foo  ';

str.trim(); // → 'foo'
```

2021년 1월 현재, stage 4에 제안되어 있는 String.prototype.trimStart, String.prototype.trimEnd[5]를 사용하면 대상 문자열 앞 또는 뒤에 공백 문자가 있을 경우 이를 제거한 문자열을 반환한다.

【 예제 32-30 】
```
const str = '   foo  ';

// String.prototype.{trimStart,trimEnd} : Proposal stage 4
str.trimStart(); // → 'foo  '
str.trimEnd();   // → '   foo'
```

String.prototype.replace 메서드[6]에 정규 표현식[7]을 인수로 전달하여 공백 문자를 제거할 수도 있다.

【 예제 32-31 】
```
const str = '   foo  ';

// 첫 번째 인수로 전달한 정규 표현식에 매치하는 문자열을 두 번째 인수로 전달한 문자열로 치환한다.
str.replace(/\s/g, '');   // → 'foo'
str.replace(/^\s+/g, ''); // → 'foo  '
str.replace(/\s+$/g, ''); // → '   foo'
```

32.3.12 String.prototype.repeat

ES6에서 도입된 repeat 메서드는 대상 문자열을 인수로 전달받은 정수만큼 반복해 연결한 새로운 문자열을 반환한다. 인수로 전달받은 정수가 0이면 빈 문자열을 반환하고, 음수이면 RangeError를 발생시킨다. 인수를 생략하면 기본값 0이 설정된다.

---

5 https://github.com/tc39/proposal-string-left-right-trim
6 32.3.13절 "String.prototype.replace" 참고
7 31장 "RegExp" 참고

【 예제 32-32 】

```
const str = 'abc';

str.repeat();    // → ''
str.repeat(0);   // → ''
str.repeat(1);   // → 'abc'
str.repeat(2);   // → 'abcabc'
str.repeat(2.5); // → 'abcabc' (2.5 → 2)
str.repeat(-1);  // → RangeError: Invalid count value
```

32.3.13 String.prototype.replace

replace 메서드는 대상 문자열에서 첫 번째 인수로 전달받은 문자열 또는 정규표현식을 검색하여 두 번째 인수로 전달한 문자열로 치환한 문자열을 반환한다.

【 예제 32-33 】

```
const str = 'Hello world';

// str에서 첫 번째 인수 'world'를 검색하여 두 번째 인수 'Lee'로 치환한다.
str.replace('world', 'Lee'); // → 'Hello Lee'
```

검색된 문자열이 여럿 존재할 경우 첫 번째로 검색된 문자열만 치환한다.

【 예제 32-34 】

```
const str = 'Hello world world';

str.replace('world', 'Lee'); // → 'Hello Lee world'
```

특수한 교체 패턴을 사용할 수 있다. 예를 들어, $&는 검색된 문자열을 의미한다. 교체 패턴에 대한 자세한 내용은 MDN의 함수 설명[8]을 참고하기 바란다.

【 예제 32-35 】

```
const str = 'Hello world';

// 특수한 교체 패턴을 사용할 수 있다. ($& => 검색된 문자열)
str.replace('world', '<strong>$&</strong>');
```

replace 메서드의 첫 번째 인수로 정규 표현식을 전달할 수도 있다.

---

8 https://developer.mozilla.org/ko/docs/Web/JavaScript/Reference/Global_Objects/String/replace

```
const str = 'Hello Hello';

// 'hello'를 대소문자를 구별하지 않고 전역 검색한다.
str.replace(/hello/gi, 'Lee'); // → 'Lee Lee'
```

replace 메서드의 두 번째 인수로 치환 함수를 전달할 수 있다. replace 메서드는 첫 번째 인수로 전달한 문자열 또는 정규 표현식에 매치한 결과를 두 번째 인수로 전달한 치환 함수의 인수로 전달하면서 호출하고 치환 함수가 반환한 결과와 매치 결과를 치환한다.

예를 들어, 카멜 케이스를 스네이크 케이스로, 스네이크 케이스를 카멜 케이스로 변경하는 함수는 다음과 같다.

【 예제 32-37 】

```
// 카멜 케이스를 스네이크 케이스로 변환하는 함수
function camelToSnake(camelCase) {
  // /.[A-Z]/g는 임의의 한 문자와 대문자로 이루어진 문자열에 매치한다.
  // 치환 함수의 인수로 매치 결과가 전달되고, 치환 함수가 반환한 결과와 매치 결과를 치환한다.
  return camelCase.replace(/.[A-Z]/g, match => {
    console.log(match); // 'oW'
    return match[0] + '_' + match[1].toLowerCase();
  });
}

const camelCase = 'helloWorld';
camelToSnake(camelCase); // → 'hello_world'

// 스네이크 케이스를 카멜 케이스로 변환하는 함수
function snakeToCamel(snakeCase) {
  // /_[a-z]/g는 _와 소문자로 이루어진 문자열에 매치한다.
  // 치환 함수의 인수로 매치 결과가 전달되고, 치환 함수가 반환한 결과와 매치 결과를 치환한다.
  return snakeCase.replace(/_[a-z]/g, match => {
    console.log(match); // '_w'
    return match[1].toUpperCase();
  });
}

const snakeCase = 'hello_world';
snakeToCamel(snakeCase); // → 'helloWorld'
```

32.3.14 String.prototype.split

split 메서드는 대상 문자열에서 첫 번째 인수로 전달한 문자열 또는 정규 표현식을 검색하여 문자열을 구분한 후 분리된 각 문자열로 이루어진 배열을 반환한다. 인수로 빈 문자열을 전달하면 각 문자를 모두 분리하고, 인수를 생략하면 대상 문자열 전체를 단일 요소로 하는 배열을 반환한다.

【 예제 32-38 】

```javascript
const str = 'How are you doing?';

// 공백으로 구분(단어로 구분)하여 배열로 반환한다.
str.split(' '); // → ["How", "are", "you", "doing?"]

// \s는 여러 가지 공백 문자(스페이스, 탭 등)를 의미한다. 즉, [\t\r\n\v\f]와 같은 의미다.
str.split(/\s/); // → ["How", "are", "you", "doing?"]

// 인수로 빈 문자열을 전달하면 각 문자를 모두 분리한다.
str.split('');
// → ["H", "o", "w", " ", "a", "r", "e", " ", "y", "o", "u", " ", "d", "o", "i", "n", "g", "?"]

// 인수를 생략하면 대상 문자열 전체를 단일 요소로 하는 배열을 반환한다.
str.split(); // → ["How are you doing?"]
```

두 번째 인수로 배열의 길이를 지정할 수 있다.

【 예제 32-39 】

```javascript
// 공백으로 구분하여 배열로 반환한다. 단, 배열의 길이는 3이다.
str.split(' ', 3); // → ["How", "are", "you"]
```

split 메서드는 배열을 반환한다. 따라서 Array.prototype.reverse, Array.prototype.join 메서드와 함께 사용하면 문자열을 역순으로 뒤집을 수 있다.

【 예제 32-40 】

```javascript
// 인수로 전달받은 문자열을 역순으로 뒤집는다.
function reverseString(str) {
  return str.split('').reverse().join('');
}

reverseString('Hello world!'); // → '!dlrow olleH'
```

33장

7번째 데이터 타입 Symbol

33.1 심벌이란?

1997년 자바스크립트가 ECMAScript로 표준화된 이래로 자바스크립트에는 6개의 타입 즉, 문자열, 숫자, 불리언, undefined, null, 객체 타입이 있었다.

심벌^{symbol}은 ES6에서 도입된 7번째 데이터 타입으로 변경 불가능한 원시 타입의 값이다. 심벌 값은 다른 값과 중복되지 않는 유일무이한 값이다. 따라서 주로 이름의 충돌 위험이 없는 유일한 프로퍼티 키를 만들기 위해 사용한다.

10.3절 "프로퍼티"에서 살펴본 바와 같이 프로퍼티 키로 사용할 수 있는 값은 빈 문자열을 포함하는 모든 문자열 또는 심벌 값이다.

33.2 심벌 값의 생성

33.2.1 Symbol 함수

심벌 값은 Symbol 함수를 호출하여 생성한다. 다른 원시값, 즉 문자열, 숫자, 불리언, undefined, null 타입의 값은 리터럴 표기법을 통해 값을 생성할 수 있지만 심벌 값은 Symbol 함수를 호출하여 생성해야 한다. 이때 생성된 심벌 값은 외부로 노출되지 않아 확인할 수 없으며, **다른 값과 절대 중복되지 않는 유일무이한 값이다.**

【 예제 33-01 】

```
// Symbol 함수를 호출하여 유일무이한 심벌 값을 생성한다.
const mySymbol = Symbol();
console.log(typeof mySymbol); // symbol

// 심벌 값은 외부로 노출되지 않아 확인할 수 없다.
console.log(mySymbol); // Symbol()
```

언뜻 보면 생성자 함수로 객체를 생성하는 것처럼 보이지만 Symbol 함수는 String, Number, Boolean 생성자 함수와는 달리 new 연산자와 함께 호출하지 않는다. new 연산자와 함께 생성자 함수 또는 클래스를 호출하면 객체(인스턴스)가 생성되지만 심벌 값은 변경 불가능한 원시 값이다.

【 예제 33-02 】

```
new Symbol(); // TypeError: Symbol is not a constructor
```

Symbol 함수에는 선택적으로 문자열을 인수로 전달할 수 있다. 이 문자열은 생성된 심벌 값에 대한 설명^{de-}
scription으로 디버깅 용도로만 사용되며, 심벌 값 생성에 어떠한 영향도 주지 않는다. 즉, 심벌 값에 대한 설명이 같더라도 생성된 심벌 값은 유일무이한 값이다.

【 예제 33-03 】

```
// 심벌 값에 대한 설명이 같더라도 유일무이한 심벌 값을 생성한다.
const mySymbol1 = Symbol('mySymbol');
const mySymbol2 = Symbol('mySymbol');

console.log(mySymbol1 === mySymbol2); // false
```

심벌 값도 문자열, 숫자, 불리언과 같이 객체처럼 접근하면 암묵적으로 래퍼 객체[1]를 생성한다. 다음 예제의 description 프로퍼티와 toString 메서드는 Symbol.prototype의 프로퍼티다.

【 예제 33-04 】

```
const mySymbol = Symbol('mySymbol');

// 심벌도 래퍼 객체를 생성한다
console.log(mySymbol.description); // mySymbol
console.log(mySymbol.toString()); // Symbol(mySymbol)
```

심벌 값은 암묵적으로 문자열이나 숫자 타입으로 변환되지 않는다.

---

1   21.3절 "원시 값과 래퍼 객체" 참고

【 예제 33-05 】
```
const mySymbol = Symbol();

// 심벌 값은 암묵적으로 문자열이나 숫자 타입으로 변환되지 않는다.
console.log(mySymbol + ''); // TypeError: Cannot convert a Symbol value to a string
console.log(+mySymbol);     // TypeError: Cannot convert a Symbol value to a number
```

단, 불리언 타입으로는 암묵적으로 타입 변환된다. 이를 통해 if 문 등에서 존재 확인이 가능하다.

【 예제 33-06 】
```
const mySymbol = Symbol();

// 불리언 타입으로는 암묵적으로 타입 변환된다
console.log(!!mySymbol); // true

// if 문 등에서 존재 확인이 가능하다.
if (mySymbol) console.log('mySymbol is not empty.');
```

33.2.2 Symbol.for / Symbol.keyFor 메서드

Symbol.for 메서드는 인수로 전달받은 문자열을 키로 사용하여 키와 심벌 값의 쌍들이 저장되어 있는 전역 심벌 레지스트리global symbol registry에서 해당 키와 일치하는 심벌 값을 검색한다.

- 검색에 성공하면 새로운 심벌 값을 생성하지 않고 검색된 심벌 값을 반환한다.
- 검색에 실패하면 새로운 심벌 값을 생성하여 Symbol.for 메서드의 인수로 전달된 키로 전역 심벌 레지스트리에 저장한 후, 생성된 심벌 값을 반환한다.

【 예제 33-07 】
```
// 전역 심벌 레지스트리에 mySymbol이라는 키로 저장된 심벌 값이 없으면 새로운 심벌 값을 생성
const s1 = Symbol.for('mySymbol');
// 전역 심벌 레지스트리에 mySymbol이라는 키로 저장된 심벌 값이 있으면 해당 심벌 값을 반환
const s2 = Symbol.for('mySymbol');

console.log(s1 === s2); // true
```

Symbol 함수는 호출될 때마다 유일무이한 심벌 값을 생성한다. 이때 자바스크립트 엔진이 관리하는 심벌 값 저장소인 전역 심벌 레지스트리에서 심벌 값을 검색할 수 있는 키를 지정할 수 없으므로 전역 심벌 레지스트리에 등록되어 관리되지 않는다. 하지만 Symbol.for 메서드를 사용하면 애플리케이션 전역에서 중복되지 않는 유일무이한 상수인 심벌 값을 단 하나만 생성하여 전역 심벌 레지스트리를 통해 공유할 수 있다.

Symbol.keyFor 메서드를 사용하면 전역 심벌 레지스트리에 저장된 심벌 값의 키를 추출할 수 있다.

【 예제 33-08 】

```
// 전역 심벌 레지스트리에 mySymbol이라는 키로 저장된 심벌 값이 없으면 새로운 심벌 값을 생성
const s1 = Symbol.for('mySymbol');
// 전역 심벌 레지스트리에 저장된 심벌 값의 키를 추출
Symbol.keyFor(s1); // → mySymbol

// Symbol 함수를 호출하여 생성한 심벌 값은 전역 심벌 레지스트리에 등록되어 관리되지 않는다.
const s2 = Symbol('foo');
// 전역 심벌 레지스트리에 저장된 심벌 값의 키를 추출
Symbol.keyFor(s2); // → undefined
```

33.3 심벌과 상수

예를 들어, 4방향, 즉 위, 아래, 왼쪽, 오른쪽을 나타내는 상수를 정의한다고 생각해 보자.

【 예제 33-09 】

```
// 위, 아래, 왼쪽, 오른쪽을 나타내는 상수를 정의한다.
// 이때 값 1, 2, 3, 4에는 특별한 의미가 없고 상수 이름에 의미가 있다.
const Direction = {
  UP: 1,
  DOWN: 2,
  LEFT: 3,
  RIGHT: 4
};

// 변수에 상수를 할당
const myDirection = Direction.UP;

if (myDirection === Direction.UP) {
  console.log('You are going UP.');
}
```

위 예제와 같이 값에는 특별한 의미가 없고 상수 이름 자체에 의미가 있는 경우가 있다. 이때 문제는 상수 값 1, 2, 3, 4가 변경될 수 있으며, 다른 변수 값과 중복될 수도 있다는 것이다. 이러한 경우 변경/중복될 가능성이 있는 무의미한 상수 대신 중복될 가능성이 없는 유일무이한 심벌 값을 사용할 수 있다.

```javascript
// 위, 아래, 왼쪽, 오른쪽을 나타내는 상수를 정의한다.
// 중복될 가능성이 없는 심벌 값으로 상수 값을 생성한다.
const Direction = {
  UP: Symbol('up'),
  DOWN: Symbol('down'),
  LEFT: Symbol('left'),
  RIGHT: Symbol('right')
};

const myDirection = Direction.UP;

if (myDirection === Direction.UP) {
  console.log('You are going UP.');
}
```

📄 enum

enum은 명명된 숫자 상수named numeric constant의 집합으로 열거형enumerated type이라고 부른다. 자바스크립트는 enum을 지원하지 않지만 C, 자바, 파이썬 등 여러 프로그래밍 언어와 자바스크립트의 상위 확장인 타입스크립트에서는 enum을 지원한다.

자바스크립트에서 enum을 흉내 내어 사용하려면 다음과 같이 객체의 변경을 방지하기 위해 객체를 동결하는 Object.freeze 메서드[2]와 심벌 값을 사용한다.

【 예제 33-11 】

```javascript
// JavaScript enum
// Direction 객체는 불변 객체이며 프로퍼티 값은 유일무이한 값이다.
const Direction = Object.freeze({
  UP: Symbol('up'),
  DOWN: Symbol('down'),
  LEFT: Symbol('left'),
  RIGHT: Symbol('right')
});

const myDirection = Direction.UP;

if (myDirection === Direction.UP) {
  console.log('You are going UP.');
}
```

---

2 16.5.3절 "객체 동결" 참고

33.4 심벌과 프로퍼티 키

객체의 프로퍼티 키는 빈 문자열을 포함하는 모든 문자열 또는 심벌 값으로 만들 수 있으며, 동적으로 생성[3]할 수도 있다.

심벌 값으로 프로퍼티 키를 동적 생성하여 프로퍼티를 만들어 보자. 심벌 값을 프로퍼티 키로 사용하려면 프로퍼티 키로 사용할 심벌 값에 대괄호를 사용해야 한다. 프로퍼티에 접근할 때도 마찬가지로 대괄호를 사용해야 한다.

【 예제 33-12 】

```javascript
const obj = {
  // 심벌 값으로 프로퍼티 키를 생성
  [Symbol.for('mySymbol')]: 1
};

obj[Symbol.for('mySymbol')]; // → 1
```

심벌 값은 유일무이한 값이므로 심벌 값으로 프로퍼티 키를 만들면 다른 프로퍼티 키와 절대 충돌하지 않는다. 기존 프로퍼티 키와 충돌하지 않는 것은 물론, 미래에 추가될 어떤 프로퍼티 키와도 충돌할 위험이 없다.

33.5 심벌과 프로퍼티 은닉

심벌 값을 프로퍼티 키로 사용하여 생성한 프로퍼티는 for ... in 문이나 Object.keys, Object.getOwnPropertyNames 메서드로 찾을 수 없다. 이처럼 심벌 값을 프로퍼티 키로 사용하여 프로퍼티를 생성하면 외부에 노출할 필요가 없는 프로퍼티를 은닉할 수 있다.

【 예제 33-13 】

```javascript
const obj = {
  // 심벌 값으로 프로퍼티 키를 생성
  [Symbol('mySymbol')]: 1
};

for (const key in obj) {
  console.log(key); // 아무것도 출력되지 않는다.
}

console.log(Object.keys(obj)); // []
console.log(Object.getOwnPropertyNames(obj)); // []
```

---

3 10.9.2절 "계산된 프로퍼티 이름" 참고

하지만 프로퍼티를 완전하게 숨길 수 있는 것은 아니다. ES6에서 도입된 `Object.getOwnPropertySymbols` 메서드[4]를 사용하면 심벌 값을 프로퍼티 키로 사용하여 생성한 프로퍼티를 찾을 수 있다.

【 예제 33-14 】

```
const obj = {
  // 심벌 값으로 프로퍼티 키를 생성
  [Symbol('mySymbol')]: 1
};

// getOwnPropertySymbols 메서드는 인수로 전달한 객체의 심벌 프로퍼티 키를 배열로 반환한다.
console.log(Object.getOwnPropertySymbols(obj)); // [Symbol(mySymbol)]

// getOwnPropertySymbols 메서드로 심벌 값도 찾을 수 있다.
const symbolKey1 = Object.getOwnPropertySymbols(obj)[0];
console.log(obj[symbolKey1]); // 1
```

33.6 심벌과 표준 빌트인 객체 확장

일반적으로 표준 빌트인 객체에 사용자 정의 메서드를 직접 추가하여 확장하는 것은 권장하지 않는다. 표준 빌트인 객체는 읽기 전용으로 사용하는 것이 좋다.

【 예제 33-15 】

```
// 표준 빌트인 객체를 확장하는 것은 권장하지 않는다.
Array.prototype.sum = function () {
  return this.reduce((acc, cur) => acc + cur, 0);
};

[1, 2].sum(); // → 3
```

그 이유는 개발자가 직접 추가한 메서드와 미래에 표준 사양으로 추가될 메서드의 이름이 중복될 수 있기 때문이다. 예를 들어, `Array.prototype.find` 메서드가 ES6에서 도입되기 이전에 `Array.prototype`에 사용자 정의 `find` 메서드를 직접 추가했다면 새롭게 도입된 ES6의 `Array.prototype.find` 메서드와 이름이 중복되어 ES6의 `Array.prototype.find` 메서드를 이전에 추가했던 사용자 정의 `find` 메서드가 덮어쓴다. 표준 빌트인 메서드를 사용자 정의 메서드가 덮어쓴다면 문제가 된다.

하지만 중복될 가능성이 없는 심벌 값으로 프로퍼티 키를 생성하여 표준 빌트인 객체를 확장하면 표준 빌트인 객체의 기존 프로퍼티 키와 충돌하지 않는 것은 물론, 표준 사양의 버전이 올라감에 따라 추가될지 모르는 어떤 프로퍼티 키와도 충돌할 위험이 없어 안전하게 표준 빌트인 객체를 확장할 수 있다.

---

4 https://developer.mozilla.org/en-US/docs/Web/JavaScript/Reference/Global_Objects/Object/getOwnPropertySymbols

【 예제 33-16 】

```
// 심벌 값으로 프로퍼티 키를 동적 생성하면 다른 프로퍼티 키와 절대 충돌하지 않아 안전하다.
Array.prototype[Symbol.for('sum')] = function () {
  return this.reduce((acc, cur) => acc + cur, 0);
};

[1, 2][Symbol.for('sum')](); // → 3
```

33.7 Well-known Symbol

자바스크립트가 기본 제공하는 빌트인 심벌 값이 있다. 빌트인 심벌 값은 Symbol 함수의 프로퍼티에 할당되어 있다. 브라우저 콘솔에서 Symbol 함수를 참조하여 보자.

```
> console.dir(Symbol)
  ▼ f Symbol() 🛈
      arguments: (...)
      asyncIterator: Symbol(Symbol.asyncIterator)
      caller: (...)
    ▶ for: f for()
      hasInstance: Symbol(Symbol.hasInstance)
      isConcatSpreadable: Symbol(Symbol.isConcatSpreadable)
      iterator: Symbol(Symbol.iterator)
    ▶ keyFor: f keyFor()
      length: 0
      match: Symbol(Symbol.match)
      matchAll: Symbol(Symbol.matchAll)
      name: "Symbol"
    ▶ prototype: Symbol {Symbol(Symbol.toStringTag): "Symbol", constructor: f, toString: f, valueOf: f, …}
      replace: Symbol(Symbol.replace)
      search: Symbol(Symbol.search)
      species: Symbol(Symbol.species)
      split: Symbol(Symbol.split)
      toPrimitive: Symbol(Symbol.toPrimitive)
      toStringTag: Symbol(Symbol.toStringTag)
      unscopables: Symbol(Symbol.unscopables)
    ▶ __proto__: f ()
    ▶ [[Scopes]]: Scopes[0]
```

그림 33-1 Symbol 함수의 프로퍼티

자바스크립트가 기본 제공하는 빌트인 심벌 값을 ECMAScript 사양에서는 **Well-known Symbol**[5]이라 부른다. Well-known Symbol은 자바스크립트 엔진의 내부 알고리즘에 사용된다.

예를 들어, Array, String, Map, Set, TypedArray, arguments, NodeList, HTMLCollection과 같이 for ... of 문으로 순회 가능한 빌트인 이터러블[6]은 Well-known Symbol인 Symbol.iterator를 키로 갖는 메서드를

---

5   https://www.ecma-international.org/ecma-262/11.0/#sec-well-known-symbols
6   34.1.1절 "이터러블" 참고

가지며, Symbol.iterator 메서드를 호출하면 이터레이터[7]를 반환하도록 ECMAScript 사양에 규정되어 있다. 빌트인 이터러블은 이 규정 즉, 이터레이션 프로토콜[8]을 준수한다.

만약 빌트인 이터러블이 아닌 일반 객체를 이터러블처럼 동작하도록 구현하고 싶다면 이터레이션 프로토콜을 따르면 된다. 즉, ECMAScript 사양에 규정되어 있는 대로 Well-known Symbol인 Symbol.iterator를 키로 갖는 메서드를 객체에 추가하고 이터레이터를 반환하도록 구현하면 그 객체는 이터러블이 된다.

【 예제 33-17 】

```javascript
// 1 ~ 5 범위의 정수로 이루어진 이터러블
const iterable = {
  // Symbol.iterator 메서드를 구현하여 이터러블 프로토콜을 준수
  [Symbol.iterator]() {
    let cur = 1;
    const max = 5;
    // Symbol.iterator 메서드는 next 메서드를 소유한 이터레이터를 반환
    return {
      next() {
        return { value: cur++, done: cur > max + 1 };
      }
    };
  }
};

for (const num of iterable) {
  console.log(num); // 1 2 3 4 5
}
```

이때 이터레이션 프로토콜을 준수하기 위해 일반 객체에 추가해야 하는 메서드의 키 Symbol.iterator는 기존 프로퍼티 키 또는 미래에 추가될 프로퍼티 키와 절대로 중복되지 않을 것이다.

이처럼 심벌은 중복되지 않는 상수 값을 생성하는 것은 물론 기존에 작성된 코드에 영향을 주지 않고 새로운 프로퍼티를 추가하기 위해, 즉 하위 호환성을 보장하기 위해 도입되었다.

---

7   34.1.2절 "이터레이터" 참고
8   34.1절 "이터레이션 프로토콜" 참고

34장

이터러블

34.1 이터레이션 프로토콜

ES6에서 도입된 이터레이션 프로토콜iteration protocol은 순회 가능한iterable 데이터 컬렉션(자료구조)을 만들기 위해 ECMAScript 사양에 정의하여 미리 약속한 규칙이다.

ES6 이전의 순회 가능한 데이터 컬렉션, 즉 배열, 문자열, 유사 배열 객체, DOM 컬렉션 등은 통일된 규약 없이 각자 나름의 구조를 가지고 for 문, for ... in 문, forEach 메서드 등 다양한 방법으로 순회할 수 있었다. ES6에서는 순회 가능한 데이터 컬렉션을 이터레이션 프로토콜을 준수하는 이터러블로 통일하여 for ... of 문, 스프레드 문법, 배열 디스트럭처링 할당의 대상으로 사용할 수 있도록 일원화했다.

이터레이션 프로토콜에는 이터러블 프로토콜과 이터레이터 프로토콜이 있다.

- **이터러블 프로토콜**iterable protocol

  Well-known Symbol[1]인 Symbol.iterator를 프로퍼티 키로 사용한 메서드를 직접 구현하거나 프로토타입 체인을 통해 상속받은 Symbol.iterator 메서드를 호출하면 이터레이터 프로토콜을 준수한 이터레이터를 반환한다. 이러한 규약을 이터러블 프로토콜이라 하며, **이터러블 프로토콜을 준수한 객체를 이터러블이라 한다.** 이터러블은 for ... of 문[2]으로 순회할 수 있으며 스프레드 문법[3]과 배열 디스트럭처링 할당[4]의 대상으로 사용할 수 있다.

- **이터레이터 프로토콜**iterator protocol

  이터러블의 Symbol.iterator 메서드를 호출하면 이터레이터 프로토콜을 준수한 **이터레이터**를 반환한다. 이터레이터는 next 메서드를 소유하며 next 메서드를 호출하면 이터러블을 순회하며 value와 done 프로퍼티를 갖는 **이터레이터 리절트 객체**를 반환한다. 이러한 규약을 이터레이터 프로토콜이라 하며, **이터레이터 프로토콜을 준수한 객체를 이터레이터라 한다.** 이터레이터는 이터러블의 요소를 탐색하기 위한 포인터 역할을 한다.

---

1   33.7절 "Well-known Symbol" 참고
2   34.3절 "for ... of 문"에서 자세히 살펴볼 것이다.
3   35장 "스프레드 문법"에서 자세히 살펴볼 것이다.
4   36.1절 "배열 디스트럭처링 할당"에서 자세히 살펴볼 것이다.

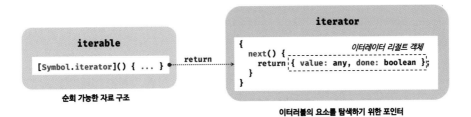

그림 34-1 이터레이션 프로토콜

34.1.1 이터러블

이터러블 프로토콜을 준수한 객체를 이터러블이라 한다. 즉, 이터러블은 Symbol.iterator를 프로퍼티 키로 사용한 메서드를 직접 구현하거나 프로토타입 체인을 통해 상속받은 객체를 말한다.

이터러블인지 확인하는 함수는 다음과 같이 구현할 수 있다.

[예제 34-01]

```
const isIterable = v => v !== null && typeof v[Symbol.iterator] === 'function';

// 배열, 문자열, Map, Set 등은 이터러블이다.
isIterable([]);          // → true
isIterable('');          // → true
isIterable(new Map());   // → true
isIterable(new Set());   // → true
isIterable({});          // → false
```

예를 들어, 배열은 Array.prototype의 Symbol.iterator 메서드를 상속받는 이터러블이다. 이터러블은 for ... of 문으로 순회할 수 있으며, 스프레드 문법과 배열 디스트럭처링 할당의 대상으로 사용할 수 있다.

[예제 34-02]

```
const array = [1, 2, 3];

// 배열은 Array.prototype의 Symbol.iterator 메서드를 상속받는 이터러블이다.
console.log(Symbol.iterator in array); // true

// 이터러블인 배열은 for ... of 문으로 순회 가능하다.
for (const item of array) {
  console.log(item); // 1 2 3
}

// 이터러블인 배열은 스프레드 문법의 대상으로 사용할 수 있다.
console.log([... array]); // [1, 2, 3]
```

```
// 이터러블인 배열은 배열 디스트럭처링 할당의 대상으로 사용할 수 있다.
const [a, ... rest] = array;
console.log(a, rest); // 1, [2, 3]
```

Symbol.iterator 메서드를 직접 구현하지 않거나 상속받지 않은 일반 객체는 이터러블 프로토콜을 준수한 이터러블이 아니다. 따라서 일반 객체는 for ... of 문으로 순회할 수 없으며 스프레드 문법과 배열 디스트럭처링 할당의 대상으로 사용할 수 없다.

【 예제 34-03 】

```
const obj = { a: 1, b: 2 };

// 일반 객체는 Symbol.iterator 메서드를 구현하거나 상속받지 않는다.
// 따라서 일반 객체는 이터러블 프로토콜을 준수한 이터러블이 아니다.
console.log(Symbol.iterator in obj); // false

// 이터러블이 아닌 일반 객체는 for ... of 문으로 순회할 수 없다.
for (const item of obj) { // → TypeError: obj is not iterable
  console.log(item);
}

// 이터러블이 아닌 일반 객체는 배열 디스트럭처링 할당의 대상으로 사용할 수 없다.
const [a, b] = obj; // → TypeError: obj is not iterable
```

단, 2021년 1월 현재, TC39 프로세스의 stage 4(Finished) 단계에 제안되어 있는 스프레드 프로퍼티 제안[5]은 일반 객체에 스프레드 문법의 사용을 허용한다.

【 예제 34-04 】

```
const obj = { a: 1, b: 2 };

// 스프레드 프로퍼티 제안(Stage 4)은 객체 리터럴 내부에서 스프레드 문법의 사용을 허용한다.
console.log({ ...obj }); // { a: 1, b: 2 }
```

하지만 일반 객체도 이터러블 프로토콜을 준수하도록 구현하면 이터러블이 된다. 이에 대해서는 34.6절 "사용자 정의 이터러블"에서 살펴보도록 하자.

34.1.2 이터레이터

이터러블의 Symbol.iterator 메서드를 호출하면 이터레이터 프로토콜을 준수한 이터레이터를 반환한다. 이터러블의 Symbol.iterator 메서드가 반환한 이터레이터는 next 메서드를 갖는다.

---

5   35장 "스프레드 문법" 참고

【 예제 34-05 】
```javascript
// 배열은 이터러블 프로토콜을 준수한 이터러블이다.
const array = [1, 2, 3];

// Symbol.iterator 메서드는 이터레이터를 반환한다.
const iterator = array[Symbol.iterator]();

// Symbol.iterator 메서드가 반환한 이터레이터는 next 메서드를 갖는다.
console.log('next' in iterator); // true
```

이터레이터의 next 메서드는 이터러블의 각 요소를 순회하기 위한 포인터의 역할을 한다. 즉, next 메서드를 호출하면 이터러블을 순차적으로 한 단계씩 순회하며 순회 결과를 나타내는 **이터레이터 리절트 객체**iterator result object를 반환한다.

【 예제 34-06 】
```javascript
// 배열은 이터러블 프로토콜을 준수한 이터러블이다.
const array = [1, 2, 3];

// Symbol.iterator 메서드는 이터레이터를 반환한다. 이터레이터는 next 메서드를 갖는다.
const iterator = array[Symbol.iterator]();

// next 메서드를 호출하면 이터러블을 순회하며 순회 결과를 나타내는 이터레이터 리절트 객체를 반환한다.
// 이터레이터 리절트 객체는 value와 done 프로퍼티를 갖는 객체다.
console.log(iterator.next()); // { value: 1, done: false }
console.log(iterator.next()); // { value: 2, done: false }
console.log(iterator.next()); // { value: 3, done: false }
console.log(iterator.next()); // { value: undefined, done: true }
```

이터레이터의 next 메서드가 반환하는 이터레이터 리절트 객체의 value 프로퍼티는 현재 순회 중인 이터러블의 값을 나타내며 done 프로퍼티는 이터러블의 순회 완료 여부를 나타낸다.

34.2 빌트인 이터러블

자바스크립트는 이터레이션 프로토콜을 준수한 객체인 빌트인 이터러블을 제공한다. 다음의 표준 빌트인 객체들은 빌트인 이터러블이다.

빌트인 이터러블	Symbol.iterator 메서드
Array	Array.prototype[Symbol.iterator]
String	String.prototype[Symbol.iterator]

빌트인 이터러블	Symbol.iterator 메서드
Map	Map.prototype[Symbol.iterator]
Set	Set.prototype[Symbol.iterator]
TypedArray	TypedArray.prototype[Symbol.iterator]
arguments	arguments[Symbol.iterator]
DOM 컬렉션	NodeList.prototype[Symbol.iterator]
	HTMLCollection.prototype[Symbol.iterator]

34.3 for ... of 문

for ... of 문은 이터러블을 순회하면서 이터러블의 요소를 변수에 할당한다. for ... of 문의 문법은 다음과 같다.

```
for (변수선언문 of 이터러블) { ... }
```

for ... of 문은 for ... in 문의 형식과 매우 유사하다.

```
for (변수선언문 in 객체) { ... }
```

for ... in 문[6]은 객체의 프로토타입 체인 상에 존재하는 모든 프로토타입의 프로퍼티 중에서 프로퍼티 어트리뷰트 [[Enumerable]]의 값이 true인 프로퍼티를 순회하며 열거^{enumeration}한다. 이때 프로퍼티 키가 심벌인 프로퍼티는 열거하지 않는다.

for ... of 문은 내부적으로 이터레이터의 next 메서드를 호출하여 이터러블을 순회하며 next 메서드가 반환한 이터레이터 리절트 객체의 value 프로퍼티 값을 for ... of 문의 변수에 할당한다. 그리고 이터레이터 리절트 객체의 done 프로퍼티 값이 false이면 이터러블의 순회를 계속하고 true이면 이터러블의 순회를 중단한다.

【 예제 34-07 】

```
for (const item of [1, 2, 3]) {
  // item 변수에 순차적으로 1, 2, 3이 할당된다.
  console.log(item); // 1 2 3
}
```

---

6   19.14.1절 "for ... in 문" 참고

위 예제의 for ... of 문의 내부 동작을 for 문으로 표현하면 다음과 같다.

【 예제 34-08 】

```javascript
// 이터러블
const iterable = [1, 2, 3];

// 이터러블의 Symbol.iterator 메서드를 호출하여 이터레이터를 생성한다.
const iterator = iterable[Symbol.iterator]();

for (;;) {
  // 이터레이터의 next 메서드를 호출하여 이터러블을 순회한다.
  // 이때 next 메서드는 이터레이터 리절트 객체를 반환한다.
  const res = iterator.next();

  // next 메서드가 반환한 이터레이터 리절트 객체의 done 프로퍼티 값이 true이면 이터러블의 순회를 중단한다.
  if (res.done) break;

  // 이터레이터 리절트 객체의 value 프로퍼티 값을 item 변수에 할당한다.
  const item = res.value;
  console.log(item); // 1 2 3
}
```

34.4 이터러블과 유사 배열 객체

유사 배열 객체는 마치 배열처럼 인덱스로 프로퍼티 값에 접근할 수 있고 length 프로퍼티를 갖는 객체를 말한다. 유사 배열 객체는 length 프로퍼티를 갖기 때문에 for 문으로 순회할 수 있고, 인덱스를 나타내는 숫자 형식의 문자열을 프로퍼티 키로 가지므로 마치 배열처럼 인덱스로 프로퍼티 값에 접근할 수 있다.

【 예제 34-09 】

```javascript
// 유사 배열 객체
const arrayLike = {
  0: 1,
  1: 2,
  2: 3,
  length: 3
};
// 유사 배열 객체는 length 프로퍼티를 갖기 때문에 for 문으로 순회할 수 있다.
for (let i = 0; i < arrayLike.length; i++) {
  // 유사 배열 객체는 마치 배열처럼 인덱스로 프로퍼티 값에 접근할 수 있다.
  console.log(arrayLike[i]); // 1 2 3
}
```

유사 배열 객체는 이터러블이 아닌 일반 객체다. 따라서 유사 배열 객체에는 Symbol.iterator 메서드가 없기 때문에 for ... of 문으로 순회할 수 없다.

【 예제 34-10 】

```
// 유사 배열 객체는 이터러블이 아니기 때문에 for ... of 문으로 순회할 수 없다.
for (const item of arrayLike) {
  console.log(item); // 1 2 3
}
// → TypeError: arrayLike is not iterable
```

단, arguments[7], NodeList[8], HTMLCollection[9]은 유사 배열 객체이면서 이터러블이다. 정확히 말하면 ES6에서 이터러블이 도입되면서 유사 배열 객체인 arguments, NodeList, HTMLCollection 객체에 Symbol.iterator 메서드를 구현하여 이터러블이 되었다. 하지만 이터러블이 된 이후에도 length 프로퍼티를 가지며 인덱스로 접근할 수 있는 것에는 변함이 없으므로 유사 배열 객체이면서 이터러블인 것이다.

배열도 마찬가지로 ES6에서 이터러블이 도입되면서 Symbol.iterator 메서드를 구현하여 이터러블이 되었다.

하지만 모든 유사 배열 객체가 이터러블인 것은 아니다. 위 예제의 arrayLike 객체는 유사 배열 객체지만 이터러블이 아니다. 다만 ES6에서 도입된 Array.from 메서드[10]를 사용하여 배열로 간단히 변환할 수 있다. Array.from 메서드는 유사 배열 객체 또는 이터러블을 인수로 전달받아 배열로 변환하여 반환한다.

【 예제 34-11 】

```
// 유사 배열 객체
const arrayLike = {
  0: 1,
  1: 2,
  2: 3,
  length: 3
};

// Array.from은 유사 배열 객체 또는 이터러블을 배열로 변환한다.
const arr = Array.from(arrayLike);
console.log(arr); // [1, 2, 3]
```

---

7 18.2.1절 "arguments 프로퍼티"
8 39.2.6절 "HTMLCollection과 NodeList"의 NodeList 참고
9 39.2.6절 "HTMLCollection과 NodeList"의 HTMLCollection 참고
10 27.4.4절 "Array.from" 참고

34.5 이터레이션 프로토콜의 필요성

for … of 문, 스프레드 문법, 배열 디스트럭처링 할당 등은 Array, String, Map, Set, TypedArray(Int8Array, Uint8Array, Uint8ClampedArray, Int16Array, Uint16Array, Int32Array, Uint32Array, Float32Array, Float64Array), DOM 컬렉션(NodeList, HTMLCollection), arguments와 같이 다양한 데이터 소스를 사용할 수 있다. 아마도 눈치 챘겠지만 위 데이터 소스는 모두 이터레이션 프로토콜을 준수하는 이터러블이다.

앞서 언급했지만 ES6 이전의 순회 가능한 데이터 컬렉션, 즉 배열, 문자열, 유사 배열 객체, DOM 컬렉션 등은 통일된 규약 없이 각자 나름의 구조를 가지고 for 문, for … in 문, forEach 메서드 등 다양한 방법으로 순회할 수 있었다. ES6에서는 순회 가능한 데이터 컬렉션을 이터레이션 프로토콜을 준수하는 이터러블로 통일하여 for … of 문, 스프레드 문법, 배열 디스트럭처링 할당의 대상으로 사용할 수 있도록 일원화했다.

이터러블은 for … of 문, 스프레드 문법, 배열 디스트럭처링 할당과 같은 데이터 소비자data consumer에 의해 사용되므로 데이터 공급자data provider의 역할을 한다고 할 수 있다.

만약 다양한 데이터 공급자가 각자의 순회 방식을 갖는다면 데이터 소비자는 다양한 데이터 공급자의 순회 방식을 모두 지원해야 한다. 이는 효율적이지 않다. 하지만 다양한 데이터 공급자가 이터레이션 프로토콜을 준수하도록 규정하면 데이터 소비자는 이터레이션 프로토콜만 지원하도록 구현하면 된다.

즉, 이터러블을 지원하는 데이터 소비자는 내부에서 Symbol.iterator 메서드를 호출해 이터레이터를 생성하고 이터레이터의 next 메서드를 호출하여 이터러블을 순회하며 이터레이터 리절트 객체를 반환한다. 그리고 이터레이터 리절트 객체의 value/done 프로퍼티 값을 취득한다.

이처럼 이터레이션 프로토콜은 다양한 데이터 공급자가 하나의 순회 방식을 갖도록 규정하여 데이터 소비자가 효율적으로 다양한 데이터 공급자를 사용할 수 있도록 **데이터 소비자와 데이터 공급자를 연결하는 인터페이스의 역할을 한다.**

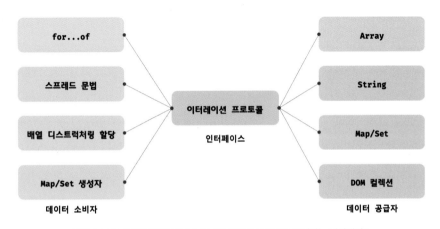

그림 34-2 이터러블은 데이터 소비자와 데이터 공급자를 연결하는 인터페이스

34.6 사용자 정의 이터러블

34.6.1 사용자 정의 이터러블 구현

이터레이션 프로토콜을 준수하지 않는 일반 객체도 이터레이션 프로토콜을 준수하도록 구현하면 사용자 정의 이터러블이 된다. 예를 들어, 피보나치 수열(1, 2, 3, 5, 8, 13 …)을 구현한 간단한 사용자 정의 이터러블을 구현해 보자.

【 예제 34-12 】

```javascript
// 피보나치 수열을 구현한 사용자 정의 이터러블
const fibonacci = {
  // Symbol.iterator 메서드를 구현하여 이터러블 프로토콜을 준수한다.
  [Symbol.iterator]() {
    let [pre, cur] = [0, 1]; // 36.1절 "배열 디스트럭처링 할당" 참고
    const max = 10; // 수열의 최대값

    // Symbol.iterator 메서드는 next 메서드를 소유한 이터레이터를 반환해야 하고
    // next 메서드는 이터레이터 리절트 객체를 반환해야 한다.
    return {
      next() {
        [pre, cur] = [cur, pre + cur]; // 36.1절 "배열 디스트럭처링 할당" 참고
        // 이터레이터 리절트 객체를 반환한다.
        return { value: cur, done: cur >= max };
      }
    };
  }
};

// 이터러블인 fibonacci 객체를 순회할 때마다 next 메서드가 호출된다.
for (const num of fibonacci) {
  console.log(num); // 1 2 3 5 8
}
```

사용자 정의 이터러블은 이터레이션 프로토콜을 준수하도록 `Symbol.iterator` 메서드를 구현하고 `Symbol.iterator` 메서드가 `next` 메서드를 갖는 이터레이터를 반환하도록 한다. 그리고 이터레이터의 `next` 메서드는 `done`과 `value` 프로퍼티를 가지는 이터레이터 리절트 객체를 반환한다. `for … of` 문은 `done` 프로퍼티가 `true`가 될 때까지 반복하며 `done` 프로퍼티가 `true`가 되면 반복을 중지한다.

이터러블은 `for … of` 문뿐만 아니라 스프레드 문법, 배열 디스트럭처링 할당에도 사용할 수 있다.

```
// 이터러블은 스프레드 문법의 대상이 될 수 있다.
const arr = [...fibonacci];
console.log(arr); // [ 1, 2, 3, 5, 8 ]

// 이터러블은 배열 디스트럭처링 할당의 대상이 될 수 있다.
const [first, second, ...rest] = fibonacci;
console.log(first, second, rest); // 1 2 [ 3, 5, 8 ]
```

34.6.2 이터러블을 생성하는 함수

앞에서 살펴본 fibonacci 이터러블은 내부에 수열의 최대값 max를 가지고 있다. 이 수열의 최대값은 고정된 값으로 외부에서 전달한 값으로 변경할 방법이 없다는 아쉬움이 있다. 수열의 최대값을 외부에서 전달할 수 있도록 수정해 보자. 수열의 최대값을 인수로 전달받아 이터러블을 반환하는 함수를 만들면 된다.

【 예제 34-14 】

```
// 피보나치 수열을 구현한 사용자 정의 이터러블을 반환하는 함수.
// 수열의 최대값을 인수로 전달받는다.
const fibonacciFunc = function (max) {
  let [pre, cur] = [0, 1];

  // Symbol.iterator 메서드를 구현한 이터러블을 반환한다.
  return {
    [Symbol.iterator]() {
      return {
        next() {
          [pre, cur] = [cur, pre + cur];
          return { value: cur, done: cur >= max };
        }
      };
    }
  };
};

// 이터러블을 반환하는 함수에 수열의 최대값을 인수로 전달하면서 호출한다.
// fibonacciFunc(10)은 이터러블을 반환한다.
for (const num of fibonacciFunc(10)) {
  console.log(num); // 1 2 3 5 8
}
```

34.6.3 이터러블이면서 이터레이터인 객체를 생성하는 함수

앞에서 살펴본 fibonacciFunc 함수는 이터러블을 반환한다. 만약 이터레이터를 생성하려면 이터러블의 Symbol.iterator 메서드를 호출해야 한다.

【 예제 34-15 】

```
// fibonacciFunc 함수는 이터러블을 반환한다.
const iterable = fibonacciFunc(5);
// 이터러블의 Symbol.iterator 메서드는 이터레이터를 반환한다.
const iterator = iterable[Symbol.iterator]();

console.log(iterator.next()); // { value: 1, done: false }
console.log(iterator.next()); // { value: 2, done: false }
console.log(iterator.next()); // { value: 3, done: false }
console.log(iterator.next()); // { value: 5, done: true }
```

이터러블이면서 이터레이터인 객체를 생성하면 Symbol.iterator 메서드를 호출하지 않아도 된다. 다음 객체는 Symbol.iterator 메서드와 next 메서드를 소유한 이터러블이면서 이터레이터다. Symbol.iterator 메서드는 this를 반환하므로 next 메서드를 갖는 이터레이터를 반환한다.

【 예제 34-16 】

```
// 이터러블이면서 이터레이터인 객체.
// 이터레이터를 반환하는 Symbol.iterator 메서드와 이터레이션 리절트 객체를 반환하는 next 메서드를 소유한다.
{
  [Symbol.iterator]() { return this; },
  next() {
    return { value: any, done: boolean };
  }
}
```

앞에서 살펴본 fibonacciFunc 함수를 이터러블이면서 이터레이터인 객체를 생성하여 반환하는 함수로 변경해보자.

【 예제 34-17 】

```
// 이터러블이면서 이터레이터인 객체를 반환하는 함수
const fibonacciFunc = function (max) {
  let [pre, cur] = [0, 1];

  // Symbol.iterator 메서드와 next 메서드를 소유한 이터러블이면서 이터레이터인 객체를 반환
  return {
    [Symbol.iterator]() { return this; },
    // next 메서드는 이터레이터 리절트 객체를 반환
```

```
    next() {
      [pre, cur] = [cur, pre + cur];
      return { value: cur, done: cur >= max };
    }
  };
};

// iter는 이터러블이면서 이터레이터다.
let iter = fibonacciFunc(10);

// iter는 이터러블이므로 for... of 문으로 순회할 수 있다.
for (const num of iter) {
  console.log(num); // 1 2 3 5 8
}

// iter는 이터러블이면서 이터레이터다.
iter = fibonacciFunc(10);

// iter는 이터레이터이므로 이터레이션 리절트 객체를 반환하는 next 메서드를 소유한다.
console.log(iter.next()); // { value: 1, done: false }
console.log(iter.next()); // { value: 2, done: false }
console.log(iter.next()); // { value: 3, done: false }
console.log(iter.next()); // { value: 5, done: false }
console.log(iter.next()); // { value: 8, done: false }
console.log(iter.next()); // { value: 13, done: true }
```

34.6.4 무한 이터러블과 지연 평가

무한 이터러블을 생성하는 함수를 정의해보자. 이를 통해 무한 수열[11]을 간단히 구현할 수 있다.

[예제 34-18]

```
// 무한 이터러블을 생성하는 함수
const fibonacciFunc = function () {
  let [pre, cur] = [0, 1];

  return {
    [Symbol.iterator]() { return this; },
    next() {
      [pre, cur] = [cur, pre + cur];
      // 무한을 구현해야 하므로 done 프로퍼티를 생략한다.
      return { value: cur };
```

---

11 https://www.scienceall.com/무한수열infinite-sequence/

```
    }
  };
};

// fibonacciFunc 함수는 무한 이터러블을 생성한다.
for (const num of fibonacciFunc()) {
  if (num > 10000) break;
  console.log(num); // 1 2 3 5 8... 4181 6765
}

// 배열 디스트럭처링 할당을 통해 무한 이터러블에서 3개의 요소만 취득한다.
const [f1, f2, f3] = fibonacciFunc();
console.log(f1, f2, f3); // 1 2 3
```

34.5절 "이터레이션 프로토콜의 필요성"에서 살펴보았듯이 이터러블은 데이터 공급자의 역할을 한다. 배열이나 문자열 등은 모든 데이터를 메모리에 미리 확보한 다음 데이터를 공급한다. 하지만 위 예제의 이터러블은 **지연 평가**lazy evaluation[12]를 통해 데이터를 생성한다. 지연 평가는 데이터가 필요한 시점 이전까지는 미리 데이터를 생성하지 않다가 데이터가 필요한 시점이 되면 그때야 비로소 데이터를 생성하는 기법이다. 즉, 평가 결과가 필요할 때까지 평가를 늦추는 기법이 지연 평가다.

위 예제의 fibonacciFunc 함수는 무한 이터러블을 생성한다. 하지만 fibonacciFunc 함수가 생성한 무한 이터러블은 데이터를 공급하는 메커니즘을 구현한 것으로 데이터 소비자인 for... of 문이나 배열 디스트럭처링 할당 등이 실행되기 이전까지 데이터를 생성하지는 않는다. for... of 문의 경우 이터러블을 순회할 때 내부에서 이터레이터의 next 메서드를 호출하는데 바로 이때 데이터가 생성된다. next 메서드가 호출되기 이전까지는 데이터를 생성하지 않는다. 즉, 데이터가 필요할 때까지 데이터의 생성을 지연하다가 데이터가 필요한 순간 데이터를 생성한다.

이처럼 지연 평가를 사용하면 불필요한 데이터를 미리 생성하지 않고 필요한 데이터를 필요한 순간에 생성하므로 빠른 실행 속도를 기대할 수 있고 불필요한 메모리를 소비하지 않으며 무한도 표현할 수 있다는 장점이 있다.

---

12 https://ko.wikipedia.org/wiki/느긋한_계산법

35_장

스프레드 문법

ES6에서 도입된 스프레드 문법^{spread syntax}(전개 문법) ... 은 하나로 뭉쳐 있는 여러 값들의 집합을 펼쳐서(전개, 분산하여, spread) 개별적인 값들의 목록으로 만든다.

스프레드 문법을 사용할 수 있는 대상은 Array, String, Map, Set, DOM 컬렉션(NodeList, HTMLCollection), arguments와 같이 for ... of 문으로 순회할 수 있는 이터러블에 한정된다.

【 예제 35–01 】
```javascript
// ... [1, 2, 3]은 [1, 2, 3]을 개별 요소로 분리한다(→ 1, 2, 3).
console.log( ... [1, 2, 3]); // 1 2 3

// 문자열은 이터러블이다.
console.log( ... 'Hello'); // H e l l o

// Map과 Set은 이터러블이다.
console.log( ... new Map([['a', '1'], ['b', '2']])); // [ 'a', '1' ] [ 'b', '2' ]
console.log( ... new Set([1, 2, 3])); // 1 2 3

// 이터러블이 아닌 일반 객체는 스프레드 문법의 대상이 될 수 없다.
console.log( ... { a: 1, b: 2 });
// TypeError: Found non-callable @@iterator
```

위 예제에서 ... [1, 2, 3]은 이터러블인 배열을 펼쳐서 요소들을 개별적인 값들의 목록 1 2 3으로 만든다. 이때 1 2 3은 값이 아니라 값들의 목록이다. 즉, 스프레드 문법의 결과는 값이 아니다. 이는 스프레드 문법 ... 이 피연산자를 연산하여 값을 생성하는 연산자가 아님을 의미한다.[1] 따라서 스프레드 문법의 결과는 변수에 할당할 수 없다.

---

1 https://github.com/tc39/ecma262/issues/1295

【 예제 35-02 】

```
// 스프레드 문법의 결과는 값이 아니다.
const list = ... [1, 2, 3]; // SyntaxError: Unexpected token ...
```

이처럼 스프레드 문법의 결과물은 값으로 사용할 수 없고, 다음과 같이 쉼표로 구분한 값의 목록을 사용하는 문맥에서만 사용할 수 있다.

- 함수 호출문의 인수 목록
- 배열 리터럴의 요소 목록
- 객체 리터럴의 프로퍼티 목록

35.1 함수 호출문의 인수 목록에서 사용하는 경우

요소들의 집합인 배열을 펼쳐서 개별적인 값들의 목록으로 만든 후, 이를 함수의 인수 목록으로 전달해야 하는 경우가 있다. 다음 예제를 살펴보자.

【 예제 35-03 】

```
const arr = [1, 2, 3];

// 배열 arr의 요소 중에서 최대값을 구하기 위해 Math.max를 사용한다.
const max = Math.max(arr); // → NaN
```

Math.max 메서드[2]는 매개변수 개수를 확정할 수 없는 가변 인자 함수다. 다음과 같이 개수가 정해져 있지 않은 여러 개의 숫자를 인수로 전달받아 인수 중에서 최대값을 반환한다.

【 예제 35-04 】

```
Math.max(1);        // → 1
Math.max(1, 2);     // → 2
Math.max(1, 2, 3);  // → 3
Math.max();         // → -Infinity
```

만약 Math.max 메서드에 숫자가 아닌 배열을 인수로 전달하면 최대값을 구할 수 없으므로 NaN을 반환한다.

【 예제 35-05 】

```
Math.max([1, 2, 3]); // → NaN
```

---

2 29.2.8절 "Math.max" 참고

이 같은 문제를 해결하기 위해 배열을 펼쳐서 요소들을 개별적인 값들의 목록으로 만든 후, Math.max 메서드의 인수로 전달해야 한다. 즉, [1, 2, 3]을 1, 2, 3으로 펼쳐서 Math.max 메서드의 인수로 전달해야 한다.

스프레드 문법이 제공되기 이전에는 배열을 펼쳐서 요소들의 목록을 함수의 인수로 전달하고 싶은 경우 Function.prototype.apply를 사용했다.

【 예제 35-06 】
```
var arr = [1, 2, 3];

// apply 함수의 2번째 인수(배열)는 apply 함수가 호출하는 함수의 인수 목록이다.
// 따라서 배열이 펼쳐져서 인수로 전달되는 효과가 있다.
var max = Math.max.apply(null, arr); // → 3
```

스프레드 문법을 사용하면 더 간결하고 가독성이 좋다.

【 예제 35-07 】
```
const arr = [1, 2, 3];

// 스프레드 문법을 사용하여 배열 arr을 1, 2, 3으로 펼쳐서 Math.max에 전달한다.
// Math.max( ... [1, 2, 3])은 Math.max(1, 2, 3)과 같다.
const max = Math.max( ...arr); // → 3
```

스프레드 문법은 앞에서 살펴본 Rest 파라미터[3]와 형태가 동일하여 혼동할 수 있으므로 주의할 필요가 있다.

Rest 파라미터는 함수에 전달된 인수들의 목록을 배열로 전달받기 위해 매개변수 이름 앞에 ... 을 붙이는 것이다. 스프레드 문법은 여러 개의 값이 하나로 뭉쳐 있는 배열과 같은 이터러블을 펼쳐서 개별적인 값들의 목록을 만드는 것이다. 따라서 Rest 파라미터와 스프레드 문법은 서로 반대의 개념이다.

【 예제 35-08 】
```
// Rest 파라미터는 인수들의 목록을 배열로 전달받는다.
function foo( ... rest) {
  console.log(rest); // 1, 2, 3 → [ 1, 2, 3 ]
}

// 스프레드 문법은 배열과 같은 이터러블을 펼쳐서 개별적인 값들의 목록을 만든다.
// [1, 2, 3] → 1, 2, 3
foo( ... [1, 2, 3]);
```

---

3   26.4절 "Rest 파라미터" 참고

35.2 배열 리터럴 내부에서 사용하는 경우

스프레드 문법을 배열 리터럴에서 사용하면 ES5에서 사용하던 기존의 방식보다 더욱 간결하고 가독성 좋게 표현할 수 있다. ES5에서 사용하던 방식과 비교하여 살펴보도록 하자.

35.2.1 concat

ES5에서 2개의 배열을 1개의 배열로 결합하고 싶은 경우 배열 리터럴만으로 해결할 수 없고 concat 메서드[4]를 사용해야 한다.

【 예제 35-09 】

```
// ES5
var arr = [1, 2].concat([3, 4]);
console.log(arr); // [1, 2, 3, 4]
```

스프레드 문법을 사용하면 별도의 메서드를 사용하지 않고 배열 리터럴만으로 2개의 배열을 1개의 배열로 결합할 수 있다.

【 예제 35-10 】

```
// ES6
const arr = [...[1, 2], ...[3, 4]];
console.log(arr); // [1, 2, 3, 4]
```

35.2.2 splice

ES5에서 어떤 배열의 중간에 다른 배열의 요소들을 추가하거나 제거하려면 splice 메서드[5]를 사용한다. 이때 splice 메서드의 세 번째 인수로 배열을 전달하면 배열 자체가 추가된다.

【 예제 35-11 】

```
// ES5
var arr1 = [1, 4];
var arr2 = [2, 3];

// 세 번째 인수 arr2를 해체하여 전달해야 한다.
// 그렇지 않으면 arr1에 arr2 배열 자체가 추가된다.
arr1.splice(1, 0, arr2);
```

---

4 27.8.7절 "Array.prototype.concat" 참고
5 27.8.8절 "Array.prototype.splice" 참고

```
// 기대한 결과는 [1, [2, 3], 4]가 아니라 [1, 2, 3, 4]다.
console.log(arr1); // [1, [2, 3], 4]
```

위 예제의 경우 splice 메서드의 세 번째 인수 [2, 3]을 2, 3으로 해체하여 전달해야 한다. 그렇지 않으면 arr1에 arr2 배열 자체가 추가된다. 따라서 이러한 경우 Function.prototype.apply 메서드[6]를 사용하여 splice 메서드를 호출해야 한다. apply 메서드의 두 번째 인수(배열)는 apply 메서드가 호출하는 함수에 해체되어 전달된다.

【 예제 35-12 】

```
// ES5
var arr1 = [1, 4];
var arr2 = [2, 3];

/*
apply 메서드의 2번째 인수(배열)는 apply 메서드가 호출한 splice 메서드의 인수 목록이다.
apply 메서드의 2번째 인수 [1, 0].concat(arr2)는 [1, 0, 2, 3]으로 평가된다.
따라서 splice 메서드에 apply 메서드의 2번째 인수 [1, 0, 2, 3]이 해체되어 전달된다.
즉, arr1[1]부터 0개의 요소를 제거하고 그 자리(arr1[1])에 새로운 요소(2, 3)를 삽입한다.
*/
Array.prototype.splice.apply(arr1, [1, 0].concat(arr2));
console.log(arr1); // [1, 2, 3, 4]
```

스프레드 문법을 사용하면 다음과 같이 더욱 간결하고 가독성 좋게 표현할 수 있다.

【 예제 35-13 】

```
// ES6
const arr1 = [1, 4];
const arr2 = [2, 3];

arr1.splice(1, 0, ... arr2);
console.log(arr1); // [1, 2, 3, 4]
```

35.2.3 배열 복사

ES5에서 배열을 복사하려면 slice 메서드[7]를 사용한다.

---

6 22.2.4절 "Function.prototype.apply/call/bind 메서드에 의한 간접 호출" 참고
7 27.8.9절 "Array.prototype.slice" 참고

【 예제 35-14 】

```
// ES5
var origin = [1, 2];
var copy = origin.slice();

console.log(copy); // [1, 2]
console.log(copy === origin); // false
```

스프레드 문법을 사용하면 다음과 같이 더욱 간결하고 가독성 좋게 표현할 수 있다.

【 예제 35-15 】

```
// ES6
const origin = [1, 2];
const copy = [...origin];

console.log(copy); // [1, 2]
console.log(copy === origin); // false
```

이때 원본 배열의 각 요소를 얕은 복사shallow copy하여 새로운 복사본을 생성한다. 이는 slice 메서드도 마찬가지다.

35.2.4 이터러블을 배열로 변환

ES5에서 이터러블을 배열로 변환하려면 Function.prototype.apply 또는 Function.prototype.call 메서드를 사용하여 slice 메서드를 호출해야 한다.

【 예제 35-16 】

```
// ES5
function sum() {
  // 이터러블이면서 유사 배열 객체인 arguments를 배열로 변환
  var args = Array.prototype.slice.call(arguments);

  return args.reduce(function (pre, cur) {
    return pre + cur;
  }, 0);
}

console.log(sum(1, 2, 3)); // 6
```

이 방법은 이터러블뿐만 아니라 이터러블이 아닌 유사 배열 객체도 배열로 변환할 수 있다.

```
// 이터러블이 아닌 유사 배열 객체
const arrayLike = {
  0: 1,
  1: 2,
  2: 3,
  length: 3
};

const arr = Array.prototype.slice.call(arrayLike); // → [1, 2, 3]
console.log(Array.isArray(arr)); // true
```

스프레드 문법을 사용하면 좀 더 간편하게 이터러블을 배열로 변환할 수 있다. arguments 객체는 이터러블이면서 유사 배열 객체다. 따라서 스프레드 문법의 대상이 될 수 있다.

【 예제 35-18 】

```
function sum() {
  // 이터러블이면서 유사 배열 객체인 arguments를 배열로 변환
  return [...arguments].reduce((pre, cur) => pre + cur, 0);
}

console.log(sum(1, 2, 3)); // 6
```

위 예제보다 나은 방법은 Rest 파라미터를 사용하는 것이다.

【 예제 35-19 】

```
// Rest 파라미터 args는 함수에 전달된 인수들의 목록을 배열로 전달받는다.
const sum = (...args) => args.reduce((pre, cur) => pre + cur, 0);

console.log(sum(1, 2, 3)); // 6
```

단, 이터러블이 아닌 유사 배열 객체는 스프레드 문법의 대상이 될 수 없다.

【 예제 35-20 】

```
// 이터러블이 아닌 유사 배열 객체
const arrayLike = {
  0: 1,
  1: 2,
  2: 3,
  length: 3
};

const arr = [...arrayLike];
// TypeError: object is not iterable (cannot read property Symbol(Symbol.iterator))
```

이터러블이 아닌 유사 배열 객체를 배열로 변경하려면 ES6에서 도입된 `Array.from` 메서드[8]를 사용한다. `Array.from` 메서드는 유사 배열 객체 또는 이터러블을 인수로 전달받아 배열로 변환하여 반환한다.

【 예제 35-21 】

```
// Array.from은 유사 배열 객체 또는 이터러블을 배열로 변환한다.
Array.from(arrayLike); // → [1, 2, 3]
```

35.3 객체 리터럴 내부에서 사용하는 경우

Rest 프로퍼티[9]와 함께 2021년 1월 현재 TC39 프로세스의 stage 4(Finished) 단계에 제안되어 있는 스프레드 프로퍼티[10]를 사용하면 객체 리터럴의 프로퍼티 목록에서도 스프레드 문법을 사용할 수 있다. 스프레드 문법의 대상은 이터러블이어야 하지만 스프레드 프로퍼티 제안은 일반 객체를 대상으로도 스프레드 문법의 사용을 허용한다.

【 예제 35-22 】

```
// 스프레드 프로퍼티
// 객체 복사(얕은 복사)
const obj = { x: 1, y: 2 };
const copy = { ...obj };
console.log(copy); // { x: 1, y: 2 }
console.log(obj === copy); // false

// 객체 병합
const merged = { x: 1, y: 2, ...{ a: 3, b: 4 } };
console.log(merged); // { x: 1, y: 2, a: 3, b: 4 }
```

스프레드 프로퍼티가 제안되기 이전에는 ES6에서 도입된 `Object.assign` 메서드를 사용하여 여러 개의 객체를 병합하거나 특정 프로퍼티를 변경 또는 추가했다.

【 예제 35-23 】

```
// 객체 병합. 프로퍼티가 중복되는 경우 뒤에 위치한 프로퍼티가 우선권을 갖는다.
const merged = Object.assign({}, { x: 1, y: 2 }, { y: 10, z: 3 });
console.log(merged); // { x: 1, y: 10, z: 3 }

// 특정 프로퍼티 변경
```

---

8 27.4.4절 "Array.from" 참고
9 36.2절 "객체 디스트럭처링 할당" 참고
10 https://github.com/tc39/proposal-object-rest-spread

```
const changed = Object.assign({}, { x: 1, y: 2 }, { y: 100 });
console.log(changed); // { x: 1, y: 100 }

// 프로퍼티 추가
const added = Object.assign({}, { x: 1, y: 2 }, { z: 0 });
console.log(added); // { x: 1, y: 2, z: 0 }
```

스프레드 프로퍼티는 Object.assign 메서드를 대체할 수 있는 간편한 문법이다.

【 예제 35-24 】
```
// 객체 병합. 프로퍼티가 중복되는 경우 뒤에 위치한 프로퍼티가 우선권을 갖는다.
const merged = { ...{ x: 1, y: 2 }, ...{ y: 10, z: 3 } };
console.log(merged); // { x: 1, y: 10, z: 3 }

// 특정 프로퍼티 변경
const changed = { ...{ x: 1, y: 2 }, y: 100 };
// changed = { ...{ x: 1, y: 2 }, ...{ y: 100 } }
console.log(changed); // { x: 1, y: 100 }

// 프로퍼티 추가
const added = { ...{ x: 1, y: 2 }, z: 0 };
// added = { ...{ x: 1, y: 2 }, ...{ z: 0 } }
console.log(added); // { x: 1, y: 2, z: 0 }
```

36장

디스트럭처링 할당

디스트럭처링 할당destructuring assignment(구조 분해 할당)은 구조화된 배열과 같은 이터러블 또는 객체를 destructuring(비구조화, 구조 파괴)하여 1개 이상의 변수에 개별적으로 할당하는 것을 말한다. 배열과 같은 이터러블 또는 객체 리터럴에서 필요한 값만 추출하여 변수에 할당할 때 유용하다.

36.1 배열 디스트럭처링 할당

ES5에서 구조화된 배열을 디스트럭처링하여 1개 이상의 변수에 할당하는 방법은 다음과 같다.

【 예제 36-01 】

```
// ES5
var arr = [1, 2, 3];

var one   = arr[0];
var two   = arr[1];
var three = arr[2];

console.log(one, two, three); // 1 2 3
```

ES6의 배열 디스트럭처링 할당은 배열의 각 요소를 배열로부터 추출하여 1개 이상의 변수에 할당한다. 이때 **배열 디스트럭처링 할당의 대상(할당문의 우변)은 이터러블이어야 하며, 할당 기준은 배열의 인덱스다.** 즉, 순서대로 할당된다.

【 예제 36-02 】
```
const arr = [1, 2, 3];

// ES6 배열 디스트럭처링 할당
// 변수 one, two, three를 선언하고 배열 arr을 디스트럭처링하여 할당한다.
// 이때 할당 기준은 배열의 인덱스다.
const [one, two, three] = arr;

console.log(one, two, three); // 1 2 3
```

배열 디스트럭처링 할당을 위해서는 할당 연산자 왼쪽에 값을 할당받을 변수를 선언해야 한다. 이때 변수를 배열 리터럴 형태로 선언한다.

【 예제 36-03 】
```
const [x, y] = [1, 2];
```

이때 우변에 이터러블을 할당하지 않으면 에러가 발생한다.

【 예제 36-04 】
```
const [x, y]; // SyntaxError: Missing initializer in destructuring declaration

const [a, b] = {}; // TypeError: {} is not iterable
```

배열 디스트럭처링 할당의 변수 선언문은 다음처럼 선언과 할당을 분리할 수도 있다. 단, 이 경우 const 키워드로 변수를 선언할 수 없으므로 권장하지 않는다.

【 예제 36-05 】
```
let x, y;
[x, y] = [1, 2];
```

배열 디스트럭처링 할당의 기준은 배열의 인덱스다. 즉, 순서대로 할당된다. 이때 변수의 개수와 이터러블의 요소 개수가 반드시 일치할 필요는 없다.

【 예제 36-06 】
```
const [a, b] = [1, 2];
console.log(a, b); // 1 2

const [c, d] = [1];
console.log(c, d); // 1 undefined

const [e, f] = [1, 2, 3];
console.log(e, f); // 1 2
```

```
const [g, , h] = [1, 2, 3];
console.log(g, h); // 1 3
```

배열 디스트럭처링 할당을 위한 변수에 기본값을 설정할 수 있다.

【 예제 36-07 】
```
// 기본값
const [a, b, c = 3] = [1, 2];
console.log(a, b, c); // 1 2 3

// 기본값보다 할당된 값이 우선한다.
const [e, f = 10, g = 3] = [1, 2];
console.log(e, f, g); // 1 2 3
```

배열 디스트럭처링 할당은 배열과 같은 이터러블에서 필요한 요소만 추출하여 변수에 할당하고 싶을 때 유용
하다. 다음 예제는 URL을 파싱하여 protocol, host, path 프로퍼티를 갖는 객체를 생성해 반환한다.

【 예제 36-08 】
```
// url을 파싱하여 protocol, host, path 프로퍼티를 갖는 객체를 생성해 반환한다.
function parseURL(url = '') {
  // '://' 앞의 문자열(protocol)과 '/' 이전의 '/'로 시작하지 않는 문자열(host)과
  // '/' 이후의 문자열(path)을 검색한다.
  const parsedURL = url.match(/^(\w+):\/\/([^/]+)\/(.*)$/);
  console.log(parsedURL);
  /*
  [
    'https://developer.mozilla.org/ko/docs/Web/JavaScript',
    'https',
    'developer.mozilla.org',
    'ko/docs/Web/JavaScript',
    index: 0,
    input: 'https://developer.mozilla.org/ko/docs/Web/JavaScript',
    groups: undefined
  ]
  */

  if (!parsedURL) return {};

  // 배열 디스트럭처링 할당을 사용하여 이터러블에서 필요한 요소만 추출한다.
  const [, protocol, host, path] = parsedURL;
  return { protocol, host, path };
}

const parsedURL = parseURL('https://developer.mozilla.org/ko/docs/Web/JavaScript');
```

```
console.log(parsedURL);
/*
{
  protocol: 'https',
  host: 'developer.mozilla.org',
  path: 'ko/docs/Web/JavaScript'
}
*/
```

배열 디스트럭처링 할당을 위한 변수에 Rest 파라미터와 유사하게 **Rest 요소**^{Rest element} **...** 을 사용할 수 있다. Rest 요소는 Rest 파라미터와 마찬가지로 반드시 마지막에 위치해야 한다.

【 예제 36-09 】

```
// Rest 요소
const [x, ...y] = [1, 2, 3];
console.log(x, y); // 1 [ 2, 3 ]
```

36.2 객체 디스트럭처링 할당

ES5에서 객체의 각 프로퍼티를 객체로부터 디스트럭처링하여 변수에 할당하기 위해서는 프로퍼티 키를 사용해야 한다.

【 예제 36-10 】

```
// ES5
var user = { firstName: 'Ungmo', lastName: 'Lee' };

var firstName = user.firstName;
var lastName = user.lastName;

console.log(firstName, lastName); // Ungmo Lee
```

ES6의 객체 디스트럭처링 할당은 객체의 각 프로퍼티를 객체로부터 추출하여 1개 이상의 변수에 할당한다. 이때 객체 디스트럭처링 할당의 대상(할당문의 우변)은 객체이어야 하며, **할당 기준은 프로퍼티 키다.** 즉, 순서는 의미가 없으며 선언된 변수 이름과 프로퍼티 키가 일치하면 할당된다.

【 예제 36-11 】

```
const user = { firstName: 'Ungmo', lastName: 'Lee' };

// ES6 객체 디스트럭처링 할당
// 변수 lastName, firstName을 선언하고 user 객체를 디스트럭처링하여 할당한다.
```

```
// 이때 프로퍼티 키를 기준으로 디스트럭처링 할당이 이루어진다. 순서는 의미가 없다.
const { lastName, firstName } = user;

console.log(firstName, lastName); // Ungmo Lee
```

배열 디스트럭처링 할당과 마찬가지로 객체 디스트럭처링 할당을 위해서는 할당 연산자 왼쪽에 프로퍼티 값을 할당받을 변수를 선언해야 한다. 이때 변수를 객체 리터럴 형태로 선언한다.

【 예제 36-12 】
```
const { lastName, firstName } = { firstName: 'Ungmo', lastName: 'Lee' };
```

이때 우변에 객체 또는 객체로 평가될 수 있는 표현식(문자열, 숫자, 배열 등)을 할당하지 않으면 에러가 발생한다.

【 예제 36-13 】
```
const { lastName, firstName };
// SyntaxError: Missing initializer in destructuring declaration

const { lastName, firstName } = null;
// TypeError: Cannot destructure property 'lastName' of 'null' as it is null.
```

위 예제에서 객체 리터럴 형태로 선언한 변수는 lastName, firstName이다. 이는 프로퍼티 축약 표현을 통해 선언한 것이다.

【 예제 36-14 】
```
const { lastName, firstName } = user;
// 위와 아래는 동치다.
const { lastName: lastName, firstName: firstName } = user;
```

따라서 객체의 프로퍼티 키와 다른 변수 이름으로 프로퍼티 값을 할당받으려면 다음과 같이 변수를 선언한다.

【 예제 36-15 】
```
const user = { firstName: 'Ungmo', lastName: 'Lee' };

// 프로퍼티 키를 기준으로 디스트럭처링 할당이 이루어진다.
// 프로퍼티 키가 lastName인 프로퍼티 값을 ln에 할당하고,
// 프로퍼티 키가 firstName인 프로퍼티 값을 fn에 할당한다.
const { lastName: ln, firstName: fn } = user;

console.log(fn, ln); // Ungmo Lee
```

객체 디스트럭처링 할당을 위한 변수에 기본값을 설정할 수 있다.

【 예제 36-16 】
```javascript
const { firstName = 'Ungmo', lastName } = { lastName: 'Lee' };
console.log(firstName, lastName); // Ungmo Lee

const { firstName: fn = 'Ungmo', lastName: ln } = { lastName: 'Lee' };
console.log(fn, ln); // Ungmo Lee
```

객체 디스트럭처링 할당은 객체에서 프로퍼티 키로 필요한 프로퍼티 값만 추출하여 변수에 할당하고 싶을 때
유용하다.

【 예제 36-17 】
```javascript
const str = 'Hello';
// String 래퍼 객체로부터 length 프로퍼티만 추출한다.
const { length } = str;
console.log(length); // 5

const todo = { id: 1, content: 'HTML', completed: true };
// todo 객체로부터 id 프로퍼티만 추출한다.
const { id } = todo;
console.log(id); // 1
```

객체 디스트럭처링 할당은 객체를 인수로 전달받는 함수의 매개변수에도 사용할 수 있다.

【 예제 36-18 】
```javascript
function printTodo(todo) {
  console.log(`할일 ${todo.content}은 ${todo.completed ? '완료' : '비완료'} 상태입니다.`);
}

printTodo({ id: 1, content: 'HTML', completed: true }); // 할일 HTML은 완료 상태입니다.
```

위 예제에서 객체를 인수로 전달받는 매개변수 todo에 객체 디스트럭처링 할당을 사용하면 좀 더 간단하고
가독성 좋게 표현할 수 있다.

【 예제 36-19 】
```javascript
function printTodo({ content, completed }) {
  console.log(`할일 ${content}은 ${completed ? '완료' : '비완료'} 상태입니다.`);
}

printTodo({ id: 1, content: 'HTML', completed: true }); // 할일 HTML은 완료 상태입니다.
```

배열의 요소가 객체인 경우 배열 디스트럭처링 할당과 객체 디스트럭처링 할당을 혼용할 수 있다.

【 예제 36-20 】

```javascript
const todos = [
  { id: 1, content: 'HTML', completed: true },
  { id: 2, content: 'CSS', completed: false },
  { id: 3, content: 'JS', completed: false }
];

// todos 배열의 두 번째 요소인 객체로부터 id 프로퍼티만 추출한다.
const [, { id }] = todos;
console.log(id); // 2
```

중첩 객체의 경우는 다음과 같이 사용한다.

【 예제 36-21 】

```javascript
const user = {
  name: 'Lee',
  address: {
    zipCode: '03068',
    city: 'Seoul'
  }
};

// address 프로퍼티 키로 객체를 추출하고 이 객체의 city 프로퍼티 키로 값을 추출한다.
const { address: { city } } = user;
console.log(city); // 'Seoul'
```

객체 디스트럭처링 할당을 위한 변수에 Rest 파라미터나 Rest 요소와 유사하게 **Rest 프로퍼티** ... 을 사용할 수 있다. Rest 프로퍼티는 Rest 파라미터나 Rest 요소와 마찬가지로 반드시 마지막에 위치해야 한다.

【 예제 36-22 】

```javascript
// Rest 프로퍼티
const { x, ...rest } = { x: 1, y: 2, z: 3 };
console.log(x, rest); // 1 { y: 2, z: 3 }
```

Rest 프로퍼티는 스프레드 프로퍼티[1]와 함께 2021년 1월 현재 TC39 프로세스의 stage 4(Finished) 단계에 제안되어 있다.[2]

---

1 35.3절 "객체 리터럴 내부에서 사용하는 경우" 참고
2 https://github.com/tc39/proposal-object-rest-spread

37.1 Set

Set 객체는 중복되지 않는 유일한 값들의 집합set**이다.** Set 객체는 **배열과** 유사하지만 다음과 같은 차이가 있다.

구분	배열	Set 객체
동일한 값을 중복하여 포함할 수 있다.	○	×
요소 순서에 의미가 있다.	○	×
인덱스로 요소에 접근할 수 있다.	○	×

이러한 Set 객체의 특성은 수학적 집합[1]의 특성과 일치한다. Set은 수학적 집합을 구현하기 위한 자료구조다. 따라서 Set을 통해 교집합, 합집합, 차집합, 여집합 등을 구현할 수 있다.

37.1.1 Set 객체의 생성

Set 객체는 Set 생성자 함수로 생성한다. Set 생성자 함수에 인수를 전달하지 않으면 빈 Set 객체가 생성된다.

【 예제 37-01 】

```
const set = new Set();
console.log(set); // Set(0) {}
```

---

1 https://ko.wikipedia.org/wiki/집합

Set 생성자 함수는 이터러블을 인수로 전달받아 Set 객체를 생성한다. 이때 이터러블의 중복된 값은 Set 객체에 요소로 저장되지 않는다.

【 예제 37-02 】

```
const set1 = new Set([1, 2, 3, 3]);
console.log(set1); // Set(3) {1, 2, 3}

const set2 = new Set('hello');
console.log(set2); // Set(4) {"h", "e", "l", "o"}
```

중복을 허용하지 않는 Set 객체의 특성을 활용하여 배열에서 중복된 요소를 제거할 수 있다.

【 예제 37-03 】

```
// 배열의 중복 요소 제거
const uniq = array => array.filter((v, i, self) => self.indexOf(v) === i);
console.log(uniq([2, 1, 2, 3, 4, 3, 4])); // [2, 1, 3, 4]

// Set을 사용한 배열의 중복 요소 제거
const uniq = array => [...new Set(array)];
console.log(uniq([2, 1, 2, 3, 4, 3, 4])); // [2, 1, 3, 4]
```

37.1.2 요소 개수 확인

Set 객체의 요소 개수를 확인할 때는 Set.prototype.size 프로퍼티를 사용한다.

【 예제 37-04 】

```
const { size } = new Set([1, 2, 3, 3]);
console.log(size); // 3
```

size 프로퍼티는 setter 함수 없이 getter 함수만 존재하는 접근자 프로퍼티[2]다. 따라서 size 프로퍼티에 숫자를 할당하여 Set 객체의 요소 개수를 변경할 수 없다.

【 예제 37-05 】

```
const set = new Set([1, 2, 3]);

console.log(Object.getOwnPropertyDescriptor(Set.prototype, 'size'));
// {set: undefined, enumerable: false, configurable: true, get: f}

set.size = 10; // 무시된다.
console.log(set.size); // 3
```

---

2   16.3.2절 "접근자 프로퍼티" 참고

37.1.3 요소 추가

Set 객체에 요소를 추가할 때는 Set.prototype.add 메서드를 사용한다.

【 예제 37-06 】

```
const set = new Set();
console.log(set); // Set(0) {}

set.add(1);
console.log(set); // Set(1) {1}
```

add 메서드는 새로운 요소가 추가된 Set 객체를 반환한다. 따라서 add 메서드를 호출한 후에 add 메서드를 연속적으로 호출^{method chaining}할 수 있다.

【 예제 37-07 】

```
const set = new Set();

set.add(1).add(2);
console.log(set); // Set(2) {1, 2}
```

Set 객체에 중복된 요소의 추가는 허용되지 않는다. 이때 에러가 발생하지는 않고 무시된다.

【 예제 37-08 】

```
const set = new Set();

set.add(1).add(2).add(2);
console.log(set); // Set(2) {1, 2}
```

일치 비교 연산자 ===을 사용하면 NaN과 NaN을 다르다고 평가한다[3]. 하지만 Set 객체는 NaN과 NaN을 같다고 평가하여 중복 추가를 허용하지 않는다. +0과 -0은 일치 비교 연산자 ===와 마찬가지로 같다고 평가하여 중복 추가를 허용하지 않는다.

【 예제 37-09 】

```
const set = new Set();

console.log(NaN === NaN); // false
console.log(0 === -0); // true

// NaN과 NaN을 같다고 평가하여 중복 추가를 허용하지 않는다.
set.add(NaN).add(NaN);
```

```
console.log(set); // Set(1) {NaN}

// +0과 -0을 같다고 평가하여 중복 추가를 허용하지 않는다.
set.add(0).add(-0);
console.log(set); // Set(2) {NaN, 0}
```

Set 객체는 객체나 배열과 같이 자바스크립트의 모든 값을 요소로 저장할 수 있다.

【 예제 37-10 】
```
const set = new Set();

set
  .add(1)
  .add('a')
  .add(true)
  .add(undefined)
  .add(null)
  .add({})
  .add([])
  .add(() => {});

console.log(set); // Set(8) {1, "a", true, undefined, null, {}, [], () => {}}
```

37.1.4 요소 존재 여부 확인

Set 객체에 특정 요소가 존재하는지 확인하려면 Set.prototype.has 메서드를 사용한다. has 메서드는 특정 요소의 존재 여부를 나타내는 불리언 값을 반환한다.

【 예제 37-11 】
```
const set = new Set([1, 2, 3]);

console.log(set.has(2)); // true
console.log(set.has(4)); // false
```

37.1.5 요소 삭제

Set 객체의 특정 요소를 삭제하려면 Set.prototype.delete 메서드를 사용한다. delete 메서드는 삭제 성공 여부를 나타내는 불리언 값을 반환한다.

delete 메서드에는 인덱스가 아니라 삭제하려는 요소값을 인수로 전달해야 한다. Set 객체는 순서에 의미가 없다. 다시 말해, 배열과 같이 인덱스를 갖지 않는다.

```javascript
const set = new Set([1, 2, 3]);

// 요소 2를 삭제한다.
set.delete(2);
console.log(set); // Set(2) {1, 3}

// 요소 1을 삭제한다.
set.delete(1);
console.log(set); // Set(1) {3}
```

만약 존재하지 않는 Set 객체의 요소를 삭제하려 하면 에러 없이 무시된다.

【 예제 37-13 】
```javascript
const set = new Set([1, 2, 3]);

// 존재하지 않는 요소 0을 삭제하면 에러 없이 무시된다.
set.delete(0);
console.log(set); // Set(3) {1, 2, 3}
```

delete 메서드는 삭제 성공 여부를 나타내는 불리언 값을 반환한다. 따라서 Set.prototype.add 메서드와 달리 연속적으로 호출method chaining할 수 없다.

【 예제 37-14 】
```javascript
const set = new Set([1, 2, 3]);

// delete는 불리언 값을 반환한다.
set.delete(1).delete(2); // TypeError: set.delete( ... ).delete is not a function
```

37.1.6 요소 일괄 삭제

Set 객체의 모든 요소를 일괄 삭제하려면 Set.prototype.clear 메서드를 사용한다. clear 메서드는 언제나 undefined를 반환한다.

【 예제 37-15 】
```javascript
const set = new Set([1, 2, 3]);

set.clear();
console.log(set); // Set(0) {}
```

37.1.7 요소 순회

Set 객체의 요소를 순회하려면 Set.prototype.forEach 메서드를 사용한다. Set.prototype.forEach 메서드는 Array.prototype.forEach 메서드와 유사하게 콜백 함수와 forEach 메서드의 콜백 함수 내부에서 this로 사용될 객체(옵션)를 인수로 전달한다. 이때 콜백 함수는 다음과 같이 3개의 인수를 전달받는다.

- **첫 번째 인수**: 현재 순회 중인 요소값
- **두 번째 인수**: 현재 순회 중인 요소값
- **세 번째 인수**: 현재 순회 중인 Set 객체 자체

첫 번째 인수와 두 번째 인수는 같은 값이다. 이처럼 동작하는 이유는 Array.prototype.forEach 메서드와 인터페이스를 통일하기 위함이며 다른 의미는 없다. Array.prototype.forEach 메서드의 콜백 함수는 두 번째 인수로 현재 순회 중인 요소의 인덱스를 전달받는다. 하지만 Set 객체는 순서에 의미가 없어 배열과 같이 인덱스를 갖지 않는다.

【 예제 37-16 】

```
const set = new Set([1, 2, 3]);

set.forEach((v, v2, set) => console.log(v, v2, set));
/*
1 1 Set(3) {1, 2, 3}
2 2 Set(3) {1, 2, 3}
3 3 Set(3) {1, 2, 3}
*/
```

Set 객체는 이터러블이다. 따라서 for … of 문으로 순회할 수 있으며, 스프레드 문법과 배열 디스트럭처링의 대상이 될 수도 있다.

【 예제 37-17 】

```
const set = new Set([1, 2, 3]);

// Set 객체는 Set.prototype의 Symbol.iterator 메서드를 상속받는 이터러블이다.
console.log(Symbol.iterator in set); // true

// 이터러블인 Set 객체는 for … of 문으로 순회할 수 있다.
for (const value of set) {
  console.log(value); // 1 2 3
}

// 이터러블인 Set 객체는 스프레드 문법의 대상이 될 수 있다.
console.log([...set]); // [1, 2, 3]
```

```
// 이터러블인 Set 객체는 배열 디스트럭처링 할당의 대상이 될 수 있다.
const [a, ... rest] = set;
console.log(a, rest); // 1, [2, 3]
```

Set 객체는 요소의 순서에 의미를 갖지 않지만 Set 객체를 순회하는 순서는 요소가 추가된 순서를 따른다. 이는 ECMAScript 사양에 규정되어 있지는 않지만 다른 이터러블의 순회와 호환성을 유지하기 위함이다.

37.1.8 집합 연산

Set 객체는 수학적 집합을 구현하기 위한 자료구조다. 따라서 Set 객체를 통해 교집합, 합집합, 차집합 등을 구현할 수 있다. 집합 연산을 수행하는 프로토타입 메서드를 구현하면 다음과 같다.

교집합

교집합 A∩B는 집합 A와 집합 B의 공통 요소로 구성된다.

【 예제 37-18 】

```
Set.prototype.intersection = function (set) {
  const result = new Set();

  for (const value of set) {
    // 2개의 set의 요소가 공통되는 요소이면 교집합의 대상이다.
    if (this.has(value)) result.add(value);
  }

  return result;
};

const setA = new Set([1, 2, 3, 4]);
const setB = new Set([2, 4]);

// setA와 setB의 교집합
console.log(setA.intersection(setB)); // Set(2) {2, 4}
// setB와 setA의 교집합
console.log(setB.intersection(setA)); // Set(2) {2, 4}
```

또는 다음과 같은 방법으로도 가능하다.

【 예제 37-19 】

```
Set.prototype.intersection = function (set) {
  return new Set([... this].filter(v => set.has(v)));
};
```

```
const setA = new Set([1, 2, 3, 4]);
const setB = new Set([2, 4]);

// setA와 setB의 교집합
console.log(setA.intersection(setB)); // Set(2) {2, 4}
// setB와 setA의 교집합
console.log(setB.intersection(setA)); // Set(2) {2, 4}
```

합집합

합집합 A∪B는 집합 A와 집합 B의 중복 없는 모든 요소로 구성된다.

【 예제 37-20 】

```
Set.prototype.union = function (set) {
  // this(Set 객체)를 복사
  const result = new Set(this);

  for (const value of set) {
    // 합집합은 2개의 Set 객체의 모든 요소로 구성된 집합이다. 중복된 요소는 포함되지 않는다.
    result.add(value);
  }

  return result;
};

const setA = new Set([1, 2, 3, 4]);
const setB = new Set([2, 4]);

// setA와 setB의 합집합
console.log(setA.union(setB)); // Set(4) {1, 2, 3, 4}
// setB와 setA의 합집합
console.log(setB.union(setA)); // Set(4) {2, 4, 1, 3}
```

또는 다음과 같은 방법으로도 가능하다.

【 예제 37-21 】

```
Set.prototype.union = function (set) {
  return new Set([...this, ...set]);
};

const setA = new Set([1, 2, 3, 4]);
const setB = new Set([2, 4]);

// setA와 setB의 합집합
```

```
console.log(setA.union(setB)); // Set(4) {1, 2, 3, 4}
// setB와 setA의 합집합
console.log(setB.union(setA)); // Set(4) {2, 4, 1, 3}
```

차집합

차집합 A−B는 집합 A에는 존재하지만 집합 B에는 존재하지 않는 요소로 구성된다.

【 예제 37-22 】

```
Set.prototype.difference = function (set) {
  // this(Set 객체)를 복사
  const result = new Set(this);

  for (const value of set) {
    // 차집합은 어느 한쪽 집합에는 존재하지만 다른 한쪽 집합에는 존재하지 않는 요소로 구성된 집합이다.
    result.delete(value);
  }

  return result;
};

const setA = new Set([1, 2, 3, 4]);
const setB = new Set([2, 4]);

// setA에 대한 setB의 차집합
console.log(setA.difference(setB)); // Set(2) {1, 3}
// setB에 대한 setA의 차집합
console.log(setB.difference(setA)); // Set(0) {}
```

또는 다음과 같은 방법으로도 가능하다.

【 예제 37-23 】

```
Set.prototype.difference = function (set) {
  return new Set([...this].filter(v => !set.has(v)));
};

const setA = new Set([1, 2, 3, 4]);
const setB = new Set([2, 4]);

// setA에 대한 setB의 차집합
console.log(setA.difference(setB)); // Set(2) {1, 3}
// setB에 대한 setA의 차집합
console.log(setB.difference(setA)); // Set(0) {}
```

부분 집합과 상위 집합

집합 A가 집합 B에 포함되는 경우(A⊆B) 집합 A는 집합 B의 부분 집합[subset]이며, 집합 B는 집합 A의 상위 집합[superset]이다.

【 예제 37-24 】

```javascript
// this가 subset의 상위 집합인지 확인한다.
Set.prototype.isSuperset = function (subset) {
  for (const value of subset) {
    // superset의 모든 요소가 subset의 모든 요소를 포함하는지 확인
    if (!this.has(value)) return false;
  }

  return true;
};

const setA = new Set([1, 2, 3, 4]);
const setB = new Set([2, 4]);

// setA가 setB의 상위 집합인지 확인한다.
console.log(setA.isSuperset(setB)); // true
// setB가 setA의 상위 집합인지 확인한다.
console.log(setB.isSuperset(setA)); // false
```

또는 다음과 같은 방법으로도 가능하다.

【 예제 37-25 】

```javascript
// this가 subset의 상위 집합인지 확인한다.
Set.prototype.isSuperset = function (subset) {
  const supersetArr = [...this];
  return [...subset].every(v => supersetArr.includes(v));
};

const setA = new Set([1, 2, 3, 4]);
const setB = new Set([2, 4]);

// setA가 setB의 상위 집합인지 확인한다.
console.log(setA.isSuperset(setB)); // true
// setB가 setA의 상위 집합인지 확인한다.
console.log(setB.isSuperset(setA)); // false
```

37.2 Map

Map 객체는 키와 값의 쌍으로 이루어진 컬렉션이다. Map 객체는 **객체와 유사**[4]하지만 다음과 같은 차이가 있다.

구분	객체	Map 객체
키로 사용할 수 있는 값	문자열 또는 심벌 값	객체를 포함한 모든 값
이터러블	×	○
요소 개수 확인	Object.keys(obj).length	map.size

37.2.1 Map 객체의 생성

Map 객체는 Map 생성자 함수로 생성한다. Map 생성자 함수에 인수를 전달하지 않으면 빈 Map 객체가 생성된다.

【 예제 37-26 】
```
const map = new Map();
console.log(map); // Map(0) {}
```

Map 생성자 함수는 이터러블을 인수로 전달받아 Map 객체를 생성한다. 이때 인수로 전달되는 이터러블은 키와 값의 쌍으로 이루어진 요소로 구성되어야 한다.

【 예제 37-27 】
```
const map1 = new Map([['key1', 'value1'], ['key2', 'value2']]);
console.log(map1); // Map(2) {"key1" => "value1", "key2" => "value2"}

const map2 = new Map([1, 2]); // TypeError: Iterator value 1 is not an entry object
```

Map 생성자 함수의 인수로 전달한 이터러블에 중복된 키를 갖는 요소가 존재하면 값이 덮어써진다. 따라서 Map 객체에는 중복된 키를 갖는 요소가 존재할 수 없다.

【 예제 37-28 】
```
const map = new Map([['key1', 'value1'], ['key1', 'value2']]);
console.log(map); // Map(1) {"key1" => "value2"}
```

37.2.2 요소 개수 확인

Map 객체의 요소 개수를 확인할 때는 Map.prototype.size 프로퍼티를 사용한다.

---

4   Set 객체는 중복되지 않는 유일한 값들의 집합으로 배열과 유사하다.

【 예제 37-29 】

```
const { size } = new Map([['key1', 'value1'], ['key2', 'value2']]);
console.log(size); // 2
```

size 프로퍼티는 setter 함수 없이 getter 함수만 존재하는 접근자 프로퍼티[5]다. 따라서 size 프로퍼티에 숫자를 할당하여 Map 객체의 요소 개수를 변경할 수 없다.

【 예제 37-30 】

```
const map = new Map([['key1', 'value1'], ['key2', 'value2']]);

console.log(Object.getOwnPropertyDescriptor(Map.prototype, 'size'));
// {set: undefined, enumerable: false, configurable: true, get: f}

map.size = 10; // 무시된다.
console.log(map.size); // 2
```

37.2.3 요소 추가

Map 객체에 요소를 추가할 때는 Map.prototype.set 메서드를 사용한다.

【 예제 37-31 】

```
const map = new Map();
console.log(map); // Map(0) {}

map.set('key1', 'value1');
console.log(map); // Map(1) {"key1" => "value1"}
```

set 메서드는 새로운 요소가 추가된 Map 객체를 반환한다. 따라서 set 메서드를 호출한 후에 set 메서드를 연속적으로 호출method chaining할 수 있다.

【 예제 37-32 】

```
const map = new Map();

map
  .set('key1', 'value1')
  .set('key2', 'value2');

console.log(map); // Map(2) {"key1" => "value1", "key2" => "value2"}
```

---

5   10.3.2절 "접근자 프로퍼티"

Map 객체에는 중복된 키를 갖는 요소가 존재할 수 없기 때문에 중복된 키를 갖는 요소를 추가하면 값이 덮어써진다. 이때 에러가 발생하지는 않는다.

【 예제 37-33 】
```javascript
const map = new Map();

map
  .set('key1', 'value1')
  .set('key1', 'value2');

console.log(map); // Map(1) {"key1" => "value2"}
```

일치 비교 연산자 ===을 사용하면 NaN과 NaN을 다르다고 평가한다[6]. 하지만 Map 객체는 NaN과 NaN을 같다고 평가하여 중복 추가를 허용하지 않는다. +0과 -0은 일치 비교 연산자 ===와 마찬가지로 같다고 평가하여 중복 추가를 허용하지 않는다.

【 예제 37-34 】
```javascript
const map = new Map();

console.log(NaN === NaN); // false
console.log(0 === -0); // true

// NaN과 NaN을 같다고 평가하여 중복 추가를 허용하지 않는다.
map.set(NaN, 'value1').set(NaN, 'value2');
console.log(map); // Map(1) { NaN => 'value2' }

// +0과 -0을 같다고 평가하여 중복 추가를 허용하지 않는다.
map.set(0, 'value1').set(-0, 'value2');
console.log(map); // Map(2) { NaN => 'value2', 0 => 'value2' }
```

객체는 문자열 또는 심벌 값만 키로 사용할 수 있다. 하지만 Map 객체는 키 타입에 제한이 없다. 따라서 객체를 포함한 모든 값을 키로 사용할 수 있다. 이는 Map 객체와 일반 객체의 가장 두드러지는 차이점이다.

【 예제 37-35 】
```javascript
const map = new Map();

const lee = { name: 'Lee' };
const kim = { name: 'Kim' };

// 객체도 키로 사용할 수 있다.
map
  .set(lee, 'developer')
```

```
  .set(kim, 'designer');

console.log(map);
// Map(2) { {name: "Lee"} => "developer", {name: "Kim"} => "designer" }
```

37.2.4 요소 취득

Map 객체에서 특정 요소를 취득하려면 Map.prototype.get 메서드를 사용한다. get 메서드의 인수로 키를 전달하면 Map 객체에서 인수로 전달한 키를 갖는 값을 반환한다. Map 객체에서 인수로 전달한 키를 갖는 요소가 존재하지 않으면 undefined를 반환한다.

【 예제 37-36 】
```
const map = new Map();

const lee = { name: 'Lee' };
const kim = { name: 'Kim' };

map
  .set(lee, 'developer')
  .set(kim, 'designer');

console.log(map.get(lee)); // developer
console.log(map.get('key')); // undefined
```

37.2.5 요소 존재 여부 확인

Map 객체에 특정 요소가 존재하는지 확인하려면 Map.prototype.has 메서드를 사용한다. has 메서드는 특정 요소의 존재 여부를 나타내는 불리언 값을 반환한다.

【 예제 37-37 】
```
const lee = { name: 'Lee' };
const kim = { name: 'Kim' };

const map = new Map([[lee, 'developer'], [kim, 'designer']]);

console.log(map.has(lee)); // true
console.log(map.has('key')); // false
```

37.2.6 요소 삭제

Map 객체의 요소를 삭제하려면 Map.prototype.delete 메서드를 사용한다. delete 메서드는 삭제 성공 여부를 나타내는 불리언 값을 반환한다.

【 예제 37-38 】
```
const lee = { name: 'Lee' };
const kim = { name: 'Kim' };

const map = new Map([[lee, 'developer'], [kim, 'designer']]);

map.delete(kim);
console.log(map); // Map(1) { {name: "Lee"} => "developer" }
```

만약 존재하지 않는 키로 Map 객체의 요소를 삭제하려 하면 에러 없이 무시된다.

【 예제 37-39 】
```
const map = new Map([['key1', 'value1']]);

// 존재하지 않는 키 'key2'로 요소를 삭제하려 하면 에러 없이 무시된다.
map.delete('key2');
console.log(map); // Map(1) {"key1" => "value2"}
```

delete 메서드는 삭제 성공 여부를 나타내는 불리언 값을 반환한다. 따라서 set 메서드와 달리 연속적으로 호출^{method chaining}할 수 없다.

호출^{method chaining}할 수 없다.

【 예제 37-40 】
```
const lee = { name: 'Lee' };
const kim = { name: 'Kim' };

const map = new Map([[lee, 'developer'], [kim, 'designer']]);

map.delete(lee).delete(kim); // TypeError: map.delete( ... ).delete is not a function
```

37.2.7 요소 일괄 삭제

Map 객체의 요소를 일괄 삭제하려면 Map.prototype.clear 메서드를 사용한다. clear 메서드는 언제나 undefined를 반환한다.

【 예제 37-41 】
```
const lee = { name: 'Lee' };
const kim = { name: 'Kim' };

const map = new Map([[lee, 'developer'], [kim, 'designer']]);

map.clear();
console.log(map); // Map(0) {}
```

37.2.8 요소 순회

Map 객체의 요소를 순회하려면 Map.prototype.forEach 메서드를 사용한다. Map.prototype.forEach 메서드는 Array.prototype.forEach 메서드와 유사하게 콜백 함수와 forEach 메서드의 콜백 함수 내부에서 this로 사용될 객체(옵션)를 인수로 전달한다. 이때 콜백 함수는 다음과 같이 3개의 인수를 전달받는다.

- **첫 번째 인수**: 현재 순회 중인 요소값
- **두 번째 인수**: 현재 순회 중인 요소키
- **세 번째 인수**: 현재 순회 중인 Map 객체 자체

【 예제 37-42 】

```javascript
const lee = { name: 'Lee' };
const kim = { name: 'Kim' };

const map = new Map([[lee, 'developer'], [kim, 'designer']]);

map.forEach((v, k, map) => console.log(v, k, map));
/*
developer {name: "Lee"} Map(2) {
  {name: "Lee"} => "developer",
  {name: "Kim"} => "designer"
}
designer {name: "Kim"} Map(2) {
  {name: "Lee"} => "developer",
  {name: "Kim"} => "designer"
}
*/
```

Map 객체는 이터러블이다. 따라서 for ... of 문으로 순회할 수 있으며, 스프레드 문법과 배열 디스트럭처링 할당의 대상이 될 수도 있다.

【 예제 37-43 】

```javascript
const lee = { name: 'Lee' };
const kim = { name: 'Kim' };

const map = new Map([[lee, 'developer'], [kim, 'designer']]);

// Map 객체는 Map.prototype의 Symbol.iterator 메서드를 상속받는 이터러블이다.
console.log(Symbol.iterator in map); // true

// 이터러블인 Map 객체는 for ... of 문으로 순회할 수 있다.
for (const entry of map) {
  console.log(entry); // [{name: "Lee"}, "developer"] [{name: "Kim"}, "designer"]
}
```

```javascript
// 이터러블인 Map 객체는 스프레드 문법의 대상이 될 수 있다.
console.log([...map]);
// [[{name: "Lee"}, "developer"], [{name: "Kim"}, "designer"]]

// 이터러블인 Map 객체는 배열 디스트럭처링 할당의 대상이 될 수 있다.
const [a, b] = map;
console.log(a, b); // [{name: "Lee"}, "developer"]  [{name: "Kim"}, "designer"]
```

Map 객체는 이터러블이면서 동시에 이터레이터인 객체[7]를 반환하는 메서드를 제공한다.

Map 메서드	설명
Map.prototype.keys	Map 객체에서 요소키를 값으로 갖는 이터러블이면서 동시에 이터레이터인 객체를 반환한다.
Map.prototype.values	Map 객체에서 요소값을 값으로 갖는 이터러블이면서 동시에 이터레이터인 객체를 반환한다.
Map.prototype.entries	Map 객체에서 요소키와 요소값을 값으로 갖는 이터러블이면서 동시에 이터레이터인 객체를 반환한다.

【 예제 37-44 】

```javascript
const lee = { name: 'Lee' };
const kim = { name: 'Kim' };

const map = new Map([[lee, 'developer'], [kim, 'designer']]);

// Map.prototype.keys는 Map 객체에서 요소키를 값으로 갖는 이터레이터를 반환한다.
for (const key of map.keys()) {
  console.log(key); // {name: "Lee"} {name: "Kim"}
}

// Map.prototype.values는 Map 객체에서 요소값을 값으로 갖는 이터레이터를 반환한다.
for (const value of map.values()) {
  console.log(value); // developer designer
}

// Map.prototype.entries는 Map 객체에서 요소키와 요소값을 값으로 갖는 이터레이터를 반환한다.
for (const entry of map.entries()) {
  console.log(entry); // [{name: "Lee"}, "developer"]  [{name: "Kim"}, "designer"]
}
```

Map 객체는 요소의 순서에 의미를 갖지 않지만 Map 객체를 순회하는 순서는 요소가 추가된 순서를 따른다. 이는 ECMAScript 사양에 규정되어 있지는 않지만 다른 이터러블의 순회와 호환성을 유지하기 위함이다.

---

7   34.6.3절 "이터러블이면서 이터레이터인 객체를 생성하는 함수" 참고

38장

브라우저의 렌더링 과정

구글의 V8 자바스크립트 엔진으로 빌드된 자바스크립트 런타임 환경runtime environment인 Node.js의 등장으로 자바스크립트는 웹 브라우저를 벗어나 서버 사이드 애플리케이션 개발에서도 사용할 수 있는 범용 개발 언어가 되었다. 하지만 자바스크립트가 가장 많이 사용되는 분야는 역시 웹 브라우저 환경에서 동작하는 웹페이지/애플리케이션의 클라이언트 사이드다.

대부분의 프로그래밍 언어는 운영체제Operating System, OS나 가상 머신Virtual Machine, VM[1] 위에서 실행되지만 웹 애플리케이션의 클라이언트 사이드 자바스크립트는 브라우저에서 HTML, CSS와 함께 실행된다. 따라서 브라우저 환경을 고려할 때 더 효율적인 클라이언트 사이드 자바스크립트 프로그래밍이 가능하다.

이를 위해 브라우저가 HTML, CSS, 자바스크립트로 작성된 텍스트 문서를 어떻게 파싱(해석)하여 브라우저에 렌더링하는지 살펴보자.

- **파싱**parsing

  파싱(구문 분석syntax analysis)은 프로그래밍 언어의 문법에 맞게 작성된 텍스트 문서를 읽어 들여 실행하기 위해 텍스트 문서의 문자열을 토큰token[2]으로 분해(어휘 분석lexical analysis)하고, 토큰에 문법적 의미와 구조를 반영하여 트리 구조의 자료구조인 파스 트리parse tree/syntax tree를 생성하는 일련의 과정을 말한다. 일반적으로 파싱이 완료된 이후에는 파스 트리를 기반으로 중간 언어intermediate code인 바이트코드bytecode[3]를 생성하고 실행한다. 이에 대해서는 38.6절 "자바스크립트 파싱과 실행"에서 살펴볼 것이다.

- **렌더링**rendering

  렌더링은 HTML, CSS, 자바스크립트로 작성된 문서를 파싱하여 브라우저에 시각적으로 출력하는 것을 말한다.

---

1 https://ko.wikipedia.org/wiki/가상_머신
2 토큰이란 문법적인 의미를 가지며, 문법적으로 더는 나눌 수 없는 코드의 기본 요소를 의미한다.
3 바이트코드는 특정한 하드웨어가 아니라 가상 머신에서 실행하도록 만든 바이너리 코드를 의미한다.
  • https://ko.wikipedia.org/wiki/바이트코드

다음 그림은 브라우저의 렌더링 과정critical rendering path을 간략하게 표현한 것이다.

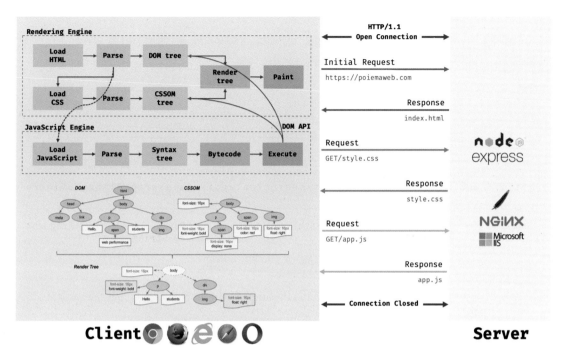

그림 38-1 브라우저의 렌더링 과정

브라우저는 다음과 같은 과정을 거쳐 렌더링을 수행한다.

1. 브라우저는 HTML, CSS, 자바스크립트, 이미지, 폰트 파일 등 렌더링에 필요한 리소스를 요청하고 서버로부터 응답을 받는다.

2. 브라우저의 렌더링 엔진은 서버로부터 응답된 HTML과 CSS를 파싱하여 DOM과 CSSOM을 생성하고 이들을 결합하여 렌더 트리를 생성한다.

3. 브라우저의 자바스크립트 엔진은 서버로부터 응답된 자바스크립트를 파싱하여 ASTAbstract Syntax Tree를 생성하고 바이트코드로 변환하여 실행한다. 이때 자바스크립트는 DOM API를 통해 DOM이나 CSSOM을 변경할 수 있다. 변경된 DOM과 CSSOM은 다시 렌더 트리로 결합된다.

4. 렌더 트리를 기반으로 HTML 요소의 레이아웃(위치와 크기)을 계산하고 브라우저 화면에 HTML 요소를 페인팅한다.

38.1 요청과 응답

브라우저의 핵심 기능은 필요한 리소스(HTML, CSS, 자바스크립트, 이미지, 폰트 등의 정적 파일 또는 서버가 동적으로 생성한 데이터)를 서버에 요청request하고 서버로부터 응답response받아 브라우저에 시각적으로 렌

더링하는 것이다. 즉, 렌더링에 필요한 리소스는 모두 서버에 존재하므로 필요한 리소스를 서버에 요청하고
서버가 응답한 리소스를 파싱하여 렌더링하는 것이다.

서버에 요청을 전송하기 위해 브라우저는 주소창을 제공한다. 브라우저의 주소창에 URL을 입력하고 엔터 키
를 누르면 URL의 호스트 이름[4]이 DNS[5]를 통해 IP 주소로 변환되고 이 IP 주소를 갖는 서버에게 요청을 전
송한다.

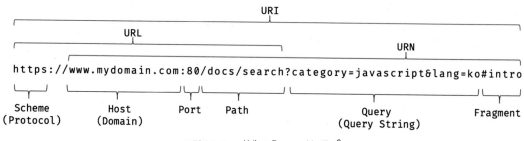

그림 38-2 URI Uniform Resource Identifier [6]

예를 들어, 브라우저의 주소창에 https://poiemaweb.com을 입력하고 엔터 키를 누르면 루트 요청(/, 스킴
scheme과 호스트host 만으로 구성된 URI에 의한 요청)이 poiemaweb.com 서버로 전송된다. 루트 요청에는 명확
히 리소스를 요청하는 내용이 없지만 일반적으로 서버는 루트 요청에 대해 암묵적으로 index.html을 응답하
도록 기본 설정되어 있다. 즉, https://poiemaweb.com은 https://poiemaweb.com/index.html과 같은
요청이다.

따라서 서버는 루트 요청에 대해 서버의 루트 폴더에 존재하는 정적 파일 index.html을 클라이언트(브라
우저)로 응답한다. 만약 index.html이 아닌 다른 정적 파일을 서버에 요청하려면 브라우저의 주소창에
https://poiemaweb.com/assets/data/data.json과 같이 요청할 정적 파일의 경로(서버의 루트 폴더 기
준)와 파일 이름을 URI의 호스트 뒤의 패스path에 기술하여 서버에 요청한다. 그러면 서버는 루트 폴더의
assets/data 폴더 내에 있는 정적 파일 data.json을 응답할 것이다.

반드시 브라우저의 주소창을 통해 서버에게 정적 파일만을 요청할 수 있는 것은 아니다. 자바스크립트를 통
해 동적으로 서버에 정적/동적 데이터를 요청할 수도 있다. 이에 대해서는 43장 "ajax"와 44장 "REST API"
에서 자세히 살펴보자.

요청과 응답은 개발자 도구의 Network 패널에서 확인할 수 있다. 브라우저의 주소창에 https://
poiemaweb.com을 입력하고 엔터 키를 눌러 서버에 루트 요청을 전송해 보자. 다음 그림처럼 브라우저

4 https://ko.wikipedia.org/wiki/호스트명
5 https://ko.wikipedia.org/wiki/도메인_네임_시스템
6 https://ko.wikipedia.org/wiki/통합_자원_식별자

가 poiemaweb.com 서버에 요청한 내용과 서버가 응답한 내용을 개발자 도구의 Network 패널에서 확인할 수 있다.

개발자 도구의 Network 패널을 활성화하기 이전에 브라우저가 이미 응답을 받은 경우 응답된 리소스가 표시되지 않는다. 따라서 Network 패널에 아무런 리소스가 표시되지 않았다면 페이지를 새로고침해야 한다.

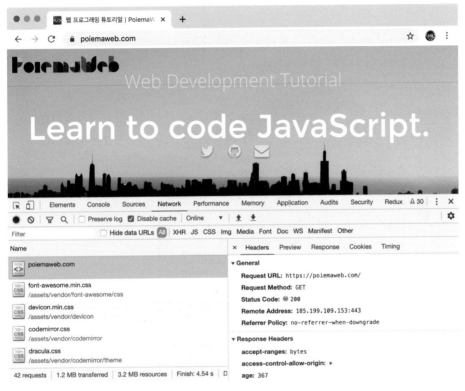

그림 38-3 개발자 도구의 Network 패널에서 확인한 요청과 응답

위 그림을 살펴보면 index.html(poiemaweb.com)뿐만 아니라 CSS, 자바스크립트, 이미지, 폰트 파일들도 응답된 것을 확인할 수 있다. 요청도 하지 않은 이 리소스들은 왜 응답되었을까?

이는 브라우저의 렌더링 엔진이 HTML(index.html)을 파싱하는 도중에 외부 리소스를 로드하는 태그, 즉 CSS 파일을 로드하는 link 태그, 이미지 파일을 로드하는 img 태그, 자바스크립트를 로드하는 script 태그 등을 만나면 HTML의 파싱을 일시 중단하고 해당 리소스 파일을 서버로 요청하기 때문이다.

38.2 HTTP 1.1과 HTTP 2.0

HTTP^{HyperText Transfer Protocol 7}는 웹에서 브라우저와 서버가 통신하기 위한 프로토콜(규약)이다. 1989년, HTML, URL과 함께 팀 버너스 리 경^{Sir Tim Berners-Lee}이 고안한 HTTP는 1991년 최초로 문서화되었고 1996년 HTTP/1.0, 1999년 HTTP/1.1, 2015년 HTTP/2가 발표되었다. 이 가운데 HTTP/1.1과 HTTP/2의 차이점을 간략히 살펴보자.

HTTP/1.1은 기본적으로 커넥션^{connection}당 하나의 요청과 응답만 처리한다. 즉, 여러 개의 요청을 한 번에 전송할 수 없고 응답 또한 마찬가지다. 따라서 HTML 문서 내에 포함된 여러 개의 리소스 요청, 즉 CSS 파일을 로드하는 link 태그, 이미지 파일을 로드하는 img 태그, 자바스크립트를 로드하는 script 태그 등에 의한 리소스 요청이 개별적으로 전송되고 응답 또한 개별적으로 전송된다. 이처럼 HTTP/1.1은 리소스의 동시 전송이 불가능한 구조이므로 요청할 리소스의 개수에 비례하여 응답 시간도 증가하는 단점이 있다.

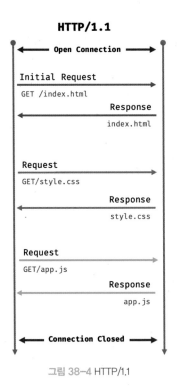

그림 38-4 HTTP/1.1

이처럼 HTTP/1.1은 다중 요청/응답이 불가하다는 단점이 있지만 HTTP/2는 커넥션당 여러 개의 요청과 응답, 즉 다중 요청/응답이 가능하다. 따라서 HTTP/2.0은 여러 리소스의 동시 전송이 가능하므로 HTTP/1.1에 비해 페이지 로드 속도가 약 50% 정도 빠르다고 알려져 있다.

---

7 https://ko.wikipedia.org/wiki/HTTP

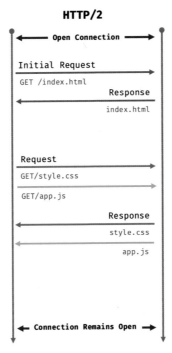

HTTP/2

Open Connection

Initial Request

GET /index.html

Response

index.html

Request

GET/style.css

GET/app.js

Response

style.css

app.js

Connection Remains Open

그림 38-5 HTTP/2

HTTP/2에 대한 자세한 내용은 구글의 'HTTP/2 소개'[8]를 참고하기 바란다.

38.3 HTML 파싱과 DOM 생성

브라우저의 요청에 의해 서버가 응답한 HTML 문서는 문자열로 이루어진 순수한 텍스트다. 순수한 텍스트인 HTML 문서를 브라우저에 시각적인 픽셀로 렌더링하려면 HTML 문서를 브라우저가 이해할 수 있는 자료구조(객체)로 변환하여 메모리에 저장해야 한다.

예를 들어, 다음과 같은 index.html이 서버로부터 응답되었다고 가정해보자.

【 예제 38-01 】

```
<!DOCTYPE html>
<html>
  <head>
    <meta charset="UTF-8">
    <link rel="stylesheet" href="style.css">
```

---

8 https://developers.google.com/web/fundamentals/performance/http2/?hl=ko

```
  </head>
  <body>
    <ul>
      <li id="apple">Apple</li>
      <li id="banana">Banana</li>
      <li id="orange">Orange</li>
    </ul>
    <script src="app.js"></script>
  </body>
</html>
```

브라우저의 렌더링 엔진은 다음 그림과 같은 과정을 통해 응답받은 HTML 문서를 파싱하여 브라우저가 이해할 수 있는 자료구조인 DOM^{Document Object Model}을 생성한다.

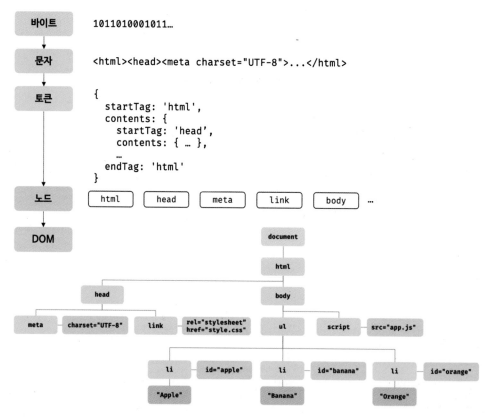

그림 38-6 HTML 파싱과 DOM 생성

1. 서버에 존재하던 HTML 파일이 브라우저의 요청에 의해 응답된다. 이때 서버는 브라우저가 요청한 HTML 파일을 읽어 들여 메모리에 저장한 다음 메모리에 저장된 바이트(2진수)를 인터넷을 경유하여 응답한다.

2. 브라우저는 서버가 응답한 HTML 문서를 바이트(2진수) 형태로 응답받는다. 그리고 응답된 바이트 형태의 HTML 문서는 meta 태그의 charset 어트리뷰트에 의해 지정된 인코딩 방식(예: UTF-8)을 기준으로 문자열로 변환된다. 참고로 meta 태그의 charset 어트리뷰트에 선언된 인코딩 방식(예: UTF-8)은 content-type: text/html; charset=utf-8과 같이 응답 헤더response header[9]에 담겨 응답된다. 브라우저는 이를 확인하고 문자열로 변환한다.

3. 문자열로 변환된 HTML 문서를 읽어 들여 문법적 의미를 갖는 코드의 최소 단위인 **토큰**token들로 분해한다.

4. 각 토큰들을 객체로 변환하여 **노드**node들을 생성한다. 토큰의 내용에 따라 문서 노드, 요소 노드, 어트리뷰트 노드, 텍스트 노드가 생성된다. 노드는 이후 DOM을 구성하는 기본 요소가 된다.

5. HTML 문서는 HTML 요소들의 집합으로 이루어지며 **HTML 요소는 중첩 관계를 갖는다.** 즉, HTML 요소의 콘텐츠 영역(시작 태그와 종료 태그 사이)에는 텍스트뿐만 아니라 다른 HTML 요소도 포함될 수 있다. 이때 HTML 요소 간에는 중첩 관계에 의해 부자 관계가 형성된다. 이러한 HTML 요소 간의 부자 관계를 반영하여 모든 노드들을 **트리 자료구조**로 구성한다. 이 노드들로 구성된 트리 자료구조를 DOMDocument Object Model이라 부른다.

즉, **DOM은 HTML 문서를 파싱한 결과물이다.** DOM에 대해서는 39장 "DOM"에서 자세히 살펴보도록 하자.

38.4 CSS 파싱과 CSSOM 생성

렌더링 엔진은 HTML을 처음부터 한 줄씩 순차적으로 파싱하여 DOM을 생성해 나간다. 이처럼 렌더링 엔진은 DOM을 생성해 나가다가 CSS를 로드하는 link 태그나 style 태그를 만나면 DOM 생성을 일시 중단한다.

그리고 link 태그의 href 어트리뷰트에 지정된 CSS 파일을 서버에 요청하여 로드한 CSS 파일이나 style 태그 내의 CSS를 HTML과 동일한 파싱 과정(바이트 → 문자 → 토큰 → 노드 → CSSOM)을 거치며 해석하여 **CSSOM**CSS Object Model을 생성한다. 이후 CSS 파싱을 완료하면 HTML 파싱이 중단된 지점부터 다시 HTML을 파싱하기 시작하여 DOM 생성을 재개한다.

앞에서 살펴본 index.html을 다시 살펴보자. index.html에는 CSS 파일을 로드하는 link 태그가 있다.

【 예제 38-02 】

```
<!DOCTYPE html>
<html>
  <head>
    <meta charset="UTF-8">
    <link rel="stylesheet" href="style.css">
  ...
```

---

9 https://developer.mozilla.org/ko/docs/Glossary/Response_header

렌더링 엔진은 meta 태그까지 HTML을 순차적으로 해석한 다음, link 태그를 만나면 DOM 생성을 일시 중단하고 link 태그의 href 어트리뷰트에 지정된 CSS 파일을 서버에 요청한다. 예를 들어, 다음과 같은 style. css 파일이 서버로부터 응답되었다고 가정해보자.

【 예제 38-03 】

```
body {
  font-size: 18px;
}

ul {
  list-style-type: none;
}
```

서버로부터 CSS 파일이 응답되면 렌더링 엔진은 HTML과 동일한 해석 과정(바이트 → 문자 → 토큰 → 노드 → CSSOM)을 거쳐 CSS를 파싱하여 CSSOM을 생성한다.

CSSOM은 CSS의 상속을 반영하여 생성된다. 위 예제에서 body 요소에 적용한 font-size 프로퍼티와 ul 요소에 적용한 list-style-type 프로퍼티는 모든 li 요소에 상속된다. 이러한 상속 관계가 반영되어 다음과 같은 CSSOM이 생성된다.

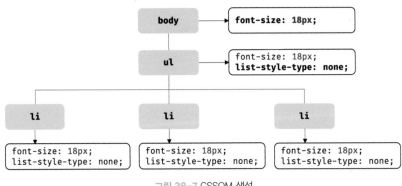

그림 38-7 CSSOM 생성

38.5 렌더 트리 생성

렌더링 엔진은 서버로부터 응답된 HTML과 CSS를 파싱하여 각각 DOM과 CSSOM를 생성한다. 그리고 DOM과 CSSOM은 렌더링을 위해 **렌더 트리**render tree로 결합된다.

렌더 트리는 렌더링을 위한 트리 구조의 자료구조다. 따라서 브라우저 화면에 렌더링되지 않는 노드(예: meta 태그, script 태그 등)와 CSS에 의해 비표시(예: display: none)되는 노드들은 포함하지 않는다. 다시 말해, 렌더 트리는 브라우저 화면에 렌더링되는 노드만으로 구성된다.

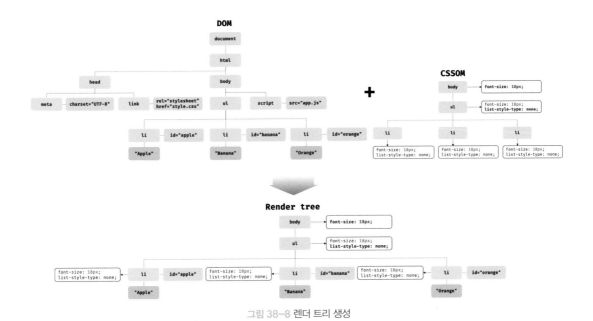

그림 38-8 렌더 트리 생성

이후 완성된 렌더 트리는 각 HTML 요소의 레이아웃(위치와 크기)을 계산하는 데 사용되며 브라우저 화면에 픽셀을 렌더링하는 페인팅^{painting} 처리에 입력된다.

그림 38-9 렌더 트리와 레이아웃/페인트

지금까지 살펴본 브라우저의 렌더링 과정은 반복해서 실행될 수 있다. 예를 들어, 다음과 같은 경우 반복해서 레이아웃 계산과 페인팅이 재차 실행된다.

- 자바스크립트에 의한 노드 추가 또는 삭제
- 브라우저 창의 리사이징에 의한 뷰포트^{viewport} 크기 변경
- HTML 요소의 레이아웃(위치, 크기)에 변경을 발생시키는 width/height, margin, padding, border, display, position, top/right/bottom/left 등의 스타일 변경

레이아웃 계산과 페인팅을 다시 실행하는 리렌더링은 비용이 많이 드는, 즉 성능에 악영향을 주는 작업이다. 따라서 가급적 리렌더링이 빈번하게 발생하지 않도록 주의할 필요가 있다.

38.6 자바스크립트 파싱과 실행

HTML 문서를 파싱한 결과물로서 생성된 DOM은 HTML 문서의 구조와 정보뿐만 아니라 HTML 요소와 스타일 등을 변경할 수 있는 프로그래밍 인터페이스로서 DOM API를 제공한다. 즉, 자바스크립트 코드에서 DOM API를 사용하면 이미 생성된 DOM을 동적으로 조작할 수 있다. DOM API를 사용하여 DOM을 조작하는 방법은 39장 "DOM"에서 자세히 살펴볼 것이다.

CSS 파싱 과정과 마찬가지로 렌더링 엔진은 HTML을 한 줄씩 순차적으로 파싱하며 DOM을 생성해 나가다가 자바스크립트 파일을 로드하는 script 태그나 자바스크립트 코드를 콘텐츠로 담은 script 태그를 만나면 DOM 생성을 일시 중단한다.

그리고 script 태그의 src 어트리뷰트에 정의된 자바스크립트 파일을 서버에 요청하여 로드한 자바스크립트 파일이나 script 태그 내의 자바스크립트 코드를 파싱하기 위해 자바스크립트 엔진에 제어권을 넘긴다. 이후 자바스크립트 파싱과 실행이 종료되면 렌더링 엔진으로 다시 제어권을 넘겨 HTML 파싱이 중단된 지점부터 다시 HTML 파싱을 시작하여 DOM 생성을 재개한다.

자바스크립트 파싱과 실행은 브라우저의 렌더링 엔진이 아닌 자바스크립트 엔진이 처리한다. 자바스크립트 엔진은 자바스크립트 코드를 파싱하여 CPU가 이해할 수 있는 저수준 언어^{low-level language}로 변환하고 실행하는 역할을 한다. 자바스크립트 엔진은 구글 크롬과 Node.js의 V8, 파이어폭스의 SpiderMonkey, 사파리의 JavaScriptCore 등 다양한 종류가 있으며, 모든 자바스크립트 엔진은 ECMAScript 사양을 준수한다.

렌더링 엔진으로부터 제어권을 넘겨받은 자바스크립트 엔진은 자바스크립트 코드를 파싱하기 시작한다. 렌더링 엔진이 HTML과 CSS를 파싱하여 DOM과 CSSOM을 생성하듯이 자바스크립트 엔진은 자바스크립트를 해석하여 **AST**^{Abstract Syntax Tree}(**추상적 구문 트리**)를 생성한다. 그리고 AST를 기반으로 인터프리터가 실행할 수 있는 중간 코드^{intermediate code}인 바이트코드를 생성하여 실행한다.

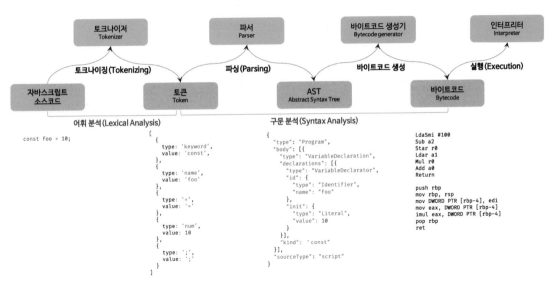

그림 38-10 자바스크립트 파싱과 실행

토크나이징tokenizing

단순한 문자열인 자바스크립트 소스코드를 어휘 분석lexical analysis하여 문법적 의미를 갖는 코드의 최소 단위인 토큰token들로 분해한다. 이 과정을 렉싱lexing이라고 부르기도 하지만 토크나이징과 미묘한 차이가 있다.

파싱parsing

토큰들의 집합을 구문 분석syntactic analysis하여 **AST**Abstract Syntax Tree**(추상적 구문 트리)**를 생성한다. AST는 토큰에 문법적 의미와 구조를 반영한 트리 구조의 자료구조다. AST는 인터프리터나 컴파일러만이 사용하는 것은 아니다. AST를 사용하면 TypeScript, Babel, Prettier 같은 트랜스파일러transpiler를 구현할 수도 있다. AST Explorer 웹사이트(https://astexplorer.net)에 방문하면 다양한 오픈소스 자바스크립트 파서를 사용하여 AST를 생성해 볼 수 있다.

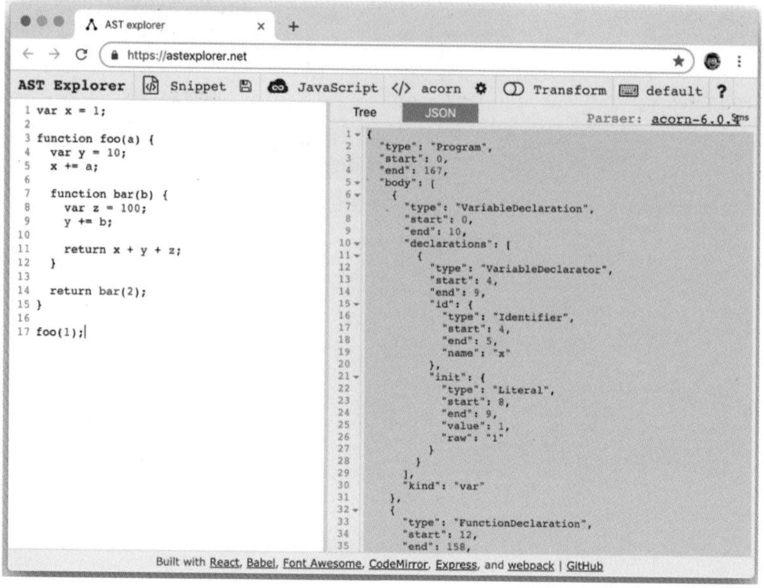

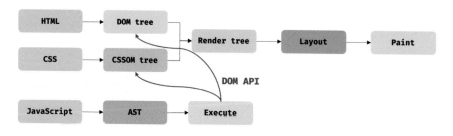

그림 38–11 AST Explorer

바이트코드 생성과 실행

파싱의 결과물로서 생성된 AST는 인터프리터가 실행할 수 있는 중간 코드인 바이트코드로 변환되고 인터프리터에 의해 실행된다. 참고로 V8 엔진의 경우 자주 사용되는 코드는 터보팬[TurboFan]이라 불리는 컴파일러에 의해 최적화된 머신 코드[optimized machine code]로 컴파일되어 성능을 최적화한다. 만약 코드의 사용 빈도가 적어지면 다시 디옵티마이징[deoptimizing]하기도 한다.

38.7 리플로우와 리페인트

만약 자바스크립트 코드에 DOM이나 CSSOM을 변경하는 DOM API가 사용된 경우 DOM이나 CSSOM이 변경된다. 이때 변경된 DOM과 CSSOM은 다시 렌더 트리로 결합되고 변경된 렌더 트리를 기반으로 레이아웃과 페인트 과정을 거쳐 브라우저의 화면에 다시 렌더링한다. 이를 리플로우[reflow], 리페인트[repaint]라 한다.

그림 38–12 DOM API에 의한 리플로우, 리페인트

리플로우는 레이아웃 계산을 다시 하는 것을 말하며, 노드 추가/삭제, 요소의 크기/위치 변경, 윈도우 리사이징 등 레이아웃에 영향을 주는 변경이 발생한 경우에 한하여 실행된다. 리페인트는 재결합된 렌더 트리를 기반으로 다시 페인트를 하는 것을 말한다.

따라서 리플로우와 리페인트가 반드시 순차적으로 동시에 실행되는 것은 아니다. 레이아웃에 영향이 없는 변경은 리플로우 없이 리페인트만 실행된다.

38.8 자바스크립트 파싱에 의한 HTML 파싱 중단

지금까지 살펴본 바와 같이 렌더링 엔진과 자바스크립트 엔진은 병렬적으로 파싱을 실행하지 않고 직렬적으로 파싱을 수행한다.

```
<!DOCTYPE html>
<html>
  <head>
    <meta charset="UTF-8">
    <link rel="stylesheet" href="style.css">
    <script src="app.js"></script>
  </head>
  <body>
    <ul>
      <li id="apple">Apple</li>
      <li id="banana">Banana</li>
      <li id="orange">Orange</li>
    </ul>
  </body>
</html>
```

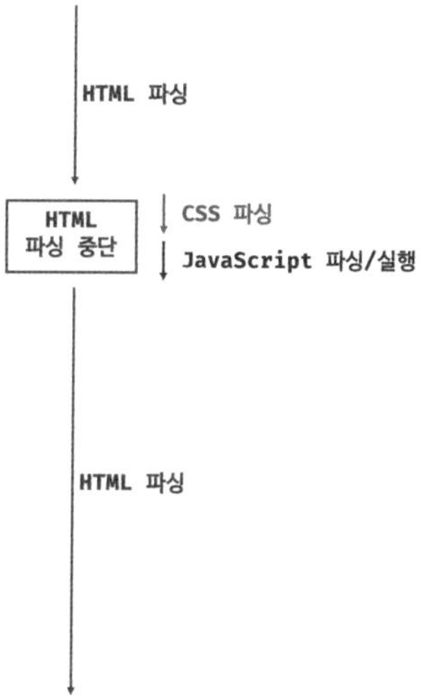

그림 38-13 직렬적 파싱

이처럼 브라우저는 동기적synchronous으로, 즉 위에서 아래 방향으로 순차적으로 HTML, CSS, 자바스크립트를 파싱하고 실행한다. 이것은 script 태그의 위치에 따라 HTML 파싱이 블로킹되어 DOM 생성이 지연될 수 있다는 것을 의미한다. 따라서 script 태그의 위치는 중요한 의미를 갖는다.

위 예제의 경우 app.js의 파싱과 실행 이전까지는 DOM의 생성이 일시 중단된다. 이때 자바스크립트 코드(app.js)에서 DOM이나 CSSOM을 변경하는 DOM API를 사용할 경우 DOM이나 CSSOM이 이미 생성되어 있어야 한다. 만약 DOM을 변경하는 DOM API를 사용할 때 DOM의 생성이 완료되지 않은 상태라면 문제가 발생할 수 있다.

다음 예제를 살펴보자. 다음 자바스크립트 코드의 동작 방식을 지금 당장 이해할 필요는 없다. 지금 주목할 것은 script 태그의 위치에 의해 블로킹이 발생한다는 것이다.

【 예제 38-04 】

```html
<!DOCTYPE html>
<html>
  <head>
    <meta charset="UTF-8">
    <link rel="stylesheet" href="style.css">
    <script>
      /*
      DOM API인 document.getElementById는 DOM에서 id가 'apple'인 HTML 요소를 취득한다.
      아래 DOM API가 실행되는 시점에는 아직 id가 'apple'인 HTML 요소를 파싱하지 않았기 때문에
      DOM에는 id가 'apple'인 HTML 요소가 포함되어 있지 않다.
      따라서 아래 코드는 정상적으로 id가 'apple'인 HTML 요소를 취득하지 못한다.
      */
      const $apple = document.getElementById('apple');

      // id가 'apple'인 HTML 요소의 CSS color 프로퍼티 값을 변경한다.
      // 이때 DOM에는 id가 'apple'인 HTML 요소가 포함되어 있지 않기 때문에 에러가 발생한다.
      $apple.style.color = 'red'; // TypeError: Cannot read property 'style' of null
    </script>
  </head>
  <body>
    <ul>
      <li id="apple">Apple</li>
      <li id="banana">Banana</li>
      <li id="orange">Orange</li>
    </ul>
  </body>
</html>
```

DOM API인 document.getElementById('apple')은 DOM에서 id가 'apple'인 HTML 요소를 취득한다. 하지만 document.getElementById('apple')을 실행하는 시점에는 아직 id가 'apple'인 HTML 요소를 파싱하지 않았기 때문에 DOM에는 id가 'apple'인 HTML 요소가 포함되어 있지 않은 상태다. 따라서 위 예제는 정상적으로 동작하지 않는다.

이러한 문제를 회피하기 위해 body 요소의 가장 아래에 자바스크립트를 위치시키는 것은 좋은 아이디어다. 그 이유는 다음과 같다.

- DOM이 완성되지 않은 상태에서 자바스크립트가 DOM을 조작하면 에러가 발생할 수 있다.
- 자바스크립트 로딩/파싱/실행으로 인해 HTML 요소들의 렌더링에 지장받는 일이 발생하지 않아 페이지 로딩 시간이 단축된다.

위 예제의 자바스크립트를 body 요소의 가장 아래, 즉 닫는 body 태그 바로 위에 위치시켜 보자.

【 예제 38-05 】

```html
<!DOCTYPE html>
<html>
  <head>
    <meta charset="UTF-8">
    <link rel="stylesheet" href="style.css">
  </head>
  <body>
    <ul>
      <li id="apple">Apple</li>
      <li id="banana">Banana</li>
      <li id="orange">Orange</li>
    </ul>
    <script>
      /*
      DOM API인 document.getElementById는 DOM에서 id가 'apple'인 HTML 요소를 취득한다.
      아래 코드가 실행되는 시점에는 id가 'apple'인 HTML 요소의 파싱이 완료되어 DOM에 포함되어 있기 때문에
      정상적으로 동작한다.
      */
      const $apple = document.getElementById('apple');

      // apple 요소의 css color 프로퍼티 값을 변경한다.
      $apple.style.color = 'red';
    </script>
  </body>
</html>
```

자바스크립트가 실행될 시점에는 이미 렌더링 엔진이 HTML 요소를 모두 파싱하여 DOM 생성을 완료한 이후다. 따라서 DOM이 완성되지 않은 상태에서 자바스크립트가 DOM을 조작하는 에러가 발생할 우려도 없다. 또한 자바스크립트가 실행되기 이전에 DOM 생성이 완료되어 렌더링되므로 페이지 로딩 시간이 단축되는 이점도 있다.

38.9 script 태그의 async/defer 어트리뷰트

앞에서 살펴본 자바스크립트 파싱에 의한 DOM 생성이 중단blocking되는 문제를 근본적으로 해결하기 위해 HTML5부터 script 태그에 async와 defer 어트리뷰트가 추가되었다.

async와 defer 어트리뷰트는 다음과 같이 src 어트리뷰트를 통해 외부 자바스크립트 파일을 로드하는 경우에만 사용할 수 있다. 즉, src 어트리뷰트가 없는 인라인 자바스크립트에는 사용할 수 없다.

```
<script async src="extern.js"></script>
<script defer src="extern.js"></script>
```

async와 defer 어트리뷰트를 사용하면 HTML 파싱과 외부 자바스크립트 파일의 로드가 비동기적^{asynchronous}으로 동시에 진행된다. 하지만 자바스크립트의 실행 시점에 차이가 있다.

async 어트리뷰트

HTML 파싱과 외부 자바스크립트 파일의 로드가 비동기적으로 동시에 진행된다. 단, 자바스크립트의 파싱과 실행은 자바스크립트 파일의 로드가 완료된 직후 진행되며, 이때 HTML 파싱이 중단된다.

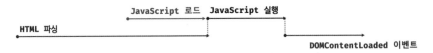

그림 38-14 script 태그의 async 어트리뷰트

여러 개의 script 태그에 async 어트리뷰트를 지정하면 script 태그의 순서와는 상관없이 로드가 완료된 자바스크립트부터 먼저 실행되므로 순서가 보장되지 않는다. 따라서 순서 보장이 필요한 script 태그에는 async 어트리뷰트를 지정하지 않아야 한다. async 어트리뷰트는 IE10 이상에서 지원된다.

defer 어트리뷰트

async 어트리뷰트와 마찬가지로 HTML 파싱과 외부 자바스크립트 파일의 로드가 비동기적으로 동시에 진행된다. 단, 자바스크립트의 파싱과 실행은 HTML 파싱이 완료된 직후, 즉 DOM 생성이 완료된 직후(이때 DOMContentLoaded 이벤트가 발생한다) 진행된다. 따라서 DOM 생성이 완료된 이후 실행되어야 할 자바스크립트에 유용하다. defer 어트리뷰트는 IE10 이상에서 지원된다. IE6 ~ 9에서도 지원되기는 하지만 정상적으로 동작하지 않을 수 있다.

그림 38-15 script 태그의 defer 어트리뷰트

38.3절 "HTML 파싱과 DOM 생성"에서 살펴본 바와 같이 브라우저의 렌더링 엔진은 HTML 문서를 파싱하여 브라우저가 이해할 수 있는 자료구조인 DOM을 생성한다. **DOM**^{Document Object Model}**은 HTML 문서의 계층적 구조와 정보를 표현하며 이를 제어할 수 있는 API, 즉 프로퍼티와 메서드를 제공하는 트리 자료구조다.** DOM에 대해 자세히 살펴보자.

39.1 노드

39.1.1 HTML 요소와 노드 객체

HTML 요소^{HTML element}는 HTML 문서를 구성하는 개별적인 요소를 의미한다.

어트리뷰트 이름(attribute name)   어트리뷰트 값(attribute value)   콘텐츠(contents)

<div class="greeting">Hello</div>

시작 태그(start tag)   종료 태그(end tag)

그림 39-1 HTML 요소의 구조

HTML 요소는 렌더링 엔진에 의해 파싱되어 DOM을 구성하는 요소 노드 객체로 변환된다. 이때 HTML 요소의 어트리뷰트는 어트리뷰트 노드로, HTML 요소의 텍스트 콘텐츠는 텍스트 노드로 변환된다.

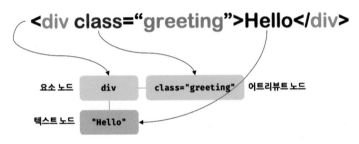

그림 39-2 HTML 요소와 노드 객체

HTML 문서는 HTML 요소들의 집합으로 이뤄지며, HTML 요소는 중첩 관계를 갖는다. 즉, HTML 요소의 콘텐츠 영역(시작 태그와 종료 태그 사이)에는 텍스트뿐만 아니라 다른 HTML 요소도 포함할 수 있다.

이때 HTML 요소 간에는 중첩 관계에 의해 계층적인 부자parent-child 관계가 형성된다. 이러한 HTML 요소 간의 부자 관계를 반영하여 HTML 문서의 구성 요소인 HTML 요소를 객체화한 모든 노드 객체들을 트리 자료구조로 구성한다.

트리 자료구조

트리 자료구조tree data structure는 노드들의 계층 구조로 이뤄진다. 즉, 트리 자료구조는 부모 노드parent node와 자식 노드child node로 구성되어 노드 간의 계층적 구조(부자, 형제 관계)를 표현하는 비선형 자료구조[1]를 말한다. 트리 자료구조는 하나의 최상위 노드에서 시작한다. 최상위 노드는 부모 노드가 없으며, 루트 노드root node라 한다. 루트 노드는 0개[2] 이상의 자식 노드를 갖는다. 자식 노드가 없는 노드를 리프 노드leaf node라 한다.

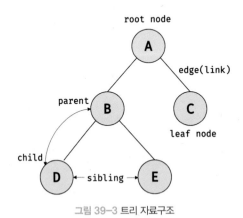

그림 39-3 트리 자료구조

---

1 비선형nonlinear 자료구조는 하나의 자료 뒤에 여러 개의 자료가 존재할 수 있는 자료구조다. 비선형 자료구조에는 트리와 그래프graph가 있다. 비선형 자료구조의 상대적인 개념인 선형linear 자료구조는 하나의 자료 뒤에 하나의 자료만 존재하는 자료구조다. 선형 자료구조에는 배열, 스택, 큐, 링크드 리스트, 해시 테이블이 있다.

2 2진 트리binary tree는 2개의 자식 노드를 갖는다.

노드 객체들로 구성된 트리 자료구조를 DOM^{Document Object Model}이라 한다. 노드 객체의 트리로 구조화되어 있기 때문에 DOM을 **DOM 트리**라고 부르기도 한다.

39.1.2 노드 객체의 타입

예를 들어, 다음 HTML 문서를 렌더링 엔진이 파싱한다고 생각해보자.

【 예제 39-01 】

```html
<!DOCTYPE html>
<html>
  <head>
    <meta charset="UTF-8">
    <link rel="stylesheet" href="style.css">
  </head>
  <body>
    <ul>
      <li id="apple">Apple</li>
      <li id="banana">Banana</li>
      <li id="orange">Orange</li>
    </ul>
    <script src="app.js"></script>
  </body>
</html>
```

렌더링 엔진은 위 HTML 문서를 파싱하여 다음과 같이 DOM을 생성한다.

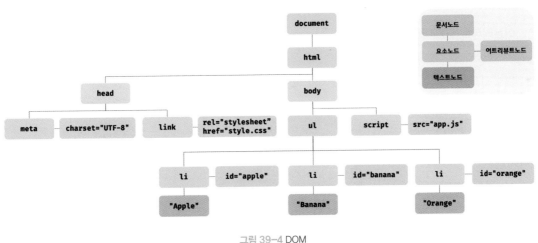

그림 39-4 DOM

이처럼 DOM은 노드 객체의 계층적인 구조로 구성된다. 노드 객체는 종류가 있고 상속 구조를 갖는다. 노드 객체는 총 12개의 종류(노드 타입)가 있다. 이 중에서 중요한 노드 타입은 다음과 같이 4가지다.

문서 노드document node

문서 노드는 DOM 트리의 최상위에 존재하는 루트 노드로서 document 객체를 가리킨다. document 객체는 브라우저가 렌더링한 HTML 문서 전체를 가리키는 객체로서 전역 객체 window의 document 프로퍼티에 바인딩되어 있다. 따라서 문서 노드는 window.document 또는 document로 참조할 수 있다.

브라우저 환경의 모든 자바스크립트 코드는 script 태그에 의해 분리되어 있어도 하나의 전역 객체 window를 공유한다. 따라서 모든 자바스크립트 코드는 전역 객체 window의 document 프로퍼티에 바인딩되어 있는 하나의 document 객체를 바라본다. 즉, HTML 문서당 document 객체는 유일하다.

문서 노드, 즉 document 객체는 DOM 트리의 루트 노드이므로 DOM 트리의 노드들에 접근하기 위한 진입점entry point 역할을 담당한다. 즉, 요소, 어트리뷰트, 텍스트 노드에 접근하려면 문서 노드를 통해야 한다.

요소 노드element node

요소 노드는 HTML 요소를 가리키는 객체다. 요소 노드는 HTML 요소 간의 중첩에 의해 부자 관계를 가지며, 이 부자 관계를 통해 정보를 구조화한다. 따라서 요소 노드는 문서의 구조를 표현한다고 할 수 있다.

어트리뷰트 노드attribute node

어트리뷰트 노드는 HTML 요소의 어트리뷰트를 가리키는 객체다. 어트리뷰트 노드는 어트리뷰트가 지정된 HTML 요소의 요소 노드와 연결되어 있다. 단, 요소 노드는 부모 노드와 연결되어 있지만 어트리뷰트 노드는 부모 노드와 연결되어 있지 않고 요소 노드에만 연결되어 있다. 즉, 어트리뷰트 노드는 부모 노드가 없으므로 요소 노드의 형제sibling 노드는 아니다. 따라서 어트리뷰트 노드에 접근하여 어트리뷰트를 참조하거나 변경하려면 먼저 요소 노드에 접근해야 한다.

텍스트 노드text node

텍스트 노드는 HTML 요소의 텍스트를 가리키는 객체다. 요소 노드가 문서의 구조를 표현한다면 텍스트 노드는 문서의 정보를 표현한다고 할 수 있다. 텍스트 노드는 요소 노드의 자식 노드이며, 자식 노드를 가질 수 없는 리프 노드leaf node다. 즉, 텍스트 노드는 DOM 트리의 최종단이다. 따라서 텍스트 노드에 접근하려면 먼저 부모 노드인 요소 노드에 접근해야 한다.

위 4가지 노드 타입 외에도 주석을 위한 Comment 노드, DOCTYPE을 위한 DocumentType 노드, 복수의 노드를 생성하여 추가할 때 사용하는 DocumentFragment 노드 등 총 12개의 노드 타입이 있다. DocumentFragment 노드에 대해서는 39.6.4절 "복수의 노드 생성과 추가"에서 자세히 살펴보자.

39.1.3 노드 객체의 상속 구조[3]

DOM은 HTML 문서의 계층적 구조와 정보를 표현하며, 이를 제어할 수 있는 API, 즉 프로퍼티와 메서드를 제공하는 트리 자료구조라고 했다. 즉, DOM을 구성하는 노드 객체는 자신의 구조와 정보를 제어할 수 있는 DOM API를 사용할 수 있다. 이를 통해 노드 객체는 자신의 부모, 형제, 자식을 탐색할 수 있으며, 자신의 어트리뷰트와 텍스트를 조작할 수도 있다.

DOM을 구성하는 노드 객체는 ECMAScript 사양에 정의된 표준 빌트인 객체standard built-in objects가 아니라 브라우저 환경에서 추가적으로 제공하는 호스트 객체host objects다. 하지만 노드 객체도 자바스크립트 객체이므로 프로토타입에 의한 상속 구조를 갖는다. 노드 객체의 상속 구조는 다음과 같다.

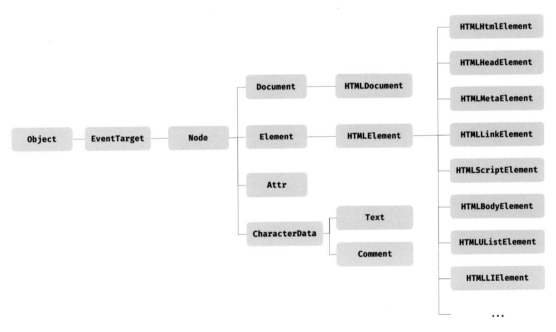

그림 39-5 노드 객체의 상속 구조

위 그림과 같이 모든 노드 객체는 Object, EventTarget, Node 인터페이스를 상속받는다. 추가적으로 문서 노드는 Document, HTMLDocument 인터페이스를 상속받고 어트리뷰트 노드는 Attr, 텍스트 노드는 CharacterData 인터페이스를 각각 상속받는다.

---

3 이번 절은 무척 어렵게 느껴질 수도 있다. 노드 객체의 상속 구조를 자세히 알아야 할 필요는 없으니 가벼운 마음으로 읽어 주기 바란다. 대략적인 개요만 이해해도 충분하다.

요소 노드는 Element 인터페이스를 상속받는다. 또한 요소 노드는 추가적으로 HTMLElement와 태그의 종류별로 세분화된 HTMLHtmlElement, HTMLHeadElement, HTMLBodyElement, HTMLULIstElement 등의 인터페이스를 상속받는다.

이를 프로토타입 체인 관점에서 살펴보자. 예를 들어, input 요소를 파싱하여 객체화한 input 요소 노드 객체는 HTMLInputElement, HTMLElement, Element, Node, EventTarget, Object의 prototype에 바인딩되어 있는 프로토타입 객체를 상속받는다. 즉, input 요소 노드 객체는 프로토타입 체인에 있는 모든 프로토타입의 프로퍼티나 메서드를 상속받아 사용할 수 있다.

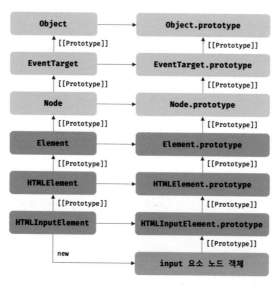

그림 39-6 input 요소 노드 객체의 프로토타입 체인

【 예제 39-02 】

```html
<!DOCTYPE html>
<html>
<body>
  <input type="text">
  <script>
    // input 요소 노드 객체를 선택
    const $input = document.querySelector('input');

    // input 요소 노드 객체의 프로토타입 체인
    console.log(
      Object.getPrototypeOf($input) === HTMLInputElement.prototype,
      Object.getPrototypeOf(HTMLInputElement.prototype) === HTMLElement.prototype,
      Object.getPrototypeOf(HTMLElement.prototype) === Element.prototype,
```

```
    Object.getPrototypeOf(Element.prototype) === Node.prototype,
    Object.getPrototypeOf(Node.prototype) === EventTarget.prototype,
    Object.getPrototypeOf(EventTarget.prototype) === Object.prototype
  ); // 모두 true
</script>
</body>
</html>
```

배열이 객체인 동시에 배열인 것처럼 input 요소 노드 객체도 다음과 같이 다양한 특성을 갖는 객체이며, 이러한 특성을 나타내는 기능들을 상속을 통해 제공받는다.

input 요소 노드 객체의 특성	프로토타입을 제공하는 객체
객체	Object
이벤트를 발생시키는 객체	EventTarget
트리 자료구조의 노드 객체	Node
브라우저가 렌더링할 수 있는 웹 문서의 요소(HTML, XML, SVG)를 표현하는 객체	Element
웹 문서의 요소 중에서 HTML 요소를 표현하는 객체	HTMLElement
HTML 요소 중에서 input 요소를 표현하는 객체	HTMLInputElement

노드 객체의 상속 구조는 개발자 도구의 Elements 패널 우측의 Properties 패널에서 확인할 수 있다.

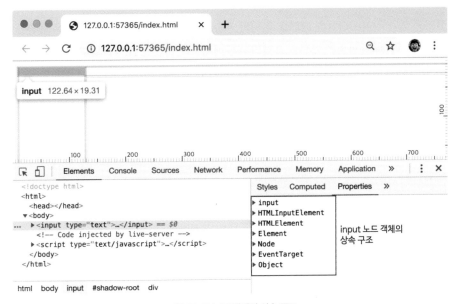

그림 39-7 노드 객체의 상속 구조

노드 객체에는 노드 객체의 종류, 즉 노드 타입에 상관없이 모든 노드 객체가 공통으로 갖는 기능도 있고, 노드 타입에 따라 고유한 기능도 있다. 예를 들어, 모든 노드 객체는 공통적으로 이벤트를 발생시킬 수 있다. 이벤트에 관련된 기능(EventTarget.addEventListener, EventTarget.removeEventListener 등)은 EventTarget 인터페이스[4]가 제공한다. 또한 모든 노드 객체는 트리 자료구조의 노드로서 공통적으로 트리 탐색 기능(Node.parentNode, Node.childNodes, Node.previousSibling, Node.nextSibling 등)이나 노드 정보 제공 기능(Node.nodeType, Node.nodeName 등)이 필요하다. 이 같은 노드 관련 기능은 Node 인터페이스[5]가 제공한다.

HTML 요소가 객체화된 요소 노드 객체는 HTML 요소가 갖는 공통적인 기능이 있다. 예를 들어, input 요소 노드 객체와 div 요소 노드 객체는 모두 HTML 요소의 스타일을 나타내는 style 프로퍼티가 있다. 이처럼 HTML 요소가 갖는 공통적인 기능은 HTMLElement 인터페이스[6]가 제공한다.

하지만 요소 노드 객체는 HTML 요소의 종류에 따라 고유한 기능도 있다. 예를 들어, input 요소 노드 객체는 value 프로퍼티가 필요하지만 div 요소 노드 객체는 value 프로퍼티가 필요하지 않다. 따라서 필요한 기능을 제공하는 인터페이스(HTMLInputElement, HTMLDivElement 등)가 HTML 요소의 종류에 따라 각각 다르다.

이처럼 노드 객체는 공통된 기능일수록 프로토타입 체인의 상위에, 개별적인 고유 기능일수록 프로토타입 체인의 하위에 프로토타입 체인을 구축하여 노드 객체에 필요한 기능, 즉 프로퍼티와 메서드를 제공하는 상속 구조를 갖는다.

지금까지 살펴본 바와 같이 **DOM은 HTML 문서의 계층적 구조와 정보를 표현하는 것은 물론 노드 객체의 종류, 즉 노드 타입에 따라 필요한 기능을 프로퍼티와 메서드의 집합인 DOM API**Application Programming Interface **로 제공한다. 이 DOM API를 통해 HTML의 구조나 내용 또는 스타일 등을 동적으로 조작할 수 있다.**

DOM API를 사용하기 위해 지금까지 살펴본 노드 객체의 상속 구조를 자세히 알아야 할 필요는 없다. 상속 구조를 모른다 하더라도 노드 객체는 상속을 통해 마치 자신의 프로퍼티와 메서드처럼 DOM API를 사용할 수 있다.

중요한 것은 DOM API, 즉 DOM이 제공하는 프로퍼티와 메서드를 사용하여 노드에 접근하고 HTML의 구조나 내용 또는 스타일 등을 동적으로 변경하는 방법을 익히는 것이다. 프런트엔드 개발자에게 HTML은 단순히 태그와 어트리뷰트를 선언적으로 배치하여 뷰를 구성하는 것 이상의 의미를 갖는다. 즉, HTML을 DOM과 연관 지어 바라보아야 한다.

---

4   https://developer.mozilla.org/ko/docs/Web/API/EventTarget
5   https://developer.mozilla.org/ko/docs/Web/API/Node
6   https://developer.mozilla.org/ko/docs/Web/API/HTMLElement

39.2 요소 노드 취득

HTML의 구조나 내용 또는 스타일 등을 동적으로 조작하려면 먼저 요소 노드를 취득해야 한다. 텍스트 노드는 요소 노드의 자식 노드이고, 어트리뷰트 노드는 요소 노드와 연결되어 있기 때문에 텍스트 노드나 어트리뷰트 노드를 조작하고자 할 때도 마찬가지다.

예를 들어, HTML 문서 내의 h1 요소의 텍스트를 변경하고 싶은 경우를 생각해보자. 이 경우 먼저 DOM 트리 내에 존재하는 h1 요소 노드를 취득할 필요가 있다. 그리고 취득한 요소 노드의 자식 노드인 텍스트 노드를 변경하면 해당 h1 요소의 텍스트가 변경된다.

이처럼 요소 노드의 취득은 HTML 요소를 조작하는 시작점이다. 이를 위해 DOM은 요소 노드를 취득할 수 있는 다양한 메서드를 제공한다.

39.2.1 id를 이용한 요소 노드 취득

Document.prototype.getElementById 메서드는 인수로 전달한 id 어트리뷰트 값(이하 id 값)을 갖는 하나의 요소 노드를 탐색하여 반환한다. getElementById 메서드는 Document.prototype의 프로퍼티다. 따라서 반드시 문서 노드인 document를 통해 호출해야 한다.

[예제 39-03]

```
<!DOCTYPE html>
<html>
  <body>
    <ul>
      <li id="apple">Apple</li>
      <li id="banana">Banana</li>
      <li id="orange">Orange</li>
    </ul>
    <script>
      // id 값이 'banana'인 요소 노드를 탐색하여 반환한다.
      // 두 번째 li 요소가 파싱되어 생성된 요소 노드가 반환된다.
      const $elem = document.getElementById('banana');

      // 취득한 요소 노드의 style.color 프로퍼티 값을 변경한다.
      $elem.style.color = 'red';
    </script>
  </body>
</html>
```

id 값은 HTML 문서 내에서 유일한 값이어야 하며, class 어트리뷰트와는 달리 공백 문자로 구분하여 여러 개의 값을 가질 수 없다. 단, HTML 문서 내에 중복된 id 값을 갖는 HTML 요소가 여러 개 존재하더라도 어떠한 에러도 발생하지 않는다. 즉, HTML 문서 내에는 중복된 id 값을 갖는 요소가 여러 개 존재할 가능성이 있다.

이러한 경우 getElementById 메서드는 인수로 전달된 id 값을 갖는 첫 번째 요소 노드만 반환한다. 즉, getElementById 메서드는 언제나 단 하나의 요소 노드를 반환한다.

【 예제 39-04 】

```html
<!DOCTYPE html>
<html>
  <body>
    <ul>
      <li id="banana">Apple</li>
      <li id="banana">Banana</li>
      <li id="banana">Orange</li>
    </ul>
    <script>
      // getElementById 메서드는 언제나 단 하나의 요소 노드를 반환한다.
      // 첫 번째 li 요소가 파싱되어 생성된 요소 노드가 반환된다.
      const $elem = document.getElementById('banana');

      // 취득한 요소 노드의 style.color 프로퍼티 값을 변경한다.
      $elem.style.color = 'red';
    </script>
  </body>
</html>
```

만약 인수로 전달된 id 값을 갖는 HTML 요소가 존재하지 않는 경우 getElementById 메서드는 null을 반환한다.

【 예제 39-05 】

```html
<!DOCTYPE html>
<html>
  <body>
    <ul>
      <li id="apple">Apple</li>
      <li id="banana">Banana</li>
      <li id="orange">Orange</li>
    </ul>
    <script>
      // id 값이 'grape'인 요소 노드를 탐색하여 반환한다. null이 반환된다.
      const $elem = document.getElementById('grape');
```

```
      // 취득한 요소 노드의 style.color 프로퍼티 값을 변경한다.
      $elem.style.color = 'red';
      // → TypeError: Cannot read property 'style' of null
    </script>
  </body>
</html>
```

HTML 요소에 id 어트리뷰트를 부여하면 id 값과 동일한 이름의 전역 변수가 암묵적으로 선언되고 해당 노드 객체가 할당되는 부수 효과가 있다.

【 예제 39-06 】

```
<!DOCTYPE html>
<html>
  <body>
    <div id="foo"></div>
    <script>
      // id 값과 동일한 이름의 전역 변수가 암묵적으로 선언되고 해당 노드 객체가 할당된다.
      console.log(foo === document.getElementById('foo')); // true

      // 암묵적 전역으로 생성된 전역 프로퍼티는 삭제되지만 전역 변수는 삭제되지 않는다.
      delete foo;
      console.log(foo); // <div id="foo"></div>
    </script>
  </body>
</html>
```

단, id 값과 동일한 이름의 전역 변수가 이미 선언되어 있으면 이 전역 변수에 노드 객체가 재할당되지 않는다.

【 예제 39-07 】

```
<!DOCTYPE html>
<html>
  <body>
    <div id="foo"></div>
    <script>
      let foo = 1;

      // id 값과 동일한 이름의 전역 변수가 이미 선언되어 있으면 노드 객체가 재할당되지 않는다.
      console.log(foo); // 1
    </script>
  </body>
</html>
```

39.2.2 태그 이름을 이용한 요소 노드 취득

Document.prototype/Element.prototype.getElementsByTagName 메서드는 인수로 전달한 태그 이름을 갖는 모든 요소 노드들을 탐색하여 반환한다. 메서드 이름에 포함된 Elements가 복수형인 것에서 알 수 있듯이 getElementsByTagName 메서드는 여러 개의 요소 노드 객체를 갖는 DOM 컬렉션 객체인 HTMLCollection 객체를 반환한다.

【 예제 39-08 】

```html
<!DOCTYPE html>
<html>
  <body>
    <ul>
      <li id="apple">Apple</li>
      <li id="banana">Banana</li>
      <li id="orange">Orange</li>
    </ul>
    <script>
      // 태그 이름이 li인 요소 노드를 모두 탐색하여 반환한다.
      // 탐색된 요소 노드들은 HTMLCollection 객체에 담겨 반환된다.
      // HTMLCollection 객체는 유사 배열 객체이면서 이터러블이다.
      const $elems = document.getElementsByTagName('li');

      // 취득한 모든 요소 노드의 style.color 프로퍼티 값을 변경한다.
      // HTMLCollection 객체를 배열로 변환하여 순회하며 color 프로퍼티 값을 변경한다.
      [...$elems].forEach(elem => { elem.style.color = 'red'; });
    </script>
  </body>
</html>
```

함수는 하나의 값만 반환할 수 있으므로 여러 개의 값을 반환하려면 배열이나 객체와 같은 자료구조에 담아 반환해야 한다. getElementsByTagName 메서드가 반환하는 DOM 컬렉션 객체인 HTMLCollection 객체는 유사 배열 객체이면서 이터러블[7]이다.

```
> $elems
< ▼HTMLCollection(3) [li#apple, li#banana, li#orange, apple: li#apple, banana: li#banana, orange: li#orange]
    length: 3
    ▶ 0: li#apple
    ▶ 1: li#banana
    ▶ 2: li#orange
    ▶ apple: li#apple
    ▶ banana: li#banana
    ▶ orange: li#orange
    ▶ __proto__: HTMLCollection
```

그림 39-8 HTMLCollection

---

7   34.4절 "이터러블과 유사 배열 객체" 참고

HTML 문서의 모든 요소 노드를 취득하려면 getElementsByTagName 메서드의 인수로 '*'를 전달한다.

【 예제 39-09 】

```
// 모든 요소 노드를 탐색하여 반환한다.
const $all = document.getElementsByTagName('*');
// → HTMLCollection(8) [html, head, body, ul, li#apple, li#banana, li#orange, script, apple:
li#apple, banana: li#banana, orange: li#orange]
```

getElementsByTagName 메서드는 Document.prototype에 정의된 메서드와 Element.prototype에 정의된 메서드가 있다. Document.prototype.getElementsByTagName 메서드는 DOM의 루트 노드인 문서 노드, 즉 document를 통해 호출하며 DOM 전체에서 요소 노드를 탐색하여 반환한다. 하지만 Element.prototype.getElementsByTagName 메서드는 특정 요소 노드를 통해 호출하며, 특정 요소 노드의 자손 노드 중에서 요소 노드를 탐색하여 반환한다.

【 예제 39-10 】

```
<!DOCTYPE html>
<html>
  <body>
    <ul id="fruits">
      <li>Apple</li>
      <li>Banana</li>
      <li>Orange</li>
    </ul>
    <ul>
      <li>HTML</li>
    </ul>
    <script>
      // DOM 전체에서 태그 이름이 li인 요소 노드를 모두 탐색하여 반환한다.
      const $lisFromDocument = document.getElementsByTagName('li');
      console.log($lisFromDocument); // HTMLCollection(4) [li, li, li, li]

      // ul#fruits 요소의 자손 노드 중에서 태그 이름이 li인 요소 노드를 모두 탐색하여 반환한다.
      const $fruits = document.getElementById('fruits');
      const $lisFromFruits = $fruits.getElementsByTagName('li');
      console.log($lisFromFruits); // HTMLCollection(3) [li, li, li]
    </script>
  </body>
</html>
```

만약 인수로 전달된 태그 이름을 갖는 요소가 존재하지 않는 경우 getElementsByTagName 메서드는 빈 HTMLCollection 객체를 반환한다.

39.2.3 class를 이용한 요소 노드 취득

Document.prototype/Element.prototype.getElementsByClassName 메서드는 인수로 전달한 class 어트리뷰트 값(이하 class 값)을 갖는 모든 요소 노드들을 탐색하여 반환한다. 인수로 전달할 class 값은 공백으로 구분하여 여러 개의 class를 지정할 수 있다. getElementsByTagName 메서드와 마찬가지로 getElementsByClassName 메서드는 여러 개의 요소 노드 객체를 갖는 DOM 컬렉션 객체인 HTMLCollection 객체를 반환한다.

【 예제 39-11 】

```
<!DOCTYPE html>
<html>
  <body>
    <ul>
      <li class="fruit apple">Apple</li>
      <li class="fruit banana">Banana</li>
      <li class="fruit orange">Orange</li>
    </ul>
    <script>
      // class 값이 'fruit'인 요소 노드를 모두 탐색하여 HTMLCollection 객체에 담아 반환한다.
      const $elems = document.getElementsByClassName('fruit');

      // 취득한 모든 요소의 CSS color 프로퍼티 값을 변경한다.
      [...$elems].forEach(elem => { elem.style.color = 'red'; });

      // class 값이 'fruit apple'인 요소 노드를 모두 탐색하여 HTMLCollection 객체에 담아 반환한다.
      const $apples = document.getElementsByClassName('fruit apple');

      // 취득한 모든 요소 노드의 style.color 프로퍼티 값을 변경한다.
      [...$apples].forEach(elem => { elem.style.color = 'blue'; });
    </script>
  </body>
</html>
```

getElementsByTagName 메서드와 마찬가지로 getElementsByClassName 메서드는 Document.prototype에 정의된 메서드와 Element.prototype에 정의된 메서드가 있다. Document.prototype.getElementsByClassName 메서드는 DOM의 루트 노드인 문서 노드,즉, document를 통해 호출하며 DOM 전체에서 요소 노드를 탐색하여 반환하고 Element.prototype.getElementsByClassName 메서드는 특정 요소 노드를 통해 호출하며 특정 요소 노드의 자손 노드 중에서 요소 노드를 탐색하여 반환한다.

【 예제 39-12 】

```html
<!DOCTYPE html>
<html>
  <body>
    <ul id="fruits">
      <li class="apple">Apple</li>
      <li class="banana">Banana</li>
      <li class="orange">Orange</li>
    </ul>
    <div class="banana">Banana</div>
    <script>
      // DOM 전체에서 class 값이 'banana'인 요소 노드를 모두 탐색하여 반환한다.
      const $bananasFromDocument = document.getElementsByClassName('banana');
      console.log($bananasFromDocument);
      // HTMLCollection(2) [li.banana, div.banana]

      // #fruits 요소의 자손 노드 중에서 class 값이 'banana'인 요소 노드를 모두 탐색하여 반환한다.
      const $fruits = document.getElementById('fruits');
      const $bananasFromFruits = $fruits.getElementsByClassName('banana');

      console.log($bananasFromFruits); // HTMLCollection [li.banana]
    </script>
  </body>
</html>
```

만약 인수로 전달된 class 값을 갖는 요소가 존재하지 않는 경우 getElementsByClassName 메서드는 빈 HTMLCollection 객체를 반환한다.

39.2.4 CSS 선택자를 이용한 요소 노드 취득

CSS 선택자selector는 스타일을 적용하고자 하는 HTML 요소를 특정할 때 사용하는 문법이다. [8]

【 예제 39-13 】

```css
/* 전체 선택자: 모든 요소를 선택 */
* { ... }
/* 태그 선택자: 모든 p 태그 요소를 모두 선택 */
p { ... }
/* id 선택자: id 값이 'foo'인 요소를 모두 선택 */
#foo { ... }
/* class 선택자: class 값이 'foo'인 요소를 모두 선택 */
```

---

8 https://poiemaweb.com/css3-selector 참고

```
.foo { ... }
/* 어트리뷰트 선택자: input 요소 중에 type 어트리뷰트 값이 'text'인 요소를 모두 선택 */
input[type=text] { ... }
/* 후손 선택자: div 요소의 후손 요소 중 p 요소를 모두 선택 */
div p { ... }
/* 자식 선택자: div 요소의 자식 요소 중 p 요소를 모두 선택 */
div > p { ... }
/* 인접 형제 선택자: p 요소의 형제 요소 중에 p 요소 바로 뒤에 위치하는 ul 요소를 선택 */
p + ul { ... }
/* 일반 형제 선택자: p 요소의 형제 요소 중에 p 요소 뒤에 위치하는 ul 요소를 모두 선택 */
p ~ ul { ... }
/* 가상 클래스 선택자: hover 상태인 a 요소를 모두 선택 */
a:hover { ... }
/* 가상 요소 선택자: p 요소의 콘텐츠의 앞에 위치하는 공간을 선택
   일반적으로 content 프로퍼티와 함께 사용된다. */
p::before { ... }
```

Document.prototype/Element.prototype.querySelector 메서드는 인수로 전달한 CSS 선택자를 만족시키는 하나의 요소 노드를 탐색하여 반환한다.

- 인수로 전달한 CSS 선택자를 만족시키는 요소 노드가 여러 개인 경우 첫 번째 요소 노드만 반환한다.
- 인수로 전달된 CSS 선택자를 만족시키는 요소 노드가 존재하지 않는 경우 null을 반환한다.
- 인수로 전달한 CSS 선택자가 문법에 맞지 않는 경우 DOMException 에러가 발생한다.

【 예제 39-14 】

```html
<!DOCTYPE html>
<html>
  <body>
    <ul>
      <li class="apple">Apple</li>
      <li class="banana">Banana</li>
      <li class="orange">Orange</li>
    </ul>
    <script>
      // class 어트리뷰트 값이 'banana'인 첫 번째 요소 노드를 탐색하여 반환한다.
      const $elem = document.querySelector('.banana');

      // 취득한 요소 노드의 style.color 프로퍼티 값을 변경한다.
      $elem.style.color = 'red';
    </script>
  </body>
</html>
```

Document.prototype/Element.prototype.querySelectorAll 메서드는 인수로 전달한 CSS 선택자를 만족시키는 모든 요소 노드를 탐색하여 반환한다. querySelectorAll 메서드는 여러 개의 요소 노드 객체를 갖는 DOM 컬렉션 객체인 NodeList 객체를 반환한다. NodeList 객체는 유사 배열 객체이면서 이터러블이다.

- 인수로 전달된 CSS 선택자를 만족시키는 요소가 존재하지 않는 경우 빈 NodeList 객체를 반환한다.
- 인수로 전달한 CSS 선택자가 문법에 맞지 않는 경우 DOMException 에러가 발생한다.

【 예제 39-15 】

```html
<!DOCTYPE html>
<html>
  <body>
    <ul>
      <li class="apple">Apple</li>
      <li class="banana">Banana</li>
      <li class="orange">Orange</li>
    </ul>
    <script>
      // ul 요소의 자식 요소인 li 요소를 모두 탐색하여 반환한다.
      const $elems = document.querySelectorAll('ul > li');
      // 취득한 요소 노드들은 NodeList 객체에 담겨 반환된다.
      console.log($elems); // NodeList(3) [li.apple, li.banana, li.orange]

      // 취득한 모든 요소 노드의 style.color 프로퍼티 값을 변경한다.
      // NodeList는 forEach 메서드를 제공한다.
      $elems.forEach(elem => { elem.style.color = 'red'; });
    </script>
  </body>
</html>
```

HTML 문서의 모든 요소 노드를 취득하려면 querySelectorAll 메서드의 인수로 전체 선택자 '*'를 전달한다.

【 예제 39-16 】

```
// 모든 요소 노드를 탐색하여 반환한다.
const $all = document.querySelectorAll('*');
// → NodeList(8) [html, head, body, ul, li#apple, li#banana, li#orange, script]
```

getElementsByTagName, getElementsByClassName 메서드와 마찬가지로 querySelector, querySelectorAll 메서드는 Document.prototype에 정의된 메서드와 Element.prototype에 정의된 메서드가 있다. Document. prototype에 정의된 메서드는 DOM의 루트 노드인 문서 노드, 즉 document를 통해 호출하며, DOM 전체에서 요소 노드를 탐색하여 반환한다. Element.prototype에 정의된 메서드는 특정 요소 노드를 통해 호출하며 특정 요소 노드의 자손 노드 중에서 요소 노드를 탐색하여 반환한다.

CSS 선택자 문법을 사용하는 querySelector, querySelectorAll 메서드는 getElementById, getElementsBy*** 메서드보다 다소 느린 것으로 알려져 있다. 하지만 CSS 선택자 문법을 사용하여 좀 더 구체적인 조건으로 요소 노드를 취득할 수 있고 일관된 방식으로 요소 노드를 취득할 수 있다는 장점이 있다. 따라서 id 어트리뷰트가 있는 요소 노드를 취득하는 경우에는 getElementById 메서드를 사용하고 그 외의 경우에는 querySelector, querySelectorAll 메서드를 사용하는 것을 권장한다.

39.2.5 특정 요소 노드를 취득할 수 있는지 확인

Element.prototype.matches 메서드[9]는 인수로 전달한 CSS 선택자를 통해 특정 요소 노드를 취득할 수 있는지 확인한다.

【 예제 39-17 】

```
<!DOCTYPE html>
<html>
  <body>
    <ul id="fruits">
      <li class="apple">Apple</li>
      <li class="banana">Banana</li>
      <li class="orange">Orange</li>
    </ul>
  </body>
  <script>
    const $apple = document.querySelector('.apple');

    // $apple 노드는 '#fruits > li.apple'로 취득할 수 있다.
    console.log($apple.matches('#fruits > li.apple'));  // true

    // $apple 노드는 '#fruits > li.banana'로 취득할 수 없다.
    console.log($apple.matches('#fruits > li.banana')); // false
  </script>
</html>
```

Element.prototype.matches 메서드는 이벤트 위임을 사용할 때 유용하다. 이에 대해서는 40.7절 "이벤트 위임"에서 자세히 살펴보자.

---

0   https://developer.mozilla.org/en-US/docs/Web/API/Element/matches

39.2.6 HTMLCollection과 NodeList

DOM 컬렉션 객체인 HTMLCollection과 NodeList는 DOM API가 여러 개의 결과값을 반환하기 위한 DOM 컬렉션 객체다. HTMLCollection과 NodeList는 모두 유사 배열 객체이면서 이터러블이다. 따라서 for ... of 문으로 순회할 수 있으며 스프레드 문법[10]을 사용하여 간단히 배열로 변환할 수 있다.

HTMLCollection과 NodeList의 중요한 특징은 노드 객체의 상태 변화를 실시간으로 반영하는 **살아 있는**[live] **객체**라는 것이다. HTMLCollection은 언제나 live 객체로 동작한다. 단, NodeList는 대부분의 경우 노드 객체의 상태 변화를 실시간으로 반영하지 않고 과거의 정적 상태를 유지하는 non-live 객체로 동작하지만 경우에 따라 live 객체로 동작할 때가 있다.

HTMLCollection

getElementsByTagName, getElementsByClassName 메서드가 반환하는 HTMLCollection 객체는 노드 객체의 상태 변화를 실시간으로 반영하는 살아 있는[live] DOM 컬렉션 객체다. 따라서 HTMLCollection 객체를 살아 있는[live] 객체라고 부르기도 한다.

다음 예제를 살펴보자.

【 예제 39-18 】

```html
<!DOCTYPE html>
<head>
  <style>
    .red { color: red; }
    .blue { color: blue; }
  </style>
</head>
<html>
  <body>
    <ul id="fruits">
      <li class="red">Apple</li>
      <li class="red">Banana</li>
      <li class="red">Orange</li>
    </ul>
    <script>
      // class 값이 'red'인 요소 노드를 모두 탐색하여 HTMLCollection 객체에 담아 반환한다.
      const $elems = document.getElementsByClassName('red');
      // 이 시점에 HTMLCollection 객체에는 3개의 요소 노드가 담겨 있다.
      console.log($elems); // HTMLCollection(3) [li.red, li.red, li.red]
```

---

10 35장 "스프레드 문법" 참고

```
        // HTMLCollection 객체의 모든 요소의 class 값을 'blue'로 변경한다.
        for (let i = 0; i < $elems.length; i++) {
          $elems[i].className = 'blue';
        }

        // HTMLCollection 객체의 요소가 3개에서 1개로 변경되었다.
        console.log($elems); // HTMLCollection(1) [li.red]
    </script>
  </body>
</html>
```

위 예제는 getElementsByClassName 메서드로 class 값이 'red'인 요소 노드를 모두 취득하고, 취득된 모든 요소 노드를 담고 있는 HTMLCollection 객체를 for 문으로 순회하며 className 프로퍼티[11]를 사용하여 모든 요소의 class 값을 'red'에서 'blue'로 변경한다.

따라서 위 예제가 에러 없이 실행되면 모든 li 요소의 class 값이 'blue'로 변경되어 모든 li 요소는 CSS에 의해 파란색으로 렌더링될 것이다. 하지만 위 예제를 실행해 보면 예상대로 동작하지 않는다. 다음 그림처럼 두 번째 li 요소만 class 값이 변경되지 않는다.

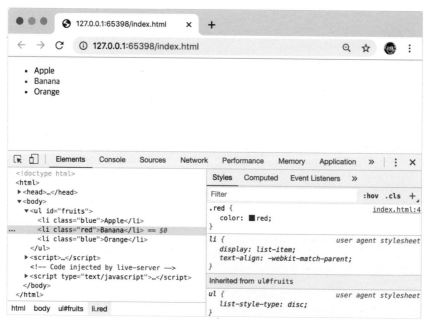

그림 39-9 예상대로 동작하지 않는다.

---
11 39.8.2절 "클래스 조작" 참고

위 예제가 예상대로 동작하지 않은 이유를 알아보자. $elems.length는 3이므로 for 문의 코드 블록은 3번 반복된다.

1. **첫 번째 반복(i === 0)**

   $elems[0]은 첫 번째 li 요소다. 이 요소는 className 프로퍼티에 의해 class 값이 'red'에서 'blue'로 변경된다. 이때 첫 번째 li 요소는 class 값이 'red'에서 'blue'로 변경되었으므로 getElementsByClassName 메서드의 인자로 전달한 'red'와 더는 일치하지 않기 때문에 $elems에서 실시간으로 제거된다. 이처럼 HTMLCollection 객체는 실시간으로 노드 객체의 상태 변경을 반영하는 살아 있는live DOM 컬렉션 객체다.

2. **두 번째 반복(i === 1)**

   첫 번째 반복에서 첫 번째 li 요소는 $elems에서 제거되었다. 따라서 $elems[1]은 세 번째 li 요소다. 이 세 번째 li 요소의 class 값도 'blue'로 변경되고 마찬가지로 HTMLCollection 객체인 $elems에서 실시간으로 제외된다.

3. **세 번째 반복(i === 2)**

   첫 번째, 두 번째 반복에서 첫 번째, 세 번째 li 요소가 $elems에서 제거되었다. 따라서 $elems에는 두 번째 li 요소 노드만 남았다. 이때 $elems.length는 1이므로 for 문의 조건식 i < $elems.length가 false로 평가되어 반복이 종료된다. 따라서 $elems에 남아 있는 두 번째 li 요소의 class 값은 변경되지 않는다.

이처럼 HTMLCollection 객체는 실시간으로 노드 객체의 상태 변경을 반영하여 요소를 제거할 수 있기 때문에 HTMLCollection 객체를 for 문으로 순회하면서 노드 객체의 상태를 변경해야 할 때 주의해야 한다. 이 문제는 for 문을 역방향으로 순회하는 방법으로 회피할 수 있다.

【 예제 39-19 】
```
// for 문을 역방향으로 순회
for (let i = $elems.length - 1; i >= 0; i--) {
  $elems[i].className = 'blue';
}
```

또는 while 문을 사용하여 HTMLCollection 객체에 노드 객체가 남아 있지 않을 때까지 무한 반복하는 방법으로 회피할 수도 있다.

【 예제 39-20 】
```
// while 문으로 HTMLCollection에 요소가 남아 있지 않을 때까지 무한 반복
let i = 0;
while ($elems.length > i) {
  $elems[i].className = 'blue';
}
```

더 간단한 해결책은 부작용을 발생시키는 원인인 HTMLCollection 객체를 사용하지 않는 것이다. 유사 배열 객체이면서 이터러블인 HTMLCollection 객체를 배열로 변환하면 부작용을 발생시키는 HTMLCollection 객체를 사용할 필요가 없고 유용한 배열의 고차 함수(forEach, map, filter, reduce 등)를 사용할 수 있다.

【 예제 39-21 】

```
// 유사 배열 객체이면서 이터러블인 HTMLCollection을 배열로 변환하여 순회
[... $elems].forEach(elem => elem.className = 'blue');
```

NodeList

HTMLCollection 객체의 부작용을 해결하기 위해 getElementsByTagName, getElementsByClassName 메서드 대신 querySelectorAll 메서드를 사용하는 방법도 있다. querySelectorAll 메서드는 DOM 컬렉션 객체인 NodeList 객체를 반환한다. 이때 NodeList 객체는 실시간으로 노드 객체의 상태 변경을 반영하지 않는non-live 객체다.

【 예제 39-22 】

```
// querySelectorAll은 DOM 컬렉션 객체인 NodeList를 반환한다.
const $elems = document.querySelectorAll('.red');

// NodeList 객체는 NodeList.prototype.forEach 메서드를 상속받아 사용할 수 있다.
$elems.forEach(elem => elem.className = 'blue');
```

querySelectorAll이 반환하는 NodeList 객체는 NodeList.prototype.forEach 메서드를 상속받아 사용할 수 있다. NodeList.prototype.forEach 메서드는 Array.prototype.forEach 메서드와 사용방법이 동일하다. NodeList.prototype은 forEach 외에도 item, entries, keys, values 메서드를 제공한다.

NodeList 객체는 대부분의 경우 노드 객체의 상태 변경을 실시간으로 반영하지 않고 과거의 정적 상태를 유지하는 non-live 객체로 동작한다. 하지만 childNodes 프로퍼티[12]가 반환하는 NodeList 객체는 HTMLCollection 객체와 같이 실시간으로 노드 객체의 상태 변경을 반영하는 live 객체로 동작하므로 주의가 필요하다.

【 예제 39-23 】

```
<!DOCTYPE html>
<html>
  <body>
    <ul id="fruits">
      <li>Apple</li>
```

---

12 39.3.2절 "자식 노드 탐색" 참고

```
        <li>Banana</li>
      </ul>
    </body>
  <script>
    const $fruits = document.getElementById('fruits');

    // childNodes 프로퍼티는 NodeList 객체(live)를 반환한다.
    const { childNodes } = $fruits;
    console.log(childNodes instanceof NodeList); // true

    // $fruits 요소의 자식 노드는 공백 텍스트 노드(39.3.1절 "공백 텍스트 노드" 참고)를
    // 포함해 모두 5개다.
    console.log(childNodes); // NodeList(5) [text, li, text, li, text]

    for (let i = 0; i < childNodes.length; i++) {
      // removeChild 메서드는 $fruits 요소의 자식 노드를 DOM에서 삭제한다.
      // (39.6.9절 "노드 삭제" 참고)
      // removeChild 메서드가 호출될 때마다 NodeList 객체인 childNodes가 실시간으로 변경된다.
      // 따라서 첫 번째, 세 번째, 다섯 번째 요소만 삭제된다.
      $fruits.removeChild(childNodes[i]);
    }

    // 예상과 다르게 $fruits 요소의 모든 자식 노드가 삭제되지 않는다.
    console.log(childNodes); // NodeList(2) [li, li]
  </script>
</html>
```

이처럼 HTMLCollection이나 NodeList 객체는 예상과 다르게 동작할 때가 있어 다루기 까다롭고 실수하기 쉽다. 따라서 **노드 객체의 상태 변경과 상관없이 안전하게 DOM 컬렉션을 사용하려면 HTMLCollection이나 NodeList 객체를 배열로 변환하여 사용하는 것을 권장한다.** HTMLCollection과 NodeList 객체가 메서드를 제공하기는 하지만 배열의 고차 함수만큼 다양한 기능을 제공하지는 않는다. HTMLCollection이나 NodeList 객체를 배열로 변환하면 배열의 유용한 고차 함수(forEach, map, filter, reduce 등)를 사용할 수 있다는 장점도 있다.

HTMLCollection과 NodeList 객체는 모두 유사 배열 객체이면서 이터러블이다. 따라서 스프레드 문법[13]이나 Array.from 메서드[14]를 사용하여 간단히 배열로 변환할 수 있다.

---

13 35.2.4절 "이터러블을 배열로 변환" 참고
14 27.4.4절 "Array.from" 참고

```html
<!DOCTYPE html>
<html>
  <body>
    <ul id="fruits">
      <li>Apple</li>
      <li>Banana</li>
    </ul>
  </body>
  <script>
    const $fruits = document.getElementById('fruits');

    // childNodes 프로퍼티는 NodeList 객체(live)를 반환한다.
    const { childNodes } = $fruits;

    // 스프레드 문법을 사용하여 NodeList 객체를 배열로 변환한다.
    [...childNodes].forEach(childNode => {
      $fruits.removeChild(childNode);
    });

    // $fruits 요소의 모든 자식 노드가 모두 삭제되었다.
    console.log(childNodes); // NodeList []
  </script>
</html>
```

39.3 노드 탐색

요소 노드를 취득한 다음, 취득한 요소 노드를 기점으로 DOM 트리의 노드를 옮겨 다니며 부모, 형제, 자식 노드 등을 탐색traversing, node walking해야 할 때가 있다. 다음 예제를 살펴보자.

【 예제 39-25 】

```html
<ul id="fruits">
  <li class="apple">Apple</li>
  <li class="banana">Banana</li>
  <li class="orange">Orange</li>
</ul>
```

ul#fruits 요소는 3개의 자식 요소를 갖는다. 이때 먼저 ul#fruits 요소 노드를 취득한 다음, 자식 노드를 모두 탐색하거나 자식 노드 중 하나만 탐색할 수 있다. li.banana 요소는 2개의 형제 요소와 부모 요소를 갖는다. 이때 먼저 li.banana 요소 노드를 취득한 다음, 형제 노느를 탐색하거나 부모 노드를 탐색할 수 있다.

이처럼 DOM 트리 상의 노드를 탐색할 수 있도록 Node, Element 인터페이스는 트리 탐색 프로퍼티를 제공한다.

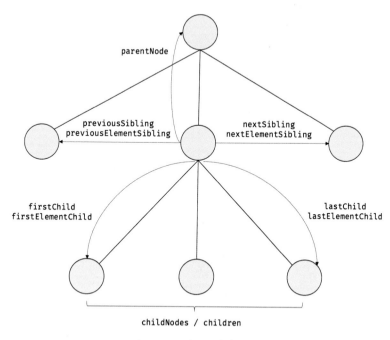

그림 39-10 트리 노드 탐색 프로퍼티

parentNode, previousSibling, firstChild, childNodes 프로퍼티는 Node.prototype이 제공하고, 프로퍼티 키에 Element가 포함된 previousElementSibling, nextElementSibling과 children 프로퍼티는 Element. prototype이 제공한다.

노드 탐색 프로퍼티는 모두 접근자 프로퍼티[15]다. 단, 노드 탐색 프로퍼티는 setter없이 getter만 존재하여 참조만 가능한 읽기 전용 접근자 프로퍼티다. 읽기 전용 접근자 프로퍼티에 값을 할당하면 아무런 에러 없이 무시된다.

---

15 16.3.2절 "접근자 프로퍼티" 참고

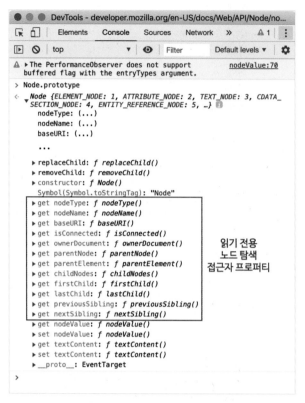

그림 39–11 읽기 전용 접근자 프로퍼티

39.3.1 공백 텍스트 노드

지금까지 언급하지 않았지만 HTML 요소 사이의 스페이스, 탭, 줄바꿈(개행) 등의 공백white space 문자는 텍스트 노드를 생성한다. 이를 공백 텍스트 노드라 한다. 다음 예제를 살펴보자.

【 예제 39–26 】

```html
<!DOCTYPE html>
<html>
  <body>
    <ul id="fruits">
      <li class="apple">Apple</li>
      <li class="banana">Banana</li>
      <li class="orange">Orange</li>
    </ul>
  </body>
</html>
```

텍스트 에디터에서 HTML 문서에 스페이스 키, 탭 키, 엔터 키 등을 입력하면 공백 문자가 추가된다. 위 HTML 문서에도 공백 문자가 포함되어 있다. 위 HTML 문서는 파싱되어 다음과 같은 DOM을 생성한다.

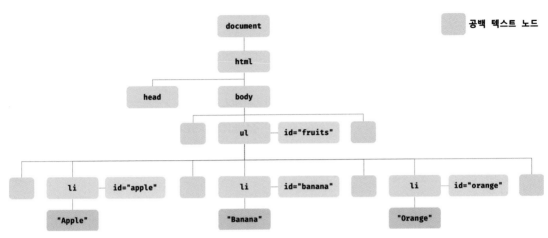

그림 39-12 공백 문자는 텍스트 노드를 생성한다.

이처럼 HTML 문서의 공백 문자는 공백 텍스트 노드를 생성한다. 따라서 노드를 탐색할 때는 공백 문자가 생성한 공백 텍스트 노드에 주의해야 한다. 다음과 같이 인위적으로 HTML 문서의 공백 문자를 제거하면 공백 텍스트 노드를 생성하지 않는다. 하지만 가독성이 좋지 않으므로 권장하지 않는다.

【 예제 39-27 】

```
<ul id="fruits"><li
  class="apple">Apple</li><li
  class="banana">Banana</li><li
  class="orange">Orange</li></ul>
```

39.3.2 자식 노드 탐색

자식 노드를 탐색하기 위해서는 다음과 같은 노드 탐색 프로퍼티를 사용한다.

프로퍼티	설명
Node.prototype.childNodes	자식 노드를 모두 탐색하여 DOM 컬렉션 객체인 NodeList에 담아 반환한다. childNodes 프로퍼티가 반환한 NodeList에는 요소 노드뿐만 아니라 텍스트 노드도 포함되어 있을 수 있다.
Element.prototype.children	자식 노드 중에서 요소 노드만 모두 탐색하여 DOM 컬렉션 객체인 HTMLCollection에 담아 반환한다. children 프로퍼티가 반환한 HTMLCollection에는 텍스트 노드가 포함되지 않는다.

프로퍼티	설명
Node.prototype.firstChild	첫 번째 자식 노드를 반환한다. firstChild 프로퍼티가 반환한 노드는 텍스트 노드이거나 요소 노드다.
Node.prototype.lastChild	마지막 자식 노드를 반환한다. lastChild 프로퍼티가 반환한 노드는 텍스트 노드이거나 요소 노드다.
Element.prototype.firstElementChild	첫 번째 자식 요소 노드를 반환한다. firstElementChild 프로퍼티는 요소 노드만 반환한다.
Element.prototype.lastElementChild	마지막 자식 요소 노드를 반환한다. lastElementChild 프로퍼티는 요소 노드만 반환한다.

【 예제 39-28 】

```
<!DOCTYPE html>
<html>
  <body>
    <ul id="fruits">
      <li class="apple">Apple</li>
      <li class="banana">Banana</li>
      <li class="orange">Orange</li>
    </ul>
  </body>
<script>
  // 노드 탐색의 기점이 되는 #fruits 요소 노드를 취득한다.
  const $fruits = document.getElementById('fruits');

  // #fruits 요소의 모든 자식 노드를 탐색한다.
  // childNodes 프로퍼티가 반환한 NodeList에는 요소 노드뿐만 아니라 텍스트 노드도 포함되어 있다.
  console.log($fruits.childNodes);
  // NodeList(7) [text, li.apple, text, li.banana, text, li.orange, text]

  // #fruits 요소의 모든 자식 노드를 탐색한다.
  // children 프로퍼티가 반환한 HTMLCollection에는 요소 노드만 포함되어 있다.
  console.log($fruits.children);
  // HTMLCollection(3) [li.apple, li.banana, li.orange]

  // #fruits 요소의 첫 번째 자식 노드를 탐색한다.
  // firstChild 프로퍼티는 텍스트 노드를 반환할 수도 있다.
  console.log($fruits.firstChild); // #text

  // #fruits 요소의 마지막 자식 노드를 탐색한다.
  // lastChild 프로퍼티는 텍스트 노드를 반환할 수도 있다.
```

```
      console.log($fruits.lastChild); // #text

      // #fruits 요소의 첫 번째 자식 노드를 탐색한다.
      // firstElementChild 프로퍼티는 요소 노드만 반환한다.
      console.log($fruits.firstElementChild); // li.apple

      // #fruits 요소의 마지막 자식 노드를 탐색한다.
      // lastElementChild 프로퍼티는 요소 노드만 반환한다.
      console.log($fruits.lastElementChild); // li.orange
    </script>
</html>
```

39.3.3 자식 노드 존재 확인

자식 노드가 존재하는지 확인하려면 Node.prototype.hasChildNodes 메서드를 사용한다. hasChildNodes 메서드는 자식 노드가 존재하면 true, 자식 노드가 존재하지 않으면 false를 반환한다. 단, hasChildNodes 메서드는 childNodes 프로퍼티와 마찬가지로 텍스트 노드를 포함하여 자식 노드의 존재를 확인한다.

【 예제 39-29 】

```
<!DOCTYPE html>
<html>
  <body>
    <ul id="fruits">
    </ul>
  </body>
  <script>
    // 노드 탐색의 기점이 되는 #fruits 요소 노드를 취득한다.
    const $fruits = document.getElementById('fruits');

    // #fruits 요소에 자식 노드가 존재하는지 확인한다.
    // hasChildNodes 메서드는 텍스트 노드를 포함하여 자식 노드의 존재를 확인한다.
    console.log($fruits.hasChildNodes()); // true
  </script>
</html>
```

자식 노드 중에 텍스트 노드가 아닌 요소 노드가 존재하는지는 확인하려면 hasChildNodes 메서드 대신 children.length 또는 Element 인터페이스의 childElementCount 프로퍼티를 사용한다.

```html
<!DOCTYPE html>
<html>
  <body>
    <ul id="fruits">
    </ul>
  </body>
  <script>
    // 노드 탐색의 기점이 되는 #fruits 요소 노드를 취득한다.
    const $fruits = document.getElementById('fruits');

    // hasChildNodes 메서드는 텍스트 노드를 포함하여 자식 노드의 존재를 확인한다.
    console.log($fruits.hasChildNodes()); // true

    // 자식 노드 중에 텍스트 노드가 아닌 요소 노드가 존재하는지는 확인한다.
    console.log(!!$fruits.children.length); // 0 → false
    // 자식 노드 중에 텍스트 노드가 아닌 요소 노드가 존재하는지는 확인한다.
    console.log(!!$fruits.childElementCount); // 0 → false
  </script>
</html>
```

39.3.4 요소 노드의 텍스트 노드 탐색

요소 노드의 텍스트 노드는 요소 노드의 자식 노드다. 따라서 요소 노드의 텍스트 노드는 firstChild 프로퍼티로 접근할 수 있다. firstChild 프로퍼티는 첫 번째 자식 노드를 반환한다. firstChild 프로퍼티가 반환한 노드는 텍스트 노드이거나 요소 노드다.

【 예제 39-31 】

```html
<!DOCTYPE html>
<html>
<body>
  <div id="foo">Hello</div>
  <script>
    // 요소 노드의 텍스트 노드는 firstChild 프로퍼티로 접근할 수 있다.
    console.log(document.getElementById('foo').firstChild); // #text
  </script>
</body>
</html>
```

39.3.5 부모 노드 탐색

부모 노드를 탐색하려면 Node.prototype.parentNode 프로퍼티를 사용한다. 텍스트 노드는 DOM 트리의 최종단 노드인 리프 노드^{leaf node}이므로 부모 노드가 텍스트 노드인 경우는 없다.

【 예제 39-32 】

```html
<!DOCTYPE html>
<html>
  <body>
    <ul id="fruits">
      <li class="apple">Apple</li>
      <li class="banana">Banana</li>
      <li class="orange">Orange</li>
    </ul>
  </body>
  <script>
    // 노드 탐색의 기점이 되는 .banana 요소 노드를 취득한다.
    const $banana = document.querySelector('.banana');

    // .banana 요소 노드의 부모 노드를 탐색한다.
    console.log($banana.parentNode); // ul#fruits
  </script>
</html>
```

39.3.6 형제 노드 탐색

부모 노드가 같은 형제 노드를 탐색하려면 다음과 같은 노드 탐색 프로퍼티를 사용한다. 단, 어트리뷰트 노드는 요소 노드와 연결되어 있지만 부모 노드가 같은 형제 노드가 아니기 때문에 반환되지 않는다. 즉, 아래 프로퍼티는 텍스트 노드 또는 요소 노드만 반환한다.

프로퍼티	설명
Node.prototype.previousSibling	부모 노드가 같은 형제 노드 중에서 자신의 이전 형제 노드를 탐색하여 반환한다. previousSibling 프로퍼티가 반환하는 형제 노드는 요소 노드뿐만 아니라 텍스트 노드일 수도 있다.
Node.prototype.nextSibling	부모 노드가 같은 형제 노드 중에서 자신의 다음 형제 노드를 탐색하여 반환한다. nextSibling 프로퍼티가 반환하는 형제 노드는 요소 노드뿐만 아니라 텍스트 노드일 수도 있다.

프로퍼티	설명
Element.prototype.previousElementSibling	부모 노드가 같은 형제 요소 노드 중에서 자신의 이전 형제 요소 노드를 탐색하여 반환한다. previousElementSibling 프로퍼티는 요소 노드만 반환한다.
Element.prototype.nextElementSibling	부모 노드가 같은 형제 요소 노드 중에서 자신의 다음 형제 요소 노드를 탐색하여 반환한다. nextElementSibling 프로퍼티는 요소 노드만 반환한다.

【 예제 39-33 】

```
<!DOCTYPE html>
<html>
  <body>
    <ul id="fruits">
      <li class="apple">Apple</li>
      <li class="banana">Banana</li>
      <li class="orange">Orange</li>
    </ul>
  </body>
  <script>
    // 노드 탐색의 기점이 되는 #fruits 요소 노드를 취득한다.
    const $fruits = document.getElementById('fruits');

    // #fruits 요소의 첫 번째 자식 노드를 탐색한다.
    // firstChild 프로퍼티는 요소 노드뿐만 아니라 텍스트 노드를 반환할 수도 있다.
    const { firstChild } = $fruits;
    console.log(firstChild); // #text

    // #fruits 요소의 첫 번째 자식 노드(텍스트 노드)의 다음 형제 노드를 탐색한다.
    // nextSibling 프로퍼티는 요소 노드뿐만 아니라 텍스트 노드를 반환할 수도 있다.
    const { nextSibling } = firstChild;
    console.log(nextSibling); // li.apple

    // li.apple 요소의 이전 형제 노드를 탐색한다.
    // previousSibling 프로퍼티는 요소 노드뿐만 아니라 텍스트 노드를 반환할 수도 있다.
    const { previousSibling } = nextSibling;
    console.log(previousSibling); // #text

    // #fruits 요소의 첫 번째 자식 요소 노드를 탐색한다.
    // firstElementChild 프로퍼티는 요소 노드만 반환한다.
    const { firstElementChild } = $fruits;
    console.log(firstElementChild); // li.apple
```

```
    // #fruits 요소의 첫 번째 자식 요소 노드(li.apple)의 다음 형제 노드를 탐색한다.
    // nextElementSibling 프로퍼티는 요소 노드만 반환한다.
    const { nextElementSibling } = firstElementChild;
    console.log(nextElementSibling); // li.banana

    // li.banana 요소의 이전 형제 요소 노드를 탐색한다.
    // previousElementSibling 프로퍼티는 요소 노드만 반환한다.
    const { previousElementSibling } = nextElementSibling;
    console.log(previousElementSibling); // li.apple
  </script>
</html>
```

39.4 노드 정보 취득

노드 객체에 대한 정보를 취득하려면 다음과 같은 노드 정보 프로퍼티를 사용한다.

프로퍼티	설명
Node.prototype.nodeType	노드 객체의 종류, 즉 노드 타입을 나타내는 상수를 반환한다. 노드 타입 상수는 Node에 정의되어 있다. ▪ Node.ELEMENT_NODE: 요소 노드 타입을 나타내는 상수 1을 반환 ▪ Node.TEXT_NODE: 텍스트 노드 타입을 나타내는 상수 3을 반환 ▪ Node.DOCUMENT_NODE: 문서 노드 타입을 나타내는 상수 9를 반환
Node.prototype.nodeName	노드의 이름을 문자열로 반환한다. ▪ 요소 노드: 대문자 문자열로 태그 이름("UL", "LI" 등)을 반환 ▪ 텍스트 노드: 문자열 "#text"를 반환 ▪ 문서 노드: 문자열 "#document"를 반환

【 예제 39-34 】

```
<!DOCTYPE html>
<html>
  <body>
    <div id="foo">Hello</div>
  </body>
  <script>
    // 문서 노드의 노드 정보를 취득한다.
    console.log(document.nodeType); // 9
    console.log(document.nodeName); // #document
```

```
    // 요소 노드의 노드 정보를 취득한다.
    const $foo = document.getElementById('foo');
    console.log($foo.nodeType); // 1
    console.log($foo.nodeName); // DIV

    // 텍스트 노드의 노드 정보를 취득한다.
    const $textNode = $foo.firstChild;
    console.log($textNode.nodeType); // 3
    console.log($textNode.nodeName); // #text
  </script>
</html>
```

39.5 요소 노드의 텍스트 조작

39.5.1 nodeValue

지금까지 살펴본 노드 탐색, 노드 정보 프로퍼티는 모두 읽기 전용 접근자 프로퍼티다. 지금부터 살펴볼 Node.prototype.nodeValue 프로퍼티는 setter와 getter 모두 존재하는 접근자 프로퍼티다. 따라서 nodeValue 프로퍼티는 참조와 할당 모두 가능하다.

노드 객체의 nodeValue 프로퍼티를 참조하면 노드 객체의 값을 반환한다. 노드 객체의 값이란 텍스트 노드의 텍스트다. 따라서 텍스트 노드가 아닌 노드, 즉 문서 노드나 요소 노드의 nodeValue 프로퍼티를 참조하면 null을 반환한다.

【 예제 39-35 】

```
<!DOCTYPE html>
<html>
  <body>
    <div id="foo">Hello</div>
  </body>
  <script>
    // 문서 노드의 nodeValue 프로퍼티를 참조한다.
    console.log(document.nodeValue); // null

    // 요소 노드의 nodeValue 프로퍼티를 참조한다.
    const $foo = document.getElementById('foo');
    console.log($foo.nodeValue); // null

    // 텍스트 노드의 nodeValue 프로퍼티를 참조한다.
    const $textNode = $foo.firstChild;
```

```
        console.log($textNode.nodeValue); // Hello
      </script>
  </html>
```

이처럼 텍스트 노드의 nodeValue 프로퍼티를 참조할 때만 텍스트 노드의 값, 즉 텍스트를 반환한다. 텍스트 노드가 아닌 노드 객체의 nodeValue 프로퍼티를 참조하면 null을 반환하므로 의미가 없다.

텍스트 노드의 nodeValue 프로퍼티에 값을 할당하면 텍스트 노드의 값, 즉 텍스트를 변경할 수 있다. 따라서 요소 노드의 텍스트를 변경하려면 다음과 같은 순서의 처리가 필요하다.

1. 텍스트를 변경할 요소 노드를 취득한 다음, 취득한 요소 노드의 텍스트 노드를 탐색한다. 텍스트 노드는 요소 노드의 자식 노드이므로 firstChild 프로퍼티를 사용하여 탐색한다.

2. 탐색한 텍스트 노드의 nodeValue 프로퍼티를 사용하여 텍스트 노드의 값을 변경한다.

【 예제 39-36 】

```
<!DOCTYPE html>
<html>
  <body>
    <div id="foo">Hello</div>
  </body>
  <script>
    // 1. #foo 요소 노드의 자식 노드인 텍스트 노드를 취득한다.
    const $textNode = document.getElementById('foo').firstChild;

    // 2. nodeValue 프로퍼티를 사용하여 텍스트 노드의 값을 변경한다.
    $textNode.nodeValue = 'World';

    console.log($textNode.nodeValue); // World
  </script>
</html>
```

39.5.2 textContent

Node.prototype.textContent 프로퍼티는 setter와 getter 모두 존재하는 접근자 프로퍼티로서 요소 노드의 텍스트와 모든 자손 노드의 텍스트를 모두 취득하거나 변경한다.

요소 노드의 textContent 프로퍼티를 참조하면 요소 노드의 콘텐츠 영역(시작 태그와 종료 태그 사이) 내의 텍스트를 모두 반환한다. 다시 말해, 요소 노드의 childNodes 프로퍼티가 반환한 모든 노드들의 텍스트 노드의 값, 즉 텍스트를 모두 반환한다. 이때 HTML 마크업은 무시된다.

```
<!DOCTYPE html>
<html>
  <body>
    <div id="foo">Hello <span>world!</span></div>
  </body>
  <script>
    // #foo 요소 노드의 텍스트를 모두 취득한다. 이때 HTML 마크업은 무시된다.
    console.log(document.getElementById('foo').textContent); // Hello world!
  </script>
</html>
```

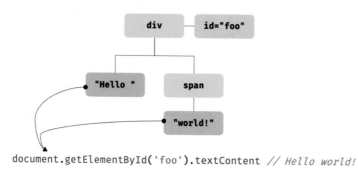

document.getElementById('foo').textContent // Hello world!

그림 39-13 textContent 프로퍼티에 의한 텍스트 취득

앞서 살펴본 nodeValue 프로퍼티를 참조하여도 텍스트를 취득할 수 있었다. 단, 텍스트 노드가 아닌 노드의 nodeValue 프로퍼티는 null을 반환하므로 의미가 없고 텍스트 노드의 nodeValue 프로퍼티를 참조할 때만 텍스트 노드의 값, 즉 텍스트를 반환한다. 다만 nodeValue 프로퍼티를 사용하면 textContent 프로퍼티를 사용할 때와 비교해서 코드가 더 복잡하다.

【 예제 39-38 】

```
<!DOCTYPE html>
<html>
  <body>
    <div id="foo">Hello <span>world!</span></div>
  </body>
  <script>
    // #foo 요소 노드는 텍스트 노드가 아니다.
    console.log(document.getElementById('foo').nodeValue); // null
    // #foo 요소 노드의 자식 노드인 텍스트 노드의 값을 취득한다.
    console.log(document.getElementById('foo').firstChild.nodeValue); // Hello
    // span 요소 노드의 자식 노드인 텍스트 노드의 값을 취득한다.
    console.log(document.getElementById('foo').lastChild.firstChild.nodeValue);
```

```
    // world!
  </script>
</html>
```

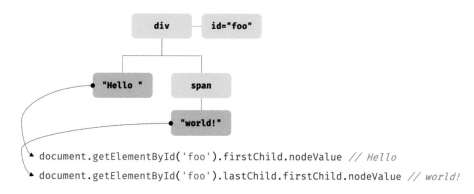

document.getElementById('foo').firstChild.nodeValue // Hello
document.getElementById('foo').lastChild.firstChild.nodeValue // world!

그림 39-14 nodeValue 프로퍼티에 의한 텍스트 취득

만약 요소 노드의 콘텐츠 영역에 자식 요소 노드가 없고 텍스트만 존재한다면 firstChild.nodeValue와 textContent 프로퍼티는 같은 결과를 반환한다. 이 경우 textContent 프로퍼티를 사용하는 편이 코드가 더 간단하다.

【 예제 39-39 】

```
<!DOCTYPE html>
<html>
  <body>
    <!-- 요소 노드의 콘텐츠 영역에 다른 요소 노드가 없고 텍스트만 존재 -->
    <div id="foo">Hello</div>
  </body>
  <script>
    const $foo = document.getElementById('foo');

    // 요소 노드의 콘텐츠 영역에 자식 요소 노드가 없고 텍스트만 존재한다면
    // firstChild.nodeValue와 textContent는 같은 결과를 반환한다.
    console.log($foo.textContent === $foo.firstChild.nodeValue); // true
  </script>
</html>
```

요소 노드의 textContent 프로퍼티에 문자열을 할당하면 요소 노드의 모든 자식 노드가 제거되고 할당한 문자열이 텍스트로 추가된다. 이때 할당한 문자열에 HTML 마크업이 포함되어 있더라도 문자열 그대로 인식되어 텍스트로 취급된다. 즉, HTML 마크업이 파싱되지 않는다.

【 예제 39-40 】

```html
<!DOCTYPE html>
<html>
  <body>
    <div id="foo">Hello <span>world!</span></div>
  </body>
  <script>
    // #foo 요소 노드의 모든 자식 노드가 제거되고 할당한 문자열이 텍스트로 추가된다.
    // 이때 HTML 마크업이 파싱되지 않는다.
    document.getElementById('foo').textContent = 'Hi <span>there!</span>';
  </script>
</html>
```

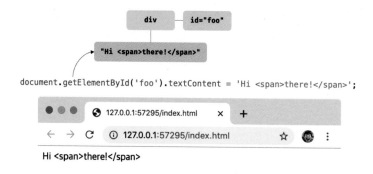

그림 39-15 textContent 프로퍼티에 의한 콘텐츠 변경

참고로 textContent 프로퍼티와 유사한 동작을 하는 innerText 프로퍼티[16]가 있다. innerText 프로퍼티는 다음과 같은 이유로 사용하지 않는 것이 좋다.[17]

- innerText 프로퍼티는 CSS에 순종적이다. 예를 들어, innerText 프로퍼티는 CSS에 의해 비표시(visibility: hidden;)로 지정된 요소 노드의 텍스트를 반환하지 않는다.

- innerText 프로퍼티는 CSS를 고려해야 하므로 textContent 프로퍼티보다 느리다.

39.6 DOM 조작

DOM 조작[DOM manipulation]은 새로운 노드를 생성하여 DOM에 추가하거나 기존 노드를 삭제 또는 교체하는 것을 말한다. DOM 조작에 의해 DOM에 새로운 노드가 추가되거나 삭제되면 리플로우와 리페인트[18]가 발생

---

16 https://developer.mozilla.org/ko/docs/Web/API/Node/innerText
17 https://stackoverflow.com/questions/35213147/difference-between-textcontent-vs-innertext
18 38.7절 "리플로우와 리페인트" 참고

하는 원인이 되므로 성능에 영향을 준다. 따라서 복잡한 콘텐츠를 다루는 DOM 조작은 성능 최적화를 위해 주의해서 다루어야 한다.

39.6.1 innerHTML

`Element.prototype.innerHTML` 프로퍼티는 setter와 getter 모두 존재하는 접근자 프로퍼티로서 요소 노드의 HTML 마크업을 취득하거나 변경한다. 요소 노드의 `innerHTML` 프로퍼티를 참조하면 요소 노드의 콘텐츠 영역(시작 태그와 종료 태그 사이) 내에 포함된 모든 HTML 마크업을 문자열로 반환한다.

【 예제 39-41 】

```
<!DOCTYPE html>
<html>
  <body>
    <div id="foo">Hello <span>world!</span></div>
  </body>
  <script>
    // #foo 요소의 콘텐츠 영역 내의 HTML 마크업을 문자열로 취득한다.
    console.log(document.getElementById('foo').innerHTML);
    // "Hello <span>world!</span>"
  </script>
</html>
```

앞서 살펴본 textContent 프로퍼티를 참조하면 HTML 마크업을 무시하고 텍스트만 반환하지만 innerHTML 프로퍼티는 HTML 마크업이 포함된 문자열을 그대로 반환한다.

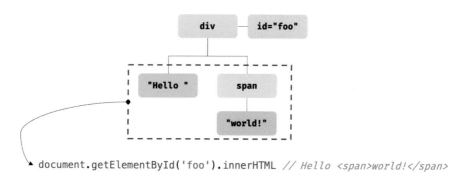

```
document.getElementById('foo').innerHTML // Hello <span>world!</span>
```

그림 39-16 innerHTML 프로퍼티에 의한 HTML 마크업 취득

요소 노드의 innerHTML 프로퍼티에 문자열을 할당하면 요소 노드의 모든 자식 노드가 제거되고 할당한 문자열에 포함되어 있는 HTML 마크업이 파싱되어 요소 노드의 자식 노드로 DOM에 반영된다.

【 예제 39-42 】

```html
<!DOCTYPE html>
<html>
  <body>
    <div id="foo">Hello <span>world!</span></div>
  </body>
  <script>
    // HTML 마크업이 파싱되어 요소 노드의 자식 노드로 DOM에 반영된다.
    document.getElementById('foo').innerHTML = 'Hi <span>there!</span>';
  </script>
</html>
```

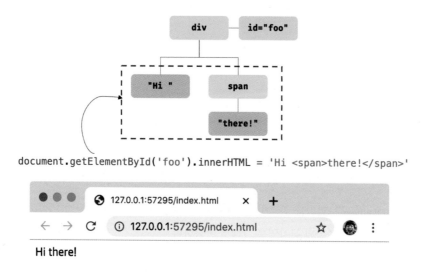

document.getElementById('foo').innerHTML = 'Hi there!'

그림 39-17 innerHTML 프로퍼티에 의한 DOM 조작

이처럼 innerHTML 프로퍼티를 사용하면 HTML 마크업 문자열로 간단히 DOM 조작이 가능하다.

【 예제 39-43 】

```html
<!DOCTYPE html>
<html>
  <body>
    <ul id="fruits">
      <li class="apple">Apple</li>
    </ul>
  </body>
  <script>
    const $fruits = document.getElementById('fruits');

    // 노드 추가
```

```
      $fruits.innerHTML += '<li class="banana">Banana</li>';

      // 노드 교체
      $fruits.innerHTML = '<li class="orange">Orange</li>';

      // 노드 삭제
      $fruits.innerHTML = '';
    </script>
  </html>
```

요소 노드의 innerHTML 프로퍼티에 할당한 HTML 마크업 문자열은 렌더링 엔진에 의해 파싱되어 요소 노드의 자식으로 DOM에 반영된다. 이때 사용자로부터 입력받은 데이터untrusted input data를 그대로 innerHTML 프로퍼티에 할당하는 것은 **크로스 사이트 스크립팅 공격**XSS: Cross-Site Scripting Attacks에 취약하므로 위험하다. HTML 마크업 내에 자바스크립트 악성 코드가 포함되어 있다면 파싱 과정에서 그대로 실행될 가능성이 있기 때문이다.

innerHTML 프로퍼티로 스크립트 태그를 삽입하여 자바스크립트가 실행되도록 하는 예제를 살펴보자.

【 예제 39-44 】

```
<!DOCTYPE html>
<html>
  <body>
    <div id="foo">Hello</div>
  </body>
  <script>
    // innerHTML 프로퍼티로 스크립트 태그를 삽입하여 자바스크립트가 실행되도록 한다.
    // HTML5는 innerHTML 프로퍼티로 삽입된 script 요소 내의 자바스크립트 코드를 실행하지 않는다.
    document.getElementById('foo').innerHTML
      = '<script>alert(document.cookie)</script>';
  </script>
</html>
```

HTML5는 innerHTML 프로퍼티로 삽입된 script 요소 내의 자바스크립트 코드를 실행하지 않는다. 따라서 HTML5를 지원하는 브라우저에서 위 예제는 동작하지 않는다. 하지만 script 요소 없이도 크로스 사이트 스크립팅 공격은 가능하다. 다음의 간단한 크로스 사이트 스크립팅 공격은 모던 브라우저에서도 동작한다.

【 예제 39-45 】

```
<!DOCTYPE html>
<html>
  <body>
    <div id="foo">Hello</div>
```

```
    </body>
    <script>
      // 에러 이벤트를 강제로 발생시켜서 자바스크립트 코드가 실행되도록 한다.
      document.getElementById('foo').innerHTML
        = `<img src="x" onerror="alert(document.cookie)">`;
    </script>
  </html>
```

이처럼 innerHTML 프로퍼티를 사용한 DOM 조작은 구현이 간단하고 직관적이라는 장점이 있지만 크로스 사이트 스크립팅 공격에 취약한 단점도 있다.

📄 **HTML 새니티제이션**HTML sanitization

HTML 새니티제이션은 사용자로부터 입력받은 데이터에 의해 발생할 수 있는 크로스 사이트 스크립팅 공격을 예방하기 위해 잠재적 위험을 제거하는 기능을 말한다. 새니티제이션 함수를 직접 구현할 수도 있겠지만 DOMPurify 라이브러리[19]를 사용하는 것을 권장한다.

DOMPurify는 다음과 같이 잠재적 위험을 내포한 HTML 마크업을 새니티제이션(살균)하여 잠재적 위험을 제거한다.

```
DOMPurify.sanitize('<img src="x" onerror="alert(document.cookie)">');
// => <img src="x">
```

DOMPurify는 2014년 2월부터 제공되기 시작했으므로 어느 정도 안정성이 보장된 새니티제이션 라이브러리라고 할 수 있다.

innerHTML 프로퍼티의 또 다른 단점은 요소 노드의 innerHTML 프로퍼티에 HTML 마크업 문자열을 할당하는 경우 요소 노드의 모든 자식 노드를 제거하고 할당한 HTML 마크업 문자열을 파싱하여 DOM을 변경한다는 것이다. 다음 예제를 살펴보자.

【 예제 39-46 】

```
<!DOCTYPE html>
<html>
  <body>
    <ul id="fruits">
      <li class="apple">Apple</li>
    </ul>
  </body>
  <script>
    const $fruits = document.getElementById('fruits');

    // 노드 추가
    $fruits.innerHTML += '<li class="banana">Banana</li>';
```

---

19 https://github.com/cure53/DOMPurify

```
  </script>
</html>
```

위 예제는 #fruits 요소에 자식 요소 li.banana를 추가한다. 이때 #fruits 요소의 자식 요소 li.apple은 아무런 변경이 없으므로 다시 생성할 필요가 없다. 다만 새롭게 추가할 li.banana 요소 노드만 생성하여 #fruits 요소의 자식 요소로 추가하면 된다. 위 예제를 얼핏 보면 그렇게 동작할 것처럼 보이지만 사실은 #fruits 요소의 모든 자식 노드(li.apple)를 제거하고 새롭게 요소 노드 li.apple과 li.banana를 생성하여 #fruits 요소의 자식 요소로 추가한다.

【 예제 39-47 】

```
$fruits.innerHTML += '<li class="banana">Banana</li>';
```

위 코드는 다음 코드의 축약 표현이다.

【 예제 39-48 】

```
$fruits.innerHTML = $fruits.innerHTML + '<li class="banana">Banana</li>';
// '<li class="apple">Apple</li>' + '<li class="banana">Banana</li>'
```

이처럼 innerHTML 프로퍼티에 HTML 마크업 문자열을 할당하면 유지되어도 좋은 기존의 자식 노드까지 모두 제거하고 다시 처음부터 새롭게 자식 노드를 생성하여 DOM에 반영한다. 이는 효율적이지 않다.

innerHTML 프로퍼티의 단점은 이뿐만이 아니다. innerHTML 프로퍼티는 새로운 요소를 삽입할 때 삽입될 위치를 지정할 수 없다는 단점도 있다. 다음 예제를 살펴보자.

【 예제 39-49 】

```
<ul id="fruits">
  <li class="apple">Apple</li>
  <li class="orange">Orange</li>
</ul>
```

li.apple 요소와 li.orange 요소 사이에 새로운 요소를 삽입하고 싶은 경우 innerHTML 프로퍼티를 사용하면 삽입 위치를 지정할 수 없다. 이처럼 innerHTML 프로퍼티는 복잡하지 않은 요소를 새롭게 추가할 때 유용하지만 기존 요소를 제거하지 않으면서 위치를 지정해 새로운 요소를 삽입해야 할 때는 사용하지 않는 것이 좋다.

39.6.2 insertAdjacentHTML 메서드

Element.prototype.insertAdjacentHTML(position, DOMString) 메서드는 기존 요소를 제거하지 않으면서 위치를 지정해 새로운 요소를 삽입한다.

insertAdjacentHTML 메서드는 두 번째 인수로 전달한 HTML 마크업 문자열(DOMString)을 파싱하고 그 결과로 생성된 노드를 첫 번째 인수로 전달한 위치(position)에 삽입하여 DOM에 반영한다. 첫 번째 인수로 전달할 수 있는 문자열은 'beforebegin', 'afterbegin', 'beforeend', 'afterend'의 4가지다.

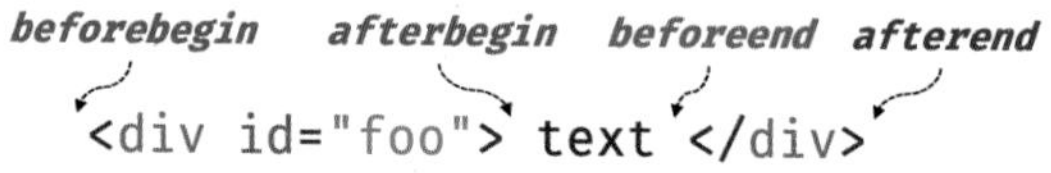

그림 39-18 insertAdjacentHTML 메서드

【 예제 39-50 】

```html
<!DOCTYPE html>
<html>
  <body>
    <!-- beforebegin -->
    <div id="foo">
      <!-- afterbegin -->
      text
      <!-- beforeend -->
    </div>
    <!-- afterend -->
  </body>
  <script>
    const $foo = document.getElementById('foo');

    $foo.insertAdjacentHTML('beforebegin', '<p>beforebegin</p>');
    $foo.insertAdjacentHTML('afterbegin', '<p>afterbegin</p>');
    $foo.insertAdjacentHTML('beforeend', '<p>beforeend</p>');
    $foo.insertAdjacentHTML('afterend', '<p>afterend</p>');
  </script>
</html>
```

insertAdjacentHTML 메서드는 기존 요소에는 영향을 주지 않고 새롭게 삽입될 요소만을 파싱하여 자식 요소로 추가하므로 기존의 자식 노드를 모두 제거하고 다시 처음부터 새롭게 자식 노드를 생성하여 자식 요소로 추가하는 innerHTML 프로퍼티보다 효율적이고 빠르다.

단, innerHTML 프로퍼티와 마찬가지로 insertAdjacentHTML 메서드는 HTML 마크업 문자열을 파싱하므로 크로스 사이트 스크립팅 공격에 취약하다는 점은 동일하다.

39.6.3 노드 생성과 추가

지금까지 살펴본 innerHTML 프로퍼티와 insertAdjacentHTML 메서드는 HTML 마크업 문자열을 파싱하여 노드를 생성하고 DOM에 반영한다. DOM은 노드를 직접 생성/삽입/삭제/치환하는 메서드도 제공한다. 다음 예제를 살펴보자.

【 예제 39-51 】

```html
<!DOCTYPE html>
<html>
  <body>
    <ul id="fruits">
      <li>Apple</li>
    </ul>
  </body>
  <script>
    const $fruits = document.getElementById('fruits');

    // 1. 요소 노드 생성
    const $li = document.createElement('li');

    // 2. 텍스트 노드 생성
    const textNode = document.createTextNode('Banana');

    // 3. 텍스트 노드를 $li 요소 노드의 자식 노드로 추가
    $li.appendChild(textNode);

    // 4. $li 요소 노드를 #fruits 요소 노드의 마지막 자식 노드로 추가
    $fruits.appendChild($li);
  </script>
</html>
```

위 예제는 새로운 요소 노드를 생성하고 텍스트 노드를 생성하여 요소 노드의 자식 노드로 추가한 다음, 요소 노드를 DOM에 추가한다. 이 과정에 대해 살펴보자.

요소 노드 생성

Document.prototype.createElement(tagName) 메서드는 요소 노드를 생성하여 반환한다. createElement 메서드의 매개변수 tagName에는 태그 이름을 나타내는 문자열을 인수로 전달한다.

【 예제 39-52 】

```javascript
// 1. 요소 노드 생성
const $li = document.createElement('li');
```

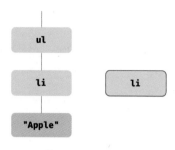

그림 39-19 요소 노드 생성

위 그림처럼 createElement 메서드로 생성한 요소 노드는 기존 DOM에 추가되지 않고 홀로 존재하는 상태다. 즉, createElement 메서드는 요소 노드를 생성할 뿐 DOM에 추가하지는 않는다. 따라서 이후에 생성된 요소 노드를 DOM에 추가하는 처리가 별도로 필요하다.

그리고 createElement 메서드로 생성한 요소 노드는 아무런 자식 노드를 가지고 있지 않다. 따라서 요소 노드의 자식 노드인 텍스트 노드도 없는 상태다.

【 예제 39-53 】

```
// 1. 요소 노드 생성
const $li = document.createElement('li');
// 생성된 요소 노드는 아무런 자식 노드가 없다.
console.log($li.childNodes); // NodeList []
```

텍스트 노드 생성

Document.prototype.createTextNode(text) 메서드는 텍스트 노드를 생성하여 반환한다. createTextNode 메서드의 매개변수 text에는 텍스트 노드의 값으로 사용할 문자열을 인수로 전달한다.

【 예제 39-54 】

```
// 2. 텍스트 노드 생성
const textNode = document.createTextNode('Banana');
```

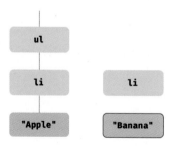

그림 39-20 텍스트 노드 생성

텍스트 노드는 요소 노드의 자식 노드다. 하지만 createTextNode 메서드로 생성한 텍스트 노드는 요소 노드의 자식 노드로 추가되지 않고 홀로 존재하는 상태다. 즉, createElement 메서드와 마찬가지로 createTextNode 메서드는 텍스트 노드를 생성할 뿐 요소 노드에 추가하지는 않는다. 따라서 이후에 생성된 텍스트 노드를 요소 노드에 추가하는 처리가 별도로 필요하다.

텍스트 노드를 요소 노드의 자식 노드로 추가

Node.prototype.appendChild(childNode) 메서드는 매개변수 childNode에게 인수로 전달한 노드를 appendChild 메서드를 호출한 노드의 마지막 자식 노드로 추가한다.

appendChild 메서드의 인수로 createTextNode 메서드로 생성한 텍스트 노드를 전달하면 appendChild 메서드를 호출한 노드의 마지막 자식 노드로 텍스트 노드가 추가된다.

【 예제 39-55 】

```
// 3. 텍스트 노드를 $li 요소 노드의 자식 노드로 추가
$li.appendChild(textNode);
```

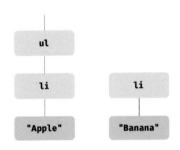

그림 39-21 텍스트 노드를 요소 노드의 자식 노드로 추가

위 그림처럼 appendChild 메서드를 통해 요소 노드와 텍스트 노드는 부자 관계로 연결되었지만 아직 기존 DOM에 추가되지는 않은 상태다.

위 예제처럼 요소 노드에 자식 노드가 하나도 없는 경우에는 텍스트 노드를 생성하여 요소 노드의 자식 노드로 텍스트 노드를 추가하는 것보다 textContent 프로퍼티를 사용하는 편이 더욱 간편하다.

【 예제 39-56 】

```
// 텍스트 노드를 생성하여 요소 노드의 자식 노드로 추가
$li.appendChild(document.createTextNode('Banana'));

// $li 요소 노드에 자식 노드가 하나도 없는 위 코드와 동일하게 동작한다.
$li.textContent = 'Banana';
```

단, 요소 노드에 자식 노드가 있는 경우 요소 노드의 textContent 프로퍼티에 문자열을 할당하면 요소 노드의 모든 자식 노드가 제거되고 할당한 문자열이 텍스트로 추가되므로 주의해야 한다.

요소 노드를 DOM에 추가[20]

Node.prototype.appendChild 메서드를 사용하여 텍스트 노드와 부자 관계로 연결한 요소 노드를 #fruits 요소 노드의 마지막 자식 요소로 추가한다.

【 예제 39-57 】

```
// 4. $li 요소 노드를 #fruits 요소 노드의 마지막 자식 노드로 추가
$fruits.appendChild($li);
```

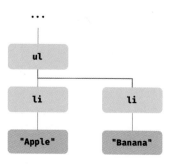

그림 39-22 요소 노드를 DOM에 추가

이 과정에서 비로소 새롭게 생성한 요소 노드가 DOM에 추가된다. 기존의 DOM에 요소 노드를 추가하는 처리는 이 과정뿐이다. 위 예제는 단 하나의 요소 노드를 생성하여 DOM에 한번 추가하므로 DOM은 한 번 변경된다. 이때 리플로우와 리페인트[21]가 실행된다.

39.6.4 복수의 노드 생성과 추가

이번에는 여러 개의 요소 노드를 생성하여 DOM에 추가해 보자.

【 예제 39-58 】

```
<!DOCTYPE html>
<html>
  <body>
    <ul id="fruits"></ul>
  </body>
  <script>
    const $fruits = document.getElementById('fruits');

    ['Apple', 'Banana', 'Orange'].forEach(text => {
      // 1. 요소 노드 생성
      const $li = document.createElement('li');
```

---

20 https://dev.to/ibn_abubakre/append-vs-appendchild-a4m
21 38.7절 "리플로우와 리페인트" 참고

```
      // 2. 텍스트 노드 생성
      const textNode = document.createTextNode(text);

      // 3. 텍스트 노드를 $li 요소 노드의 자식 노드로 추가
      $li.appendChild(textNode);

      // 4. $li 요소 노드를 #fruits 요소 노드의 마지막 자식 노드로 추가
      $fruits.appendChild($li);
    });
  </script>
</html>
```

위 예제는 3개의 요소 노드를 생성하여 DOM에 3번 추가하므로 DOM이 3번 변경된다. 이때 리플로우와 리페인트가 3번 실행된다. DOM을 변경하는 것은 높은 비용이 드는 처리이므로 가급적 횟수를 줄이는 편이 성능에 유리하다. 따라서 위 예제와 같이 기존 DOM에 요소 노드를 반복하여 추가하는 것은 비효율적이다.

이처럼 DOM을 여러 번 변경하는 문제를 회피하기 위해 컨테이너 요소를 사용해 보자. 컨테이너 요소를 미리 생성한 다음, DOM에 추가해야 할 3개의 요소 노드를 컨테이너 요소에 자식 노드로 추가하고, 컨테이너 요소를 #fruits 요소에 자식으로 추가한다면 DOM은 한 번만 변경된다.

【 예제 39-59 】

```
<!DOCTYPE html>
<html>
  <body>
    <ul id="fruits"></ul>
  </body>
  <script>
    const $fruits = document.getElementById('fruits');

    // 컨테이너 요소 노드 생성
    const $container = document.createElement('div');

    ['Apple', 'Banana', 'Orange'].forEach(text => {
      // 1. 요소 노드 생성
      const $li = document.createElement('li');

      // 2. 텍스트 노드 생성
      const textNode = document.createTextNode(text);

      // 3. 텍스트 노드를 $li 요소 노드의 자식 노드로 추가
      $li.appendChild(textNode);

      // 4. $li 요소 노드를 컨테이너 요소의 마지막 자식 노드로 추가
```

```
      $container.appendChild($li);
    });

    // 5. 컨테이너 요소 노드를 #fruits 요소 노드의 마지막 자식 노드로 추가
    $fruits.appendChild($container);
  </script>
</html>
```

위 예제는 DOM을 한 번만 변경하므로 성능에 유리하기는 하지만 다음과 같이 불필요한 컨테이너 요소(div)가 DOM에 추가되는 부작용이 있다. 이는 바람직하지 않다.

【 예제 39-60 】

```
<ul id="fruits">
  <div>
    <li>apple</li>
    <li>banana</li>
    <li>orange</li>
  </div>
</ul>
```

이러한 문제는 DocumentFragment 노드를 통해 해결할 수 있다. DocumentFragment 노드는 문서, 요소, 어트리뷰트, 텍스트 노드와 같은 노드 객체의 일종으로, 부모 노드가 없어서 기존 DOM과는 별도로 존재한다는 특징이 있다. DocumentFragment 노드는 위 예제의 컨테이너 요소와 같이 자식 노드들의 부모 노드로서 별도의 서브 DOM을 구성하여 기존 DOM에 추가하기 위한 용도로 사용한다.

DocumentFragment 노드는 기존 DOM과는 별도로 존재하므로 DocumentFragment 노드에 자식 노드를 추가하여도 기존 DOM에는 어떠한 변경도 발생하지 않는다. 또한 DocumentFragment 노드를 DOM에 추가하면 자신은 제거되고 자신의 자식 노드만 DOM에 추가된다.

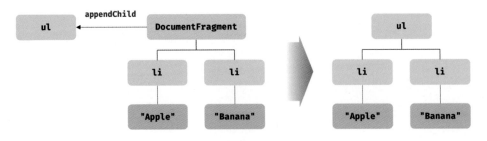

그림 39-23 DocumentFragment 노드

Document.prototype.createDocumentFragment 메서드는 비어 있는 DocumentFragment 노드를 생성히여 빈 환한다. 다음 예제를 살펴보자.

```html
<!DOCTYPE html>
<html>
  <body>
    <ul id="fruits"></ul>
  </body>
  <script>
    const $fruits = document.getElementById('fruits');

    // DocumentFragment 노드 생성
    const $fragment = document.createDocumentFragment();

    ['Apple', 'Banana', 'Orange'].forEach(text => {
      // 1. 요소 노드 생성
      const $li = document.createElement('li');

      // 2. 텍스트 노드 생성
      const textNode = document.createTextNode(text);

      // 3. 텍스트 노드를 $li 요소 노드의 자식 노드로 추가
      $li.appendChild(textNode);

      // 4. $li 요소 노드를 DocumentFragment 노드의 마지막 자식 노드로 추가
      $fragment.appendChild($li);
    });

    // 5. DocumentFragment 노드를 #fruits 요소 노드의 마지막 자식 노드로 추가
    $fruits.appendChild($fragment);
  </script>
</html>
```

먼저 DocumentFragment 노드를 생성하고 DOM에 추가할 요소 노드를 생성하여 DocumentFragment 노드에 자식 노드로 추가한 다음, DocumentFragment 노드를 기존 DOM에 추가한다.

이때 실제로 DOM 변경이 발생하는 것은 한 번뿐이며 리플로우와 리페인트도 한 번만 실행된다. 따라서 여러 개의 요소 노드를 DOM에 추가하는 경우 DocumentFragment 노드를 사용하는 것이 더 효율적이다.

39.6.5 노드 삽입

마지막 노드로 추가

Node.prototype.appendChild 메서드는 인수로 전달받은 노드를 자신을 호출한 노드의 마지막 자식 노드로 DOM에 추가한다. 이때 노드를 추가할 위치를 지정할 수 없고 언제나 마지막 자식 노드로 추가한다.

【 예제 39-62 】

```
<!DOCTYPE html>
<html>
  <body>
    <ul id="fruits">
      <li>Apple</li>
      <li>Banana</li>
    </ul>
  </body>
  <script>
    // 요소 노드 생성
    const $li = document.createElement('li');

    // 텍스트 노드를 $li 요소 노드의 마지막 자식 노드로 추가
    $li.appendChild(document.createTextNode('Orange'));

    // $li 요소 노드를 #fruits 요소 노드의 마지막 자식 노드로 추가
    document.getElementById('fruits').appendChild($li);
  </script>
</html>
```

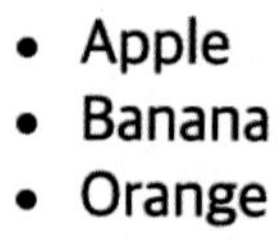

- **Apple**
- **Banana**
- **Orange**

그림 39-24 appendChild 메서드

지정한 위치에 노드 삽입

Node.prototype.insertBefore(newNode, childNode) 메서드는 첫 번째 인수로 전달받은 노드를 두 번째 인수로 전달받은 노드 앞에 삽입한다.

【 예제 39-63 】

```
<!DOCTYPE html>
<html>
  <body>
    <ul id="fruits">
      <li>Apple</li>
      <li>Banana</li>
    </ul>
  </body>
  <script>
    const $fruits = document.getElementById('fruits');
```

```
    // 요소 노드 생성
    const $li = document.createElement('li');

    // 텍스트 노드를 $li 요소 노드의 마지막 자식 노드로 추가
    $li.appendChild(document.createTextNode('Orange'));

    // $li 요소 노드를 #fruits 요소 노드의 마지막 자식 요소 앞에 삽입
    $fruits.insertBefore($li, $fruits.lastElementChild);
    // Apple - Orange - Banana
  </script>
</html>
```

- Apple
- Orange
- Banana

그림 39-25 insertBefore 메서드

두 번째 인수로 전달받은 노드는 반드시 insertBefore 메서드를 호출한 노드의 자식 노드이어야 한다. 그렇지 않으면 DOMException 에러가 발생한다.

【 예제 39-64 】

```
<!DOCTYPE html>
<html>
  <body>
    <div>test</div>
    <ul id="fruits">
      <li>Apple</li>
      <li>Banana</li>
    </ul>
  </body>
  <script>
    const $fruits = document.getElementById('fruits');

    // 요소 노드 생성
    const $li = document.createElement('li');

    // 텍스트 노드를 $li 요소 노드의 마지막 자식 노드로 추가
    $li.appendChild(document.createTextNode('Orange'));

    // 두 번째 인수로 전달받은 노드는 반드시 #fruits 요소 노드의 자식 노드이어야 한다.
    $fruits.insertBefore($li, document.querySelector('div')); // DOMException
  </script>
</html>
```

두 번째 인수로 전달받은 노드가 null이면 첫 번째 인수로 전달받은 노드를 insertBefore 메서드를 호출한 노드의 마지막 자식 노드로 추가된다. 즉, appendChild 메서드처럼 동작한다.

【 예제 39-65 】

```html
<!DOCTYPE html>
<html>
  <body>
    <ul id="fruits">
      <li>Apple</li>
      <li>Banana</li>
    </ul>
  </body>
  <script>
    const $fruits = document.getElementById('fruits');

    // 요소 노드 생성
    const $li = document.createElement('li');

    // 텍스트 노드를 $li 요소 노드의 마지막 자식 노드로 추가
    $li.appendChild(document.createTextNode('Orange'));

    // 두 번째 인수로 전달받은 노드가 null이면 $li 요소 노드를 #fruits 요소 노드의
    // 마지막 자식 노드로 추가
    $fruits.insertBefore($li, null);
  </script>
</html>
```

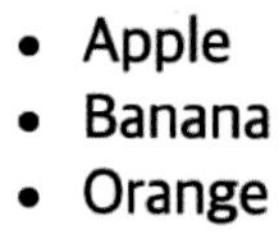

- **Apple**
- **Banana**
- **Orange**

그림 39-26 insertBefore 메서드의 두 번째 인수로 전달받은 노드가 null인 경우

39.6.6 노드 이동

DOM에 이미 존재하는 노드를 appendChild 또는 insertBefore 메서드를 사용하여 DOM에 다시 추가하면 현재 위치에서 노드를 제거하고 새로운 위치에 노드를 추가한다. 즉, 노드가 이동한다.

【 예제 39-66 】

```html
<!DOCTYPE html>
<html>
  <body>
```

```
    <ul id="fruits">
      <li>Apple</li>
      <li>Banana</li>
      <li>Orange</li>
    </ul>
  </body>
  <script>
    const $fruits = document.getElementById('fruits');

    // 이미 존재하는 요소 노드를 취득
    const [$apple, $banana, ] = $fruits.children;

    // 이미 존재하는 $apple 요소 노드를 #fruits 요소 노드의 마지막 노드로 이동
    $fruits.appendChild($apple); // Banana - Orange - Apple

    // 이미 존재하는 $banana 요소 노드를 #fruits 요소의 마지막 자식 노드 앞으로 이동
    $fruits.insertBefore($banana, $fruits.lastElementChild);
    // Orange - Banana - Apple
  </script>
</html>
```

- Orange
- Banana
- Apple

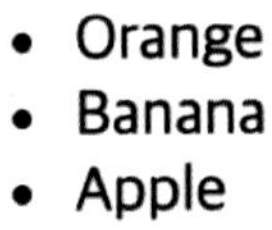

그림 39-27 노드 이동

39.6.7 노드 복사

Node.prototype.cloneNode([deep: true | false]) 메서드는 노드의 사본을 생성하여 반환한다. 매개변수 deep에 true를 인수로 전달하면 노드를 깊은 복사deep copy하여 모든 자손 노드가 포함된 사본을 생성하고, false를 인수로 전달하거나 생략하면 노드를 얕은 복사shallow copy하여 노드 자신만의 사본을 생성한다. 얕은 복사로 생성된 요소 노드는 자손 노드를 복사하지 않으므로 텍스트 노드도 없다.

[예제 39-67]

```
<!DOCTYPE html>
<html>
  <body>
    <ul id="fruits">
      <li>Apple</li>
    </ul>
  </body>
```

```
<script>
  const $fruits = document.getElementById('fruits');
  const $apple = $fruits.firstElementChild;

  // $apple 요소를 얕은 복사하여 사본을 생성. 텍스트 노드가 없는 사본이 생성된다.
  const $shallowClone = $apple.cloneNode();
  // 사본 요소 노드에 텍스트 추가
  $shallowClone.textContent = 'Banana';
  // 사본 요소 노드를 #fruits 요소 노드의 마지막 노드로 추가
  $fruits.appendChild($shallowClone);

  // #fruits 요소를 깊은 복사하여 모든 자손 노드가 포함된 사본을 생성
  const $deepClone = $fruits.cloneNode(true);
  // 사본 요소 노드를 #fruits 요소 노드의 마지막 노드로 추가
  $fruits.appendChild($deepClone);
</script>
</html>
```

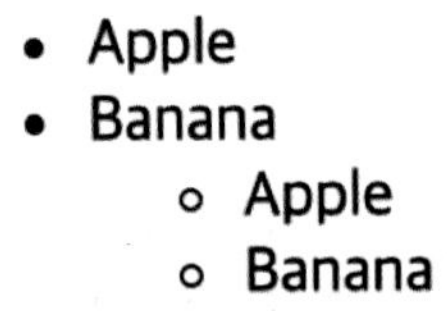

- Apple
- Banana
    - Apple
    - Banana

그림 39-28 노드 복사

39.6.8 노드 교체

`Node.prototype.replaceChild(newChild, oldChild)` 메서드는 자신을 호출한 노드의 자식 노드를 다른 노드로 교체한다. 첫 번째 매개변수 newChild에는 교체할 새로운 노드를 인수로 전달하고, 두 번째 매개변수 oldChild에는 이미 존재하는 교체될 노드를 인수로 전달한다. oldChild 매개변수에 인수로 전달한 노드는 replaceChild 메서드를 호출한 노드의 자식 노드이어야 한다.

즉, replaceChild 메서드는 자신을 호출한 노드의 자식 노드인 oldChild 노드를 newChild 노드로 교체한다. 이때 oldChild 노드는 DOM에서 제거된다.

【 예제 39-68 】

```
<!DOCTYPE html>
<html>
  <body>
    <ul id="fruits">
      <li>Apple</li>
```

```
    </ul>
  </body>
  <script>
    const $fruits = document.getElementById('fruits');

    // 기존 노드와 교체할 요소 노드를 생성
    const $newChild = document.createElement('li');
    $newChild.textContent = 'Banana';

    // #fruits 요소 노드의 첫 번째 자식 요소 노드를 $newChild 요소 노드로 교체
    $fruits.replaceChild($newChild, $fruits.firstElementChild);
  </script>
</html>
```

- Banana

그림 39-29 노드 교체

39.6.9 노드 삭제

Node.prototype.removeChild(child) 메서드는 child 매개변수에 인수로 전달한 노드를 DOM에서 삭제한다. 인수로 전달한 노드는 removeChild 메서드를 호출한 노드의 자식 노드이어야 한다.

【 예제 39-69 】

```
<!DOCTYPE html>
<html>
  <body>
    <ul id="fruits">
      <li>Apple</li>
      <li>Banana</li>
    </ul>
  </body>
  <script>
    const $fruits = document.getElementById('fruits');

    // #fruits 요소 노드의 마지막 요소를 DOM에서 삭제
    $fruits.removeChild($fruits.lastElementChild);
  </script>
</html>
```

- Apple

그림 39-30 노드 삭제

39.7 어트리뷰트

39.7.1 어트리뷰트 노드와 attributes 프로퍼티

HTML 문서의 구성 요소인 HTML 요소는 여러 개의 어트리뷰트^{attribute}(속성)를 가질 수 있다. HTML 요소의 동작을 제어하기 위한 추가적인 정보를 제공하는 HTML 어트리뷰트는 HTML 요소의 시작 태그^{start/opening tag}에 어트리뷰트 이름="어트리뷰트 값" 형식으로 정의한다.

【 예제 39-70 】

```
<input id="user" type="text" value="ungmo2">
```

글로벌 어트리뷰트(id, class, style, title, lang, tabindex, draggable, hidden 등)와 이벤트 핸들러 어트리뷰트(onclick, onchange, onfocus, onblur, oninput, onkeypress, onkeydown, onkeyup, onmouseover, onsubmit, onload 등)는 모든 HTML 요소에서 공통적으로 사용할 수 있지만 특정 HTML 요소에만 한정적으로 사용 가능한 어트리뷰트도 있다. 예를 들어, id, class, style 어트리뷰트는 모든 HTML 요소에 사용할 수 있지만 type, value, checked 어트리뷰트는 input 요소에만 사용할 수 있다.

HTML 문서가 파싱될 때 HTML 요소의 어트리뷰트(이하 HTML 어트리뷰트)는 어트리뷰트 노드로 변환되어 요소 노드와 연결된다. 이때 HTML 어트리뷰트당 하나의 어트리뷰트 노드가 생성된다. 즉, 위 input 요소는 3개의 어트리뷰트가 있으므로 3개의 어트리뷰트 노드가 생성된다.

이때 모든 어트리뷰트 노드의 참조는 유사 배열 객체이자 이터러블인 NamedNodeMap 객체에 담겨서 요소 노드의 attributes 프로퍼티에 저장된다.

그림 39-31 요소 노드의 attributes 프로퍼티

따라서 요소 노드의 모든 어트리뷰트 노드는 요소 노드의 `Element.prototype.attributes` 프로퍼티로 취득할 수 있다. attributes 프로퍼티는 getter만 존재하는 읽기 전용 접근자 프로퍼티이며, 요소 노드의 모든 어트리뷰트 노드의 참조가 담긴 NamedNodeMap 객체를 반환한다.

【 예제 39-71 】

```html
<!DOCTYPE html>
<html>
<body>
  <input id="user" type="text" value="ungmo2">
  <script>
    // 요소 노드의 attribute 프로퍼티는 요소 노드의 모든 어트리뷰트 노드의 참조가 담긴
    // NamedNodeMap 객체를 반환한다.
    const { attributes } = document.getElementById('user');
    console.log(attributes);
    // NamedNodeMap {0: id, 1: type, 2: value, id: id, type: type, value: value, length: 3}

    // 어트리뷰트 값 취득
    console.log(attributes.id.value); // user
    console.log(attributes.type.value); // text
    console.log(attributes.value.value); // ungmo2
  </script>
</body>
</html>
```

39.7.2 HTML 어트리뷰트 조작

앞에서 살펴본 바와 같이 요소 노드의 attributes 프로퍼티는 getter만 존재하는 읽기 전용 접근자 프로퍼티이므로 HTML 어트리뷰트 값을 취득할 수 있지만 변경할 수는 없다. 또한 attributes.id.value와 같이 attributes 프로퍼티를 통해야만 HTML 어트리뷰트 값을 취득할 수 있기 때문에 불편하다.

Element.prototype.getAttribute/setAttribute 메서드를 사용하면 attributes 프로퍼티를 통하지 않고 요소 노드에서 메서드를 통해 직접 HTML 어트리뷰트 값을 취득하거나 변경할 수 있어서 편리하다.

HTML 어트리뷰트 값을 참조하려면 Element.prototype.getAttribute(attributeName) 메서드를 사용하고, HTML 어트리뷰트 값을 변경하려면 Element.prototype.setAttribute(attributeName, attributeValue) 메서드를 사용한다.

【 예제 39-72 】

```html
<!DOCTYPE html>
<html>
<body>
  <input id="user" type="text" value="ungmo2">
  <script>
    const $input = document.getElementById('user');

    // value 어트리뷰트 값을 취득
    const inputValue = $input.getAttribute('value');
    console.log(inputValue); // ungmo2

    // value 어트리뷰트 값을 변경
    $input.setAttribute('value', 'foo');
    console.log($input.getAttribute('value')); // foo
  </script>
</body>
</html>
```

특정 HTML 어트리뷰트가 존재하는지 확인하려면 Element.prototype.hasAttribute(attributeName) 메서드를 사용하고, 특정 HTML 어트리뷰트를 삭제하려면 Element.prototype.removeAttribute (attributeName) 메서드를 사용한다.

【 예제 39-73 】

```html
<!DOCTYPE html>
<html>
<body>
  <input id="user" type="text" value="ungmo2">
  <script>
```

```
    const $input = document.getElementById('user');

    // value 어트리뷰트의 존재 확인
    if ($input.hasAttribute('value')) {
      // value 어트리뷰트 삭제
      $input.removeAttribute('value');
    }

    // value 어트리뷰트가 삭제되었다.
    console.log($input.hasAttribute('value')); // false
  </script>
</body>
</html>
```

39.7.3 HTML 어트리뷰트 vs. DOM 프로퍼티

요소 노드 객체에는 HTML 어트리뷰트에 대응하는 프로퍼티(이하 DOM 프로퍼티)가 존재한다. 이 DOM 프로퍼티들은 HTML 어트리뷰트 값을 초기값으로 가지고 있다.

예를 들어, `<input id="user" type="text" value="ungmo2">` 요소가 파싱되어 생성된 요소 노드 객체에는 id, type, value 어트리뷰트에 대응하는 id, type, value 프로퍼티가 존재하며, 이 DOM 프로퍼티들은 HTML 어트리뷰트의 값을 초기값으로 가지고 있다.

그림 39-32 HTML 어트리뷰트에 대응하는 요소 노드의 프로퍼티

DOM 프로퍼티는 setter와 getter 모두 존재하는 접근자 프로퍼티다. 따라서 DOM 프로퍼티는 참조와 변경이 가능하다.

【 예제 39-74 】

```
<!DOCTYPE html>
<html>
<body>
  <input id="user" type="text" value="ungmo2">
  <script>
    const $input = document.getElementById('user');

    // 요소 노드의 value 프로퍼티 값을 변경
    $input.value = 'foo';

    // 요소 노드의 value 프로퍼티 값을 참조
    console.log($input.value); // foo
  </script>
</body>
</html>
```

이처럼 HTML 어트리뷰트는 다음과 같이 DOM에서 중복 관리되고 있는 것처럼 보인다.

1. 요소 노드의 attributes 프로퍼티에서 관리하는 어트리뷰트 노드
2. HTML 어트리뷰트에 대응하는 요소 노드의 프로퍼티(DOM 프로퍼티)

HTML 어트리뷰트는 DOM에서 중복 관리되고 있을까? 그렇지 않다. 우선 HTML 어트리뷰트의 역할을 살펴보자.

HTML 어트리뷰트의 역할은 HTML 요소의 초기 상태를 지정하는 것이다. 즉, HTML 어트리뷰트 값은 HTML 요소의 초기 상태를 의미하며 이는 변하지 않는다.

예를 들어, <input id="user" type="text" value="ungmo2"> 요소의 value 어트리뷰트는 input 요소가 렌더링될 때 입력 필드에 표시할 초기값을 지정한다. 즉, input 요소가 렌더링되면 입력 필드에 초기값으로 지정한 value 어트리뷰트 값 "ungmo2"가 표시된다.

이때 input 요소의 value 어트리뷰트는 어트리뷰트 노드로 변환되어 요소 노드의 attributes 프로퍼티에 저장된다. 이와는 별도로 value 어트리뷰트의 값은 요소 노드의 value 프로퍼티에 할당된다. 따라서 input 요소의 요소 노드가 생성되어 첫 렌더링이 끝난 시점까지 어트리뷰트 노드의 어트리뷰트 값과 요소 노드의 value 프로퍼티에 할당된 값은 HTML 어트리뷰트 값과 동일하다.

```html
<!DOCTYPE html>
<html>
<body>
  <input id="user" type="text" value="ungmo2">
  <script>
    const $input = document.getElementById('user');

    // attributes 프로퍼티에 저장된 value 어트리뷰트 값
    console.log($input.getAttribute('value')); // ungmo2

    // 요소 노드의 value 프로퍼티에 저장된 value 어트리뷰트 값
    console.log($input.value); // ungmo2
  </script>
</body>
</html>
```

하지만 첫 렌더링 이후 사용자가 input 요소에 무언가를 입력하기 시작하면 상황이 달라진다.

요소 노드는 상태state**를 가지고 있다.** 예를 들어, input 요소 노드는 사용자가 입력 필드에 입력한 값을 상태로 가지고 있으며, checkbox 요소 노드는 사용자가 입력 필드에 입력한 체크 여부를 상태로 가지고 있다. input 요소 노드나 checkbox 요소 노드가 가지고 있는 상태는 사용자의 입력에 의해 변화하는, 살아있는 것이다.

사용자가 input 요소의 입력 필드에 "foo"라는 값을 입력한 경우를 생각해보자. 이때 input 요소 노드는 사용자의 입력에 의해 변경된 **최신 상태**("foo")를 관리해야 하는 것은 물론, HTML 어트리뷰트로 지정한 **초기 상태**("ungmo2")도 관리해야 한다. 초기 상태 값을 관리하지 않으면 웹페이지를 처음 표시하거나 새로고침할 때 초기 상태를 표시할 수 없다.

이처럼 요소 노드는 2개의 상태, 즉 초기 상태와 최신 상태를 관리해야 한다. 요소 노드의 초기 상태는 어트리뷰트 노드가 관리하며, 요소 노드의 최신 상태는 DOM 프로퍼티가 관리한다.

어트리뷰트 노드

HTML 어트리뷰트로 지정한 HTML 요소의 초기 상태는 어트리뷰트 노드에서 관리한다. 어트리뷰트 노드에서 관리하는 어트리뷰트 값은 사용자의 입력에 의해 상태가 변경되어도 변하지 않고 HTML 어트리뷰트로 지정한 HTML 요소의 초기 상태를 그대로 유지한다.

어트리뷰트 노드가 관리하는 초기 상태 값을 취득하거나 변경하려면 getAttribute/setAttribute 메서드를 사용한다. getAttribute 메서드로 취득한 값은 어트리뷰트 노드에서 관리하는 HTML 요소에 지정한 어트리

뷰트 값, 즉 초기 상태 값이다. HTML 요소에 지정한 어트리뷰트 값은 사용자의 입력에 의해 변하지 않으므로 결과는 언제나 동일하다.

【 예제 39-76 】

```
// attributes 프로퍼티에 저장된 value 어트리뷰트 값을 취득한다. 결과는 언제나 동일하다.
document.getElementById('user').getAttribute('value'); // ungmo2
```

setAttribute 메서드는 어트리뷰트 노드에서 관리하는 HTML 요소에 지정한 어트리뷰트 값, 즉 초기 상태 값을 변경한다.

【 예제 39-77 】

```html
<!DOCTYPE html>
<html>
<body>
  <input id="user" type="text" value="ungmo2">
  <script>
    // HTML 요소에 지정한 어트리뷰트 값, 즉 초기 상태 값을 변경한다.
    document.getElementById('user').setAttribute('value', 'foo');
  </script>
</body>
</html>
```

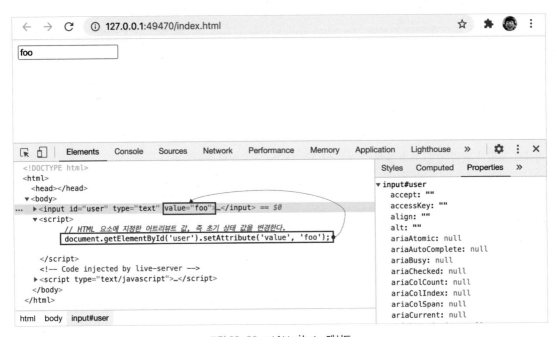

그림 39-33 setAttribute 메서드

DOM 프로퍼티

사용자가 입력한 최신 상태는 HTML 어트리뷰트에 대응하는 요소 노드의 DOM 프로퍼티가 관리한다. DOM 프로퍼티는 사용자의 입력에 의한 상태 변화에 반응하여 언제나 최신 상태를 유지한다.

DOM 프로퍼티로 취득한 값은 HTML 요소의 최신 상태 값을 의미한다. 이 최신 상태 값은 사용자의 입력에 의해 언제든지 동적으로 변경되어 최신 상태를 유지한다. 이에 반해, getAttribute 메서드로 취득한 HTML 어트리뷰트 값, 즉 초기 상태 값은 변하지 않고 유지된다.

【 예제 39-78 】

```
<!DOCTYPE html>
<html>
<body>
  <input id="user" type="text" value="ungmo2">
  <script>
    const $input = document.getElementById('user');

    // 사용자가 input 요소의 입력 필드에 값을 입력할 때마다 input 요소 노드의 value 프로퍼티 값,
    // 즉 최신 상태 값을 취득한다. value 프로퍼티 값은 사용자의 입력에 의해 동적으로 변경된다.
    $input.oninput = () => {
      console.log('value 프로퍼티 값', $input.value);
    };

    // getAttribute 메서드로 취득한 HTML 어트리뷰트 값, 즉 초기 상태 값은 변하지 않고 유지된다.
    console.log('value 어트리뷰트 값', $input.getAttribute('value'));
  </script>
</body>
</html>
```

DOM 프로퍼티에 값을 할당하는 것은 HTML 요소의 최신 상태 값을 변경하는 것을 의미한다. 즉, 사용자가 상태를 변경하는 행위와 같다. 이때 HTML 요소에 지정한 어트리뷰트 값에는 어떠한 영향도 주지 않는다.

【 예제 39-79 】

```
<!DOCTYPE html>
<html>
<body>
  <input id="user" type="text" value="ungmo2">
  <script>
    const $input = document.getElementById('user');

    // DOM 프로퍼티에 값을 할당하여 HTML 요소의 최신 상태를 변경한다.
    $input.value = 'foo';
```

```
    console.log($input.value); // foo

    // getAttribute 메서드로 취득한 HTML 어트리뷰트 값, 즉 초기 상태 값은 변하지 않고 유지된다.
    console.log($input.getAttribute('value')); // ungmo2
  </script>
</body>
</html>
```

이처럼 HTML 어트리뷰트는 HTML 요소의 초기 상태 값을 관리하고 DOM 프로퍼티는 사용자의 입력에 의해 변경되는 최신 상태를 관리한다. 단, 모든 DOM 프로퍼티가 사용자의 입력에 의해 변경된 최신 상태를 관리하는 것은 아니다.

예를 들어, input 요소의 사용자 입력에 의한 상태 변화는 value 프로퍼티가 관리하고 checkbox 요소의 사용자 입력에 의한 상태 변화는 checked 프로퍼티가 관리한다. 하지만 id 어트리뷰트에 대응하는 id 프로퍼티는 사용자의 입력과 아무런 관계가 없다.

따라서 사용자 입력에 의한 상태 변화와 관계없는 id 어트리뷰트와 id 프로퍼티는 사용자 입력과 관계없이 항상 동일한 값을 유지한다. 즉, id 어트리뷰트 값이 변하면 id 프로퍼티 값도 변하고 그 반대도 마찬가지다.

【 예제 39-80 】

```
<!DOCTYPE html>
<html>
<body>
  <input id="user" type="text" value="ungmo2">
  <script>
    const $input = document.getElementById('user');

    // id 어트리뷰트와 id 프로퍼티는 사용자 입력과 관계없이 항상 동일한 값으로 연동한다.
    $input.id = 'foo';

    console.log($input.id); // foo
    console.log($input.getAttribute('id')); // foo
  </script>
</body>
</html>
```

이처럼 사용자 입력에 의한 상태 변화와 관계있는 DOM 프로퍼티만 최신 상태 값을 관리한다. 그 외의 사용자 입력에 의한 상태 변화와 관계없는 어트리뷰트와 DOM 프로퍼티는 항상 동일한 값으로 연동한다.

HTML 어트리뷰트와 DOM 프로퍼티의 대응 관계

대부분의 HTML 어트리뷰트는 HTML 어트리뷰트 이름과 동일한 DOM 프로퍼티와 1:1로 대응한다. 단, 다음과 같이 HTML 어트리뷰트와 DOM 프로퍼티가 언제나 1:1로 대응하는 것은 아니며, HTML 어트리뷰트 이름과 DOM 프로퍼티 키가 반드시 일치하는 것도 아니다.

- id 어트리뷰트와 id 프로퍼티는 1:1 대응하며, 동일한 값으로 연동한다.
- input 요소의 value 어트리뷰트는 value 프로퍼티와 1:1 대응한다. 하지만 value 어트리뷰트는 초기 상태를, value 프로퍼티는 최신 상태를 갖는다.
- class 어트리뷰트는 className, classList 프로퍼티[22]와 대응한다.
- for 어트리뷰트는 htmlFor 프로퍼티와 1:1 대응한다.
- td 요소의 colspan 어트리뷰트는 대응하는 프로퍼티가 존재하지 않는다.
- textContent 프로퍼티는 대응하는 어트리뷰트가 존재하지 않는다.
- 어트리뷰트 이름은 대소문자를 구별하지 않지만 대응하는 프로퍼티 키는 카멜 케이스를 따른다(maxlength → maxLength).

DOM 프로퍼티 값의 타입

getAttribute 메서드로 취득한 어트리뷰트 값은 언제나 문자열이다. 하지만 DOM 프로퍼티로 취득한 최신 상태 값은 문자열이 아닐 수도 있다. 예를 들어, checkbox 요소의 checked 어트리뷰트 값은 문자열이지만 checked 프로퍼티 값은 불리언 타입이다.

【 예제 39-81 】

```
<!DOCTYPE html>
<html>
<body>
  <input type="checkbox" checked>
  <script>
    const $checkbox = document.querySelector('input[type=checkbox]');

    // getAttribute 메서드로 취득한 어트리뷰트 값은 언제나 문자열이다.
    console.log($checkbox.getAttribute('checked')); // ''

    // DOM 프로퍼티로 취득한 최신 상태 값은 문자열이 아닐 수도 있다.
    console.log($checkbox.checked); // true
  </script>
</body>
</html>
```

---

22 39.8.2절 "클래스 조작" 참고

39.7.4 data 어트리뷰트와 dataset 프로퍼티

data 어트리뷰트와 dataset 프로퍼티를 사용하면 HTML 요소에 정의한 사용자 정의 어트리뷰트와 자바스크립트 간에 데이터를 교환할 수 있다. data 어트리뷰트는 data-user-id, data-role과 같이 data- 접두사 다음에 임의의 이름을 붙여 사용한다.

【 예제 39-82 】

```html
<!DOCTYPE html>
<html>
<body>
  <ul class="users">
    <li id="1" data-user-id="7621" data-role="admin">Lee</li>
    <li id="2" data-user-id="9524" data-role="subscriber">Kim</li>
  </ul>
</body>
</html>
```

data 어트리뷰트의 값은 HTMLElement.dataset 프로퍼티로 취득할 수 있다. dataset 프로퍼티는 HTML 요소의 모든 data 어트리뷰트의 정보를 제공하는 DOMStringMap 객체를 반환한다. DOMStringMap 객체는 data 어트리뷰트의 data- 접두사 다음에 붙인 임의의 이름을 카멜 케이스camelCase로 변환한 프로퍼티를 가지고 있다. 이 프로퍼티로 data 어트리뷰트의 값을 취득하거나 변경할 수 있다.

【 예제 39-83 】

```html
<!DOCTYPE html>
<html>
<body>
  <ul class="users">
    <li id="1" data-user-id="7621" data-role="admin">Lee</li>
    <li id="2" data-user-id="9524" data-role="subscriber">Kim</li>
  </ul>
  <script>
    const users = [...document.querySelector('.users').children];

    // user-id가 '7621'인 요소 노드를 취득한다.
    const user = users.find(user => user.dataset.userId === '7621');
    // user-id가 '7621'인 요소 노드에서 data-role의 값을 취득한다.
    console.log(user.dataset.role); // "admin"

    // user-id가 '7621'인 요소 노드의 data-role 값을 변경한다.
    user.dataset.role = 'subscriber';
    // dataset 프로퍼티는 DOMStringMap 객체를 반환한다.
```

```
      console.log(user.dataset); // DOMStringMap {userId: "7621", role: "subscriber"}
    </script>
  </body>
</html>
```

data 어트리뷰트의 data- 접두사 다음에 존재하지 않는 이름을 키로 사용하여 dataset 프로퍼티에 값을 할당하면 HTML 요소에 data 어트리뷰트가 추가된다. 이때 dataset 프로퍼티에 추가한 카멜케이스(fooBar)의 프로퍼티 키는 data 어트리뷰트의 data- 접두사 다음에 케밥케이스(data-foo-bar)로 자동 변경되어 추가된다.

【 예제 39-84 】

```
<!DOCTYPE html>
<html>
<body>
  <ul class="users">
    <li id="1" data-user-id="7621">Lee</li>
    <li id="2" data-user-id="9524">Kim</li>
  </ul>
  <script>
    const users = [...document.querySelector('.users').children];

    // user-id가 '7621'인 요소 노드를 취득한다.
    const user = users.find(user => user.dataset.userId === '7621');

    // user-id가 '7621'인 요소 노드에 새로운 data 어트리뷰트를 추가한다.
    user.dataset.role = 'admin';
    console.log(user.dataset);
    /*
    DOMStringMap {userId: "7621", role: "admin"}
    → <li id="1" data-user-id="7621" data-role="admin">Lee</li>
    */
  </script>
</body>
</html>
```

39.8 스타일

39.8.1 인라인 스타일 조작

HTMLElement.prototype.style 프로퍼티는 setter와 getter 모두 존재하는 접근자 프로퍼티로서 요소 노드의 **인라인 스타일**inline style을 취득하거나 추가 또는 변경한다.

【 예제 39-85 】

```
<!DOCTYPE html>
<html>
<body>
  <div style="color: red">Hello World</div>
  <script>
    const $div = document.querySelector('div');

    // 인라인 스타일 취득
    console.log($div.style); // CSSStyleDeclaration { 0: "color", ... }

    // 인라인 스타일 변경
    $div.style.color = 'blue';

    // 인라인 스타일 추가
    $div.style.width = '100px';
    $div.style.height = '100px';
    $div.style.backgroundColor = 'yellow';
  </script>
</body>
</html>
```

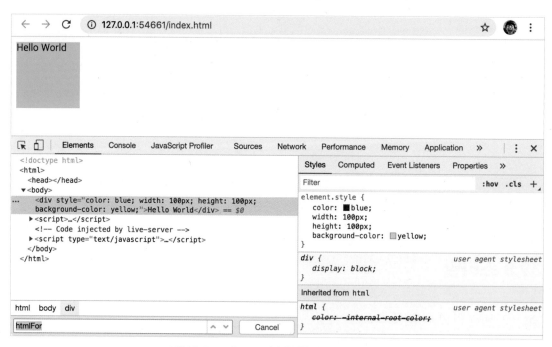

그림 39-34 style 프로퍼티에 의한 인라인 스타일 조작

style 프로퍼티를 참조하면 CSSStyleDeclaration 타입의 객체를 반환한다. CSSStyleDeclaration 객체는 다양한 CSS 프로퍼티에 대응하는 프로퍼티를 가지고 있으며, 이 프로퍼티에 값을 할당하면 해당 CSS 프로퍼티가 인라인 스타일로 HTML 요소에 추가되거나 변경된다.

CSS 프로퍼티는 케밥 케이스^{kebab-case}를 따른다. 이에 대응하는 CSSStyleDeclaration 객체의 프로퍼티는 카멜 케이스를 따른다. 예를 들어, CSS 프로퍼티 background-color에 대응하는 CSSStyleDeclaration 객체의 프로퍼티 backgroundColor다.

【 예제 39-86 】

```
$div.style.backgroundColor = 'yellow';
```

케밥 케이스의 CSS 프로퍼티를 그대로 사용하려면 객체의 마침표 표기법 대신 대괄호 표기법을 사용한다.

【 예제 39-87 】

```
$div.style['background-color'] = 'yellow';
```

단위 지정이 필요한 CSS 프로퍼티의 값은 반드시 단위를 지정해야 한다. 예를 들어, px, em, % 등의 크기 단위가 필요한 width 프로퍼티에 값을 할당할 때 단위를 생략하면 해당 CSS 프로퍼티는 적용되지 않는다.

【 예제 39-88 】

```
$div.style.width = '100px';
```

39.8.2 클래스 조작

.으로 시작하는 클래스 선택자를 사용하여 CSS class를 미리 정의한 다음, HTML 요소의 class 어트리뷰트 값을 변경하여 HTML 요소의 스타일을 변경할 수도 있다. 이때 HTML 요소의 class 어트리뷰트를 조작하려면 39.7절 "어트리뷰트"에서 살펴보았듯이 class 어트리뷰트에 대응하는 요소 노드의 DOM 프로퍼티를 사용한다.

단, class 어트리뷰트에 대응하는 DOM 프로퍼티는 class가 아니라 className과 classList다. 자바스크립트에서 class는 예약어이기 때문이다.

className

Element.prototype.className 프로퍼티는 setter와 getter 모두 존재하는 접근자 프로퍼티로서 HTML 요소의 class 어트리뷰트 값을 취득하거나 변경한다.

요소 노드의 className 프로퍼티를 참조하면 class 어트리뷰트 값을 문자열로 반환하고, 요소 노드의 className 프로퍼티에 문자열을 할당하면 class 어트리뷰트 값을 할당한 문자열로 변경한다.

```html
<!DOCTYPE html>
<html>
<head>
  <style>
    .box {
      width: 100px; height: 100px;
      background-color: antiquewhite;
    }
    .red { color: red; }
    .blue { color: blue; }
  </style>
</head>
<body>
  <div class="box red">Hello World</div>
  <script>
    const $box = document.querySelector('.box');

    // .box 요소의 class 어트리뷰트 값을 취득
    console.log($box.className); // 'box red'

    // .box 요소의 class 어트리뷰트 값 중에서 'red'만 'blue'로 변경
    $box.className = $box.className.replace('red', 'blue');
  </script>
</body>
</html>
```

className 프로퍼티는 문자열을 반환하므로 공백으로 구분된 여러 개의 클래스를 반환하는 경우 다루기가 불편하다.

classList

Element.prototype.classList 프로퍼티는 class 어트리뷰트의 정보를 담은 DOMTokenList 객체를 반환한다.

【 예제 39-90 】

```html
<!DOCTYPE html>
<html>
<head>
  <style>
    .box {
      width: 100px; height: 100px;
      background-color: antiquewhite;
    }
```

```
    .red { color: red; }
    .blue { color: blue; }
  </style>
</head>
<body>
  <div class="box red">Hello World</div>
  <script>
    const $box = document.querySelector('.box');

    // .box 요소의 class 어트리뷰트 정보를 담은 DOMTokenList 객체를 취득
    // classList가 반환하는 DOMTokenList 객체는 HTMLCollection과 NodeList와 같이
    // 노드 객체의 상태 변화를 실시간으로 반영하는 살아 있는(live) 객체다.
    console.log($box.classList);
    // DOMTokenList(2) [length: 2, value: "box blue", 0: "box", 1: "blue"]

    // .box 요소의 class 어트리뷰트 값 중에서 'red'만 'blue'로 변경
    $box.classList.replace('red', 'blue');
  </script>
</body>
</html>
```

DOMTokenList 객체는 class 어트리뷰트의 정보를 나타내는 컬렉션 객체로서 유사 배열 객체이면서 이터러블이다. DOMTokenList 객체는 다음과 같이 유용한 메서드들을 제공한다.

- add(... className)

  add 메서드는 인수로 전달한 1개 이상의 문자열을 class 어트리뷰트 값으로 추가한다.

  【 예제 39-91 】

  ```
  $box.classList.add('foo'); // → class="box red foo"
  $box.classList.add('bar', 'baz'); // → class="box red foo bar baz"
  ```

- remove(... className)

  remove 메서드는 인수로 전달한 1개 이상의 문자열과 일치하는 클래스를 class 어트리뷰트에서 삭제한다. 인수로 전달한 문자열과 일치하는 클래스가 class 어트리뷰트에 없으면 에러 없이 무시된다.

  【 예제 39-92 】

  ```
  $box.classList.remove('foo'); // → class="box red bar baz"
  $box.classList.remove('bar', 'baz'); // → class="box red"
  $box.classList.remove('x'); // → class="box red"
  ```

- item(index)

  item 메서드는 인수로 전달한 index에 해당하는 클래스를 class 어트리뷰트에서 반환한다. 예를 들어, index가 0이면 첫 번째 클래스를 반환하고 index가 1이면 두 번째 클래스를 반환한다.

【 예제 39-93 】

```
$box.classList.item(0); // → "box"
$box.classList.item(1); // → "red"
```

- contains(className)

  contains 메서드는 인수로 전달한 문자열과 일치하는 클래스가 class 어트리뷰트에 포함되어 있는지 확인한다.

  【 예제 39-94 】

```
$box.classList.contains('box');  // → true
$box.classList.contains('blue'); // → false
```

- replace(oldClassName, newClassName)

  replace 메서드는 class 어트리뷰트에서 첫 번째 인수로 전달한 문자열을 두 번째 인수로 전달한 문자열로 변경한다.

  【 예제 39-95 】

```
$box.classList.replace('red', 'blue'); // → class="box blue"
```

- toggle(className[, force])

  toggle 메서드는 class 어트리뷰트에 인수로 전달한 문자열과 일치하는 클래스가 존재하면 제거하고, 존재하지 않으면 추가한다.

  【 예제 39-96 】

```
$box.classList.toggle('foo'); // → class="box blue foo"
$box.classList.toggle('foo'); // → class="box blue"
```

두 번째 인수로 불리언 값으로 평가되는 조건식을 전달할 수 있다. 이때 조건식의 평가 결과가 true이면 class 어트리뷰트에 강제로 첫 번째 인수로 전달받은 문자열을 추가하고, false이면 class 어트리뷰트에서 강제로 첫 번째 인수로 전달받은 문자열을 제거한다.

【 예제 39-97 】

```
// class 어트리뷰트에 강제로 'foo' 클래스를 추가
$box.classList.toggle('foo', true); // → class="box blue foo"
// class 어트리뷰트에서 강제로 'foo' 클래스를 제거
$box.classList.toggle('foo', false); // → class="box blue"
```

이 밖에도 DOMTokenList 객체는 forEach, entries, keys, values, supports 메서드를 제공한다.

39.8.3 요소에 적용되어 있는 CSS 스타일 참조

style 프로퍼티는 인라인 스타일만 반환한다. 따라서 클래스를 적용한 스타일이나 상속을 통해 암묵적으로 적용된 스타일은 style 프로퍼티로 참조할 수 없다. HTML 요소에 적용되어 있는 모든 CSS 스타일을 참조 해야 할 경우 getComputedStyle 메서드를 사용한다.

window.getComputedStyle(element[, pseudo]) 메서드는 첫 번째 인수(element)로 전달한 요소 노드에 적 용되어 있는 평가된 스타일을 CSSStyleDeclaration 객체에 담아 반환한다. 평가된 스타일computed style이란 요 소 노드에 적용되어 있는 모든 스타일, 즉 링크 스타일, 임베딩 스타일, 인라인 스타일, 자바스크립트에서 적 용한 스타일, 상속된 스타일, 기본(user agent) 스타일 등 모든 스타일이 조합되어 최종적으로 적용된 스타 일을 말한다.

【 예제 39-98 】

```html
<!DOCTYPE html>
<html>
<head>
  <style>
    body {
      color: red;
    }
    .box {
      width: 100px;
      height: 50px;
      background-color: cornsilk;
      border: 1px solid black;
    }
  </style>
</head>
<body>
  <div class="box">Box</div>
  <script>
    const $box = document.querySelector('.box');

    // .box 요소에 적용된 모든 CSS 스타일을 담고 있는 CSSStyleDeclaration 객체를 취득
    const computedStyle = window.getComputedStyle($box);
    console.log(computedStyle); // CSSStyleDeclaration

    // 임베딩 스타일
    console.log(computedStyle.width); // 100px
    console.log(computedStyle.height); // 50px
    console.log(computedStyle.backgroundColor); // rgb(255, 248, 220)
    console.log(computedStyle.border); // 1px solid rgb(0, 0, 0)
```

```
    // 상속 스타일(body → .box)
    console.log(computedStyle.color); // rgb(255, 0, 0)

    // 기본 스타일
    console.log(computedStyle.display); // block
  </script>
</body>
</html>
```

getComputedStyle 메서드의 두 번째 인수(pseudo)로 :after, :before와 같은 의사 요소[23]를 지정하는 문자열을 전달할 수 있다. 의사 요소가 아닌 일반 요소의 경우 두 번째 인수는 생략한다.

【 예제 39-99 】

```
<!DOCTYPE html>
<html>
<head>
  <style>
    .box:before {
      content: 'Hello';
    }
  </style>
</head>
<body>
  <div class="box">Box</div>
  <script>
    const $box = document.querySelector('.box');

    // 의사 요소 :before의 스타일을 취득한다.
    const computedStyle = window.getComputedStyle($box, ':before');
    console.log(computedStyle.content); // "Hello"
  </script>
</body>
</html>
```

23 https://poiemaweb.com/css3-selector#8-가상-요소-셀렉터-pseudo-element-selector

39.9 DOM 표준

HTML과 DOM 표준은 W3C^{World Wide Web Consortium}과 WHATWG^{Web Hypertext Application Technology Working Group}이라는 두 단체가 나름대로 협력하면서 공통된 표준을 만들어 왔다.

그런데 약 1년 전부터 두 단체가 서로 다른 결과물을 내놓기 시작했다. 별개의 HTML과 DOM 표준을 만드는 것은 이롭지 않으므로 2018년 4월부터 구글, 애플, 마이크로소프트, 모질라로 구성된, 4개의 주류 브라우저 벤더사가 주도하는 WHATWG이 단일 표준을 내놓기로 두 단체가 합의했다.[24]

DOM은 현재 다음과 같이 4개의 레벨(버전)이 있다.

레벨	표준 문서 URL
DOM Level 1	https://www.w3.org/TR/REC-DOM-Level-1
DOM Level 2	https://www.w3.org/TR/DOM-Level-2-Core
DOM Level 3	https://www.w3.org/TR/DOM-Level-3-Core
DOM Level 4	https://dom.spec.whatwg.org

---

24 https://www.zdnet.co.kr/view/?no=20190531184644

40_장

이벤트

40.1 이벤트 드리븐 프로그래밍

브라우저는 처리해야 할 특정 사건이 발생하면 이를 감지하여 이벤트^{event}를 발생^{trigger}시킨다. 예를 들어, 클릭, 키보드 입력, 마우스 이동 등이 일어나면 브라우저는 이를 감지하여 특정한 타입의 이벤트를 발생시킨다.

만약 애플리케이션이 특정 타입의 이벤트에 대해 반응하여 어떤 일을 하고 싶다면 해당하는 타입의 이벤트가 발생했을 때 호출될 함수를 브라우저에게 알려 호출을 위임한다. 이때 이벤트가 발생했을 때 호출될 함수를 **이벤트 핸들러**^{event handler}라 하고, 이벤트가 발생했을 때 브라우저에게 이벤트 핸들러의 호출을 위임하는 것을 **이벤트 핸들러 등록**이라 한다.

예를 들어, 사용자가 버튼을 클릭했을 때 함수를 호출하여 어떤 처리를 하고 싶다고 가정해보자. 이때 문제는 "언제 함수를 호출해야 하는가"다. 사용자가 언제 버튼을 클릭할지 알 수 없으므로 언제 함수를 호출해야 할지 알 수 없기 때문이다.

다행히 브라우저는 사용자의 버튼 클릭을 감지하여 클릭 이벤트를 발생시킬 수 있다. 그리고 특정 버튼 요소에서 클릭 이벤트가 발생하면 특정 함수(이벤트 핸들러)를 호출하도록 브라우저에게 위임(이벤트 핸들러 등록)할 수 있다. 즉, 함수를 언제 호출할지 알 수 없으므로 개발자가 명시적으로 함수를 호출하는 것이 아니라 브라우저에게 함수 호출을 위임하는 것이다. 이를 코드로 표현하면 다음과 같다.

【 예제 40-01 】

```
<!DOCTYPE html>
<html>
<body>
  <button>Click me!</button>
  <script>
    const $button = document.querySelector('button');
```

```
    // 사용자가 버튼을 클릭하면 함수를 호출하도록 요청
    $button.onclick = () => { alert('button click'); };
  </script>
</body>
</html>
```

위 예제를 살펴보면 버튼 요소 $button의 onclick 프로퍼티에 함수를 할당했다. 나중에 설명하겠지만 Window, Document, HTMLElement 타입의 객체는 onclick과 같이 특정 이벤트에 대응하는 다양한 이벤트 핸들러 프로퍼티를 가지고 있다. 이 이벤트 핸들러 프로퍼티에 함수를 할당하면 해당 이벤트가 발생했을 때 할당한 함수가 브라우저에 의해 호출된다.

이처럼 이벤트와 그에 대응하는 함수(이벤트 핸들러)를 통해 사용자와 애플리케이션은 상호작용^{interaction}을 할 수 있다. 이와 같이 프로그램의 흐름을 이벤트 중심으로 제어하는 프로그래밍 방식을 **이벤트 드리븐 프로그래밍**^{event-driven programming}이라 한다.

40.2 이벤트 타입

이벤트 타입^{event type}은 이벤트의 종류를 나타내는 문자열이다. 예를 들어, 이벤트 타입 'click'은 사용자가 마우스 버튼을 클릭했을 때 발생하는 이벤트를 나타낸다. 이벤트 타입은 약 200여 가지가 있다. 다음에 소개하는 이벤트 타입은 사용 빈도가 높은 이벤트다. 이벤트 타입에 대한 상세 목록은 MDN의 Event reference[1]에서 확인할 수 있다.

40.2.1 마우스 이벤트

이벤트 타입	이벤트 발생 시점
click	마우스 버튼을 클릭했을 때
dblclick	마우스 버튼을 더블 클릭했을 때
mousedown	마우스 버튼을 눌렀을 때
mouseup	누르고 있던 마우스 버튼을 놓았을 때
mousemove	마우스 커서를 움직였을 때
mouseenter	마우스 커서를 HTML 요소 안으로 이동했을 때(버블링[2]되지 않는다)
mouseover	마우스 커서를 HTML 요소 안으로 이동했을 때(버블링된다)

---

1 https://developer.mozilla.org/ko/docs/Web/Events
2 40.6절 "이벤트 전파" 참고

이벤트 타입	이벤트 발생 시점
mouseleave	마우스 커서를 HTML 요소 밖으로 이동했을 때(버블링되지 않는다)
mouseout	마우스 커서를 HTML 요소 밖으로 이동했을 때(버블링된다)

40.2.2 키보드 이벤트

이벤트 타입	이벤트 발생 시점
keydown	모든 키를 눌렀을 때 발생한다. ※ control, option, shift, tab, delete, enter, 방향 키와 문자, 숫자, 특수 문자 키를 눌렀을 때 발생한다. 단, 문자, 숫자, 특수 문자, enter 키를 눌렀을 때는 연속적으로 발생하지만 그 외의 키를 눌렀을 때는 한 번만 발생한다.
keypress	문자 키를 눌렀을 때 연속적으로 발생한다. ※ control, option, shift, tab, delete, 방향 키 등을 눌렀을 때는 발생하지 않고 문자, 숫자, 특수 문자, enter키를 눌렀을 때만 발생한다. 폐지(deprecated)되었으므로 사용하지 않을 것을 권장한다.
keyup	누르고 있던 키를 놓았을 때 한 번만 발생한다. ※ keydown 이벤트와 마찬가지로 control, option, shift, tab, delete, enter, 방향 키와 문자, 숫자, 특수 문자 키를 놓았을 때 발생한다.

40.2.3 포커스 이벤트

이벤트 타입	이벤트 발생 시점
focus	HTML 요소가 포커스를 받았을 때(버블링되지 않는다)
blur	HTML 요소가 포커스를 잃었을 때(버블링되지 않는다)
focusin	HTML 요소가 포커스를 받았을 때(버블링된다)
focusout	HTML 요소가 포커스를 잃었을 때(버블링된다)

focusin, focusout 이벤트 핸들러를 이벤트 핸들러 프로퍼티 방식으로 등록하면 크롬, 사파리에서 정상 동작하지 않는다. focusin, focusout 이벤트 핸들러는 addEventListener 메서드 방식을 사용해 등록해야 한다.

40.2.4 폼 이벤트

이벤트 타입	이벤트 발생 시점
submit	1. form 요소 내의 input(text, checkbox, radio), select 입력 필드(textarea 제외)에서 엔터 키를 눌렀을 때 2. form 요소 내의 submit 버튼(<button>, <input type="submit">)을 클릭했을 때 ※ submit 이벤트는 form 요소에서 발생한다.

이벤트 타입	이벤트 발생 시점
reset	form 요소 내의 reset 버튼을 클릭했을 때(최근에는 사용 안 함)

40.2.5 값 변경 이벤트

이벤트 타입	이벤트 발생 시점
input	input(text, checkbox, radio), select, textarea 요소의 값이 입력되었을 때
change	input(text, checkbox, radio), select, textarea 요소의 값이 변경되었을 때 ※ change 이벤트는 input 이벤트와는 달리 HTML 요소가 포커스를 잃었을 때 사용자 입력이 종료되었다고 인식하여 발생한다. 즉, 사용자가 입력을 하고 있을 때는 input 이벤트가 발생하고 사용자 입력이 종료되어 값이 변경되면 change 이벤트가 발생한다.
readystatechange	HTML 문서의 로드와 파싱 상태를 나타내는 document.readyState 프로퍼티 값('loading', 'interactive', 'complete')이 변경될 때

40.2.6 DOM 뮤테이션 이벤트

이벤트 타입	이벤트 발생 시점
DOMContentLoaded	HTML 문서의 로드와 파싱이 완료되어 DOM 생성이 완료되었을 때

40.2.7 뷰 이벤트

이벤트 타입	이벤트 발생 시점
resize	브라우저 윈도우(window)의 크기를 리사이즈할 때 연속적으로 발생한다. ※ 오직 window 객체에서만 발생한다.
scroll	웹페이지(document) 또는 HTML 요소를 스크롤할 때 연속적으로 발생한다.

40.2.8 리소스 이벤트

이벤트 타입	이벤트 발생 시점
load	DOMContentLoaded 이벤트가 발생한 이후, 모든 리소스(이미지, 폰트 등)의 로딩이 완료되었을 때(주로 window 객체에서 발생)
unload	리소스가 언로드될 때(주로 새로운 웹페이지를 요청한 경우)
abort	리소스 로딩이 중단되었을 때
error	리소스 로딩이 실패했을 때

40.3 이벤트 핸들러 등록

이벤트 핸들러event handler 또는 event listener는 이벤트가 발생했을 때 브라우저에 호출을 위임한 함수다. 다시 말해, 이벤트가 발생하면 브라우저에 의해 호출될 함수가 이벤트 핸들러다.

이벤트가 발생했을 때 브라우저에게 이벤트 핸들러의 호출을 위임하는 것을 이벤트 핸들러 등록이라 한다. 이벤트 핸들러를 등록하는 방법은 3가지다.

40.3.1 이벤트 핸들러 어트리뷰트 방식

HTML 요소의 어트리뷰트 중에는 이벤트에 대응하는 이벤트 핸들러 어트리뷰트가 있다. 이벤트 핸들러 어트리뷰트의 이름은 onclick과 같이 on 접두사와 이벤트의 종류를 나타내는 이벤트 타입[3]으로 이루어져 있다. 이벤트 핸들러 어트리뷰트 값으로 함수 호출문 등의 문statement을 할당하면 이벤트 핸들러가 등록된다.

【 예제 40-02 】

```
<!DOCTYPE html>
<html>
<body>
  <button onclick="sayHi('Lee')">Click me!</button>
  <script>
    function sayHi(name) {
      console.log(`Hi! ${name}.`);
    }
  </script>
</body>
</html>
```

주의할 점은 이벤트 핸들러 어트리뷰트 값으로 함수 참조가 아닌 함수 호출문 등의 문을 할당한다는 것이다. 다음에 살펴볼 "이벤트 핸들러 프로퍼티 방식"에서는 DOM 노드의 이벤트 핸들러 프로퍼티에 함수 참조를 할당한다.

이벤트 핸들러 등록이란 함수 호출을 브라우저에게 위임하는 것이라 했다. 따라서 이벤트 핸들러를 등록할 때 콜백 함수와 마찬가지로 함수 참조를 등록해야 브라우저가 이벤트 핸들러를 호출할 수 있다. 만약 함수 참조가 아니라 함수 호출문을 등록하면 함수 호출문의 평가 결과가 이벤트 핸들러로 등록된다. 함수를 반환하는 고차 함수 호출문을 이벤트 핸들러로 등록한다면 문제가 없겠지만 함수가 아닌 값을 반환하는 함수 호출문을 이벤트 핸들러로 등록하면 브라우저가 이벤트 핸들러를 호출할 수 없다.

---

3 40.2절 "이벤트 타입" 참고

하지만 위 예제에서는 이벤트 핸들러 어트리뷰트 값으로 함수 호출문을 할당했다. 이때 **이벤트 핸들러 어트리뷰트 값은 사실 암묵적으로 생성될 이벤트 핸들러의 함수 몸체를 의미한다.** 즉, onclick="sayHi('Lee')" 어트리뷰트는 파싱되어 다음과 같은 함수를 암묵적으로 생성하고, 이벤트 핸들러 어트리뷰트 이름과 동일한 키 onclick 이벤트 핸들러 프로퍼티에 할당한다.

【 예제 40-03 】

```
function onclick(event) {
  sayHi('Lee');
}
```

그림 40-1 이벤트 핸들러 어트리뷰트와 이벤트 핸들러 프로퍼티

이처럼 동작하는 이유는 이벤트 핸들러에 인수를 전달하기 위해서다. 만약 이벤트 핸들러 어트리뷰트 값으로 함수 참조를 할당해야 한다면 이벤트 핸들러에 인수를 전달하기 곤란하다.

【 예제 40-04 】

```
<!-- 이벤트 핸들러에 인수를 전달하기 곤란하다. -->
<button onclick="sayHi">Click me!</button>
```

결국 이벤트 핸들러 어트리뷰트 값으로 할당한 문자열은 암묵적으로 생성되는 이벤트 핸들러의 함수 몸체다. 따라서 이벤트 핸들러 어트리뷰트 값으로 다음과 같이 여러 개의 문을 할당할 수 있다.

```
<button onclick="console.log('Hi! '); console.log('Lee');">Click me!</button>
```

이벤트 핸들러 어트리뷰트 방식은 오래된 코드에서 간혹 이 방식을 사용한 것이 있기 때문에 알아둘 필요는 있지만 더는 사용하지 않는 것이 좋다. HTML과 자바스크립트는 관심사가 다르므로 혼재하는 것보다 분리하는 것이 좋다.[4]

하지만 모던 자바스크립트에서는 이벤트 핸들러 어트리뷰트 방식을 사용하는 경우가 있다. CBD[Component Based Development][5] 방식의 Angular/React/Svelte/Vue.js 같은 프레임워크/라이브러리에서는 이벤트 핸들러 어트리뷰트 방식으로 이벤트를 처리한다. CBD에서는 HTML, CSS, 자바스크립트를 관심사가 다른 개별적인 요소가 아닌, 뷰를 구성하기 위한 구성 요소로 보기 때문에 관심사가 다르다고 생각하지 않는다.

【 예제 40-06 】

```
<!-- Angular -->
<button (click)="handleClick($event)">Save</button>

{ /* React */ }
<button onClick={handleClick}>Save</button>

<!-- Svelte -->
<button on:click={handleClick}>Save</button>

<!-- Vue.js -->
<button v-on:click="handleClick($event)">Save</button>
```

40.3.2 이벤트 핸들러 프로퍼티 방식

window 객체와 Document, HTMLElement 타입의 DOM 노드 객체는 이벤트에 대응하는 이벤트 핸들러 프로퍼티를 가지고 있다. 이벤트 핸들러 프로퍼티의 키는 이벤트 핸들러 어트리뷰트와 마찬가지로 onclick과 같이 on 접두사와 이벤트의 종류를 나타내는 이벤트 타입으로 이루어져 있다. 이벤트 핸들러 프로퍼티에 함수를 바인딩하면 이벤트 핸들러가 등록된다.

【 예제 40-07 】

```
<!DOCTYPE html>
<html>
<body>
  <button>Click me!</button>
```

---

4   겸손한 자바스크립트: https://en.wikipedia.org/wiki/Unobtrusive_JavaScript
5   https://ko.wikipedia.org/wiki/컴포넌트_기반_소프트웨어_공학

```
    <script>
      const $button = document.querySelector('button');

      // 이벤트 핸들러 프로퍼티에 이벤트 핸들러를 바인딩
      $button.onclick = function () {
        console.log('button click');
      };
    </script>
  </body>
</html>
```

이벤트 핸들러를 등록하기 위해서는 이벤트를 발생시킬 객체인 **이벤트 타깃**^{event target}과 이벤트의 종류를 나타 내는 문자열인 **이벤트 타입**^{event type} 그리고 **이벤트 핸들러**를 지정할 필요가 있다. 예를 들어, 버튼 요소가 클 릭되면 handleClick 함수를 호출하도록 이벤트 핸들러를 등록하는 경우 이벤트 타깃은 버튼 요소이고 이벤 트 타입은 'click'이며 이벤트 핸들러는 handleClick 함수다.

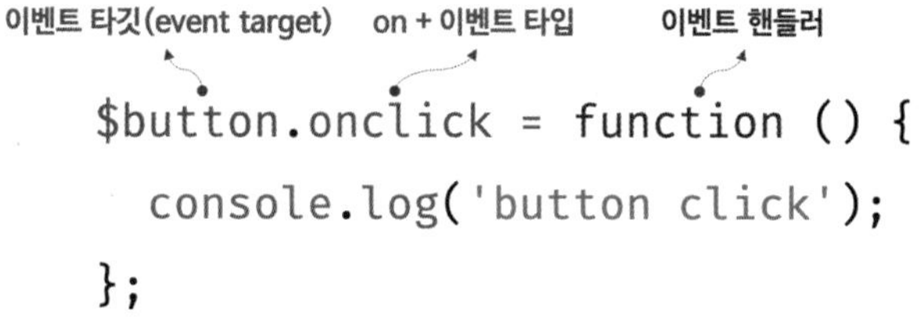

이벤트 타깃(event target)　　on + 이벤트 타입　　이벤트 핸들러

```
$button.onclick = function () {
  console.log('button click');
};
```

그림 40-2 이벤트 핸들러 프로퍼티 방식

이벤트 핸들러는 대부분 이벤트를 발생시킬 이벤트 타깃에 바인딩한다. 하지만 반드시 이벤트 타깃에 이벤트 핸들러를 바인딩해야 하는 것은 아니다. 이벤트 핸들러는 이벤트 타깃 또는 전파된 이벤트를 캐치할 DOM 노드 객체에 바인딩한다. 이에 대해서는 40.6절 "이벤트 전파"와 40.7절 "이벤트 위임"에서 자세히 살펴보도 록 하자.

앞서 살펴본 "이벤트 핸들러 어트리뷰트 방식"도 결국 DOM 노드 객체의 이벤트 핸들러 프로퍼티로 변환되 므로 결과적으로 이벤트 핸들러 프로퍼티 방식과 동일하다고 할 수 있다. "이벤트 핸들러 프로퍼티 방식"은 "이벤트 핸들러 어트리뷰트 방식"의 HTML과 자바스크립트가 뒤섞이는 문제를 해결할 수 있다. 하지만 이벤 트 핸들러 프로퍼티에 하나의 이벤트 핸들러만 바인딩할 수 있다는 단점이 있다.

【 예제 40-08 】

```
<!DOCTYPE html>
<html>
<body>
  <button>Click me!</button>
```

```
    <script>
      const $button = document.querySelector('button');

      // 이벤트 핸들러 프로퍼티 방식은 하나의 이벤트에 하나의 이벤트 핸들러만을 바인딩할 수 있다.
      // 첫 번째로 바인딩된 이벤트 핸들러는 두 번째 바인딩된 이벤트 핸들러에 의해 재할당되어 실행되지 않는다.
      $button.onclick = function () {
        console.log('Button clicked 1');
      };

      // 두 번째로 바인딩된 이벤트 핸들러
      $button.onclick = function () {
        console.log('Button clicked 2');
      };
    </script>
  </body>
</html>
```

40.3.3 addEventListener 메서드 방식

DOM Level 2[6]에서 도입된 EventTarget.prototype.addEventListener 메서드를 사용하여 이벤트 핸들러를 등록할 수 있다. 앞서 살펴본 "이벤트 핸들러 어트리뷰트 방식"과 "이벤트 핸들러 프로퍼티 방식"은 DOM Level 0부터 제공되던 방식이다.

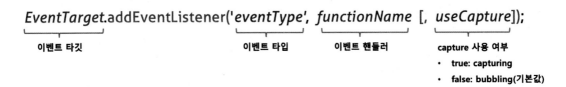

그림 40-3 addEventListener 메서드

addEventListener 메서드의 첫 번째 매개변수에는 이벤트의 종류를 나타내는 문자열인 이벤트 타입을 전달한다. 이때 이벤트 핸들러 프로퍼티 방식과는 달리 on 접두사를 붙이지 않는다. 두 번째 매개변수에는 이벤트 핸들러를 전달한다. 마지막 매개변수에는 이벤트를 캐치할 이벤트 전파 단계(캡처링 또는 버블링)를 지정한다. 생략하거나 false를 지정하면 버블링 단계에서 이벤트를 캐치하고, true를 지정하면 캡처링 단계에서 이벤트를 캐치한다. 이벤트 전파 단계, 즉 캡처링과 버블링에 대해서는 40.6절 "이벤트 전파"에서 살펴볼 것이다.

---

6   39.9절 "DOM 표준" 참고

"이벤트 핸들러 프로퍼티 방식"에서 살펴본 예제를 addEventListener 메서드를 사용하도록 수정해 보자.

【 예제 40-09 】

```
<!DOCTYPE html>
<html>
<body>
  <button>Click me!</button>
  <script>
    const $button = document.querySelector('button');

    // 이벤트 핸들러 프로퍼티 방식
    // $button.onclick = function () {
    //   console.log('button click');
    // };

    // addEventListener 메서드 방식
    $button.addEventListener('click', function () {
      console.log('button click');
    });
  </script>
</body>
</html>
```

이벤트 핸들러 프로퍼티 방식은 이벤트 핸들러 프로퍼티에 이벤트 핸들러를 바인딩하지만 addEventListener 메서드에는 이벤트 핸들러를 인수로 전달한다. 만약 동일한 HTML 요소에서 발생한 동일한 이벤트에 대해 이벤트 핸들러 프로퍼티 방식과 addEventListener 메서드 방식을 모두 사용하여 이벤트 핸들러를 등록하면 어떻게 동작할지 생각해보자.

【 예제 40-10 】

```
<!DOCTYPE html>
<html>
<body>
  <button>Click me!</button>
  <script>
    const $button = document.querySelector('button');

    // 이벤트 핸들러 프로퍼티 방식
    $button.onclick = function () {
      console.log('[이벤트 핸들러 프로퍼티 방식]button click');
    };

    // addEventListener 메서드 방식
```

```
    $button.addEventListener('click', function () {
      console.log('[addEventListener 메서드 방식]button click');
    });
  </script>
</body>
</html>
```

addEventListener 메서드 방식은 이벤트 핸들러 프로퍼티에 바인딩된 이벤트 핸들러에 아무런 영향을 주지 않는다. 따라서 버튼 요소에서 클릭 이벤트가 발생하면 2개의 이벤트 핸들러가 모두 호출된다.

동일한 HTML 요소에서 발생한 동일한 이벤트에 대해 이벤트 핸들러 프로퍼티 방식은 하나 이상의 이벤트 핸들러를 등록할 수 없지만 addEventListener 메서드는 하나 이상의 이벤트 핸들러를 등록할 수 있다. 이때 이벤트 핸들러는 등록된 순서대로 호출된다.

【 예제 40-11 】

```
<!DOCTYPE html>
<html>
<body>
  <button>Click me!</button>
  <script>
    const $button = document.querySelector('button');

    // addEventListener 메서드는 동일한 요소에서 발생한 동일한 이벤트에 대해
    // 하나 이상의 이벤트 핸들러를 등록할 수 있다.
    $button.addEventListener('click', function () {
      console.log('[1]button click');
    });

    $button.addEventListener('click', function () {
      console.log('[2]button click');
    });
  </script>
</body>
</html>
```

단, addEventListener 메서드를 통해 참조가 동일한 이벤트 핸들러를 중복 등록하면 하나의 이벤트 핸들러 만 등록된다.

【 예제 40-12 】

```
<!DOCTYPE html>
<html>
<body>
```

```
<button>Click me!</button>
<script>
  const $button = document.querySelector('button');

  const handleClick = () => console.log('button click');

  // 참조가 동일한 이벤트 핸들러를 중복 등록하면 하나의 핸들러만 등록된다.
  $button.addEventListener('click', handleClick);
  $button.addEventListener('click', handleClick);
</script>
</body>
</html>
```

40.4 이벤트 핸들러 제거

addEventListener 메서드로 등록한 이벤트 핸들러를 제거하려면 EventTarget.prototype.removeEvent Listener 메서드를 사용한다. removeEventListener 메서드에 전달할 인수는 addEventListener 메서드와 동일하다. 단, addEventListener 메서드에 전달한 인수와 removeEventListener 메서드에 전달한 인수가 일치하지 않으면 이벤트 핸들러가 제거되지 않는다.

【 예제 40-13 】

```
<!DOCTYPE html>
<html>
<body>
  <button>Click me!</button>
  <script>
    const $button = document.querySelector('button');

    const handleClick = () => console.log('button click');

    // 이벤트 핸들러 등록
    $button.addEventListener('click', handleClick);

    // 이벤트 핸들러 제거
    // addEventListener 메서드에 전달한 인수와 removeEventListener 메서드에
    // 전달한 인수가 일치하지 않으면 이벤트 핸들러가 제거되지 않는다.
    $button.removeEventListener('click', handleClick, true); // 실패
    $button.removeEventListener('click', handleClick); // 성공
  </script>
</body>
</html>
```

removeEventListener 메서드에 인수로 전달한 이벤트 핸들러는 addEventListener 메서드에 인수로 전달한 등록 이벤트 핸들러와 동일한 함수이어야 한다. 따라서 다음과 같이 무명 함수를 이벤트 핸들러로 등록한 경우 제거할 수 없다. 이벤트 핸들러를 제거하려면 이벤트 핸들러의 참조를 변수나 자료구조에 저장하고 있어야 한다.

【 예제 40-14 】

```
// 이벤트 핸들러 등록
$button.addEventListener('click', () => console.log('button click'));
// 등록한 이벤트 핸들러를 참조할 수 없으므로 제거할 수 없다.
```

단, 기명 이벤트 핸들러 내부에서 removeEventListener 메서드를 호출하여 이벤트 핸들러를 제거하는 것은 가능하다. 이때 이벤트 핸들러는 단 한 번만 호출된다. 다음 예제의 경우 버튼 요소를 여러 번 클릭해도 단 한 번만 이벤트 핸들러가 호출된다.

【 예제 40-15 】

```
// 기명 함수를 이벤트 핸들러로 등록
$button.addEventListener('click', function foo() {
  console.log('button click');
  // 이벤트 핸들러를 제거한다. 따라서 이벤트 핸들러는 단 한 번만 호출된다.
  $button.removeEventListener('click', foo);
});
```

기명 함수를 이벤트 핸들러로 등록할 수 없다면 호출된 함수, 즉 함수 자신을 가리키는 arguments.callee[7]를 사용할 수도 있다.

【 예제 40-16 】

```
// 무명 함수를 이벤트 핸들러로 등록
$button.addEventListener('click', function () {
  console.log('button click');
  // 이벤트 핸들러를 제거한다. 따라서 이벤트 핸들러는 단 한 번만 호출된다.
  // arguments.callee는 호출된 함수, 즉 함수 자신을 가리킨다.
  $button.removeEventListener('click', arguments.callee);
});
```

arguments.callee는 코드 최적화를 방해하므로 strict mode에서 사용이 금지된다. 따라서 가급적 이벤트 핸들러의 참조를 변수나 자료구조에 저장하여 제거하는 편이 좋다.

---

7 18.2.1절 "arguments 프로퍼티" 참고

이벤트 핸들러 프로퍼티 방식으로 등록한 이벤트 핸들러는 removeEventListener 메서드로 제거할 수 없다. 이벤트 핸들러 프로퍼티 방식으로 등록한 이벤트 핸들러를 제거하려면 이벤트 핸들러 프로퍼티에 null을 할당한다.

【 예제 40-17 】

```html
<!DOCTYPE html>
<html>
<body>
  <button>Click me!</button>
  <script>
    const $button = document.querySelector('button');

    const handleClick = () => console.log('button click');

    // 이벤트 핸들러 프로퍼티 방식으로 이벤트 핸들러 등록
    $button.onclick = handleClick;

    // removeEventListener 메서드로 이벤트 핸들러를 제거할 수 없다.
    $button.removeEventListener('click', handleClick);

    // 이벤트 핸들러 프로퍼티에 null을 할당하여 이벤트 핸들러를 제거한다.
    $button.onclick = null;
  </script>
</body>
</html>
```

40.5 이벤트 객체

이벤트가 발생하면 이벤트에 관련한 다양한 정보를 담고 있는 이벤트 객체가 동적으로 생성된다. **생성된 이벤트 객체는 이벤트 핸들러의 첫 번째 인수로 전달된다.**

【 예제 40-18 】

```html
<!DOCTYPE html>
<html>
<body>
  <p>클릭하세요. 클릭한 곳의 좌표가 표시됩니다.</p>
  <em class="message"></em>
  <script>
    const $msg = document.querySelector('.message');
```

```
    // 클릭 이벤트에 의해 생성된 이벤트 객체는 이벤트 핸들러의 첫 번째 인수로 전달된다.
    function showCoords(e) {
      $msg.textContent = `clientX: ${e.clientX}, clientY: ${e.clientY}`;
    }

    document.onclick = showCoords;
  </script>
</body>
</html>
```

클릭 이벤트에 의해 생성된 이벤트 객체는 이벤트 핸들러의 첫 번째 인수로 전달되어 매개변수 e에 암묵적으로 할당된다. 이는 브라우저가 이벤트 핸들러를 호출할 때 이벤트 객체를 인수로 전달하기 때문이다. 따라서 이벤트 객체를 전달받으려면 이벤트 핸들러를 정의할 때 이벤트 객체를 전달받을 매개변수를 명시적으로 선언해야 한다. 위 예제에서 e라는 이름으로 매개변수를 선언했으나 다른 이름을 사용하여도 상관없다.

이벤트 핸들러 어트리뷰트 방식으로 이벤트 핸들러를 등록했다면 다음과 같이 event를 통해 이벤트 객체를 전달받을 수 있다.

【 예제 40-19 】

```
<!DOCTYPE html>
<html>
<head>
  <style>
    html, body { height: 100%; }
  </style>
</head>
<!-- 이벤트 핸들러 어트리뷰트 방식의 경우 event가 아닌 다른 이름으로는 이벤트 객체를 전달받지 못한다. -->
<body onclick="showCoords(event)">
  <p>클릭하세요. 클릭한 곳의 좌표가 표시됩니다.</p>
  <em class="message"></em>
  <script>
    const $msg = document.querySelector('.message');

    // 클릭 이벤트에 의해 생성된 이벤트 객체는 이벤트 핸들러의 첫 번째 인수로 전달된다.
    function showCoords(e) {
      $msg.textContent = `clientX: ${e.clientX}, clientY: ${e.clientY}`;
    }
  </script>
</body>
</html>
```

이벤트 핸들러 어트리뷰트 방식의 경우 이벤트 객체를 전달받으려면 이벤트 핸들러의 첫 번째 매개변수 이름이 반드시 event이어야 한다. 만약 event가 아닌 다른 이름으로 매개변수를 선언하면 이벤트 객체를 전달받지 못한다. 그 이유는 40.3.1절 "이벤트 핸들러 어트리뷰트 방식"에서 살펴본 바와 같이 이벤트 핸들러 어트리뷰트 값은 사실 암묵적으로 생성되는 이벤트 핸들러의 함수 몸체를 의미하기 때문이다. 즉, onclick="showCoords(event)" 어트리뷰트는 파싱되어 다음과 같은 함수를 암묵적으로 생성하여 onclick 이벤트 핸들러 프로퍼티에 할당한다.

【 예제 40-20 】

```
function onclick(event) {
  showCoords(event);
}
```

이때 암묵적으로 생성된 onclick 이벤트 핸들러의 첫 번째 매개변수의 이름이 event로 암묵적으로 명명되기 때문에 event가 아닌 다른 이름으로는 이벤트 객체를 전달받지 못한다.

40.5.1 이벤트 객체의 상속 구조

이벤트가 발생하면 이벤트 타입에 따라 다양한 타입의 이벤트 객체가 생성된다. 이벤트 객체는 다음과 같은 상속 구조를 갖는다.

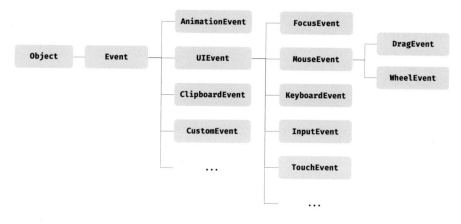

그림 40-4 이벤트 객체의 상속 구조

위 그림의 Event, UIEvent, MouseEvent 등 모두는 생성자 함수다. 따라서 다음과 같이 생성자 함수를 호출하여 이벤트 객체를 생성할 수 있다.

```html
<!DOCTYPE html>
<html>
<body>
  <script>
    // Event 생성자 함수를 호출하여 foo 이벤트 타입의 Event 객체를 생성한다.
    let e = new Event('foo');
    console.log(e);
    // Event {isTrusted: false, type: "foo", target: null, ... }
    console.log(e.type); // "foo"
    console.log(e instanceof Event); // true
    console.log(e instanceof Object); // true

    // FocusEvent 생성자 함수를 호출하여 focus 이벤트 타입의 FocusEvent 객체를 생성한다.
    e = new FocusEvent('focus');
    console.log(e);
    // FocusEvent {isTrusted: false, relatedTarget: null, view: null, ... }

    // MouseEvent 생성자 함수를 호출하여 click 이벤트 타입의 MouseEvent 객체를 생성한다.
    e = new MouseEvent('click');
    console.log(e);
    // MouseEvent {isTrusted: false, screenX: 0, screenY: 0, clientX: 0, ... }

    // KeyboardEvent 생성자 함수를 호출하여 keyup 이벤트 타입의 KeyboardEvent 객체를 생성한다.
    e = new KeyboardEvent('keyup');
    console.log(e);
    // KeyboardEvent {isTrusted: false, key: "", code: "", ctrlKey: false, ... }

    // InputEvent 생성자 함수를 호출하여 change 이벤트 타입의 InputEvent 객체를 생성한다.
    e = new InputEvent('change');
    console.log(e);
    // InputEvent {isTrusted: false, data: null, inputType: "", ... }
  </script>
</body>
</html>
```

이처럼 이벤트가 발생하면 암묵적으로 생성되는 이벤트 객체도 생성자 함수에 의해 생성된다. 그리고 생성된 이벤트 객체는 생성자 함수와 더불어 생성되는 프로토타입으로 구성된 프로토타입 체인의 일원이 된다. 예를 들어, click 이벤트가 발생하면 암묵적으로 생성되는 MouseEvent 타입의 이벤트 객체는 다음과 같은 프로토타입 체인의 일원이 된다.

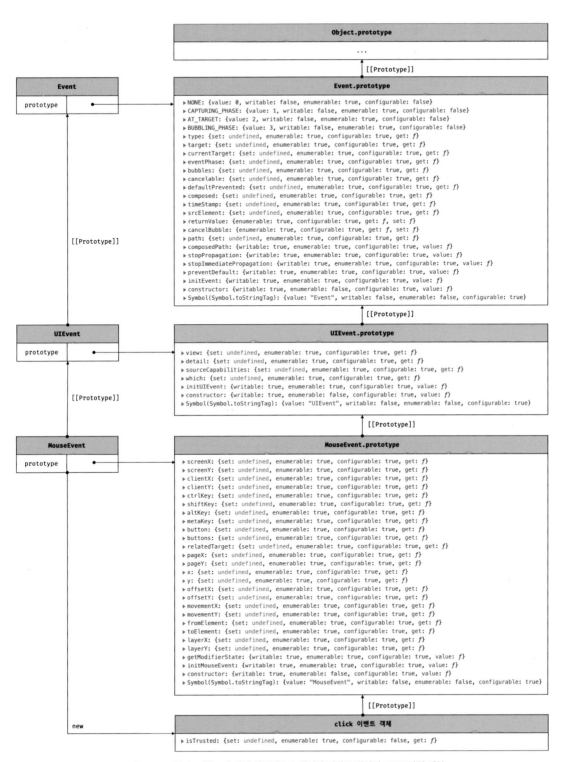

그림 40-5 click 이벤트에 의해 암묵적으로 생성된 이벤트 객체의 프로토타입 체인

이벤트 객체 중 일부는 사용자의 행위에 의해 생성된 것이고 일부는 자바스크립트 코드에 의해 인위적으로 생성된 것이다. 예를 들어, MouseEvent 타입의 이벤트 객체는 사용자가 마우스를 클릭하거나 이동했을 때 생성되는 이벤트 객체이며, CustomEvent 타입의 이벤트 객체는 자바스크립트 코드에 의해 인위적으로 생성한 이벤트 객체다.

Event 인터페이스는 DOM 내에서 발생한 이벤트에 의해 생성되는 이벤트 객체를 나타낸다. Event 인터페이스에는 모든 이벤트 객체의 공통 프로퍼티가 정의되어 있고 FocusEvent, MouseEvent, KeyboardEvent, WheelEvent 같은 하위 인터페이스에는 이벤트 타입에 따라 고유한 프로퍼티가 정의되어 있다. 즉, 다음 예제와 같이 이벤트 객체의 프로퍼티는 발생한 이벤트의 타입에 따라 달라진다.

【 예제 40-22 】

```html
<!DOCTYPE html>
<html>
<body>
  <input type="text">
  <input type="checkbox">
  <button>Click me!</button>
  <script>
    const $input = document.querySelector('input[type=text]');
    const $checkbox = document.querySelector('input[type=checkbox]');
    const $button = document.querySelector('button');

    // load 이벤트가 발생하면 Event 타입의 이벤트 객체가 생성된다.
    window.onload = console.log;

    // change 이벤트가 발생하면 Event 타입의 이벤트 객체가 생성된다.
    $checkbox.onchange = console.log;

    // focus 이벤트가 발생하면 FocusEvent 타입의 이벤트 객체가 생성된다.
    $input.onfocus = console.log;

    // input 이벤트가 발생하면 InputEvent 타입의 이벤트 객체가 생성된다.
    $input.oninput = console.log;

    // keyup 이벤트가 발생하면 KeyboardEvent 타입의 이벤트 객체가 생성된다.
    $input.onkeyup = console.log;

    // click 이벤트가 발생하면 MouseEvent 타입의 이벤트 객체가 생성된다.
    $button.onclick = console.log;
  </script>
</body>
</html>
```

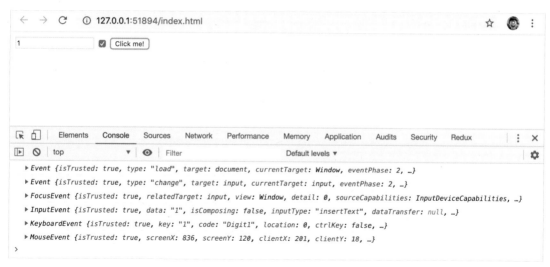

그림 40-6 이벤트 타입에 따라 생성되는 이벤트 객체

40.5.2 이벤트 객체의 공통 프로퍼티

Event 인터페이스, 즉 Event.prototype에 정의되어 있는 이벤트 관련 프로퍼티는 UIEvent, CustomEvent, MouseEvent 등 모든 파생 이벤트 객체에 상속된다. 즉, Event 인터페이스의 이벤트 관련 프로퍼티는 모든 이벤트 객체가 상속받는 공통 프로퍼티다. 이벤트 객체의 공통 프로퍼티는 다음과 같다.

공통 프로퍼티	설명	타입
type	이벤트 타입	string
target	이벤트를 발생시킨 DOM 요소	DOM 요소 노드
currentTarget	이벤트 핸들러가 바인딩된 DOM 요소	DOM 요소 노드
eventPhase	이벤트 전파 단계 0: 이벤트 없음, 1: 캡처링 단계, 2: 타깃 단계, 3: 버블링 단계	number
bubbles	이벤트를 버블링으로 전파하는지 여부. 다음 이벤트는 bubbles: false로 버블링하지 않는다. <ul><li>포커스 이벤트 focus/blur</li><li>리소스 이벤트 load/unload/abort/error</li><li>마우스 이벤트 mouseenter/mouseleave</li></ul>	boolean
cancelable	preventDefault 메서드를 호출하여 이벤트의 기본 동작을 취소할 수 있는지 여부. 다음 이벤트는 cancelable: false로 취소할 수 없다. <ul><li>포커스 이벤트 focus/blur</li><li>리소스 이벤트 load/unload/abort/error</li><li>마우스 이벤트 dblclick/mouseenter/mouseleave</li></ul>	boolean

공통 프로퍼티	설명	타입
defaultPrevented	preventDefault 메서드를 호출하여 이벤트를 취소했는지 여부	boolean
isTrusted	사용자의 행위에 의해 발생한 이벤트인지 여부. 예를 들어, click 메서드 또는 dispatchEvent 메서드를 통해 인위적으로 발생시킨 이벤트인 경우 isTrusted는 false다.[8]	boolean
timeStamp	이벤트가 발생한 시각(1970/01/01/00:00:0부터 경과한 밀리초)	number

예를 들어, 체크박스 요소의 체크 상태가 변경되면 현재 체크 상태를 출력해보도록 하자.

【 예제 40-23 】

```html
<!DOCTYPE html>
<html>
<body>
  <input type="checkbox">
  <em class="message">off</em>
  <script>
    const $checkbox = document.querySelector('input[type=checkbox]');
    const $msg = document.querySelector('.message');

    // change 이벤트가 발생하면 Event 타입의 이벤트 객체가 생성된다.
    $checkbox.onchange = e => {
      console.log(Object.getPrototypeOf(e) === Event.prototype); // true

      // e.target은 change 이벤트를 발생시킨 DOM 요소 $checkbox를 가리키고
      // e.target.checked는 체크박스 요소의 현재 체크 상태를 나타낸다.
      $msg.textContent = e.target.checked ? 'on' : 'off';
    };
  </script>
</body>
</html>
```

사용자의 입력에 의해 체크박스 요소의 체크 상태가 변경되면 checked 프로퍼티의 값이 변경되고 change 이벤트가 발생한다. 이때 Event 타입의 이벤트 객체가 생성된다. 이벤트 객체의 target 프로퍼티는 이벤트를 발생시킨 객체를 나타낸다. 따라서 target 프로퍼티가 가리키는 객체는 change 이벤트를 발생시킨 DOM 요소 $checkbox이고 이 객체의 checked 프로퍼티는 현재의 체크 상태를 나타낸다.

---

8   40.11절 "커스텀 이벤트" 참고

이벤트 객체의 currentTarget 프로퍼티는 이벤트 핸들러가 바인딩된 DOM 요소를 가리킨다. 위 예제의 경우 이벤트를 발생시킨 DOM 요소와 이벤트 핸들러가 바인딩된 DOM 요소는 모두 $checkbox다. 따라서 이벤트 객체의 target 프로퍼티와 currentTarget 프로퍼티는 동일한 객체 $checkbox를 가리킨다.

【 예제 40-24 】

```javascript
$checkbox.onchange = e => {
  // e.target은 change 이벤트를 발생시킨 DOM 요소 $checkbox를 가리키고
  // e.currentTarget은 이벤트 핸들러가 바인딩된 DOM 요소 $checkbox를 가리킨다.
  console.log(e.target === e.currentTarget); // true

  $msg.textContent = e.target.checked ? 'on' : 'off';
};
```

이처럼 일반적으로 이벤트 객체의 target 프로퍼티와 currentTarget 프로퍼티는 동일한 DOM 요소를 가리키지만 나중에 살펴볼 이벤트 위임에서는 이벤트 객체의 target 프로퍼티와 currentTarget 프로퍼티가 서로 다른 DOM 요소를 가리킬 수 있다. 이에 대해서는 40.7절 "이벤트 위임"에서 살펴보도록 하자.

40.5.3 마우스 정보 취득

click, dblclick, mousedown, mouseup, mousemove, mouseenter, mouseleave 이벤트가 발생하면 생성되는 MouseEvent[9] 타입의 이벤트 객체는 다음과 같은 고유의 프로퍼티를 갖는다.

- 마우스 포인터의 좌표 정보를 나타내는 프로퍼티: screenX/screenY, clientX/clientY, pageX/pageY, offsetX/offsetY
- 버튼 정보를 나타내는 프로퍼티: altKey, ctrlKey, shiftKey, button

예를 들어, DOM 요소를 드래그하여 이동시키는 예제를 만들어보자. 드래그는 마우스 버튼을 누른 상태에서 마우스를 이동하는 것으로 시작하고 마우스 버튼을 떼면 종료한다. 따라서 드래그는 mousedown 이벤트가 발생한 상태에서 mousemove 이벤트가 발생한 시점에 시작하고 mouseup 이벤트가 발생한 시점에 종료한다.

드래그가 시작되면 드래그 시작 시점, 즉 mousedown 이벤트가 발생했을 때의 마우스 포인터 좌표와 드래그를 하고 있는 시점, 즉 mousemove 이벤트가 발생할 때마다의 마우스 포인터 좌표를 비교하여 드래그 대상의 이동 거리를 계산한다.

mouseup 이벤트가 발생하면 드래그가 종료한 것이다. 이때 드래그 대상 요소를 이동시키는 이벤트 핸들러를 제거하여 이동을 멈춘다.

---

9 https://developer.mozilla.org/en-US/docs/Web/API/MouseEvent

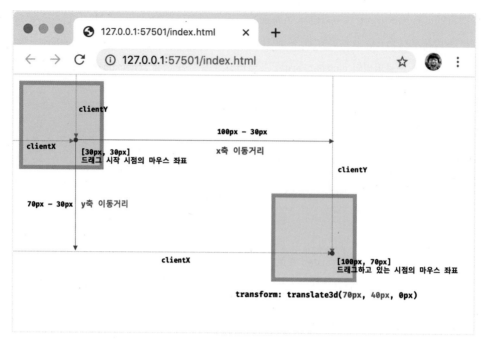

그림 40-7 드래그 대상 요소의 이동 거리 계산

마우스 포인터 좌표는 MouseEvent 타입의 이벤트 객체에서 제공한다. mousedown, mouseup, mousemove 이벤트가 발생하면 생성되는 MouseEvent 타입의 이벤트 객체는 마우스 포인터의 좌표 정보를 나타내는 screenX/screenY, clientX/clientY, pageX/pageY, offsetX/offsetY 프로퍼티를 제공한다. 이 프로퍼티 중에서 clientX/clientY는 뷰포트viewport, 즉 웹페이지의 가시 영역을 기준으로 마우스 포인터 좌표를 나타낸다.

【 예제 40-25 】

```
<!DOCTYPE html>
<html>
<head>
  <style>
    .box {
      width: 100px;
      height: 100px;
      background-color: #fff700;
      border: 5px solid orange;
      cursor: pointer;
    }
  </style>
</head>
<body>
```

```
    <div class="box"></div>
    <script>
        // 드래그 대상 요소
        const $box = document.querySelector('.box');

        // 드래그 시작 시점의 마우스 포인터 위치
        const initialMousePos = { x: 0, y: 0 };
        // 오프셋: 이동할 거리
        const offset = { x: 0, y: 0 };

        // mousemove 이벤트 핸들러
        const move = e => {
            // 오프셋 = 현재(드래그하고 있는 시점) 마우스 포인터 위치 - 드래그 시작 시점의 마우스 포인터 위치
            offset.x = e.clientX - initialMousePos.x;
            offset.y = e.clientY - initialMousePos.y;

            // translate3d는 GPU를 사용하므로 absolute의 top, left를 사용하는 것보다 빠르다.
            // top, left는 레이아웃에 영향을 준다.
            $box.style.transform = `translate3d(${offset.x}px, ${offset.y}px, 0)`;
        };

        // mousedown 이벤트가 발생하면 드래그 시작 시점의 마우스 포인터 좌표를 저장한다.
        $box.addEventListener('mousedown', e => {
            // 이동 거리를 계산하기 위해 mousedown 이벤트가 발생(드래그를 시작)하면 드래그 시작 시점의
            // 마우스 포인터 좌표(e.clientX/e.clientY: 뷰포트 상에서 현재 마우스의 포인터 좌표)를 저장해 둔다.
            // 한 번 이상 드래그로 이동한 경우 move에서 translate3d(${offset.x}px, ${offset.y}px, 0)으로
            // 이동한 상태이므로 offset.x와 offset.y를 빼주어야 한다.
            initialMousePos.x = e.clientX - offset.x;
            initialMousePos.y = e.clientY - offset.y;

            // mousedown 이벤트가 발생한 상태에서 mousemove 이벤트가 발생하면 box 요소를 이동시킨다.
            document.addEventListener('mousemove', move);
        });

        // mouseup 이벤트가 발생하면 mousemove 이벤트를 제거해 이동을 멈춘다.
        document.addEventListener('mouseup', () => {
            document.removeEventListener('mousemove', move);
        });
    </script>
</body>
</html>
```

40.5.4 키보드 정보 취득

keydown, keyup, keypress 이벤트가 발생하면 생성되는 KeyboardEvent [10] 타입의 이벤트 객체는 altKey, ctrlKey, shiftKey, metaKey, key, keyCode [11] 같은 고유의 프로퍼티를 갖는다.

예를 들어, input 요소의 입력 필드에 엔터 키가 입력되면 현재까지 입력 필드에 입력된 값을 출력하는 예제를 만들어보자.

【 예제 40-26 】

```html
<!DOCTYPE html>
<html>
<body>
  <input type="text" />
  <em class="message"></em>
  <script>
    const $input = document.querySelector('input[type=text]');
    const $msg = document.querySelector('.message');

    $input.onkeyup = e => {
      // e.key는 입력한 키 값을 문자열로 반환한다.
      // 입력한 키가 'Enter', 즉 엔터 키가 아니면 무시한다.
      if (e.key !== 'Enter') return;

      // 엔터키가 입력되면 현재까지 입력 필드에 입력된 값을 출력한다.
      $msg.textContent = e.target.value;
      e.target.value = '';
    };
  </script>
</body>
</html>
```

keyup 이벤트가 발생하면 생성되는 KeyboardEvent 타입의 이벤트 객체는 입력한 키 값을 문자열로 반환하는 key 프로퍼티를 제공한다. 엔터 키의 경우 key 프로퍼티는 'Enter'를 반환한다. 입력한 키와 key 프로퍼티 값의 대응 관계는 https://keycode.info를 참고하기 바란다.

참고로 input 요소의 입력 필드에 한글을 입력하고 엔터 키를 누르면 keyup 이벤트 핸들러가 두 번 호출되는 현상이 발생한다. 이 같은 문제를 회피하려면 keyup 이벤트 대신 keydown 이벤트를 캐치한다.

---

10 https://developer.mozilla.org/en-US/docs/Web/API/keyboardEvent
11 keycode 프로퍼티는 폐지되었으므로 key 프로퍼티를 사용할 것을 권장한다. 자세한 내용은 다음을 참조하기 바란다.
　　• KeyboardEvent.keyCode: https://developer.mozilla.org/en-US/docs/Web/API/KeyboardEvent/keyCode
　　• KeyboardEvent.key: https://developer.mozilla.org/en-US/docs/Web/API/KeyboardEvent/key

40.6 이벤트 전파

DOM 트리 상에 존재하는 DOM 요소 노드에서 발생한 이벤트는 DOM 트리를 통해 전파된다. 이를 이벤트 전파event propagation라고 한다. 예를 들어, 다음 예제를 살펴보자.

【 예제 40-27 】

```html
<!DOCTYPE html>
<html>
<body>
  <ul id="fruits">
    <li id="apple">Apple</li>
    <li id="banana">Banana</li>
    <li id="orange">Orange</li>
  </ul>
</body>
</html>
```

ul 요소의 두 번째 자식 요소인 li 요소를 클릭하면 클릭 이벤트가 발생한다. 이때 **생성된 이벤트 객체는 이벤트를 발생시킨 DOM 요소인 이벤트 타깃**event target**을 중심으로 DOM 트리를 통해 전파된다.** 이벤트 전파는 이벤트 객체가 전파되는 방향에 따라 다음과 같이 3단계로 구분할 수 있다.

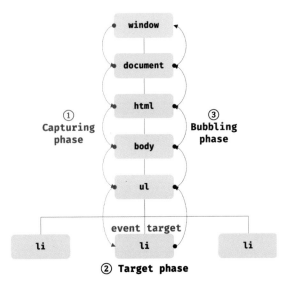

그림 40-8 이벤트 전파

- 캡처링 단계capturing phase: 이벤트가 상위 요소에서 하위 요소 방향으로 전파

- 타깃 단계target phase: 이벤트가 이벤트 타깃에 도달

- 버블링 단계bubbling phase: 이벤트가 하위 요소에서 상위 요소 방향으로 전파

예를 들어, 다음 예제와 같이 ul 요소에 이벤트 핸들러를 바인딩하고 ul 요소의 하위 요소인 li 요소를 클릭하여 이벤트를 발생시켜 보자. 이때 이벤트 타깃(event.target)은 li 요소이고 커런트 타깃(event.currentTarget)[12]은 ul 요소다.

【 예제 40-28 】

```html
<!DOCTYPE html>
<html>
<body>
  <ul id="fruits">
    <li id="apple">Apple</li>
    <li id="banana">Banana</li>
    <li id="orange">Orange</li>
  </ul>
  <script>
    const $fruits = document.getElementById('fruits');

    // #fruits 요소의 하위 요소인 li 요소를 클릭한 경우
    $fruits.addEventListener('click', e => {
      console.log(`이벤트 단계: ${e.eventPhase}`); // 3: 버블링 단계
      console.log(`이벤트 타깃: ${e.target}`); // [object HTMLLIElement]
      console.log(`커런트 타깃: ${e.currentTarget}`); // [object HTMLULListElement]
    });
  </script>
</body>
</html>
```

li 요소를 클릭하면 클릭 이벤트가 발생하여 클릭 이벤트 객체가 생성되고 클릭된 li 요소가 이벤트 타깃이된다. 이때 클릭 이벤트 객체는 window에서 시작해서 이벤트 타깃 방향으로 전파된다. 이것이 캡처링 단계다. 이후 이벤트 객체는 이벤트를 발생시킨 이벤트 타깃에 도달한다. 이것이 타깃 단계다. 이후 이벤트 객체는 이벤트 타깃에서 시작해서 window 방향으로 전파된다. 이것이 버블링 단계다.

이벤트 핸들러 어트리뷰트/프로퍼티 방식으로 등록한 이벤트 핸들러는 타깃 단계와 버블링 단계의 이벤트만 캐치할 수 있다. 하지만 addEventListener 메서드 방식으로 등록한 이벤트 핸들러는 타깃 단계와 버블링단계뿐만 아니라 캡처링 단계의 이벤트도 선별적으로 캐치할 수 있다. 캡처링 단계의 이벤트를 캐치하려면 addEventListener 메서드의 3번째 인수로 true를 전달해야 한다. 3번째 인수를 생략하거나 false를 전달하면 타깃 단계와 버블링 단계의 이벤트만 캐치할 수 있다.

---

12 40.5.2절 "이벤트 객체의 공통 프로퍼티" 참고

위 예제의 이벤트 핸들러는 버블링 단계의 이벤트를 캐치한다. 만약 이벤트 핸들러가 캡처링 단계의 이벤트를 캐치하도록 설정되어 있다면 이벤트 핸들러는 window에서 시작해서 이벤트 타깃 방향으로 전파되는 이벤트 객체를 캐치하고, 이벤트를 발생시킨 이벤트 타깃과 이벤트 핸들러가 바인딩된 커런트 타깃이 같은 DOM 요소라면 이벤트 핸들러는 타깃 단계의 이벤트 객체를 캐치한다.

【 예제 40-29 】

```html
<!DOCTYPE html>
<html>
<body>
  <ul id="fruits">
    <li id="apple">Apple</li>
    <li id="banana">Banana</li>
    <li id="orange">Orange</li>
  </ul>
  <script>
    const $fruits = document.getElementById('fruits');
    const $banana = document.getElementById('banana');

    // #fruits 요소의 하위 요소인 li 요소를 클릭한 경우 캡처링 단계의 이벤트를 캐치한다.
    $fruits.addEventListener('click', e => {
      console.log(`이벤트 단계: ${e.eventPhase}`); // 1: 캡처링 단계
      console.log(`이벤트 타깃: ${e.target}`); // [object HTMLLIElement]
      console.log(`커런트 타깃: ${e.currentTarget}`); // [object HTMLUListElement]
    }, true);

    // 타깃 단계의 이벤트를 캐치한다.
    $banana.addEventListener('click', e => {
      console.log(`이벤트 단계: ${e.eventPhase}`); // 2: 타깃 단계
      console.log(`이벤트 타깃: ${e.target}`); // [object HTMLLIElement]
      console.log(`커런트 타깃: ${e.currentTarget}`); // [object HTMLLIElement]
    });

    // 버블링 단계의 이벤트를 캐치한다.
    $fruits.addEventListener('click', e => {
      console.log(`이벤트 단계: ${e.eventPhase}`); // 3: 버블링 단계
      console.log(`이벤트 타깃: ${e.target}`); // [object HTMLLIElement]
      console.log(`커런트 타깃: ${e.currentTarget}`); // [object HTMLUListElement]
    });
  </script>
</body>
</html>
```

이처럼 이벤트는 이벤트를 발생시킨 이벤트 타깃은 물론 상위 DOM 요소에서도 캐치할 수 있다. 즉, DOM 트리를 통해 전파되는 이벤트는 이벤트 패스(이벤트가 통과하는 DOM 트리 상의 경로. Event.prototype. composedPath 메서드로 확인할 수 있다)에 위치한 모든 DOM 요소에서 캐치할 수 있다.

대부분의 이벤트는 캡처링과 버블링을 통해 전파된다. 하지만 다음 이벤트는 버블링을 통해 전파되지 않는다. 이 이벤트들은 버블링을 통해 이벤트를 전파하는지 여부를 나타내는 이벤트 객체의 공통 프로퍼티 event.bubbles의 값이 모두 false다.

- 포커스 이벤트: focus/blur
- 리소스 이벤트: load/unload/abort/error
- 마우스 이벤트: mouseenter/mouseleave

위 이벤트는 버블링되지 않으므로 이벤트 타깃의 상위 요소에서 위 이벤트를 캐치하려면 캡처링 단계의 이벤트를 캐치해야 한다. 하지만 위 이벤트를 상위 요소에서 캐치해야 할 경우는 그리 많지 않지만 반드시 위 이벤트를 상위 요소에서 캐치해야 한다면 대체할 수 있는 이벤트가 존재한다. 예를 들어, focus/blur 이벤트는 focusin/focusout으로, mouseenter/mouseleave는 mouseover/mouseout으로 대체할 수 있다. focusin/focusout, mouseover/mouseout은 버블링을 통해 전파된다. 따라서 캡처링 단계에서 이벤트를 캐치해야 할 경우는 거의 없다.

다음 예제를 살펴보자. 다음은 캡처링 단계의 이벤트와 버블링 단계의 이벤트를 캐치하는 이벤트 핸들러가 혼용되는 경우다.

【 예제 40-30 】

```html
<!DOCTYPE html>
<html>
<head>
  <style>
    html, body { height: 100%; }
  </style>
</head>
<body>
  <p>버블링과 캡처링 이벤트 <button>버튼</button></p>
  <script>
    // 버블링 단계의 이벤트를 캐치
    document.body.addEventListener('click', () => {
      console.log('Handler for body.');
    });

    // 캡처링 단계의 이벤트를 캐치
    document.querySelector('p').addEventListener('click', () => {
```

```
      console.log('Handler for paragraph.');
    }, true);

    // 타깃 단계의 이벤트를 캐치
    document.querySelector('button').addEventListener('click', () => {
      console.log('Handler for button.');
    });
  </script>
</body>
</html>
```

위 예제의 경우 body 요소는 버블링 단계의 이벤트만을 캐치하고 p 요소는 캡처링 단계의 이벤트만 캐치한다. 이벤트는 캡처링 – 타깃 – 버블링 단계로 전파되므로 만약 button 요소에서 클릭 이벤트가 발생하면 먼저 캡처링 단계를 캐치하는 p 요소의 이벤트 핸들러가 호출되고, 그후 버블링 단계의 이벤트를 캐치하는 body 요소의 이벤트 핸들러가 순차적으로 호출된다. 따라서 다음과 같이 출력된다.

```
Handler for paragraph.
Handler for button.
Handler for body.
```

만약 p 요소에서 클릭 이벤트가 발생하면 캡처링 단계를 캐치하는 p 요소의 이벤트 핸들러가 호출되고 버블링 단계를 캐치하는 body 요소의 이벤트 핸들러가 순차적으로 호출된다. 따라서 다음과 같이 출력된다.

```
Handler for paragraph.
Handler for body.
```

40.7 이벤트 위임

사용자가 내비게이션 아이템(li 요소)을 클릭하여 선택하면 현재 선택된 내비게이션 아이템에 active 클래스를 추가하고 그 외의 모든 내비게이션 아이템의 active 클래스는 제거하는 다음 예제를 살펴보자.

[예제 40-31]

```
<!DOCTYPE html>
<html>
<head>
  <style>
    #fruits {
      display: flex;
      list-style-type: none;
```

```css
      padding: 0;
    }

    #fruits li {
      width: 100px;
      cursor: pointer;
    }

    #fruits .active {
      color: red;
      text-decoration: underline;
    }
  </style>
</head>
<body>
  <nav>
    <ul id="fruits">
      <li id="apple" class="active">Apple</li>
      <li id="banana">Banana</li>
      <li id="orange">Orange</li>
    </ul>
  </nav>
  <div>선택된 내비게이션 아이템: <em class="msg">apple</em></div>
  <script>
    const $fruits = document.getElementById('fruits');
    const $msg = document.querySelector('.msg');

    // 사용자 클릭에 의해 선택된 내비게이션 아이템(li 요소)에 active 클래스를 추가하고
    // 그 외의 모든 내비게이션 아이템의 active 클래스를 제거한다.
    function activate({ target }) {
      [... $fruits.children].forEach($fruit => {
        $fruit.classList.toggle('active', $fruit === target);
        $msg.textContent = target.id;
      });
    }

    // 모든 내비게이션 아이템(li 요소)에 이벤트 핸들러를 등록한다.
    document.getElementById('apple').onclick = activate;
    document.getElementById('banana').onclick = activate;
    document.getElementById('orange').onclick = activate;
  </script>
</body>
</html>
```

위 예제를 살펴보면 모든 내비게이션 아이템(li 요소)이 클릭 이벤트에 반응하도록 모든 내비게이션 아이템에 이벤트 핸들러인 activate를 등록했다. 만일 내비게이션 아이템이 100개라면 100개의 이벤트 핸들러를 등록해야 한다. 이 경우 많은 DOM 요소에 이벤트 핸들러를 등록하므로 성능 저하의 원인이 될뿐더러 유지보수에도 부적합한 코드를 생산하게 한다.

이벤트 위임event delegation은 여러 개의 하위 DOM 요소에 각각 이벤트 핸들러를 등록하는 대신 하나의 상위 DOM 요소에 이벤트 핸들러를 등록하는 방법을 말한다. 40.6절 "이벤트 전파"에서 살펴본 바와 같이 이벤트는 이벤트 타깃은 물론 상위 DOM 요소에서도 캐치할 수 있다. 이벤트 위임을 통해 상위 DOM 요소에 이벤트 핸들러를 등록하면 여러 개의 하위 DOM 요소에 이벤트 핸들러를 등록할 필요가 없다. 또한 동적으로 하위 DOM 요소를 추가하더라도 일일이 추가된 DOM 요소에 이벤트 핸들러를 등록할 필요가 없다.

이벤트 위임을 사용하여 위 예제를 수정해 보자.

【 예제 40-32 】

```html
<!DOCTYPE html>
<html>
<head>
  <style>
    #fruits {
      display: flex;
      list-style-type: none;
      padding: 0;
    }

    #fruits li {
      width: 100px;
      cursor: pointer;
    }

    #fruits .active {
      color: red;
      text-decoration: underline;
    }
  </style>
</head>
<body>
  <nav>
    <ul id="fruits">
      <li id="apple" class="active">Apple</li>
      <li id="banana">Banana</li>
      <li id="orange">Orange</li>
```

```
    </ul>
  </nav>
  <div>선택된 내비게이션 아이템: <em class="msg">apple</em></div>
  <script>
    const $fruits = document.getElementById('fruits');
    const $msg = document.querySelector('.msg');

    // 사용자 클릭에 의해 선택된 내비게이션 아이템(li 요소)에 active 클래스를 추가하고
    // 그 외의 모든 내비게이션 아이템의 active 클래스를 제거한다.
    function activate({ target }) {
      // 이벤트를 발생시킨 요소(target)가 ul#fruits의 자식 요소가 아니라면 무시한다.
      if (!target.matches('#fruits > li')) return;

      [...$fruits.children].forEach($fruit => {
        $fruit.classList.toggle('active', $fruit === target);
        $msg.textContent = target.id;
      });
    }

    // 이벤트 위임: 상위 요소(ul#fruits)는 하위 요소의 이벤트를 캐치할 수 있다.
    $fruits.onclick = activate;
  </script>
</body>
</html>
```

이벤트 위임을 통해 하위 DOM 요소에서 발생한 이벤트를 처리할 때 주의할 점은 상위 요소에 이벤트 핸들러를 등록하기 때문에 이벤트 타깃, 즉 이벤트를 실제로 발생시킨 DOM 요소가 개발자가 기대한 DOM 요소가 아닐 수도 있다는 것이다. 위 예제의 경우 ul#fruits 요소에 바인딩된 이벤트 핸들러는 자기 자신은 물론 ul#fruits 요소의 하위 요소 중에서 클릭 이벤트를 발생시킨 모든 DOM 요소에 반응한다. 따라서 이벤트에 반응이 필요한 DOM 요소(위 예제의 경우, '#fruits > li' 선택자에 의해 선택되는 DOM 요소)에 한정하여 이벤트 핸들러가 실행되도록 이벤트 타깃을 검사할 필요가 있다.

Element.prototype.matches 메서드[13]는 인수로 전달된 선택자에 의해 특정 노드를 탐색 가능한지 확인한다.

【 예제 40-33 】

```
function activate({ target }) {
  // 이벤트를 발생시킨 요소(target)이 ul#fruits의 자식 요소가 아니라면 무시한다.
  if (!target.matches('#fruits > li')) return;
  ...
```

---

13 39.2.5절 "특정 요소 노드를 취득할 수 있는지 확인" 참고

일반적으로 이벤트 객체의 target 프로퍼티와 currentTarget 프로퍼티는 동일한 DOM 요소를 가리키지만 이벤트 위임을 통해 상위 DOM 요소에 이벤트를 바인딩한 경우 이벤트 객체의 target 프로퍼티와 currentTarget 프로퍼티가 다른 DOM 요소를 가리킬 수 있다. 위 예제에서는 다음과 같이 $fruits 요소에 이벤트를 바인딩했다.

【 예제 40-34 】

```
$fruits.onclick = activate;
```

이때 이벤트 객체의 currentTarget 프로퍼티는 언제나 변함없이 $fruits 요소를 가리키지만 이벤트 객체의 target 프로퍼티는 실제로 이벤트를 발생시킨 DOM 요소를 가리킨다. $fruits 요소도 클릭 이벤트를 발생시킬 수 있으므로 이 경우 이벤트 객체의 currentTarget 프로퍼티와 target 프로퍼티는 동일한 $fruits 요소를 가리키지만 $fruits 요소의 하위 요소에서 클릭 이벤트가 발생한 경우 이벤트 객체의 currentTarget 프로퍼티와 target 프로퍼티는 다른 DOM 요소를 가리킨다.

40.8 DOM 요소의 기본 동작 조작

40.8.1 DOM 요소의 기본 동작 중단

DOM 요소는 저마다 기본 동작이 있다. 예를 들어, a 요소를 클릭하면 href 어트리뷰트에 지정된 링크로 이동하고, checkbox 또는 radio 요소를 클릭하면 체크 또는 해제된다.

이벤트 객체의 preventDefault 메서드는 이러한 DOM 요소의 기본 동작을 중단시킨다.

【 예제 40-35 】

```
<!DOCTYPE html>
<html>
<body>
  <a href="https://www.google.com">go</a>
  <input type="checkbox">
  <script>
    document.querySelector('a').onclick = e => {
      // a 요소의 기본 동작을 중단한다.
      e.preventDefault();
    };

    document.querySelector('input[type=checkbox]').onclick = e => {
      // checkbox 요소의 기본 동작을 중단한다.
      e.preventDefault();
```

```
    };
  </script>
</body>
</html>
```

40.8.2 이벤트 전파 방지

이벤트 객체의 stopPropagation 메서드는 이벤트 전파를 중지시킨다. 다음 예제를 살펴보자.

【 예제 40-36 】

```
<!DOCTYPE html>
<html>
<body>
  <div class="container">
    <button class="btn1">Button 1</button>
    <button class="btn2">Button 2</button>
    <button class="btn3">Button 3</button>
  </div>
  <script>
    // 이벤트 위임. 클릭된 하위 버튼 요소의 color를 변경한다.
    document.querySelector('.container').onclick = ({ target }) => {
      if (!target.matches('.container > button')) return;
      target.style.color = 'red';
    };

    // .btn2 요소는 이벤트를 전파하지 않으므로 상위 요소에서 이벤트를 캐치할 수 없다.
    document.querySelector('.btn2').onclick = e => {
      e.stopPropagation(); // 이벤트 전파 중단
      e.target.style.color = 'blue';
    };
  </script>
</body>
</html>
```

위 예제를 살펴보면 상위 DOM 요소인 container 요소에 이벤트를 위임했다. 따라서 하위 DOM 요소에서 발생한 클릭 이벤트를 상위 DOM 요소인 container 요소가 캐치하여 이벤트를 처리한다. 하지만 하위 요소 중에서 btn2 요소는 자체적으로 이벤트를 처리한다. 이때 btn2 요소는 자신이 발생시킨 이벤트가 전파되는 것을 중단하여 자신에게 바인딩된 이벤트 핸들러만 실행되도록 한다.

이처럼 stopPropagation 메서드는 하위 DOM 요소의 이벤트를 개별적으로 처리하기 위해 이벤트의 전파를 중단시킨다.

40.9 이벤트 핸들러 내부의 this

40.9.1 이벤트 핸들러 어트리뷰트 방식

다음 예제의 handleClick 함수 내부의 this는 전역 객체 window를 가리킨다.

【 예제 40-37 】

```
<!DOCTYPE html>
<html>
<body>
  <button onclick="handleClick()">Click me</button>
  <script>
    function handleClick() {
      console.log(this); // window
    }
  </script>
</body>
</html>
```

이벤트 핸들러 어트리뷰트의 값으로 지정한 문자열은 사실 암묵적으로 생성되는 이벤트 핸들러의 문이라고 했다.[14] 따라서 handleClick 함수는 이벤트 핸들러에 의해 일반 함수로 호출된다. 22장 "this"에서 살펴본 바와 같이 일반 함수로서 호출되는 함수 내부의 this[15]는 전역 객체를 가리킨다. 따라서 handleClick 함수 내부의 this는 전역 객체 window를 가리킨다.

단, 이벤트 핸들러를 호출할 때 인수로 전달한 this는 이벤트를 바인딩한 DOM 요소를 가리킨다.

【 예제 40-38 】

```
<!DOCTYPE html>
<html>
<body>
  <button onclick="handleClick(this)">Click me</button>
  <script>
    function handleClick(button) {
      console.log(button); // 이벤트를 바인딩한 button 요소
      console.log(this);   // window
    }
  </script>
</body>
</html>
```

---

14 40.3.1절 "이벤트 핸들러 어트리뷰트 방식" 참고
15 22.2.1절 "일반 함수 호출" 참고

위 예제에서 handleClick 함수에 전달한 this는 암묵적으로 생성된 이벤트 핸들러 내부의 this다. 즉, 이벤트 핸들러 어트리뷰트 방식에 의해 암묵적으로 생성된 이벤트 핸들러 내부의 this는 이벤트를 바인딩한 DOM 요소를 가리킨다. 이는 이벤트 핸들러 프로퍼티 방식과 동일하다.

40.9.2 이벤트 핸들러 프로퍼티 방식과 addEventListener 메서드 방식

이벤트 핸들러 프로퍼티 방식과 addEventListener 메서드 방식 모두 이벤트 핸들러 내부의 this는 이벤트를 바인딩한 DOM 요소를 가리킨다. 즉, 이벤트 핸들러 내부의 this는 이벤트 객체의 currentTarget 프로퍼티와 같다.

【 예제 40-39 】

```html
<!DOCTYPE html>
<html>
<body>
  <button class="btn1">0</button>
  <button class="btn2">0</button>
  <script>
    const $button1 = document.querySelector('.btn1');
    const $button2 = document.querySelector('.btn2');

    // 이벤트 핸들러 프로퍼티 방식
    $button1.onclick = function (e) {
      // this는 이벤트를 바인딩한 DOM 요소를 가리킨다.
      console.log(this); // $button1
      console.log(e.currentTarget); // $button1
      console.log(this === e.currentTarget); // true

      // $button1의 textContent를 1 증가시킨다.
      ++this.textContent;
    };

    // addEventListener 메서드 방식
    $button2.addEventListener('click', function (e) {
      // this는 이벤트를 바인딩한 DOM 요소를 가리킨다.
      console.log(this); // $button2
      console.log(e.currentTarget); // $button2
      console.log(this === e.currentTarget); // true

      // $button2의 textContent를 1 증가시킨다.
      ++this.textContent;
    });
  </script>
</body>
</html>
```

화살표 함수로 정의한 이벤트 핸들러 내부의 this는 상위 스코프의 this를 가리킨다. 화살표 함수는 함수 자체의 this 바인딩을 갖지 않는다. [16]

【 예제 40-40 】

```html
<!DOCTYPE html>
<html>
<body>
  <button class="btn1">0</button>
  <button class="btn2">0</button>
  <script>
    const $button1 = document.querySelector('.btn1');
    const $button2 = document.querySelector('.btn2');

    // 이벤트 핸들러 프로퍼티 방식
    $button1.onclick = e => {
      // 화살표 함수 내부의 this는 상위 스코프의 this를 가리킨다.
      console.log(this); // window
      console.log(e.currentTarget); // $button1
      console.log(this === e.currentTarget); // false

      // this는 window를 가리키므로 window.textContent에 NaN(undefined + 1)을 할당한다.
      ++this.textContent;
    };

    // addEventListener 메서드 방식
    $button2.addEventListener('click', e => {
      // 화살표 함수 내부의 this는 상위 스코프의 this를 가리킨다.
      console.log(this); // window
      console.log(e.currentTarget); // $button2
      console.log(this === e.currentTarget); // false

      // this는 window를 가리키므로 window.textContent에 NaN(undefined + 1)을 할당한다.
      ++this.textContent;
    });
  </script>
</body>
</html>
```

---

16 26.3.3절 "this" 참고

클래스에서 이벤트 핸들러를 바인딩하는 경우 this에 주의해야 한다. 다음 예제를 살펴보자. 다음 예제는 이벤트 핸들러 프로퍼티 방식을 사용하고 있으나 addEventListener 메서드 방식을 사용하는 경우와 동일하다.

【 예제 40-41 】

```html
<!DOCTYPE html>
<html>
<body>
  <button class="btn">0</button>
  <script>
    class App {
      constructor() {
        this.$button = document.querySelector('.btn');
        this.count = 0;

        // increase 메서드를 이벤트 핸들러로 등록
        this.$button.onclick = this.increase;
      }

      increase() {
        // 이벤트 핸들러 increase 내부의 this는 DOM 요소(this.$button)를 가리킨다.
        // 따라서 this.$button은 this.$button.$button과 같다.
        this.$button.textContent = ++this.count;
        // → TypeError: Cannot set property 'textContent' of undefined
      }
    }

    new App();
  </script>
</body>
</html>
```

위 예제의 increase 메서드 내부의 this는 클래스가 생성할 인스턴스를 가리키지 않는다. 이벤트 핸들러 내부의 this는 이벤트를 바인딩한 DOM 요소를 가리키기 때문에 increase 메서드 내부의 this는 this.$button을 가리킨다. 따라서 increase 메서드를 이벤트 핸들러로 바인딩할 때 bind 메서드를 사용해 this를 전달하여 increase 메서드 내부의 this가 클래스가 생성할 인스턴스를 가리키도록 해야 한다.

【 예제 40-42 】

```html
<!DOCTYPE html>
<html>
<body>
  <button class="btn">0</button>
  <script>
```

```
      class App {
        constructor() {
          this.$button = document.querySelector('.btn');
          this.count = 0;

          // increase 메서드를 이벤트 핸들러로 등록
          // this.$button.onclick = this.increase;

          // increase 메서드 내부의 this가 인스턴스를 가리키도록 한다.
          this.$button.onclick = this.increase.bind(this);
        }

        increase() {
          this.$button.textContent = ++this.count;
        }
      }

      new App();
    </script>
  </body>
</html>
```

또는 클래스 필드[17]에 할당한 화살표 함수를 이벤트 핸들러로 등록하여 이벤트 핸들러 내부의 this가 인스턴스를 가리키도록 할 수도 있다. 다만 이때 이벤트 핸들러 increase는 프로토타입 메서드가 아닌 인스턴스 메서드가 된다.

【 예제 40-43 】

```
<!DOCTYPE html>
<html>
<body>
  <button class="btn">0</button>
  <script>
    class App {
      constructor() {
        this.$button = document.querySelector('.btn');
        this.count = 0;

        // 화살표 함수인 increase를 이벤트 핸들러로 등록
        this.$button.onclick = this.increase;
      }
```

---

17 25.7.3절 "클래스 필드 정의 제안" 참고

```
      // 클래스 필드 정의
      // increase는 인스턴스 메서드이며 내부의 this는 인스턴스를 가리킨다.
      increase = () => this.$button.textContent = ++this.count;
    }
    new App();
  </script>
</body>
</html>
```

40.10 이벤트 핸들러에 인수 전달

함수에 인수를 전달하려면 함수를 호출할 때 전달해야 한다. 이벤트 핸들러 어트리뷰트 방식은 함수 호출문
을 사용할 수 있기 때문에 인수를 전달할 수 있지만 이벤트 핸들러 프로퍼티 방식과 addEventListener 메서
드 방식의 경우 이벤트 핸들러를 브라우저가 호출하기 때문에 함수 호출문이 아닌 함수 자체를 등록해야 한
다. 따라서 인수를 전달할 수 없다. 그러나 인수를 전달할 방법이 전혀 없는 것은 아니다. 다음 예제와 같이
이벤트 핸들러 내부에서 함수를 호출하면서 인수를 전달할 수 있다.

【 예제 40-44 】

```
<!DOCTYPE html>
<html>
<body>
  <label>User name <input type='text'></label>
  <em class="message"></em>
  <script>
    const MIN_USER_NAME_LENGTH = 5; // 이름 최소 길이
    const $input = document.querySelector('input[type=text]');
    const $msg = document.querySelector('.message');

    const checkUserNameLength = min => {
      $msg.textContent
        = $input.value.length < min ? `이름은 ${min}자 이상 입력해 주세요` : '';
    };

    // 이벤트 핸들러 내부에서 함수를 호출하면서 인수를 전달한다.
    $input.onblur = () => {
      checkUserNameLength(MIN_USER_NAME_LENGTH);
    };
  </script>
</body>
</html>
```

또는 이벤트 핸들러를 반환하는 함수를 호출하면서 인수를 전달할 수도 있다.

[예제 40-45]

```html
<!DOCTYPE html>
<html>
<body>
  <label>User name <input type='text'></label>
  <em class="message"></em>
  <script>
    const MIN_USER_NAME_LENGTH = 5; // 이름 최소 길이
    const $input = document.querySelector('input[type=text]');
    const $msg = document.querySelector('.message');

    // 이벤트 핸들러를 반환하는 함수
    const checkUserNameLength = min => e => {
      $msg.textContent
        = $input.value.length < min ? `이름은 ${min}자 이상 입력해 주세요` : '';
    };

    // 이벤트 핸들러를 반환하는 함수를 호출하면서 인수를 전달한다.
    $input.onblur = checkUserNameLength(MIN_USER_NAME_LENGTH);
  </script>
</body>
</html>
```

checkUserNameLength 함수는 함수를 반환한다. 따라서 $input.onblur에는 결국 checkUserNameLength 함수가 반환하는 함수가 바인딩된다.

40.11 커스텀 이벤트

40.11.1 커스텀 이벤트 생성

40.5.1절 "이벤트 객체의 상속 구조"에서 살펴본 바와 같이 이벤트 객체는 Event, UIEvent, MouseEvent 같은 이벤트 생성자 함수로 생성할 수 있다.

이벤트가 발생하면 암묵적으로 생성되는 이벤트 객체는 발생한 이벤트의 종류에 따라 이벤트 타입이 결정된다. 하지만 Event, UIEvent, MouseEvent 같은 이벤트 생성자 함수를 호출하여 명시적으로 생성한 이벤트 객체는 임의의 이벤트 타입을 지정할 수 있다. 이처럼 개발자의 의도로 생성된 이벤트를 커스텀 이벤트라 한다.

이벤트 생성자 함수는 첫 번째 인수로 이벤트 타입을 나타내는 문자열을 전달받는다. 이때 이벤트 타입을 나타내는 문자열은 기존 이벤트 타입을 사용할 수도 있고, 기존 이벤트 타입이 아닌 임의의 문자열을 사용

하여 새로운 이벤트 타입을 지정할 수도 있다. 이 경우 일반적으로 CustomEvent 이벤트 생성자 함수를 사용한다.

【 예제 40-46 】

```
// KeyboardEvent 생성자 함수로 keyup 이벤트 타입의 커스텀 이벤트 객체를 생성
const keyboardEvent = new KeyboardEvent('keyup');
console.log(keyboardEvent.type); // keyup

// CustomEvent 생성자 함수로 foo 이벤트 타입의 커스텀 이벤트 객체를 생성
const customEvent = new CustomEvent('foo');
console.log(customEvent.type); // foo
```

생성된 커스텀 이벤트 객체는 버블링되지 않으며 preventDefault 메서드[18]로 취소할 수도 없다. 즉, 커스텀 이벤트 객체는 bubbles와 cancelable 프로퍼티[19]의 값이 false로 기본 설정된다.

【 예제 40-47 】

```
// MouseEvent 생성자 함수로 click 이벤트 타입의 커스텀 이벤트 객체를 생성
const customEvent = new MouseEvent('click');
console.log(customEvent.type); // click
console.log(customEvent.bubbles); // false
console.log(customEvent.cancelable); // false
```

커스텀 이벤트 객체의 bubbles또는 cancelable 프로퍼티를 true로 설정하려면 이벤트 생성자 함수의 두 번째 인수로 bubbles 또는 cancelable 프로퍼티를 갖는 객체를 전달한다.

【 예제 40-48 】

```
// MouseEvent 생성자 함수로 click 이벤트 타입의 커스텀 이벤트 객체를 생성
const customEvent = new MouseEvent('click', {
  bubbles: true,
  cancelable: true
});

console.log(customEvent.bubbles); // true
console.log(customEvent.cancelable); // true
```

커스텀 이벤트 객체에는 bubbles 또는 cancelable 프로퍼티뿐만 아니라 이벤트 타입에 따라 가지는 이벤트 고유의 프로퍼티 값을 지정할 수 있다. 예를 들어, MouseEvent 생성자 함수로 생성한 마우스 이벤트 객체[20]

---

18 40.8.1절 "DOM 요소의 기본 동작 중단" 참고
19 40.5.2절 "이벤트 객체의 공통 프로퍼티" 참고
20 40.5.3절 "마우스 정보 취득" 참고

는 마우스 포인터의 좌표 정보를 나타내는 마우스 이벤트 객체 고유의 프로퍼티 screenX/screenY, clientX/clientY, pageX/pageY, offsetX/offsetY와 버튼 정보를 나타내는 프로퍼티 altKey, ctrlKey, shiftKey, button을 갖는다. 이러한 이벤트 객체 고유의 프로퍼티 값을 지정하려면 다음과 같이 이벤트 생성자 함수의 두 번째 인수로 프로퍼티를 전달한다.

【 예제 40-49 】

```javascript
// MouseEvent 생성자 함수로 click 이벤트 타입의 커스텀 이벤트 객체를 생성
const mouseEvent = new MouseEvent('click', {
  bubbles: true,
  cancelable: true,
  clientX: 50,
  clientY: 100
});

console.log(mouseEvent.clientX); // 50
console.log(mouseEvent.clientY); // 100

// KeyboardEvent 생성자 함수로 keyup 이벤트 타입의 커스텀 이벤트 객체를 생성
const keyboardEvent = new KeyboardEvent('keyup', { key: 'Enter' });

console.log(keyboardEvent.key); // Enter
```

이벤트 생성자 함수로 생성한 커스텀 이벤트는 isTrusted 프로퍼티[21]의 값이 언제나 false다. 커스텀 이벤트가 아닌 사용자의 행위에 의해 발생한 이벤트에 의해 생성된 이벤트 객체의 isTrusted 프로퍼티 값은 언제나 true다.

【 예제 40-50 】

```javascript
// InputEvent 생성자 함수로 foo 이벤트 타입의 커스텀 이벤트 객체를 생성
const customEvent = new InputEvent('foo');
console.log(customEvent.isTrusted); // false
```

40.11.2 커스텀 이벤트 디스패치

생성된 커스텀 이벤트는 dispatchEvent 메서드로 디스패치dispatch(이벤트를 발생시키는 행위)할 수 있다. dispatchEvent 메서드에 이벤트 객체를 인수로 전달하면서 호출하면 인수로 전달한 이벤트 타입의 이벤트가 발생한다.

---

21 40.5.2절 "이벤트 객체의 공통 프로퍼티" 참고

```html
<!DOCTYPE html>
<html>
<body>
  <button class="btn">Click me</button>
  <script>
    const $button = document.querySelector('.btn');

    // 버튼 요소에 click 커스텀 이벤트 핸들러를 등록
    // 커스텀 이벤트를 디스패치하기 이전에 이벤트 핸들러를 등록해야 한다.
    $button.addEventListener('click', e => {
      console.log(e); // MouseEvent {isTrusted: false, screenX: 0, ... }
      alert(`${e} Clicked!`);
    });

    // 커스텀 이벤트 생성
    const customEvent = new MouseEvent('click');

    // 커스텀 이벤트 디스패치(동기 처리). click 이벤트가 발생한다.
    $button.dispatchEvent(customEvent);
  </script>
</body>
</html>
```

일반적으로 이벤트 핸들러는 비동기asynchronous 처리 방식으로 동작하지만 dispatchEvent 메서드는 이벤트 핸들러를 동기synchronous 처리 방식으로 호출한다. 다시 말해, dispatchEvent 메서드를 호출하면 커스텀 이벤트에 바인딩된 이벤트 핸들러를 직접 호출하는 것과 같다. 따라서 dispatchEvent 메서드로 이벤트를 디스패치하기 이전에 커스텀 이벤트를 처리할 이벤트 핸들러를 등록해야 한다. 동기 처리와 비동기 처리는 42장 "비동기 프로그래밍"에서 자세히 살펴볼 것이다.

40.11.1절 "커스텀 이벤트 생성"에서 살펴본 바와 같이 기존 이벤트 타입이 아닌 임의의 이벤트 타입을 지정하여 이벤트 객체를 생성하는 경우 일반적으로 CustomEvent 이벤트 생성자 함수를 사용한다.

【 예제 40-52 】

```javascript
// CustomEvent 생성자 함수로 foo 이벤트 타입의 커스텀 이벤트 객체를 생성
const customEvent = new CustomEvent('foo');
console.log(customEvent.type); // foo
```

이때 CustomEvent 이벤트 생성자 함수에는 두 번째 인수로 이벤트와 함께 전달하고 싶은 정보를 담은 detail 프로퍼티를 포함하는 객체를 전달할 수 있다. 이 정보는 이벤트 객체의 detail 프로퍼티(e.detail)에 담겨 전달된다.

```html
<!DOCTYPE html>
<html>
<body>
  <button class="btn">Click me</button>
  <script>
    const $button = document.querySelector('.btn');

    // 버튼 요소에 foo 커스텀 이벤트 핸들러를 등록
    // 커스텀 이벤트를 디스패치하기 이전에 이벤트 핸들러를 등록해야 한다.
    $button.addEventListener('foo', e => {
      // e.detail에는 CustomEvent 함수의 두 번째 인수로 전달한 정보가 담겨 있다.
      alert(e.detail.message);
    });

    // CustomEvent 생성자 함수로 foo 이벤트 타입의 커스텀 이벤트 객체를 생성
    const customEvent = new CustomEvent('foo', {
      detail: { message: 'Hello' } // 이벤트와 함께 전달하고 싶은 정보
    });

    // 커스텀 이벤트 디스패치
    $button.dispatchEvent(customEvent);
  </script>
</body>
</html>
```

기존 이벤트 타입이 아닌 임의의 이벤트 타입을 지정하여 커스텀 이벤트 객체를 생성한 경우 반드시 addEventListener 메서드 방식으로 이벤트 핸들러를 등록해야 한다. 이벤트 핸들러 어트리뷰트/프로퍼티 방식을 사용할 수 없는 이유는 'on + 이벤트 타입'으로 이루어진 이벤트 핸들러 어트리뷰트/프로퍼티가 요소 노드에 존재하지 않기 때문이다. 예를 들어, 'foo'라는 임의의 이벤트 타입으로 커스텀 이벤트를 생성한 경우 'onfoo'라는 핸들러 어트리뷰트/프로퍼티가 요소 노드에 존재하지 않기 때문에 이벤트 핸들러 어트리뷰트/프로퍼티 방식으로는 이벤트 핸들러를 등록할 수 없다.

41_장

타이머

41.1 호출 스케줄링

함수를 명시적으로 호출하면 함수가 즉시 실행된다. 만약 함수를 명시적으로 호출하지 않고 일정 시간이 경과된 이후에 호출되도록 함수 호출을 예약하려면 타이머 함수를 사용한다. 이를 호출 스케줄링scheduling a call이라 한다.

자바스크립트는 타이머를 생성할 수 있는 타이머 함수 setTimeout과 setInterval, 타이머를 제거할 수 있는 타이머 함수 clearTimeout과 clearInterval을 제공한다. 타이머 함수는 ECMAScript 사양에 정의된 빌트인 함수가 아니다. 하지만 브라우저 환경과 Node.js 환경에서 모두 전역 객체의 메서드로서 타이머 함수를 제공한다. 즉, 타이머 함수는 호스트 객체[1]다.

타이머 함수 setTimeout과 setInterval은 모두 일정 시간이 경과된 이후 콜백 함수가 호출되도록 타이머를 생성한다. 다시 말해, 타이머 함수 setTimeout과 setInterval이 생성한 타이머가 만료되면 콜백 함수가 호출된다.

setTimeout 함수가 생성한 타이머는 단 한 번 동작하고, setInterval 함수가 생성한 타이머는 반복 동작한다. 즉, setTimeout 함수의 콜백 함수는 타이머가 만료되면 단 한 번 호출되고, setInterval 함수의 콜백 함수는 타이머가 만료될 때마다 반복 호출된다.

---

1 21.1절 "자바스크립트 객체의 분류" 참고

자바스크립트 엔진은 단 하나의 실행 컨텍스트 스택을 갖기 때문에 두 가지 이상의 태스크를 동시에 실행할 수 없다. 즉, 자바스크립트 엔진은 **싱글 스레드**single thread로 동작한다. 이런 이유로 타이머 함수 setTimeout과 setInterval은 **비동기**asynchronous **처리 방식**으로 동작한다. 이에 대해서는 42장 "비동기 프로그래밍"에서 자세히 살펴볼 것이다.

41.2 타이머 함수

41.2.1 setTimeout / clearTimeout

setTimeout 함수는 두 번째 인수로 전달받은 시간(ms, 1/1000초)으로 단 한 번 동작하는 타이머를 생성한다. 이후 타이머가 만료되면 첫 번째 인수로 전달받은 콜백 함수가 호출된다. 즉, setTimeout 함수의 콜백 함수는 두 번째 인수로 전달받은 시간 이후 단 한 번 실행되도록 호출 스케줄링된다.

```
const timeoutId = setTimeout(func|code[, delay, param1, param2, ... ]);
```

매개변수	설명
func	타이머가 만료된 뒤 호출될 콜백 함수 ※ 콜백 함수 대신 코드를 문자열로 전달할 수 있다. 이때 코드 문자열은 타이머가 만료된 뒤 해석되고 실행된다. 이는 흡사 eval 함수와 유사하며 권장하지는 않는다.
delay	타이어 만료 시간(밀리초(ms) 단위). setTimeout 함수는 delay 시간으로 단 한 번 동작하는 타이머를 생성한다. 인수 전달을 생략한 경우 기본값 0이 지정된다. ※ delay 시간이 설정된 타이머가 만료되면 콜백 함수가 즉시 호출되는 것이 보장되지는 않는다. delay 시간은 태스크 큐에 콜백 함수를 등록하는 시간을 지연할 뿐이다. 태스크 큐는 42장 "비동기 프로그래밍"에서 자세히 살펴볼 것이다. ※ delay가 4ms 이하인 경우 최소 지연 시간 4ms가 지정된다.
param1, param2, ...	호출 스케줄링된 콜백 함수에 전달해야 할 인수가 존재하는 경우 세 번째 이후의 인수로 전달할 수 있다. ※ IE9 이하에서는 콜백 함수에 인수를 전달할 수 없다.

【 예제 41-01 】

```
// 1초(1000ms) 후 타이머가 만료되면 콜백 함수가 호출된다.
setTimeout(() => console.log('Hi!'), 1000);

// 1초(1000ms) 후 타이머가 만료되면 콜백 함수가 호출된다.
// 이때 콜백 함수에 'Lee'가 인수로 전달된다.
setTimeout(name => console.log(`Hi! ${name}.`), 1000, 'Lee');
```

```
// 두 번째 인수(delay)를 생략하면 기본값 0이 지정된다.
setTimeout(() => console.log('Hello!'));
```

setTimeout 함수는 생성된 타이머를 식별할 수 있는 고유한 타이머 id를 반환한다. setTimeout 함수가 반환한 타이머 id는 브라우저 환경인 경우 숫자이며 Node.js 환경인 경우 객체다.

setTimeout 함수가 반환한 타이머 id를 clearTimeout 함수의 인수로 전달하여 타이머를 취소할 수 있다. 즉, clearTimeout 함수는 호출 스케줄링을 취소한다.

【 예제 41-02 】

```
// 1초(1000ms) 후 타이머가 만료되면 콜백 함수가 호출된다.
// setTimeout 함수는 생성된 타이머를 식별할 수 있는 고유한 타이머 id를 반환한다.
const timerId = setTimeout(() => console.log('Hi!'), 1000);

// setTimeout 함수가 반환한 타이머 id를 clearTimeout 함수의 인수로 전달하여 타이머를 취소한다.
// 타이머가 취소되면 setTimeout 함수의 콜백 함수가 실행되지 않는다.
clearTimeout(timerId);
```

41.2.2 setInterval / clearInterval

setInterval 함수는 두 번째 인수로 전달받은 시간(ms, 1/1000초)으로 반복 동작하는 타이머를 생성한다. 이후 타이머가 만료될 때마다 첫 번째 인수로 전달받은 콜백 함수가 반복 호출된다. 이는 타이머가 취소될 때까지 계속된다. 즉, setInterval 함수의 콜백 함수는 두 번째 인수로 전달받은 시간이 경과할 때마다 반복 실행되도록 호출 스케줄링된다. setInterval 함수에 전달할 인수는 setTimeout 함수와 동일하다.

```
const timerId = setInterval(func|code[, delay, param1, param2, ... ]);
```

setInterval 함수는 생성된 타이머를 식별할 수 있는 고유한 타이머 id를 반환한다. setInterval 함수가 반환한 타이머 id는 브라우저 환경인 경우 숫자이며 Node.js 환경인 경우 객체다.

setInterval 함수가 반환한 타이머 id를 clearInterval 함수의 인수로 전달하여 타이머를 취소할 수 있다. 즉, clearInterval 함수는 호출 스케줄링을 취소한다.

【 예제 41-03 】

```
let count = 1;

// 1초(1000ms) 후 타이머가 만료될 때마다 콜백 함수가 호출된다.
// setInterval 함수는 생성된 타이머를 식별할 수 있는 고유한 타이머 id를 반환한다.
const timeoutId = setInterval(() => {
  console.log(count); // 1 2 3 4 5
```

```
    // count가 5이면 setInterval 함수가 반환한 타이머 id를 clearInterval 함수의 인수로 전달하여
    // 타이머를 취소한다. 타이머가 취소되면 setInterval 함수의 콜백 함수가 실행되지 않는다.
    if (count++ === 5) clearInterval(timeoutId);
}, 1000);
```

41.3 디바운스와 스로틀

scroll, resize, input, mousemove 같은 이벤트는 짧은 시간 간격으로 연속해서 발생한다. 이러한 이벤트에 바인딩한 이벤트 핸들러는 과도하게 호출되어 성능에 문제를 일으킬 수 있다. 디바운스와 스로틀은 짧은 시간 간격으로 연속해서 발생하는 이벤트를 그룹화해서 과도한 이벤트 핸들러의 호출을 방지하는 프로그래밍 기법이다.

예를 들어, 다음 예제의 버튼을 짧은 시간 간격으로 연속해서 클릭했을 때 일반적인 이벤트 핸들러와 디바운스, 스로틀된 이벤트 핸들러의 호출 빈도가 어떻게 다른지 살펴보자. 지금은 코드를 이해하려 하지 말고 어떻게 동작하는지만 확인하자.

【 예제 41-04 】

```html
<!DOCTYPE html>
<html>
<body>
  <button>click me</button>
  <pre>일반 클릭 이벤트 카운터    <span class="normal-msg">0</span></pre>
  <pre>디바운스 클릭 이벤트 카운터 <span class="debounce-msg">0</span></pre>
  <pre>스로틀 클릭 이벤트 카운터   <span class="throttle-msg">0</span></pre>
  <script>
    const $button = document.querySelector('button');
    const $normalMsg = document.querySelector('.normal-msg');
    const $debounceMsg = document.querySelector('.debounce-msg');
    const $throttleMsg = document.querySelector('.throttle-msg');

    const debounce = (callback, delay) => {
      let timerId;
      return ( ... args) => {
        if (timerId) clearTimeout(timerId);
        timerId = setTimeout(callback, delay,  ... args);
      };
    };

    const throttle = (callback, delay) => {
      let timerId;
```

```
      return ( ... args) => {
        if (timerId) return;
        timerId = setTimeout(() => {
          callback( ... args);
          timerId = null;
        }, delay);
      };
    };

    $button.addEventListener('click', () => {
      $normalMsg.textContent = +$normalMsg.textContent + 1;
    });

    $button.addEventListener('click', debounce(() => {
      $debounceMsg.textContent = +$debounceMsg.textContent + 1;
    }, 500));

    $button.addEventListener('click', throttle(() => {
      $throttleMsg.textContent = +$throttleMsg.textContent + 1;
    }, 500));
  </script>
</body>
</html>
```

click me

일반 클릭 이벤트 카운터   20

디바운스 클릭 이벤트 카운터 1

스로틀 클릭 이벤트 카운터   6

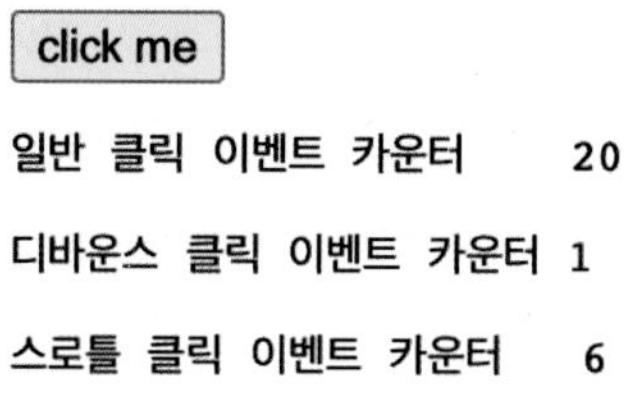

그림 41-1 일반적인 이벤트 핸들러와 디바운스, 스로틀된 이벤트 핸들러의 호출 빈도

디바운스와 스로틀은 이벤트를 처리할 때 매우 유용하다. 디바운스와 스로틀의 구현에는 타이머 함수가 사용된다. 디바운스와 스로틀을 통해 타이머 함수의 활용에 대해 살펴보자.

41.3.1 디바운스

디바운스debounce는 짧은 시간 간격으로 이벤트가 연속해서 발생하면 이벤트 핸들러를 호출하지 않다가 일정 시간이 경과한 이후에 이벤트 핸들러가 한 번만 호출되도록 한다. 즉, 디바운스는 짧은 시간 간격으로 발생하는 이벤트를 그룹화해서 마지막에 한 번만 이벤트 핸들러가 호출되도록 한다.

예를 들어, 텍스트 입력 필드에서 input 이벤트가 짧은 시간 간격으로 연속해서 발생하는 경우를 살펴보자.

[예제 41-05]

```html
<!DOCTYPE html>
<html>
<body>
  <input type="text">
  <div class="msg"></div>
  <script>
    const $input = document.querySelector('input');
    const $msg = document.querySelector('.msg');

    const debounce = (callback, delay) => {
      let timerId;
      // debounce 함수는 timerId를 기억하는 클로저를 반환한다.
      return ( ... args) => {
        // delay가 경과하기 이전에 이벤트가 발생하면 이전 타이머를 취소하고 새로운 타이머를 재설정한다.
        // 따라서 delay보다 짧은 간격으로 이벤트가 발생하면 callback은 호출되지 않는다.
        if (timerId) clearTimeout(timerId);
        timerId = setTimeout(callback, delay, ... args);
      };
    };

    // debounce 함수가 반환하는 클로저가 이벤트 핸들러로 등록된다.
    // 300ms보다 짧은 간격으로 input 이벤트가 발생하면 debounce 함수의 콜백 함수는
    // 호출되지 않다가 300ms 동안 input 이벤트가 더 이상 발생하지 않으면 한 번만 호출된다.
    $input.oninput = debounce(e => {
      $msg.textContent = e.target.value;
    }, 300);
  </script>
</body>
</html>
```

input 이벤트는 사용자가 텍스트 입력 필드에 값을 입력할 때마다 연속해서 발생한다. 만약 input의 이벤트 핸들러에서 사용자가 입력 필드에 입력한 값으로 Ajax 요청[2]과 같은 무거운 처리를 수행한다면 사용자가 아직 입력을 완료하지 않았어도 Ajax 요청이 전송될 것이다. 이는 서버에도 부담을 주는 불필요한 처리이므로 사용자가 입력을 완료했을 때 한 번만 Ajax 요청을 전송하는 것이 바람직하다.

사용자가 입력을 완료했는지 여부는 정확히 알 수 없으므로 일정 시간 동안 텍스트 입력 필드에 값을 입력하지 않으면 입력이 완료된 것으로 간주한다. 이를 위해 debounce 함수가 반환한 함수는 debounce 함수에 두 번째 인수로 전달한 시간(delay)보다 짧은 간격으로 이벤트가 발생하면 이전 타이머를 취소하고 새로운 타이머를 재설정한다. 따라서 delay보다 짧은 간격으로 이벤트가 연속해서 발생하면 debounce 함수의 첫 번째 인

---

2 43장 "Ajax" 참고

수로 전달한 콜백 함수는 호출되지 않다가 delay 동안 input 이벤트가 더 이상 발생하지 않으면 한 번만 호출된다.

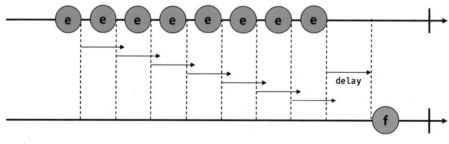

그림 41-2 디바운스

이처럼 짧은 시간 간격으로 이벤트가 연속해서 발생하면 이벤트 핸들러를 호출하지 않다가 일정 시간 동안 이벤트가 더 이상 발생하지 않으면 이벤트 핸들러가 한 번만 호출되도록 하는 디바운스는 resize 이벤트 처리나 input 요소에 입력된 값으로 ajax 요청하는 입력 필드 자동완성autocomplete UI 구현, 버튼 중복 클릭 방지 처리 등에 유용하게 사용된다.

위 예제의 debounce 함수는 이해를 위해 간략하게 구현하여 완전하지 않다. 실무에서는 Underscore의 debounce 함수[3]나 Lodash의 debounce 함수[4]를 사용하는 것을 권장한다.

41.3.2 스로틀

스로틀throttle은 짧은 시간 간격으로 이벤트가 연속해서 발생하더라도 일정 시간 간격으로 이벤트 핸들러가 최대 한 번만 호출되도록 한다. 즉, 스로틀은 짧은 시간 간격으로 연속해서 발생하는 이벤트를 그룹화해서 일정 시간 단위로 이벤트 핸들러가 호출되도록 호출 주기를 만든다.

예를 들어, scroll 이벤트가 짧은 시간 간격으로 연속해서 발생하는 경우를 살펴보자.

【 예제 41-06 】

```html
<!DOCTYPE html>
<html>
<head>
  <style>
    .container {
      width: 300px;
      height: 300px;
```

---

3   https://underscorejs.org/#debounce
4   https://lodash.com/docs/4.17.15#debounce

```
      background-color: rebeccapurple;
      overflow: scroll;
    }

    .content {
      width: 300px;
      height: 1000vh;
    }
  </style>
</head>
<body>
  <div class="container">
    <div class="content"></div>
  </div>
  <div>
    일반 이벤트 핸들러가 scroll 이벤트를 처리한 횟수:
    <span class="normal-count">0</span>
  </div>
  <div>
    스로틀 이벤트 핸들러가 scroll 이벤트를 처리한 횟수:
    <span class="throttle-count">0</span>
  </div>

  <script>
    const $container = document.querySelector('.container');
    const $normalCount = document.querySelector('.normal-count');
    const $throttleCount = document.querySelector('.throttle-count');

    const throttle = (callback, delay) => {
      let timerId;
      // throttle 함수는 timerId를 기억하는 클로저를 반환한다.
      return ( ...args) => {
        // delay가 경과하기 이전에 이벤트가 발생하면 아무것도 하지 않다가
        // delay가 경과했을 때 이벤트가 발생하면 새로운 타이머를 재설정한다.
        // 따라서 delay 간격으로 callback이 호출된다.
        if (timerId) return;
        timerId = setTimeout(() => {
          callback( ...args);
          timerId = null;
        }, delay);
      };
    };

    let normalCount = 0;
    $container.addEventListener('scroll', () => {
```

```
      $normalCount.textContent = ++normalCount;
    });

    let throttleCount = 0;
    // throttle 함수가 반환하는 클로저가 이벤트 핸들러로 등록된다.
    $container.addEventListener('scroll', throttle(() => {
      $throttleCount.textContent = ++throttleCount;
    }, 100));
  </script>
</body>
</html>
```

scroll 이벤트는 사용자가 스크롤할 때 짧은 시간 간격으로 연속해서 발생한다. 이처럼 짧은 시간 간격으로 연속해서 발생하는 이벤트의 과도한 이벤트 핸들러의 호출을 방지하기 위해 throttle 함수는 이벤트를 그룹화해서 일정 시간 단위로 이벤트 핸들러가 호출되도록 호출 주기를 만든다.

throttle 함수가 반환한 함수는 throttle 함수에 두 번째 인수로 전달한 시간(delay)이 경과하기 이전에 이벤트가 발생하면 아무것도 하지 않다가 delay 시간이 경과했을 때 이벤트가 발생하면 콜백 함수를 호출하고 새로운 타이머를 재설정한다. 따라서 delay 시간 간격으로 콜백 함수가 호출된다.

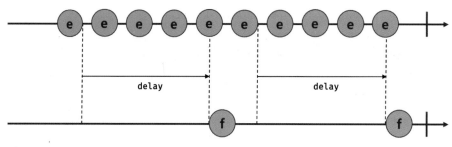

그림 41-3 스로틀

이처럼 짧은 시간 간격으로 연속해서 발생하는 이벤트를 그룹화해서 일정 시간 간격으로 이벤트 핸들러를 호출하는 스로틀은 scroll 이벤트 처리나 무한 스크롤infinite scrolling UI 구현 등에 유용하게 사용된다.

위 예제의 throttle 함수는 이해를 위해 간략하게 구현하여 완전하지 않다. 실무에서는 Underscore의 throttle 함수[5]나 Lodash의 throttle 함수[6]를 사용하는 것을 권장한다.

---

5 https://underscorejs.org/#throttle
6 https://lodash.com/docs/4.17.15#throttle

42_장

비동기 프로그래밍

42.1 동기 처리와 비동기 처리

23장 "실행 컨텍스트"에서 살펴본 바와 같이 함수를 호출하면 함수 코드가 평가되어 함수 실행 컨텍스트가 생성된다. 이때 생성된 함수 실행 컨텍스트는 실행 컨텍스트 스택(콜 스택이라고도 부른다)에 푸시되고 함수 코드가 실행된다. 함수 코드의 실행이 종료하면 함수 실행 컨텍스트는 실행 컨텍스트 스택에서 팝되어 제거된다.

다음 예제의 foo 함수와 bar 함수는 호출된 순서대로 스택[1] 자료구조인 실행 컨텍스트 스택에 푸시되어 실행된다.

【 예제 42-01 】

```
const foo = () => {};
const bar = () => {};

foo();
bar();
```

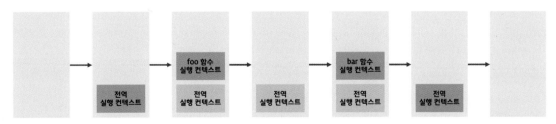

그림 42-1 실행 컨텍스트 스택

---

1   27.8.4절 "Array.prototype.pop" 참고

함수가 실행되려면 "함수 코드 평가 과정"[2]에서 생성된 함수 실행 컨텍스트가 실행 컨텍스트 스택에 푸시되어야 한다. 다시 말해, 실행 컨텍스트 스택에 함수 실행 컨텍스트가 푸시되는 것은 바로 함수 실행의 시작을 의미한다. 함수가 호출된 순서대로 순차적으로 실행되는 이유는 함수가 호출된 순서대로 함수 실행 컨텍스트가 실행 컨텍스트 스택에 푸시되기 때문이다. 이처럼 함수의 실행 순서는 실행 컨텍스트 스택으로 관리한다.

자바스크립트 엔진은 단 하나의 실행 컨텍스트 스택을 갖는다. 이는 함수를 실행할 수 있는 창구가 단 하나이며, 동시에 2개 이상의 함수를 동시에 실행할 수 없다는 것을 의미한다. 실행 컨텍스트 스택의 최상위 요소인 "실행 중인 실행 컨텍스트"를 제외한 모든 실행 컨텍스트는 모두 실행 대기 중인 태스크task들이다. 대기 중인 태스크들은 현재 실행 중인 실행 컨텍스트가 팝되어 실행 컨텍스트 스택에서 제거되면, 다시 말해 현재 실행 중인 함수가 종료하면 비로소 실행되기 시작한다.

이처럼 자바스크립트 엔진은 한 번에 하나의 태스크만 실행할 수 있는 **싱글 스레드**single thread 방식으로 동작한다. 싱글 스레드 방식은 한 번에 하나의 태스크만 실행할 수 있기 때문에 처리에 시간이 걸리는 태스크를 실행하는 경우 **블로킹**blocking**(작업 중단)**이 발생한다. 예를 들어, `setTimeout` 함수와 유사하게 일정 시간이 경과한 이후에 콜백 함수를 호출하는 `sleep` 함수를 구현해 보자.

【 예제 42-02 】

```
// sleep 함수는 일정 시간(delay)이 경과한 이후에 콜백 함수(func)를 호출한다.
function sleep(func, delay) {
  // Date.now()는 현재 시간을 숫자(ms)로 반환한다.(30.2.1절 "Date.now" 참고)
  const delayUntil = Date.now() + delay;

  // 현재 시간(Date.now())에 delay를 더한 delayUntil이 현재 시간보다 작으면 계속 반복한다.
  while (Date.now() < delayUntil);
  // 일정 시간(delay)이 경과한 이후에 콜백 함수(func)를 호출한다.
  func();
}

function foo() {
  console.log('foo');
}

function bar() {
  console.log('bar');
}

// sleep 함수는 3초 이상 실행된다.
sleep(foo, 3 * 1000);
```

---

2   23.2절 "소스코드의 평가와 실행" 참고

```
// bar 함수는 sleep 함수의 실행이 종료된 이후에 호출되므로 3초 이상 블로킹된다.
bar();
// (3초 경과 후) foo 호출 → bar 호출
```

위 예제의 sleep 함수는 3초 후에 foo 함수를 호출한다. 이때 bar 함수는 sleep 함수의 실행이 종료된 이후에 호출되므로 3초 이상(foo 함수의 실행 시간 + 3초) 호출되지 못하고 블로킹(작업 중단)된다.

이처럼 현재 실행 중인 태스크가 종료할 때까지 다음에 실행될 태스크가 대기하는 방식을 **동기**synchronous **처리**라고 한다. 동기 처리 방식은 태스크를 순서대로 하나씩 처리하므로 실행 순서가 보장된다는 장점이 있지만, 앞선 태스크가 종료할 때까지 이후 태스크들이 블로킹되는 단점이 있다.

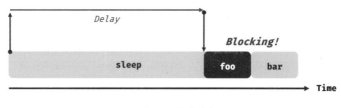

그림 42-2 동기 처리

위 예제를 타이머 함수[3]인 setTimeout을 사용하여 수정해 보자.

【 예제 42-03 】
```
function foo() {
  console.log('foo');
}

function bar() {
  console.log('bar');
}

// 타이머 함수 setTimeout은 일정 시간이 경과한 이후에 콜백 함수 foo를 호출한다.
// 타이머 함수 setTimeout은 bar 함수를 블로킹하지 않는다.
setTimeout(foo, 3 * 1000);
bar();
// bar 호출 → (3초 경과 후) foo 호출
```

setTimeout 함수는 앞서 살펴본 sleep 함수와 유사하게 일정 시간이 경과한 이후에 콜백 함수를 호출하지만 setTimeout 함수 이후의 태스크를 블로킹하지 않고 곧바로 실행한다. 이처럼 현재 실행 중인 태스크가 종료되지 않은 상태라 해도 다음 태스크를 곧바로 실행하는 방식을 **비동기**asynchronous **처리**라고 한다.

---

3   41장 "타이머" 참고

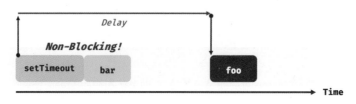

그림 42-3 비동기 처리

동기 처리 방식은 태스크를 순서대로 하나씩 처리하므로 실행 순서가 보장된다는 장점이 있지만, 앞선 태스크가 종료할 때까지 이후 태스크들이 블로킹 되는 단점이 있었다. 비동기 처리 방식은 현재 실행 중인 태스크가 종료되지 않은 상태라 해도 다음 태스크를 곧바로 실행하므로 블로킹이 발생하지 않는다는 장점이 있지만, 태스크의 실행 순서가 보장되지 않는 단점이 있다.

비동기 처리를 수행하는 비동기 함수는 전통적으로 콜백 패턴을 사용한다. 비동기 처리를 위한 콜백 패턴은 콜백 헬callback hell을 발생시켜 가독성을 나쁘게 하고, 비동기 처리 중 발생한 에러의 예외 처리가 곤란하며, 여러 개의 비동기 처리를 한 번에 처리하는 데도 한계가 있다. 이에 대해서는 45절 "프로미스"에서 자세히 살펴보자.

타이머 함수인 setTimeout과 setInterval, HTTP 요청, 이벤트 핸들러[4]는 비동기 처리 방식으로 동작한다. 비동기 처리는 이벤트 루프와 태스크 큐와 깊은 관계가 있다.

42.2 이벤트 루프와 태스크 큐

자바스크립트의 특징 중 하나는 싱글 스레드로 동작한다는 것이다. 앞서 살펴본 바와 같이 싱글 스레드 방식은 한 번에 하나의 태스크만 처리할 수 있다는 것을 의미한다. 하지만 브라우저가 동작하는 것을 살펴보면 많은 태스크가 동시에 처리되는 것처럼 느껴진다.

예를 들어, HTML 요소가 애니메이션 효과를 통해 움직이면서 이벤트를 처리하기도 하고, HTTP 요청을 통해 서버로부터 데이터를 가지고 오면서 렌더링하기도 한다. 이처럼 자바스크립트의 동시성concurrency을 지원하는 것이 바로 **이벤트 루프**event loop다.

이벤트 루프는 브라우저에 내장되어 있는 기능 중 하나다. 브라우저 환경을 그림으로 표현하면 다음과 같다.

---

4 커스텀 이벤트를 디스패치하거나 click, blur, focus 메서드 등을 호출하면 해당 이벤트 핸들러가 태스크 큐를 거치지 않고 즉시 호출된다. 즉, 동기 처리 방식으로 동작한다.

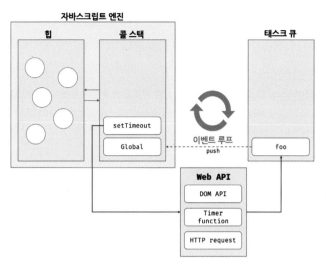

그림 42-4 이벤트 루프와 브라우저 환경

구글의 V8 자바스크립트 엔진을 비롯한 대부분의 자바스크립트 엔진은 크게 2개의 영역으로 구분할 수 있다.

- **콜 스택**call stack

  23장 "실행 컨텍스트"에서 살펴본 바와 같이 소스코드(전역 코드나 함수 코드 등) 평가 과정에서 생성된 실행 컨텍스트가 추가되고 제거되는 스택 자료구조인 실행 컨텍스트 스택[5]이 바로 콜 스택이다.

  함수를 호출하면 함수 실행 컨텍스트가 순차적으로 콜 스택에 푸시되어 순차적으로 실행된다. 자바스크립트 엔진은 단 하나의 콜 스택을 사용하기 때문에 최상위 실행 컨텍스트(실행 중인 실행 컨텍스트)가 종료되어 콜 스택에서 제거되기 전까지는 다른 어떤 태스크도 실행되지 않는다.

- **힙**heap

  힙은 객체가 저장되는 메모리 공간이다. 콜 스택의 요소인 실행 컨텍스트는 힙에 저장된 객체를 참조한다.

  메모리에 값을 저장하려면 먼저 값을 저장할 메모리 공간의 크기를 결정해야 한다. 객체는 원시 값과는 달리 크기가 정해져 있지 않으므로 할당해야 할 메모리 공간의 크기를 런타임에 결정(동적 할당)해야 한다.[6] 따라서 객체가 저장되는 메모리 공간인 힙은 구조화되어 있지 않다는 특징이 있다.

이처럼 콜 스택과 힙으로 구성되어 있는 자바스크립트 엔진은 단순히 태스크가 요청되면 콜 스택을 통해 요청된 작업을 순차적으로 실행할 뿐이다. 비동기 처리에서 소스코드의 평가와 실행을 제외한 모든 처리는 자바스크립트 엔진을 구동하는 환경인 브라우저 또는 Node.js가 담당한다. 예를 들어, 비동기 방식으로 동작하는 setTimeout의 콜백 함수의 평가와 실행은 자바스크립트 엔진이 담당하지만 호출 스케줄링을 위한 타이

---

5   23.4절 "실행 컨텍스트 스택" 참고
6   사실 원시 값도 객체인 실행 컨텍스트에 저장되므로 자바스크립트의 모든 값은 객체로 힙에 저장된다고 할 수 있다.

머 설정과 콜백 함수의 등록은 브라우저 또는 Node.js가 담당한다. 이를 위해 브라우저 환경은 태스크 큐와 이벤트 루프를 제공한다.

- **태스크 큐**task queue/event queue/callback queue

  setTimeout이나 setInterval과 같은 비동기 함수의 콜백 함수 또는 이벤트 핸들러가 일시적으로 보관되는 영역이다. 태스크 큐와는 별도로 프로미스의 후속 처리 메서드의 콜백 함수가 일시적으로 보관되는 마이크로태스크 큐도 존재한다. 이에 대해서는 45.7절 "마이크로태스크 큐"에서 살펴보자.

- **이벤트 루프**event loop

  이벤트 루프는 콜 스택에 현재 실행 중인 실행 컨텍스트가 있는지, 그리고 태스크 큐에 대기 중인 함수(콜백 함수, 이벤트 핸들러 등)가 있는지 반복해서 확인한다. 만약 **콜 스택이 비어 있고 태스크 큐에 대기 중인 함수가 있다면 이벤트 루프는 순차적**FIFO, First In First Out**으로 태스크 큐에 대기 중인 함수를 콜 스택으로 이동시킨다.** 이때 콜 스택으로 이동한 함수는 실행된다. 즉, 태스크 큐에 일시 보관된 함수들은 비동기 처리 방식으로 동작한다.

브라우저 환경에서 다음 예제가 어떻게 동작할지 살펴보자. foo 함수와 bar 함수 중에서 먼저 실행될 함수는 무엇일까?

【 예제 42-04 】

```
function foo() {
  console.log('foo');
}

function bar() {
  console.log('bar');
}

setTimeout(foo, 0); // 0초(실제는 4ms) 후에 foo 함수가 호출된다.
bar();
```

1. 전역 코드가 평가되어 전역 실행 컨텍스트가 생성되고 콜 스택에 푸시된다.

2. 전역 코드가 실행되기 시작하여 setTimeout 함수가 호출된다. 이때 setTimeout 함수의 함수 실행 컨텍스트가 생성되고 콜 스택에 푸시되어 현재 실행 중인 실행 컨텍스트가 된다. 브라우저의 Web API(호스트 객체)인 타이머 함수도 함수이므로 함수 실행 컨텍스트를 생성한다.

3. setTimeout 함수가 실행되면 콜백 함수를 호출 스케줄링하고 종료되어 콜 스택에서 팝된다. 이때 호출 스케줄링, 즉 타이머 설정과 타이머가 만료되면 콜백 함수를 태스크 큐에 푸시하는 것은 브라우저의 역할이다.

4. 브라우저가 수행하는 4-1과 자바스크립트 엔진이 수행하는 4-2는 병행 처리된다.

   4-1. 브라우저는 타이머를 설정하고 타이머의 만료를 기다린다. 이후 타이머가 만료되면 콜백 함수 foo가 태스크 큐에 푸시된다. 위 예제의 경우 지연 시간(delay)이 0이지만 지연 시간이 4ms 이하인 경우 최소 지연 시간 4ms가 지정된다. 따라서 **4ms 후에**

콜백 함수 foo가 태스크 큐에 푸시되어 대기하게 된다. 이 처리 또한 자바스크립트 엔진이 아니라 브라우저가 수행한다. 이처럼 setTimeout 함수로 호출 스케줄링한 콜백 함수는 정확히 지연 시간 후에 호출된다는 보장은 없다. 지연 시간 이후에 콜백 함수가 태스크 큐에 푸시되어 대기하게 되지만 콜 스택이 비어야 호출되므로 약간의 시간차가 발생할 수 있기 때문이다.

4-2. bar 함수가 호출되어 bar 함수의 함수 실행 컨텍스트가 생성되고 콜 스택에 푸시되어 현재 실행 중인 실행 컨텍스트가 된다. 이후 bar 함수가 종료되어 콜 스택에서 팝된다. 이때 브라우저가 타이머를 설정한 후 4ms가 경과했다면 **foo 함수는 아직 태스크 큐에서 대기 중이다.**

5. 전역 코드 실행이 종료되고 전역 실행 컨텍스트가 콜 스택에서 팝된다. 이로서 콜 스택에는 아무런 실행 컨텍스트도 존재하지 않게 된다.

6. 이벤트 루프에 의해 콜 스택이 비어 있음이 감지되고 태스크 큐에서 대기 중인 콜백 함수 foo가 이벤트 루프에 의해 콜 스택에 푸시된다. 다시 말해, 콜백 함수 foo의 함수 실행 컨텍스트가 생성되고 콜 스택에 푸시되어 현재 실행 중인 실행 컨텍스트가 된다. 이후 foo 함수가 종료되어 콜 스택에서 팝된다.

이처럼 비동기 함수인 setTimeout의 콜백 함수는 태스크 큐에 푸시되어 대기하다가 콜 스택이 비게 되면, 다시 말해 전역 코드 및 명시적으로 호출된 함수가 모두 종료하면 비로소 콜 스택에 푸시되어 실행된다.

자바스크립트는 싱글 스레드 방식으로 동작한다. 이때 싱글 스레드 방식으로 동작하는 것은 브라우저가 아니라 브라우저에 내장된 자바스크립트 엔진이라는 것에 주의하기 바란다. 만약 모든 자바스크립트 코드가 자바스크립트 엔진에서 싱글 스레드 방식으로 동작한다면 자바스크립트는 비동기로 동작할 수 없다. 즉, 자바스크립트 엔진은 싱글 스레드로 동작하지만 브라우저는 멀티 스레드로 동작한다.

예를 들어, setTimeout 함수의 모든 처리가 자바스크립트 엔진에서 싱글 스레드로 수행된다고 가정해 보자. 이때 setTimeout 함수의 호출 스케줄링을 위한 타이머 설정도 자바스크립트 엔진에서 수행될 것이므로 대기 시간 동안 어떤 태스크도 실행할 수 없다(앞에서 살펴본 sleep 함수를 떠올려 보자). 즉, setTimeout 함수의 타이머 설정까지 자바스크립트 엔진에서 싱글 스레드 방식으로 동작해서는 비동기로 동작할 수 없다.

브라우저는 자바스크립트 엔진 외에도 렌더링 엔진과 Web API를 제공한다. Web API는 ECMAScript 사양에 정의된 함수가 아니라 브라우저에서 제공하는 API이며, DOM API와 타이머 함수, HTTP 요청(Ajax)과 같은 비동기 처리를 포함한다. 위 예제에서 살펴봤듯이 브라우저의 Web API인 setTimeout 함수가 호출되면 자바스크립트 엔진의 콜 스택에 푸시되어 실행된다.

하지만 setTimeout 함수의 두 가지 기능인 타이머 설정과 타이머가 만료하면 콜백 함수를 태스크 큐에 등록하는 처리는 자바스크립트 엔진이 아니라 브라우저가 실행한다. 브라우저가 수행하는 4-1과 자바스크립트 엔진이 수행하는 4-2는 병행 처리된다. 이처럼 브라우저와 자바스크립트 엔진이 협력하여 비동기 함수인 setTimeout 함수를 실행한다.

43장

Ajax

43.1 Ajax란?

Ajax^{Asynchronous JavaScript and XML}란 자바스크립트를 사용하여 브라우저가 서버에게 비동기 방식으로 데이터를 요청하고, 서버가 응답한 데이터를 수신하여 웹페이지를 동적으로 갱신하는 프로그래밍 방식을 말한다. Ajax는 브라우저에서 제공하는 Web API인 `XMLHttpRequest` 객체를 기반으로 동작한다. `XMLHttpRequest`는 HTTP 비동기 통신을 위한 메서드와 프로퍼티를 제공한다.

1999년 마이크로소프트가 개발한 `XMLHttpRequest`는 그다지 큰 주목을 받지 못하다가 2005년 구글이 발표한 구글 맵스를 통해 웹 애플리케이션 개발 프로그래밍 언어로서 자바스크립트의 가능성을 확인하는 계기를 마련했다. 웹 브라우저에서 자바스크립트와 Ajax를 기반으로 동작하는 구글 맵스가 데스크톱 애플리케이션과 비교해 손색이 없을 정도의 퍼포먼스와 부드러운 화면 전환 효과를 보여준 것이다.

이전의 웹페이지는 html 태그로 시작해서 html 태그로 끝나는 완전한 HTML을 서버로부터 전송받아 웹페이지 전체를 처음부터 다시 렌더링하는 방식으로 동작했다. 따라서 화면이 전환되면 서버로부터 새로운 HTML을 전송받아 웹페이지 전체를 처음부터 다시 렌더링했다.

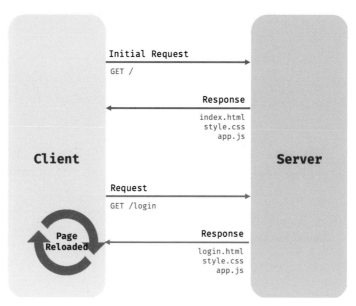

그림 43-1 전통적인 웹페이지의 생명 주기

이러한 전통적인 방식은 다음과 같은 단점이 있다.

1. 이전 웹페이지와 차이가 없어서 변경할 필요가 없는 부분까지 포함된 완전한 HTML을 서버로부터 매번 다시 전송받기 때문에 불필요한 데이터 통신이 발생한다.

2. 변경할 필요가 없는 부분까지 처음부터 다시 렌더링한다. 이로 인해 화면 전환이 일어나면 화면이 순간적으로 깜박이는 현상이 발생한다.

3. 클라이언트와 서버와의 통신이 동기 방식으로 동작하기 때문에 서버로부터 응답이 있을 때까지 다음 처리는 블로킹된다.

Ajax의 등장은 이전의 전통적인 패러다임을 획기적으로 전환했다. 즉, 서버로부터 웹페이지의 변경에 필요한 데이터만 비동기 방식으로 전송받아 웹페이지를 변경할 필요가 없는 부분은 다시 렌더링하지 않고, 변경할 필요가 있는 부분만 한정적으로 렌더링하는 방식이 가능해진 것이다. 이를 통해 브라우저에서도 데스크톱 애플리케이션과 유사한 빠른 퍼포먼스와 부드러운 화면 전환이 가능해졌다.

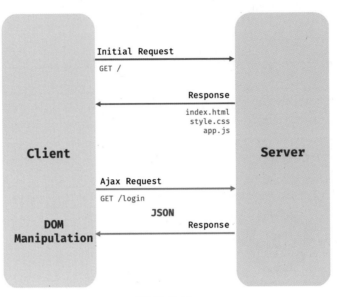

그림 43-2 Ajax

Ajax는 전통적인 방식과 비교했을 때 다음과 같은 장점이 있다.

1. 변경할 부분을 갱신하는 데 필요한 데이터만 서버로부터 전송받기 때문에 불필요한 데이터 통신이 발생하지 않는다.

2. 변경할 필요가 없는 부분은 다시 렌더링하지 않는다. 따라서 화면이 순간적으로 깜박이는 현상이 발생하지 않는다.

3. 클라이언트와 서버와의 통신이 비동기 방식으로 동작하기 때문에 서버에게 요청을 보낸 이후 블로킹이 발생하지 않는다.

43.2 JSON

JSON^{JavaScript Object Notation}은 클라이언트와 서버 간의 HTTP 통신을 위한 텍스트 데이터 포맷이다. 자바스크립트에 종속되지 않는 언어 독립형 데이터 포맷으로, 대부분의 프로그래밍 언어에서 사용할 수 있다.

43.2.1 JSON 표기 방식

JSON은 자바스크립트의 객체 리터럴과 유사하게 키와 값으로 구성된 순수한 텍스트다.

【 예제 43-01 】

```
{
  "name": "Lee",
  "age": 20,
  "alive": true,
  "hobby": ["traveling", "tennis"]
}
```

JSON의 키는 반드시 큰따옴표(작은따옴표 사용 불가)로 묶어야 한다. 값은 객체 리터럴과 같은 표기법을 그대로 사용할 수 있다. 하지만 문자열은 반드시 큰따옴표(작은따옴표 사용 불가)로 묶어야 한다.

43.2.2 JSON.stringify

JSON.stringify 메서드는 객체를 JSON 포맷의 문자열로 변환한다. 클라이언트가 서버로 객체를 전송하려면 객체를 문자열화해야 하는데 이를 직렬화^{serializing}라 한다.

【 예제 43-02 】

```javascript
const obj = {
  name: 'Lee',
  age: 20,
  alive: true,
  hobby: ['traveling', 'tennis']
};

// 객체를 JSON 포맷의 문자열로 변환한다.
const json = JSON.stringify(obj);
console.log(typeof json, json);
// string {"name":"Lee","age":20,"alive":true,"hobby":["traveling","tennis"]}

// 객체를 JSON 포맷의 문자열로 변환하면서 들여쓰기 한다.
const prettyJson = JSON.stringify(obj, null, 2);
console.log(typeof prettyJson, prettyJson);
/*
string {
  "name": "Lee",
  "age": 20,
  "alive": true,
  "hobby": [
    "traveling",
    "tennis"
  ]
}
*/

// replacer 함수. 값의 타입이 Number이면 필터링되어 반환되지 않는다.
function filter(key, value) {
  // undefined: 반환하지 않음
  return typeof value === 'number' ? undefined : value;
}

// JSON.stringify 메서드에 두 번째 인수로 replacer 함수를 전달한다.
```

```javascript
const strFilteredObject = JSON.stringify(obj, filter, 2);
console.log(typeof strFilteredObject, strFilteredObject);
/*
string {
  "name": "Lee",
  "alive": true,
  "hobby": [
    "traveling",
    "tennis"
  ]
}
*/
```

JSON.stringify 메서드는 객체뿐만 아니라 배열도 JSON 포맷의 문자열로 변환한다.

【 예제 43-03 】

```javascript
const todos = [
  { id: 1, content: 'HTML', completed: false },
  { id: 2, content: 'CSS', completed: true },
  { id: 3, content: 'JavaScript', completed: false }
];

// 배열을 JSON 포맷의 문자열로 변환한다.
const json = JSON.stringify(todos, null, 2);
console.log(typeof json, json);
/*
string [
  {
    "id": 1,
    "content": "HTML",
    "completed": false
  },
  {
    "id": 2,
    "content": "CSS",
    "completed": true
  },
  {
    "id": 3,
    "content": "JavaScript",
    "completed": false
  }
]
*/
```

43.2.3 JSON.parse

JSON.parse 메서드는 JSON 포맷의 문자열을 객체로 변환한다. 서버로부터 클라이언트에게 전송된 JSON 데이터는 문자열이다. 이 문자열을 객체로서 사용하려면 JSON 포맷의 문자열을 객체화해야 하는데 이를 역직렬화deserializing라 한다.

【 예제 43-04 】

```javascript
const obj = {
  name: 'Lee',
  age: 20,
  alive: true,
  hobby: ['traveling', 'tennis']
};

// 객체를 JSON 포맷의 문자열로 변환한다.
const json = JSON.stringify(obj);

// JSON 포맷의 문자열을 객체로 변환한다.
const parsed = JSON.parse(json);
console.log(typeof parsed, parsed);
// object {name: "Lee", age: 20, alive: true, hobby: ["traveling", "tennis"]}
```

배열이 JSON 포맷의 문자열로 변환되어 있는 경우 JSON.parse는 문자열을 배열 객체로 변환한다. 배열의 요소가 객체인 경우 배열의 요소까지 객체로 변환한다.

【 예제 43-05 】

```javascript
const todos = [
  { id: 1, content: 'HTML', completed: false },
  { id: 2, content: 'CSS', completed: true },
  { id: 3, content: 'JavaScript', completed: false }
];

// 배열을 JSON 포맷의 문자열로 변환한다.
const json = JSON.stringify(todos);

// JSON 포맷의 문자열을 배열로 변환한다. 배열의 요소까지 객체로 변환된다.
const parsed = JSON.parse(json);
console.log(typeof parsed, parsed);
/*
 object [
  { id: 1, content: 'HTML', completed: false },
  { id: 2, content: 'CSS', completed: true },
  { id: 3, content: 'JavaScript', completed: false }
 ]
*/
```

43.3 XMLHttpRequest

브라우저는 주소창이나 HTML의 form 태그 또는 a 태그를 통해 HTTP 요청 전송 기능을 기본 제공한다. 자바스크립트를 사용하여 HTTP 요청을 전송하려면 XMLHttpRequest 객체를 사용한다. Web API인 XMLHttpRequest 객체는 HTTP 요청 전송과 HTTP 응답 수신을 위한 다양한 메서드와 프로퍼티를 제공한다.

43.3.1 XMLHttpRequest 객체 생성

XMLHttpRequest 객체는 XMLHttpRequest 생성자 함수[1]를 호출하여 생성한다. XMLHttpRequest 객체는 브라우저에서 제공하는 Web API이므로 브라우저 환경에서만 정상적으로 실행된다.

【 예제 43-06 】

```
// XMLHttpRequest 객체의 생성
const xhr = new XMLHttpRequest();
```

43.3.2 XMLHttpRequest 객체의 프로퍼티와 메서드

XMLHttpRequest 객체는 다양한 프로퍼티와 메서드를 제공한다. 대표적인 프로퍼티와 메서드는 다음과 같다. 중요한 프로퍼티와 메서드는 볼드체로 표시했다.

XMLHttpRequest 객체의 프로토타입 프로퍼티

프로토타입 프로퍼티	설명
readyState	HTTP 요청의 현재 상태를 나타내는 정수. 다음과 같은 XMLHttpRequest의 정적 프로퍼티를 값으로 갖는다. ▪ UNSENT: 0 ▪ OPENED: 1 ▪ HEADERS_RECEIVED: 2 ▪ LOADING: 3 ▪ DONE: 4
status	HTTP 요청에 대한 응답 상태(HTTP 상태 코드[2])를 나타내는 정수 예) 200

---

1 https://developer.mozilla.org/ko/docs/Web/API/XMLHttpRequest
2 https://developer.mozilla.org/ko/docs/Web/HTTP/Status

프로토타입 프로퍼티	설명
statusText	HTTP 요청에 대한 응답 메시지를 나타내는 문자열 예) "OK"
responseType	HTTP 응답 타입 예) document, json, text, blob, arraybuffer
response	HTTP 요청에 대한 응답 몸체^{response body}. responseType에 따라 타입이 다르다.
responseText	서버가 전송한 HTTP 요청에 대한 응답 문자열

XMLHttpRequest 객체의 이벤트 핸들러 프로퍼티

이벤트 핸들러 프로퍼티	설명
onreadystatechange	readyState 프로퍼티 값이 변경된 경우
onloadstart	HTTP 요청에 대한 응답을 받기 시작한 경우
onprogress	HTTP 요청에 대한 응답을 받는 도중 주기적으로 발생
onabort	abort 메서드에 의해 HTTP 요청이 중단된 경우
onerror	HTTP 요청에 에러가 발생한 경우
onload	HTTP 요청이 성공적으로 완료한 경우
ontimeout	HTTP 요청 시간이 초과한 경우
onloadend	HTTP 요청이 완료한 경우. HTTP 요청이 성공 또는 실패하면 발생

XMLHttpRequest 객체의 메서드

메서드	설명
open	HTTP 요청 초기화
send	HTTP 요청 전송
abort	이미 전송된 HTTP 요청 중단
setRequestHeader	특정 HTTP 요청 헤더의 값을 설정
getResponseHeader	특정 HTTP 요청 헤더의 값을 문자열로 반환

XMLHttpRequest 객체의 정적 프로퍼티

정적 프로퍼티	값	설명
UNSENT	0	open 메서드 호출 이전
OPENED	1	open 메서드 호출 이후

정적 프로퍼티	값	설명
HEADERS_RECEIVED	2	send 메서드 호출 이후
LOADING	3	서버 응답 중(응답 데이터 미완성 상태)
DONE	4	서버 응답 완료

43.3.3 HTTP 요청 전송

HTTP 요청을 전송하는 경우 다음 순서를 따른다.

1. XMLHttpRequest.prototype.open 메서드로 HTTP 요청을 초기화한다.

2. 필요에 따라 XMLHttpRequest.prototype.setRequestHeader 메서드로 특정 HTTP 요청의 헤더 값을 설정한다.

3. XMLHttpRequest.prototype.send 메서드로 HTTP 요청을 전송한다.

【 예제 43-07 】

```javascript
// XMLHttpRequest 객체 생성
const xhr = new XMLHttpRequest();

// HTTP 요청 초기화
xhr.open('GET', '/users');

// HTTP 요청 헤더 설정
// 클라이언트가 서버로 전송할 데이터의 MIME 타입 지정: json
xhr.setRequestHeader('content-type', 'application/json');

// HTTP 요청 전송
xhr.send();
```

XMLHttpRequest.prototype.open

open 메서드는 서버에 전송할 HTTP 요청을 초기화한다. open 메서드를 호출하는 방법은 다음과 같다.

```javascript
xhr.open(method, url[, async])
```

매개변수	설명
method	HTTP 요청 메서드("GET", "POST", "PUT", "DELETE" 등)
url	HTTP 요청을 전송할 URL
async	비동기 요청 여부. 옵션으로 기본값은 true이며, 비동기 방식으로 동작한다.

HTTP 요청 메서드는 클라이언트가 서버에게 요청의 종류와 목적(리소스에 대한 행위)을 알리는 방법이다. 주로 5가지 요청 메서드(GET, POST, PUT, PATCH, DELETE 등)를 사용하여 CRUD를 구현한다.

HTTP 요청 메서드	종류	목적	페이로드 [3]
GET	index/retrieve	모든/특정 리소스 취득	X
POST	create	리소스 생성	○
PUT	replace	리소스의 전체 교체	○
PATCH	modify	리소스의 일부 수정	○
DELETE	delete	모든/특정 리소스 삭제	X

XMLHttpRequest.prototype.send

send 메서드는 open 메서드로 초기화된 HTTP 요청을 서버에 전송한다. 기본적으로 서버로 전송하는 데이터는 GET, POST 요청 메서드에 따라 전송 방식에 차이가 있다.

- GET 요청 메서드의 경우 데이터를 URL의 일부분인 쿼리 문자열query string로 서버에 전송한다.
- POST 요청 메서드의 경우 데이터(페이로드payload)를 요청 몸체request body에 담아 전송한다.

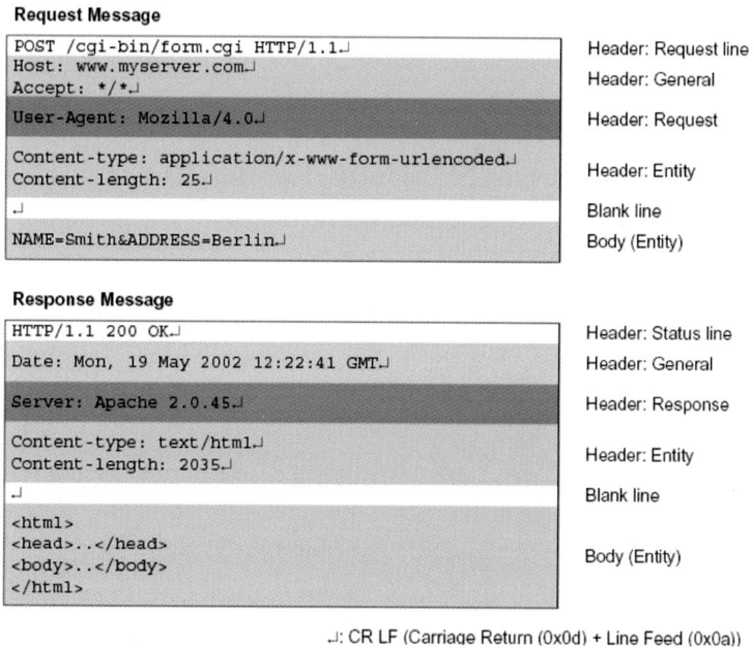

Request Message

```
POST /cgi-bin/form.cgi HTTP/1.1↵        Header: Request line
Host: www.myserver.com↵                 Header: General
Accept: */*↵

User-Agent: Mozilla/4.0↵                Header: Request

Content-type: application/x-www-form-urlencoded↵   Header: Entity
Content-length: 25↵

↵                                       Blank line
NAME=Smith&ADDRESS=Berlin↵              Body (Entity)
```

Response Message

```
HTTP/1.1 200 OK↵                        Header: Status line
Date: Mon, 19 May 2002 12:22:41 GMT↵    Header: General

Server: Apache 2.0.45↵                  Header: Response

Content-type: text/html↵                Header: Entity
Content-length: 2035↵

↵                                       Blank line
<html>
<head>..</head>
<body>..</body>                         Body (Entity)
</html>
```

↵: CR LF (Carriage Return (0x0d) + Line Feed (0x0a))

그림 43-3 HTTP 요청/응답 메시지 [4]

---

3   https://ko.wikipedia.org/wiki/페이로드_(컴퓨팅)

4   http://www.fmc-modeling.org/category/projects/apache/amp/2_3Protocols_Standards.html

send 메서드에는 요청 몸체에 담아 전송할 데이터(페이로드)를 인수로 전달할 수 있다. 페이로드가 객체인 경우 반드시 JSON.stringify 메서드를 사용하여 직렬화한 다음 전달해야 한다.

【 예제 43-08 】

```javascript
xhr.send(JSON.stringify({ id: 1, content: 'HTML', completed: false }));
```

HTTP 요청 메서드가 GET인 경우 send 메서드에 페이로드로 전달한 인수는 무시되고 요청 몸체는 null로 설정된다.[5]

XMLHttpRequest.prototype.setRequestHeader

setRequestHeader 메서드는 특정 HTTP 요청의 헤더 값을 설정한다. setRequestHeader 메서드는 반드시 open 메서드를 호출한 이후에 호출해야 한다. 자주 사용하는 HTTP 요청 헤더인 Content-type과 Accept에 대해 살펴보자.

Content-type은 요청 몸체에 담아 전송할 데이터의 MIME 타입[6]의 정보를 표현한다. 자주 사용되는 MIME 타입은 다음과 같다.

MIME 타입	서브타입
text	text/plain, text/html, text/css, text/javascript
application	application/json, application/x-www-form-urlencode
multipart	multipart/formed-data

다음은 요청 몸체에 담아 서버로 전송할 페이로드의 MIME 타입을 지정하는 예다.

【 예제 43-09 】

```javascript
// XMLHttpRequest 객체 생성
const xhr = new XMLHttpRequest();

// HTTP 요청 초기화
xhr.open('POST', '/users');

// HTTP 요청 헤더 설정
// 클라이언트가 서버로 전송할 데이터의 MIME 타입 지정: json
xhr.setRequestHeader('content-type', 'application/json');

// HTTP 요청 전송
xhr.send(JSON.stringify({ id: 1, content: 'HTML', completed: false }));
```

---

5   https://stackoverflow.com/questions/978061/http-get-with-request-body
6   https://developer.mozilla.org/ko/docs/Web/HTTP/Basics_of_HTTP/MIME_types

HTTP 클라이언트가 서버에 요청할 때 서버가 응답할 데이터의 MIME 타입을 Accept로 지정할 수 있다. 다음은 서버가 응답할 데이터의 MIME 타입을 지정하는 예다.

【 예제 43-10 】

```
// 서버가 응답할 데이터의 MIME 타입 지정: json
xhr.setRequestHeader('accept', 'application/json');
```

만약 Accept 헤더를 설정하지 않으면 send 메서드가 호출될 때 Accept 헤더가 */*으로 전송된다.

43.3.4 HTTP 응답 처리

서버가 전송한 응답을 처리하려면 XMLHttpRequest 객체가 발생시키는 이벤트를 캐치해야 한다. 43.3.2절 "XMLHttpRequest 객체의 프로퍼티와 메서드"에서 살펴본 바와 같이 XMLHttpRequest 객체는 onreadystatechange, onload, onerror 같은 이벤트 핸들러 프로퍼티를 갖는다. 이 이벤트 핸들러 프로퍼티 중에서 HTTP 요청의 현재 상태를 나타내는 readyState 프로퍼티 값이 변경된 경우 발생하는 readystatechange 이벤트를 캐치하여 다음과 같이 HTTP 응답을 처리할 수 있다.

XMLHttpRequest 객체는 브라우저에서 제공하는 Web API이므로 다음 예제는 반드시 브라우저 환경에서 실행해야 한다.

참고로 HTTP 요청을 전송하고 응답을 받으려면 서버가 필요하다. 다음 예제에서는 JSONPlaceholder[7]에서 제공하는 가상fake REST API를 사용한다. REST API는 44장 "REST API"에서 자세히 살펴볼 것이다.

【 예제 43-11 】

```
// XMLHttpRequest 객체 생성
const xhr = new XMLHttpRequest();

// HTTP 요청 초기화
// https://jsonplaceholder.typicode.com은 Fake REST API를 제공하는 서비스다.
xhr.open('GET', 'https://jsonplaceholder.typicode.com/todos/1');

// HTTP 요청 전송
xhr.send();

// readystatechange 이벤트는 HTTP 요청의 현재 상태를 나타내는 readyState 프로퍼티가
// 변경될 때마다 발생한다.
xhr.onreadystatechange = () => {
  // readyState 프로퍼티는 HTTP 요청의 현재 상태를 나타낸다.
  // readyState 프로퍼티 값이 4(XMLHttpRequest.DONE)가 아니면 서버 응답이 완료되지 않은 상태다.
```

---

7 https://jsonplaceholder.typicode.com

```
  // 만약 서버 응답이 아직 완료되지 않았다면 아무런 처리를 하지 않는다.
  if (xhr.readyState !== XMLHttpRequest.DONE) return;

  // status 프로퍼티는 응답 상태 코드를 나타낸다.
  // status 프로퍼티 값이 200이면 정상적으로 응답된 상태이고
  // status 프로퍼티 값이 200이 아니면 에러가 발생한 상태다.
  // 정상적으로 응답된 상태라면 response 프로퍼티에 서버의 응답 결과가 담겨 있다.
  if (xhr.status === 200) {
    console.log(JSON.parse(xhr.response));
    // {userId: 1, id: 1, title: "delectus aut autem", completed: false}
  } else {
    console.error('Error', xhr.status, xhr.statusText);
  }
};
```

send 메서드를 통해 HTTP 요청을 서버에 전송하면 서버는 응답을 반환한다. 하지만 언제 응답이 클라이언트에 도달할지는 알 수 없다. 따라서 readystatechange 이벤트를 통해 HTTP 요청의 현재 상태를 확인해야 한다. readystatechange 이벤트는 HTTP 요청의 현재 상태를 나타내는 readyState 프로퍼티가 변경될 때마다 발생한다.[8]

onreadystatechange 이벤트 핸들러 프로퍼티에 할당한 이벤트 핸들러는 HTTP 요청의 현재 상태를 나타내는 xhr.readyState가 XMLHttpRequest.DONE인지 확인하여 서버의 응답이 완료되었는지 확인한다.

서버의 응답이 완료되면 HTTP 요청에 대한 응답 상태(HTTP 상태 코드[9])를 나타내는 xhr.status가 200인지 확인하여 정상 처리와 에러 처리를 구분한다. HTTP 요청에 대한 응답이 정상적으로 도착했다면 요청에 대한 응답 몸체를 나타내는 xhr.response에서 서버가 전송한 데이터를 취득한다. 만약 xhr.status가 200이 아니면 에러가 발생한 상태이므로 필요한 에러 처리를 한다.

readystatechange 이벤트 대신 load 이벤트를 캐치해도 좋다. load 이벤트는 HTTP 요청이 성공적으로 완료된 경우 발생한다. 따라서 load 이벤트를 캐치하는 경우 xhr.readyState가 XMLHttpRequest.DONE인지 확인할 필요가 없다.

【 예제 43-12 】

```
// XMLHttpRequest 객체 생성
const xhr = new XMLHttpRequest();

// HTTP 요청 초기화
// https://jsonplaceholder.typicode.com은 Fake REST API를 제공하는 서비스다.
```

---

8 43.3.2절 "XMLHttpRequest 객체의 프로퍼티와 메서드" 참고
9 https://developer.mozilla.org/ko/docs/Web/HTTP/Status

```javascript
xhr.open('GET', 'https://jsonplaceholder.typicode.com/todos/1');

// HTTP 요청 전송
xhr.send();

// load 이벤트는 HTTP 요청이 성공적으로 완료된 경우 발생한다.
xhr.onload = () => {
  // status 프로퍼티는 응답 상태 코드를 나타낸다.
  // status 프로퍼티 값이 200이면 정상적으로 응답된 상태이고
  // status 프로퍼티 값이 200이 아니면 에러가 발생한 상태다.
  // 정상적으로 응답된 상태라면 response 프로퍼티에 서버의 응답 결과가 담겨 있다.
  if (xhr.status === 200) {
    console.log(JSON.parse(xhr.response));
    // {userId: 1, id: 1, title: "delectus aut autem", completed: false}
  } else {
    console.error('Error', xhr.status, xhr.statusText);
  }
};
```

44장

REST API

REST^{REpresentational State Transfer}는 HTTP/1.0과 1.1의 스펙 작성에 참여했고 아파치 HTTP 서버 프로젝트의 공동 설립자인 로이 필딩^{Roy Fielding}의 2000년 논문에서 처음 소개되었다. 발표 당시의 웹이 HTTP를 제대로 사용하지 못하고 있는 상황을 보고 HTTP의 장점을 최대한 활용할 수 있는 아키텍처로서 REST를 소개했고 이는 HTTP 프로토콜을 의도에 맞게 디자인하도록 유도하고 있다. REST의 기본 원칙을 성실히 지킨 서비스 디자인을 "RESTful"이라고 표현한다.

즉, REST는 HTTP를 기반으로 클라이언트가 서버의 리소스에 접근하는 방식을 규정한 아키텍처고, REST API는 REST를 기반으로 서비스 API를 구현한 것을 의미한다.

44.1 REST API의 구성

REST API는 자원^{resource}, 행위^{verb}, 표현^{representations}의 3가지 요소로 구성된다. REST는 자체 표현 구조^{self-descriptiveness}로 구성되어 REST API만으로 HTTP 요청의 내용을 이해할 수 있다.

구성 요소	내용	표현 방법
자원^{resource}	자원	URI(엔드포인트)
행위^{verb}	자원에 대한 행위	HTTP 요청 메서드
표현^{representations}	자원에 대한 행위의 구체적 내용	페이로드[1]

---

1 https://ko.wikipedia.org/wiki/페이로드_(컴퓨팅)

44.2 REST API 설계 원칙

REST에서 가장 중요한 기본적인 원칙은 두 가지다. **URI는 리소스를 표현**하는 데 집중하고 **행위에 대한 정의는 HTTP 요청 메서드**를 통해 하는 것이 RESTful API를 설계하는 중심 규칙이다.

1. URI는 리소스를 표현해야 한다.

URI는 리소스를 표현하는 데 중점을 두어야 한다. 리소스를 식별할 수 있는 이름은 동사보다는 명사를 사용한다. 따라서 이름에 get 같은 행위에 대한 표현이 들어가서는 안 된다.

```
# bad
GET /getTodos/1
GET /todos/show/1

# good
GET /todos/1
```

2. 리소스에 대한 행위는 HTTP 요청 메서드로 표현한다.

HTTP 요청 메서드는 클라이언트가 서버에게 요청의 종류와 목적(리소스에 대한 행위)을 알리는 방법이다. 주로 5가지 요청 메서드(GET, POST, PUT, PATCH, DELETE 등)를 사용하여 CRUD를 구현한다.

HTTP 요청 메서드	종류	목적	페이로드
GET	index/retrieve	모든/특정 리소스 취득	X
POST	create	리소스 생성	○
PUT	replace	리소스의 전체 교체	○
PATCH	modify	리소스의 일부 수정	○
DELETE	delete	모든/특정 리소스 삭제	X

리소스에 대한 행위는 HTTP 요청 메서드를 통해 표현하며 URI에 표현하지 않는다. 예를 들어, 리소스를 취득하는 경우에는 GET, 리소스를 삭제하는 경우에는 DELETE를 사용하여 리소스에 대한 행위를 명확히 표현한다.

```
# bad
GET /todos/delete/1

# good
DELETE /todos/1
```

44.3 JSON Server를 이용한 REST API 실습

HTTP 요청을 전송하고 응답을 받으려면 서버가 필요하다. JSON Server[2]를 사용해 가상 REST API 서버를 구축하여 HTTP 요청을 전송하고 응답을 받는 실습을 진행해보자.

44.3.1 JSON Server 설치

JSON Server는 json 파일을 사용하여 가상 REST API 서버를 구축할 수 있는 툴이다. 사용법은 매우 간단하다. 먼저 npm을 사용하여 JSON Server를 설치하자.

 npm

> npm[node package manager][3]은 자바스크립트 패키지 매니저다. Node.js에서 사용할 수 있는 모듈들을 패키지화하여 모아둔 저장소 역할과 패키지 설치 및 관리를 위한 CLI[Command Line Interface]를 제공한다. 자신이 작성한 패키지를 공개할 수도 있고 필요한 패키지를 검색하여 재사용할 수도 있다. npm에 대한 자세한 내용은 다음 URL을 참고하기 바란다.
>
> ▫ **모듈화와 npm**: https://poiemaweb.com/nodejs-npm

터미널에서 다음과 같이 명령어를 입력하여 JSON Server를 설치한다.

```
$ mkdir json-server-exam && cd json-server-exam
$ npm init -y
$ npm install json-server --save-dev
```

44.3.2 db.json 파일 생성

프로젝트 루트 폴더(/json-server-exam)에 다음과 같이 db.json 파일을 생성한다. db.json 파일은 리소스를 제공하는 데이터베이스 역할을 한다.

【 예제 44-01 】

```
{
  "todos": [
    {
      "id": 1,
      "content": "HTML",
      "completed": true
    },
```

---

2 https://github.com/typicode/json-server
3 https://www.npmjs.com

```
    {
      "id": 2,
      "content": "CSS",
      "completed": false
    },
    {
      "id": 3,
      "content": "JavaScript",
      "completed": true
    }
  ]
}
```

44.3.3 JSON Server 실행

터미널에서 다음과 같이 명령어를 입력하여 JSON Server를 실행한다. JSON Server가 데이터베이스 역할을 하는 db.json 파일의 변경을 감지하게 하려면 watch 옵션을 추가한다.

```
## 기본 포트(3000) 사용 / watch 옵션 적용
$ json-server --watch db.json
```

기본 포트는 3000이다. 포트를 변경하려면 port 옵션을 추가한다.

```
## 포트 변경 / watch 옵션 적용
$ json-server --watch db.json --port 5000
```

위와 같이 매번 명령어를 입력하는 것이 번거로우니 package.json 파일의 scripts를 다음과 같이 수정하여 JSON Server를 실행하여 보자. package.json 파일에서 불필요한 항목은 삭제했다.

【 예제 44-02 】
```
{
  "name": "json-server-exam",
  "version": "1.0.0",
  "scripts": {
    "start": "json-server --watch db.json"
  },
  "devDependencies": {
    "json-server": "^0.16.1"
  }
}
```

터미널에서 npm start 명령어를 입력하여 JSON Server를 실행한다.

```
$ npm start

> json-server-exam@1.0.0 start /Users/leeungmo/Desktop/json-server-exam
> json-server --watch db.json

  \{^_^}/ hi!

  Loading db.json
  Oops, db.json doesn't seem to exist
  Creating db.json with some default data

  Done

  Resources
  http://localhost:3000/posts
  http://localhost:3000/comments
  http://localhost:3000/profile

  Home
  http://localhost:3000

  Type s + enter at any time to create a snapshot of the database
  Watching...
```

44.3.4 GET 요청

todos 리소스에서 모든 todo를 취득(index)한다.

JSON Server의 루트 폴더(/json-server-exam)에 public 폴더를 생성하고 JSON Server를 중단한 후 재실행한다. 그리고 public 폴더에 다음 get_index.html을 추가하고 브라우저에서 http://localhost:3000/get_index.html로 접속한다.

【 예제 44-03 】

```html
<!DOCTYPE html>
<html>
<body>
  <pre></pre>
  <script>
    // XMLHttpRequest 객체 생성
    const xhr = new XMLHttpRequest();
```

```
    // HTTP 요청 초기화
    // todos 리소스에서 모든 todo를 취득(index)
    xhr.open('GET', '/todos');

    // HTTP 요청 전송
    xhr.send();

    // load 이벤트는 요청이 성공적으로 완료된 경우 발생한다.
    xhr.onload = () => {
      // status 프로퍼티 값이 200이면 정상적으로 응답된 상태다.
      if (xhr.status === 200) {
        document.querySelector('pre').textContent = xhr.response;
      } else {
        console.error('Error', xhr.status, xhr.statusText);
      }
    };
  </script>
</body>
</html>
```

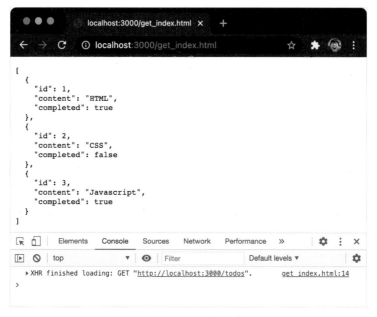

그림 44-1 GET 요청(index)

todos 리소스에서 id를 사용하여 특정 todo를 취득(retrieve)한다. public 폴더에 다음 get_retrieve.html 을 추가하고 브라우저에서 http://localhost:3000/get_retrieve.html로 접속한다.

```html
<!DOCTYPE html>
<html>
<body>
  <pre></pre>
  <script>
    // XMLHttpRequest 객체 생성
    const xhr = new XMLHttpRequest();

    // HTTP 요청 초기화
    // todos 리소스에서 id를 사용하여 특정 todo를 취득(retrieve)
    xhr.open('GET', '/todos/1');

    // HTTP 요청 전송
    xhr.send();

    // load 이벤트는 요청이 성공적으로 완료된 경우 발생한다.
    xhr.onload = () => {
      // status 프로퍼티 값이 200이면 정상적으로 응답된 상태다.
      if (xhr.status === 200) {
        document.querySelector('pre').textContent = xhr.response;
      } else {
        console.error('Error', xhr.status, xhr.statusText);
      }
    };
  </script>
</body>
</html>
```

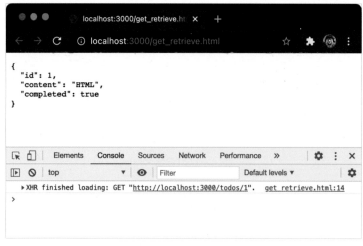

그림 44-2 GET 요청(retrieve)

44.3.5 POST 요청

todos 리소스에 새로운 todo를 생성한다. POST 요청 시에는 setRequestHeader 메서드를 사용하여 요청 몸체에 담아 서버로 전송할 페이로드의 MIME 타입을 지정해야 한다.

public 폴더에 다음 post.html을 추가하고 브라우저에서 http://localhost:3000/post.html로 접속한다.

【 예제 44-05 】

```html
<!DOCTYPE html>
<html>
<body>
  <pre></pre>
  <script>
    // XMLHttpRequest 객체 생성
    const xhr = new XMLHttpRequest();

    // HTTP 요청 초기화
    // todos 리소스에 새로운 todo를 생성
    xhr.open('POST', '/todos');

    // 요청 몸체에 담아 서버로 전송할 페이로드의 MIME 타입을 지정
    xhr.setRequestHeader('content-type', 'application/json');

    // HTTP 요청 전송
    // 새로운 todo를 생성하기 위해 페이로드를 서버에 전송해야 한다.
    xhr.send(JSON.stringify({ id: 4, content: 'Angular', completed: false }));

    // load 이벤트는 요청이 성공적으로 완료된 경우 발생한다.
    xhr.onload = () => {
      // status 프로퍼티 값이 200(OK) 또는 201(Created)이면 정상적으로 응답된 상태다.
      if (xhr.status === 200 || xhr.status === 201) {
        document.querySelector('pre').textContent = xhr.response;
      } else {
        console.error('Error', xhr.status, xhr.statusText);
      }
    };
  </script>
</body>
</html>
```

그림 44-3 POST 요청

44.3.6 PUT 요청

PUT은 특정 리소스 전체를 교체할 때 사용한다. 다음 예제에서는 todos 리소스에서 id로 todo를 특정하여 id를 제외한 리소스 전체를 교체한다. PUT 요청 시에는 setRequestHeader 메서드를 사용하여 요청 몸체에 담아 서버로 전송할 페이로드의 MIME 타입을 지정해야 한다.

public 폴더에 다음 put.html을 추가하고 브라우저에서 http://localhost:3000/put.html로 접속한다.

【 예제 44-06 】

```html
<!DOCTYPE html>
<html>
<body>
  <pre></pre>
  <script>
    // XMLHttpRequest 객체 생성
    const xhr = new XMLHttpRequest();

    // HTTP 요청 초기화
    // todos 리소스에서 id로 todo를 특정하여 id를 제외한 리소스 전체를 교체
    xhr.open('PUT', '/todos/4');

    // 요청 몸체에 담아 서버로 전송할 페이로드의 MIME 타입을 지정
    xhr.setRequestHeader('content-type', 'application/json');

    // HTTP 요청 전송
    // 리소스 전체를 교체하기 위해 페이로드를 서버에 전송해야 한다.
    xhr.send(JSON.stringify({ id: 4, content: 'React', completed: true }));

    // load 이벤트는 요청이 성공적으로 완료된 경우 발생한다.
    xhr.onload = () => {
```

```
      // status 프로퍼티 값이 200이면 정상적으로 응답된 상태다.
      if (xhr.status === 200) {
        document.querySelector('pre').textContent = xhr.response;
      } else {
        console.error('Error', xhr.status, xhr.statusText);
      }
    };
  </script>
</body>
</html>
```

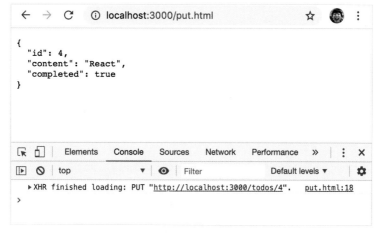

그림 44-4 PUT 요청

44.3.7 PATCH 요청

PATCH는 특정 리소스의 일부를 수정할 때 사용한다. 다음 예제에서는 todos 리소스의 id로 todo를 특정하여 completed만 수정한다. PATCH 요청 시에는 setRequestHeader 메서드를 사용하여 요청 몸체에 담아 서버로 전송할 페이로드의 MIME 타입을 지정해야 한다.

public 폴더에 다음 patch.html을 추가하고 브라우저에서 http://localhost:3000/patch.html로 접속한다.

【 예제 44-07 】

```
<!DOCTYPE html>
<html>
<body>
  <pre></pre>
  <script>
    // XMLHttpRequest 객체 생성
    const xhr = new XMLHttpRequest();
```

```
  // HTTP 요청 초기화
  // todos 리소스의 id로 todo를 특정하여 completed만 수정
  xhr.open('PATCH', '/todos/4');

  // 요청 몸체에 담아 서버로 전송할 페이로드의 MIME 타입을 지정
  xhr.setRequestHeader('content-type', 'application/json');

  // HTTP 요청 전송
  // 리소스를 수정하기 위해 페이로드를 서버에 전송해야 한다.
  xhr.send(JSON.stringify({ completed: false }));

  // load 이벤트는 요청이 성공적으로 완료된 경우 발생한다.
  xhr.onload = () => {
    // status 프로퍼티 값이 200이면 정상적으로 응답된 상태다.
    if (xhr.status === 200) {
      document.querySelector('pre').textContent = xhr.response;
    } else {
      console.error('Error', xhr.status, xhr.statusText);
    }
  };
  </script>
</body>
</html>
```

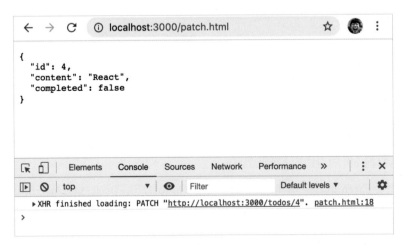

그림 44-5 PATCH 요청

44.3.8 DELETE 요청

todos 리소스에서 id를 사용하여 todo를 삭제한다. public 폴더에 다음 delete.html을 추가하고 브라우저에서 http://localhost:3000/delete.html로 접속한다.

【 예제 44-08 】

```html
<!DOCTYPE html>
<html>
<body>
  <pre></pre>
  <script>
    // XMLHttpRequest 객체 생성
    const xhr = new XMLHttpRequest();

    // HTTP 요청 초기화
    // todos 리소스에서 id를 사용하여 todo를 삭제한다.
    xhr.open('DELETE', '/todos/4');

    // HTTP 요청 전송
    xhr.send();

    // load 이벤트는 요청이 성공적으로 완료된 경우 발생한다.
    xhr.onload = () => {
      // status 프로퍼티 값이 200이면 정상적으로 응답된 상태다.
      if (xhr.status === 200) {
        document.querySelector('pre').textContent = xhr.response;
      } else {
        console.error('Error', xhr.status, xhr.statusText);
      }
    };
  </script>
</body>
</html>
```

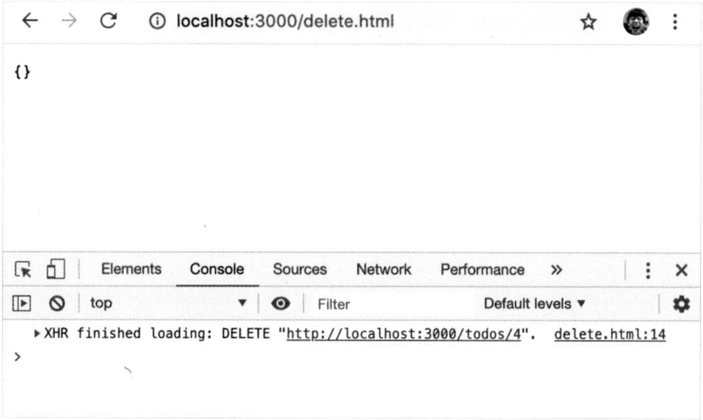

그림 44-6 DELETE 요청

45장

프로미스

자바스크립트는 비동기 처리를 위한 하나의 패턴으로 콜백 함수를 사용한다. 하지만 전통적인 콜백 패턴은 콜백 헬로 인해 가독성이 나쁘고 비동기 처리 중 발생한 에러의 처리가 곤란하며 여러 개의 비동기 처리를 한번에 처리하는 데도 한계가 있다.

ES6에서는 비동기 처리를 위한 또 다른 패턴으로 프로미스Promise를 도입했다. 프로미스는 전통적인 콜백 패턴이 가진 단점을 보완하며 비동기 처리 시점을 명확하게 표현할 수 있다는 장점이 있다.

45.1 비동기 처리를 위한 콜백 패턴의 단점

45.1.1 콜백 헬

먼저 44.3.4절 "GET 요청"에서 살펴본 바와 같이 GET 요청을 위한 함수를 작성해 보자.

【 예제 45-01 】

```javascript
// GET 요청을 위한 비동기 함수
const get = url => {
  const xhr = new XMLHttpRequest();
  xhr.open('GET', url);
  xhr.send();

  xhr.onload = () => {
    if (xhr.status === 200) {
      // 서버의 응답을 콘솔에 출력한다.
      console.log(JSON.parse(xhr.response));
    } else {
```

```
      console.error(`${xhr.status} ${xhr.statusText}`);
    }
  };
};

// id가 1인 post를 취득
get('https://jsonplaceholder.typicode.com/posts/1');
/*
{
  "userId": 1,
  "id": 1,
  "title": "sunt aut facere ... ",
  "body": "quia et suscipit ... "
}
*/
```

위 예제의 get 함수는 서버의 응답 결과를 콘솔에 출력한다. get 함수가 서버의 응답 결과를 반환하게 하려면 어떻게 하면 될까?

get 함수는 비동기 함수다. 비동기 함수란 함수 내부에 비동기로 동작하는 코드를 포함한 함수를 말한다. **비동기 함수를 호출하면 함수 내부의 비동기로 동작하는 코드가 완료되지 않았다 해도 기다리지 않고 즉시 종료된다. 즉, 비동기 함수 내부의 비동기로 동작하는 코드는 비동기 함수가 종료된 이후에 완료된다. 따라서 비동기 함수 내부의 비동기로 동작하는 코드에서 처리 결과를 외부로 반환하거나 상위 스코프의 변수에 할당하면 기대한 대로 동작하지 않는다.**

예를 들어, setTimeout 함수는 비동기 함수다. setTimeout 함수가 비동기 함수인 이유는 콜백 함수의 호출이 비동기로 동작하기 때문이다. setTimeout 함수를 호출하면 콜백 함수를 호출 스케줄링한 다음, 타이머 id를 반환하고 즉시 종료된다. 즉, 비동기 함수인 setTimeout 함수의 콜백 함수는 setTimeout 함수가 종료된 이후에 호출된다. 따라서 setTimeout 함수 내부의 콜백 함수에서 처리 결과를 외부로 반환하거나 상위 스코프의 변수에 할당하면 기대한 대로 동작하지 않는다.

setTimeout 함수의 콜백 함수에서 상위 스코프의 변수에 값을 할당해 보자. setTimeout 함수는 생성된 타이머를 식별할 수 있는 고유한 타이머 id를 반환하므로 콜백 함수에서 값을 반환하는 것은 무의미하다.

【 예제 45-02 】

```
let g = 0;

// 비동기 함수인 setTimeout 함수는 콜백 함수의 처리 결과를 외부로 반환하거나 상위 스코프의 변수에 할당하지 못한다.
setTimeout(() => { g = 100; }, 0);
console.log(g); // 0
```

GET 요청을 전송하고 서버의 응답을 전달받는 get 함수도 비동기 함수다. get 함수가 비동기 함수인 이유는 get 함수 내부의 **onload 이벤트 핸들러가 비동기로 동작**하기 때문이다. get 함수를 호출하면 GET 요청을 전송하고 onload 이벤트 핸들러를 등록한 다음 undefined를 반환하고 즉시 종료된다. 즉, 비동기 함수인 get 함수 내부의 onload 이벤트 핸들러는 get 함수가 종료된 이후에 실행된다. 따라서 get 함수의 onload 이벤트 핸들러에서 서버의 응답 결과를 반환하거나 상위 스코프의 변수에 할당하면 기대한 대로 동작하지 않는다.

get 함수가 서버의 응답 결과를 반환하도록 수정해 보자.

【 예제 45-03 】

```
// GET 요청을 위한 비동기 함수
const get = url => {
  const xhr = new XMLHttpRequest();
  xhr.open('GET', url);
  xhr.send();

  xhr.onload = () => {
    if (xhr.status === 200) {
      // ① 서버의 응답을 반환한다.
      return JSON.parse(xhr.response);
    }
    console.error(`${xhr.status} ${xhr.statusText}`);
  };
};

// ② id가 1인 post를 취득
const response = get('https://jsonplaceholder.typicode.com/posts/1');
console.log(response); // undefined
```

get 함수가 호출되면 XMLHttpRequest 객체를 생성하고, HTTP 요청을 초기화한 후, HTTP 요청을 전송한다. 그리고 xhr.onload 이벤트 핸들러 프로퍼티에 이벤트 핸들러를 바인딩하고 종료한다. 이때 get 함수에 명시적인 반환문이 없으므로 get 함수는 undefined를 반환한다(②).

xhr.onload 이벤트 핸들러 프로퍼티에 바인딩한 이벤트 핸들러의 반환문(①)은 get 함수의 반환문이 아니다. get 함수는 반환문이 생략되었으므로 암묵적으로 undefined를 반환한다. 함수의 반환값은 명시적으로 호출한 다음에 캐치할 수 있으므로 onload 이벤트 핸들러를 get 함수가 호출할 수 있다면 이벤트 핸들러의 반환값을 get 함수가 캐치하여 다시 반환할 수도 있겠지만 onload 이벤트 핸들러는 get 함수가 호출하지 않기 때문에 그럴 수도 없다. 따라서 onload 이벤트 핸들러의 반환값은 캐치할 수 없다.

【 예제 45-04 】

```
<!DOCTYPE html>
<html>
<body>
  <input type="text">
  <script>
    document.querySelector('input').oninput = function () {
      console.log(this.value);
      // 이벤트 핸들러에서의 반환은 의미가 없다.
      return this.value;
    };
  </script>
</body>
</html>
```

그렇다면 ①에서 서버의 응답을 상위 스코프의 변수에 할당하면 어떨까?

【 예제 45-05 】

```
let todos;

// GET 요청을 위한 비동기 함수
const get = url => {
  const xhr = new XMLHttpRequest();
  xhr.open('GET', url);
  xhr.send();

  xhr.onload = () => {
    if (xhr.status === 200) {
      // ① 서버의 응답을 상위 스코프의 변수에 할당한다.
      todos = JSON.parse(xhr.response);
    } else {
      console.error(`${xhr.status} ${xhr.statusText}`);
    }
  };
};

// id가 1인 post를 취득
get('https://jsonplaceholder.typicode.com/posts/1');
console.log(todos); // ② undefined
```

이 또한 기대한 대로 동작하지 않는다. xhr.onload 이벤트 핸들러 프로퍼티에 바인딩한 이벤트 핸들러는 언제나 ②의 console.log가 종료한 이후에 호출된다. 따라서 ②의 시점에는 아직 전역 변수 todos에 서버의 응답 결과가 할당되기 이전이다. 다시 말해, xhr.onload 이벤트 핸들러에서 서버의 응답을 상위 스코프의 변수에 할당(①)하면 처리 순서가 보장되지 않는다. 그 이유에 대해 살펴보자.

비동기 함수 get이 호출되면 함수 코드를 평가하는 과정에서 get 함수의 실행 컨텍스트가 생성되고 실행 컨텍스트 스택(콜 스택)에 푸시된다. 이후 함수 코드 실행 과정에서 xhr.onload 이벤트 핸들러 프로퍼티에 이벤트 핸들러가 바인딩된다.

get 함수가 종료하면 get 함수의 실행 컨텍스트가 콜 스택에서 팝되고, 곧바로 ②의 console.log가 호출된다. 이때 console.log의 실행 컨텍스트가 생성되어 실행 컨텍스트 스택에 푸시된다. 만약 console.log가 호출되기 직전에 load 이벤트가 발생했더라도 xhr.onload 이벤트 핸들러 프로퍼티에 바인딩한 이벤트 핸들러는 결코 console.log보다 먼저 실행되지 않는다.

서버로부터 응답이 도착하면 xhr 객체에서 load 이벤트가 발생한다. 이때 **xhr.onload 핸들러 프로퍼티에 바인딩한 이벤트 핸들러가 즉시 실행되는 것이 아니다. xhr.onload 이벤트 핸들러는 load 이벤트가 발생하면 일단 태스크 큐에 저장되어 대기하다가, 콜 스택이 비면 이벤트 루프에 의해 콜 스택으로 푸시되어 실행된다.** 이벤트 핸들러도 함수이므로 이벤트 핸들러의 평가 → 이벤트 핸들러의 실행 컨텍스트 생성 → 콜 스택에 푸시 → 이벤트 핸들러 실행 과정을 거친다.

따라서 xhr.onload 이벤트 핸들러가 실행되는 시점에는 콜 스택이 빈 상태여야 하므로 ②의 console.log는 이미 종료된 이후다. 만약 get 함수 이후에 console.log가 100번 호출된다 해도 xhr.onload 이벤트 핸들러는 모든 console.log가 종료한 이후에 실행된다. 즉, xhr.onload 이벤트 핸들러에서 상위 스코프의 변수에 서버의 응답 결과를 할당하기 이전에 console.log가 먼저 호출되어 undefined가 출력된다.

이처럼 비동기 함수는 비동기 처리 결과를 외부에 반환할 수 없고, 상위 스코프의 변수에 할당할 수도 없다. 따라서 비동기 함수의 처리 결과(서버의 응답 등)에 대한 후속 처리는 비동기 함수 내부에서 수행해야 한다. 이때 비동기 함수를 범용적으로 사용하기 위해 비동기 함수에 비동기 처리 결과에 대한 후속 처리를 수행하는 콜백 함수를 전달하는 것이 일반적이다. 필요에 따라 비동기 처리가 성공하면 호출될 콜백 함수와 비동기 처리가 실패하면 호출될 콜백 함수를 전달할 수 있다.

【 예제 45-06 】

```
// GET 요청을 위한 비동기 함수
const get = (url, successCallback, failureCallback) => {
  const xhr = new XMLHttpRequest();
  xhr.open('GET', url);
  xhr.send();

  xhr.onload = () => {
    if (xhr.status === 200) {
```

```
    // 서버의 응답을 콜백 함수에 인수로 전달하면서 호출하여 응답에 대한 후속 처리를 한다.
    successCallback(JSON.parse(xhr.response));
  } else {
    // 에러 정보를 콜백 함수에 인수로 전달하면서 호출하여 에러 처리를 한다.
    failureCallback(xhr.status);
  }
  };
};

// id가 1인 post를 취득
// 서버의 응답에 대한 후속 처리를 위한 콜백 함수를 비동기 함수인 get에 전달해야 한다.
get('https://jsonplaceholder.typicode.com/posts/1', console.log, console.error);
/*
{
  "userId": 1,
  "id": 1,
  "title": "sunt aut facere ... ",
  "body": "quia et suscipit ... "
}
*/
```

이처럼 콜백 함수를 통해 비동기 처리 결과에 대한 후속 처리를 수행하는 비동기 함수가 비동기 처리 결과를 가지고 또다시 비동기 함수를 호출해야 한다면 콜백 함수 호출이 중첩되어 복잡도가 높아지는 현상이 발생하는데, 이를 **콜백 헬**callback hell이라 한다. 다음 예제를 보자.

【 예제 45-07 】

```
// GET 요청을 위한 비동기 함수
const get = (url, callback) => {
  const xhr = new XMLHttpRequest();
  xhr.open('GET', url);
  xhr.send();

  xhr.onload = () => {
    if (xhr.status === 200) {
      // 서버의 응답을 콜백 함수에 전달하면서 호출하여 응답에 대한 후속 처리를 한다.
      callback(JSON.parse(xhr.response));
    } else {
      console.error(`${xhr.status} ${xhr.statusText}`);
    }
  };
};

const url = 'https://jsonplaceholder.typicode.com';
```

```
// id가 1인 post의 userId를 취득
get(`${url}/posts/1`, ({ userId }) => {
  console.log(userId); // 1
  // post의 userId를 사용하여 user 정보를 취득
  get(`${url}/users/${userId}`, userInfo => {
    console.log(userInfo); // {id: 1, name: "Leanne Graham", username: "Bret", ... }
  });
});
```

위 예제를 보면 GET 요청을 통해 서버로부터 응답(id가 1인 post)을 취득하고 이 데이터를 사용하여 또다시 GET 요청을 한다. 콜백 헬은 가독성을 나쁘게 하며 실수를 유발하는 원인이 된다. 다음은 콜백 헬이 발생하는 전형적인 사례다.

【 예제 45-08 】

```
get('/step1', a => {
  get(`/step2/${a}`, b => {
    get(`/step3/${b}`, c => {
      get(`/step4/${c}`, d => {
        console.log(d);
      });
    });
  });
});
```

45.1.2 에러 처리의 한계

비동기 처리를 위한 콜백 패턴의 문제점 중에서 가장 심각한 것은 에러 처리[1]가 곤란하다는 것이다. 다음 예제를 살펴보자.

【 예제 45-09 】

```
try {
  setTimeout(() => { throw new Error('Error!'); }, 1000);
} catch (e) {
  // 에러를 캐치하지 못한다
  console.error('캐치한 에러', e);
}
```

---

1   47장 "에러 처리" 참고

try 코드 블록 내에서 호출한 setTimeout 함수는 1초 후에 콜백 함수가 실행되도록 타이머를 설정하고, 이후 콜백 함수는 에러를 발생시킨다. 하지만 이 에러는 catch 코드 블록에서 캐치되지 않는다. 그 이유를 알아보자.

비동기 함수인 setTimeout이 호출되면 setTimeout 함수의 실행 컨텍스트가 생성되어 콜 스택에 푸시되어 실행된다. setTimeout은 비동기 함수이므로 콜백 함수가 호출되는 것을 기다리지 않고 즉시 종료되어 콜 스택에서 제거된다. 이후 타이머가 만료되면 setTimeout 함수의 콜백 함수는 태스크 큐로 푸시되고 콜 스택이 비어졌을 때 이벤트 루프에 의해 콜 스택으로 푸시되어 실행된다.

setTimeout 함수의 콜백 함수가 실행될 때 setTimeout 함수는 이미 콜 스택에서 제거된 상태. 이것은 setTimeout 함수의 콜백 함수를 호출한 것이 setTimeout 함수가 아니라는 것을 의미한다. setTimeout 함수의 콜백 함수의 호출자^{caller}가 setTimeout 함수라면 콜 스택의 현재 실행 중인 실행 컨텍스트가 콜백 함수의 실행 컨텍스트일 때 현재 실행 중인 실행 컨텍스트의 하위 실행 컨텍스트가 setTimeout 함수여야 한다.

에러는 호출자^{caller} 방향으로 전파된다. 즉, 콜 스택의 아래 방향(실행 중인 실행 컨텍스트가 푸시되기 직전에 푸시된 실행 컨텍스트 방향)으로 전파된다. 하지만 앞에서 살펴본 바와 같이 setTimeout 함수의 콜백 함수를 호출한 것은 setTimeout 함수가 아니다. 따라서 setTimeout 함수의 콜백 함수가 발생시킨 에러는 catch 블록에서 캐치되지 않는다.

지금까지 살펴본 비동기 처리를 위한 콜백 패턴은 콜백 헬이나 에러 처리가 곤란하다는 문제가 있다. 이를 극복하기 위해 ES6에서 프로미스^{Promise}가 도입되었다.

45.2 프로미스의 생성

Promise 생성자 함수를 new 연산자와 함께 호출하면 프로미스(Promise 객체)를 생성한다. ES6에서 도입된 Promise는 호스트 객체가 아닌 ECMAScript 사양에 정의된 표준 빌트인 객체다.

Promise 생성자 함수는 비동기 처리를 수행할 콜백 함수(ECMAScript 사양에서는 executor 함수라고 부른다)를 인수로 전달받는데 이 콜백 함수는 resolve와 reject 함수를 인수로 전달받는다.

```javascript
// 프로미스 생성
const promise = new Promise((resolve, reject) => {
  // Promise 함수의 콜백 함수 내부에서 비동기 처리를 수행한다.
  if (/* 비동기 처리 성공 */) {
    resolve('result');
  } else { /* 비동기 처리 실패 */
    reject('failure reason');
  }
});
```

Promise 생성자 함수가 인수로 전달받은 콜백 함수 내부에서 비동기 처리를 수행한다. 이때 비동기 처리가 성공하면 콜백 함수의 인수로 전달받은 resolve 함수를 호출하고, 비동기 처리가 실패하면 reject 함수를 호출한다. 앞에서 살펴본 비동기 함수 get을 프로미스를 사용해 다시 구현해 보자.

```javascript
// GET 요청을 위한 비동기 함수
const promiseGet = url => {
  return new Promise((resolve, reject) => {
    const xhr = new XMLHttpRequest();
    xhr.open('GET', url);
    xhr.send();

    xhr.onload = () => {
      if (xhr.status === 200) {
        // 성공적으로 응답을 전달받으면 resolve 함수를 호출한다.
        resolve(JSON.parse(xhr.response));
      } else {
        // 에러 처리를 위해 reject 함수를 호출한다.
        reject(new Error(xhr.status));
      }
    };
  });
};

// promiseGet 함수는 프로미스를 반환한다.
promiseGet('https://jsonplaceholder.typicode.com/posts/1');
```

비동기 함수인 promiseGet은 함수 내부에서 프로미스를 생성하고 반환한다. 비동기 처리는 Promise 생성자 함수가 인수로 전달받은 콜백 함수 내부에서 수행한다. 만약 비동기 처리가 성공하면 비동기 처리 결과를 resolve 함수에 인수로 전달하면서 호출하고, 비동기 처리가 실패하면 에러를 reject 함수에 인수로 전달하면서 호출한다.

프로미스는 다음과 같이 현재 비동기 처리가 어떻게 진행되고 있는지를 나타내는 상태[state] 정보를 갖는다.

프로미스의 상태 정보[2]	의미	상태 변경 조건
pending	비동기 처리가 아직 수행되지 않은 상태	프로미스가 생성된 직후 기본 상태
fulfilled	비동기 처리가 수행된 상태(성공)	resolve 함수 호출
rejected	비동기 처리가 수행된 상태(실패)	reject 함수 호출

생성된 직후의 프로미스는 기본적으로 pending 상태다. 이후 비동기 처리가 수행되면 비동기 처리 결과에 따라 다음과 같이 프로미스의 상태가 변경된다.

- **비동기 처리 성공**: resolve 함수를 호출해 프로미스를 fulfilled 상태로 변경한다.
- **비동기 처리 실패**: reject 함수를 호출해 프로미스를 rejected 상태로 변경한다.

이처럼 **프로미스의 상태는 resolve 또는 reject 함수를 호출하는 것으로 결정된다.**

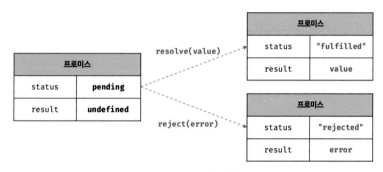

그림 45-1 프로미스의 상태

fulfilled 또는 rejected 상태를 settled 상태라고 한다. settled 상태는 fulfilled 또는 rejected 상태와 상관없이 pending이 아닌 상태로 비동기 처리가 수행된 상태를 말한다.

프로미스는 pending 상태에서 fulfilled 또는 rejected 상태, 즉 settled 상태로 변화할 수 있다. 하지만 일단 settled 상태가 되면 더는 다른 상태로 변화할 수 없다.

프로미스는 비동기 처리 상태와 더불어 비동기 처리 결과(위 그림의 result)도 상태로 갖는다. 아래의 프로미스를 개발자 도구에서 출력해보자.

【 예제 45-12 】

```
// fulfilled된 프로미스
const fulfilled = new Promise(resolve => resolve(1));
```

---

2 프로미스의 상태 정보는 프로미스의 내부 슬롯 [[PromiseStatus]](https://262.ecma-international.org/12.0/#sec-properties-of-promise-instances)에 저장된다. 프로미스의 내부 슬롯 [[PromiseStatus]]에 접근할 수 있는 수단은 제공되지 않는다.

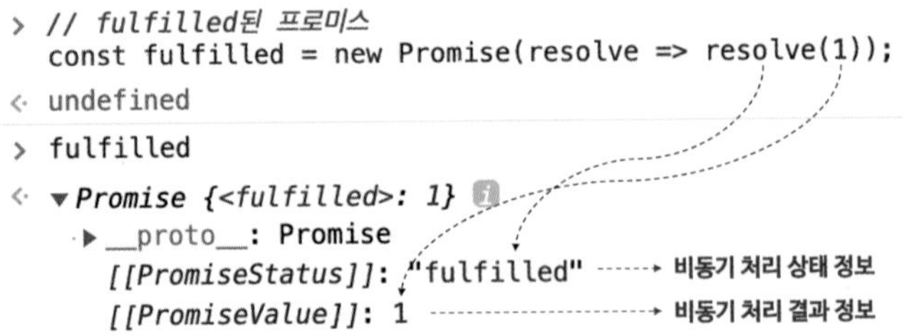

```
> // fulfilled된 프로미스
  const fulfilled = new Promise(resolve => resolve(1));
< undefined
> fulfilled
< ▼ Promise {<fulfilled>: 1} ⓘ
    ▶ __proto__: Promise
      [[PromiseStatus]]: "fulfilled" ·····▶ 비동기 처리 상태 정보
      [[PromiseValue]]: 1 ·············▶ 비동기 처리 결과 정보
```

그림 45-2 fulfilled된 프로미스

비동기 처리가 성공하면 프로미스는 pending 상태에서 fulfilled 상태로 변화한다. 그리고 비동기 처리 결과인 1을 값으로 갖는다.

【 예제 45-13 】

```
// rejected된 프로미스
const rejected = new Promise((_, reject) => reject(new Error('error occurred')));
```

```
> // rejected된 프로미스
  const rejected = new Promise((_, reject) => reject(new Error('error occurred')));
< undefined
⊗ ▶Uncaught (in promise) Error: error occurred                    VM58745:2
      at <anonymous>:2:52
      at new Promise (<anonymous>)
      at <anonymous>:2:18
> rejected
< ▼ Promise {<rejected>: Error: error occurred
          at <anonymous>:2:52
          at new Promise (<anonymous>)
          at <anonymous>:2…} ⓘ
    ▶ __proto__: Promise
      [[PromiseStatus]]: "rejected" ·····▶ 비동기 처리 상태 정보
    ▶ [[PromiseValue]]: Error: error occurred at <anonymous>:2:52 at new Promise (<…
                              ·············▶ 비동기 처리 결과 정보
```

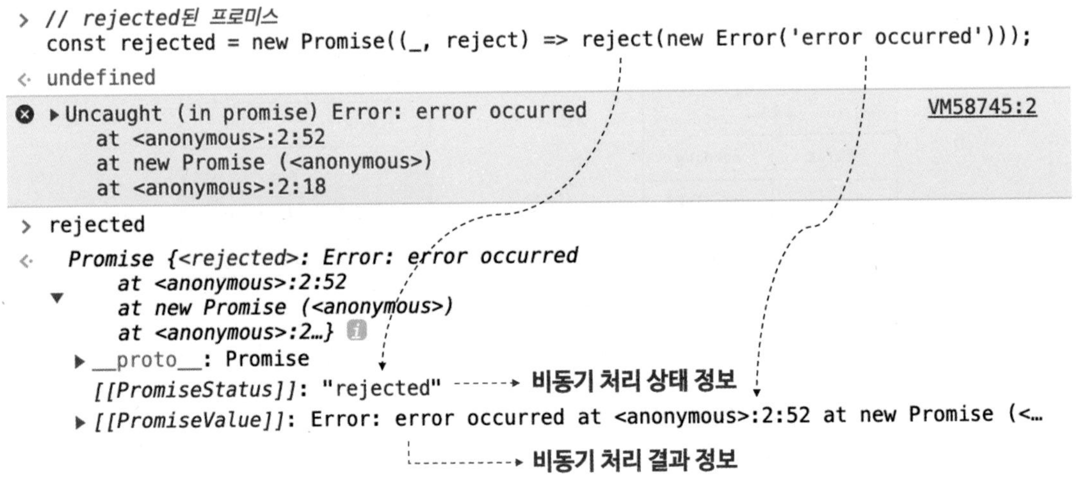

그림 45-3 rejected된 프로미스

비동기 처리가 실패하면 프로미스는 pending 상태에서 rejected 상태로 변화한다. 그리고 비동기 처리 결과인 Error 객체를 값으로 갖는다. 즉, **프로미스는 비동기 처리 상태와 처리 결과를 관리하는 객체다.**

45.3 프로미스의 후속 처리 메서드

프로미스의 비동기 처리 상태가 변화하면 이에 따른 후속 처리를 해야 한다. 예를 들어, 프로미스가 fulfilled 상태가 되면 프로미스의 처리 결과를 가지고 무언가를 해야 하고, 프로미스가 rejected 상태가

되면 프로미스의 처리 결과(에러)를 가지고 에러 처리를 해야 한다. 이를 위해 프로미스는 후속 메서드 then, catch, finally를 제공한다.

프로미스의 비동기 처리 상태가 변화하면 후속 처리 메서드에 인수로 전달한 콜백 함수가 선택적으로 호출된다. 이때 후속 처리 메서드의 콜백 함수에 프로미스의 처리 결과가 인수로 전달된다.

모든 후속 처리 메서드는 프로미스를 반환하며, 비동기로 동작한다. 프로미스의 후속 처리 메서드는 다음과 같다.

45.3.1 Promise.prototype.then

then 메서드는 두 개의 콜백 함수를 인수로 전달받는다.

- 첫 번째 콜백 함수는 프로미스가 fulfilled 상태(resolve 함수가 호출된 상태)가 되면 호출된다. 이때 콜백 함수는 프로미스의 비동기 처리 결과를 인수로 전달받는다.
- 두 번째 콜백 함수는 프로미스가 rejected 상태(reject 함수가 호출된 상태)가 되면 호출된다. 이때 콜백 함수는 프로미스의 에러를 인수로 전달받는다.

즉, 첫 번째 콜백 함수는 비동기 처리가 성공했을 때 호출되는 성공 처리 콜백 함수이며, 두 번째 콜백 함수는 비동기 처리가 실패했을 때 호출되는 실패 처리 콜백 함수다.

【 예제 45-14 】

```
// fulfilled
new Promise(resolve => resolve('fulfilled'))
  .then(v => console.log(v), e => console.error(e)); // fulfilled

// rejected
new Promise((_, reject) => reject(new Error('rejected')))
  .then(v => console.log(v), e => console.error(e)); // Error: rejected
```

then 메서드는 언제나 프로미스를 반환한다. 만약 then 메서드의 콜백 함수가 프로미스를 반환하면 그 프로미스를 그대로 반환하고, 콜백 함수가 프로미스가 아닌 값을 반환하면 그 값을 암묵적으로 resolve 또는 reject하여 프로미스를 생성해 반환한다.

45.3.2 Promise.prototype.catch

catch 메서드는 한 개의 콜백 함수를 인수로 전달받는다. catch 메서드의 콜백 함수는 프로미스가 rejected 상태인 경우만 호출된다.

【 예제 45-15 】

```
// rejected
new Promise((_, reject) => reject(new Error('rejected')))
  .catch(e => console.log(e)); // Error: rejected
```

catch 메서드는 then(undefined, onRejected)과 동일하게 동작한다. 따라서 then 메서드와 마찬가지로 언제나 프로미스를 반환한다.

【 예제 45-16 】

```
// rejected
new Promise((_, reject) => reject(new Error('rejected')))
  .then(undefined, e => console.log(e)); // Error: rejected
```

45.3.3 Promise.prototype.finally

finally 메서드는 한 개의 콜백 함수를 인수로 전달받는다. finally 메서드의 콜백 함수는 프로미스의 성공 (fulfilled) 또는 실패(rejected)와 상관없이 무조건 한 번 호출된다. finally 메서드는 프로미스의 상태와 상관없이 공통적으로 수행해야 할 처리 내용이 있을 때 유용하다. finally 메서드도 then/catch 메서드와 마찬가지로 언제나 프로미스를 반환한다.

【 예제 45-17 】

```
new Promise(() => {})
  .finally(() => console.log('finally')); // finally
```

프로미스로 구현한 비동기 함수 get을 사용해 후속 처리를 구현해보자.

【 예제 45-18 】

```
const promiseGet = url => {
  return new Promise((resolve, reject) => {
    const xhr = new XMLHttpRequest();
    xhr.open('GET', url);
    xhr.send();

    xhr.onload = () => {
      if (xhr.status === 200) {
        // 성공적으로 응답을 전달받으면 resolve 함수를 호출한다.
        resolve(JSON.parse(xhr.response));
      } else {
        // 에러 처리를 위해 reject 함수를 호출한다.
        reject(new Error(xhr.status));
```

```
      }
    };
  });
};

// promiseGet 함수는 프로미스를 반환한다.
promiseGet('https://jsonplaceholder.typicode.com/posts/1')
  .then(res => console.log(res))
  .catch(err => console.error(err))
  .finally(() => console.log('Bye!'));
```

45.4 프로미스의 에러 처리

45.1.2절 "에러 처리의 한계"에서 살펴보았듯이 비동기 처리를 위한 콜백 패턴은 에러 처리가 곤란하다는 문제가 있다. 프로미스는 에러를 문제없이 처리할 수 있다.

위 예제의 비동기 함수 get은 프로미스를 반환한다. 비동기 처리 결과에 대한 후속 처리는 프로미스가 제공하는 후속 처리 메서드 then, catch, finally를 사용하여 수행한다. 비동기 처리에서 발생한 에러는 then 메서드의 두 번째 콜백 함수로 처리할 수 있다.

【 예제 45-19 】

```
const wrongUrl = 'https://jsonplaceholder.typicode.com/XXX/1';

// 부적절한 URL이 지정되었기 때문에 에러가 발생한다.
promiseGet(wrongUrl).then(
  res => console.log(res),
  err => console.error(err)
); // Error: 404
```

비동기 처리에서 발생한 에러는 프로미스의 후속 처리 메서드 catch를 사용해 처리할 수도 있다.

【 예제 45-20 】

```
const wrongUrl = 'https://jsonplaceholder.typicode.com/XXX/1';

// 부적절한 URL이 지정되었기 때문에 에러가 발생한다.
promiseGet(wrongUrl)
  .then(res => console.log(res))
  .catch(err => console.error(err)); // Error: 404
```

catch 메서드를 호출하면 내부적으로 then(undefined, onRejected)을 호출한다. 따라서 위 예제는 내부적으로 다음과 같이 처리된다.[3]

【 예제 45-21 】

```
const wrongUrl = 'https://jsonplaceholder.typicode.com/XXX/1';

// 부적절한 URL이 지정되었기 때문에 에러가 발생한다.
promiseGet(wrongUrl)
  .then(res => console.log(res))
  .then(undefined, err => console.error(err)); // Error: 404
```

단, then 메서드의 두 번째 콜백 함수는 첫 번째 콜백 함수에서 발생한 에러를 캐치하지 못하고 코드가 복잡해져서 가독성이 좋지 않다.

【 예제 45-22 】

```
promiseGet('https://jsonplaceholder.typicode.com/todos/1').then(
  res => console.xxx(res),
  err => console.error(err)
); // 두 번째 콜백 함수는 첫 번째 콜백 함수에서 발생한 에러를 캐치하지 못한다.
```

catch 메서드를 모든 then 메서드를 호출한 이후에 호출하면 비동기 처리에서 발생한 에러(rejected 상태) 뿐만 아니라 then 메서드 내부에서 발생한 에러까지 모두 캐치할 수 있다.

【 예제 45-23 】

```
promiseGet('https://jsonplaceholder.typicode.com/todos/1')
  .then(res => console.xxx(res))
  .catch(err => console.error(err)); // TypeError: console.xxx is not a function
```

또한 then 메서드에 두 번째 콜백 함수를 전달하는 것보다 catch 메서드를 사용하는 것이 가독성이 좋고 명확하다. 따라서 에러 처리는 then 메서드에서 하지 말고 catch 메서드에서 하는 것을 권장한다.

45.5 프로미스 체이닝

45.1.1절 "콜백 헬"에서 살펴보았듯이 비동기 처리를 위한 콜백 패턴은 콜백 헬이 발생하는 문제가 있다. 프로미스는 then, catch, finally 후속 처리 메서드를 통해 콜백 헬을 해결한다.

45.1.1절 "콜백 헬"에서 살펴본 콜백 헬이 발생하는 예제를 프로미스를 사용해 다시 구현해보자.

---

3 https://www.ecma-international.org/ecma-262/11.0/#sec-promise.prototype.catch

```
const url = 'https://jsonplaceholder.typicode.com';

// id가 1인 post의 userId를 취득
promiseGet(`${url}/posts/1`)
  // 취득한 post의 userId로 user 정보를 취득
  .then(({ userId }) => promiseGet(`${url}/users/${userId}`))
  .then(userInfo => console.log(userInfo))
  .catch(err => console.error(err));
```

위 예제에서 then → then → catch 순서로 후속 처리 메서드를 호출했다. then, catch, finally 후속 처리 메서드는 언제나 프로미스를 반환하므로 연속적으로 호출할 수 있다. 이를 프로미스 체이닝promise chaining이라 한다.

45.3절 "프로미스의 후속 처리 메서드"에서 살펴보았듯이 후속 처리 메서드의 콜백 함수는 프로미스의 비동기 처리 상태가 변경되면 선택적으로 호출된다. 위 예제에서 후속 처리 메서드의 콜백 함수는 다음과 같이 인수를 전달받으면서 호출된다.

후속 처리 메서드	콜백 함수의 인수	후속 처리 메서드의 반환값
then	promiseGet 함수가 반환한 프로미스가 resolve한 값(id가 1인 post)	콜백 함수가 반환한 프로미스
then	첫 번째 then 메서드가 반환한 프로미스가 resolve한 값(post의 userId로 취득한 user 정보)	콜백 함수가 반환한 값(undefined)을 resolve한 프로미스
catch ※ 에러가 발생하지 않으면 호출되지 않는다.	promiseGet 함수 또는 앞선 후속 처리 메서드가 반환한 프로미스가 reject한 값	콜백 함수가 반환한 값(undefined)을 resolve한 프로미스

이처럼 then, catch, finally 후속 처리 메서드는 콜백 함수가 반환한 프로미스를 반환한다. 만약 후속 처리 메서드의 콜백 함수가 프로미스가 아닌 값을 반환하더라도 그 값을 암묵적으로 resolve 또는 reject하여 프로미스를 생성해 반환한다.

프로미스는 프로미스 체이닝을 통해 비동기 처리 결과를 전달받아 후속 처리를 하므로 비동기 처리를 위한 콜백 패턴에서 발생하던 콜백 헬이 발생하지 않는다. 다만 프로미스도 콜백 패턴을 사용하므로 콜백 함수를 사용하지 않는 것은 아니다.

콜백 패턴은 가독성이 좋지 않다. 이 문제는 ES8에서 도입된 async/await를 통해 해결할 수 있다. async/await를 사용하면 프로미스의 후속 처리 메서드 없이 마치 동기 처리처럼 프로미스가 처리 결과를 반환하도록 구현할 수 있다.

```
const url = 'https://jsonplaceholder.typicode.com';

(async () => {
  // id가 1인 post의 userId를 취득
  const { userId } = await promiseGet(`${url}/posts/1`);

  // 취득한 post의 userId로 user 정보를 취득
  const userInfo = await promiseGet(`${url}/users/${userId}`);

  console.log(userInfo);
})();
```

async/await도 프로미스를 기반으로 동작하므로 프로미스는 잘 이해하고 있어야 한다. async/await는 46.6 절 "async/await"에서 자세히 살펴보자.

45.6 프로미스의 정적 메서드

Promise는 주로 생성자 함수로 사용되지만 함수도 객체이므로 메서드를 가질 수 있다. Promise는 5가지 정적 메서드를 제공한다.

45.6.1 Promise.resolve / Promise.reject

Promise.resolve와 Promise.reject 메서드는 이미 존재하는 값을 래핑하여 프로미스를 생성하기 위해 사용한다.

Promise.resolve 메서드는 인수로 전달받은 값을 resolve하는 프로미스를 생성한다.

【 예제 45-26 】

```
// 배열을 resolve하는 프로미스를 생성
const resolvedPromise = Promise.resolve([1, 2, 3]);
resolvedPromise.then(console.log); // [1, 2, 3]
```

위 예제는 다음 예제와 동일하게 동작한다.

【 예제 45-27 】

```
const resolvedPromise = new Promise(resolve => resolve([1, 2, 3]));
resolvedPromise.then(console.log); // [1, 2, 3]
```

Promise.reject 메서드는 인수로 전달받은 값을 reject하는 프로미스를 생성한다.

```
// 에러 객체를 reject하는 프로미스를 생성
const rejectedPromise = Promise.reject(new Error('Error!'));
rejectedPromise.catch(console.log); // Error: Error!
```

위 예제는 다음 예제와 동일하게 동작한다.

```
const rejectedPromise = new Promise((_, reject) => reject(new Error('Error!')));
rejectedPromise.catch(console.log); // Error: Error!
```

45.6.2 Promise.all

Promise.all 메서드는 여러 개의 비동기 처리를 모두 병렬parallel 처리할 때 사용한다. 다음 예제를 살펴보자.

```
const requestData1 = () =>
  new Promise(resolve => setTimeout(() => resolve(1), 3000));
const requestData2 = () =>
  new Promise(resolve => setTimeout(() => resolve(2), 2000));
const requestData3 = () =>
  new Promise(resolve => setTimeout(() => resolve(3), 1000));

// 세 개의 비동기 처리를 순차적으로 처리
const res = [];
requestData1()
  .then(data => {
    res.push(data);
    return requestData2();
  })
  .then(data => {
    res.push(data);
    return requestData3();
  })
  .then(data => {
    res.push(data);
    console.log(res); // [1, 2, 3] ⇒ 약 6초 소요
  })
  .catch(console.error);
```

위 예제는 세 개의 비동기 처리를 순차적으로 처리한다. 즉, 앞선 비동기 처리가 완료하면 다음 비동기 처리를 수행한다. 따라서 위 예제는 첫 번째 비동기 처리에 3초, 두 번째 비동기 처리에 2초, 세 번째 비동기 처리에 1초가 소요되어 총 6초 이상이 소요된다.

그런데 위 예제의 경우 세 개의 비동기 처리는 서로 의존하지 않고 개별적으로 수행된다. 즉, 앞선 비동기 처리 결과를 다음 비동기 처리가 사용하지 않는다. 따라서 위 예제의 경우 세 개의 비동기 처리를 순차적으로 처리할 필요가 없다.

Promise.all 메서드는 여러 개의 비동기 처리를 모두 병렬 처리할 때 사용한다고 했다. Promise.all 메서드를 사용해 세 개의 비동기 처리를 병렬로 처리해보자.

【 예제 45-31 】
```javascript
const requestData1 = () =>
  new Promise(resolve => setTimeout(() => resolve(1), 3000));
const requestData2 = () =>
  new Promise(resolve => setTimeout(() => resolve(2), 2000));
const requestData3 = () =>
  new Promise(resolve => setTimeout(() => resolve(3), 1000));

// 세 개의 비동기 처리를 병렬로 처리
Promise.all([requestData1(), requestData2(), requestData3()])
  .then(console.log) // [ 1, 2, 3 ] ⇒ 약 3초 소요
  .catch(console.error);
```

Promise.all 메서드는 프로미스를 요소로 갖는 배열 등의 이터러블을 인수로 전달받는다. 그리고 전달받은 모든 프로미스가 모두 fulfilled 상태가 되면 모든 처리 결과를 배열에 저장해 새로운 프로미스를 반환한다.

위 예제의 경우 Promise.all 메서드는 3개의 프로미스를 요소로 갖는 배열을 전달받았다. 각 프로미스는 다음과 같이 동작한다.

- 첫 번째 프로미스는 3초 후에 1을 resolve한다.
- 두 번째 프로미스는 2초 후에 2를 resolve한다.
- 세 번째 프로미스는 1초 후에 3을 resolve한다.

Promise.all 메서드는 인수로 전달받은 배열의 모든 프로미스가 모두 fulfilled 상태가 되면 종료한다. 따라서 Promise.all 메서드가 종료하는 데 걸리는 시간은 가장 늦게 fulfilled 상태가 되는 프로미스의 처리 시간보다 조금 더 길다. 위 예제의 경우 모든 처리에 걸리는 시간은 가장 늦게 fulfilled 상태가 되는 첫 번째 프로미스의 처리 시간인 3초보다 조금 더 소요된다.

모든 프로미스가 fulfilled 상태가 되면 resolve된 처리 결과(위 예제의 경우 1, 2, 3)를 모두 배열에 저장해 새로운 프로미스를 반환한다. 이때 첫 번째 프로미스가 가장 나중에 fulfilled 상태가 되어도 Promise.all 메서드는 첫 번째 프로미스가 resolve한 처리 결과부터 차례대로 배열에 저장해 그 배열을 resolve하는 새로운 프로미스를 반환한다. 즉, 처리 순서가 보장된다.

Promise.all 메서드는 인수로 전달받은 배열의 프로미스가 하나라도 rejected 상태가 되면 나머지 프로미스가 fulfilled 상태가 되는 것을 기다리지 않고 즉시 종료한다.

【 예제 45-32 】

```
Promise.all([
  new Promise((_, reject) => setTimeout(() => reject(new Error('Error 1')), 3000)),
  new Promise((_, reject) => setTimeout(() => reject(new Error('Error 2')), 2000)),
  new Promise((_, reject) => setTimeout(() => reject(new Error('Error 3')), 1000))
])
  .then(console.log)
  .catch(console.log); // Error: Error 3
```

위 예제의 경우 세 번째 프로미스가 가장 먼저 rejected 상태가 되므로 세 번째 프로미스가 reject한 에러가 catch 메서드로 전달된다.

Promise.all 메서드는 인수로 전달받은 이터러블의 요소가 프로미스가 아닌 경우 Promise.resolve 메서드를 통해 프로미스로 래핑한다.

【 예제 45-33 】

```
Promise.all([
  1, // → Promise.resolve(1)
  2, // → Promise.resolve(2)
  3, // → Promise.resolve(3)
])
  .then(console.log) // [1, 2, 3]
  .catch(console.log);
```

다음은 깃허브 아이디로 깃허브 사용자 이름을 취득하는 3개의 비동기 처리를 모두 병렬로 처리하는 예제다.

【 예제 45-34 】

```
// GET 요청을 위한 비동기 함수
const promiseGet = url => {
  return new Promise((resolve, reject) => {
    const xhr = new XMLHttpRequest();
    xhr.open('GET', url);
    xhr.send();
```

```
    xhr.onload = () => {
      if (xhr.status === 200) {
        // 성공적으로 응답을 전달받으면 resolve 함수를 호출한다.
        resolve(JSON.parse(xhr.response));
      } else {
        // 에러 처리를 위해 reject 함수를 호출한다.
        reject(new Error(xhr.status));
      }
    };
  });
};

const githubIds = ['jeresig', 'ahejlsberg', 'ungmo2'];

Promise.all(githubIds.map(id => promiseGet(`https://api.github.com/users/${id}`)))
  // ['jeresig', 'ahejlsberg', 'ungmo2'] => Promise [userInfo, userInfo, userInfo]
  .then(users => users.map(user => user.name))
  // [userInfo, userInfo, userInfo]
  // → Promise ['John Resig', 'Anders Hejlsberg', 'Ungmo Lee']
  .then(console.log)
  .catch(console.error);
```

위 예제의 Promise.all 메서드는 promiseGet 함수가 반환한 3개의 프로미스로 이루어진 배열을 인수로 전달받고 이 프로미스들이 모두 fulfilled 상태가 되면 처리 결과를 배열에 저장해 새로운 프로미스를 반환한다. 이때 Promise.all 메서드가 반환한 프로미스는 세 개의 사용자 객체로 이루어진 배열을 담고 있다. 이 배열은 첫 번째 then 메서드에 인수로 전달된다.

45.6.3 Promise.race

Promise.race 메서드는 Promise.all 메서드와 동일하게 프로미스를 요소로 갖는 배열 등의 이터러블을 인수로 전달받는다. Promise.race 메서드는 Promise.all 메서드처럼 모든 프로미스가 fulfilled 상태가 되는 것을 기다리는 것이 아니라 가장 먼저 fulfilled 상태가 된 프로미스의 처리 결과를 resolve하는 새로운 프로미스를 반환한다.

【 예제 45-35 】

```
Promise.race([
  new Promise(resolve => setTimeout(() => resolve(1), 3000)), // 1
  new Promise(resolve => setTimeout(() => resolve(2), 2000)), // 2
  new Promise(resolve => setTimeout(() => resolve(3), 1000)) // 3
])
  .then(console.log) // 3
  .catch(console.log);
```

프로미스가 rejected 상태가 되면 Promise.all 메서드와 동일하게 처리된다. 즉, Promise.race 메서드에 전달된 프로미스가 하나라도 rejected 상태가 되면 에러를 reject하는 새로운 프로미스를 즉시 반환한다.

【 예제 45-36 】

```
Promise.race([
  new Promise((_, reject) => setTimeout(() => reject(new Error('Error 1')), 3000)),
  new Promise((_, reject) => setTimeout(() => reject(new Error('Error 2')), 2000)),
  new Promise((_, reject) => setTimeout(() => reject(new Error('Error 3')), 1000))
])
  .then(console.log)
  .catch(console.log); // Error: Error 3
```

45.6.4 Promise.allSettled

Promise.allSettled 메서드는 프로미스를 요소로 갖는 배열 등의 이터러블을 인수로 전달받는다. 그리고 전달받은 프로미스가 모두 settled 상태(비동기 처리가 수행된 상태, 즉 fulfilled 또는 rejected 상태)가 되면 처리 결과를 배열로 반환한다. ES11(ECMAScript 2020)에 도입된 Promise.allSettled 메서드는 IE를 제외한 대부분의 모던 브라우저에서 지원한다. 다음 예제를 살펴보자.

【 예제 45-37 】

```
Promise.allSettled([
  new Promise(resolve => setTimeout(() => resolve(1), 2000)),
  new Promise((_, reject) => setTimeout(() => reject(new Error('Error!')), 1000))
]).then(console.log);
/*
[
  {status: "fulfilled", value: 1},
  {status: "rejected", reason: Error: Error! at <anonymous>:3:54}
]
*/
```

Promise.allSettled 메서드가 반환한 배열에는 fulfilled 또는 rejected 상태와는 상관없이 Promise.allSettled 메서드가 인수로 전달받은 모든 프로미스들의 처리 결과가 모두 담겨 있다. 프로미스의 처리 결과를 나타내는 객체는 다음과 같다.

- 프로미스가 fulfilled 상태인 경우 비동기 처리 상태를 나타내는 status 프로퍼티와 처리 결과를 나타내는 value 프로퍼티를 갖는다.
- 프로미스가 rejected 상태인 경우 비동기 처리 상태를 나타내는 status 프로퍼티와 에러를 나타내는 reason 프로퍼티를 갖는다.

【 예제 45-38 】

```
[
  // 프로미스가 fulfilled 상태인 경우
  {status: "fulfilled", value: 1},
  // 프로미스가 rejected 상태인 경우
  {status: "rejected", reason: Error: Error! at <anonymous>:3:60}
]
```

45.7 마이크로태스크 큐

다음 예제를 살펴보고 어떤 순서로 로그가 출력될지 생각해보자.

【 예제 45-39 】

```
setTimeout(() => console.log(1), 0);

Promise.resolve()
  .then(() => console.log(2))
  .then(() => console.log(3));
```

프로미스의 후속 처리 메서드도 비동기로 동작하므로 1 → 2 → 3의 순으로 출력될 것처럼 보이지만 2 → 3 → 1의 순으로 출력된다. 그 이유는 프로미스의 후속 처리 메서드의 콜백 함수는 태스크 큐가 아니라 마이크로태스크 큐microtask queue/job queue[4]에 저장되기 때문이다.

마이크로태스크 큐는 태스크 큐와는 별도의 큐다. 마이크로태스크 큐에는 프로미스의 후속 처리 메서드의 콜백 함수가 일시 저장된다. 그 외의 비동기 함수의 콜백 함수나 이벤트 핸들러는 태스크 큐에 일시 저장된다.

콜백 함수나 이벤트 핸들러를 일시 저장한다는 점에서 태스크 큐와 동일하지만 **마이크로태스크 큐는 태스크 큐보다 우선순위가 높다.** 즉, 이벤트 루프는 콜 스택이 비면 먼저 마이크로태스크 큐에서 대기하고 있는 함수를 가져와 실행한다. 이후 마이크로태스크 큐가 비면 태스크 큐에서 대기하고 있는 함수를 가져와 실행한다.

45.8 fetch

fetch 함수는 XMLHttpRequest 객체와 마찬가지로 HTTP 요청 전송 기능을 제공하는 클라이언트 사이드 Web API다. fetch 함수는 XMLHttpRequest 객체보다 사용법이 간단하고 프로미스를 지원하기 때문에 비동

---

4 https://www.ecma-international.org/ecma-262/11.0/#sec-jobs

기 처리를 위한 콜백 패턴의 단점에서 자유롭다. fetch 함수는 비교적 최근에 추가된 Web API로서 인터넷 익스플로러를 제외한 대부분의 모던 브라우저에서 제공한다.

fetch 함수에는 HTTP 요청을 전송할 URL과 HTTP 요청 메서드, HTTP 요청 헤더, 페이로드 등을 설정한 객체를 전달한다.

```
const promise = fetch(url [, options])
```

fetch 함수는 HTTP 응답을 나타내는 Response 객체를 래핑한 Promise 객체를 반환한다. fetch 함수로 GET 요청을 전송해 보자. fetch 함수에 첫 번째 인수로 HTTP 요청을 전송할 URL만 전달하면 GET 요청을 전송한다.

【 예제 45-40 】
```
fetch('https://jsonplaceholder.typicode.com/todos/1')
  .then(response => console.log(response));
```

fetch 함수는 HTTP 응답을 나타내는 Response 객체를 래핑한 프로미스를 반환하므로 후속 처리 메서드 then을 통해 프로미스가 resolve한 Response 객체를 전달받을 수 있다. Response 객체는 HTTP 응답을 나타내는 다양한 프로퍼티를 제공한다.

```
> fetch('https://jsonplaceholder.typicode.com/todos/1')
    .then(response => console.log(response));
<  ▶ Promise {<pending>}
  ▼ Response {type: "cors", url: "https://jsonplaceholder.typicode.com/todos/1", redirected: false, status: 200, ok: true, …} ⓘ
      type: "cors"
      url: "https://jsonplaceholder.typicode.com/todos/1"
      redirected: false
      status: 200
      ok: true
      statusText: ""
    ▶ headers: Headers {}
      body: (...)
      bodyUsed: false
    ▶ __proto__: Response
```

그림 45-4 Response 객체

Response.prototype에는 Response 객체에 포함되어 있는 HTTP 응답 몸체를 위한 다양한 메서드를 제공한다. 예를 들어, fetch 함수가 반환한 프로미스가 래핑하고 있는 MIME 타입이 application/json인 HTTP 응답 몸체를 취득하려면 Response.prototype.json 메서드를 사용한다. Response.prototype.json 메서드는 Response 객체에서 HTTP 응답 몸체response.body를 취득하여 역직렬화[5]한다.

---

5 43.2.3절 "JSON.parse" 참고

```
fetch('https://jsonplaceholder.typicode.com/todos/1')
  // response는 HTTP 응답을 나타내는 Response 객체다.
  // json 메서드를 사용하여 Response 객체에서 HTTP 응답 몸체를 취득하여 역직렬화한다.
  .then(response => response.json())
  // json은 역직렬화된 HTTP 응답 몸체다.
  .then(json => console.log(json));
  // {userId: 1, id: 1, title: "delectus aut autem", completed: false}
```

fetch 함수를 사용할 때는 에러 처리에 주의해야 한다. 다음 예제를 살펴보고 결과를 예측해보자.

```
const wrongUrl = 'https://jsonplaceholder.typicode.com/XXX/1';

// 부적절한 URL이 지정되었기 때문에 404 Not Found 에러가 발생한다.
fetch(wrongUrl)
  .then(() ⇒ console.log('ok'))
  .catch(() ⇒ console.log('error'));
```

부적절한 URL이 지정되었기 때문에 404 Not Found 에러가 발생하고 catch 후속 처리 메서드에 의해 'error'가 출력될 것처럼 보이지만 'ok'가 출력된다.

fetch 함수가 반환하는 프로미스는 기본적으로 404 Not Found나 500 Internal Server Error와 같은 HTTP 에러가 발생해도 에러를 reject하지 않고 불리언 타입의 ok 상태를 false로 설정한 Response 객체를 resolve한다. 오프라인 등의 네트워크 장애나 CORS 에러에 의해 요청이 완료되지 못한 경우에만 프로미스를 reject한다.

따라서 fetch 함수를 사용할 때는 다음과 같이 fetch 함수가 반환한 프로미스가 resolve한 불리언 타입의 ok 상태를 확인해 명시적으로 에러를 처리할 필요가 있다.

```
const wrongUrl = 'https://jsonplaceholder.typicode.com/XXX/1';

// 부적절한 URL이 지정되었기 때문에 404 Not Found 에러가 발생한다.
fetch(wrongUrl)
  // response는 HTTP 응답을 나타내는 Response 객체다.
  .then(response ⇒ {
    if (!response.ok) throw new Error(response.statusText);
    return response.json();
  })
```

```
      .then(todo ⇒ console.log(todo))
      .catch(err ⇒ console.error(err));
```

참고로 axios[6]는 모든 HTTP 에러를 reject하는 프로미스를 반환한다. 따라서 모든 에러를 catch에서 처리할 수 있어 편리하다. 또한 axios는 인터셉터, 요청 설정 등 fetch보다 다양한 기능을 지원한다.

fetch 함수를 통해 HTTP 요청을 전송해보자. fetch 함수에 첫 번째 인수로 HTTP 요청을 전송할 URL과 두 번째 인수로 HTTP 요청 메서드, HTTP 요청 헤더, 페이로드 등을 설정한 객체를 전달한다.

【 예제 45-44 】

```
const request = {
  get(url) {
    return fetch(url);
  },
  post(url, payload) {
    return fetch(url, {
      method: 'POST',
      headers: { 'content-Type': 'application/json' },
      body: JSON.stringify(payload)
    });
  },
  patch(url, payload) {
    return fetch(url, {
      method: 'PATCH',
      headers: { 'content-Type': 'application/json' },
      body: JSON.stringify(payload)
    });
  },
  delete(url) {
    return fetch(url, { method: 'DELETE' });
  }
};
```

1. GET 요청

【 예제 45-45 】

```
request.get('https://jsonplaceholder.typicode.com/todos/1')
  .then(response => {
    if (!response.ok) throw new Error(response.statusText);
    return response.json();
```

---

6 https://axios-http.com

```
  })
  .then(todos => console.log(todos))
  .catch(err => console.error(err));
// {userId: 1, id: 1, title: "delectus aut autem", completed: false}
```

2. POST 요청

【 예제 45-46 】

```
request.post('https://jsonplaceholder.typicode.com/todos', {
  userId: 1,
  title: 'JavaScript',
  completed: false
}).then(response => {
    if (!response.ok) throw new Error(response.statusText);
    return response.json();
  })
  .then(todos => console.log(todos))
  .catch(err => console.error(err));
// {userId: 1, title: "JavaScript", completed: false, id: 201}
```

3. PATCH 요청

【 예제 45-47 】

```
request.patch('https://jsonplaceholder.typicode.com/todos/1', {
  completed: true
}).then(response => {
    if (!response.ok) throw new Error(response.statusText);
    return response.json();
  })
  .then(todos => console.log(todos))
  .catch(err => console.error(err));
// {userId: 1, id: 1, title: "delectus aut autem", completed: true}
```

4. DELETE 요청

【 예제 45-48 】

```
request.delete('https://jsonplaceholder.typicode.com/todos/1')
  .then(response => {
    if (!response.ok) throw new Error(response.statusText);
    return response.json();
  })
```

```
  .then(todos => console.log(todos))
  .catch(err => console.error(err));
// {}
```

fetch 함수에 대한 더 자세한 내용은 MDN의 'Using Fetch' 페이지[7]를 참고하기 바란다.

---

7 https://developer.mozilla.org/ko/docs/Web/API/Fetch_API/Fetch의_사용법

46장

제너레이터와 async/await

46.1 제너레이터란?

ES6에서 도입된 제너레이터^{generator}는 코드 블록의 실행을 일시 중지했다가 필요한 시점에 재개할 수 있는 특수한 함수다. 제너레이터와 일반 함수의 차이는 다음과 같다.

1. **제너레이터 함수는 함수 호출자에게 함수 실행의 제어권을 양도할 수 있다.**

   일반 함수를 호출하면 제어권이 함수에게 넘어가고 함수 코드를 일괄 실행한다. 즉, 함수 호출자^{caller}는 함수를 호출한 이후 함수 실행을 제어할 수 없다. 제너레이터 함수는 함수 실행을 함수 호출자가 제어할 수 있다. 다시 말해, 함수 호출자가 함수 실행을 일시 중지시키거나 재개시킬 수 있다. 이는 **함수의 제어권을 함수가 독점하는 것이 아니라 함수 호출자에게 양도**^{yield}**할 수 있다는 것을 의미한다.**

2. **제너레이터 함수는 함수 호출자와 함수의 상태를 주고받을 수 있다.**

   일반 함수를 호출하면 매개변수를 통해 함수 외부에서 값을 주입받고 함수 코드를 일괄 실행하여 결과값을 함수 외부로 반환한다. 즉, 함수가 실행되고 있는 동안에는 함수 외부에서 함수 내부로 값을 전달하여 함수의 상태를 변경할 수 없다. 제너레이터 함수는 함수 호출자와 양방향으로 함수의 상태를 주고받을 수 있다. 다시 말해, **제너레이터 함수는 함수 호출자에게 상태를 전달할 수 있고 함수 호출자로부터 상태를 전달받을 수도 있다.**

3. **제너레이터 함수를 호출하면 제너레이터 객체를 반환한다.**

   일반 함수를 호출하면 함수 코드를 일괄 실행하고 값을 반환한다. 제너레이터 함수를 호출하면 함수 코드를 실행하는 것이 아니라 이터러블이면서 동시에 이터레이터인 제너레이터 객체를 반환한다.

46.2 제너레이터 함수의 정의

제너레이터 함수는 function* 키워드로 선언한다. 그리고 하나 이상의 yield 표현식을 포함한다. 이것을 제외하면 일반 함수를 정의하는 방법과 같다.

【 예제 46-01 】

```javascript
// 제너레이터 함수 선언문
function* genDecFunc() {
  yield 1;
}

// 제너레이터 함수 표현식
const genExpFunc = function* () {
  yield 1;
};

// 제너레이터 메서드
const obj = {
  * genObjMethod() {
    yield 1;
  }
};

// 제너레이터 클래스 메서드
class MyClass {
  * genClsMethod() {
    yield 1;
  }
}
```

애스터리스크(*)의 위치는 function 키워드와 함수 이름 사이라면 어디든지 상관없다. 다음 예제의 제너레이터 함수는 모두 유효하다. 하지만 일관성을 유지하기 위해 function 키워드 바로 뒤에 붙이는 것을 권장한다.

【 예제 46-02 】

```javascript
function* genFunc() { yield 1; }

function * genFunc() { yield 1; }

function *genFunc() { yield 1; }

function*genFunc() { yield 1; }
```

제너레이터 함수는 화살표 함수로 정의할 수 없다.

【 예제 46-03 】

```
const genArrowFunc = * () => {
  yield 1;
}; // SyntaxError: Unexpected token '*'
```

제너레이터 함수는 new 연산자와 함께 생성자 함수로 호출할 수 없다.

【 예제 46-04 】

```
function* genFunc() {
  yield 1;
}

new genFunc(); // TypeError: genFunc is not a constructor
```

46.3 제너레이터 객체

제너레이터 함수를 호출하면 일반 함수처럼 함수 코드 블록을 실행하는 것이 아니라 제너레이터 객체를 생성해 반환한다. 제너레이터 함수가 반환한 제너레이터 객체는 이터러블iterable**이면서 동시에 이터레이터**iterator**다.**

다시 말해, 제너레이터 객체는 Symbol.iterator 메서드를 상속받는 이터러블이면서 value, done 프로퍼티를 갖는 이터레이터 리절트 객체를 반환하는 next 메서드를 소유하는 이터레이터다.[1] 제너레이터 객체는 next 메서드를 가지는 이터레이터이므로 Symbol.iterator 메서드를 호출해서 별도로 이터레이터를 생성할 필요가 없다.

【 예제 46-05 】

```
// 제너레이터 함수
function* genFunc() {
  yield 1;
  yield 2;
  yield 3;
}

// 제너레이터 함수를 호출하면 제너레이터 객체를 반환한다.
const generator = genFunc();
```

---

1   34.1절 "이터레이션 프로토콜" 참고

```
// 제너레이터 객체는 이터러블이면서 동시에 이터레이터다.
// 이터러블은 Symbol.iterator 메서드를 직접 구현하거나 프로토타입 체인을 통해 상속받은 객체다.
console.log(Symbol.iterator in generator); // true
// 이터레이터는 next 메서드를 갖는다.
console.log('next' in generator); // true
```

제너레이터 객체는 next 메서드를 갖는 이터레이터이지만 이터레이터에는 없는 return, throw 메서드를 갖는다. 제너레이터 객체의 세 개의 메서드를 호출하면 다음과 같이 동작한다.

- next 메서드를 호출하면 제너레이터 함수의 yield 표현식까지 코드 블록을 실행하고 yield된 값을 value 프로퍼티 값으로, false를 done 프로퍼티 값으로 갖는 이터레이터 리절트 객체를 반환한다.

- return 메서드를 호출하면 인수로 전달받은 값을 value 프로퍼티 값으로, true를 done 프로퍼티 값으로 갖는 이터레이터 리절트 객체를 반환한다.

【 예제 46-06 】
```
function* genFunc() {
  try {
    yield 1;
    yield 2;
    yield 3;
  } catch (e) {
    console.error(e);
  }
}

const generator = genFunc();

console.log(generator.next()); // {value: 1, done: false}
console.log(generator.return('End!')); // {value: "End!", done: true}
```

- throw 메서드를 호출하면 인수로 전달받은 에러를 발생시키고 undefined를 value 프로퍼티 값으로, true를 done 프로퍼티 값으로 갖는 이터레이터 리절트 객체를 반환한다.

【 예제 46-07 】
```
function* genFunc() {
  try {
    yield 1;
    yield 2;
    yield 3;
  } catch (e) {
    console.error(e);
  }
}
```

```
const generator = genFunc();

console.log(generator.next()); // {value: 1, done: false}
console.log(generator.throw('Error!')); // {value: undefined, done: true}
```

46.4 제너레이터의 일시 중지와 재개

제너레이터는 yield 키워드와 next 메서드를 통해 실행을 일시 중지했다가 필요한 시점에 다시 재개할 수 있다. 일반 함수는 호출 이후 제어권을 함수가 독점하지만 제너레이터는 함수 호출자에게 제어권을 양도^{yield}하여 필요한 시점에 함수 실행을 재개할 수 있다.

제너레이터 함수를 호출하면 제너레이터 함수의 코드 블록이 실행되는 것이 아니라 제너레이터 객체를 반환한다고 했다. 이터러블이면서 동시에 이터레이터인 제너레이터 객체는 next 메서드를 갖는다. 제너레이터 객체의 next 메서드를 호출하면 제너레이터 함수의 코드 블록을 실행한다.

단, 일반 함수처럼 한 번에 코드 블록의 모든 코드를 일괄 실행하는 것이 아니라 yield 표현식까지만 실행한다. **yield 키워드는 제너레이터 함수의 실행을 일시 중지시키거나 yield 키워드 뒤에 오는 표현식의 평가 결과를 제너레이터 함수 호출자에게 반환한다.** 다음 예제를 살펴보자.

【 예제 46-08 】

```
// 제너레이터 함수
function* genFunc() {
  yield 1;
  yield 2;
  yield 3;
}

// 제너레이터 함수를 호출하면 제너레이터 객체를 반환한다.
// 이터러블이면서 동시에 이터레이터인 제너레이터 객체는 next 메서드를 갖는다.
const generator = genFunc();

// 처음 next 메서드를 호출하면 첫 번째 yield 표현식까지 실행되고 일시 중지된다.
// next 메서드는 이터레이터 리절트 객체({value, done})를 반환한다.
// value 프로퍼티에는 첫 번째 yield 표현식에서 yield된 값 1이 할당된다.
// done 프로퍼티에는 제너레이터 함수가 끝까지 실행되었는지를 나타내는 false가 할당된다.
console.log(generator.next()); // {value: 1, done: false}

// 다시 next 메서드를 호출하면 두 번째 yield 표현식까지 실행되고 일시 중지된다.
// next 메서드는 이터레이터 리절트 객체({value, done})를 반환한다.
```

```
// value 프로퍼티에는 두 번째 yield 표현식에서 yield된 값 2가 할당된다.
// done 프로퍼티에는 제너레이터 함수가 끝까지 실행되었는지를 나타내는 false가 할당된다.
console.log(generator.next()); // {value: 2, done: false}

// 다시 next 메서드를 호출하면 세 번째 yield 표현식까지 실행되고 일시 중지된다.
// next 메서드는 이터레이터 리절트 객체({value, done})를 반환한다.
// value 프로퍼티에는 세 번째 yield 표현식에서 yield된 값 3이 할당된다.
// done 프로퍼티에는 제너레이터 함수가 끝까지 실행되었는지를 나타내는 false가 할당된다.
console.log(generator.next()); // {value: 3, done: false}

// 다시 next 메서드를 호출하면 남은 yield 표현식이 없으므로 제너레이터 함수의 마지막까지 실행한다.
// next 메서드는 이터레이터 리절트 객체({value, done})를 반환한다.
// value 프로퍼티에는 제너레이터 함수의 반환값 undefined가 할당된다.
// done 프로퍼티에는 제너레이터 함수가 끝까지 실행되었음을 나타내는 true가 할당된다.
console.log(generator.next()); // {value: undefined, done: true}
```

제너레이터 객체의 next 메서드를 호출하면 yield 표현식까지 실행되고 일시 중지suspend된다. 이때 함수의 제어권이 호출자로 양도yield된다. 이후 필요한 시점에 호출자가 또다시 next 메서드를 호출하면 일시 중지된 코드부터 실행을 재개resume하기 시작하여 다음 yield 표현식까지 실행되고 또 다시 일시 중지된다.

이때 제너레이터 객체의 next 메서드는 value, done 프로퍼티를 갖는 이터레이터 리절트 객체[2]를 반환한다. next 메서드가 반환한 이터레이터 리절트 객체의 value 프로퍼티에는 yield 표현식에서 yield된 값(yield 키워드 뒤의 값)이 할당되고 done 프로퍼티에는 제너레이터 함수가 끝까지 실행되었는지를 나타내는 불리언 값이 할당된다.

이처럼 next 메서드를 반복 호출하여 yield 표현식까지 실행과 일시 중지를 반복하다가 제너레이터 함수가 끝까지 실행되면 next 메서드가 반환하는 이터레이터 리절트 객체의 value 프로퍼티에는 제너레이터 함수의 반환값이 할당되고 done 프로퍼티에는 제너레이터 함수가 끝까지 실행되었음을 나타내는 true가 할당된다.

```
generator.next() → yield → generator.next() → yield → ... → generator.next()
→ return
```

이터레이터의 next 메서드와 달리 제너레이터 객체의 next 메서드에는 인수를 전달할 수 있다. **제너레이터 객체의 next 메서드에 전달한 인수는 제너레이터 함수의 yield 표현식을 할당받는 변수에 할당된다.** yield 표현식을 할당받는 변수에 yield 표현식의 평가 결과가 할당되지 않는 것에 주의하기 바란다. 다음 예제를 살펴보자.

---

2 34.1.2절 "이터레이터" 참고

```javascript
function* genFunc() {
  // 처음 next 메서드를 호출하면 첫 번째 yield 표현식까지 실행되고 일시 중지된다.
  // 이때 yield된 값 1은 next 메서드가 반환한 이터레이터 리절트 객체의 value 프로퍼티에 할당된다.
  // x 변수에는 아직 아무것도 할당되지 않았다. x 변수의 값은 next 메서드가 두 번째 호출될 때 결정된다.
  const x = yield 1;

  // 두 번째 next 메서드를 호출할 때 전달한 인수 10은 첫 번째 yield 표현식을 할당받는
  // x 변수에 할당된다. 즉, const x = yield 1;은 두 번째 next 메서드를 호출했을 때 완료된다.
  // 두 번째 next 메서드를 호출하면 두 번째 yield 표현식까지 실행되고 일시 중지된다.
  // 이때 yield된 값 x + 10은 next 메서드가 반환한 이터레이터 리절트 객체의 value 프로퍼티에 할당된다.
  const y = yield (x + 10);

  // 세 번째 next 메서드를 호출할 때 전달한 인수 20은 두 번째 yield 표현식을 할당받는 y 변수에 할당된다.
  // 즉, const y = yield (x + 10);는 세 번째 next 메서드를 호출했을 때 완료된다.
  // 세 번째 next 메서드를 호출하면 함수 끝까지 실행된다.
  // 이때 제너레이터 함수의 반환값 x + y는 next 메서드가 반환한 이터레이터 리절트 객체의
  // value 프로퍼티에 할당된다. 일반적으로 제너레이터의 반환값은 의미가 없다.
  // 따라서 제너레이터에서는 값을 반환할 필요가 없고 return은 종료의 의미로만 사용해야 한다.
  return x + y;
}

// 제너레이터 함수를 호출하면 제너레이터 객체를 반환한다.
// 이터러블이며 동시에 이터레이터인 제너레이터 객체는 next 메서드를 갖는다.
const generator = genFunc(0);

// 처음 호출하는 next 메서드에는 인수를 전달하지 않는다.
// 만약 처음 호출하는 next 메서드에 인수를 전달하면 무시된다.
// next 메서드가 반환한 이터레이터 리절트 객체의 value 프로퍼티에는 첫 번째 yield된 값 1이 할당된다.
let res = generator.next();
console.log(res); // {value: 1, done: false}

// next 메서드에 인수로 전달한 10은 genFunc 함수의 x 변수에 할당된다.
// next 메서드가 반환한 이터레이터 리절트 객체의 value 프로퍼티에는 두 번째 yield된 값 20이 할당된다.
res = generator.next(10);
console.log(res); // {value: 20, done: false}

// next 메서드에 인수로 전달한 20은 genFunc 함수의 y 변수에 할당된다.
// next 메서드가 반환한 이터레이터 리절트 객체의 value 프로퍼티에는 제너레이터 함수의 반환값 30이 할당된다.
res = generator.next(20);
console.log(res); // {value: 30, done: true}
```

이처럼 제너레이터 함수는 next 메서드와 yield 표현식을 통해 함수 호출자와 함수의 상태를 주고받을 수 있다. 함수 호출자는 next 메서드를 통해 yield 표현식까지 함수를 실행시켜 제너레이터 객체가 관리하는 상태(yield된 값)를 끼내올 수 있고, next 메서드에 인수를 전달해서 제너레이터 객체에 상태(yield 표현식을 할당받는 변수)를 밀어넣을 수 있다. 이러한 제너레이터의 특성을 활용하면 비동기 처리를 동기 처리처럼 구현할 수 있다. 이에 대해서는 46.5.2절 "비동기 처리"에서 자세히 살펴보자.

46.5 제너레이터의 활용

46.5.1 이터러블의 구현

제너레이터 함수를 사용하면 이터레이션 프로토콜을 준수해 이터러블을 생성하는 방식보다 간단히 이터러블을 구현할 수 있다. 먼저 이터레이션 프로토콜을 준수하여 무한 피보나치 수열을 생성하는 함수를 구현해 보자.

【 예제 46-10 】

```
// 무한 이터러블을 생성하는 함수
const infiniteFibonacci = (function () {
  let [pre, cur] = [0, 1];

  return {
    [Symbol.iterator]() { return this; },
    next() {
      [pre, cur] = [cur, pre + cur];
      // 무한 이터러블이므로 done 프로퍼티를 생략한다.
      return { value: cur };
    }
  };
}());

// infiniteFibonacci는 무한 이터러블이다.
for (const num of infiniteFibonacci) {
  if (num > 10000) break;
  console.log(num); // 1 2 3 5 8... 2584 4181 6765
}
```

이번에는 제너레이터를 사용하여 무한 피보나치 수열을 생성하는 함수를 구현해 보자. 제너레이터 함수를 사용하면 이터레이션 프로토콜을 준수해 이터러블을 생성하는 방식보다 간단히 이터러블을 구현할 수 있다.

```javascript
// 무한 이터러블을 생성하는 제너레이터 함수
const infiniteFibonacci = (function* () {
  let [pre, cur] = [0, 1];

  while (true) {
    [pre, cur] = [cur, pre + cur];
    yield cur;
  }
}());

// infiniteFibonacci는 무한 이터러블이다.
for (const num of infiniteFibonacci) {
  if (num > 10000) break;
  console.log(num); // 1 2 3 5 8... 2584 4181 6765
}
```

46.5.2 비동기 처리

제너레이터 함수는 next 메서드와 yield 표현식을 통해 함수 호출자와 함수의 상태를 주고받을 수 있다. 이러한 특성을 활용하면 프로미스를 사용한 비동기 처리를 동기 처리처럼 구현할 수 있다. 다시 말해, 프로미스의 후속 처리 메서드 then/catch/finally 없이 비동기 처리 결과를 반환하도록 구현할 수 있다. 다음 예제를 살펴보자.

【 예제 46-12 】

```javascript
// node-fetch는 Node.js 환경에서 window.fetch 함수를 사용하기 위한 패키지다.
// 브라우저 환경에서 이 예제를 실행한다면 아래 코드는 필요 없다.
// https://github.com/node-fetch/node-fetch
const fetch = require('node-fetch');

// 제너레이터 실행기
const async = generatorFunc => {
  const generator = generatorFunc(); // ②

  const onResolved = arg => {
    const result = generator.next(arg); // ⑤

    return result.done
      ? result.value // ⑨
      : result.value.then(res => onResolved(res)); // ⑦
  };
```

```
    return onResolved; // ③
};

(async(function* fetchTodo() { // ①
  const url = 'https://jsonplaceholder.typicode.com/todos/1';

  const response = yield fetch(url); // ⑥
  const todo = yield response.json(); // ⑧
  console.log(todo);
  // {userId: 1, id: 1, title: 'delectus aut autem', completed: false}
})()); // ④
```

위 예제는 다음과 같이 동작한다. 순서대로 살펴보자.

1. async 함수가 호출(①)되면 인수로 전달받은 제너레이터 함수 fetchTodo를 호출하여 제너레이터 객체를 생성(②)하고 onResolved 함수를 반환(③)한다. onResolved 함수는 상위 스코프의 generator 변수를 기억하는 클로저다. async 함수가 반환한 onResolved 함수를 즉시 호출(④)하여 ②에서 생성한 제너레이터 객체의 next 메서드를 처음 호출(⑤)한다.

2. next 메서드가 처음 호출(⑤)되면 제너레이터 함수 fetchTodo의 첫 번째 yield 문(⑥)까지 실행된다. 이때 next 메서드가 반환한 이터레이터 리절트 객체의 done 프로퍼티 값이 false, 즉 아직 제너레이터 함수가 끝까지 실행되지 않았다면 이터레이터 리절트 객체의 value 프로퍼티 값, 즉 첫 번째 yield된 fetch 함수가 반환한 프로미스가 resolve한 Response 객체를 onResolved 함수에 인수로 전달하면서 재귀 호출(⑦)한다.

3. onResolved 함수에 인수로 전달된 Response 객체를 next 메서드에 인수로 전달하면서 next 메서드를 두 번째로 호출(⑤)한다. 이때 next 메서드에 인수로 전달한 Response 객체는 제너레이터 함수 fetchTodo의 response 변수(⑥)에 할당되고 제너레이터 함수 fetchTodo의 두 번째 yield 문(⑧)까지 실행된다.

4. next 메서드가 반환한 이터레이터 리절트 객체의 done 프로퍼티 값이 false, 즉 아직 제너레이터 함수 fetchTodo가 끝까지 실행되지 않았다면 이터레이터 리절트 객체의 value 프로퍼티 값, 즉 두 번째 yield된 response.json 메서드가 반환한 프로미스가 resolve한 todo 객체를 onResolved 함수에 인수로 전달하면서 재귀 호출(⑦)한다.

5. onResolved 함수에 인수로 전달된 todo 객체를 next 메서드에 인수로 전달하면서 next 메서드를 세 번째로 호출(⑤)한다. 이때 next 메서드에 인수로 전달한 todo 객체는 제너레이터 함수 fetchTodo의 todo 변수(⑧)에 할당되고 제너레이터 함수 fetchTodo가 끝까지 실행된다.

6. next 메서드가 반환한 이터레이터 리절트 객체의 done 프로퍼티 값이 true, 즉 제너레이터 함수 fetchTodo가 끝까지 실행되었다면 이터레이터 리절트 객체의 value 프로퍼티 값, 즉 제너레이터 함수 fetchTodo의 반환값인 undefined를 그대로 반환(⑨)하고 처리를 종료한다.

위 예제의 제너레이터 함수를 실행하는 제너레이터 실행기인 async 함수는 이해를 돕기 위해 간략화한 예제이므로 완전하지 않다. 다음에 설명할 async/await를 사용하면 async 함수와 같은 제너레이터 실행기를 사용할 필요가 없지만 혹시 제너레이터 실행기가 필요하다면 직접 구현하는 것보다 co 라이브러리[3]를 사용하기 바란다.

【 예제 46-13 】

```javascript
const fetch = require('node-fetch');
// https://github.com/tj/co
const co = require('co');

co(function* fetchTodo() {
  const url = 'https://jsonplaceholder.typicode.com/todos/1';

  const response = yield fetch(url);
  const todo = yield response.json();
  console.log(todo);
  // { userId: 1, id: 1, title: 'delectus aut autem', completed: false }
});
```

46.6 async/await

제너레이터를 사용해서 비동기 처리를 동기 처리처럼 동작하도록 구현했지만 코드가 무척이나 장황해지고 가독성도 나빠졌다. ES8(ECMAScript 2017)에서는 제너레이터보다 간단하고 가독성 좋게 비동기 처리를 동기 처리처럼 동작하도록 구현할 수 있는 async/await가 도입되었다.

async/await는 프로미스를 기반으로 동작한다. async/await를 사용하면 프로미스의 then/catch/finally 후속 처리 메서드에 콜백 함수를 전달해서 비동기 처리 결과를 후속 처리할 필요 없이 마치 동기 처리처럼 프로미스를 사용할 수 있다. 다시 말해, 프로미스의 후속 처리 메서드 없이 마치 동기 처리처럼 프로미스가 처리 결과를 반환하도록 구현할 수 있다. 위 예제를 async/await로 다시 구현해 보자.

【 예제 46-14 】

```javascript
const fetch = require('node-fetch');

async function fetchTodo() {
  const url = 'https://jsonplaceholder.typicode.com/todos/1';

  const response = await fetch(url);
  const todo = await response.json();
  console.log(todo);
```

---

3   https://github.com/tj/co

```
  // {userId: 1, id: 1, title: 'delectus aut autem', completed: false}
}

fetchTodo();
```

46.6.1 async 함수

await 키워드는 반드시 async 함수 내부에서 사용해야 한다. async 함수는 async 키워드를 사용해 정의하며 언제나 프로미스를 반환한다. async 함수가 명시적으로 프로미스를 반환하지 않더라도 async 함수는 암묵적으로 반환값을 resolve하는 프로미스를 반환한다.

【 예제 46-15 】

```
// async 함수 선언문
async function foo(n) { return n; }
foo(1).then(v => console.log(v)); // 1

// async 함수 표현식
const bar = async function (n) { return n; };
bar(2).then(v => console.log(v)); // 2

// async 화살표 함수
const baz = async n => n;
baz(3).then(v => console.log(v)); // 3

// async 메서드
const obj = {
  async foo(n) { return n; }
};
obj.foo(4).then(v => console.log(v)); // 4

// async 클래스 메서드
class MyClass {
  async bar(n) { return n; }
}
const myClass = new MyClass();
myClass.bar(5).then(v => console.log(v)); // 5
```

클래스의 constructor 메서드는 async 메서드가 될 수 없다. 클래스의 constructor 메서드는 인스턴스를 반환해야 하지만 async 함수는 언제나 프로미스를 반환해야 한다.

```
class MyClass {
  async constructor() { }
  // SyntaxError: Class constructor may not be an async method
}

const myClass = new MyClass();
```

46.6.2 await 키워드

await 키워드는 프로미스가 settled 상태(비동기 처리가 수행된 상태)가 될 때까지 대기하다가 settled 상태가 되면 프로미스가 resolve한 처리 결과를 반환한다. await 키워드는 반드시 프로미스 앞에서 사용해야 한다.

【 예제 46-17 】

```
const fetch = require('node-fetch');

const getGithubUserName = async id => {
  const res = await fetch(`https://api.github.com/users/${id}`); // ①
  const { name } = await res.json(); // ②
  console.log(name); // Ungmo Lee
};

getGithubUserName('ungmo2');
```

await 키워드는 프로미스가 settled 상태가 될 때까지 대기한다고 했다. 따라서 ①의 fetch 함수가 수행한 HTTP 요청에 대한 서버의 응답이 도착해서 fetch 함수가 반환한 프로미스가 settled 상태가 될 때까지 ① 은 대기하게 된다. 이후 **프로미스가 settled 상태가 되면 프로미스가 resolve한 처리 결과가 res 변수에 할당된다.**

이처럼 await 키워드는 다음 실행을 일시 중지시켰다가 프로미스가 settled 상태가 되면 다시 재개한다. 다음 예제를 살펴보자.

【 예제 46-18 】

```
async function foo() {
  const a = await new Promise(resolve => setTimeout(() => resolve(1), 3000));
  const b = await new Promise(resolve => setTimeout(() => resolve(2), 2000));
  const c = await new Promise(resolve => setTimeout(() => resolve(3), 1000));

  console.log([a, b, c]); // [1, 2, 3]
}

foo(); // 약 6초 소요된다.
```

모든 프로미스에 await 키워드를 사용하는 것은 주의해야 한다. 위 예제의 foo 함수는 종료될 때까지 약 6초가 소요된다. 첫 번째 프로미스는 settled 상태가 될 때까지 3초, 두 번째 프로미스는 settled 상태가 될 때까지 2초, 세 번째 프로미스는 settled 상태가 될 때까지 1초가 소요되기 때문이다.

그런데 foo 함수가 수행하는 3개의 비동기 처리는 서로 연관이 없이 개별적으로 수행되는 비동기 처리이므로 앞선 비동기 처리가 완료될 때까지 대기해서 순차적으로 처리할 필요가 없다. 따라서 foo 함수는 다음과 같이 처리하는 것이 좋다.

【 예제 46-19 】

```javascript
async function foo() {
  const res = await Promise.all([
    new Promise(resolve => setTimeout(() => resolve(1), 3000)),
    new Promise(resolve => setTimeout(() => resolve(2), 2000)),
    new Promise(resolve => setTimeout(() => resolve(3), 1000))
  ]);

  console.log(res); // [1, 2, 3]
}

foo(); // 약 3초 소요된다.
```

다음의 bar 함수는 앞선 비동기 처리의 결과를 가지고 다음 비동기 처리를 수행해야 한다. 따라서 비동기 처리의 처리 순서가 보장되어야 하므로 모든 프로미스에 await 키워드를 써서 순차적으로 처리할 수밖에 없다.

【 예제 46-20 】

```javascript
async function bar(n) {
  const a = await new Promise(resolve => setTimeout(() => resolve(n), 3000));
  // 두 번째 비동기 처리를 수행하려면 첫 번째 비동기 처리 결과가 필요하다.
  const b = await new Promise(resolve => setTimeout(() => resolve(a + 1), 2000));
  // 세 번째 비동기 처리를 수행하려면 두 번째 비동기 처리 결과가 필요하다.
  const c = await new Promise(resolve => setTimeout(() => resolve(b + 1), 1000));

  console.log([a, b, c]); // [1, 2, 3]
}

bar(1); // 약 6초 소요된다.
```

46.6.3 에러 처리

비동기 처리를 위한 콜백 패턴의 단점 중 가장 심각한 것은 에러 처리가 곤란하다는 것이다. 45.1.2절 "에러 처리의 한계"에서 살펴본 바와 같이 에러는 호출자caller 방향으로 전파된다. 즉, 콜 스택의 아래 방향(실행 중인 실행 컨텍스트가 푸시되기 직전에 푸시된 실행 컨텍스트 방향)으로 전파된다. 하지만 비동기 함수의 콜백 함수를 호출한 것은 비동기 함수가 아니기 때문에 try … catch 문[4]을 사용해 에러를 캐치할 수 없다.

【 예제 46-21 】

```
try {
  setTimeout(() => { throw new Error('Error!'); }, 1000);
} catch (e) {
  // 에러를 캐치하지 못한다
  console.error('캐치한 에러', e);
}
```

async/await에서 에러 처리는 try … catch 문을 사용할 수 있다. 콜백 함수를 인수로 전달받는 비동기 함수 와는 달리 프로미스를 반환하는 비동기 함수는 명시적으로 호출할 수 있기 때문에 호출자가 명확하다.

【 예제 46-22 】

```
const fetch = require('node-fetch');

const foo = async () => {
  try {
    const wrongUrl = 'https://wrong.url';

    const response = await fetch(wrongUrl);
    const data = await response.json();
    console.log(data);
  } catch (err) {
    console.error(err); // TypeError: Failed to fetch
  }
};

foo();
```

위 예제의 foo 함수의 catch 문은 HTTP 통신에서 발생한 네트워크 에러뿐 아니라 try 코드 블록 내의 모든 문에서 발생한 일반적인 에러까지 모두 캐치할 수 있다.

async 함수 내에서 catch 문을 사용해서 에러 처리를 하지 않으면 async 함수는 발생한 에러를 reject하는 프로미스를 반환한다. 따라서 async 함수를 호출하고 Promise.prototype.catch 후속 처리 메서드를 사용해 에러를 캐치할 수도 있다.

---

4 47장 "에러 처리" 참고

```
const fetch = require('node-fetch');

const foo = async () => {
  const wrongUrl = 'https://wrong.url';

  const response = await fetch(wrongUrl);
  const data = await response.json();
  return data;
};

foo()
  .then(console.log)
  .catch(console.error); // TypeError: Failed to fetch
```

47장

에러 처리

47.1 에러 처리의 필요성

에러error가 발생하지 않는 코드를 작성하는 것은 불가능하다. 따라서 에러는 언제나 발생할 수 있다. 발생한 에러에 대해 대처하지 않고 방치하면 프로그램은 강제 종료된다.

【 예제 47-01 】

```
console.log('[Start]');

foo(); // ReferenceError: foo is not defined
// 발생한 에러를 방치하면 프로그램은 강제 종료된다.

// 에러에 의해 프로그램이 강제 종료되어 아래 코드는 실행되지 않는다.
console.log('[End]');
```

try ... catch 문을 사용해 발생한 에러에 적절하게 대응하면 프로그램이 강제 종료되지 않고 계속해서 코드를 실행시킬 수 있다.

【 예제 47-02 】

```
console.log('[Start]');

try {
  foo();
} catch (error) {
  console.error('[에러 발생]', error);
  // [에러 발생] ReferenceError: foo is not defined
}
```

```
// 발생한 에러에 적절한 대응을 하면 프로그램이 강제 종료되지 않는다.
console.log('[End]');
```

직접적으로 에러를 발생하지는 않는 예외^{exception}적인 상황이 발생할 수도 있다. 예외적인 상황에 적절하게 대응하지 않으면 에러로 이어질 가능성이 크다.

【 예제 47-03 】

```
// DOM에 button 요소가 존재하지 않으면 querySelector 메서드는 에러를 발생시키지 않고 null을 반환한다.
const $button = document.querySelector('button'); // null

$button.classList.add('disabled');
// TypeError: Cannot read property 'classList' of null
```

위 예제의 querySelector 메서드는 인수로 전달한 문자열이 CSS 선택자 문법에 맞지 않는 경우 에러를 발생시킨다.

【 예제 47-04 】

```
const $elem = document.querySelector('#1');
// DOMException: Failed to execute 'querySelector' on 'Document': '#1' is not a valid selector.
```

하지만 querySelector 메서드는 인수로 전달한 CSS 선택자 문자열로 DOM에서 요소 노드를 찾을 수 없는 경우 에러를 발생시키지 않고 null을 반환한다. 이때 if 문으로 querySelector 메서드의 반환값을 확인하거나 단축 평가[1] 또는 옵셔널 체이닝 연산자 ?.[2]를 사용하지 않으면 다음 처리에서 에러로 이어질 가능성이 크다.

【 예제 47-05 】

```
// DOM에 button 요소가 존재하지 않는 경우 querySelector 메서드는 에러를 발생시키지 않고 null을 반환한다.
const $button = document.querySelector('button'); // null
$button?.classList.add('disabled');
```

이처럼 에러나 예외적인 상황에 대응하지 않으면 프로그램은 강제 종료될 것이다. 에러나 예외적인 상황은 너무나 다양하기 때문에 아무런 조치 없이 프로그램이 강제 종료된다면 원인을 파악하여 대응하기 어렵다.

에러가 발생하지 않는 코드를 작성하는 것이 이상적이지만 안타깝게도 그것은 불가능하다. 따라서 우리가 작성한 코드에서는 언제나 에러나 예외적인 상황이 발생할 수 있다는 것을 전제하고 이에 대응하는 코드를 작성하는 것이 중요하다.

---

1 9.4절 "단축 평가" 참고
2 9.4.2절 "옵셔널 체이닝 연산자" 참고

47.2 try ... catch ... finally 문

기본적으로 에러 처리를 구현하는 방법은 크게 두 가지가 있다. querySelector나 Array#find 메서드처럼 예외적인 상황이 발생하면 반환하는 값(null 또는 -1)을 if 문이나 단축 평가 또는 옵셔널 체이닝 연산자를 통해 확인해서 처리하는 방법과 에러 처리 코드를 미리 등록해 두고 에러가 발생하면 에러 처리 코드로 점프하도록 하는 방법이 있다.

try ... catch ... finally 문은 두 번째 방법이다. 일반적으로 이 방법을 에러 처리error handling라고 한다. try ... catch ... finally 문은 다음과 같이 3개의 코드 블록으로 구성된다. finally 문은 불필요하다면 생략 가능하다. catch 문도 생략 가능하지만 catch 문이 없는 try 문은 의미가 없으므로 생략하지 않는다.

```
try {
    // 실행할 코드(에러가 발생할 가능성이 있는 코드)
} catch (err) {
    // try 코드 블록에서 에러가 발생하면 이 코드 블록의 코드가 실행된다.
    // err에는 try 코드 블록에서 발생한 Error 객체가 전달된다.
} finally {
    // 에러 발생과 상관없이 반드시 한 번 실행된다.
}
```

try ... catch ... finally 문을 실행하면 먼저 try 코드 블록이 실행된다. 이때 try 코드 블록에 포함된 문 중에서 에러가 발생하면 발생한 에러는 catch 문의 err 변수에 전달되고 catch 코드 블록이 실행된다. catch 문의 err 변수(변수 이름은 무엇이든 상관없다)는 try 코드 블록에 포함된 문 중에서 에러가 발생하면 생성되고 되고 catch 코드 블록에서만 유효하다. finally 코드 블록은 에러 발생과 상관없이 반드시 한 번 실행된다. try ... catch ... finally 문으로 에러를 처리하면 프로그램이 강제 종료되지 않는다.

【 예제 47-06 】

```
console.log('[Start]');

try {
    // 실행할 코드(에러가 발생할 가능성이 있는 코드)
    foo();
} catch (err) {
    // try 코드 블록에서 에러가 발생하면 이 코드 블록의 코드가 실행된다.
    // err에는 try 코드 블록에서 발생한 Error 객체가 전달된다.
    console.error(err); // ReferenceError: foo is not defined
} finally {
    // 에러 발생과 상관없이 반드시 한 번 실행된다.
    console.log('finally');
}
```

```
// try...catch...finally 문으로 에러를 처리하면 프로그램이 강제 종료되지 않는다.
console.log('[End]');
```

47.3 Error 객체

Error 생성자 함수는 에러 객체를 생성한다. Error 생성자 함수에는 에러를 상세히 설명하는 에러 메시지를 인수로 전달할 수 있다.

【 예제 47-07 】

```
const error = new Error('invalid');
```

Error 생성자 함수가 생성한 에러 객체는 message 프로퍼티와 stack 프로퍼티를 갖는다. message 프로퍼티의 값은 Error 생성자 함수에 인수로 전달한 에러 메시지이고, stack 프로퍼티의 값은 에러를 발생시킨 콜스택의 호출 정보를 나타내는 문자열이며 디버깅 목적으로 사용한다.

자바스크립트는 Error 생성자 함수를 포함해 7가지의 에러 객체를 생성할 수 있는 Error 생성자 함수를 제공한다. SyntaxError, ReferenceError, TypeError, RangeError, URIError, EvalError 생성자 함수가 생성한 에러 객체의 프로토타입은 모두 Error.prototype을 상속받는다.

생성자 함수	인스턴스
Error	일반적 에러 객체
SyntaxError	자바스크립트 문법에 맞지 않는 문을 해석할 때 발생하는 에러 객체
ReferenceError	참조할 수 없는 식별자를 참조했을 때 발생하는 에러 객체
TypeError	피연산자 또는 인수의 데이터 타입이 유효하지 않을 때 발생하는 에러 객체
RangeError	숫자값의 허용 범위를 벗어났을 때 발생하는 에러 객체
URIError	encodeURI 또는 decodeURI 함수에 부적절한 인수를 전달했을 때 발생하는 에러 객체
EvalError	eval 함수에서 발생하는 에러 객체

【 예제 47-08 】

```
1 @ 1;   // SyntaxError: Invalid or unexpected token
foo();   // ReferenceError: foo is not defined
null.foo; // TypeError: Cannot read property 'foo' of null
new Array(-1); // RangeError: Invalid array length
decodeURIComponent('%'); // URIError: URI malformed
```

47.4 throw 문

Error 생성자 함수로 에러 객체를 생성한다고 에러가 발생하는 것은 아니다. 즉, 에러 객체 생성과 에러 발생은 의미가 다르다.

【 예제 47-09 】

```
try {
  // 에러 객체를 생성한다고 에러가 발생하는 것은 아니다.
  new Error('something wrong');
} catch (error) {
  console.log(error);
}
```

에러를 발생시키려면 try 코드 블록에서 throw 문으로 에러 객체를 던져야 한다.

```
throw 표현식;
```

throw 문의 표현식은 어떤 값이라도 상관없지만 일반적으로 에러 객체를 지정한다. 에러를 던지면 catch 문의 에러 변수가 생성되고 던져진 에러 객체가 할당된다. 그리고 catch 코드 블록이 실행되기 시작한다.

【 예제 47-10 】

```
try {
  // 에러 객체를 던지면 catch 코드 블록이 실행되기 시작한다.
  throw new Error('something wrong');
} catch (error) {
  console.log(error);
}
```

예를 들어, 외부에서 전달받은 콜백 함수를 n번만큼 반복 호출하는 repeat 함수를 구현해 보자. repeat 함수는 두 번째 인수로 반드시 콜백 함수를 전달받아야 한다. 만약 두 번째 인수가 함수가 아니면 TypeError를 발생시키자. repeat 함수는 에러를 발생시킬 가능성이 있으므로 try 코드 블록 내부에서 호출해야 한다.

【 예제 47-11 】

```
// 외부에서 전달받은 콜백 함수를 n번만큼 반복 호출한다.
const repeat = (n, f) => {
  // 매개변수 f에 전달된 인수가 함수가 아니면 TypeError를 발생시킨다.
  if (typeof f !== 'function') throw new TypeError('f must be a function');

  for (var i = 0; i < n; i++) {
    f(i); // i를 전달하면서 f를 호출
```

```
  }
};

try {
  repeat(2, 1); // 두 번째 인수가 함수가 아니므로 TypeError가 발생(throw)한다.
} catch (err) {
  console.error(err); // TypeError: f must be a function
}
```

47.5 에러의 전파

45장 "프로미스"의 45.1.2절 "에러 처리의 한계"에서 살펴본 바와 같이 에러는 호출자caller 방향으로 전파된다. 즉, 콜 스택의 아래 방향(실행 중인 실행 컨텍스트가 푸시되기 직전에 푸시된 실행 컨텍스트 방향)으로 전파된다. 다음 예제를 살펴보자.

【 예제 47-12 】
```
const foo = () => {
  throw Error('foo에서 발생한 에러'); // ④
};

const bar = () => {
  foo(); // ③
};

const baz = () => {
  bar(); // ②
};

try {
  baz(); // ①
} catch (err) {
  console.error(err);
}
```

①에서 baz 함수를 호출하면 ②에서 bar 함수가 호출되고 ③에서 foo 함수가 호출되고 foo 함수는 ④에서 에러를 throw한다. 이때 foo 함수가 throw한 에러는 다음과 같이 호출자에게 전파되어 전역에서 캐치된다.

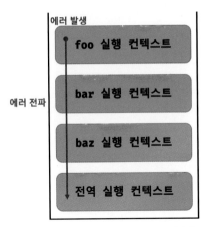

그림 47-1 에러는 호출자 방향으로 전파된다.

이처럼 throw된 에러를 캐치하지 않으면 호출자 방향으로 전파된다. 이때 throw된 에러를 캐치하여 적절히 대응하면 프로그램을 강제 종료시키지 않고 코드의 실행 흐름을 복구할 수 있다. throw된 에러를 어디에서도 캐치하지 않으면 프로그램은 강제 종료된다.

주의할 것은 비동기 함수인 setTimeout이나 프로미스 후속 처리 메서드의 콜백 함수는 호출자가 없다는 것이다. setTimeout이나 프로미스 후속 처리 메서드의 콜백 함수는 태스크 큐나 마이크로태스크 큐에 일시 저장되었다가 콜 스택이 비면 이벤트 루프에 의해 콜 스택으로 푸시되어 실행된다. 이때 콜 스택에 푸시된 콜백 함수의 실행 컨텍스트는 콜 스택의 가장 하부에 존재하게 된다. 따라서 에러를 전파할 호출자가 존재하지 않는다.

48.1 모듈의 일반적 의미

모듈module이란 애플리케이션을 구성하는 개별적 요소로서 재사용 가능한 코드 조각을 말한다. 일반적으로 모듈은 기능을 기준으로 파일 단위로 분리한다. 이때 모듈이 성립하려면 모듈은 자신만의 **파일 스코프(모듈 스코프)**를 가질 수 있어야 한다.

자신만의 파일 스코프를 갖는 모듈의 자산(모듈에 포함되어 있는 변수, 함수, 객체 등)은 기본적으로 비공개 상태다. 다시 말해, 자신만의 파일 스코프를 갖는 모듈의 모든 자산은 캡슐화되어 다른 모듈에서 접근할 수 없다. 즉, 모듈은 개별적 존재로서 애플리케이션과 분리되어 존재한다.

하지만 애플리케이션과 완전히 분리되어 개별적으로 존재하는 모듈은 재사용이 불가능하므로 존재의 의미가 없다. 모듈은 애플리케이션이나 다른 모듈에 의해 재사용되어야 의미가 있다. 따라서 **모듈은 공개가 필요한 자산에 한정하여 명시적으로 선택적 공개가 가능하다. 이를 export라 한다.**

공개export된 모듈의 자산은 다른 모듈에서 재사용할 수 있다. 이때 공개된 모듈의 자산을 사용하는 모듈을 모듈 사용자module consumer라 한다. **모듈 사용자는 모듈이 공개export한 자산 중 일부 또는 전체를 선택해 자신의 스코프 내로 불러들여 재사용할 수 있다. 이를 import라 한다.**

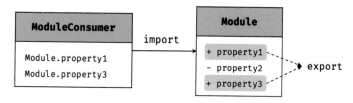

그림 48-1 모듈의 import와 export

이처럼 모듈은 애플리케이션과 분리되어 개별적으로 존재하다가 필요에 따라 다른 모듈에 의해 재사용된다. 모듈은 기능별로 분리되어 개별적인 파일로 작성된다. 따라서 코드의 단위를 명확히 분리하여 애플리케이션을 구성할 수 있고, 재사용성이 좋아서 개발 효율성과 유지보수성을 높일 수 있다.

48.2 자바스크립트와 모듈

자바스크립트는 웹페이지의 단순한 보조 기능을 처리하기 위한 제한적인 용도를 목적으로 태어났다. 이러한 태생적 한계로 인해 다른 프로그래밍 언어와 비교할 때 부족한 부분이 있는 것이 사실이다. 대표적인 것이 모듈 시스템을 지원하지 않는다는 것이다. 다시 말해, 자바스크립트는 모듈이 성립하기 위해 필요한 파일 스코프와 import, export를 지원하지 않았다.

C 언어는 #include, 자바는 import 등 대부분의 프로그래밍 언어는 모듈 기능을 가지고 있다. 하지만 클라이언트 사이드 자바스크립트는 script 태그를 사용하여 외부의 자바스크립트 파일을 로드할 수는 있지만 파일마다 독립적인 파일 스코프를 갖지 않는다.

다시 말해, 자바스크립트 파일을 여러 개의 파일로 분리하여 script 태그로 로드해도 분리된 자바스크립트 파일들은 결국 하나의 자바스크립트 파일 내에 있는 것처럼 동작한다. 즉, 모든 자바스크립트 파일은 하나의 전역을 공유한다. 따라서 분리된 자바스크립트 파일들의 전역 변수가 중복되는 등의 문제가 발생할 수 있다. 이것으로는 모듈을 구현할 수 없다.

자바스크립트를 클라이언트 사이드, 즉 브라우저 환경에 국한하지 않고 범용적으로 사용하려는 움직임이 생기면서 모듈 시스템은 반드시 해결해야 하는 핵심 과제가 되었다. 이런 상황에서 제안된 것이 CommonJS[1]와 AMD$^{Asynchronous\ Module\ Definition}$[2]다.

이로써 자바스크립트의 모듈 시스템은 크게 CommonJS와 AMD 진영으로 나뉘게 되었고 브라우저 환경에서 모듈을 사용하기 위해서는 CommonJS 또는 AMD를 구현한 모듈 로더 라이브러리를 사용해야 하는 상황이 되었다.

자바스크립트 런타임 환경인 Node.js는 모듈 시스템의 사실상 표준$^{de\ facto\ standard}$인 CommonJS를 채택했고 독자적인 진화를 거쳐, 현재는 CommonJS 사양과 100% 동일하지는 않지만 기본적으로 CommonJS 사양을 따르고 있다. 즉, Node.js는 ECMAScript 표준 사양은 아니지만 모듈 시스템[3]을 지원한다. 따라서 Node.js 환경에서는 파일별로 독립적인 파일 스코프(모듈 스코프)를 갖는다.

48.3 ES6 모듈(ESM)

이러한 상황에서 ES6에서는 클라이언트 사이드 자바스크립트에서도 동작하는 모듈 기능을 추가했다. IE를 제외한 대부분의 브라우저(Chrome 61, FF 60, SF 10.1, Edge 16 이상)에서 ES6 모듈을 사용할 수 있다.[4]

---

1 http://www.commonjs.org
2 https://github.com/amdjs/amdjs-api/wiki/AMD
3 https://nodejs.org/dist/latest/docs/api/modules.html
4 ES6 모듈 지원 현황: https://caniuse.com/#search=module

ES6 모듈(앞으로 ESM이라 부른다)의 사용법은 간단하다. script 태그에 type="module" 어트리뷰트를 추가하면 로드된 자바스크립트 파일은 모듈로서 동작한다. 일반적인 자바스크립트 파일이 아닌 ESM임을 명확히 하기 위해 ESM의 파일 확장자는 mjs를 사용할 것을 권장한다.

【 예제 48-01 】

```
<script type="module" src="app.mjs"></script>
```

ESM에는 클래스와 마찬가지로 기본적으로 strict mode가 적용된다.

48.3.1 모듈 스코프

ESM은 독자적인 모듈 스코프를 갖는다. ESM이 아닌 일반적인 자바스크립트 파일은 script 태그로 분리해서 로드해도 독자적인 모듈 스코프를 갖지 않는다. 다음 예제를 살펴보자.

【 예제 48-02 】

```
// foo.js
// x 변수는 전역 변수다.
var x = 'foo';
console.log(window.x); // foo
```

【 예제 48-03 】

```
// bar.js
// x 변수는 전역 변수다. foo.js에서 선언한 전역 변수 x와 중복된 선언이다.
var x = 'bar';

// foo.js에서 선언한 전역 변수 x의 값이 재할당되었다.
console.log(window.x); // bar
```

【 예제 48-04 】

```
<!DOCTYPE html>
<html>
<body>
  <script src="foo.js"></script>
  <script src="bar.js"></script>
</body>
</html>
```

위 예제의 HTML에서 script 태그로 분리해서 로드된 2개의 자바스크립트 파일은 하나의 자바스크립트 파일 내에 있는 것처럼 동작한다. 즉, 하나의 전역을 공유한다. 따라서 foo.js에서 선언한 x 변수와 bar.js에서 선언한 x 변수는 중복 선언되며 의도치 않게 x 변수의 값이 덮어써진다.

ESM은 파일 자체의 독자적인 모듈 스코프를 제공한다. 따라서 모듈 내에서 var 키워드로 선언한 변수는 더는 전역 변수가 아니며 window 객체의 프로퍼티도 아니다.

【 예제 48-05 】

```
// foo.mjs
// x 변수는 전역 변수가 아니며 window 객체의 프로퍼티도 아니다.
var x = 'foo';
console.log(x); // foo
console.log(window.x); // undefined
```

【 예제 48-06 】

```
// bar.mjs
// x 변수는 전역 변수가 아니며 window 객체의 프로퍼티도 아니다.
// foo.mjs에서 선언한 x 변수와 스코프가 다른 변수다.
var x = 'bar';
console.log(x); // bar
console.log(window.x); // undefined
```

【 예제 48-07 】

```
<!DOCTYPE html>
<html>
<body>
  <script type="module" src="foo.mjs"></script>
  <script type="module" src="bar.mjs"></script>
</body>
</html>
```

모듈 내에서 선언한 식별자는 모듈 외부에서 참조할 수 없다. 모듈 스코프가 다르기 때문이다.

【 예제 48-08 】

```
// foo.mjs
const x = 'foo';
console.log(x); // foo
```

【 예제 48-09 】

```
// bar.mjs
console.log(x); // ReferenceError: x is not defined
```

【 예제 48-10 】

```
<!DOCTYPE html>
<html>
```

```
<body>
  <script type="module" src="foo.mjs"></script>
  <script type="module" src="bar.mjs"></script>
</body>
</html>
```

48.3.2 export 키워드

모듈은 독자적인 모듈 스코프를 갖는다. 따라서 모듈 내부에서 선언한 모든 식별자는 기본적으로 해당 모듈 내부에서만 참조할 수 있다. 모듈 내부에서 선언한 식별자를 외부에 공개하여 다른 모듈들이 재사용할 수 있게 하려면 export 키워드를 사용한다.

export 키워드는 선언문 앞에 사용한다. 이로써 변수, 함수, 클래스 등 모든 식별자를 export할 수 있다.

【 예제 48-11 】

```
// lib.mjs
// 변수의 공개
export const pi = Math.PI;

// 함수의 공개
export function square(x) {
  return x * x;
}

// 클래스의 공개
export class Person {
  constructor(name) {
    this.name = name;
  }
}
```

선언문 앞에 매번 export 키워드를 붙이는 것이 번거롭다면 export할 대상을 하나의 객체로 구성하여 한 번에 export할 수도 있다.

【 예제 48-12 】

```
// lib.mjs
const pi = Math.PI;

function square(x) {
  return x * x;
}
```

```
class Person {
  constructor(name) {
    this.name = name;
  }
}

// 변수, 함수 클래스를 하나의 객체로 구성하여 공개
export { pi, square, Person };
```

48.3.3 import 키워드

다른 모듈에서 공개^{export}한 식별자를 자신의 모듈 스코프 내부로 로드하려면 import 키워드를 사용한다. 다른 모듈이 export한 식별자 이름으로 import해야 하며 ESM의 경우 파일 확장자를 생략할 수 없다.

【 예제 48-13 】

```
// app.mjs
// 같은 폴더 내의 lib.mjs 모듈이 export한 식별자 이름으로 import한다.
// ESM의 경우 파일 확장자를 생략할 수 없다.
import { pi, square, Person } from './lib.mjs';

console.log(pi);            // 3.141592653589793
console.log(square(10));   // 100
console.log(new Person('Lee')); // Person { name: 'Lee' }
```

【 예제 48-14 】

```
<!DOCTYPE html>
<html>
<body>
  <script type="module" src="app.mjs"></script>
</body>
</html>
```

위 예제의 app.mjs는 애플리케이션의 진입점^{entry point}이므로 반드시 script 태그로 로드해야 한다. 하지만 lib.mjs는 app.mjs의 import 문에 의해 로드되는 의존성^{dependency}이다. 따라서 lib.mjs는 script 태그로 로드하지 않아도 된다.

모듈이 export한 식별자 이름을 일일이 지정하지 않고 하나의 이름으로 한 번에 import할 수도 있다. 이때 import되는 식별자는 as 뒤에 지정한 이름의 객체에 프로퍼티로 할당된다.

【 예제 48-15 】

```
// app.mjs
// lib.mjs 모듈이 export한 모든 식별자를 lib 객체의 프로퍼티로 모아 import한다.
import * as lib from './lib.mjs';

console.log(lib.pi);          // 3.141592653589793
console.log(lib.square(10)); // 100
console.log(new lib.Person('Lee')); // Person { name: 'Lee' }
```

모듈이 export한 식별자 이름을 변경하여 import할 수도 있다.

【 예제 48-16 】

```
// app.mjs
// lib.mjs 모듈이 export한 식별자 이름을 변경하여 import한다.
import { pi as PI, square as sq, Person as P } from './lib.mjs';

console.log(PI);     // 3.141592653589793
console.log(sq(2)); // 4
console.log(new P('Kim')); // Person { name: 'Kim' }
```

모듈에서 하나의 값만 export한다면 default 키워드를 사용할 수 있다. default 키워드를 사용하는 경우 기본적으로 이름 없이 하나의 값을 export한다.

【 예제 48-17 】

```
// lib.mjs
export default x => x * x;
```

default 키워드를 사용하는 경우 var, let, const 키워드는 사용할 수 없다.

【 예제 48-18 】

```
// lib.mjs
export default const foo = () => {};
// => SyntaxError: Unexpected token 'const'
// export default () => {};
```

default 키워드와 함께 export한 모듈은 {} 없이 임의의 이름으로 import한다.

【 예제 48-19 】

```
// app.mjs
import square from './lib.mjs';

console.log(square(3)); // 9
```

49장

Babel과 Webpack을 이용한 ES6+/ES.NEXT 개발 환경 구축

크롬, 사파리, 파이어폭스, 엣지 같은 에버그린 브라우저[1]evergreen browser의 ES6 지원율은 약 98%로 거의 대부분의 ES6 사양을 지원한다.

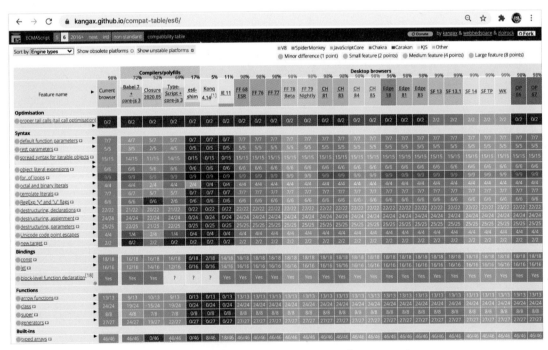

그림 49-1 브라우저별 ES6 지원 현황[2]

---

1 웹 표준을 준수하기 위해 지속적으로 자동 업데이트를 지원하는 모던 브라우저
2 https://kangax.github.io/compat-table/es6

하지만 IE 11의 ES6 지원율은 약 11%다. 그리고 매년 새롭게 도입되는 ES6 이상의 버전(ES6+)과 제안 단계에 있는 ES 제안 사양(ES.NEXT)은 브라우저에 따라 지원율이 제각각이다.

따라서 ES6+와 ES.NEXT의 최신 ECMAScript 사양을 사용하여 프로젝트를 진행하려면 최신 사양으로 작성된 코드를 경우에 따라 IE를 포함한 구형 브라우저에서 문제 없이 동작시키기 위한 개발 환경을 구축하는 것이 필요하다.

또한 대부분의 프로젝트가 모듈을 사용하므로 모듈 로더도 필요하다. ES6 모듈(ESM)[3]은 대부분의 모던 브라우저(Chrome 61, FF 60, SF 10.1, Edge 16 이상)에서 사용할 수 있다. 하지만 다음과 같은 이유로 아직까지는 ESM보다는 별도의 모듈 로더를 사용하는 것이 일반적이다.

- IE를 포함한 구형 브라우저는 ESM을 지원하지 않는다.
- ESM을 사용하더라도 트랜스파일링이나 번들링이 필요한 것은 변함이 없다.
- ESM이 아직 지원하지 않는 기능(bare import 등)이 있고 점차 해결되고는 있지만 아직 몇 가지 이슈가 존재한다.[4]

이번 장에서는 트랜스파일러transpiler인 Babel[5]과 모듈 번들러module bundler인 Webpack[6]을 이용하여 ES6+/ES.NEXT 개발 환경을 구축해 보자. 아울러 Webpack을 통해 Babel을 로드하여 ES6+/ES.NEXT 사양의 소스코드를 IE 같은 구형 브라우저에서도 동작하도록 ES5 사양의 소스코드로 트랜스파일링하는 방법도 알아볼 것이다.

이 책에서 사용한 Node.js와 npm의 버전은 다음과 같다.

- Node.js: 14.3.0
- npm: 6.14.5

Babel, Webpack, 플러그인의 버전은 다음과 같다.

패키지/플러그인	패키지 이름	버전
Babel	@babel/cli	7.10.3
	@babel/core	7.10.3
Babel 프리셋	@babel/preset-env	7.10.3

---

3   48.3절 "ES6 모듈(ESM)" 참고
4   https://jakearchibald.com/2017/es-modules-in-browsers
5   https://babeljs.io
6   https://webpack.js.org

패키지/플러그인	패키지 이름	버전
Babel 플러그인	@babel/plugin-proposal-class-properties	7.10.1
	@babel/polyfill	7.10.1
Webpack	webpack	4.43.0
	webpack-cli	3.3.12
Webpack 플러그인	babel-loader	8.1.0

49.1 Babel

다음 예제에서는 ES6의 화살표 함수와 ES7의 지수 연산자를 사용하고 있다.

【 예제 49-01 】

```
[1, 2, 3].map(n => n ** n);
```

IE 같은 구형 브라우저에서는 ES6의 화살표 함수와 ES7의 지수 연산자를 지원하지 않을 수 있다. Babel을 사용하면 위 코드를 다음과 같이 ES5 사양으로 변환할 수 있다.

【 예제 49-02 】

```
"use strict";

[1, 2, 3].map(function (n) {
  return Math.pow(n, n);
});
```

이처럼 Babel은 ES6+/ES.NEXT로 구현된 최신 사양의 소스코드를 IE 같은 구형 브라우저에서도 동작하는 ES5 사양의 소스코드로 변환(트랜스파일링)할 수 있다. Babel을 사용하기 위한 개발 환경을 구축해 보자.

49.1.1 Babel 설치

npm을 사용하여 Babel을 설치해 보자. 터미널에서 다음과 같이 명령어를 입력하여 Babel을 설치한다.

```
# 프로젝트 폴더 생성
$ mkdir esnext-project && cd esnext-project
# package.json 생성
$ npm init -y
# babel-core, babel-cli 설치
$ npm install --save-dev @babel/core @babel/cli
```

설치가 완료된 이후 package.json 파일은 다음과 같다. 불필요한 설정은 삭제했다.

【 예제 49-03 】

```
{
  "name": "esnext-project",
  "version": "1.0.0",
  "devDependencies": {
    "@babel/cli": "^7.10.3",
    "@babel/core": "^7.10.3"
  }
}
```

참고로 Babel, Webpack, 플러그인의 버전은 빈번하게 업그레이드된다. npm install[7]은 언제나 최신 버전의 패키지를 설치하므로 위 버전과는 다른 최신 버전의 패키지가 설치될 수도 있다. 만약 위 버전 그대로 설치하고 싶다면 다음과 같이 패키지 이름 뒤에 @과 설치하고 싶은 버전을 지정한다.

```
# 버전 지정 설치
npm install --save-dev @babel/core@7.10.3 @babel/cli@7.10.3
```

49.1.2 Babel 프리셋 설치와 babel.config.json 설정 파일 작성

Babel을 사용하려면 @babel/preset-env를 설치해야 한다. @babel/preset-env는 함께 사용되어야 하는 Babel 플러그인을 모아 둔 것으로 Babel 프리셋[8]이라고 부른다. Babel이 제공하는 공식 Babel 프리셋official preset은 다음과 같다.

- @babel/preset-env
- @babel/preset-flow
- @babel/preset-react
- @babel/preset-typescript

@babel/preset-env는 필요한 플러그인들을 프로젝트 지원 환경에 맞춰 동적으로 결정해 준다. 프로젝트 지원 환경은 Browserslist[9] 형식으로 .browserslistrc 파일에 상세히 설정할 수 있다.[10] 만약 프로젝트 지원 환경 설정 작업을 생략하면 기본값으로 설정된다.

---

7 https://docs.npmjs.com/cli/install
8 https://babeljs.io/docs/en/presets
9 https://github.com/browserslist/browserslist
10 https://babeljs.io/docs/en/babel-preset-env#browserslist-integration

일단은 기본 설정으로 진행하자. 기본 설정은 모든 ES6+/ES.NEXT 사양의 소스코드를 변환한다.

```
# @babel/preset-env 설치
$ npm install --save-dev @babel/preset-env
```

설치가 완료된 이후 package.json 파일은 다음과 같다.

【 예제 49-04 】

```
{
  "name": "esnext-project",
  "version": "1.0.0",
  "devDependencies": {
    "@babel/cli": "^7.10.3",
    "@babel/core": "^7.10.3",
    "@babel/preset-env": "^7.10.3"
  }
}
```

설치가 완료되면 프로젝트 루트 폴더에 babel.config.json 설정 파일을 생성하고 다음과 같이 작성한다. 지금 설치한 @babel/preset-env를 사용하겠다는 의미다.

【 예제 49-05 】

```
{
  "presets": ["@babel/preset-env"]
}
```

49.1.3 트랜스파일링

Babel을 사용하여 ES6+/ES.NEXT 사양의 소스코드를 ES5 사양의 소스코드로 트랜스파일링해보자. Babel CLI 명령어를 사용할 수도 있으나 트랜스파일링할 때마다 매번 Babel CLI 명령어를 입력하는 것은 번거로우므로 npm scripts[11]에 Babel CLI 명령어를 등록하여 사용하자.

package.json 파일에 scripts를 추가한다. 완성된 package.json 파일은 다음과 같다.

【 예제 49-06 】

```
{
  "name": "esnext-project",
  "version": "1.0.0",
```

---

11 https://docs.npmjs.com/misc/scripts

```
  "scripts": {
    "build": "babel src/js -w -d dist/js"
  },
  "devDependencies": {
    "@babel/cli": "^7.10.3",
    "@babel/core": "^7.10.3",
    "@babel/preset-env": "^7.10.3"
  }
}
```

위 npm scripts의 build는 src/js 폴더(타깃 폴더)에 있는 모든 자바스크립트 파일들을 트랜스파일링한 후, 그 결과물을 dist/js 폴더에 저장한다. 사용한 옵션의 의미는 다음과 같다.

- -w: 타깃 폴더에 있는 모든 자바스크립트 파일들의 변경을 감지하여 자동으로 트랜스파일한다. (--watch 옵션의 축약형)
- -d: 트랜스파일링된 결과물이 저장될 폴더를 지정한다. 만약 지정된 폴더가 존재하지 않으면 자동 생성한다. (--out-dir 옵션의 축약형)

이제 트랜스파일링을 테스트하기 위해 ES6+/ES.NEXT 사양의 자바스크립트 파일을 작성해 보자. 프로젝트 루트 폴더에 src/js 폴더를 생성한 후 lib.js와 main.js를 추가한다.

【 예제 49-07 】
```javascript
// src/js/lib.js
export const pi = Math.PI; // ES6 모듈

export function power(x, y) {
  return x ** y; // ES7: 지수 연산자
}

// ES6 클래스
export class Foo {
  #private = 10; // stage 3: 클래스 필드 정의 제안

  foo() {
    // stage 4: 객체 Rest/Spread 프로퍼티 제안
    const { a, b, ... x } = { ...{ a: 1, b: 2 }, c: 3, d: 4 };
    return { a, b, x };
  }

  bar() {
    return this.#private;
  }
}
```

【 예제 49-08 】

```
// src/js/main.js
import { pi, power, Foo } from './lib';

console.log(pi);
console.log(power(pi, pi));

const f = new Foo();
console.log(f.foo());
console.log(f.bar());
```

터미널에서 다음과 같이 명령어를 입력하여 트랜스파일링을 실행한다.

```
$ npm run build

> esnext-project@1.0.0 build /Users/leeungmo/Desktop/esnext-project
> babel src/js -w -d dist/js

SyntaxError: /Users/leeungmo/Desktop/esnext-project/src/js/lib.js: Support for the experi-
mental syntax 'classPrivateProperties' isn't currently enabled (10:3):

    8 |  // ES6 클래스
    9 |  export class Foo {
> 10 |    #private = 10; // stage 3: 클래스 필드 정의 제안
       |    ^
   11 |
   12 |    foo() {
   13 |      // stage 4: 객체 Rest/Spread 프로퍼티 제안
  ...
```

2021년 1월 현재 TC39 프로세스의 stage 3(candidate) 단계에 있는 private 필드 정의 제안[12]에서 에러가
발생했다. 이것은 @babel/preset-env가 현재 제안 단계에 있는 사양에 대한 플러그인을 지원하지 않기 때
문에 발생한 에러다. 따라서 현재 제안 단계에 있는 사양을 트랜스파일링하려면 별도의 플러그인을 설치해야
한다.

---

12 25.7.4절 "private 필드 정의 제안" 참고

49.1.4 Babel 플러그인 설치

설치가 필요한 Babel 플러그인은 Babel 홈페이지에서 검색할 수 있다. Babel 홈페이지 상단 메뉴의 Search 란에 제안 사양의 이름을 입력하면 해당 플러그인을 검색할 수 있다. 여기서는 클래스 필드 정의 제안 플러그 인을 검색하기 위해 "class field"를 입력해보자.

그림 49-2 Babel 플러그인 검색

검색된 Babel 플러그인 중에서 public/private 클래스 필드를 지원하는 @babel/plugin-proposal-class-properties를 설치하자.

```
$ npm install --save-dev @babel/plugin-proposal-class-properties
```

설치가 완료된 이후 package.json 파일은 다음과 같다.

【 예제 49-09 】

```
{
  "name": "esnext-project",
  "version": "1.0.0",
  "scripts": {
    "build": "babel src/js -w -d dist/js"
  },
  "devDependencies": {
```

```
    "@babel/cli": "^7.10.3",
    "@babel/core": "^7.10.3",
    "@babel/plugin-proposal-class-properties": "^7.10.1",
    "@babel/preset-env": "^7.10.3"
  }
}
```

설치한 플러그인은 babel.config.json 설정 파일에 추가해야 한다. babel.config.json 설정 파일을 다음과 같이 수정한다.

【 예제 49-10 】

```
{
  "presets": ["@babel/preset-env"],
  "plugins": ["@babel/plugin-proposal-class-properties"]
}
```

다시 터미널에서 다음과 같이 명령어를 입력하여 트랜스파일링을 실행해보자.

```
$ npm run build

> esnext-project@1.0.0 build /Users/leeungmo/Desktop/esnext-project
> babel src/js -w -d dist/js

Successfully compiled 2 files with Babel (954ms).
```

트랜스파일링에 성공하면 프로젝트 루트 폴더에 dist/js 폴더가 자동으로 생성되고 트랜스파일링된 main.js와 lib.js가 저장된다. 트랜스파일링된 main.js를 실행하여 보자. 결과는 다음과 같다.

```
$ node dist/js/main
3.141592653589793
36.4621596072079
{ a: 1, b: 2, x: { c: 3, d: 4 } }
10
```

49.1.5 브라우저에서 모듈 로딩 테스트

앞에서 main.js와 lib.js 모듈을 트랜스파일링하여 ES5 사양으로 변환된 main.js를 실행한 결과, 문제없이 실행되는 것을 확인했다. ES6+에서 새롭게 추가된 기능은 물론 현재 제안 상태에 있는 "클래스 필드 정의 제안"도 ES5로 트랜스파일링되었고 ES6의 모듈의 import와 export 키워드도 트랜스파일링되어 모듈 기능도 정상적으로 동작하는 것을 확인했다.

하지만 위 예제의 모듈 기능은 Node.js 환경에서 동작한 것이고 Babel이 모듈을 트랜스파일링한 것도 Node.js가 기본 지원하는 CommonJS 방식의 모듈 로딩 시스템에 따른 것이다. 다음은 src/js/main.js가 Babel에 의해 트랜스파일링된 결과다.

【 예제 49-11 】

```
// dist/js/main.js
"use strict";

var _lib = require("./lib");

// src/js/main.js
console.log(_lib.pi);
console.log((0, _lib.power)(_lib.pi, _lib.pi));
var f = new _lib.Foo();
console.log(f.foo());
console.log(f.bar());
```

브라우저는 CommonJS 방식의 require 함수[13]를 지원하지 않으므로 위에서 트랜스파일링된 결과를 그대로 브라우저에서 실행하면 에러가 발생한다. 프로젝트 루트 폴더에 다음과 같이 index.html을 작성하여 트랜스파일링된 자바스크립트 파일을 브라우저에서 실행해보자.

【 예제 49-12 】

```
<!DOCTYPE html>
<html>
<body>
  <script src="dist/js/lib.js"></script>
  <script src="dist/js/main.js"></script>
</body>
</html>
```

위 HTML 파일을 브라우저에서 실행하면 다음과 같은 에러가 발생한다.

```
Uncaught ReferenceError: exports is not defined
    at lib.js:3
main.js:3 Uncaught ReferenceError: require is not defined
    at main.js:3
```

브라우저의 ES6 모듈(ESM)을 사용하도록 Babel을 설정할 수도 있으나 앞서 설명한 바와 같이 ESM을 사용하는 것은 문제가 있다. Webpack을 통해 이러한 문제를 해결해보자.

---

13 https://nodejs.org/en/knowledge/getting-started/what-is-require

49.2 Webpack

Webpack[14]은 의존 관계에 있는 자바스크립트, CSS, 이미지 등의 리소스들을 하나(또는 여러 개)의 파일로 번들링하는 모듈 번들러다. Webpack을 사용하면 의존 모듈이 하나의 파일로 번들링되므로 별도의 모듈 로더가 필요 없다. 그리고 여러 개의 자바스크립트 파일을 하나로 번들링하므로 HTML 파일에서 script 태그로 여러 개의 자바스크립트 파일을 로드해야 하는 번거로움도 사라진다.

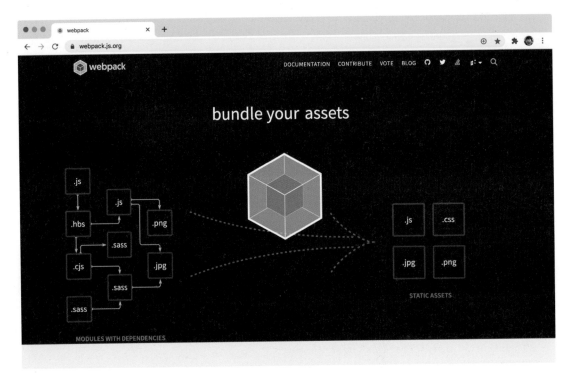

그림 49-3 Webpack

Webpack과 Babel을 이용하여 ES6+/ES.NEXT 개발 환경을 구축하여 보자. Webpack이 자바스크립트 파일을 번들링하기 전에 Babel을 로드하여 ES6+/ES.NEXT 사양의 소스코드를 ES5 사양의 소스코드로 트랜스파일링하는 작업을 실행하도록 설정할 것이다.

49.2.1 Webpack 설치

터미널에서 다음과 같이 명령어를 입력하여 Webpack을 설치한다.

---

14 https://webpack.js.org

```
$ npm install --save-dev webpack webpack-cli
```

설치가 완료된 이후 package.json 파일은 다음과 같다.

【 예제 49-13 】

```
{
  "name": "esnext-project",
  "version": "1.0.0",
  "scripts": {
    "build": "babel src/js -w -d dist/js"
  },
  "devDependencies": {
    "@babel/cli": "^7.10.3",
    "@babel/core": "^7.10.3",
    "@babel/plugin-proposal-class-properties": "^7.10.1",
    "@babel/preset-env": "^7.10.3",
    "webpack": "^4.43.0",
    "webpack-cli": "^3.3.12"
  }
}
```

49.2.2 babel-loader 설치

Webpack이 모듈을 번들링할 때 Babel을 사용하여 ES6+/ES.NEXT 사양의 소스코드를 ES5 사양의 소스코드로 트랜스파일링하도록 babel-loader를 설치한다.

```
$ npm install --save-dev babel-loader
```

이제 npm scripts를 변경하여 Babel 대신 Webpack을 실행하도록 수정하자. 다음과 같이 package.json 파일의 scripts를 변경한다. 완성된 package.json 파일은 다음과 같다.

【 예제 49-14 】

```
{
  "name": "esnext-project",
  "version": "1.0.0",
  "scripts": {
    "build": "webpack -w"
  },
  "devDependencies": {
    "@babel/cli": "^7.10.3",
    "@babel/core": "^7.10.3",
```

```
    "@babel/plugin-proposal-class-properties": "^7.10.1",
    "@babel/preset-env": "^7.10.3",
    "babel-loader": "^8.1.0",
    "webpack": "^4.43.0",
    "webpack-cli": "^3.3.12"
  }
}
```

49.2.3 webpack.config.js 설정 파일 작성

webpack.config.js는 Webpack이 실행될 때 참조하는 설정 파일이다. 프로젝트 루트 폴더에 webpack.
config.js 파일을 생성하고 다음과 같이 작성한다.

【 예제 49-15 】

```
const path = require('path');

module.exports = {
  // entry file
  // https://webpack.js.org/configuration/entry-context/#entry
  entry: './src/js/main.js',
  // 번들링된 js 파일의 이름(filename)과 저장될 경로(path)를 지정
  // https://webpack.js.org/configuration/output/#outputpath
  // https://webpack.js.org/configuration/output/#outputfilename
  output: {
    path: path.resolve(__dirname, 'dist'),
    filename: 'js/bundle.js'
  },
  // https://webpack.js.org/configuration/module
  module: {
    rules: [
      {
        test: /\.js$/,
        include: [
          path.resolve(__dirname, 'src/js')
        ],
        exclude: /node_modules/,
        use: {
          loader: 'babel-loader',
          options: {
            presets: ['@babel/preset-env'],
            plugins: ['@babel/plugin-proposal-class-properties']
          }
        }
```

```
        }
      }
    ]
  },
  devtool: 'source-map',
  // https://webpack.js.org/configuration/mode
  mode: 'development'
};
```

이제 Webpack을 실행하여 트랜스파일링 및 번들링을 실행해보자. 트랜스파일링은 Babel이 수행하고 번들링은 Webpack이 수행한다. 만약 이전에 실행시킨 빌드 명령이 실행 중인 상태라면 중지시키고 다시 다음 명령을 실행한다.

```
$ npm run build

> esnext-project@1.0.0 build /Users/leeungmo/Desktop/esnext-project
> webpack -w

webpack is watching the files...

Hash: 912e4ad621459698288f
Version: webpack 4.43.0
Time: 1263ms
Built at: 2020. 06. 27. 오후 3:45:33
        Asset      Size  Chunks                 Chunk Names
    bundle.js   8.55 KiB    main  [emitted]         main
 bundle.js.map  5.09 KiB    main  [emitted] [dev]  main
Entrypoint main = bundle.js bundle.js.map
[./src/js/lib.js] 3.69 KiB {main} [built]
[./src/js/main.js] 165 bytes {main} [built]
```

Webpack을 실행한 결과, dist/js 폴더에 bundle.js가 생성되었다. 이 파일은 main.js, lib.js 모듈이 하나로 번들링된 결과물이다. index.html을 다음과 같이 수정하고 브라우저에서 실행해보자.

【 예제 49-16 】

```
<!DOCTYPE html>
<html>
<body>
  <script src="./dist/js/bundle.js"></script>
</body>
</html>
```

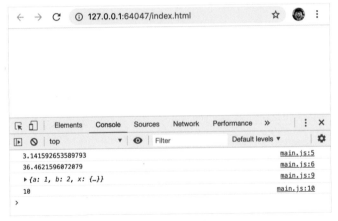

그림 49-4 브라우저에서 Webpack을 통해 번들링한 자바스크립트 로딩 테스트

main.js, lib.js 모듈이 하나로 번들링된 bundle.js가 브라우저에서 문제없이 실행된 것을 확인할 수 있다.

49.2.4 babel-polyfill 설치

Babel을 사용하여 ES6+/ES.NEXT 사양의 소스코드를 ES5 사양의 소스코드로 트랜스파일링해도 브라우저가 지원하지 않는 코드가 남아 있을 수 있다. 예를 들어, ES6에서 추가된 Promise, Object.assign, Array.from 등은 ES5 사양으로 트랜스파일링해도 ES5 사양에 대체할 기능이 없기 때문에 트랜스파일링되지 못하고 그대로 남는다.

src/js/main.js를 다음과 같이 수정하여 ES6에서 추가된 Promise, Object.assign, Array.from 등이 어떻게 트랜스파일링되는지 확인해 보자.

【 예제 49-17 】

```
// src/js/main.js
import { pi, power, Foo } from './lib';

console.log(pi);
console.log(power(pi, pi));

const f = new Foo();
console.log(f.foo());
console.log(f.bar());

// polyfill이 필요한 코드
console.log(new Promise((resolve, reject) => {
  setTimeout(() => resolve(1), 100);
}));
```

```
// polyfill이 필요한 코드
console.log(Object.assign({}, { x: 1 }, { y: 2 }));

// polyfill이 필요한 코드
console.log(Array.from([1, 2, 3], v => v + v));
```

다시 트랜스파일링과 번들링을 실행한 다음, dist/js/bundle.js를 확인해보자.

【 예제 49-18 】

```
...
// 190 line
console.log(new Promise(function (resolve, reject) {
  setTimeout(function () {
    return resolve(1);
  }, 100);
})); // polyfill이 필요한 코드

console.log(Object.assign({}, {
  x: 1
}, {
  y: 2
})); // polyfill이 필요한 코드

console.log(Array.from([1, 2, 3], function (v) {
  return v + v;
}));
...
```

이처럼 Promise, Object.assign, Array.from 등과 같이 ES5 사양으로 대체할 수 없는 기능은 트랜스파일링되지 않는다. 따라서 IE 같은 구형 브라우저에서도 Promise, Object.assign, Array.from 등과 같은 객체나 메서드를 사용하기 위해서는 @babel/polyfill을 설치해야 한다.

```
$ npm install @babel/polyfill
```

설치가 완료된 이후 package.json 파일은 다음과 같다.

【 예제 49-19 】

```
{
  "name": "esnext-project",
  "version": "1.0.0",
  "scripts": {
    "build": "webpack -w"
  },
```

```
  "devDependencies": {
    "@babel/cli": "^7.10.3",
    "@babel/core": "^7.10.3",
    "@babel/plugin-proposal-class-properties": "^7.10.1",
    "@babel/preset-env": "^7.10.3",
    "babel-loader": "^8.1.0",
    "webpack": "^4.43.0",
    "webpack-cli": "^3.3.12"
  },
  "dependencies": {
    "@babel/polyfill": "^7.10.1"
  }
}
```

@babel-polyfill은 개발 환경에서만 사용하는 것이 아니라 실제 운영 환경에서도 사용해야 한다. 따라서 개발용 의존성(devDependencies)으로 설치하는 --save-dev 옵션을 지정하지 않는다.

ES6의 import를 사용하는 경우에는 진입점의 선두에서 먼저 폴리필을 로드하도록 한다.

【 예제 49-20 】

```
// src/js/main.js
import "@babel/polyfill";
import { pi, power, Foo } from './lib';
...
```

Webpack을 사용하는 경우에는 위 방법 대신 webpack.config.js 파일의 entry 배열에 폴리필을 추가한다.

【 예제 49-21 】

```
const path = require('path');

module.exports = {
  // entry file
  // https://webpack.js.org/configuration/entry-context/#entry
  entry: ['@babel/polyfill', './src/js/main.js'],
...
```

위와 같이 webpack.config.js 파일을 수정하여 폴리필을 반영해보자. 빌드 명령이 실행 중인 상태라면 중지시키고 다시 다음과 같이 명령어를 입력하여 Webpack을 실행한다.

```
$ npm run build

> esnext-project@1.0.0 build /Users/leeungmo/Desktop/esnext-project
> webpack -w

webpack is watching the files...

Hash: 5f1a654d0873b7633f49
Version: webpack 4.43.0
Time: 2111ms
Built at: 2020. 06. 27. 오후 3:50:37
        Asset      Size  Chunks                    Chunk Names
    bundle.js   408 KiB    main  [emitted]         main
bundle.js.map   324 KiB    main  [emitted] [dev]   main
Entrypoint main = bundle.js bundle.js.map
[0] multi @babel/polyfill ./src/js/main.js 40 bytes {main} [built]
[./src/js/lib.js] 3.69 KiB {main} [built]
[./src/js/main.js] 165 bytes {main} [built]
    + 307 hidden modules
```

dist/js/bundle.js를 확인해보면 다음과 같이 폴리필이 추가된 것을 확인할 수 있다.

그림 49-5 추가된 폴리필